품•격•있•는

프랑스어 이야기

Comment on parle en Français

Par Ph. Martinon / 최동신 역

신아사

머리말

『프랑스어를 어떻게 발음할 것인가(*Comment on prononce le français*)』라는 제목으로 발간한 책이, 특히 외국에서 거둔 성공에 고무되어 저자는 이 책의 짝이 될 수 있는 유사한 제목인 『프랑스어로 어떻게 말할 것인가(*Comment on parle en français*)』라는 책을 발간하게 되었다. 내가 '어떻게 말할 것인가'라고 말하는 이유는, 결국 우리는 글을 쓰듯이 말을 하지는 않으며 또한 말하는 것과 똑같이 글을 쓰지는 않기 때문이다. 그리고 "당신은 책에서처럼(책처럼) 말하는군요(*vous parlez comme un livre*)"라고 말하면서 상대방을 칭찬한다고 여긴다면 그것은 단지 자신이 무식한 사람이라는 것을 드러낼 뿐이다. 따라서 말로는 할 수 있지만 글로 쓸 수 없는 것과 글로는 잘 쓸 수 있지만 결코 말로 표현할 수 없는 것을 구별할 필요가 있는데, 문법에서는 이것을 잘 다루지 않는다. 그렇다고 문어(langue écrite)와 구어(langue parlée)를 완전히 별개의 것으로 취급하지 않아도 되는 것은 그나마 다행이고, 르낭(Renan)처럼 일부러 어법에 상관없이 구어로 하려고 노력한 사람도 있지만, 반면에 문어와 구어의 차이가 그렇게 두드러지게 드러나는 것은 막을 필요가 있다. 내 친구 중의 하나가 재미있게 표현한 적이 있는데, 우리는 글을 별로 잘 쓰지 못하는 사람이 쓴 글보다는 그래도 더 잘 말하려고 애써야 하며, 말을 잘하는 사람이 하는 것만큼은 글을 잘 쓸 수 있도록 애써야 한다는 것이다. 그리고 그가 덧붙이기를, 구어와 문학 언어를 완전히 구별해야 한다고 주장하게 되면 머지않아 구어를 분해시키고 문학 언어는 사라지게 할 따름이라는 것이다. 따라서 이 책에서 내가 언급하는 대부분의 견해들은 이 두 언어를 모두 염두에 두고 말한 것이다. 물론 여러 번에 걸쳐 하는 몇 가지 자세한 구별이 문어에만 적합한 경우도 있을 수 있는데, 이것은 구어의 경우 이러한 자세한 구별을 할 시간적 여유가 없기 때문이라고 여겨주기 바란다. 한편 내 생각에는 가능한 한 좋은 습관을 갖도록 하는 것이 바람직하며, 글을 쓰면서 얻은 좋은 습관을 말하는 경우에도 그대로 유지하기 바란다. 또한 사람이란 단지 격의 없는 친숙한 대화만을 하는 것이 아니라 대중 앞에서 말해야 하는 경우가 있게 마련인데, 아무튼 전적으로 격의 없는 친숙한 언어만을 사용해야 하는 경우란 없을 뿐만 아니라 오히려 많은 경우에는 친숙한 언어를 써서는 안 되는 경우가 있다. 아무튼 우리는 구어를 주로 염두에 두고 이 책을 기술했고, 순전히 문학적인 것은[1] 주석으로 따로 언급했으며 친숙한 표현으로만 사용되는 것도 조심스럽게 구별하였다.

우리가 구어(langue parlée)라고 부르는 것이 무엇인지 알아보자. 여기서 강조하고 싶은 것은, 발음에 대하여 우리가 적용한 방법론을 언어에 대하여도 그대로 적용하였다는 것이다. 즉 그렇게 오랫동안 문법학자들이 해온 것과는 달리, 우리는 어느 경우에도 규칙을 만들려고 하지는 않았다. 오늘날 더 이상 추상적으로 논리적 추론을 하지 않는 것처럼, 통사론을 프로크루테스의 침대(le lit de Procuste)*에 맞춰 그 길이를 더 이상 늘리지도 않았다. 우리는 단지 소박하게 있는 그대로의 사실을 확인하였을 따름이다. 따라서 우리가 사실상 제기할 문제는 '어떻게 말해야 하는가?(que doit-on dire ?)'가 아니라 '어떻게 말하고 있는가?(que dit-on ?)'이다. 달리 말하자면 발음의 경우와 마찬가지로 언어의 경우에도 최고의 스승은 바로 일상의 용법이다. 따라서 보줄라(Vaugelas)* 이래로 훌륭한 문법학자들은 이 기준 이외의 어떤 것도 고려하지 않았다. 그러나 용법이란 그 수가 많기 때문에 당연히 어떤 것이 좋은 용법인지를 결정해야 하는 문제가 남는다. 즉 문제의 요점은 바로 여기에 있다(**hic jacet lepus**). 보줄라에게 있어서 이 문제는 보다 단순했다. 당연한 말이지만 당시 좋은 용법이란 바로 궁중의 용법이었고, 궁중이 하나의 세계로서 도시가 이를 따르고 시골도 그 영향을 받게 되면서 결국 도시와 시골 모두 궁중의 훌륭한 용법을 따르게 되었기 때문이다. 그러나 오늘날은 사정이 다르다. 그렇다고 해서 보줄라와 마찬가지로 우리도 민중의 언어까지 내려갈 수는 없다. 말하자면 민중의 발음에 논란의 여지가 많다면

---

1) 아주 우아하지만 현대적이라기보다는 고전적인 언어의 형태를 말한다. 즉 비록 일상적 용법으로는 다소간 오래 전부터 사용하지 않지만 문학작품에서는 이따금 사용되고 있는 것을 말한다. 반면에 우리는 여기에서 글 쓰는 재주(l'art d'écrire)를 다루지는 않을 텐데, 이러한 재주는 모든 예술과 마찬가지로 타고나는 것이며 이러한 능력을 소유한 소수의 사람들도 이런 재주를 가르칠 수 없는 것이기 때문이다. 따라서 우리는 단지 문체를 교정하는 것만을 다룰 것이다.

* [프로크루테스(Procuste 혹은 Procruste)란 그리스 신화에 나오는 도적으로서, 사람을 쇠 침대에 뉘어 침대보다 길면 발을 자르고 짧으면 늘였다고 한다. 이런 연유로 자의적으로 문학작품 등을 훼손한다는 의미의 '프로크루테스의 침대'라는 표현이 유래했다.]

* [1585년에 태어나서 1650에 세상을 떠난 프랑스의 문법학자로서, 궁정의 언어를 따라서 문필가들의 좋은 어법(bon usage)을 확립하려고 애썼고 사전편찬에 적극적으로 관여했다.]

민중의 어법은 오죽했겠는가? 불행하게도 민중의 어법이 소위 부르주아 계급에게도 상당히 영향을 미쳤다.[2)]

일찍이 프랑스에서 오늘날처럼 말을 잘못했던 적이 없었던 듯하다. 누구나가 프랑스어를 말하지만 (on parle **le français**), 이것을 제대로 구사하는 것은 별개의 문제이다. 따라서 좋은 용법이라고 할 수 있는 것을 확정하기 위하여 우리가 할 수 있는 운신의 폭은 발음의 경우보다 한결 제한되어 있다. 물론 몇몇 부주의한 경우를 제외하고는 수많은 사람들이 대체로 가장 좋은 용법에 따라 프랑스어를 발음하지만, 이 사람들이 실제로는 아주 많은 경우에 프랑스어를 아주 서툴게 구사한다. 그 이유는 자기 의사를 전달할 수만 있다면 프랑스어를 언제나 잘 구사한다고 착각하고 있기 때문이다.

그러므로 좋은 용법을 결정할 수 있는 사람들은 이들 다수의 사람들이 아니라 필연적으로 소수의 사람들이다. 우리가 언급한 것처럼 발음의 경우에는 아무리 잘못된 구사법이라도 용법이 허용하는 한 좋은 것으로 여겨질 수 있는데, 한 가지 조건이 있다면 이 용법이 우리가 언급하는 소수가 사용하는 용법이어야 한다는 것이다. 이러한 소수의 사람들이란, 충분히 교육을 받았고, 언어를 연구하여 거의 완벽하게 알고 있으며, 부주의하거나 애쓰지 않고도 자연스럽게 언어를 구사할 줄 아는 사람들을 말한다.

저널리즘이 구어의 훌륭한 모델을 제공해줄 것이라고 생각할 수 있다. 왜냐하면 필연적으로 글을 빨리 작성해야 할 필요성 때문에 기교를 부릴 수가 없고, 대상으로 삼는 독자들이 가장 일상적인 언어의 형태에 머무르도록 할 것이기 때문이다. 이러한 견해는 대체로 올바를 수 있지만 많은 제한을 두어야 한다. 오늘날의 저널리즘은 많은 경우 탐방기사식이 되어버렸기 때문에, 지나치게 서두르다 보니 이런 기사들이 정확히 쓰고자 애쓰는 것과는 거리가 멀다는 것을 쉽게 짐작할 수 있다. 많은 기자

2) 민중의 어법과는 별도로 상인의 어법이 존재했는데, 이 언어에서는 생략을 많이 사용하여 의도적으로 전보 스타일과 가까워지고, 식민지의 흑인이 쓰는 엉터리 프랑스어와 흡사했다. 물론 구어에서는 이 언어에서 차용한 다음과 같은 축약된 표현을 사용할 수 있다. 즉 *le 15 courant, d'ici fin mai, une étoffe tout laine, comme suit* 등이다. 그러나 이러한 표현은 구어에만 머물러 있어야 하고, 이 경우에도 어느 정도 제한을 두어야 하는 법이다.

들이, 말하는 것보다 더 빨리 글을 쓰고 심지어 학술원 회원들조차도 가끔은 이렇게 한다. 따라서 이들이 아주 훌륭한 모델을 제공해줄 수는 없는 법이다. 게다가 언론 집단은 아주 잡다한 사람들의 세계로서, 별도의 자격시험을 치르지 않고 기자가 되기 때문에 그들은 아주 변변치 않은 초보의 지식만을 가지고 이곳에 쉽사리 들어오며, 또한 프랑스어를 제대로 알지 못하는 기자들도 많이 있다. 그럴 수밖에 없는 것이 그들은 프랑스어를 제대로 배운 적도 없고, 본능적 감각과 타고난 재능으로 부족한 지식을 보충할 수 있는 사람의 숫자도 많지 않다. 더 나쁜 것은, 바로 이러한 사람들이 말은 잘못하지만 글은 더 우아하게 쓸 수 있다고 여기고는 쓸데없이 기교를 부리려고 한다는 것이다.[3] 따라서 신문이란 것이 확실한 안내자가 될 수 없다. 소설이나 연극이 더 낫지 않을까라는 견해에 대해서는 잘 모르겠다. 물론 이에 대하여 할 말은 많이 있다.[4]

이 책은 물론 학교문법책이 아니다. 이 책이 대상으로 하는 사람들은, 어려운 경우를 만났을 때 이것을 항상 잘 해결하지는 못하더라도 이미 프랑스어로 말하는 것이 무엇인지 충분히 알고 있는 사람들이다. 그러나 몇몇 독자들은 아마도 이 책에

---

3) 예를 들어서 주어와 동사를 도치시키면 아주 우아한 경우가 있다는 말을 듣거나 확인하고는 그들은 아무 때나 도치 시킨다. 즉 *si étourdi qu'il soit*가 그들이 보기에 너무 평범해서 이를 *aussi étourdi soit-il*로 바꾸는데, 경우에 따라서는 다양한 구문이 우아하게 결합되어 있는 *pour si étourdi qu'il soit*로 바꾼다. 그들은 또한 *s'il était venu plus tôt*라고 하지 않고 *fût-il venu plus tôt*라고 쓰는데 이는 매우 프랑스어적인 표현이지만 전혀 다른 의미를 갖는다. 그들은 또한 *fût-il un grand homme*라는 표현에 조건법이 들어 있고 현재형이나 미래형과 함께 쓰일 수 있다는 것을 모르고 *soit-il un grand homme*라고 쓴다. 또한 *rien moins*이란 표현이 매력적으로 보여서 그 외양만 보고 정반대의 의미를 갖고 있는 *pas moins*의 의미로 사용하기도 한다. 그들은 조심성이 많았다는 의미로 *il a montré la plus invraisemblable des prudences*라고 쓰기도 한다.

4) 어떤 표현이 여러 현대 작가들에게서 발견된다고 해서, 너무 많은 사람들이 그 표현이 허용된 것이라고 믿는 경향이 있다. 그러나 이러한 표현을 받아들이지 않고 사용하지도 않는, 아마도 가장 훌륭한 작가들을 이들은 고려하지 않는다. 한편 재능은 많지만 문법을 잘 모르고 심각한 실수를 저지르는 사람들이 심지어 학술원에도 있다. 눈썹 하나 까딱 않고 *pour de*나(그렇다면 *pour de rire*는 왜 안 되나?) *mille francs chaque*라고 쓰는 학술원 회원도 있다. 다음 문장들은, 그들 중에서 글을 가장 못쓴다고 볼 수는 없는 한 인사가 쓴 것이다. 즉 *également propre à enseigner les...que le..., faire penser un homme à quelque chose, être décidé de faire une chose, aimer à voir clair en soi-même et les sentiments nets, elle ne vous laissera pas disparaître sans s'inquiéter d'où vous êtes*의 예와 같다. 이러한 표현들은 전혀 프랑스어가 아닌 것이다.

서 다소 기초적인 사항들을 언급하고 있다고 생각하게 될지도 모른다. 프랑스 독자들에게 양해를 구하고 싶은 것은 내가 그들과 함께 외국인도 염두에 두어야 했다는 점이다. 아마도 내가 필요 이상으로 많은 것을 언급하고 있는지도 모른다. 왜냐하면 대부분의 프랑스인은 자신들의 언어를 매우 정확하게 발음한다고 여기고 있으며, 역시 대부분의 사람들은 자신들이 제대로 말한다고 확신할 것이기 때문이다. 그런데 가장 서투르게 말하는 사람들이란 바로 더 잘 말하려고 애쓰지 않는 사람들이다. 이 사람들은 예전에 학교에서 문법을 배웠지만 그 기억이 별로 유쾌하지 않기 때문에 새로 시작할 필요성을 별로 느끼지 못할 것이다. 조금 전에 얘기한 신문기자들도 이 책을 참조하지는 않을 것인데, 그들에게는 일상의 용법만으로 충분하고 또한 그 용법들만을 최대한으로 활용하면 그것만으로 족할 것이기 때문이다. 그러나 외국인은 경우가 다르다. 그들은 자신들이 완전하게 말하지 못한다는 것을 잘 알고 있으며, 보다 잘 말해보려는 강한 욕망을 종종 갖고 있다. 그런데 그들은 필요한 모든 정보를 문법책에서 찾지 못하기도 하고 오히려 불필요한 정보를 발견하게 된다. 반면에 문법책의 불충분함을 보완해줄 수 있는 일상의 용법이 문법책에 항상 나와 있지도 않다.

사실 완벽하다고 여겨지는 우리의 문법책에도 미진한 점이 많이 있다. 아마도 문법책에서 모든 것을 말할 수는 없다. 왜냐하면 누구도 모든 것을 말하거나 모든 것을 예견할 수 없기 때문이다. 그러나 문법책에서 언급하지 않고 있는 것에서보다는 문법책이 언급하고 있는 것에서 더 많은 해악이 생기는 경우가 있다. 먼저, 순수하게 문학적인 언어, 심지어 고전적인 언어와, 실제로 일상적인 언어를 문법책에서는 구별하고 있지 않다.[5] 반면에 문법책들이 여러 세대에 걸쳐 반복해서 발간되기 때문에 최근의 문법책에도 올리베(Olivet)*와 보제(Beauzée)* 등 예전 문법학자들의 가르침의

---

5) 단지 하나의 예만을 들자면 대부분의 문법책에서는 *prends ton chapeau et va-t'en*과 *prends ton chapeau et t'en va*라는 표현을 구별하지 않고 말하고 있다. 이것이 프랑스인에게는 전혀 문제가 되지 않으나 외국인의 경우에도 과연 문제가 되지 않을까?

* [올리베(Olivet)는 1682년부터 1768년까지 생존했던 프랑스의 문법학자로서, 1732년에는 *Essais de grammaire*를 발간했다.]

* [보제(Beauzée)는 1717년부터 1789년까지 생존했던 프랑스의 문법학자로서, 1767년에는 *Grammaire générale*을 발간했다.]

흔적을 여러 개 쉽사리 발견할 수 있는데, 이러한 가르침이 예전에는 탁월했지만 언어가 진보함에 따라 이제는 시대에 뒤진 것일 수 있다.[6] 문법책에는 세심한 문법학자가 상상해낸 순전히 이론적 차원의 차이점들을 계속 언급하고 있는데, 아마도 일상 용법에서는 이런 구별이 전혀 지켜지지 않을 수 있다.[7] 1901년에 통사론을 단순화시킬 목적으로 교육부 칙령이 발표되었다. 세상 일이 항상 그런 것처럼, 이 칙령도 몇 가지 점에서 미진한 점이 있었다. 그렇지만 칭찬할만한 목표를 갖고 있었는데, 많은 시간을 들여서 배우기는 하지만 그것을 모른다고 프랑스어를 실제로 모른다고 할 수 없는 상당한 양의 규칙들을 기본적인 문법책에서 제외시켰다는 것이다. 따라서 시험 채점자가 심각한 실수는 물론 사소한 철자법의 실수를 그 때까지 똑같이 중요하게 취급했다면, 이제는 이런 사소한 실수에 대해서는 더 이상 개의치 않게 되었다. 왜냐하면 통사론이란 미명 아래 문제를 삼았던 것이 실은 철자법에 관한 것이었고, 이것은 말하자면 언어 자체와는 전혀 관계없는 매우 관례적인 문제였기 때문이다. 문법책에서는 어떠했는가? 문법책에는 옛날 규칙에서 다루던 사항들을 포함하기는 하지만 그 규칙들이 더 이상 존재하지 않는다고 가르치고, 교육부 칙령에서 허용해주기를 바랐던 잘못된 철자법도 역시 옳은 것으로 가르쳤다. 그러다 보니 마치 이러한 허용사항(tolérance)이 정확하지 않은 것을 정확한 것으로 만들 수 있는 것처럼 여기도록 했다.[8] 실제로 언어 자체에 대해서는 교육부의 칙령은 아주 신중하

6) 언젠가 한 신사를 만난 적이 있다. 그는 지식이 풍부하고 정확하게 말하려고 애쓰며 그가 예전에 문법책에서 배웠던 *le peu de*에 대한 규칙을 기억해내려고 애썼다. 그런데 그가 이러한 노력을 해야 한다는 사실만으로도 이 규칙이 이미 무효가 되었다는 것을 의미하지 않겠는가? 그는 유사한 경우에 누구나가 말하는 방식을 따라서 자연스럽게 말하려고만 하면 되었을 것이다. 그러다가 이 규칙을 어기게 되더라도, 이 규칙은 사실 언어에 있어서 유일한 스승이라고 할 수 있는 용법에 맞지 않으므로 이미 가치가 없다고 할 수 있다. 과거분사 일치에 대한 많은 다른 규칙에 대해서도 역시 같은 말을 할 수 있다.

7) 위대한 작가들에게서 어떤 표현 방식이 발견되었다는 이유로 많은 사람들은 이것이 좋은 것이라고 믿는 경향이 있다. 그런데 그들은 하나의 표현이 예전에는 훌륭했지만 용법에서 완전히 사라져버렸다는 사실을 너무 쉽게 잊는다. 말할 나위 없이 라신느(Racine)나 보쉬에(Bossuet)와 같은 위대한 작가들도 다른 사람들과 마찬가지로 틀릴 수가 있었던 것이다. 이러한 사실을 확인한다고 신성모독이 될 수는 없다.

8) 따라서 문법책에서는 *excepté sa mère*나 *exceptée sa mère* 둘 다 글로 적을 수 있다고 가르치는데, 이는 아주 잘못된 것이다. 왜냐하면 결국은 의심의 여지가 없는 올바른 용법이 있기 때문이다.

고 심지어는 너무 신중하다고 여길 수 있는 정도였다. 한편 이 칙령에서 전혀 언급하지 않은 사항에 대하여 문법책에서는 자의적인 구별을 소중하게 유지하고 있는데, 실제 용법에서는 이런 구별을 전혀 알지 못하는 경우도 있다.

이 책에서 우리가 철자법을 다루는 것이 아니라 언어를 다루고 있다고 말할 필요가 있을까? 달리 말해서 우리는 철자법을 다루더라도 언어 자체가 관계되는 한에서만 다룰 것이다. 한편 우리는 예들을 선택할 때 성이나 수의 변화가 언어 자체에 관계되는, 즉 종이 위에서 뿐만 아니라 귀로 구별이 되는 것들을 일부러 선택하였다. 이렇게 해서 소위 철자법의 문제를 해소했다는 사실에 주목하기 바란다. 이와 같이 하면 철자법의 문제는 쉽게 해결된다.[9] 따라서 일반적인 문법책에 필요한 보충적인 지식을 우리가 제시하는 것은 바로 (철자법이 아닌) 언어 분야에 관하여 언급하기 위한 것이다. 물론 우리가 모든 것을 전부 다룬다고 주장하지는 않는데, 언어현상이란 다양하고 복잡하기 때문에 완전할 수는 없다는 분명한 이유 때문이다. 사람들은 단어들을 배열하는 데에도 엄청나게 다양한 경우의 수가 생긴다는 것과, 말하면서 하는 구별도 상당히 많다는 것을 짐작하지 못하는데, 단순히 용법에 맞춰서 별 노력 없이 즉각적으로 하는 경우에도 그러하다. 그런데 이러한 구별이 즉각적으로 이루어지는데 이것을 확인한다고 무슨 이점이 있냐고 물을지도 모른다. 이에 대하여 나는 억측을 해 보는 것 자체가 항상 이득이 된다고 대답할 것이다. 다시 말해서, 이러한 구별이 아무리 즉각적으로 일어난다고 해도 이를 모르고 지나칠 수도 있고, 아무리 훌륭한 작가들이라도 이상하게 부주의로 실수를 하게 되는 것을 발견하는 경우도 있다. 그들이 사용하게 된 이러한 표현이 처음에는 이상하게 여겨져도 그 결점을 보지 못하여 무시해버리면, 같은 실수가 많은 다른 사람에 의해서도 저질러지게 된다.

---

9) 문법학자들은 *ils ont pris leur chapeau*라고 써야 하는지 아니면 *ils ont pris leurs chapeaux*라고 써야 하는지를 자문하고 가끔은 둘 다 받아들이는데, 이 문제는 실제로는 전혀 중요하지 않다. 그러나 구어에서 주저하지 않고 즉각적으로 구별하는 *votre*와 *vos*를 쓰게 되면, 위의 문제는 사라지고 논리적으로 올바른 철자법은 하나라는 것을 알게 될 것이다. 분명히 필요한 이러한 방법을 사용하게 되면, 그릇된 많은 해결책과 근거 없는 구별이 필요 없게 되는데, 특히 과거분사 앞에 부분의 의미를 갖는 *en*이 나오는 경우 과거분사의 일치의 문제가 그렇다. 이것에 대해서는 과거분사의 일치에 관한 두 번째 언급을 참조하기 바란다. 이와 같이 유사한 문장을 비교하는 것만으로 많은 다른 문제들이 사라지는데 ,특히 *rien moins*의 용법에 관한 문제가 그러하다. 이에 대해서는 <수량부사(les adverbes de quantité)>에 관한 항목을 참조하라.

따라서 왜, 그리고 어째서 그것이 실수인지를 보여주는 것은 좋은 일이다. 이 책에서 발견하게 될 많은 언급들은 내가 독서를 하면서 찾아낸 유사한 실수들이 계기가 된 것이다. 이런 실수는 이미 저질러지고 또 저질러질 수 있는 것들이기 때문에, 프랑스인들에게도 조심하라고 하는 것이 유익하다고 여겨지며 하물며 외국인의 경우에는 더 할 것이다. 그렇지만 한 번 더 말하자면, 프랑스어와 같이 미묘하고 복잡한 언어를 말할 때에는 해결해야 할 문제가 무한히 다양하게 존재하기 마련인데, 우리는 이 많은 분량 중에서 아주 적은 일부만을 언급하게 될 것이다.

목차 품격 있는 프랑스어 이야기
Comment on parle en français

제1장 명 사

1. 성(genre)과 수(nombre)

사람과 동물을 가리키는 (남성과 여성의) 형태가 같은 명사들

많은 명사들이 처음에 남성을 지칭하기 위하여 만들어졌기 때문에 당연히 남성이나 이따금 여성을 지칭하기 위해서도 사용하면서 가끔은 당황스러운 경우가 생긴다.

어미가 여성형인 남성명사들 **(les noms masculins à finale féminine)**, 즉 *propriétaire, locataire, concierge, camarade, complice, élève, garde, aide* 등과 같은 명사들은 이 어미 덕택에, 또한 이 명사에 해당하는 많은 수의 여성들 덕택에 쉽사리 여성형이 될 수 있다.[1] 또한 *juge*와 같은 명사는 여성형으로 끝나지만 반드시 남성으로 간주되는데, 그 이유는 은유적 의미로만 여성을 지칭하기 때문이다. 따라서 여성에게 *vous serez mon juge*라고 하는데, 이것은 여성에게 *vous êtes un ange*라고 하고 *vous êtes une ange*라고 하지 않는 것과 같다. 또한 여성에게 *vous êtes mon maître*라고 하는데, 이는 남성에게 *vous êtes ma caution* (ou *sa dupe*)라고 하거나 *la passion est le plus dangereux des conseillers*라고 하는 것과 같다. 그러나 *la passion est mauvaise conseillère*라고도 한다.

반면에 *esse*란 어미가 몇몇 명사의 여성형을 만들기 위하여 사용되었는데, 이는 *comte, prince*의 경우가 그렇고, 심지어 (*duc*의 경우처럼) *pape*에게도 사용된다. 또한

---

1) 여기에서 *garde*나 *aide*처럼 남성형 이전에 추상명사로 사용되는 명사들의 성을 말하는 것은 아니다. 참고로 여기에서 조작(*la manœuvre*)과 인부(*un manœuvre*)의 두 명사를 비교하기 바란다. 예전에는 프랑스의 궁전을 지키는 병사들(les soldats de la garde française)을 지칭하기 위하여 *la garde française, les gardes françaises*라고 했는데 오늘날에는 *les gardes républicains*이라고 한다.

*chanoine, druide, prophète, diable, drôle, ogre, mulâtre, nègre, maître, traître, pauvre*의 경우도 이에 해당한다.[2)]

*Poète*란 단어는 이탈리아어에서 차용된 *poétesse*란 단어를 만들어 냈다. 그런데 *poétesse*는 별로 사용되지 않았고, 경멸의 의미를 갖지는 않지만 적어도 아주 고상한 의미는 갖지 않고 약간은 친숙하게 말할 경우에만 사용된다. 따라서 *une femme poète*라고 하지 않는 한, 여성도 역시 *un poète*이다. 마찬가지로 *peintresse*는 단지 농담 삼아 하는 말이므로 여성에게 *une femme peintre*라고 한다. 이러한 사실은 아마도 여성 중에 위대한 시인이나 위대한 화가가 별로 많지 않았던 것과 관련이 있는 듯하다. 오늘날 여성 시인들의 숫자가 증가했지만 그들 중의 하나를 *une de nos meilleures poétesses*라고 말한다고 여전히 대단한 칭찬이 되지 않는 듯하고, 진실로 그녀에게 존경심을 나타내고자 한다면 *un de nos meilleurs peintres*라고 하듯이 *un de nos meilleurs poètes*라고 말할 것이다. 이러한 표현 속에는 남성과 비교해서 그렇다는 의미가 역시 함축되어 있기 때문이다.[3)]

남성 명사의 어미가 남성형으로 끝날 경우에는(**si le nom masculin a une finale masculine**), 여성형을 만들기가 힘든 경우에 언제나 남성형으로만 사용하는 것이 일반적이다. 여성을 단지 ***un*** *juge*나 ***un*** *poète*로 지칭할 수밖에 없다면, 더구나 ***un*** *témoin,* ***un*** *tyran* 혹은 ***un*** *officier d'académie*의 경우도 이 형태 그대로 여성을 지칭할 수밖에 없다[4)]. 또한 여성에 대하여 *c'est un excellent professeur, c'est le professeur de mon fils, c'est* ***un*** *écrivain, c'est* ***un*** *orateur remarquable, c'est* ***un*** *auteur distingué*라고 말한다. 마지막 예의 경우 *autoresse*라는 단어가 시도되었지만 영어에 *authoress*라는 단어가 있음에도 불구하고 사용되지 않았으며, 그 이후에 *une femme*

---

2) 이외에도 *âne, tigre*는 물론이고 *doge, pair, diacre, centaure, satyre, sauvage*와 *Suisse*라는 명사들도 이에 해당한다.

3) 그러므로 라신느(Racine)는 다음과 같이 표현했다.

La mort est *le seul* dieu *que j'osais implorer.*

그는 아마도 희랍어를 염두에 두었던 듯하다. 만일 *la seule déesse*라고 했더라면 의미가 전혀 엉뚱하게 되었을 것이다.

4) 그러나 명백하게 여자아이를 가리키고자 하는 경우에는 *une enfante*라고 한다.

professeur, une femme auteur 등의 표현이 사용되었다.[5)]

또한 *docteur ès sciences*나 *docteur en médecine*도 여성에게 사용된다. 물론 *autoresse*보다는 더 빈번하게 사용된다고 볼 수 있는 *doctoresse*라는 단어가 있기는 하지만, 이것이 단지 *docteur en médecine*의 여성형으로 사용될 뿐이고 아주 친숙하고 속어적 단어로서 남아 있어서 공식문서나 명함에는 쓰이지 않는다.[6)]

그리고 *avocat*의 여성형은 만들기도 쉽고 *docteur*보다는 성공할 가능성이 더 많은데, *avocat*란 공식적 명칭이 아니기 때문이다. 그러나 *doctoresse*와 마찬가지로 *avocate*는 아직은 친숙한 대화에서만 쓰인다. 반면에 *candidate*는 시험이나 콩쿠르에 참여하는 여성들이 많기 때문에 널리 사용되는데, 대부분의 경우 정확한 용어는 *aspirantes*이다.[7)]

보다 흥미로운 현상은 남성어미로 끝나면서 여성만을 지칭하는 경우인데, *laideron*과 *souillon*이 그렇다. 따라서 이 두 단어의 성이 오랫동안 정해지지 않았는데 의미와 형태가 일치하지 않기 때문이다. 오늘날 일반적으로 의미보다는 형태를 따라서 남성으로 받아들여지는데 특히 *laideron*을 남성으로 여긴다.[8)]

또한 *soprano, mezzo, contralto*의 성에 대해서도 주저하게 된다. 목소리를 지칭할 경우에는 이 단어들은 항상 남성이지만, 사람에 대하여 말할 때는 *une contralto*라고 하거나 특히 *une contralte, une mezzo*라고 한다. 반면 *soprano*의 경우 남성으로 굳

5) 또한 *teur*로 끝난 다른 명사들도 역시 여성형이 없는데, *amateur, constructeur, imposteur, littérateur, sculpteur* 등이 그렇다. 그런데 *monitrice, inspectrice*는 널리 쓰이게 되었고, *auditrice*는 이제 막 쓰이기 시작한다. 또한 *malfaitrice, compétitrice, novatrice, préceptrice, sectatrice, spéculatrice*도 역시 쓰이기 시작한다. 반면에 여성형이 있음에도 불구하고 남성형이 사용되는 경우가 있는데, *la femme doit être le premier instituteur de son enfant*이라고 말하는 것은 적어도 이 아이(enfant)가 남자 아이인 경우 정확한 표현이다.

6) 민중들이 이 표현을 잘 사용하는데, *médecin*에 가능한 여성형이 없고 *médecine*이란 단어가 성공할 가능성은 전혀 없기 때문이다. 그리고 *eur*로 끝난 몇몇 명사에 대하여 *esse*나 *eresse*로 된 여성형을 발견할 수 있다. 그런데 이 어미는 중세에 널리 사용되었고 (*bailleresse, défenderesse, demanderesse, vengeresse*의 예가 있음) 법정에서 쓰이는 고어나 (*charmeresse, chasseresse, devineresse, enchanteresse, pécheresse, vengeresse*의 예가 있음) 시에서 쓰이는 고어가 아직 남아 있다.

7) *Artisane*라는 단어는 쓰이지 않는다.

8) 그러나 민중들은 *une laideronne*라는 단어를 사용한다.

어졌는데, ***un*** *soprano léger,* ***un*** *soprano dramatique*라고 항상 말해 왔기 때문이다. 반면 바이올린을 연주하는 여자는 ***un*** *violon*이고 클라리넷을 연주하는 남자가 ***une*** *clarinette*이듯이, 악기 명은 그것을 연주하는 사람이 남성이건 여성이건 간에 일반적으로 악기의 성을 그대로 유지한다.

군대 용어의 경우 사정은 다른데, *un clairon*에서 유추하여 ***un*** *trompette,* ***un*** *cornette,* ***un*** *enseigne,* ***un*** *ordonnance*라는 표현을 사용한다. 그러나 생략에 의한 명사인 *les recrues*는 항상 여성형으로 사용하며, *une sentinelle, une vigie, une vedette, une estafette*도 역시 여성이다.[9)]

동물을 지칭하는 명사의 성 문제는 아주 복잡하다.

먼저, 가축 이름이나 이따금 사냥에서 수확한 짐승의 이름 이외에는 여성형을 갖고 있는 명사는 거의 없다. 그러나 *chatte, chienne, lionne, tigresse*[10)]와 같이 남성형에서 변한 여성형이 있는가 하면, *sœur*와 *frère*, *tante*와 *oncle*과 같이 남성형과 전혀 닮지 않은 여성형이 있다. 따라서 *bouc*와 *chèvre*, *bélier*와 *brebis*, *jars*와 *oie*, *coq*와 *poule*, *porc*와 *truie*, *cerf*와 *biche*, *sanglier*와 *laie*, *lièvre*와 *hase*, 그리고 외양상으로만 관계가 있는 *canard*와 *cane* 등이 있다.[11)]

여성형이 특수한 어미에 의하여 만들어지는 경우도 가끔 있는데, *chevrette, levrette, perruche, pouliche*가 그렇다. 원래 *coq d'Inde*와 *poule d'Inde*를 줄인 말인 *dinde*의 경우, 이 단어는 오랫동안 두 개의 성을 갖고 있다가 이제는 시골이나 시장에서만 *un dinde*라는 남성 표현을 듣게 되고, 오늘날 *dinde*는 암컷만을 지칭한다. 수컷을 지칭하는 단어로 *dindard*가 있었는데 이제는 *dindon*으로 굳어졌고 새끼 칠면조는 *dindonneau*라고 부른다.

복수형에서 일반적으로 성을 구별할 필요가 없을 때 자연히 남성형을 사용한다. 즉 *les chats, les chiens, les canards, les singes, les sangliers* 등의 예가 있다.[12)] 예외가

---

9) 마찬가지로 *peste*는 항상 여성인데, 남자에게 사용하는 경우에도 역시 여성이다.

10) 그런데 *daim*의 여성형은 *daine* 혹은 *dine*이다.

11) *Bœuf, cheval, mouton, cochon*은 번식이 불가능한 수컷의 명칭인데, 암수 모두를 지칭하는 경우에 사용된다.

12) 물론 *les bœufs, les chevaux, les moutons, les cochons*도 있다.

있다면 여성인 *les poules, les oies, les chèvres*인데, 수컷의 숫자가 적기 때문이다.

가축이나 사냥에서 수확한 짐승이 아닌 많은 동물의 경우, 특히 파충류, 어류, 곤충의 경우 암컷 혹은 수컷을 지칭하는 단어가 하나밖에 없다. 따라서 필요한 경우 *une souris mâle, un papillon femelle, une perdrix mâle, un serpent femelle*이라고 한다.[13)]

또한 *un aigle femelle*이라고 말하는데, *aigle*는 *les aigles romaines*나 *les aigles impériales*과 같은 깃발을 지칭하는 경우 이외에는 분명히 남성이기 때문이다. 문장(blason)의 경우에는 *l'aigle noir de Prusse, l'aigle blanc de Pologne*처럼 남성으로 취급하는데, *aigle éployée* 나 *aigle impériale*이라는 표현을 쓰는 이유를 모르겠다.[14)]

*Gent*과 *gens, personnes*와 *personne*

*Gens*이라는 단어는 그 용법이 매우 복잡하다.

문학적인 혹은 시적인 용법으로 쓰이는 단수형 *gent*은 여성이다. 나라 사이의 관계를 통제하는 법, 즉 <celui qui règle les rapports entre nations>을 의미하는 *le droit des gens*이라는 표현에서, 이 단어는 그 의미와 함께 역시 성도 간직하는 듯하다. 이 경우를 제외하면 복수형 *gens*은 *hommes*의 동의어로서 이론의 여지가 없이 명백히 남성이다. 즉 *ces gens sont **fous**, **nombreux** sont les gens de lettres* (ou *les gens de cour*) *qui*...의 예와 같다.

물론 사람들은 항상 *les **vieilles** gens, de **bonnes** gens, de **méchantes** gens*이라고 말한다. 이러한 옛날 말투는 *gens*의 성이 여성이었고 단어를 연결하는 관계가 밀접해서 여성이라는 성격이 변하지 않고 남아 있는 시절로까지 거슬러 올라간다. 당시에는 *grand*이 *mère* 앞에서 그 형태를 유지하듯이 *bonnes*가 *gens* 앞에서 그 형태를

13) *Merlesse*라는 단어는 *c'est l'histoire du merle et de la merlesse*라는 속담에서만 사용된다.

14) 동물에 대해서 얘기하고 있으므로, 수레 등을 다는 짐바리 짐승에게 *bouche*란 단어를 사용한다는 것과 *le saumon, la carpe, la grenouille*에 대해서도 가끔은 *bouche*란 단어를 사용한다는 사실, 또한 동물의 경우 뿔로 되어 있고 무엇을 잡기 위해서가 아니라 몸을 지탱하기 위해서 사용하는 것을 *pied*라고 지칭한다는 것을 부언해 두자.

유지하고 있었다. 그러나 이러한 옛날 말투의 용법은 사실 매우 제한되어 있다.

첫째 조건은 당연히 형용사가 명사 바로(*immédiatement*) 앞에 와야 한다는 것이다. 따라서 몇몇 형용사의 경우에만 해당되고, ***tous** les gens qui*...라고 하듯이 관사 하나만 사이에 나와도 남성형을 사용한다.

Tous les gens *querelleurs*, jusqu'aux simples mâtins…

게다가 *gens*이 보어를 취하기만 해도 형용사와의 결합관계가 약화되어서 옛날 말투가 사라진다. 즉 *il y a ici de **nombreux** gens de guerre qui*...(ou *gens de lettres*) *qui*...와 같다.[15)]

끝으로 *gens* 바로 앞의 형용사가 남성과 여성에서 형태가 같을 때 여성은 더 이상 나타나지 않기 때문에 *gens*을 남성이라고 여길 수 있으므로, 이때부터 더 이상 어떤 어려움도 나타나지 않는다. 따라서 전혀 주저하지 않고 다음과 같이 말한다. 즉 *ces braves gens sont très **heureux** de nous voir, **heureux** les braves gens, **tous** les honnêtes gens seront satisfaits*의 예와 같다.

이상과 같이 여성형이 쓰이는 경우는 남성형과 여성형의 형태가 다른 형용사가 *gens* 바로 앞에 나오고 *gens*에 보어가 뒤따르지 않은 경우에 해당한다. 즉 ***certaines** gens prétendent..., **quelles** gens êtes-vous ?, il n'y a pas de sot métier, il n'y a que de **sottes** gens, **toutes** les **vieilles** gens*의 예와 같다.[16)]

이러한 예외가 아무리 이상하다고 해도 우리로서는 어쩔 수 없고 불가피한 것이라고 인정해야 한다. 그런데 남성과 여성의 형태가 다른 형용사의 경우 일치 문제가 문장 내에서 제기되고 가끔 어려운 문제가 생긴다. 물론 *les vieilles gens sont avares*의 경우 전혀 문제가 없지만, *les vieux gens*이 불가능하므로 *les vieilles gens*이 나오

15) *Gens d'armes*는 너무나 남성의 성질이 강하여 단수형에서도 *un gendarme*라는 단어를 만들었는데, 익살스럽게 *un gendelettre*라고 말하기도 한다.

16) 사실 명사 앞에 올 수 있는 형용사의 수가 한정되어 있기 때문에 *petites gens, bonnes gens, méchantes gens, vieilles gens, vilaines gens, sottes gens, certaines gens, quelles gens*을 열거하고 나면 이것이 거의 전부라고 할 수 있다. 용법에 예외가 있을 때 이런 정도라는 것을 확인할 수 있다.

는 경우 *les vieilles gens sont soupçonneux*인가 아니면 *soupçonneuses*로 할 것인가? 예전부터 *tous*의 경우를 제외하고는 남성형을 택하여 이 문제를 해결했는데, 예를 들어 라퐁텐느(La Fontaine)는 다음과 같이 적고 있다.

Plus *telles gens* sont *pleins*, plus ils sont *importuns*.

마찬가지로 ***certaines*** *gens sont bien sots*라고 말한다.[17] 게다가 *gens*이란 단어가 일치를 해야 하는 단어와 너무 가까운 경우에는 *gens* 대신에 *hommes*이나 *personnes*를 사용하는 것이 낫다. 그렇지만 당황스로운 경우는 별로 없을 것이고, 문법학자들이 상상해낸 다음 문장 즉 *instruits* (ou *instruites*) *par l'expérience, les vieilles gens sont soupçonneux* (ou *soupçonneuses*)와 같은 문장을 사용해야 되는 경우는 생기지 않으리라고 본다. 그리고 이러한 경우에 *les hommes âgés*나 *les personnes âgées*라고 말하는 것을 누가 막을 수 있단 말인가?[18]

덧붙이고 싶은 것은, ***gens***과 ***personnes***가 똑같은 상황에서 종종 사용될 수 있지만, 둘 사이에는 구별을 해야 하고 함부로 혼동해서 사용해서는 안 된다는 것이다. *Gens*이란 단어는 그 수가 정해지지 않은 집단적 성격을 띠고 있는데 *personnes*에는 그런 성격이 없다. 따라서 *les personnes de lettres*라고 말할 수 없고, 가끔 들리는 *il faut avoir pitié des personnes*나 *il ne faut pas médire des personnes*라는 문장은 아주 잘못된 것이다. 구체적으로 어떤 사람들을 지칭하는지 분명치 않기 때문이다. 그러나 *laissez passer les personnes qui descendent*나 *il ne faut pas médire des personnes absentes*라고 말하는 것은 아주 정확하다. 또한 *je vais répéter pour les personnes qui n'ont pas compris*도 정확한 문장인데, 만약 대신에 *gens*을 사용하면 이 단어의 집단적 성격에 의한 일반화의 가능성 때문에 무례한 표현이 될 수 있다. 또한 *gens*은 셀

17) 그러나 *un de ces bonnes gens*이라고 말할 수는 없다.

18) 아무튼 1901년의 교육부 칙령에 의하여 정해진 합법적 허용사항(la tolérance légitime)은 아주 유감스러운 형태로 되어 있는데, 이것에 의하면 문법에서는 *gens*이 여성인지 혹은 남성과 여성을 모두 가리키는지 알 수가 없다. 즉 이 단어는 남성이고, 드문 예외가 있긴 하지만 그 예외가 많지는 않다고 되어 있다. 한편 *personne*는 형용사가 아무리 멀리 떨어져 있다 하더라도 이 단어가 남성형용사와 함께 쓰이는 경우는 없다.

수 없기 때문에 *vingt gens*이라고 하지 않고 *vingt personnes*라고 하며, *gens de lettres*에 빈정거림이 느껴질 위험성이 있으면 *vingt hommes de lettres*라고 한다. 끝으로 *choses*에 대한 반대말로서 거의 언제나 *les personnes*를 사용한다.[19)]

*Des personnes*나 *les personnes*라고 하듯이 *une personne, la personne, quelque personne*처럼 할 수 있는데 항상 여성형이 쓰인다. 또한 인칭대명사가 나타내는 의미를 보다 강하게 하기 위하여 소유형용사와 함께 *personne*를 사용하기도 한다. 즉 *c'est votre personne qui m'intéresse, il est content de sa personne*의 예와 같다. 그러나 부정문이나 부정의 의미를 포함하고 있는 문장에서 단독으로 쓰이는 *personne*는 *quelqu'un*의 의미이며 항상 단수로서 부정(indéfini)대명사의 기능을 한다. 그리고 이 단어가 주어나 직접 목적보어이거나 아니면 이 단어에 부분관사 *de*가 있거나 없거나 남성으로 취급한다. 즉 *il ne parle à personne, il n'est content de personne, personne n'est* ***parfait****, a-t-on jamais vu personne d'aussi* ***fou****?* 혹은 *personne, une fois* ***instruit*** (ou *s'****il*** *est instruit) de ce qui s'est passé, ne croira que...*의 예와 같다. 그러나 말하는 사람이 여성이라면 *personne n'est plus que moi votre* ***servante***라고 할 수 있으나, 여성에게 말하면서 *il n'y a personne ici qui soit aussi* ***belle*** *que vous*라고 하기는 어렵다. 차라리 *il n'y a pas une femme ici qui soit aussi* ***belle*** *que vous*라고 하는 것이 더 낫다.

두 개의 성을 갖고 있는, 사물을 가리키는 명사들

사물을 가리키는 명사들 중 몇 개는 성이 두 개이다.[20)] 이제는 여성으로 굳어진 *automobile*외에도, 몇몇 명사들은 두 개의 성 사이에서 주저하다가 둘 중 하나를 선택하지 못하기도 하고 선택하더라도 다른 성의 흔적을 간직하거나 특별한 의미를

---

19) 반면에 *il y a beaucoup de monde ici*나 *tout le monde raconte que...*라는 문장의 경우 *gens*이나 *personnes*을 사용하지 않고 일반적으로 *monde*를 사용한다. 그런데 이 경우 보어나 부가형용사가 함께 올 수 없다.

20) 여기에서 우리가 말하는 것과, 성이 다르면 철자는 같지만 다른 단어로 취급되고 서로 혼동되는 일이 없는 *manche, poste, solde* 등의 단어와는 관련이 없다. 이들은 동음이의어로서 *livre, moule, mousse, page, poêle, tour, vase*과 같은 단어들이 있다.

갖게 되었다.

이 현상의 경우, 성과 형태 사이에 적어도 외양상의 모순이 있다는 사실과 언제나 관련이 있다. 사실 이러한 명사들은 남성 혹은 중성 명사로부터 유래하여 처음에는 남성이었는데 일반적으로 여성 어미를 취하여 여성형이 되는 경향을 띠는 것들로서, *horloge, étude, amulette* 등과 *orge*를 포함한 다른 많은 명사들이다.[21)]

남성에서 여성으로 변하는 이러한 경향은 결국에는 원래 남성과 별로 관계가 없는 몇몇 단어에도 영향을 미쳤다.

Foudre는 물론 여성이지만, *foudre de guerre*나 *foudre d'éloquence*처럼 남성을 지칭하는 과장된 표현에서는 남성형으로 남아 있다.[22)]

Oeuvre도 석공들의 언어에서 *le gros œuvre*와 같이 남성이며, 연금술 용어로 사용된 *le grand œuvre*도 역시 남성이며 예술 용어로 쓰이는 경우에도 또한 남성이다. 그러나 문학 용어로는 여성인데, *l'œuvre de Mozart*나 *l'œuvre de Rembrandt*의 표현에서 여성으로 취급해도 상관은 없다.[23)]

끝으로 ***période***는 그 의미가 무엇이든 여성이고 더 이상 *le dernier période*라고는 말하지 않는다. 그러나 어떤 일의 절정을 지칭하기 위한 웅변조의 예스러운 표현으로 *le plus haut période*가 아직 남아 있다.[24)]

남성과 여성 사이에 대체로 오랫동안 성이 정해지지 않는 경우 결국은 원래의 남

---

21) 학술원에 의하면 *amulette*는 1878년까지는 남성이었는데, 이 시기에도 학술원은 *orge mondé, orge perlé*를 예외적인 표현으로 인정하다가 이 단어가 결국 여성이 되었다. *Alvéole*는 항상 남성으로 여겨졌는데, 반면에 어미 때문에 일반적으로 여성으로 취급하는 경향이 있었고 뷔퐁(Buffon)과 베르나르댕 드 생-피에르(Bernardin de Saint-Pierre)와 같은 작가들에게서 이 단어를 여성으로 사용한 예들을 보게 되므로 그들을 모방해도 전혀 명예가 깎이지 않았다. 마찬가지로 *relâche*는 단지 선원들의 언어에서만 여성이었다가 연극에서는 아직도 남성으로 여겨 *un relâche*라고 했는데, 이 단어를 관사나 대명사 없이 사용하는 것이 아주 빈번하므로 여성으로 만드는 경향이 강해져서 *sans aucune relâche*라고 말해도 전혀 거슬리지 않는다.

22) *Foudre*는 역시 문장(blason)에서도 남성이며, 시에서 불카누스(Vulcain)가 만들어준 주피터의 무기를 지칭하기 위한 것도 역시 남성이다. 그러나 전혀 다른 단어인 큰 통(tonneau)을 지칭하는 *foudre*는 이것과 관계가 없다.

23) 역시 오래 전부터 여성이었던 *cartouche*가, 예술용어 혹은 고고학 용어로서 아주 다른 의미를 갖는 경우 남성으로 쓰인다.

24) 옛날 사람들은 이러한 의미로 수식어가 없이 단지 *période*라는 한 단어를 사용하기도 했다.

성이 이기게 되는 경우가 가장 흔하다. 이것은 학자들과 문필가들의 도움으로 가능해진다. 적어도 가장 일반적인 의미에서 그리고 가장 빈번한 용법에서 남성형이 남는다. 그러나 여성으로 변해가던 깊은 흔적이 단어에 남아 있게 되는데, 시인들이 이러한 형태를 유지시키는 특권을 누리기도 하고 일반대중들은 여성형을 사용하며 특별한 의미를 첨가하기도 했다.

Amour에 여성어미가 없음에도 불구하고 중세부터 여성으로 취급되었는데, 이는 *eur*로 끝나는 유사한 추상명사인 *ardeur, douleur*와 같았다. 그러나 어원의 반작용에 의하여 남성이 되었는데, 먼저 단수에서 남성으로 되었다가 최근에 와서야 복수에서 남성이 되었다. 즉 *un* ***grand*** *amour, il a eu deux* ***grands*** *amours dans sa vie* (*il a eu deux grandes amours*가 아니다)의 예와 같다. 복수형에서 여성이 보다 오랫동안 유지된 것은, 단수보다는 복수가 보다 속어적이었기 때문이다. 그러나 아직도 여전히 *revenir à ses* ***premières*** *amours*라고 말하는 것은, 이 표현에 나타난 복수형이 유일한 사랑이라는 사실을 강조하는 의미에서이다.[25] 또한 *courir toujours à de* ***nouvelles*** *amours*라고 말하는 것은, 반대로 가볍고 일시적인 열정을 강조하기 위함이다. 그리고 ***folles*** *amours*라고 하고 *fous amours*라고 하지 않는 것은 발음상의 이유 때문이고 *amours fous*는 그 의미가 다르다. 이 모든 예들은 원래 다소간 예스러운 표현들이고 특히 시적인 문체에 속하는데, 사람들이 약간은 재미 삼아 모방하곤 한다.[26] 그렇지만 *amour*는 원칙상 여전히 남성이다. 당연한 사실은, 단수형에서 여성을 사용하는 것은 보다 옛날 용법이고 시인들조차 여성을 사용하는 일이 거의 없다. 이러한 사실이 *amour*가 단수에서는 남성이고 복수에서는 여성이라고 오랫동안 여기게끔 만들었는데, 이는 아주 개략적인 의미에서 사실이며 예전에는 전혀 그렇지 않았다.

Délice와 ***orgue***에 대해서도 역시 많은 논란이 있었다. 전통적으로 이 두 단어와 *amour*를 연관시켜서 많은 재미있는 표현을 만들어내었다. 특히 *délice*의 경우 농담

25) *Dernières amours, anciennes amours, éternelles amours, secrètes amours* 등도 있다.

26) 주목해야 할 이러한 문체의 특징은, 경우에 따라 단어를 단수 혹은 복수로 바꿀 뿐만 아니라 형용사의 위치를 바꾼다는 것이다. 일상에서 쓰는 표현으로 *un amour éternel, un amour secret*가 있다.

이 많이 생겼는데, 이것은 이 단어의 단수형과 복수형이 전혀 다른 단어이기 때문이다. 단수형 *délice*는 16세기에 생겨난 식자어(un mot savant)로서, 일반적으로 17세기에 쓰이지 않다가 그 후 다시 소생하였다. 이 단어는 *c'est **un** délice, c'est **un** pur délice*와 같은 두세 개의 표현 이외에는 거의 쓰이지 않는다. 반면에 이 단어의 복수형은 널리 사용되는데 항상 여성으로 취급된다. 그리고 *orgue*에 대해서 말하자면, 원칙상 단수와 복수를 구별하지 않고, *amour*와 같이 어원에 의한 반작용에 의하여 남성으로 변했다. 즉 *le **petit** orgue, le **grand** orgue, voilà un **bel** orgue, les deux orgues de cette église sont bien **mauvais**, **cet** orgue est un des plus **beaux** que j'aie vus*의 예가 있다. 오늘날 두 개 혹은 여러 개의 오르간에 대하여 말할 경우, 그것이 *orgues de Barbarie* [* 모로코, 알제리아 등의 북아프리카 지방]이거나 다른 지역의 오르간이거나 여성형을 사용하는 일은 없다. 복수에서 여성형을 사용하는 것은 속어의 잔재인데, *les **grandes** orgues, cette cathédrale a de **belles** orgues*에서와 같이 유일하고 기념비적인 악기를 지칭하기 위한 것으로 복수형은 강조의 의미만을 갖고 있다. 그러나 이렇게 불필요하게 복수형을 사용하게 되면 약간은 거드름 피는 것으로 여겨지므로, 관이 크고 여러 개로 된 오르간이라도 *le **grand** orgue*라고 말한다.

Automne는 오랫동안 (남성인) 어원의 영향에 저항하여 여성이었고, 보줄라(Vaugelas)도 항상 여성으로 간주하려고 했다. 그런데 어원적으로는 여성인 *été*가, 단어 형태가 남성인 *hiver*와 *printemps*이라는 단어들을 따라서 남성이 된 것과 같이, *automne*도 이 세 단어를 따라서 결국에는 남성이 되었다. 오직 시인들만이 이 명사에 두 개의 성을 부여하는 특권을 아직도 향유하고 있다.

이제 일련의 명사들을 살펴보자. 이들은 역시 남성으로 변했지만, 대중들은 여성으로 사용하며 특별한 의미를 부여하는 명사들이다.

Mode는 철학, 논리학, 법학, 음악, 문법 분야에서는 단지 남성이다. 그리고 양태라는 일반적인 의미에서 남성이어서 ***un** mode de traitement*이나 ***un** mode de démonstration*이라고 말한다. 그리고 속어의 영향력이 가장 강한 영역에서만 여성으로 남아 있다. 즉 *c'est **la** mode, à **la** mode de Caen, il n'en fait qu'à **sa** mode*의 예와 같다. 이 예들에서 이 단어는 다소간 특별하거나 일시적인 경향, 아주 개인적인 행동방식 혹은 사고방식을 지칭한다. 한편 *mode*가 가장 빈번하게 사용되는 것은 바로 이러한 의

미에서이다.

또 다른 단어가 ***voile***인데 남성으로 변하기는 했지만 선원들의 어휘에서 차용한 의미인 경우 여성이다. 이 *voile*가 갖는 의미는 여성형 *mode*처럼 널리 사용된다는 이점이 있다.

Hymne가 여성으로 남아 있는 경우는 교회에서 부르는 라틴어 성가를 가리키는 경우에 한한다. 대중들은 이 전통을 따르지만 반드시 그런 것은 아니다. 반면에 성직자들은 아주 집착한다. 마찬가지로 식자공들은 그들의 전문 용어로 사용하는 *espace*와 *interligne*를 여성으로 취급하여 특별한 의미를 부여한다. 그리고 프랑스의 요리사들은 부엌과 식당 사이에 위치한 공간을 지칭하는 단어로 *office*를 사용하는데 여성이다. 그러나 이러한 예외적인 단어들은 점차 사라질 것이다. [27)]

이제 원래는 여성이었는데 몇몇 경우에 남성으로 사용되는 단어들을 살펴보자.

Couple은 여성이었고, 개들을 짝 지우기 위한 줄을 지칭하는 경우에도 여전히 여성이다. 또한 원래 짝이 되지 않는 동물이나 사물에 대하여 말하면서, 그 의미가 비한정적인 *deux*를 대신하기 위한 경우에도 역시 오랫동안 여성으로 여겼다. 즉 ***une*** *couple d'œufs, de pigeons, de bœufs*의 예가 있는데, 이것은 *une paire de souliers* (ou

27) 식물학자들이 몇 가지 의미로 사용하는 *bulbe*를 왜 여성으로 간주하려고 했는지 자못 궁금하다. 마찬가지로 서예의 대가들이 2세기 혹은 3세기 동안 그들의 서예작품을 지칭하기 위하여 *exemple*을 여성으로 여겼다. 여성형에 부여할 특별한 의미가 없을 때는 (남성으로의) 통합이 이루어졌다. 그렇다고 대중들이 여성형으로 끝나는 많은 옛날 단어나 새로운 단어를 여성으로 만들 수 없었던 것은 아니며, *horloge*나 *étude*같은 단어들도 그 성을 바꿀 수 있었던 것이다. 그러나 오늘날 대중교육이 발전하면서 이러한 일은 잘 일어나지 않는다. 이러한 단어들은 거의 모음으로 시작하는 단어들로서 대중들이 모음 앞에서 *un*을 *une*로 발음하는 것과 관련이 있다. 이것이 그 단어들을 여성이라고 믿게 하는 또 하나의 이유이다. 이런 단어들은 *à-compte, âge, argent, armistice, épiderme, épisode, équilibre, érésipèle, esclandre, étage, hospice, incendie, indice, intervalle, isthme, ivoire, obélisque, orage, orchestre, orifice, ouvrage, ulcère, ustensile*과, 또한 귀로 들을 때 여성으로 들리는 *omnibus*이다. 그리고 대중들은 *centime, chrysanthème, paraphe, vivres, légume*를 여성으로 여기고, 비유적 의미로 농담 삼아 *les grosses légumes*라고 말하기도 한다. 그런데 대중들만이 성을 혼동하는 것이 아니고 유식한 작가들도 그들이 잘 모르는 전문용어를 사용하려다가 실수를 하여 *pétale, exorde, effluve, astérisque, auspices, mânes*를 여성으로 여긴다. 또한 그들은 여성인 *stèle*를 남성으로, 남성인 *cippe*를 여성으로 여기기도 한다. 대중들이 사용하지 않는 단어들의 경우에는 성이 하나밖에 없고 따라서 그 성도 변하지 않는다.

de pendants d'oreille)와 구별된다. 그러나 이러한 용법은 점점 사라지게 되고 오늘날 이 경우에는 단지 *deux*를 사용한다. 반면에 이 단어의 일반적인 용법, 특히 성이 다른 두 개체를 일부러 연결시키는 것을 나타내기 위한 경우에 *couple*은 남성이 되었다.

Merci는 남성 어미가 붙음에도 불구하고 여성이었으며 성이 나타나는 드문 경우에는 여성으로 남았다. 즉 *être à **la** merci de quelqu'un, à **la** merci des vents*의 예와 같다. 그러나 역시 여성인 *mère*나 *messe* 앞에서와 똑같이, *grand*이란 형용사가 이 단어 앞에 놓이면 혼동이 일어나게 되서 *une grande merci* 대신에 *un **grand** merci*라고 하거나 ***un** merci*라고 하게 되었는데, 이때 우리가 어떤 대상에 대하여 말하는 것이 아니라 단어 자체를 말하기 때문에 더욱 더 쉽게 남성이 되었다.

Laque는 원래 여성인데, 중국의 유약(un vernis)이나 그것을 칠한 물건을 지칭하는 경우 남성이 된다.

Pourpre는 어떤 의미가 되었건 여성인데, 색깔을 공공연하게 지칭할 때에는 *le rouge, le bleu* 등과 같이 ***le** pourpre*라고 한다.

Pâques는 *Pâque*와 마찬가지로 종교적 축제를 가리킬 때 사용하는 여성 명사로서 둘이 서로 수만 다르다. 그러나 이 축제가 일어나는 날짜를 표시하는 경우 남성이며 단수이다. 즉 *Pâques a été **beau** cette année, quand Pâques **sera venu***의 예와 같다.[28)]

Hôte라는 단어는 보다 특별하다. 여성형으로 *hôtesse*가 있지만, 이 단어는 누군가를 영접하며 특히 금전적으로 대접하는 여성을 지칭한다. 그런데 <une femme qu'on reçoit>의 경우에는 *hôte*는 언제나 여성이다.

많은 경우에 성이 달라지는 것은 생략 현상에 의하여 설명될 수 있다. ***Parallèle***

---

28) 모음 앞에서 *un*과 *une*를 똑같이 발음하는 방식에 의하여 항상 속아 넘어가는 대중들은 예전에 성을 바꿀 수도 있었을 단어들을 종종 남성으로 여긴다. 즉 *nacre, paroi*는 물론 *alcôve, antichambre, argile, armoire, atmosphère, avant-scène, ébène, écritoire, épigramme, épitaphe, horloge, immondice, insulte, intrigue, offre, omoplate, once* 등의 예가 있다. 위고(V. Hugo)와 뮈세(A. de Musset) 등 낭만주의자들이 왜 *phalène*를 남성으로 삼았는지 궁금하다. 그런데 결국 언어란 용법에 의하여 만들어지고 적어도 대중들이 사용하지 않는 단어의 경우 위대한 작가가 사용함으로써 만들어진다면 사람들이 그들을 모방할 수 있는 법이다. 그러므로 자기의 극작품에 대해 *le Phalène*라고 이름붙인 작가를 몇몇 순수주의자들이 학자연하며 심하게 훈계할 수는 없을 것이다. 언젠가 *phalène*의 성이 바뀐다고 해서 과연 그것이 잘못된 것일까?

이 형용사인 경우 *une parallèle*은 *une ligne parallèle*이며 *un parallèle*은 등위도선(un *cercle* parallèle à l'équateur)이거나 *un tableau comparatif*이다.[29] 가장 흔한 경우는 명사의 성이 정해져 있으므로, 생략에 의하여 형용사가 그 성을 취하는 것이다. 가장 두드러진 예는 여성인 ***mémoire***이다. 이 단어가 남성인 ***un*** *mémoire, des mémoires*를 만들었는데 이는 <un écrit (ou des écrits) faits *pour mémoire*>를 의미한다. 그리고 ***un*** *claque*란 <un chapeau qui claque comme un coup donné avec le plat de la main>이다. 또한 ***une*** *lévite*는 성직자가 입는 옷(une robe de lévite)이다. 이 모든 경우에 성은 의미에 의하여 분명히 구별되므로 아무도 실수하지 않는다.[30]

Chose의 용법은 *personne*와 유사하다. 즉 *chose*도 역시 여성명사로서, 의미적으로 *personne*와 대립되며 역시 부정(indéfini)대명사의 기능을 할 수 있다. 그러나 *quelque* 다음에 나오는 *personne*가 명사인 반면에 (대응하는 대명사는 *quelqu'un*이므로), *quelque chose*는 보줄라(Vaugelas) 때부터 일종의 중성대명사로 되어서 남성인 *quelqu'un*에 대응한다. 즉 *quelque chose m'a été* ***promis***라고 하지 *quelque chose m'a été promise*라고 하지 않는다. 따라서 *quelque chose belle, quelque chose intéressante*가 *quelque chose* ***de beau***, *quelque chose* ***d'intéressant***으로 바뀌었다. 그러나 *quelque*와 *chose*사이에 형용사가 오면 *chose*는 명사가 된다. 즉 *quelque* ***belle*** *chose, quelque* ***grande*** *chose*와 같다.

문법책에서는 *quelque chose que j'aie* ***dite***와 같은 표현에서 *chose*가 명사적 성질을 간직하고 있다고 가르치나, 이 경우 중성대명사로 사용된 것이 아니므로 분명히 논리적이긴 하나 *quelque*와 *chose* 사이에 아무 것도 나오지 않으므로 썩 유쾌한 표현은 아니다. 사실 이 표현은 *quelque chose que j'aie dit*와 마찬가지로 잘 쓰이지 않

---

29) 마찬가지로 *crêpe*는 원래 형용사로서, 남성명사가 되면 *un tissu crêpe*이고 여성명사가 되면 *une pâte crêpe*이다.

30) 남성으로 된 *un paillasse, un terre-neuve, un garde-française, un grand-croix, un vapeur, un remise, du champagne, du malvoisie, du brie, du chèvre*와 반대로 여성으로 된 *une pendule, la Saint-Jean, la Saint-Michel, la Toussaint*을 참조할 것. 그리고 *à la diable*는 *à la manière du diable*의 의미를 가진 표현이다. 따라서 아이들이 식물에 대하여 *du jujube* 혹은 *de la réglisse*라고 말한다고 해서 이를 막을 필요는 없을 것이다. 프랑스의 세탁소 여주인들은 더 나아가서 세탁할 내복에 대하여 *le blanc*과 *le couleur*라고 말하기도 한다.

으며 일반적으로는 *quoi que j'aie dit*라고 한다.[31)]

사람들은 *quelque chose*의 용법을 다루면서 아울러 *autre chose, peu de chose, pas grand'chose*도 같은 방식으로 취급하게 되었다. 즉 *je voudrais autre chose de* ***meilleur****, il y a peu de chose de* ***bon*** *là-dedans, je n'y ai pas vu grand'chose de* ***beau***의 예와 같다.[32)]

몇 가지 복수형에 대하여

원칙적으로 추상명사에 복수형이 없다는 사실은 누구나 알고 있다. 그러나 경우에 따라서는 복수형을 취한다고 용법이 틀리게 되는 추상명사는 거의 없다. 대부분의 경우에 좋거나 나쁜 성질을 지칭하기 위해서가 아니라 이러한 성질에서 나온 (감지할 수 있는) 결과를 지칭하기 위해서 복수형을 사용한다. 즉 *des cruautés*와 *des maladresses*는 *la cruauté*와 *la maladresse*가 외부로 드러난 것을 의미하고 이 단어들은 더 이상 추상명사가 아니다. 또한 *abondance*처럼 순수한 추상명사의 경우에도, 저작이 많은 두 작가에 대하여 말하면서 *deux abondances bien différentes l'une de l'autre*라고 말할 수 있다.

특별한 복수형을 몇 가지 살펴보자. 물론 단순히 철자법만이 아니라 언어 자체가 관계되는(la langue elle-même est intéressée) 복수형을 말한다.

31) 부정문이나 부정(négation)의 개념을 포함하고 있는 문장에서만 *personne*가 대명사가 된다. 이러한 문장에서 *personne*에 대응하는 것은 *quelque chose*가 아니라 *rien*인데, *rien*이란 단어도 처음에는 명사였고 *chose*의 의미였다. 긍정의 의미인 경우 *rien*을 *quelque chose* 혹은 단순히 *chose*로 바꾸다가, 이 단어가 결국 이러한 의미를 잃어버렸다. 반면에 *personne*는 이러한 의미를 갖고 있다. 따라서 규칙적인 대응관계는 다음과 같다. 즉 *les personnes*와 *les choses, quelqu'un*과 *quelque chose, personne*와 *rien*이 서로 대응한다.

32) 격식을 전혀 차리지 않는 경우 잘 기억나지 않는 사람이나 사물을 지칭하는 남성명사 대신에 *chose*를 사용하는데 이 경우 남성이다. 즉 *chose est venu ce matin, passez-moi le chose*의 예가 있다. 또한 *machine*라는 단어에서 *machin*이 만들어졌다. 즉 *machin* (*machin chose*도 사용) *est venu ce matin, passez-moi le machin*의 예가 있다. 아주 격의 없이 사용하는 표현인 *être tout chose*에서는 *chose*가 불변형용사로 쓰이기도 한다.

가끔 문법학자들이 논리라는 이름으로 우리에게 강요하는 철자법과 언어의 용법 사이에 정말로 모순이 생기는 경우가 있음을 주목하자.

즉 *des arcs-en-ciel, des crocs-en-jambe, des pots-au-feu, des chars-à-bancs* 등 복수 형태로 된 이 복합명사들은 단수인 것처럼 취급되며, 예를 들어 *arcs-zen-ciel, pots-zau-feu*식으로 발음하는 것은 매우 이상하다. 복합명사가 아닌 경우에도 *salles zà manger*로 발음하지는 않는다.[33]

17세기에는 *des chefs-d'œuvres* 혹은 *des chédeuvres*라고 글로 적었는데, 이는 논리적이고 그대로 유지되었으면 좋았을 것이다. 왜냐하면 이 복합명사는 하나의 명사가 되었고 이들을 이루는 명사들 각자가 그 의미를 잃어버리고 연음도 자연스럽게 되기 때문이다. 그러나 문법학자들이 어리석게도 *des chefs-d'œuvre*로 쓰게 했고 따라서 *des chefs-d'œuvre zadmirables*이라고 발음하지 않도록 조심해야 한다. 이는 *les chemins de fer zalgériens*라고 발음해서는 안 되는 것과 마찬가지이다.

반면에 라틴어나 외국어에서 차용한 단어들의 복수형은, 이들이 복합명사가 아니고 널리 사용되어서 프랑스어화한 경우라면 다른 명사들처럼 *s*를 붙여 만든다. 즉 *des pensums, des tramways, des bifteck*s의 예와 같다. 몇몇 명사들에는 *s*가 붙지 않는데 이는 능히 가능한 일이고 별로 중요하지도 한다. 중요한 것은 복수형이 단수형과 그 형태가 같게 된다는 것이다. 그렇다면 많은 신문기자들과 의사들이 굳이 *sanatoria*라고 하는 이유는 무엇인가? *Sanatorium*이 널리 쓰이지 않는단 말인가? 또한 *moratoria*란 복수형을 쓰는데 어째서 *pensa*나 *gérania*는 안 되는가? 사람들이 *des errata* (*des erratas*가 더 낫다)나 *des duplicatas*를 사용하는데 이는 *un errata*와 *un duplicata*를 역시 사용하기 때문이다. 또한 *maxima*와 *minima*가 있는데 이는 특별한 전문용어로서 경우에 따라 *maximums* 같은 단어를 계속 쓸 수 있다. 따라서 우리는 그냥 *des sanatoriums*이라고 하고 필요하다면 *des moratoriums*이라고 하자. 물론 *sanatoire*나 *moratoire*가 한결 나을 것이지만 이를 지나치게 강조할 수는 없는 법이다.[34]

---

33) *Comment on prononce le français* 378쪽을 참조할 것.

34) 대체로 과학용어로 사용할 경우 *maxima*와 *minima*를 역시 여성형으로 여기는 것이 흔하다. 즉 *la tension minima*와 같다. 그러나 *le poids maximus* 혹은 *l'écart maximus*라고 하지 않기 때문에 이러한 용법은 별로 옳은 것이 아니다. 게다가 단수형에서의 일치가 복수형처럼 일반화되지 않

외국어의 경우 상황이 더 심각하다. 몇몇 연세가 든 예술 애호가들 즉 *dilettantes*는 (dilettanti가 아니다) 음악에서 *solos, sopranos, contraltos* (혹은 *contraltes*)가 한결 자연스러운 데도 불구하고, *soprani, contralti, soli*가 자신들에게는 보다 우아하게 보인다면서 굳이 사용한다. 그렇다면 이를 인정하자. 그런데 이들이 바로 오페라에서 남자에게는 *bravo*라고 하고 여자에게는 *brava*라고 첫 *a*에 강세를 주면서 말하는 사람들이다. 이것도 역시 별로 악의 없는 취미이다. 영어식 표현에 푹 빠진 사람들이 *sportsmen*이나 *sportswomen*을 덧붙이는 것도 봐줄만 하다. 그러나 너무 지나치지는 말자. 즉 *ladys*와 *torys*에서 *s*를 발음하지 않고 사용하는 것은 *tilburys* 만큼 귀에 거슬린다. 그러면 우리는 역시 *des misses*를 발음할 때 *s*를 묵음으로 발음할지도 모른다. 마치 단수형이 *une misse*인 것처럼.

가끔은 외국어의 복수형이 그대로 프랑스어로 되는 경우도 있는데, 이 경우 쉽게 단수형을 만들고 그 복수형은 여기에 *s*를 붙여 만든다. 즉 *un Targui*가 아니라 *un Touareg*이며 그 복수형은 *des Touaregs*이다. 마치 우리가 *des concettis* 혹은 *des lazzis*라고 하듯이.

그런데 *lieder*라는 단어는 경우가 다르다. 왜냐하면 우리가 단수형 *lied*까지 받아들였기 때문이다. 따라서 *des lieds*라고 말하는 것이 한결 더 자연스럽다. 아마도 음악용어로는 복수형이 단수형보다 더 많이 사용되는 듯하므로 음악가들이 굳이 *lieder*라고 말하는 것을 이해할 수 있다. 그러나 음악적 의미와 문학적 의미를 구별하여 각각의 복수형을 달리할 필요가 과연 있을까? 즉 *les lieds de Goethe*라고 말하므로 *les lieds de Schubert*라고 말하는 것도 역시 가능하다. 과연 프랑스어에서 독일어를 그대로 사용할 필요가 있을까?

끝으로, 몇몇 경우에 복수형으로 쓰이지 못하는 단어들을 살펴보자. 즉 *trois numéros* **du** *Journal des Débats*라고 하거나 생략에 의하여 *trois Journal des Débats*라고 한다.

았으므로 *la tension minimum, le poids maximum*라고 하는 것이 보다 프랑스어답다. 그러나 보다 옳은 표현은 *le maximum* (ou *le minimum*) *de poids, d'écart, de tension*이라고 하는 것이다. 또한 *la cote maxima*보다는 *la cote la plus élevée*라고 하는 것이 한결 간단하다.

2. 명사의 보어

명사는 *hôtel-Dieu*나 *bain-marie*와 같은 몇몇 복합명사를 제외하면 보어 앞에 전치사 *de*를 사용한다.

전치사 *de*는 소유라는 개념 이외의 아주 다양한 관계를 나타낼 수 있다.[35] 특히 감정에 대하여 말할 때, 보어는 감정의 대상이 되는 사람이나 사물이 되기도 하고 그것을 느끼는 사람이 되기도 한다. 즉 *l'horreur* ***du*** *vice*는 악에 대하여 사람이 느끼는 두려움이다. 종종 같은 표현이 두 가지 의미를 가질 수 있다. 즉 *la peur du gendarme*는 병사가 두려워한다는 의미도 물론 가능하지만 대체로 범인이 병사에 대하여 가지는 두려움을 말한다. (문법학자들은 이것을 *목적격으로서의 속격*(*génitif objectif*)이라고 한다). 그러나 *le mépris* ***des*** *hommes*는, <le mépris que les hommes peuvent avoir pour nous>의 의미도 가능하고 <celui que nous pouvons avoir pour eux>도 역시 가능하다. 이러한 표현을 사용할 때는 자신이 표현하고자 하는 생각에 의혹이 생기지 않도록 조심해야 한다.[36]

다른 언어에서는 여러 가지 전치사로 표현되는 여러 관계들이 프랑스어에서는 전치사 *de*에 의하여 표현된다. 즉 *la conquête de l'Asie* (*les conquêtes d'Alexandre*와 비교하라), *la clef des sciences, le passage des Alpes, la route de Paris, la bataille de Wagram*의 예와 같다.

적어도 옛날의 진짜 귀족 앞에 붙이는 전치사 *de*도 역시 전치사로서 일반적으로 지명을 보어로 쓰는데, 이 보어 앞에는 무엇인가가 나와야 한다. 따라서 *M. de*

---

35) 대중들은 소유의 개념을 나타낼 때 전치사 *à*를 사용한다. 즉 *la femme à Jean, la maison à Pierre*의 예와 같다. 따라서 *la barque à Caron, la vache à Colas, la boîte à Perrette, le chien à Brusquet* 등이 아직 남아 있다.

36) *목적격으로서의 속격*(*le génitif objectif*)을 함부로 아무 곳에나 사용해서는 안 된다. 플로베르(Flaubert)가 *남편에 대해*(*pour le mari*) 가지는 혐오감의 의미로 *la répugnance du mari*라고 쓴 것은 정도를 벗어난 것이다. 또한 모호함을 피해야 한다. 따라서 *avoir l'âme passionnée pour le rêve d'un Hindou*라는 표현은 잘못된 것이다. 왜냐하면 힌두교도가 꾸는 꿈(le rêve d'un Hindou)이라고 잘못 생각할 수 있기 때문이다.

*Montmorency, Henri de Montmorency, le duc de Montmorency*라고 말하지만 아무 것도 없을 경우에는 그냥 *Montmorency*라고 한다. 결코 *les de Montmorency* 혹은 *Les Maximes de de La Rochefoucauld*라고는 하지 않았다. 유명한 모든 작가들도 역시 같이 취급해야 하고 *les œuvres de de Musset*라고 말하는 것은 아주 어색하다. 따라서 *M. de Bonald, la philosophie de Bonald*라고 하지, *la philosophie de de Bonald*라고는 하지 않는다. 또한 *voyez ce qu'en dit Bonald*라고 하지 *voyez ce qu'en dit de Bonald*라고 하지 않고, *le comte de Vigny, Alfred de Vigny, les poésies de Vigny, Vigny est un grand poète*라고 한다. 고유명사 앞에 항상 *de*를 사용하는 것은 별로 알려지지 않았거나 귀족인지가 불확실한 사람의 경우에는 수긍할 수 있다. 여성의 경우도 마찬가지이다. 즉 *Mme de Sévigné, la marquise de Sévigné*라고 하거나 단순히 *Sévigné*라고 한다.

이 전치사 *de*가 거의 없어서는 안 되는 단 하나의 경우는 명사가 단음절인 경우이다. 따라서 *de Retz*라고 하지 않고 *Retz*라고 여전히 말하기는 하나, *Thou*라고 하지 않고 *de Thou*라고 말해야 한다.

한편 습관적으로 *de*를 사용하는 경우도 있는데 왜 그런지 알 수는 없고, 이것은 고유명사가 모음으로 시작하는 경우이다. 즉 *Honoré d'Urfé*를 동시대 사람들은 항상 *Urfé*라고 부르고, 오말공작(le duc d'Aumale)은 자신을 *Aumale*이라고 서명하고 그 형제들도 *Aumale*이라고 불렀지만, 잘못된 것이긴 하지만 일반적으로 *d'Urfé, d'Aubigné, le roman de d'Urfé*라고 말한다.

물론 *de*가 관사와 함께 결합된 경우에는 문제가 생기지 않는다. 즉 *les œuvres de Du Bellay*의 예와 같다. 그러나 이 경우 대문자를 사용한다.

이와 같이 전치사 *de*를 많이 사용하다 보니 보어가 아니라 단순한 동격을 나타내기 위해서도 이 전치사를 자주 사용한다. 즉 *le nom* ***de*** *père, le titre* ***de*** *comte, le grade* ***de*** *bachelier, le mois* ***de*** *juin, la ville* ***de*** *Paris* (ou ***du*** *Havre*), *l'île* ***de*** *Corse* (ou ***de*** *Bornéo*)의 예와 같다.[37] 반면에 실제로 두 단어로 이루어진 보어 앞에서 *de*를 생략하는 경우가 가끔 있는데, 이는 동격이나 품질형용사로 간주된다. 즉 *un rire bon*

37) 그러나 복수형에서는 *les îles Açores, les îles Philippines*이라고 말한다.

*enfant, une pendule vieux style*의 예와 같다.[38)]

또한 전치사 *de*를 동사의 원형과 함께 사용하기도 한다. 즉 *l'habitude de se lever matin*의 예와 같다.

게다가 전치사 *de*만이 명사의 보어를 이끄는 것이 아니다. 의미가 같거나 어간이 같은 동사나 동사적 표현이 요구하는 전치사를 명사도 공유한다. 즉 *l'obéissance* ***aux*** *lois, l'aptitude* ***à*** *faire une chose, une promenade* ***en*** *voiture, un voyage* ***par*** *mer, un graveur* ***sur*** *métaux, mes devoirs* ***envers*** *vous*의 예와 같다. 또한 하나의 명사에 두 개의 보어가 붙을 수 있다. 즉 *la prise* ***de*** *Rome* ***par*** *les Gaulois, le passage* ***d'****une idée* ***à*** *une autre*의 예와 같다.[39)] 혹은 *que*가 뒤따라 올 수 있다. 즉 *la pensée que, il m'a exprimé le désir que...*의 예와 같다.

만약에 두 개의 명사에 걸리는 보어가 하나이고 서로 다른 전치사가 나와야 한다면 하나의 전치사만을 사용해서는 안 된다. 즉 *l'ardeur et l'application* ***au*** *travail*은 가능하나 *l'obéissance et le respect des lois*는 틀린 것이다. 이 경우 다른 방식으로 표현해야 한다.

---

38) 뒤에 나오는 <형용사를 대치할 수 있는 단어들(substituts de l'adjectif)> 항목을 참조할 것.

39) 또한 *la cession d'une chose à une personne par une autre*처럼 세 개의 보어를 취할 수도 있다.

제2장 관 사

1. 관사의 성질과 용법

관사는 사실 대명사나 지시형용사의 잔재라고 할 수 있다. 우리는 다른 곳에서 3인칭 대명사로서 사용되는 ***le, la, les***를 살펴볼 것인데, 이는 이 단어들의 원래 가치를 잘 보여주는 경우이다. 또한 관사가 명사 앞에서 가끔 약화된 지시형용사의 역할을 하는 경우에도 그 원래의 가치를 확인할 수 있다. 따라서 ***l'****homme* **qui** *est venu*에서 *le*는 선행사의 역할을 하며 *cet*를 대신한 것이다. 또한 날짜를 나타내는 표현인 ***le*** 15 juillet에서 *le*는, 예전에 유일하게 사용되었으며 완전히 사라지지 않은 *ce*를 대신한 것이다. *à* ***l'****instant, pour* **le** *coup,* **au** *point de*와, 17세기에 많이 사용되었던 *de* ***la*** *sorte*와 같이 흔히 사용되는 표현에서 관사는 역시 같은 역할을 하고 있다.[1)]

관사가 *quel*의 기능을 하는 감탄문에서도 관사는 역시 지시형용사의 역할을 한다. 즉 *le monstre !, le brave homme !, l'ingrat !, voyez le grand malheur !, la belle chose que de... !*의 예와 같다.

관사가 위의 예에서와 같이 분명한 지시적 가치를 갖고 있는 것은 드문 반면에, 그 기원으로부터 본래 한정적인 성격이 남아 있기 때문에 정관사**(article défini)**라는 명칭을 갖게 되었다. 사실 바로 뒤에 나오는 명사의 성질이 정관사에 전이가 되

---

1) 그런데 *en ce moment*이나 *à ce moment-là* 대신에 공쿠르(Goncourt)의 작품에서 자주 발견되는 *dans le moment*은 순전히 지방 사투리이다. 게다가 특히 명사 없이 쓰인 형용사 앞에서 관사가 대명사의 역할을 하는 경우를 발견할 수 있다. 즉 *je préfère le bleu au rose*에서 형용사가 명사처럼 사용되었으므로 *le*가 분명히 관사인데, 만약 여러 모자 가운데에서 *le rose*를 좋아한다면 이는 *celui qui est rose*의 의미로서 *le*는 대명사의 역할을 하는 것이다. 또한 첫째의 것, 둘째의 것 등을 나타내는 *le premier, le second, le plus grand, le mien* 등에서도 관사가 역시 대명사의 역할을 한다.

어서, 정관사는 이 명사가 다른 곳에서 이미 정해졌다는 사실을 강조하는 역할을 한다. 따라서 원칙상 정관사는 이미 언급되었거나 언급할 내용에 의하여 정해진 명사 앞에 놓인다. 반면에 명사를 한정하는 요소들은 생략될 수 있고, 관사를 사용하는 것만으로도 문제 되는 대상이 이미 정해졌다는 것을 보여주게 된다. 즉 *passez-moi **la** bouteille*라고 말할 때 누구나가 이미 그 병이 어떤 것인지 알고 있으며 착각하지는 않는다. 또한 *voici **l'**heure*라고 말한다면, 이는 생략에 의한 것이긴 하지만 이미 정해진 시간이 문제가 되는 것이다. 또한 *voici **l'**heure qui sonne*라고 몇 시인지 밝히지 않은 채 말하는 경우에도, 이는 몇 시 30분 혹은 10분 전이나 15분 전이 아니고 바로 정각을 지칭하기 위함이다. 정해지지 않은 *vous prendrez **une** voiture*에 대하여 *vous prendrez **la** voiture*라고 말한다면, 이는 특별한 업무를 보는 차를 의미한다. 그리고 *vous prendrez **le** chemin de fer* 혹은 *vous prendrez **le** tramway*라고 말하는 것은, *chemin de fer*나 *tramway*라고 하는 정해진 운송수단을 의미한다. 또한 *je lui ai répondu de **la** belle manière*라는 문장에도 *d'**une** belle manière*에는 없는 어느 정도의 한정이 들어있다. 즉 쉽게 알거나 상상할 수 있는 방법을 말하는 것이다. 지칭하는 사물이나 사람이 절대적으로 혹은 상대적으로 유일할 때, 그 자체만으로도 한정되어 있는 것이고 따라서 이 경우에도 정관사를 사용한다. 즉 ***la** lune, **le** préfet, **la** concierge*의 예와 같다.

단수 혹은 복수로 종(espèce)이나 속(genre) 전체를 지칭할 때, 이들이 유일하기 때문에 역시 정관사를 사용한다. 즉 ***l'**homme, **les** hommes*의 예와 같다. 아마 이러한 이유 때문에 예를 들어 *tous les lundis*의 의미로 ***le** lundi*라고 말하는데, 이는 *lundi prochain*의 의미만을 갖고 있는 *lundi*와 대립된다. 그런데 날짜를 명확히 할 때 정관사를 다시 사용하는데, ***le** 5 juillet*라고 하듯이 ***le** lundi 5 juillet*라고 한다. 또한 의인화된 추상명사에도 정관사를 붙인다. 즉 ***le** bonheur, **la** misère*의 예와 같다. 그리고 *prendre **la** fuite* 혹은 *rattraper à **la** course*의 경우에도 정관사를 사용한다.[2)]

반면에 유일하지 않고 비록 특별하기는 하지만 전혀 한정되지 않거나 나중에야 비로소 한정되는 어떤 물건에 대하여 말할 때, 명사만을 따로 쓰는 것이 아니라 *정관*

2) 우리는 나중에 관계절의 최상급과 수량 형용사의 경우에 사용되는 정관사의 용법을 다루게 될 것이다. 고유명사에 대해서는 뒤를 참조할 것.

사(*l'article défini*)를 수량 형용사(l'adjectif numéral) *un*으로 바꾼다. 이 경우 *un*은 수량을 세는 데 사용되는 것이 아니기 때문에 부정관사(**article indéfini**)라고 한다. 이와 같이 이야기 속에서 명사가 처음으로 나타날 때 부정관사를 사용하고, 그 이후에 또 다시 나타나는 경우에는 정관사를 사용한다.[3] 부정관사는 특히 종(espèce) 중에서 한 개체를 구별하는 역할을 한다. 즉 ***un*** *grand loup,* ***un*** *petit livre,* ***une*** *grande compassion*의 예와 같다.[4]

역시 한정되지 않은 *여러 가지*(*plusieurs*) 대상이나, 셀 수 없기 때문에 *un*과 함께 쓸 수 없는 대상이 문제가 될 때, 전치사 ***de*** (**préposition *de***)와 정관사를 결합하여 표현한다. 이것의 의미는 단수에서는 *une certaine quantité de*이고 복수에서는 *un certain nombre de*로서 부분의 의미를 갖는다. 즉 ***du*** *pain,* ***de l'****eau,* ***des*** *fruits*의 예와 같다.[5] 이러한 부분관사(**article partitif**)에 대해서는 나중에 살펴 볼 것이다.

물론 우리의 생각을 표현하려는 특별한 이유가 없는 한(à moins de raisons particulières tirées de la pensée même) 정관사가 붙은 명사는 정관사가 붙은 보어와 결합하는 것이 자연스럽고 부정관사가 붙은 명사는 관사 없는 보어와 결합한다. 즉 ***la*** *vie* ***de l'****homme,* ***une*** *vie* ***d'****homme,* ***la*** *longueur* ***du*** *bras,* ***une*** *longueur* ***de*** *bras, on fait preuve* ***de*** *faiblesse, on donne* ***la*** *preuve de* ***sa*** *faiblesse,* ***une*** *chose a une apparence* ***de*** *grandeur* (ou ***l'****apparence* ***de la*** *grandeur*)의 예와 같다. 그런데 예를 들어 ***l'****eau* ***de*** *mer* 혹은 ***l'****eau* ***de*** *source*라고 말한다면, 이는 ***l'****eau* ***de la*** *mer*나 특히 ***l'****eau* ***de la*** *source*와는 의미가 다르다. 즉 *de mer*나 *de source*는 이에 해당하는 형용사가 없기 때문에 이런 품질형용사의 기능을 하는 것이다. 그리고 *la forme de*

3) 우화에서도 처음에는 *un loup*라고 다음에 *le loup*라고 한다. 그러나 우화에는 제목을 달 때와 같이 처음부터 정관사를 사용할 수 있는 특권을 갖는데, 등장인물이 이미 알려졌다고 여겨지거나 종(espèce)을 상징한다고 여기기 때문이다.

4) 공쿠르(Goncourt)가 *il y règne une liberté d'esprit et de parole*라고 말했는데 이것은 틀린 것이다. 즉 어떤 자유를 말하는지 분명하지 않다. 이 문장을 형용사나 관계절에 의하여 보다 명확히 하는 것이 꼭 필요하다. 또한 복수형으로 쓸 수 없는 모든 추상명사의 경우도 마찬가지이다.

5) 그렇지만 *j'ai mangé du pain* (ou *des fruits*)와 *la couleur du pain* (ou *je suis las des fruits*)를 혼동해서는 안 된다. 전자의 경우에는 전치사가 부분의 의미를 갖고 직접보어가 쓰인 거라면, 후자의 경우는 전체로 본 종(espèce)의 이름 앞에 정관사가 쓰인 간접 보어의 경우이다.

gouvernement 등도 역시 마찬가지이다.

인간의 질병을 지칭하기 위하여 동사 *avoir*와 함께 정관사를 사용하기도 하고 부정관사를 사용하기도 한다. 질병이 특별한 부위나 기관에 영향을 미치면 부정관사를 많이 사용하는데, 이는 아마도 같은 부위에 같은 질병이 자주 올 수 있는 사실과 관계가 있는 듯하다. 즉 *on a **une** bronchite, **une** angine, **une** ophtalmie, **une** congestion pulmonaire*라고 한다. 그 이유는 두세 번 혹은 그 이상 이런 질병을 겪을 수 있기 때문이다. 대부분의 이런 질병은 그 질병이 영향을 미치는 기관의 명칭을 취한다는 사실을 주목하기 바란다.[6] 반대로 정관사는 질병이 특별한 어느 기관에 한정되는 것이 아니라 일반적인 상태에 영향을 미치며 그 명칭이 거의 언제나 단수형으로 되어 있는 경우에 많이 사용된다. 즉 *on a **la** fièvre, **la** fièvre typhoïde* (*ou scarlatine*), ***la** grippe, **la** petite vérole, **la** rougeole, **la** coqueluche, **la** goutte, **le** croup, **la** diphtérie, **la** colique, **la** diarrhée*의 예와 같다. 이는 이러한 질병 대부분이 여러 차례 올 수 없기 때문이 아니며, 여러 번 오는 경우에도 정관사를 사용해서 두세 번 (deux ou trois fois) 걸렸다고 해야지 부정관사를 써서 *on a deux croups* (ou *deux gales, deux gouttes*)라고 하지는 않는다. 반면에 이러한 질병의 상태가 다양할 수 있는데, 많은 경우에 부분관사를 사용한다. 즉 *on a **de la** fièvre, **de l'**anémie, **de l'**entérite, **de la** diarrhée, **de la** constipation*이라고 한다. 반면에 avoir *un peu de bronchite*는 가능하지만 (on a) *de la bronchite* (ou *de l'ophtalmie*)는 가능하지 않다. 그런데 이러한 명사에 형용사나 다른 한정하는 말이 나오면 부정관사를 쓸 수 있음은 물론이다. 즉 ***une** forte fièvre, **une** coqueluche qui ne finit pas, **une** goutte qui tracasse perpétuellement*의 예와 같다.

단수형의 정관사 *le, la*는 모음 앞에서 축약이 된다. 즉 ***l'**ombre de **l'**homme*의 예와 같다. 그러나 다른 숫자 명사들처럼 그들을 숫자로 읽는 습관에 의하여 축약 없이 ***le** huit, **le** huitième, **le** onze, **le** onzième*라고 말한다. 따라서 수를 세거나 날짜를 말할 때 ***le** un*이라고도 하는데, 반면에 *l'autre*에 대립되는 경우 ***l'**un*이라고 한다. 왜냐하면 이 경우에는 *un*은 숫자의 명칭이 아니기 때문이다.

---

6) 우리가 *l'appendicite*라고 정관사를 사용하는 이유는 이 기관이 단 하나밖에 없기 때문이다. 그러나 (on a) *le rhume* (ou *le rhume de cerveau*)라고 말한다면 이는 틀린 것이다.

반면에 다른 언어에서와 같이 프랑스어에서도 관사의 단수형 혹은 복수형이 여러 전치사와 결합하여 *복합관사* 혹은 *축약 관사* (*articles composés* ou *contractés*)를 만들어냈다. 그렇지만 오래 전부터 *de*나 *à*와 결합된 것만을 사용하고 있다. 즉 자음으로 시작하는 남성 단수 명사 앞의 ***du***와 ***au***, 모든 복수 명사 앞의 ***des***와 ***aux***가 있다. 그러나 ***en***과 결합된 축약 관사 즉 ***el, ès***가 더 이상 사용되지 않지만, 그래도 널리 쓰이는 몇몇 표현에는 남아 있다. 즉 *bachelier **ès** lettres* (en les lettres), *docteur **ès** sciences, maître **ès** arts, Saint-Pierre-**ès**-liens*의 예가 있다.[7)]

한편 정관사가 *de*와 *à*와 함께 만드는 축약 관사는 *Le*로 시작하는 사람을 지칭하는 고유명사 이외에는 어디에서나 사용된다. 후자의 경우는 관사가 명사의 한 부분인지 아닌지를 구별할 수 없기 때문에 축약하지 않는다. 즉 *Le Brun, Lebrun, Le Nôtre, Lenôtre*는 같은 방식으로 취급되고 *les tableaux de **Le Brun*** 혹은 *les jardins de **Le Nôtre***와 같이 말한다.[8)]

반면 지명을 나타내는 명사에서는 관사가 항상 명사와 구별되기 때문에 전치사와 함께 축약된다. 즉 aller ***au Havre***, venir ***du Havre*** (ou ***des Andelys***)의 예와 같다.

또한 *l'auteur **du** Misanthrope et **des** Femmes savantes*라고도 한다.[9)]

---

7) 여기에서 *ès*는 *en les*를 의미하기 때문에 반드시 복수라는 것을 알 수 있다. 그러나 장난삼아 이를 단수형과 함께 쓰게 될 때 큰 잘못을 저지르게 된다. 즉 *savant ès droit, docteur ès poker*의 예가 그렇다. 보들레르(Baudelaire)는 그의『악의 꽃 (*Fleurs du mal*)』을 테오필 고티에(Théophile Gautier)에게 바치면서 그를 *parfait magicien ès langue française*라고 했다. 아마 상대방이 어법이 잘못됐음을 지적했는지, 그는 다시 *ès langue et littérature*라고 수정하여 적었는데 이것도 역시 논란의 여지가 있어서 결국 *ès lettres*로 바뀌게 되었다. 아마도 보들레르는 *ès*에 무척 애착을 갖고 있었던 듯하다. 한편 다른 곳에서는 *el*과 *ès*가 많은 경우 *au*와 *aux*로 대체 되었다는 것을 보게 될 것이다. 즉 *au ciel, au printemps, au Japon, tomber aux mains, tomber aux Indes* 등의 예가 있다.

8) 이 단어들을 *Lebrun*과 *Lenôtre*로 종종 잘못 적기 때문에 더욱 그렇다. 세비녜 부인(Mme de Sévigné)은 *les tableaux du Brun*이라고 말하곤 했는데 이는 *les tableaux du Poussin*에서 유추해서 그랬을 것이다. 왜냐하면 *le Poussin*이란 단어에 나오는 정관사는 원래 이탈리아에서 유래한 것으로 *le Véronèse*나 *le Bernin*처럼 더 이상 명사에 속하지 않기 때문이다.

9) 에밀 파게(Emile Faguet)가 언젠가 논리의 이름을 빌어 *l'auteur de le Misanthrope*라고 말해야 한다고 주장하긴 했다. 그러나 논리는 보편적인 용법(usage universel)과는 전혀 관계가 없다. 그렇다면 *je vais à Le Havre*라고 해야 한단 말인가? 게다가 우리는 전혀 주저하지 않고 *le premier acte du Roi s'amuse*라고 말한다. 물론 사리에 어긋날지는 모르지만 프랑스어에서는 *de le, à le,*

명사가 아닌 단어를 명사처럼 취급할 때 당연히 관사를 사용하는데, 이 관사가 사용된 것만으로도 이 단어가 명사로 취급되었다는 것을 알 수 있다. 즉 ***le*** *sage,* ***une*** *coquette,* ***l'****amour* ***du*** *beau,* ***au*** *fort de* ***la*** *tempête,* ***le*** *boire et* ***le*** *manger, ne pas se soucier* ***du*** *qu'en dira-t-on,* ***le*** *plus et* ***le*** *moins,* ***un*** *oui,* ***un*** *non*등의 예와 같다. 또한 명사를 생략하여 어떤 일의 유감스러운 면이나 유감스러운 사실을 지칭하기 위하여 ***le*** *fâcheux de l'affaire*라고도 한다.[10)]

두 개 혹은 여러 개의 명사가 *et*로 연결되었을 때, 성이나 수가 같은 경우에도 각각의 명사 앞에서 관사는 반복된다. 즉 ***la*** *justice,* ***la*** *prudence et* ***la*** *tempérance,* ***le*** *lion,* ***le*** *tigre et* ***le*** *léopard,* ***les*** *officiers et* ***les*** *soldats,* ***les*** *pères et* ***les*** *enfants,* ***des*** *tables et* ***des*** *chaises,* ***de la*** *bière et* ***de l'****eau*의 예와 같다. 물론 동일한 한 사람을 지칭하는 명사의 경우에는 필연적으로 예외가 있다. 즉 ***le*** *maître et seigneur de ce domaine*의 예와 같다. 이 경우 관사를 반복하면 두 사람이라고 여길 수 있기 때문이다. 또한 같은 범주에 속하는 사람이나 사물을 결합하는 복수형으로 된 몇몇 굳어진 표현에서도 역시 예외가 있다. 즉 ***les*** *arts et métiers,* ***les*** *ponts et chaussées,* ***les*** *us et coutumes,* ***les*** *sous-officiers, caporaux et soldats,* ***les*** *frères et soeurs*의 예와 같다. 따라서 반드시 그럴 필요는 없지만 ***les*** *documents et matériaux,* ***les*** *pronoms et adjectifs démonstratifs,* ***les*** *officiers et sous-officiers,* ***les*** *pères, mères et enfants*와 같이 관사를 생략하여 말할 수 있다. 또한 예외적으로 단수 명사 두 개 앞에 관사의 복수형을 붙여 ***les*** *père et*

---

*de les, à les*를 무척이나 싫어하기 때문에 이것이 용법으로 굳어졌다. 유일한 어려움이 있다면 책의 제목에 여러 명사가 쓰인 경우인데, 이 경우 전치사를 반복하지 않는다. 물론 늑대와 개가 나오는 우화라는 의미로 *la fable du loup et du chien*이라고 할 수 있지만 이는 제목이 아니고, 또한 *l'auteur du Loup et du Chien*이라고도 하지 않고 *la fable du Meunier, de son fils et de l'âne*라고도 하지 않는다. 반면에 *la fable le Loup et le Chien, la fable le Meunier, son fils et l'âne*라고도 할 수 있지만, *l'auteur du Misanthrope et de l'Auvergnat*라고 하면 두 개의 다른 작품이라고 믿게 할 우려가 있으므로 반드시 *l'auteur du Misanthrope et l'Auvergnat, la fable du Meunier, son fils et l'âne*라고 해야 한다.

또한 *Au Cheval blanc*이나 *Au Bon Marché*와 같은 간판의 경우 *l'Hôtel du Cheval blanc, les magasins du Bon Marché*처럼 (전치사 *à*를 생략하여) 말한다.

10) 또한 일상적으로 *le temps m'a paru d'un long!, il fait ici un chaud!*라고 말하는데, 이때의 형용사는 길이(grandeur)나 지나침(excès)을 나타내는 형용사를 함축하고 있는 명사 대신에 쓰인 것이다. 즉 *le temps m'a paru d'une longueur!, il fait ici une chaleur!*와 의미가 같다.

*mère*라고 말한다. 또한 ***le*** *boire et* ***le*** *manger,* ***le*** *lever et* ***le*** *coucher*에서는 관사를 반드시 반복해야 하는데 동사가 지칭하는 행위가 다르다는 것을 나타내기 위해서는 각각의 동사 앞에 관사가 필요하기 때문이다.[11)]

단수명사 앞에 등위된 두 개의 형용사가 나오면 관사는 반복되지 않는다. 즉 *un rare et beau sujet, le sage et pieux Fénelon*의 예와 같다. 반면에 *un rare, un beau sujet, le sage, le pieux Fénelon*이라고 말할 수 있다. 그런데 접속사 *et*가 실제에 있어서 서로 다른 사물에 관계되는 형용사를 연결할 때 관사를 반복해야 한다. 즉 ***le*** *premier et* ***le*** *second étage,* ***le*** *deuxième et* ***le*** *troisième chapitre,* ***la*** *bonne et* ***la*** *mauvaise fortune*의 예와 같다. 반면에 *la bonne ou mauvaise fortune*라고 말할 수 있는데, 왜냐하면 둘의 합이 아니라 대립을 나타내기 때문이다.

형용사 앞에 명사가 나올 때, 오늘날에는 관사가 반복되면 명사도 마찬가지로 반복된다. 즉 *la loi humaine et* ***la loi*** *divine, la langue grecque et* ***la langue*** *latine*의 예와 같다. 그렇지만 *l'histoire ancienne ou moderne*가 일반적인 역사를 지칭하듯이, *l'histoire ancienne et moderne*라고 관사와 명사를 반복하지 않고 말할 수 있다. 그러나 둘을 굳이 구별하고자 한다면 *l'histoire ancienne et* ***l'histoire*** *moderne*라고 하는데, 이제는 더 이상 *l'hisoire ancienne et la moderne, la loi humaine et la divine*라고는 하지 않기 때문이다.[12)]

명사가 복수인 경우 관사를 반드시 반복할 필요는 없고, 모든 경우에 마치 *ou*가 있는 것처럼 ***les*** *historiens anciens et modernes,* ***les*** *lois divines et humaines*라고 말할 수 있다. 또한 표현을 간단히 하기 위하여 ***les*** *histoires ancienne et moderne,* ***les*** *langues grecque et latine*라고 단수 형용사를 사용하여 말할 수도 있다.[13)]

---

11) 일반적으로 날짜를 나타내기 위하여 *le 5 et le 6 mai*라고 하는데, *les 5 et 6 mai*라고도 할 수 있고 경우에 따라서는 *aux 5 et 6 mai*라고 한다. 특히 두 개 이상의 날짜 앞에서는 복수형의 관사를 쓴다. 한편 *ou*의 경우에 이러한 문제가 생기지 않는 이유는, 이 경우 단 하나의 같은 사물을 지칭하기 때문이다. 즉 *la ville ou bourg de...*의 예와 같다.

12) 이것은 아마도 모호함을 피하기 위함이다. 즉 *les arbres domestiques et les sauvages*라는 문장은 그 의미가 모호하다.

13) 그러나 *les langue et littérature françaises*라고는 하지 않는다. (앞의 본문 41쪽의 7번 주석을 참조할 것.)

2. 관사의 생략

정관사든 부정관사든 관사의 용법은 오늘날보다는 옛날에 한결 제한되어 있었다. 왜냐하면 관사를 구체적 명사에, 그것도 그 명사의 의미가 아주 한정된 경우에만 사용했기 때문이다. 이 옛날 용법의 잔재들이 아직도 많이 남아있다.

우선 속담(**proverbes**)이 있는데, 이들은 일반적으로 아주 오래된 것으로 의미적으로 필요한 경우 이외에는 그 형태가 현대화되지 않았다. 오늘날에는 드물지만 주어의 경우에도 관사 없이 쓰이는 경우도 있다. *Noblesse oblige, Pauvreté n'est pas vice, Abondance de biens ne nuit pas*처럼 추상명사의 경우는 물론이고, *Pierre qui roule n'amasse pas mousse, Chien qui aboie ne mord pas, Ventre affamé n'a point d'oreilles, Charbonnier est maître chez lui*처럼 구체적 명사의 경우에도 관사의 생략이 보인다. 전치사가 있더라도 관사가 생략된다. 즉 *A menteur menteur et demi, A bon vin pas d'enseigne*의 예와 같다.

속담 이외에는 주어(**sujet**)에서 관사가 생략되는 경우는 드물다.[14] 그러나 일반적으로 부정문이거나 의문문(**propositions négatives** ou **interrogatives**)에서 보어 특히 직접(목적)보어 앞에서 그리고 주어 앞에서 부정관사가 생략되는 경우는 아주 빈번하다. 즉 *jamais homme ne fut mieux à sa place, a-t-on jamais vu femme plus entêtée*?의 예와 같다.

열거(**énumérations**)하는 경우, 특히 등위접속사가 없는 경우 관사를 종종 생략한다. 다음 문장과 같다.

Femmes, moine, vieillard, tout était descendu.

같은 가치(**équivalence**)를 갖는 단어가 *ou* 다음에 나올 때 관사를 항상 생략한다. 즉 *le lynx ou loup-cervier, les principes ou éléments de choses*의 예와 같다.

---

14) 혹은 주어를 대신하는 말의 경우에도 관사가 생략되지 않는다. 즉 *ce livre, mon père, quelques hommes*의 예와 같다.

호격(**apostrophes**)의 경우 일반적으로 관사를 생략한다. 즉 *Soldats, du haut de ces pyramides*...의 예와 같다. 그런데 *hé! **l'**ami, hé! **l'**homme*처럼 정관사를 사용하여 말하기도 하는데 이것은 아주 격식 없이 하는 경우에 쓰는 문체이다.

Passez votre chemin, *la fille*, et m'en croyez.

동격(**apposition**)으로 쓰인 명사 앞에서도 역시 관사를 생략한다. 즉 *Louis XIV, roi de France et de Navarre, Attila, fléau de Dieu*의 예와 같다. 가끔 ***le** fléau*라고 정관사를 사용하는 것은 이것이 단순히 동격이 아니라 그의 별칭이라는 것을 기억하도록 하기 위함이다. 또한 *Lycurgue, le législateur de Sparte*라고 말하기도 하는데, 이때 의미는 *le législateur bien connu*이다.

속사(**attribut**)로 쓰인 명사 앞에서도 역시 관사를 사용하지 않는데, 이 경우 전혀 한정됨이 없기 때문이다. 즉 *il est roi, qui t'a fait roi?, on l'a vu* (ou *il a été*) *nommé, élu, créé, fait etc. député, président, général* 등의 예와 같다.[15] 또한 *Il parle en roi, on l'a pris pour roi*도 역시 마찬가지이다. 그런데 *on l'a pris pour **le** roi*는 전혀 다른 의미를 갖게 되는데, 이렇게 완전히 한정된 *roi*는 더 이상 속사가 아니다. 그렇다고 *c'est toi qui seras **le** roi*라고 정관사를 사용할 수 없는 것은 아닌데, 이때 *le*는 *notre* 등의 한정된 의미를 갖는다. 또한 *il a passé pour fils du roi*라고 흔히 말하는데, 왕에게 외아들만 있고 오해의 소지가 있을 경우에는 *il a passé pour **le** fils du roi*라고 한다. 왜냐하면 여기에서 *fils*는 구체적으로 한정되어 있기 때문이다. 마찬가지로 *l'homme est **le** roi des animaux*라고 관사를 사용하는 일이 더 많은데, 보어가 한정되어 있으므로 속사도 한정되는 것이 보다 자연스럽다.

반면에 어떤 종(espèce)을 지칭하거나 강조하기 위하여 부정관사를 사용하는 일이 흔하다. 즉 *tu es **un** voleur, cet homme est **un** tyran, la rose est **une** fleur*의 예와 같다. 더욱이 형용사가 붙는 경우도 역시 부정관사를 사용하는데 그 예는 ***un** cruel tyran, **une** belle fleur*이다. 이러한 구문은 3인칭 대명사 다음에는 별로 사용되지 않는데,

---

15) 이것은 *on a fait de lui un député, un général* 등과는 대립되는데, 이 예에서의 *député, général*은 동격이 아니라 직접보어이다.

c'est 다음에는 반드시 사용해야 한다. 즉 *c'est* ***un*** *voleur*의 예와 같다. 그러나 비인칭 구문으로 된 다음 표현에서 관사를 생략한다. 즉 *c'est hasard si, c'est dommage que, c'est grand hasard, c'est grand dommage, c'est merveille, c'est pain bénit*와 같다. 게다가 *c'est* 다음에 부분관사를 쓰는 습관이 있는데, 추상명사 앞에서 특히 부정이 있는 경우 관사를 흔히 생략한다. 즉 *ce n'est pas mauvaise volonté de sa part, mais* (ou *c'est*) *simplement sottise*의 예와 같다.[16)]

직접보어(**complément direct**)가 추상 명사인 경우, 많은 *한정되지 않은 표현* (*expressions indéterminées*)에서 관사가 생략된다. 다른 많은 표현들 중에서 살아남은 이런 표현에서는 명사와 동사 사이의 관계가 아주 밀접하다. 특히 *avoir, faire, donner, prendre, rendre* 등 몇몇 동사의 경우에 그렇다.[17)]

---

16) 호칭 앞에서 정관사를 사용한다는 사실에 주목하기 바란다. 이는 아마도 보어가 생략되었기 때문인 것 같다. 즉 *monsieur le duc, monsieur le ministre* (*citoyen ministre*와 비교할 것)의 예와 같다. 또한 별명 앞에서도 관사를 사용하는데, 이때 관사는 지시사의 역할을 한다. 즉 *Louis le Grand, Robert le Diable*의 예와 같다. 반면에 루이 14세 시기에 널리 사용되었고, 에밀 파게(E. Faguet)가 사용한 것처럼 *Coquelin l'aîné* 혹은 *Coquelin le cadet*라고 하지는 않고, 형제가 둘밖에 없었지만 상인들의 언어를 따라 *Coquelin aîné, Coquelin cadet*라고 한다. 그러나 *Racine fils*라는 표현은 상인의 언어에 속하므로 이것보다는 오히려 *Racine le fils*라고 한다.

17) **avoir** : (*avoir de l'espérance* (ou *du soupçon*)과는 달리) *avoir faim* (ou *soif*), *avoir chaud* (ou *froid*), *avoir besoin* (ou *coutume, envie, peur, honte, pitié*), *avoir raison* (ou *tort*), (*avoir du courage* 와는 달리) *avoir mauvaise mine* (ou *bon espoir, bon courage*), *n'ayez crainte* 등. **faire** : *faire peur* (ou *pitié*), *faire raison* (ou *tort*), (*faire l'honneur* (ou *la grâce*) *de*와는 달리) *faire honneur* (ou *grâce*), *faire faillite* (ou *banqueroute*), *faire face* (ou *front*), *faire route, faire profession* (ou *métier*), *faire offre* (ou *don*), *faire dépense, faire plaisir, faire justice, faire preuve, faire vœu* (ou *serment*), *faire fortune, faire usage, faire part, faire attention, faire saillie, faire défaut, faire gras* 등. **donner** : *donner tort* (ou *raison*), *donner lieu* (ou *matière*), *donner prise, donner asile* (ou *audience, congé*), *donner confiance, donner carrière, donner cours, donner ordre* (ou *avis*) 등. **prendre** : *prendre femme, prendre médecine, prendre haleine* (ou *pitié, plaisir, patience*), *prendre feu, prendre garde, prendre fin, prendre jour* (ou *date*), *prendre parti, prendre possession, prendre pied, prendre part, prendre occasion* (ou *prétexte*) 등. **porter** : *porter bonheur* (ou *malheur*), *porter envie.* **mettre** : *mettre ordre, mettre chapeau bas, mettre pied à terre.* **rendre** : *rendre raison* (ou *honneur, compte, hommage, justice, témoignage, service, grâce, confiance*), *rendre gorge, rendre amour pour amour.* 기타 : *prêter serment* (ou *attention, silence*), *prêter* (ou *fournir*) *matière, demander justice* (ou *raison, compte, satisfaction*), *demander pardon* (ou *grâce, quartier*), *perdre courage* (ou *haleine, patience, connaissance*), *trouver moyen, chercher querelle, crier grâce, entendre raillerie* (ou

이렇게 굳어진 표현들은 명사 앞에 정관사가 오는 유사한 형태도 함께 존재하는데 둘 사이에는 가끔 아주 명확한 의미의 차이가 드러나기도 한다. 즉 *demander raison d'une chose*의 의미는 *en demander* ***la*** *raison*과 전혀 다르다. 또한 *faire preuve de courage*는 용기가 있음을 증명하는 것이고, *faire* ***la*** *preuve*는 어떠한 사실을 입증하는 것이다. 그리고 *faire part d'un événement*의 의미는 *faire* ***la*** *part de quelqu'un* (ou *de quelque chose*)와 전혀 다르다. 마찬가지로 *faire choix*와 *faire un choix*는 다르고, *donner congé*와 *donner un congé, rendre visite*와 *rendre une visite*도 역시 다르다.

반면에 이러한 표현에 부정관사를 덧붙여서 특별한 종류를 가리킬 수 있다. 즉 *avoir une soif ardente, faire une grande fortune* 등의 예가 있다. 그러나 이러한 경우에도 형용사가 명사와 일체가 되면 관사가 생략될 수 있다. 즉 *fournir* (*une*) *ample matière, prêter* (*une*) *grande attention, faire* (*un*) *bon accueil, faire amende honorable*의 예와 같다.

게다가 혼자 쓰일 때에는 관사가 생략될 수 없지만 등위될 경우 관사가 생략될 수 있는 명사들도 있다. 즉 *promettre monts et merveilles, remuer ciel et terre*의 예가 있다.[18)]

간접보어(**complément indirect**)의 경우에도 종종 자주 쓰이는 전치사 다음에 관사가 생략되는데, 항상 비한정의 의미, 즉 정해지지 않았다는 의미를 갖는다.

특히 전치사 ***de*** (**préposition *de***)의 경우가 그렇다. 이 전치사는 사실 부분의 의미를 나타내는 경우가 아주 흔한데, 이 경우 정관사와는 잘 어울리지 않는다. 따라서 (명사를 대신할) 대응하는 형용사가 없을 때 재료나 종류를 지칭하는 경우에 관사가 생략된다. 즉 *chapeau de paille, robe de soie, table de marbre, vase d'or* (ou *d'or pur*), *pain de seigle*의 예가 있다.[19)]

---

raison), *tenir parole, tenir tête, lâcher pied, baisser pavillon, rebrousser chemin, plier bagage, sans bourse délier* 등. 또한 *fermer boutique*와 같은 몇몇 오래된 표현을 사용하기도 한다. 그리고 직접보어처럼 보이는 명사 앞에서 관사가 생략된 표현으로 *il y a eu erreur, il n'y a pas grande différence*가 있다.

18) 유사한 표현인 *travailler jour et nuit*를 참조할 것. 이 표현에서는 상황보어에서 관사가 생략되었다.

19) 따라서 적어도 원하는 의미를 표현할만한 널리 사용되는 형용사가 없을 때에는, *robe de couleur, homme de cœur, homme d'esprit, adverbe de lieu, accès de folie, fluxion de poitrine*와 같

양을 나타내는 모든 표현에서도 역시 부분의 의미를 나타내는 경우가 있는데, *de* 다음에 나오는 명사에 관사를 쓴다면 부분관사를 사용해야 할 것이다. 즉 *troupeau de bœufs, corps d'infanterie, bouteille de vin, tasse de café* 등의 예와 같다. 즉 여기에는 *des bœufs, du café* 등이 포함되어 있다는 의미이다. 더욱이 *beaucoup* (ou *peu*) *de pain, plus* (ou *moins*) *de pain que de viande*의 표현과, 동사 다음에 나오는 *de*가 재료를 나타내는 *se nourrir de viande, remplir de vin, habiller de pourpre, couvrir de boue*의 경우에도 역시 마찬가지이다.[20)]

전치사 ***à*** **(préposition *à*)**의 경우 관사의 생략은 *de* 만큼 빈번하지는 않지만 그렇다고 드물지도 않다. 전치사 *de*와 마찬가지로 종류를 지칭하며 부정관사나 부분관사를 취할 수 있는 명사 앞에서 관사는 생략되는데, 이 전치사 바로 앞의 명사에도 일반적으로 부정관사가 오기 때문이다. 즉 *verre à bière, char à bancs, machine à vapeur* (qui marche avec *de la vapeur*의 의미인데, 한편 *marcher à la vapeur*라고 한다), *moulin à vent* (qui marche avec *du vent*), *pot à eau, pot à tabac* 등의 예가 있다. 한편 *boîte aux lettres, pot au lait, bouteille à l'encre* 등에는 정관사가 사용되는데, *les lettres, le lait, l'encre*를 넣는 물건을 지칭하기 때문이다.[21)] 또한 *la femme à barbe*

이 관사를 생략하여 말한다. 그러나 *un vase de l'or le plus pur, une robe d'une belle couleur*의 경우 반드시 관사를 사용해야 한다.

20) 또한 *remplir de joie, accabler de douleur, user de ruse, altéré de sang, avide de gloire, s'armer de courage*라고 말한다. 다음과 같은 많은 표현에서도 역시 관사를 사용하지 않는다. 먼저 *de*가 기원이나 출발점을 나타내는 경우 : *sortir de table* (ou *de prison*), *pluie d'orage, eau de source, eau de mer, pomme de terre, billets de banque.* 둘째 *de*가 대상이나 도착지를 나타내는 경우 : *ordonnance de police, plan de bataille, traité de chimie, poème d'amour, contrat de vente, société de bienfaisance, maison de jeu.* 셋째 *de*가 도구나 양태를 나타내는 경우 : *coup d'épée, trait de plume, cri de joie, mouvement de colère, mourir de faim, trembler de joie, pleurer de rage, de bonne grâce, de bonne foi, de main de maître* 등. 그 외 *le premier* (ou *le second*) *dimanche de carême*라고 하며 *le premier* (ou *le second*) *dimanche du carême*라고는 하지 않는다. (한편 *dimanches de l'avent*의 경우 정관사를 사용한다). 또한 *le sacrement de baptême, de pénitence, de confirmation, de mariage*라고 관사를 생략한다. 한편 *sacrements de l'eucharistie, de l'ordre, de l'extrême-onction*의 경우에는 정관사를 사용하는데, 이것은 성직자들의 전통에 의하여 보존된 것이다.

21) 한편 *pot à beurre*라고 말하고 있는데, 이는 *pot au lait*라는 것과 비교할 때 이상한 것 같다.

(qui a *de la barbe*)라고 하고, 반면에 *un vieillard à barbe* (ou *à la barbe blanche*)라고 한다. 또한 *un veau à deux têtes*라는 표현은 *la ville aux sept collines*라는 표현과 대립되는데, 후자는 *누구나가 아는 일곱 개의 언덕*(*les sept* fameuses collines)를 갖고 있다는 의미이다.[22] 또한 *chapeau à plumes, manche à gigot, robe à volants*의 예가 있고, 의복을 지칭하는 모든 유사한 명사들에는 일반적으로 부정관사가 사용된다.[23]

연속, 분포 혹은 단순한 병렬을 표시하기 위하여 명사를 반복하는 경우에도 역시 관사를 생략한다. 즉 *goutte à goutte, feuille à feuille, pierre à pierre, corps à corps, tête-à-tête, dos à dos*의 예와 같다. 양태를 나타내는 경우에도 관사를 생략한다. 즉 *à tort,*[24] *à genoux, à pieds*의 예와 같다. 형용사가 있는 경우에도 역시 관사를 생략한다. 즉 *à grosses gouttes, à petites journées, à cœur ouvert, à petit feu, à vil prix, à gros intérêts, à toutes jambes*의 예와 같다.[25]

전치사 ***en*** (**préposition *en***)은 대부분 정해지지 않은 명사와 함께 사용된다는 특징이 있다. 따라서 관사 없이 사용되며 아주 다양한 경우에 쓰인다. 즉 *être* (ou *aller*) *en France*, *en prison, en voiture, en mer, en ville, être en bonnes mains* (ou *en bons termes*), *aller de ville en ville* (ou *de mal en pis*) 등의 예가 있다.[26]

---

22) 또한 *l'homme aux quarante écus, au petit manteau bleu, au masque de fer, la dame aux camélias* 등과 비교하기 바란다. 마지막 예를 *une dame à camélias*라고 하면 여인들 중 어느 특별한 종류의 여인을 의미하게 될 것이다.

23) 재미있는 사실은 음식 이름의 경우 이것과는 달리 둘째 명사 앞에 일반적으로 정관사를 쓴다는 것이다. 즉 *macaroni au gratin, sauce aux câpres, riz au lait, cuisine au beurre, soupe à l'oignon*의 예와 같다. 아마도 요리사가 정관사를 다른 어느 관사보다도 자주 사용하기 때문인 것 같다. 즉 *donnez-moi le beurre, le lait* 등과 같다.

24) 또한 *à tort ou à raison*이라고 말한다. 반면에 *avec raison*이란 표현을 사용한다.

25) 다른 예들을 인용하자면, *arriver à terme, donner à bail, mettre à profit, prendre à témoin, prendre* (ou *avoir*) *à coeur, charger à mitraille, acheter à crédit, bâtir à chaux et à sable, se mettre à table, tomber à terre*의 예가 있다. 헤어지면서 사람들에게 말할 때 *au revoir*라고 하는데 이것은 *jusqu'au revoir*라는 의미이다. 즉 *à revoir*하고는 관계가 없는데, *à revoir*는 물건에 대해서 수정해야 한다는 의미로 사용한다. 중복이 되긴 하지만 오늘날 사용하는 *au fur et à mesure*라는 표현이 있는데, 이를 *à fur et à mesure* 혹은 *à fur et mesure*라고는 하지 않는다.

26) 다른 예들을 인용하자면, *être en miettes, en loques* (ou *en lambeaux*), *en tas, en armes, en couches, en chemise, en laisse* (*à la laisse*가 아님), *en prière, en larmes, en affaires, en marche*

전치사 ***sans*** **(préposition *sans*)**은 그 부정적인 성격 때문에 관사 없이 쓰이는 것이 일반적인데 물론 명사가 한정되지 않은 경우에 그렇다. 즉 *sans argent, sans pain, sans honneur, sans beauté, sans façon, sans crainte* 등의 예가 있다.[27)]

전치사 ***par*** **(préposition *par*)**도 역시 관사 없이 쓰이는 것이 흔하다. 즉 *par terre, par cœur, par monts et par vaux, par prudence*의 예와 같다. 특히 이 전치사가 분포라는 의미로 사용될 때 관사를 전혀 사용하지 않는다. 즉 *par an, par jour, par personne*의 예와 같다. 이 전치사는 더 이상 *chaque*를 함께 사용하는 것을 허용하지 않는데, *tant pour chaque personne*라고 말할 수는 있으나 *par chaque personne*은 아주 부정확한 중복된 표현이다. 그렇지만 여기에 흥미 있는 현상이 있는데, 이는 *par*를 사용하지 않고 대신 관사를 써서 물건의 값을 지칭하는 것이다. 이것은 상인들의 습관이 일상어에 들어온 것이다. 따라서 *diminuer trois sous par livre*라고 말할 수는 있지만 어떤 물건의 값이 *trois francs par livre*라고 말할 수는 없다. 물건 값에 대해서는 *trois francs* ***la*** *livre, trois sous* ***la*** *botte* 혹은 *cinq sous* ***les*** *deux*라고 한다.[28)] 또한 *deux fois par an* 이외에도 *deux fois* ***l'****an*이라고 흔히 말한다.

전치사 ***avec*** **(préposition *avec*)** 다음에 오는 추상명사 앞에서 부분관사를 생략하는 것이 빈번하다. 즉 *avec courage, avec zèle, avec ruse, patience, intelligence* 등과 같다. 또한 *sur pied, sur table, sur parole, sur gages, sur bois, entasser écus sur écus, sous presse, sous clef, sous cape, sous serment, hors classe, hors concours*라고 말하기도 한다.

***comme*에 의한 비교(comparaisons par *comme*)**의 경우, *blanc comme neige, doux comme miel, dur comme fer, dru comme grêle, briser comme verre*처럼 관사의 생략

(ou *en train*), *en hiver* (ou *en juillet*), *en vacances, en vers* (ou *en prose*), *en or* (ou *en marbre*), *en colère* (ou *en peine*), *en forme* (ou *en apparence*), *en principe* (ou *en règle*), *en paix* (ou *en guerre*), *en fleur* 등이 있다. 우리는 전치사를 다루는 장에서 *en*의 용법과 또한 *dans*과 *à*와의 관계에 대해서 살펴볼 것이다.

27) 그렇지만 *sans le sou*라고 말하는데, 이는 *je n'ai pas le sou*라고 말하기 때문이다. 또한 *sans*을 *à défaut de*라는 조건의 의미로 사용한 문장인 *sans le travail, le génie même ne fait rien de durable*도 아주 정확한 표현이다.

28) 대중들은 *les deux de cinq sous*라고도 흔히 말한다.

이 임의적인 경우도 있고, *amis comme cochons, amer comme chicotin, battre comme plâtre, s'entendre comme larrons en foire* 등처럼 관사를 반드시 생략해야 하는 경우도 있다.

끝으로, 요일을 나타내는 명사(**jours de la semaine**)의 경우 말하는 시점을 출발점으로 삼았을 때 이들 명사 앞에서 관사가 생략되는데 이는 이들이 마치 부사인 것처럼 취급되기 때문이다. 즉 *j'irai demain* (ou *lundi*), *jeudi dernier, jeudi prochain, jeudi en huit, jeudi de la semaine prochaine*와 같다. 그러나 출발점이 달라지면 관사를 쓴다. 즉 *le jeudi, le vendredi se passèrent*의 예와 같다. 또한 날짜를 명확히 하기 위해서 관사를 쓰기도 한다. 즉 ***le** jeudi 15 juillet, **le** mardi de la semaine de Pâques, **le** premier lundi du mois prochain, **le** mardi gras, **le** jeudi saint*의 예와 같다. 규칙적으로 반복된다는 것을 나타내기 위해서도 정관사를 쓴다. 즉 *j'irai **le** lundi*는 *j'irai chaque lundi* (ou *tous les lundis*)의 의미이다.

3. 관사와 고유명사

원칙상 고유명사에는 관사가 붙지 않는다.[29)]

먼저 사람을 지칭하는 명사들(**noms de personnes**) (또한 대명사들)에는 관사를 붙이지 않는 것이 원칙이다. 다만 같은 이름을 가진 모든 사람을 지칭하기 위하여 복수형으로 쓰는 경우는 예외이다. 즉 *les Bourbons, les Bonapartes, les Montmorencys, les Carnots*의 예와 같다. 이를 확장하여 비르길리우스(Virgile)와 같은 시인의 의미로 *les Virgiles*, 강조의 의미로 사용한 복수형인 *les Bossuets, les Molières, les Condés*의 예가 있다.[30)]

---

29) 고유명사뿐만 아니라 어떤 방식으로든 고유명사라고 여겨질 수 있는 모든 명사가 그렇다. 따라서 *le mois de juillet n'a pas été beau*라고 말하지만 관사 없이 *juillet n'a pas été beau*라고도 말한다. 마찬가지로 *homme est un nom, manger est un verbe*라고 말한다.

30) 또한 *les si, les car, les mais*라고도 한다. 가끔은 코르네이유(Corneille)의 시를 의미하는 것으로 *le Corneille est beau*라고도 한다.

한정하는 말이 붙으면 또한 단수형의 정관사가 반드시 사용된다. 즉 *le grand Corneille, le Corneille du Cid, le Sophocle français, la Vénus de Milo, le Polyeucte de Corneille*의 예와 같다.[31)]

성인(saints)의 경우 예외이다. 즉 *saint Pierre, saint Paul*과 같다. 이 명칭은 중세부터 이렇게 사용되었으며 당시에 *saint*은 명사의 일부로 여겨졌다.

동일 인물을 지칭하거나 강조의 의미로 부정관사를 사용하기도 한다. 즉 *c'est un nouveau Cicéron, un Tacite*, (약간은 경멸하는 의미로 사용하는) *un Basile*과 또한 다음 예와 같다.

> *Un Auguste* aisément peut faire *des Virgiles*.

이 경우 부분관사를 사용하기도 한다. 즉 *c'est de Corneille, il y a du Corneille là-dedans*의 예에서 의미하는 바는 코르네이유의 운문이나 코르네이유에 버금가는 운문이다.

반면에 몇몇 유명한 화가들의 이름 (또한 보다 빈번하게는 별명)에 관사를 사용하는 방법이 이탈리아어에서 차용되었다. 즉 *le Pérugin, le Corrège, le Parmesan, le Véronèse, le Caravage*는 그들의 출생지 때문에 이렇게 불리는 이름이다. 또한 *le Pinturicchio, le Sodoma, le Tintoret, le Guerchin*은 특별히 별명에서 유래한 이름이다. 그리고 이름에 관사가 붙은 예는 *le Primatice, l'Albane, le Bernin*이다. 또한 실수에 의한 것이긴 하지만 *Guido Reni*를 *le Guide*라고 말하고, le beau *Giorgio*대신에 *le Giorgione*라고도 한다. 그러나 원칙상 이름 앞에 이렇게 관사를 사용해서는 안 되고, *Dominiquin, Titien*이 옳고 *le Dominiquin, le Titien*는 틀린 것이다. 한편 푸생(Poussin)

---

31) 또한 *l'Astrée de Messire Honoré d'Urfé*라는 표현도 역시 같다. 예전에는 책 제목을 이와 같이 (정관사를 넣어서) 인쇄했다. 그러나 이것을 모방하여 보어가 없는 경우에도 *l'Astrée*라고 하는 것은 잘못된 것이다. 왜냐하면 *le Polyeucte est beau*라고 말하지는 않기 때문이다. (대중들은 또한 *la femme Dupont*의 의미로 *la Dupont*이라고 말하기도 한다). 또한 *le* que *qui est dans cette phrase* 혹은 *il y a un* que *de trop*라고도 말하는데, 이는 *le Pierre que j'ai connu* 혹은 *il n'y a qu'un Pierre dans cette famille*와 같은 용법이다.

은 이탈리아에서 오래 머물렀다고 해서 *le Poussin*이라고 불리게 되었다.[32)]

이렇게 이탈리아식으로 명명하는 방법은 몇몇 작가 이름에도 적용되었는데, 박식한 사람들을 제외하고는 성(nom)인 *le Tasse*와 *l'Arioste*와 별명인 *l'Arétin*의 경우에만 쓰인다. 많은 사람들이 정관사를 붙여서 *le Dante*라고 부르기도 하는데 이는 잘못된 것이고 점점 사라지고 있다. 왜냐하면 *Dante*는 성이 아닌 이름이고, 기껏해야 *l'Alighieri*라고 할 수 있을 텐데 이러한 표현은 전혀 쓰이지 않는다.

몇몇 이탈리아의 여배우의 성 앞에도 관사를 쓰기도 한다. 즉 *l'Alboni, la Pasta, la Patti, la Duse*의 예와 같다. 마찬가지로 *la Malibran, la Krauss*와 몇몇 다른 예가 있는데 이들은 여가수들이다.[33)]

도시명**(noms de villes)**에도 관사를 쓰지 않는다. 다만 사람 이름처럼 구체적으로 한정되면 관사를 붙인다. 즉 *le Paris du XVIIIe siècle*의 예와 같다. 또한 실제로는 보통명사인 경우에도 관사를 붙인다. 즉 *le Havre, aller au Havre, aller à La Rochelle*의 예와 같다. 또한 *les Andelys*처럼 두 개로 된 것을 지칭하는 경우에도 관사가 붙는다.

섬 이름**(noms d'îles)**은 도시명과 같다. 다만 대륙인 *l'Australie*와 *la Corse, la Sardaigne, la Sicile, la Crète, l'Eubée, l'Irlande, l'Islande*처럼 고대로부터 항상 나라로 취급되었던 유럽의 몇몇 큰 섬들은 예외이다. 그 이후에는 *Chypre, Rhodes*뿐만 아니라 *Cuba, Sumatra, Bornéo, Madagascar*와 같은, 유럽이 아닌 곳에 있는 큰 섬들은 관사 없이 말한다. 또한 *Terre-Neuve*와 같이 형용사가 명사 뒤에 위치한 경우 관사 없이 말한다. 반면에 형용사가 앞에 나오는 경우 *la Nouvelle-Zélande, les Nouvelles-Hébrides*라고 하는데, 이는 *les Carolines*이라고 정관사를 붙이는 것과 같다. 그리고 *en France*하듯이 *en Corse*라고 하고, 경우에 따라서는 *dans la Corse*라고도 한다. 그러나 *à Paris*처럼 *à Madagascar, à Terre-Neuve*라고 말한다. 또한 Zélande는 나라이름이므로 *en Nouvelle-Zélande* 혹은 *dans la Nouvelle-Zélande*라고 말한다. 반면

---

32) 따라서 *l'œuvre du Poussin*이라고 말하는데, 이것은 *l'œuvre du Pérugin* (ou *du Tintoret*)와 같다. 앞의 본문 41쪽 8번 주를 참고하기 바란다.

33) 예전에는 또한 평범한 여배우를 지칭하기 위하여 *la Champmeslé, la Du Parc, la de Brie, la Béjart*라고 말하다가, 유명한 미용사나 여성의류 제조인의 경우에도 관사를 붙이게 된다. 결국에는 *la Brinvilliers, la Voisin, la Pompadour, la du Barry* 등 유명한 모든 분야의 여성에게도 관사를 붙이게 되었다. 그들의 명성이 반드시 그들의 능력에 의한 것은 아니었기 때문인가 보다.

에 *aux Nouvelles-Hébrides, à La Martinique, à La Réunion*이라고 하는데, 이는 *aux Andelys, à La Rochelle*이라고 하는 것과 같다. 그리고 *à Libéria*라고 말하는 것은, 이것을 하나의 도시처럼 취급하기 때문이다.

반면에 강이나 산 이름(**noms de rivières ou de montagnes**)은 오늘날 관사를 사용하는 것이 일반적이다. 즉 *la Seine, le Danube, le Sinaï, l'Oural, l'Himalaya, le mont Sinaï, les monts Oural, les monts Himalaya*의 예와 같다. 복합명사로 된 도시명은 예외인데, 관사가 별로 사용되지 않던 시대의 형태 그대로가 남아 있기 때문이다. 즉 *Chalon-sur-Saône, Châlons-sur-Marne, Bar-sur-Seine, Bar-sur-Aube, Pont-d'Ain, Boulogne-sur-Mer*의 예와 같다. 반면에 *Francfort-sur-le-Mein*[34)]처럼 외국의 도시 명에는 관사를 붙인다. 파리에서는 *la rue de Seine, l'eau de Seine*라고 여전히 말하고 있는데, 이는 *l'eau de source*와 대립되는 의미로 쓰는 것이다.

나라 이름(**noms de pays**)은 한결 복잡하다. 전치사가 없으면 항상 관사를 취한다.[35)] 그러나 전치사가 쓰이게 되면 구문은 한결 복잡해진다. 그 이유는 관사와 함께 쓸 수 없는 *en*이 *dans*과 경쟁하기 때문뿐만 아니라, *de*라는 전치사가 아주 복잡한 구별을 하도록 하기 때문이기도 하다. 일반적으로 전치사 *de* 다음에 관사의 유무로 남성과 여성을 구별하려고 하는 것으로는 충분하지 않다.

전치사 ***de*** (**préposition *de***)의 경우, *en*을 제외한 나머지 전치사와 마찬가지로 일반적으로 관사를 사용해야 한다. 즉 *les habitants de la France, les soldats* (ou *les vaisseaux*) *de l'Angleterre, les montagnes de la Suisse, les divisions de l'Allemagne, les climats de l'Amérique, les îles du Japon, la géographie de la Chine* (ou *du Brésil*)의 예와 같다. 그러나 예외도 아주 중요한데, 그 이유는 고대프랑스어에서 관사를 생략하는 일이 흔했기 때문이다. 따라서 나라 이름과 그 앞의 단어 사이에 특별히 밀접한

34) 반면에 이 명칭은 외국 도시 이름을 그대로 번역한 것이다. 따라서 독일의 문법학자들이 생각하듯이 변덕스러운 것이 아니다. 가끔 프랑스의 몇몇 도시나 마을 이름에 관사가 나타나는데, 그 이유는 이 명칭이, 혹은 적어도 이 명칭의 어미가 최근에 만들어진 것이기 때문이다. 그리고 *le fleuve du Rhin, la rivière de Marne, la montagne d'Athos*와 같은 표현은 거의 쓰이지 않는다.

35) 나라 이름과 수도 이름이 같은 경우에도 *le Hanovre* 혹은 *l'Oldenbourg*라고 한다. 수도 이름이 나라보다 더 알려진 경우 *le royaume de Naples, le grand-duché de Bade*라고 하는데, 후자의 경우 옛 수도의 이름을 간직하고 있는 것이다.

관계가 있을 때에는 언제나 관사가 생략되는 고대프랑스어의 전통이 유지되고 있다.

이러한 현상이 가장 두드러지는 것은, 이미 사라졌거나 오늘날에도 남아 있는 통치권의 명칭(**titre de souveraineté**) 다음에 그렇다. 즉 *roi* (ou *empereur*), *duc* (ou *comte, baron*), *sultan, royaume, empire, duché, comté, province* 등의 예와 같다. 왜냐하면 고대프랑스어의 전통을 따라서, 유럽의 역사 혹은 고대의 역사에 등장하는 나라 이름 앞에서는 항상 관사를 생략했기 때문이다. 드물기는 하지만 남성 명사인 경우에도 역시 마찬가지이다. 즉 *le roi* (ou *le royaume*) *de France* (ou *de Portugal*), *l'empereur* (ou *l'empire*) *d'Autriche* (ou *de Russie*), *le duc* (ou *le duché*) *de Bourgogne* (ou *de Berry*), *le comte* (ou *le comté*) *de Provence* (ou *d'Artois*), *le grand-duc de Bade* (ou *de Mecklembourg*), *le sultan de Turquie, les pharaons* (ou *le khédive*) *d'Egypte, les rois d'Ethiopie, le shah de Perse, les rois de Bactriane* (ou *d'Assyrie, de Pont*)의 예와 같다.[36)]

고대 혹은 유럽의 역사에 속하지 않는, 즉 보다 최근에 사용되기 시작한 명사들 중에서 여성명사는 점차로 남성명사의 용법을 따르게 되는데 *ie*로 끝나지 않아 유추에 의한 영향을 덜 받는 여성명사도 마찬가지이다. 즉 *les empereurs de Chine* (ou *de la Chine*), *les rois de Corée* (ou *de la Corée*)의 예와 같다. 그러나 남성명사는 곧 관사를 취하게 된다. 즉 *le sultan du Maroc,*[37)] *l'empereur du Japon* (ou *du Brésil*), *les rois du Mexique, du Pérou, du Cambodge, la république du Brésil* (ou *du Chili*)의 예와 같다. 그러나 루이 14세(Louis XIV) 때 대사관이 설치된 이후에는 관사 없이 *le roi* (et *le royaume*) *de Siam*[38)]이라고 한다.

한 나라의 특산물(**production spéciale**)을 나타내는 말 다음에, 모든 여성명사 앞에

---

36) 그러나 *le duc* (ou *le duché*) *du Maine*라고 하는데, 이 명칭이 그 지방의 강 이름에서 유래했기 때문이다. 또한 *les comtes de la Marche*의 예는 *marche*가 원래 보통명사이기 때문이고, *les comtes du Perche* (혹은 *du Vexin*)은 이 명칭들의 성이 남성인 아주 작은 나라를 지칭하는 것이기 때문이다.

37) 예전에는 *de Maroc*이라고 말했는데, 이는 나라 이름이 아니라 도시 이름이었다.

38) 이것은 *Ayuthia*였던 수도 이름을 나라 이름으로 바꾼 것과 관련이 있는 듯하다. 같은 이유 때문에 아직도 *le royaume de Cambodge, la république de Venezuela* (마라카이보(Maracaïbo) 호수의 여러 도시에 주어진 작은 베니스(Venise)를 의미)라고 부른다. 또한 *la république de Panama, de Honduras* (갑(cap) 때문에), *de Guatemala, de Nicaragua, de Costa-Rica, de Libéria*라고 부르는데, 반면에 *la république du Salvador*라고 한다.

서 관사는 빈번하게 생략된다. 따라서 *les productions de la France* (ou *de la Chine*), *les cultures de l'Amérique* (ou *de la Russie*)라고 말하지만 *les vins de France, de Bourgogne, d'Espagne, d'Algérie, le fromage de Brie, une poularde de Bresse, les blés de Roumanie, la porcelaine de Chine, les tapis de Perse*라고 한다. 그러나 유럽의 두 왕국을 제외한 남성명사 앞에서는 관사를 사용한다. 즉 *les chevaux de Danemark, les vins de Portugal*의 예와는 달리, *les truffes du Périgord, le miel du Gâtinais, les chevaux du Mecklembourg, les vins du Piémont* (ou *du Roussillon*), *l'or du Pérou, le guano du Chili, le café du Brésil* (ou *du Venezuela*), *le caoutchouc du Congo* (ou *du Soudan*)이라고 한다.

통치권의 명칭과 특산물의 경우 이외에는 관사의 사용이 규칙적이 아니다. 여성명사 앞에서도 관사를 생략하기 위해서는 *de*로 연결된 단어 사이에 다소간 밀접한 관계가 있어야 한다. 즉 *les femmes de France, le soldat de France, l'Institut de France, l'histoire de France* (한편 *la géographie de la France*라고 하는데, 이 예에서는 관계가 덜 밀접하거나 덜 오래되었다), *la côte de France* (ou *de Normandie*), *les monts d'Auvergne,*[39] *la ligue de Bretagne, la noblesse de Prusse, la diète de Bohême, le parlement d'Angleterre, la république de Colombie* (ou *de Bolivie*)[40]의 예와 같다. 또한 *revenir d'Italie* (ou *d'Allemagne*), *à son retour d'Espagne* (ou *de Suède*)라고도 한다.

이러한 단어들과 관사가 붙는 단어들 사이에 중간 지역, 즉 특히 복수형 다음에 주저하거나 선택이 가능한 많은 예들이 있음은 물론이다. 즉 *l'histoire d'Europe* (ou *de l'Europe*), *les princes d'Allemagne* (ou *de l'Allemagne*), *les peuples d'Afrique* (ou *de l'Afrique*), *les villes d'Asie* (ou *de l'Asie*), *les côtes de France* (ou *de la France*), *une carte d'Italie* (ou *de l'Italie*), *revenir de Chine* (ou *de la Chine*)[41]의 예와 같다.

---

39) 그렇지만 *les monts de Suisse* (ou *d'Amérique*)라는 표현은 지도상에 존재하지 않는다. 그러나 *les Alpes de Suisse*라고는 말할 수 있을 것이다.

40) 그러나 *la république de France*라고는 하지 않는데, 이는 *la république romaine*처럼 *la république française*라고만 말하기 때문이다. 또한 *roi de France*와는 달리 *empereur des Français*라는 표현을 지난 세기 사람들이 사용했다.

41) 그렇지만 *revenir d'Inde*라고는 더 이상 말하지 않는데, 이는 같은 단어라 할 수 있는 *dinde* (본문 20쪽을 참조할 것) 때문이다. 예외로 *marrons d'Inde*가 있는데 이는 옛날 단어이다. 또한 복

물론 의미상의 차이가 생겨나는 경우도 가끔 있다. 즉 *les guerres d'Italie*는 프랑스가 15세기에 이탈리아에서 행한 전쟁을 의미하는데, *la campagne de France* (ou *d'Italie*)와 같이 역사적으로 굳어진 표현이다. 한편 이에 대립되는 *les guerres de l'Italie*는 전통적이며 역사적으로 굳어진 표현이 아니고 이탈리아가 행한 전쟁들이라는 의미이다. 마찬가지로 *la guerre d'Italie*는 1859년의 전쟁을 가리킨다.

위에서 살펴본 경우를 제외하면 남성명사 앞에서는 항상 관사를 사용한다. 그러나 *les peuples d'Orient* (ou *de l'Orient*), *les peuples d'Occident* (ou *de l'Occident*)이 모두 가능한데, 아마도 *les vents d'est* (ou *d'ouest*)와 같이 모음으로 시작하기 때문인 것 같다. 그러나 다음 예에서는 항상 관사를 사용해야 한다. 즉 *les peuples* (ou *les vents*) *du Nord* (ou *du Midi*), *les côtes du Brésil* (ou *du Pérou*), *les monts du Lyonnais*, *les plaines de l'Artois*, *la ligne du Bourbonnais*, *les villes* (ou *les peuples*) *du Mexique*, *la carte du Maroc* (ou *du Dauphiné*), *revenir du Japon* (ou *du Chili*)의 예와 같다. 그러나 유럽의 나라들인 경우 *revenir de Danemark* (ou *de Portugal*)처럼 말할 수 있다.[42]

덧붙이고 싶은 것은, 나라 이름 두 개가 등위된 경우 그 중 하나가 관사를 취하면 다른 하나도 마찬가지로 반드시 관사를 취해야 한다는 것이다. 즉 *les poulardes de la Bresse et du Maine, les porcelaines de la Chine et du Japon*의 예와 같다. 물론 후자의 경우 *les porcelaines de Chine et celles du Japon*이라고 말할 수도 있다. 게다가 조금이라도 명사를 꾸미는 말이 붙으면 일반 규칙에 따라 관사를 사용한다. 즉 *les vins de la France méridionale, la noblesse de la Prusse orientale*의 예와 같다.

우리의 행정 구역인 도(**départements**)의 명칭은 최근에 생긴 것이고 일관된 규칙에 따라 항상 관사를 취한다. 즉 *de la Seine, du Rhône, du Loir-et-Cher*의 예와 같다. 그러나 두 개의 명사로 이루어지고 첫째 명사가 여성인 명칭 앞에서는 약간 곤란을 겪는다. 모음 앞에서도 관사가 나올 수 있는데 반드시 그런 것은 아니다. 즉 *les communes de l'Ille-et-Vilaine*의 예와 같다. 그러나 *Saône-et-Loire, Seine-et-Marne,*

수형인 지명들이 모두 그렇듯이 *des Indes, des Antilles, des Philippines*이라고 한다.

42) 그런데 *le royaume de Siam*라고 하듯이 *le golfe de Siam*이라고 말하고, 많은 도시에 *la rue de Siam*이 있는데 이는 옛 전통이라 할 수 있다. 그러나 그 외의 곳에서는 *la rue du Siam, du Venezuela, du Guatemala, du Costa-Rica*라고 관사를 붙여서 말한다.

Seine-et-Oise 등 자음으로 시작되는 명칭 앞에서는 *de la*를 굳이 말하지 않고 일반적으로 관사를 생략한다. 또한 *Vaucluse*도 *de* 다음에서 관사를 취하지 않는데, 이 명사는 *la fontaine de Vaucluse*에서 유래했기 때문이다.[43)]

전치사 ***en***과 ***dans*** (***prépositions en*** et ***dans***) 사이에서 어떤 것을 선택하느냐 하는 것은 전치사 *de*의 용법만큼 복잡하지는 않다.

전치사 *dans*에는 관사를 사용하고 전치사 *en*에는 관사를 사용하지 않는다. 따라서 이동이 있건 없건 여성명사 앞에 *en*을 쓴다. 즉 *je suis* (ou *je vais*) *en France* (ou *en Amérique, en Suisse, en Chine, en Bourgogne, en Australie, en Laponie*)의 예와 같다. 물론 *dans l'Amérique centrale*이나 *dans la Chine du Nord*에서는 *dans*을 사용한다.[44)]

유럽의 왕국이나 프랑스의 지방 공국을 지칭하는 남성명사의 경우 *en*과 함께 쓰이는 일이 아주 빈번하다. 즉 *en Portugal, en Danemark, en Artois, en Anjou, en Poitou, en Piémont*의 예와 같다. 그러나 이 경우 *dans le*를 사용하는 것이 보다 일반적이다. 즉 *dans le Lyonnais, le Berry, le Dauphiné, le Valois, le Roussillon*의 예와 같다.[45)] 또한 *dans*을 선호하는 예로 *dans le Hanovre, dans le Palatinat, dans le Valais*가 있다.

프랑스의 도(départements) 이름 앞에서는 일반적으로 *dans*을 사용한다. 즉 *dans l'Ardèche, le Calvados, la Haute-Saône*의 예와 *dans le Loir-et-Cher, dans l'Ille-et-Vilaine*의 예와 같다. 그러나 *en*을 사용하는 예로 *en Saône-et-Loire, en Seine-et-Marne, en Seine-et-Oise*가 있다.[46)]

남성명사 중 유럽의 국가명이 아닌 경우 일반적으로 *en*을 취하지 않는데 이 명사들이 관사를 요구하기 때문이다. 그렇다고 항상 *dans*과 함께 쓰이지도 않는다. 다른 곳에서 다루겠지만, *en le*가 처음에는 이미 오래 전에 사라진 축약된 관사를 만들

---

43) 전치사가 없는 경우 *la*를 사용하기도 하는데, *le département de Vaucluse*라고 하듯이 *le département de Seine-et-Oise*라고 즐겨 관사 없이 말한다.

44) 그런데 *de l'Inde*라는 표현을 사용하고 있고 또한 *dans les Indes*를 모방하여 *dans l'Inde*라고 한다.

45) 그러나 항상 *dans le Maine* (ou *le Perche, la Marche*)라고 말한다. 본문 55쪽의 36번 주를 참조할 것.

46) 앞의 본문 56쪽을 참조할 것. 따라서 *en Savoie*는 분명히 지방을 지칭하는 것이고, 반면에 *dans la Savoie*는 오히려 도를 지칭하는 것이다.

어내었다가, 몇몇 경우에 자음 앞에서 다른 축약 관사 *au*로 바뀌었다.[47] 따라서 오래 전부터 자음으로 시작되는 새로운 명사 앞에서 *au*를 계속 사용하게 되었다. 즉 *être* (ou *aller*) *au Maroc, au Sénégal, au Dahomey, au Congo, au Japon, au Thibet, au Tonkin, au Brésil, au Chili, au Pérou*의 예와 같다. 모음으로 시작하는 명사들은 *en*을 취한다. 즉 *en Hindoustan, en Uruguay, en Afghanistan*의 예와 같다. 그러나 이 두 경우 모두 *dans*과 함께 쓰일 수 있는데, 특히 별로 쓰이지 않거나 그 용법이 널리 퍼지지 못한 표현의 경우 그렇다. 즉 *dans le Béloutchistan*의 예와 같다. 마찬가지로 *en les* 대신에 *aux*를 사용한 예로 *aux Antilles, aux Indes, aux Philippines* 등이 있는데, 이는 *dans les*와는 별도로 사용된다.

또한 *au nord, au sud, à l'est* (ou *à l'orient*), *à l'ouest* (ou *à l'occident*)의 표현을 사용하는데 이것은 방향을 가리키는 경우에만 사용된다. 그런데 지도상의 지역을 지칭하는 경우에는 *dans le Nord, dans le Sud, dans l'Est, dans l'Ouest*라고 말한다. 반면에 *en Occident, en Orient*이라고 말하는 것은 *en Portugal*이라고 말하는 것과 같은데, 두 경우 모두 명사가 한정되지 않은 경우이다.[48]

다른 전치사들에 대해서는 특별히 언급할 것이 없다. 물론 *jusqu'en France, jusqu'en Asie, jusqu'au Japon, jusqu'au Brésil*라고 말하는 것은 자연스럽다. *Hors de*에는 일반적으로 관사를 쓰는데, 여성명사의 경우 관사를 생략하는 일이 흔하다. 즉 *hors de France* (ou *d'Europe*)의 예와 같다. *Pour* 다음에는 항상 관사가 온다. 그런데 알제리나 프랑스의 식민지에서 *partir pour France*라는 표현을 별로 구별하지 않고 모든 의미로 사용하기는 했다.[49]

축제명(**noms de fêtes**)에는 항상 여성관사가 오는데 *l'Ascension, l'Assomption*처럼

---

47) 이러한 예가 *au printemps*인데, 전치사에 관한 장을 참조하기 바란다.

48) 섬 이름인데도 불구하고 *en Haïti*라고 말하기도 하는데, 이것은 *à Haïti*라고 할 때의 불협화음(cacophonie)을 피하기 위한 목적이라고 할 수 있다. 이것은 예전에 *en Alger*라고 말하던 것과 같다.

49) 완전히 떠나버린다는 의미로는 *partir pour la France*라고 말하고, 단순한 여행인 경우 *aller en France*라고 말하는 것이 좋다. 그러나 *partir pour France*라는 표현은 *partir en France, partir à Paris, partir à la campagne*보다는 더 정확하고 올바르다. 왜냐하면 *partir pour*라고는 하지만 *partir à* (ou *en*)이라고는 하지 않기 때문이다. 반면에 *aller à* 혹은 *aller en* (ou *dans*)이라고 할 수 있다. 그러나 *partir en guerre*라고 말하는 경우가 흔하고, 필요한 경우 *partir en voyage*라고도 한다.

보통명사이거나 *la Toussaint, la Saint-Jean, la Saint-Martin, la Saint-Sylvestre, la Noël* (*Noël*이라고 말하는 것이 보다 일반적이다)처럼 생략에 의한 것이기 때문이다. 종교적 축제를 지칭할 때 *Pâques*의 경우 전혀 관사가 붙지 않지만 *faire ses Pâques*라고는 말한다.

4. 부분관사

우리는 위에서 전치사 *de*가 *la mort **du** roi, je me défie **des** hommes, je suis loin **de** la table*에서와 같이 관사 앞에서 원래의 역할을 하면서도, 이 관사와 함께 특별한 관사를 이루어서 *un*의 복수형으로 *부정*(*indéfini*)의 의미뿐만 아니라 *부분*(*partitif*)의 의미를 갖는다는 것을 보았다. 즉 ***du** pain, **de l'**eau, **des** fruits*의 예와 같다.[50] 이와 같이 전치사 *de*는 관사의 성격을 변하게 만든다. 먼저 이 전치사는 한정의 범위를 제한하는데, 그 결과 복수형 *des*는 부정관사의 단수형 *un*에 대응하고 특히 전체의 한 부분만을 고려한다는 것을 나타낸다. 결과적으로 부분관사는 모든 종류의 단어와 함께 사용할 수는 없게 되었다.[51]

따라서 전치사가 본래의 성질을 잃어버려서 부분관사와 함께 쓰이는 명사는 직접보어가 된다. 즉 *manger **du** pain*의 예와 같다. 또한 부분관사가 붙은 명사가 주어가 되는 것도 전혀 문제가 없어서, ***du** pain est resté sur la table*의 예처럼 사용된다. 그러나 이러한 구문은 아주 어색한 경우가 빈번하여, 이를 도치 시켜서 겉으로는 보어처럼 보이도록 만든다. 즉 *il est resté **du** pain sur la table, il tombe **de la** neige*의 예

50) 이것은 전치사 *de*의 의미 중의 하나인 부분의 의미가 흥미롭게 변한 것이다. 명사 앞에 관사가 필요하지 않았던 시대에는 *manger de pain* (ou *de légumes*)이라고 하다가, 명사를 한정하여 *manger des légumes qu'on avait cultivés*라고 한 다음, 결국에는 *manger des légumes* (ou *du pain*)이라고 하게 된 것이다.

51) 오늘날에는 *de l'outrage, de l'obstacle, du salaire*라고는 전혀 말하지 않는데, 이 단어들은 단지 부정관사 *un*하고만 쓰인다.

와 같다. 또한 부분관사가 몇몇 전치사와 함께 사용되기도 한다. 즉 *mettre* ***du*** *beurre sur* ***du*** *pain, mélanger* ***du*** *beurre avec* ***du*** *miel, cela ressemble à* ***de la*** *grasse* (ou à ***des*** *haricots*)의 예와 같다.

그러나 부분관사 앞에는 전치사 *de*를 쓸 수 없는데 이는 중복되기 때문이다. 따라서 우리는 앞에서 부분관사와 함께 쓰일 수 있었을 많은 명사 앞에서 전치사 *de*가 따로 쓰인 경우를 보았다. 즉 *il mange* ***de la viande****, il se nourrit avec* ***de la viande*** (ou ***des noix***)와는 달리 *il se nourrit* ***de viande*** (ou ***de noix***)라고 하고, *il a* ***du pain*** *en petite quantité* (ou *en grande quantitié*)와 달리 *il a beaucoup* ***de pain*** (ou *peu* ***de pain***)이라고 한다. 따라서 본래 부분을 의미하며 (*force*를 제외하고는) 전치사 *de*와 함께, 양을 나타내는 표현은 관사를 취하지 않는다. 즉 *combien d'élèves avez-vous*? (ou *combien avez-vous d'élèves*?), *plus, moins, autant de cerises* (ou *de pain*), *une douzaine d'œufs, deux mètres de drap*의 예와 같다. 명사가 한정되면 관사가 다시 나타나는데, 일반적으로 *정관사*(*article défini*)가 나타난다. 즉 *trois mètres* ***de drap***가 *trois mètres* ***du drap*** *que vous m'avez donné*로 바뀌고, *une multitude* ***de blessés***가 *la multitude* ***des blessés*** *qui sont venus ici*로 바뀐다. 그렇지만 부정관사가 나올 수도 있다. 즉 *j'ai quelques bouteilles* ***d'un vin*** *délicieux*의 예와 같다.

부정문에서(**avec une négation**) 보어에 붙은 부분관사는 전치사 *de*로 바뀌며 부정관사도 일반적으로 *de*로 바뀐다. 즉 *j'ai* ***de l'argent****, avez-vous* ***de l'argent***?이라고 하지만 *je n'ai pas* ***d'argent*** (ou *plus* ***d'argent***), *je n'ai jamais eu* ***d'argent****, personne n'a* ***d'argent****, n'avez-vous pas* ***d'argent***?이라고 하고, *pas*나 *plus*를 생략하여 *vous n'avez* ***d'argent*** *que celui que je vous ai donné*라고 한다. 또한 *il a donné* ***une raison***에서 *il n'a pas donné* ***de raison***이 되기도 한다.[52)]

부분관사의 의미가 완전히 살아나거나 부정관사가 다시 나타날 수 있는데, 이는 표현하고자 하는 생각이 한정되거나 혹은 부정이 일부분에만 걸려서 긍정의 의미를 함축하고 있을 때이다. 즉 *je ne vous ferai pas* ***de reproches***이지만 *je ne vous*

---

52) 그러나 *il n'a pas donné une seule raison, il n'a pas donné de raison qui soit bonne* (ou *une raison qui soit bonne*)라고 하는데, 이 경우 *une*는 수형용사라고 간주해야 한다. 왜냐하면 부정이 걸리는 것은 바로 이 단어이기 때문이다.

ferai pas de reproches inutiles (ou ***des reproches inutiles***)라고 하고, *on ne fait pas* ***d'omelettes*** (ou ***d'omelette***) *sans œufs*이지만 *on ne fait pas* ***des omelettes*** (ou ***une omelette***) *avec des coquilles d'œufs*라고 한다. 즉 이것의 의미는 <ce n'est pas avec des coquilles d'œufs qu'on fait ***des omelettes*** (ou ***une omelette***)>이다. 또한 *je ne demande pas* ***du pain*** *ou* ***des noix****, mais du gâteau*라고 하는 것은, 내가 무엇인가를 요구하기는 하는데 *du pain*이나 *des noix*가 아니라는 의미이기 때문이다. 또한 *n'avez-vous pas* ***de l'argent*** *et* ***des amis***?라는 문장이 가능한 것은 의문문에 부정이 합쳐져서 긍정이 되었기 때문이다. 또한 *on n'a vu personne lui donner* ***de l'argent***이라는 문장에서 부정이 *donner de l'argent*에 걸리지 않는다는 것을 알 수 있고, *on n'a jamais vu son père lui donnant* ***de l'argent*** (*d'argent*이 아님)도 역시 같다.

그러나 부정(négation) 다음에 나오는 부분관사의 이러한 용법은, 이 둘이 가까이 위치하게 되면 문장을 다소간 어색하게 만들기가 쉽다. 즉 *je n'ai pas* ***de*** *l'argent pour le gaspiller*는 분명히 어색한 문장이고, *si j'ai de l'argent, ce n'est pas pour le gaspiller*가 한결 좋은 문장이다. 물론 *je n'ai pas d'argent à gaspiller*라고도 말할 수 있지만, 이 문장은 돈이 많지 않다는 의미를 갖기 때문에 의미가 약간 다르다. 또한 *je ne mange pas* ***du*** *pain*이라고 말하면서 빵과 대립되는 어떤 것이 없다면 이것은 아주 어색하고, *ce n'est pas du pain que je mange*라고 말하는 것이 더 낫다. 왜냐하면 이 문장에서 *du pain*은 보어가 아니라 주어라 볼 수 있고, 이 구문에서는 부정문이 되더라도 변하는 것이 전혀 없기 때문이다.[53)]

또한 동사 원형 앞에 *sans*이 나오거나 *sans que* 다음에 접속법이 나오는 경우에도 관사를 생략한다. 즉 *il est parti sans argent* (ou *sans raison*)이라고 말하듯이 *il est parti* ***sans*** *prendre* ***d'argent*** (***sans*** *faire* ***de bruit*****,** ***sans*** *donner* ***de raison***)이라고 말한다. 또한 경우에 따라 *il est parti* ***sans*** *qu'il ait pris* ***d'argent*** (ou ***sans*** *qu'il ait fait* ***de bruit*****,** ***sans*** *qu'il ait donné* ***de raison***)이라고 말한다. 그러나 경우에 따라 *sans prendre* (ou *sans qu'il ait pris*) ***l'argent*** *que je lui avais donné, sans donner* ***la raison***

---

53) 의미상으로 *je ne veux pas manger de pain ni boire d'eau*와 *je ne veux pas manger du pain et boire de l'eau*를 구별하는데, 앞 문장이 특별한 경우에 말하는 문장이라면 후자는 일반적으로 빵과 물만으로 살게 되기는 원치 않는다는 것을 의미한다.

*nécessaire*라고 말하기도 한다. *Sans* 앞에 나오는 주절이 부정문일 때, 두 개의 부정은 긍정을 의미하므로 부분관사를 일반적으로 그대로 사용한다. 즉 *il ne peut parler sans faire* ***des fautes****, il n'est pas parti sans prendre* ***d'argent*** (ou ***de l'argent***), *sans donner* ***de raison*** (ou ***une raison, des raisons***), *sans faire* ***des préparatifs****, sans faire* ***des*** *préparatifs sérieux*라고 한다.

이제 보다 흥미롭고 보다 미묘한 경우를 보도록 하자.

형용사 앞에서**(devant un adjectif)**, 즉 형용사가 관사와 명사 사이에 나올 때 부분관사는 부정이 없는 경우에도 전치사 *de*로 바뀐다. 즉 *j'ai mangé de bonnes cerises, de bonne casse est bonne*의 예와 같다. 그러나 이 경우 앞에서 본 경우들과는 달리 전통적인 용법이 더 이상 절대적으로 지켜지는 것은 아니다.

그러나 명사가 복수인 경우**(si le nom est au pluriel)** 논란의 여지는 전혀 없다. 즉 ***des*** *larmes amères,* ***de*** *grosses larmes,* ***des*** *brises tièdes,* ***de*** *tièdes brises,* ***des*** *pertes importantes,* ***de*** *grandes pertes,* ***des*** *auteurs excellents,* ***d'****excellents auteurs,* ***des*** *accidents pareils,* ***de*** *pareils accidents,* ***de*** *tels accidents,* ***d'****autres accidents*의 예가 있다.[54)]

물론 형용사가 명사와 함께 일종의 복합명사가 되어 특별한 의미를 갖게 되는 경우는 예외이다. 그런데 17세기에는 앞의 규칙이 너무 엄격하여 이러한 구별을 하지 않았다. 따라서 예전에는 *de bons mots, de jeunes gens*이라고 했는데, 오늘날에는 ***des*** *bons mots,* ***des*** *jeunes gens*이라고 하고 ***des*** *belles-mères,* ***des*** *petits jeunes gens,* ***des*** *petites filles,* ***des*** *grands hommes,* ***des*** *bons points,* ***des*** *faux pas,* ***des*** *faux cheveux,* ***des*** *petits verres* (이는 *de petits verres*와는 다른 것이다), ***des*** *grandes manœuvres* (이는 *de grandes manœuvres*보다는 더 특별한 의미를 갖는다)라고 한다. 그러나 두 단어가 함께 쓰이는 일이 많지 않을 때에는 이러한 구문을 피하는 것이 좋다. 격식을 차리지 않고 말하는 경우 가끔은 *des grosses larmes, des bons livres*

---

54) 그러나 *les bons auteurs* 혹은 *les tièdes brises*라고 하듯이 *les pareils accidents*이나 *les tels accidents*이라고는 말하지 않는다. 또한 *des choses certaines*라고 말하고, *certaines choses*의 의미로 *de certaines choses*라고 말하기도 하는데, 이때는 전혀 다른 의미이다. 뒤에 <부가형용사(épithète)>를 다룬 부분을 참조할 것.

라고 말하기도 하는데, 이와 같이 함께 쓰인 두 단어가 약간은 특별한 의미를 갖지 않으면 언어의 정수(le génie de la langue)에 어긋난다는 것을 명심해야 한다. 즉 *j'ai mangé des bonnes cerises*는 어린이의 말투이고, 어린이에게 말할 수는 있지만 아직 프랑스어로 보기에는 무리가 있다.[55)]

명사를 *en*으로 받는 경우 형용사 앞에 있는 *des*를 *de*로 바꾸는 것은 언제나 보다 정확하다고 볼 수 있다. 즉 *il y en avait des petits et des grands*라고 말하는 것이 흔한데, *abolir les anciennes coutumes et* ***en*** *créer* ***de*** *nouvelles*이라고 말해야 한다. 형용사가 명사 앞에 올 수 없는 경우에도 *de*를 사용하는 것이 보다 우아하다. 즉 색깔을 나타내는 형용사가 명사 앞에 놓이지 않으므로 *il y avait de bleues mouches, de vertes mouches*라고 말할 수 없지만, *il y en avait* ***de*** *bleues et* ***de*** *vertes*라고 말하는 것이 *il y en avait des bleues et des vertes*보다 한결 더 우아하다. 또한 *il y en avait* ***de*** *très bleues et* ***de*** *très vertes*라고 말해야 한다. 그리고 형용사 대신에 분사가 있으면 이 분사를 명사 앞에 놓는 일이 거의 없을지라도 반드시 *de*를 사용해야 한다. 즉 *il y* ***en*** *avait* ***d'****argentées et* ***de*** *dorées*라고 해야 하고, *il y en avait des argentées et des dorées*는 아주 잘못된 표현이다. 또한 *il y* ***en*** *avait* ***d'****instruits,* ***de*** *fort instruits*라고 하는데, 이는 *il y* ***en*** *avait* ***de*** *fort remarquables*과 마찬가지이다.[56)]

명사가 단수인 경우(si le nom est au singulier) 일반적으로 용법이 그렇게 엄격하지 않다. 물론 규칙은 근본적으로 똑같다. 즉 *manger* ***de*** *bon pain* (ou ***de*** *bonne viande*),

---

55) 세비네 부인(Mme de Sévigné)은 이러한 친숙한 표현을 즐겨 사용했는데, 이를 당시의 문법학자들이 비난하곤 했다. 아마 이러한 사실로 미루어 이러한 규칙이 당시에 아직 확립되지 못했다고 여길 수 있겠는데 이는 틀린 말이다. 당시 문법학자들은 이 규칙의 확립 여부와는 전혀 관련이 없었다. 또한 말레르브(Malherbe)에게서 *des tièdes hivers*라는 표현을 발견하는데, 이는 단순히 텍스트의 오자인 것 같다. 왜냐하면 말레르브의 텍스트를 사람들이 엉망으로 복원하였고, 그가 *de jeunes gens*이라는 표현을 사용한 것을 보면 이러한 표현을 사용했을 리가 없기 때문이다.

56) 그런데 *en*이 없을 경우 명사를 생략할 수는 없다. 따라서 *abolir les anciennes coutumes et créer de nouvelles*이라고 말하지 않고, *l'abolition des anciennes coutumes et la création de nouvelles*라고도 말할 수 없다. 물론 *de nouvelles coutumes*가 별로 유쾌하지 않은 반복이라면 두 번째 형용사의 위치를 바꿔 *l'abolition des anciennes coutumes et la création de coutumes nouvelles*이라고 말한다.

boire ***de*** *très bon vin, faire* ***de*** *bon ouvrage, ce boulanger fait* ***de*** *bien meilleur pain que l'autre*라고 말하는데, 이는 순수한 프랑스어의 전통이다. 또한 비교급인 *en voici* ***de*** *meilleur*와 최상급인 *en voici* ***du*** *meilleur*를 분명히 구별해야 한다. 그런데 일상 용법 혹은 어린이의 용법이 널리 펴져서, 귀족인 세자르 드 바장(César de Bazan)이 *C'est bien bon, du bon vin!*이라고 말하는 것을 듣는 것도 놀랍지 않은데, *de bon vin*은 이상하게 들릴 것이기 때문에 이 표현을 택한 것이다. 셀 수 없는 것에 관한 것이라서 그런가? 알 수 없는 일이다. 반면에 추상명사의 여성형의 경우 부분관사가 종종 필요하다. 즉 *ceci est de la grande éloquence* (ou *de la haute philosophie, de la vraie reconnaissance*)의 예와 같다. 또한 단지 *avoir de la bonne* (ou *de la mauvaise*) *volonté, de la bonne* (ou *de la mauvaise*) *humeur, se faire du mauvais sang*이라고 말한다. 끝으로 ***du*** *faux marbre*를 ***du*** *vrai marbre*에 대립시키고 또한 ***du*** *gros papier*를 ***du*** *papier fin*에 대립시키는데, 이것은 *du haut allemand*이란 표현에서와 같이 형용사가 명사와 일체가 되었다고 보기 때문이다. 그런데 *du beau marbre*가 *de beau marbre*처럼 우아하다고 볼 수는 없는데, 현재로서 말할 수 있는 것은 *du beau marbre*가 널리 펴져 있다는 것과 이것이 *des beaux marbres*보다는 한결 낫다는 것이다. 많은 교양 있는 사람들은 적어도 몇몇 경우에 복수형에서 아직도 정확한 표현을 사용하는데 단수형에서는 전혀 그렇지 않다. 즉 *des excellents auteurs*라고까지 말하지는 않지만, *de la bonne viande* 혹은 *de la bonne prose*라고 말하는 것은 흔하다. 이는 대중들이 *de la belle ouvrage*라고 말하는 것과 같다.[57] 언어의 섬세함이 점차 사라지고 있는 것 같다.

명사를 *en*으로 받는 경우 *de*가 더 선호된다. 즉 *il y en avait* ***de*** *bonne, j'en ai vu* ***de*** *beau,* ***de*** *très beau*의 예와 같다. 그렇지만 *du*와 *de la*를 사용하기도 한다. 부정이 없는 경우에는 *un* 다음에 *de*를 생략할 수 있다. 즉 *il y en avait un beau* (ou *un* ***de*** *beau*), *une verte* (ou *une* ***de*** *verte*)의 예와 같다. 또한 *je n'en ai pas vu un* ***de*** *beau, il n'y en avait pas une* ***de*** *verte*라고 해야 한다.

명사 앞에 형용사가 나오더라도 다음에 한정이 되면(si le substantif précédé d'un

57) 물론 부정이 없어야 한다. 왜냐하면 *il n'y a pas de bon vin ici* 혹은 *je n'ai pas mangé de bonne viande*라고 말해야 하기 때문이다.

adjectif est déterminé par la suite) 관사가 다시 나타난다. 즉 *j'ai mangé* ***des*** *bonnes cerises* (ou ***de la*** *bonne viande) que vous m'avez donnée hier*의 예와 같다. 여기에서 우리는 정관사를 대하고 있다고 보아야 한다. 그러나 이러한 경우에 *des*나 *de la*보다는 *de ces* 혹은 *de cette*를 더 선호하는데, 그 이유는 이 경우 *des*와 *de la*가 옳다고 하더라도 프랑스어에서는 형용사 앞에서 이 단어들을 사용하는 것에 대해 거부감을 느끼기 때문이다.

또한 *je veux du bon*이라고도 말하기도 하는데, 이 예는 형용사가 명사로서 쓰인 것이다.

두 개의 형용사가 *de* 다음에 나오면 *de*가 부분관사이건 아니건 반복하지 않는다. 즉 *j'ai vu de braves et honnêtes gens, j'ai parlé à de braves et honnêtes gens*이라고 한다. 물론 두 형용사가 대립되는 것이 아니어야 한다. 즉 대립되는 경우에는 *il a de bonnes et de mauvaises pensées*의 예와 같이 반복한다.

제3장 품질형용사

1. 성과 수

중세에는 많은 형용사들이 여성형과 남성형이 같았는데, *grand*과 같은 형용사의 용법에서 그 흔적이 아직도 남아 있다.

먼저 ***grand***이 여성형이 아니라 남성형으로 나타나는 명사 두 개를 언급하자. 그것은 바로 ***mère***와 ***messe***이다. 따라서 *une grand'mère, des grand'messes, ma grand'mère, la grand'messe*라고 말한다. 여기에 *grand'tante*를 덧붙일 수 있다.[1)]

한 마을의 주된 도로라는 특별한 의미로 *la* ***grand****'rue*라는 단어를 사용하며 또한 *Grand'rue*, n°4라고 쓰지만, 일반적으로는 단지 *une* ***grande*** *rue*라고 말한다. 또한 *sur la* ***grand****'route*라고 말하지만, 보통은 *une* ***grande*** *route*라고 한다. 또한 기사들의 계급을 나타내는 데에만 사용되는 *la* ***grand****'croix*와 *un* ***grand****-croix*를 덧붙일 수 있다. 군인들은 전초(un poste avancé)를 지칭하는 단어로 *une* ***grand****'garde*라고 여전히 말하는데, 이는 *une grande garde*와는 전혀 다른 것이다.[2)]

아주 널리 쓰이며 또한 아주 정확하면서, 다른 말로 대치할 수 없는 두 표현이 있다. 즉 ***à grand'peine***과 ***pas grand'chose***가 그것이다. 한편 *grand'chose*에는 부정의 개념이 들어 있는데 그것이 항상 겉으로 분명하게 드러나지는 않는다. 즉 *pensez-vous que vous y ferez grand'chose*?라고 흔히 말하는데, 개념상으로는 부정이 들어 있다. 그리고 *pas grand'chose*를 격식을 차리지 않는 언어에서는 명사로 만드는 경우도 있다.

---

1) 물론 *Cornélie, la grande mère des Gracques*와 같은 문학적 표현을 언급하지는 않겠다. 그런데 이러한 표현은 피하는 것이 좋다.

2) 그런데 *grand'chambre*와 *grand'salle*는 역사 속으로 사라진 단어들이다.

C'est un' pas grand'chose avec un rien du tout.

다른 표현들도 아직 남아 있지만 이들은 구어보다는 문어에 속한다고 볼 수 있다. 특히 *avoir **grand'**faim, **grand'**soif, **grand'**peur*의 예가 있다. 일상적 용법으로는 *une grande faim*이라고 말하기도 하고 다른 형용사나 부사를 사용하기도 한다. 즉 *j'ai bien faim, j'ai eu bien peur*의 예와 같다.[3)]

반면에 몇몇 형용사는 남성형이 여성형과 형태가 다르면서도 모음으로 시작하는 명사 앞에 나올 때 원래의 형태가 다시 드러난다.

무엇보다도 *beau*와 *nouveau*가 이런 형용사인데, 이는 모음이나 무음 *h*로 시작하는 명사 앞에서 ***bel***과 ***nouvel***이 된다. 즉 ***bel** homme, **bel** habit, **bel** esprit, mon **bel** ami, le **nouvel** an, **nouvel** hôte, **nouvel** époux, **nouvel** essai*의 예와 같다. 이 경우에 이러한 형태가 유지되는 것은 두 단어 사이의 밀접한 관계 때문이다. 그런데 이러한 관계가 더 이상 밀접하지 않으면 모음 앞에서도 오늘날의 형태가 다시 나타난다. 즉 *un **beau** et bon livre, un livre **nouveau** et intéressant*의 예와 같다. 그러나 격식을 차리지 않는 경우 *c'est **bel** et bien un chef-d'œuvre*라고 말하기도 하는데, 여기서 *bel*은 부사이다. 즉 이것은 굳어진 표현으로서, *bel et bon*과는 달리 살아남았다.[4)]

다음으로 *fou*와 *mou*가 있는데, ***fol***과 특히 ***mol***이라는 형태는 구어보다는 문어에 사용되기 시작했는데 일반적으로 이 형용사들이 명사 뒤에 오기 때문에 더욱 그렇다. 즉 ***fol** amour, un **mol** édredon, un **mol** oreiller*라는 표현은 구어보다는 문어에서 사용된다.[5)]

---

3) 물론 *très*나 *rudement*도 사용한다. 몇몇 작가들은 *avoir grand'hâte, c'est grand'honte* (ou *grand'pitié*)를 사용했는데, 이 표현들은 17세기에서 차용한 고전적 표현이다. 라퐁텐느(La Fontaine)는 *en grand'pompe, en grand'cérémonie, faire grand'chère, la grand'sœur*라는 표현을 쓰고 있다. 그런데 *grand merci*는 남성이 되었으므로 언급하지 않겠다. 이에 대해서는 본문 29쪽을 참조하기 바란다. 역시 이상한 고전적 표현으로 계속 사용되는 것은 *elle se fait fort de...*인데, 따라서 복수형에서도 *ils* (ou *elles*) *se font fort*라고 말한다. 복수형에서는 오히려 일치를 시키는 것이 보다 자연스러울 것이다.

4) 역사상으로는 *Philippe le Bel*과 같은 오래된 이름이 남아 있는데, 이 이름은 보다 최근의 *Philippine le Beau*라는 인물과는 구별된다.

5) *Qui fol envoie fol attend*과 같은 몇몇 속담이나 운문에서 *fol*을 사용하는 것은 모음충돌을 피하

이제 *vieux*를 보자. 이것의 원래 형태는 ***vieil***인데 자음 앞에서도 17세기까지는 사용되었다. 오늘날 *vieil*는 모음으로 시작하는 명사 앞에서도 *vieux*에게 자리를 양보하는 경향이 있는 것처럼 보인다. 그러나 일상적 용법에서 *vieil*는 *fol*보다는 한결 잘 사용되고 있는 것처럼 보인다. 즉 *mon **vieil** ami, un **vieil** habit, un **vieil** avare*의 예와 같다. 그런데 *homme* 앞에서 고유한 의미로 쓰인 경우 어느 정도 주저하게 되는데, 이는 성서의 비유적 표현인 *le **vieil** homme*가 여전히 그대로 쓰이기 때문이다.* 의미의 차이를 구별할 수 있는 경우는 가끔 있다. 즉 *un **vieux** avocat*가 나이 먹은 변호사를 지칭한다면, *un vieil avocat*는 오래 전부터 변호사인 사람을 지칭한다. 왜냐하면 *mon vieil ami*에서와 같이 *vieil*가 부사적 의미를 띄기 때문이다. 결국 모음으로 시작하는 명사 중에서 *vieil*을 사용하는 명사는 별로 없다. 물론 *vieux et cassé*라는 굳어진 표현도 있다.[6)]

복수형의 경우 ***al***로 끝나는 형용사(**adjectifs en al**)에 대하여 한마디만 하겠다. 물론 그들의 복수형은 *aux*이며, 단어가 보다 오래되고 많이 사용될수록 이러한 복수형을 사용한다. 반면에 단어가 보다 최근에 학자들에 의하여 만들어진 경우 이러한 복수형은 쓰이지 않고, 문법학자들이 권하는 *als*로 된 복수형을 사용한다. 그러나 이 경우에도 저항이 없지는 않았다. 왜냐하면 17세기에는 *fataux, nataux, navaux*라고 쓰는 일이 흔했고 그 이후에 없어졌기 때문이다. 오늘날에도 문법학자들은 *sons nasals*과 보다 자연스러운 *sons nasaux* 사이에서 주저하고 있다. 그러나 음악가들은 일반적으로 *accords finals*을 사용한다. 또한 *banal*의 복수형이 *banals*이 되는 것은 이 단어가 문법적으로 새롭게 나타났다는 것의 증거이며, 오늘날 쓰이고 있는 *fours banaux*는 옛날 표현이다.

기 위해서다.

> *Souvent femme varie,*
> *Bien fol est qui s'y fie.*

마지막으로 언급하자면 법에서는 항상 고전어법을 발전시키는데, *fol appel, fol enchérisseur, folle enchère*를 아직 사용 하고 있다.

* [이것은 *dépouiller le vieil homme* (원죄의 타락한 천성에서 벗어나다)와 같은 표현을 지칭한다.]

6) 그런데 *perclus*의 여성형이 *percluse*이고, 가끔 들리는 *perclue*가 아니라는 사실을 덧붙일 필요는 없을 것이다. 아마도 *exclue*가 존재하므로 이렇게 *perclue*라고 쓰는 것에 대한 변명은 될 것 같다.

따라서 (*aux*로 된) 복수형이 널리 쓰이는 것이 아니면 피하는 것이 상책이며 이를 여성형으로 바꿀 수 있으면 더욱 피해야 한다. 즉 *l'océan glacial*은 *les mers glaciales*로 바꿀 수 있다.

2. 부가형용사의 위치

품질 형용사는 *부가형용사*(*épithète*), *속사*(*attribut*), *동격*(*apposition*)으로 사용될 수 있는데, 부가형용사의 위치에 대하여 몇 가지 지적할 필요가 있다. 속사가 문두에 나타날 수 있는 것은 도치의 경우이다. 즉 *longue est la route*의 예와 같은데, 이는 문어에 속한다. 동격도 역시 가끔 주어 앞에 오는데, *longue et souple sa main...*의 예와 같다. 그러나 이 경우 상황절의 역할을 하고 명사와의 관계는 밀접하지 않다. 그러나 항상 다음과 같이 말할 수 있는데, 모든 부가형용사가 그런 것은 아니다. 즉 *avoir les dents longues, les yeux grands, la main petite, marcher la tête haute*의 예와 같다.

예전에 부가형용사의 위치는 아주 자유로웠고 명사 앞에 놓이는 것이 더 흔했다. 그러나 오래 전부터 프랑스어의 일반적 경향은 명사 뒤에 놓는 것이 되었다. 왜냐하면 일반적으로 수식하는 말(le déterminant)은 수식되는 말(le déterminé)의 뒤에 오기 때문이다.[7] 따라서 오늘날 형용사의 정상적인 위치는 명사 뒤라고 말할 수 있다. 그러므로 대부분의 형용사, 특히 과거분사의 경우 명사 뒤에만 오고 그 외의 형용사들도 거의 모두가 명사 뒤에 놓인다.

그러나 언어의 변천이 완성되지 않고 몇 세기 전에 멈추어버려서, 명사 앞이 정상적인 위치인 형용사가 아직도 몇 개 남아 있다. 종종 비교급이나 최상급의 경우에도 역시 마찬가지이다. 흔히 아주 짧은 형용사가 이런 형용사인데, 이 짧다는 것은 사

7) 따라서 영어식 표현이 프랑스어에 들어와서 특히 간판에서 *modern style, modern hôtel, select dessert, autogarages, terminus hôtel* 등을 만들었는데, 이것들은 언어의 정수에 어긋나고 다소간 우스꽝스럽다.

실 아주 부차적인 요소에 불과하다. 왜냐하면 색깔의 형용사뿐만 아니라 *dur, doux, gras, rond, sec, laid, neuf* 등 많은 단모음의 형용사가 명사 앞에 오는 일은 전혀 없으며, (*dormir la grasse matinée, sculpter en ronde bosse*처럼) 몇몇 추상적 혹은 특별한 의미에서만 명사 앞에 오기 때문이다. 오직 시에서만 *une douce voix* 혹은 *une douce chaleur*라고 말하는데, 시는 본래 보수적이고 고전적 용법을 선호하기 때문이다. 게다가 민족을 나타내는 형용사가 명사 앞에 쓰이는 경우가 없는데도, 시인들은 *la romaine avarice*를 받아들이고, *un chapeau vert* 혹은 *un habit rouge*라고만 해야 하는 것에도 불구하고 *le vert manteau*나 *le rouge incendie*라는 표현을 사용한다. 따라서 외국인들은 종종 당황하게 된다.[8)]

따라서 몇몇 형용사를 명사 앞에 오게 만드는 것은 형태에 의한 것이 아니라 의미에 의한 것이다.[9)] 이러한 형용사는 아주 일반적 의미를 갖는 것으로서, *우연적이거나*(*accidentelles*) *한정적*(*déterminantes*) 성질을 지칭하기보다는 극히 자주 나오고 *본질적*(*naturelles*) 성질을 나타내는 것들이다.[10)] 게다가 이러한 이유 때문에 이들은 모든 종류의 명사 앞에서 아주 자주 사용되고, 이 명사들을 서로 대립되는 두 범주로 나누기도 한다. 이 형용사가 끊임없이 사용되면서 뒤따르는 명사와 갖는 밀접한 관계를 유지하다 보니 그들이 원래 자리를 차지하도록 하는 데 큰 영향을 미친 것 같다.[11)]

먼저 ***grand***과 ***petit***라는 형용사를 보자. 이 형용사들은 무척 다양한 의미를 가지고 많은 사물들을 꾸밀 수 있다. 그리고 흥미로운 현상도 일어난다. 그것은 원래의 위치가 명사 뒤인 몇몇 형용사가, 보통의 품질 형용사로서 명확한 의미를 갖고 *우연적*(*accidentelle*) 성질을 표현하는데, 이것들이 보다 모호하고 일반적인 의미

8) 따라서 *c'est bonnet blanc et blanc bonnet*와 같은 속담식의 표현은 명백히 옛날 언어에서 유래한 것이고, *blanc-bec, blanc-manger, rouge-gorge* 등도 역시 옛날 언어의 잔재이다.

9) 라보(Laveaux)가 형용사의 위치를 결정하는 진짜 원인을 부분적으로만 파악했다면, 클레다(Clédat)는 그 원인을 완벽하게 기술하고 있다. (*Rev. de philol. franç.*, 1901) 우리는 그에게서 몇 개의 예를 가져왔다.

10) 클레다는 *상황적*(*circonstancielles*)이라는 용어와 대립되는 것으로서 *본질적*(*essentielles*)이라는 용어를 사용하고 있다.

11) 이러한 밀접한 관계가 문어에서 *bel, nouvel, vieil, fol, mol*과 같은 형용사에게 그들의 위치와 옛날 형태를 유지하게 만들고, 또한 *gens* 앞에 놓이는 몇몇 형용사에게 여성형을 유지하게 만든 것같다. 앞의 본문 21쪽을 참조할 것.

를 취하면서 명사 앞에 나올 수 있게 된다. 이때 역시 일반적인 의미를 갖는 *grand*과 *petit*와 가까워지는 것이다. 따라서 *une forte* (ou *une faible*) *partie, une forte* (ou *une furieuse, une médiocre*) *envie, une riche moisson, une grasse sinécure, une maigre chère, un maigre repas* (*un repas maigre*와는 다름), *de menus objets, un plein sac, la pleine mer, une honnête aisance* 등의 표현이 만들어졌다.

의미가 확장되고 자주 사용됨으로써 명사 앞에 사용되는 또 다른 형용사는 ***bon, mauvais*** 그리고 ***méchant***이다. 이 경우에도 역시 유추에 의하여 *un rude ouvrier, un digne* (ou *un saint*) *homme, une fameuse* (ou *une heureuse*) *idée, une excellente affaire, un pauvre écrivain, une triste affaire, un triste sire, un abominable gredin*이라는 표현이 만들어졌다.[12)]

형용사 ***beau***도 명사 앞에 놓이는 일이 흔한데 *laid*와 짝을 이루지는 않는다.

또한 그렇게 널리 사용되거나 빈번하게 사용되지 않지만 많은 경우에 명사 앞에 놓이는 형용사의 짝들이 있다. 즉 *jeune*와 *vieux*, *ancien*과 *nouveau*, *vrai* (ou *véritable*)와 *faux*, *joli*와 *vilain*, *haut*와 *bas*, *gros*와 *long*, *brave*와 *pauvre*, 그리고 *seul, premier, dernier* 등 서수 형용사의 예가 있다.

반면에 이 모든 형용사가 항상 명사 앞에 놓이지는 않는다. 바로 명사 앞에서는 이 형용사들이 아주 일반적인 의미를 가지므로, 이 형용사들을 명사 뒤에 사용하여 전혀 다른 의미는 아니더라도 덜 모호하고 보다 강한 의미를 일부러 강조하기도 한다. 이렇게 해서 명사의 성질을 보다 명확하게 규정하게 되는데, 형용사의 위치를 바꾸면 주의를 끌게 되기 때문이다.

가장 두드러지고 가장 복잡한 예는 아마도 ***faux***라는 형용사일 것이다. 명사 앞에 쓰이면 이 형용사는 관계되는 명사가 현실에 부합하지 않고, 제 자리 있지 않거나 자신이 가져야 할 명칭을 갖고 있지 않다는 의미를 갖는다. 즉 *fausse nouvelle, faux témoignage, fausse joie, faux pli, faux mouvement, faux jour, fausse modestie, faux*

12) 대중들의 언어나 전혀 격식을 차리지 않는 언어의 경우, *un fichu métier*나 *un sacré imbécile*처럼 경멸하는 표현을 다양하게 쓰기도 하고, 단지 욕설로서 *sale*를 모든 종류의 명사 앞에 놓기도 한다. 고대 사람들이 여전히 *sacré*를 명사 앞에 오도록 했으므로, 문학 언어와 올바른 어법의 경우에는 욕설로서의 *sacré*라는 형용사를 명사 뒤에 오도록 하는 것을 나름의 용법으로 만들었다.

poids, fausse monnaie, faux nom, faux cheveux 등과 같다. 명사 뒤에 나오면 거짓말이나 실수였다는 것을 강조한다. 즉 *un genre faux, une couleur fausse, un vers faux, un accord faux*의 예와 같다. 또한 *une note fausse*는 제대로 된 음정에 속하지 않거나 올바른 음정에서 벗어난 것이고, *fausse note*는 그 자체로서는 제대로 된 음정이나 경우에 맞지 않은 음정이다.[13] 또한 비유적 의미로 *de faux calculs*이라고 하고, 본래적 의미로는 *des calculs faux*라고 한다. 추상적 의미로 *un esprit faux, un cœur faux, un homme faux, un regard* (ou *un air*) *faux*라고 하고, 반면에 *un faux air*는 겉으로만 보이는 태도이며 그것이 무엇인지를 알려주는 보어가 필요하다. 게다가 몇몇 경우에는 형용사의 위치에 대하여 주저하게 되고 따라서 선택할 수밖에 없게 된다. 즉 *un faux nez, de* (ou *des*) *faux cheveux*라는 표현을 말할 때 항상 사용하지만, *de fausses dents*이라고 항상 말하지는 않는다. 반대로 본래적 의미로 항상 *des bijoux faux*라고 하지만, 가끔은 *de faux diamants, de fausses perles*라고 하는데 이는 다이아몬드나 진주의 모조품이라는 의미이다.[14]

다행스럽게도 일반적으로 (형용사의 위치에 따른) 의미의 차이가 분명하기 때문에 이렇게 문제가 복잡한 경우는 드물다. 일반적으로 명사 앞에 놓이는 많은 형용사가 명사 뒤에 쓰이게 되면, 의미가 분명히 다르거나 아주 특별한 의미를 갖게 된다. 즉 *nouveau*는 명사 앞에서 *그 전의 것과는 다른 것*(*autre que ceux qui ont précédé*)이라는 일반적 의미를 갖는 반면에, 명사 뒤에서는 *최근에 만들어지거나 출판되거나 수확된*(*récemment inventé, publié, récolté*) 것이라는 특별한 의미를 갖는다(*habit nouveau, livre nouveau, vin nouveau*의 예와 같다). *Un homme petit*에는 *un petit homme*에는 전혀 없는 추상적 의미가 있다. *Une femme grosse*는 단지 임신한 여자를 가리킨다. 또한 *l'année dernière*는 단지 올해 바로 전의 해를 의미하며, *la dernière année*는 이 형용사의 본래적 의미인 일련의 해 중에서 마지막 해라는 의미이다.[15]

---

13) 따라서 *une carte fausse*가 위조된 가짜 신분증이라면, *une fausse carte*는 필요하거나 원했던 신분증이 아니라는 의미이다. *un billet faux, une pièce fausse*도 역시 가짜라면, *un faux billet, une fausse pièce*는 쉽사리 판별할 수 있는 모조품이다.

14) 또한 *fausses louanges*와 *louanges fausses, faux rapports*와 *rapports faux, fausse position*과 *position fausse* 사이에 미묘한 의미적 차이가 있는데, 이 차이점이 드러나지 않을 수도 있다.

15) 뒤에 나오는 <서수 형용사(adjectifs ordinaux)>의 항목을 참조할 것.

Seul과 *unique*는 둘이 공통으로 갖고 있는 의미로 쓰일 때는 일반적으로 명사 앞에 놓이는데, 중복되더라도 함께 쓰이기도 한다. 즉 *la seule et unique récompense que j'attende*의 예와 같다. *Une œuvre unique*는 전혀 다른 것인데, 비슷한 것이 없는 (독창적인) 작품이라는 의미이다. 또한 *le poète seul*는 두 명이나 여러 명 혹은 모든 다른 시인에 대립되는 한 명의 시인이라는 의미가 아니라, 모든 다른 범주의 사람들에 대립되는 시인이라는 일반적 의미를 갖는다. 따라서 *le seul honneur*가 다른 명예에 대립되는 것이라면 *l'honneur seul*는 명예가 아닌 모든 것과 대립되는 개념이다.[16] 부정관사 *un* 다음에는 그 차이가 보다 분명하다. 즉 *un seul homme*에서 *seul*는 단지 *un*을 강조할 따름이다.[17] 반면에 *un homme seul*은 <un homme qui n'est pas *accompagné* ou aidé>라는 의미이다.[18] 마찬가지로 *il est seul, il est venu seul, il mange seul, il l'a fait tout seul, à lui seul*는 *그와 함께 있는*(*avec lui*) 사람이 없다는 의미이고, *seul il est venu* (ou *lui seul est venu*)는 동반의 개념은 없고 그가 바로 온 *유일한 사람*(*le seul homme qui soit venu*)이라는 의미이다. 부정이 있는 경우 그 차이점이 보다 두드러진다. 즉 *les premiers ne seront pas seuls récompensés*는 다른 사람들도 그들과 같이 보상 받는다는 의미이고, *les premiers seuls ne seront pas récompensés*는 처음에 온 사람들을 제외하고 모두가 보상 받는다는 의미이다.[19]

---

16) 이러한 의미에서 *seul*은 일종의 동격이라고 볼 수 있고 위치가 변할 수 있다. 즉 *seul, le poète* (ou *le poète seul*) *est capable de, le poète seul*의 예와 같다. 그러나 단지 시에서만 *l'honneur seul*의 의미로 *le seul honneur*라고 말하는 것이 가능하다.

17) 또한 *mon seul ami*나 *son seul défaut*에서도 역시 의미가 같다. 여기서 *seul*은 *unique*의 의미이다.

18) 또한 *ce mot seul*이나 *ce défaut seul*도 같다. 따라서 *un homme tout seul*이라고 말할 수는 있지만, *un tout seul homme*라고는 말하지 않는다.

19) 여기에서 특별한 어려움을 지적해야 하겠다. 즉 *je n'ai pas vu un seul homme* 혹은 *je n'en ai pas vu un seul*은 여러 사람을 보았다는 의미가 아니라 한 사람도 보지 못했다는 의미이다. 그리고 *seul*을 강조하면 의미가 달라질 수 있다. 그렇다면 모호하지 않게 여러 사람을 보았다는 것을 보다 분명하게 말하려면 어떻게 해야 할까? 만약에 *je n'ai pas vu seulement un homme*나 *je n'en ai pas vu seulement un*이라고 말한다 해도 역시 모호함이 남아있다. 따라서 *je n'en ai pas vu qu'un*이라고 말하는 것은 가능한데, 그렇다고 이렇게 글로 적을 수는 없는 것이 구문 자체가 틀렸기 때문이다. 부정을 다룬 항목 중 <단독으로 쓰인 *ne* (*ne employé seul*)>를 참고하기 바란다. 게다가 문어에서는 *le seul homme qui, à qui, par qui* 등이 *l'homme qui seul, à qui seul, par qui seul* 등으로 대체된다는 사실을 주목하기 바란다. 반면에 *le seul, le seul qui*를 복수로 사용

원래 명사 앞에 나오는 형용사들이 *몇몇 명사 앞에서*(*devant certains noms*) 추상적, 제한적, 비정상적 의미를 취하기 때문에, 이 형용사들에 구체적, 일반적, 정상적 의미를 돌려주기 위해서 명사 뒤에 놓는 경우가 생기기도 한다.

특히 명사 ***homme***의 경우 이런 현상이 일어난다. 즉 *un grand homme, un bon homme, un bel homme, un vilain homme, un brave homme, un pauvre homme, un jeune homme* (또한 *un plaisant homme, un plaisant personnage, un cruel homme, un galant homme, un honnête homme*)의 예는 일반적으로 특별한 의미를 취하는데, 이 형용사들에 정상적인 의미를 주기 위해서는 *un homme grand, un homme bon, pauvre, jeune* 등의 표현을 사용해야 한다.[20)]

한편 *méchant*이 *un méchant livre, de méchants vers, un méchant écrivain*에서 특별한 의미를 갖는다면, 반면에 *un écrivain méchant, un livre méchant, des vers méchants*에서는 고유한 의미를 갖는다. 이것은 *pauvre*가 *homme*나 *écrivain* 뒤에 놓임으로써 원래의 의미를 갖는 것과 같다. 마찬가지로 *un grand air*나 *un mauvais air*와는 달리, *un air grand*이나 *un air mauvais*가 고유한 의미를 갖는다. 또한 *la haute mer*는 해안에서 멀기 때문에 높이 보이는 바다일 따름이고, 조수(la marée)가 실제로 높은 바다는 *la mer haute*이다. *Du vieux vin*은 경멸의 의미를 갖고 있고, 이는 해가 지나면서 좋아진 *vin vieux*의 의미와 대립된다.

우리가 방금 살펴본 형용사들 외에는 부가형용사의 정상적 위치는 명사 뒤이다.

하려면 *un des seuls*로 대체하는데 이는 아주 어색하다. 그러나 *ce sont les seuls qui*는 아주 정확한 표현인데, 적어도 *les seuls*이 누구이며 몇 명인지를 알고 있을 경우이다. 반면에 *un des seuls*이라는 표현에서는 *les seuls*이 아주 많지 말라는 법이 없으므로 어떤 면에서는 모순되는 표현이다. 따라서 이를 *un des rares hommes qui*로 표현하는 것이 나을 것이고, 보다 덜 명확하게 표현하자면 *un des hommes qui seuls*이 될 것이다.

20) 그렇다고 해서 예를 들어 *un grand homme brun*라고 말할 수 없는 것은 아니다. 왜냐하면 *grand*의 원래의 의미가 분명하기 때문이다. 마찬가지로 *un homme grand dans ses projets* (ou *ses conceptions*)에서는 추상적 의미가 있다. 가끔 *femme*의 경우에도 이와 같은 구별이 생기는데, 이 구별이 *homme* 만큼 분명하거나 일반적이 아니다. 예를 들어 *une belle femme*는 크고 몸매가 좋은 여자이다. 한편 *une grande femme*는 항상 구체적 의미를 갖는데, 아마도 추상적 의미를 가질 만큼 위대한 여자들(*grandes femmes*)이 많지 않기 때문인 듯하다. 그러나 예를 들어 *un grand roi*라고 말하듯이 *une grande reine*라고 말할 수는 있다.

그러나 그 외의 형용사들도 명사 앞에 놓이는 경우가 많이 있다. 우리는 이미 위에서 몇몇 형용사들이, *grand*과 *petit, bon*과 *mauvais*와 유사하게 일반적 의미를 취하는 경우에 명사 앞에 놓이는 것을 보았다. 우리는 *soi-disant*과 *prétendu*가 *faux*와 유사하게 항상 혹은 아주 빈번하게 명사 앞에 오는 이유를 설명할 수 있다. 이것은 *agréable*과 *charmant*이 *beau*나 *joli*와 유사한 것과, *le juste prix*나 *un franc original*의 예에서 *juste*나 *franc*이 *vrai*와 유사한 것과 마찬가지이다.

반면에 예전에는 형용사가 부사처럼 여겨져서 부사의 위치를 차지하며 명사 앞에 놓여서 그 의미를 변화시키기도 했다. 즉 *un nouveau-né*가 *새로*(*nouvellement*) 태어난 아이이듯이, *il est grand temps*은 *정말로*(*grandement*) 때가 되었다는 의미이다. 또한 *un libre penseur*는 *자유롭게*(*librement*) 사고하는 사람이다.[21] 그리고 *un simple soldat*는 *단순히*(*simplement*) 혹은 단지 군인인 사람이다.[22]

가끔 품질 형용사는 항상 명사 앞에 놓이는 한정 형용사와 유사한 의미를 취한다. 따라서 *propre*는 소유 형용사와 함께 *자신에게 속하는*(*qui appartient en propre*) 의미로 사용된다. 비록 소유 형용사가 없더라도 *remettre en propres mains* 혹은 *remettre en mains propres*라고 말하는데, 후자의 경우에도 모호함이 거의 없기 때문이다. 마찬가지로 *pareil*와 *semblable*도 *tel*처럼 쓰일 수 있는데, 이는 *commun*이 *même*처럼 쓰일 수 있는 것과 같다.[23] 그러나 정상적인 위치가 명사 뒤인데, 명사 앞에 놓이면 다소간 부정(indéfini)의 의미를 갖는 한정 형용사가 되는 것이 세 개 있다.

무엇보다도 먼저 살펴 볼 것은 ***certain***이다. 즉 *c'est un fait certain, il a un mérite certain*에서 *certain*은 이론의 여지가 없다는 의미이다. 그러나 *il a un certain mérite, il a un certain âge*에서는, 정확히 계산할 수는 없지만 무시할 정도나 아주 높은 것은 아니고 어느 정도 평가할만한 장점 혹은 나이가 있다는 의미이다. 마찬가지로 *un certain renard* (ou *certain renard*), *certains hommes*는, 더 이상 지칭하지는 않지

---

21) 반면에 *libre arbitre, libre accès, libre cours*와 같은 몇몇 추상적 표현에서 *libre*는 명사 앞에 놓인다.

22) 문어에서 종종 사용하는 *de secrètes pensées*나 *de continuelles terreurs*와 같은 표현의 용법을 클레다(Clédat)는 이런 방식으로 설명하고 있다.

23) 또한 *nombreux, innombrables*이나 *rares*는 *beaucoup de*나 *peu de*처럼 쓰일 수 있다. 클레다는 *la présente lettre*를 *cette lettre*와 비슷하다고 여긴다.

만 무시할 정도는 아니고 필요하다면 보다 명확히 지칭할 수 있는 여우 혹은 사람을 의미한다.[24] 이러한 의미에서 복수형인 *certains*은 *plusieurs*와 마찬가지로 홀로 사용되는데, *certains hommes* 혹은 *certaines personnes*의 의미이다. 즉 *certains prétendent que...*의 예와 같다. 별로 알려지지 않은 사람에 대하여 *un certain Durand* (ou *Dupont*)이라고 말하는데 약간은 무시하는 의미가 들어있다.

나머지 두 형용사는 ***différent***과 ***divers***인데 단지 복수형으로 쓰인다. 즉 *des formes différentes* (ou *diverses*)는 다르다는 것을 분명히 강조한 형태를 말한다. 반면에 *différentes personnes*와 *diverses nations*은 단지 사람이나 사물이 여럿이라는 것을 가리키는데 물론 이들이 별로 유사하지 않다.

게다가 문체적 부가형용사(épithètes de style)라고 명명할 수 있는 것들이 있는데, 이들은 명사와 일체가 된 결과 한정하는 품질 형용사의 힘이나 명확함을 더 이상 갖지 못하는 것들이다. 즉 *une faible femme, un fort gaillard, un pieux évêque, une basse intrigue, un pâle voyou, un plat valet, un savant professeur, un adroit opérateur, un éminent économiste, notre distingué* (ou *éminent*) *collaborateur, notre dévoué* (ou *respecté*) *président, notre regretté camarade*의 예와 같다. 물론 *cher enfant, cher monsieur* 등 호격과 함께 쓰이는 형용사도 있다. 이 모든 예들은 오히려 문어 혹은 연설조의 문체에 속한다.[25]

원래 사람에게 사용하지만 사물에게도 마찬가지로 사용하게 되는, 품질을 나타내는 추상적 형용사를 우리는 가끔 명사 앞에 놓기도 한다. 즉 *un triste anniversaire, de tristes circonstances*의 예와 같다. 혹은 여러 음절의 형용사 뒤에 한 음절의 명사를 놓아서 이 둘 다를 함께 보다 강조하기도 하는데, 이 때 명사가 자음으로 시작해

---

24) 아직도 가끔 *certain*이 특별한 의미를 갖지만 명사 앞에 나오는 *de certains hommes, de certaines gens, en de certaines circonstances*라는 표현을 사용하는데, 이러한 표현은 *de différentes personnes*가 사라졌듯이 점차 사라질 것이다

25) 이는 호메로스(Homère)의 시에 나오는 부가형용사와 성격이 같은 것들이다. 즉 *le prudent Ulysse, le sage Nestor, le bouillant Achille, la blanche hermine, la pâle mort*의 예와 같다. 또한 *saint*이 원래의 위치를 취하는 *la* (ou *les*) *Saintes Ecritures, la sainte Vierge, le saint Esprit, la sainte croix, la sainte table, les saintes huiles, le Saint-Siège*와 *Sacré-Cœur*뿐만 아니라 관사 없이 사용된 성인들의 이름도 일반적으로 마찬가지다.

야 한다는 조건을 만족해야 한다. 즉 *un misérable gueux, un abominable drôle*의 예와 같다. 그러나 문어에서는 이점에서 아주 자유롭게 여러 수단을 사용한다.[26)]

등위된 *두 개의 형용사*(**deux adjectifs**)가 둘 다 명사 앞에 나오는 것일 경우, 모두 명사 앞에 놓거나 명사 뒤에 놓는다. 즉 *une grande et belle femme, une femme grande et belle*의 예와 같다. 둘 중의 하나만이 명사 앞에 오는 형용사일 경우 두 개를 모두 명사 뒤에 놓는다. 즉 *un homme petit et roux, une étude intéressante et approfondie* (*une intéressante et approfondie étude*가 아님)의 예와 같다. 그러나 두 번째 형용사 혹은 두 형용사가 부사로 수식되었다면 각각을 원래의 자리에 놓는다. 즉 *une intéressante étude et très* (ou *assez*) *approfondie*의 예와 같다. 만약에 첫째 형용사가 명사와 일체가 되면 두 개의 형용사를 등위하는 것보다는 각각의 자리에 놓는 것이 낫다. 즉 *un petit homme roux, un grand vieillard vert*의 예와 같다. 형용사가 그 의미 때문에 등위되기 어려운 경우에도 두 형용사를 각각의 자리에 놓는다. 즉 *une belle femme brune, un grand œil noir, apportez-moi le petit livre bleu, qui est dans*

---

26) 이러한 표현방식이 고전적인 것이라는 사실 자체가, 많은 작가들로 하여금 *un audacieux projet, de criminelles pensées, une émouvante histoire, de terribles aventures* 등이 보다 우아하고 눈에 띄는 어법이라고 여기게 만들었다. 그러나 이런 어법은 일상 언어에서는 전혀 쓰이지 않는 것이다. 이점에서 당연히 귀로 듣는 소리 효과가 관여한다. 즉 다음절 형용사는 명사 앞에 오기 어렵고, 부정관사보다는 정관사 뒤에 잘 쓰이며, 남성어미보다는 여성어미와 잘 쓰이며, 명사 자신이 짧지 않을 때 그 앞에 잘 놓이며, 복합명사 앞에 잘 놓인다. 왜냐하면 명사가 아주 짧다면 특별한 의도가 없는 한 균형이 깨지기 때문이며 귀에 거슬리기 때문이다. 아마도 단음절 명사가 여성어미를 가졌건 아니건 이에 대한 아주 명확한 규칙을 만들 수 있을 듯하다. 왜냐하면 형용사가 이런 명사 앞에 놓이는 일이 많기 때문인데, 이 때 두 개의 악센트가 연속해서 나오면 귀에 거슬리기 때문에 형용사의 악센트가 명사의 악센트 바로 앞에 나오지 않아야 한다. 따라서 *un admirable ami*와 같이 *une admirable loi*라고 말할 수 있는데, *ble*가 두 개의 악센트 사이에 끼기 때문이다. 반면에 형용사의 위치가 자연스럽기 때문에 *grand homme, excellent homme, heureux homme*라고 말하는 경우가 많은데, *abominable homme, rare homme, élégant homme, abominable ordre, audacieux mot, criminel acte*라고는 말하지 않는다. 한편 *d'inutiles paroles*이라고는 말하지만 *d'inutiles mots*라고는 말하지 않는데, 발음되지 않는 *e*가 두 개의 악센트를 갈라놓지 못하기 때문이다.

덧붙이고 싶은 것은, *ville de Paris, roi de France* 등의 복합적 표현에서 형용사가 사이에 끼어들 수 없다는 것이다. 위스망스(Huysmans)는 *un chapeau pointu de paille*라고 했는데, 그는 *chapeau de paille pointu*라고 쓰면 *pointu*가 *paille*에 걸리는 것을 우려했던 것일까?

*ma chambre*의 예와 같다. 그러나 *le livre petit et bleu*라고는 하지 않는데, 이렇게 하면 *petit*를 지나치게 강조할 우려가 있기 때문이다.

명사가 뒤에 나오는 형용사와 일체가 되면, 또 다른 형용사를 등위하지 않고 연결할 수 있다. 즉 *un château fort imprenable, un conseiller général incorruptible, une étude historique remarquable* (ou *une remarquable étude historique*)의 예와 같다. 반대로 명사가 앞에 나오는 형용사와 일체가 되면 또 다른 형용사를 역시 등위시키지 않고 연결할 수 있다. 즉 *un vrai* (ou *un parfait*) *honnête homme, un petit jeune homme, un bon jeune homme, un bon petit garçon, un bon petit jeune homme*의 예와 같다. 마지막의 경우와 같이 세 개의 형용사가 연속으로 연결되더라도 명사 뒤에 다른 형용사를 역시 놓을 수 있다. 즉 *un bon petit jeune homme blond et rose*의 예와 같다. 또한 *une jolie petite main, de belles petites dents*이라고 말하며 *de petites belles dents*라고는 하지 않는 이유는, *petit*가 *beau*보다는 명사와 더 잘 결합되기 때문이다.

물론 두 개의 형용사를 *et*로 연결하듯이 *ou*로 연결할 수 있고, 두 형용사 앞에 *ou*를 쓸 수 있는데 *et*는 그렇지 않다.[27)]

형용사가 명사의 부가형용사로서가 아니라 중성 대명사나 부정 대명사에 연결될 때는 이들 뒤에 놓을 뿐만 아니라 그 사이에 전치사 *de*를 넣어야 한다는 사실을 덧붙이자. 이 때 형용사는 부분을 의미하는 보어가 되고 그 앞에 *assez* (ou *trop*), *si* (ou *aussi*), *bien, très, fort, plus*, (비교급과 최상급으로서) *moins* 등의 양의 부사를 넣을 수도 있다. 즉 ***quoi de** nouveau, **que** savez-vous **de** nouveau?, y a-t-il **quelque chose de** nouveau?, **rien d'**intéressant* (ou ***de** très intéressant*), *il me faudrait **quelqu'un d'**intelligent* (ou ***quelque chose de** riche* (ou ***de** plus riche*)), *je ne connais **personne*** (ou ***aucun homme***) ***d'**assez fort, tout ce qu'il y a **de** beau* (ou ***de** meilleur*), *il y a **cela de** bon dans l'affaire, **ce que** je vois **de** bon dans l'affaire*의 예와 같다.[28)]

---

27) 문어나 시어는 예외인데 이들은 *et*를 무척 많이 사용한다. 그러나 *et*를 반복하는 경우 무척 조심해서 해야 한다.

28) 또한 *rien que ça d'argent, qu'a-t-il d'argent, ce qu'il a d'argent*이라고도 말하는데, 이것은 *en fait d'argent*의 의미로 쓴 것이다.

3. 형용사의 일치

형용사는 명사와 성과 수를 일치시킨다.[29)]

형용사가 *et*로 등위되었건 아니건 성이 다른 명사에 관계될 때, 원칙상 남성 복수형으로 된다. 특히 형용사가 속사나 동격일 경우 그렇다. 즉 *son père et sa mère **sont** bien **indulgents** pour lui, ses bas et sa robe, entièrement **verts*** (ou ***verts** entièrement*), *la cuvette, le savon, l'eau chaude **sont prêts**, les vieillards, les femmes, les jeunes filles y **étaient compris**, il a un frère et une soeur plus **intelligents** que lui*의 예와 같다.

그러나 부가형용사가 앞의 명사와 밀접하게 연결되어 있으면 다소간 어려움이 생길 수 있다. 즉 *il avait les yeux et la bouche **ouverts***라고 말할 수 있는데, 남성 명사와 형용사를 가까이 해서 *il avait la bouche et les yeux **ouverts***라고 말하는 것이 더 낫다.[30)] 그러나 *des bas et une robe verts*는 우스꽝스럽고 *une robe et des bas verts*는 애매해질 수 있기 때문에 사용하지 않는다. 또한 *le sceptre et la couronne royaux*나 *la couronne et le sceptre royaux*도 사용하지 않는다. 따라서 이 경우에 두 가지 해결책이 있는데, 하나는 서로 같은 것을 지칭하는 것이 아니므로 형용사를 반복해도 무방하다는 것이다. 즉 *une robe **verte** et des bas **verts**, une cuisinière **anglaise** et un cocher **anglais***라고 하는 것이다. 다른 하나는 모호함이 생기지 않을 경우 형용사를 마지막 명사와 일치하는 것이다. 즉 *la couronne et le sceptre **royal***이라고 한다. 왜냐하면 왕관도 역시 왕의 것이라는 것이 분명하기 때문이다. 특히 이러한 일치는 명사

---

29) 그러나 *nu-pieds, demi-heure*와 오늘날 쓰이지 않는 *feu la reine*와 같은 철자법이 있다. 여기에서 주목할 것은 예전에 *la feue reine*라는 표현을 사용했는데, 이는 살아 있는 여왕에 대한 대립 개념으로 쓰인 것이다. 그 후에 *ma feue mère*라고는 전혀 말하지 않고 *feu ma mère*라고만 말한다. 반대로 *minuit et demi*라고 적는다. 그런데 *elle se fait fort*에 대해서 말하자면, 이를 *elle se fait forte*라고 바꾸어도 무방하며, 또한 *elles se font fortes*와 *elles se sont fait fortes*도 가능하다. 복수형의 명사와 사용되는 두 개의 (혹은 여러 개의) 단수 형용사에 대하여 앞에서 언급한 것을 역시 참조하기 바란다.

30) 또한 글로 적을 때 *il avait la tête et les pieds nus*라고 하고 *il avait les pieds et la tête nus* (ou *nue*)라고는 하지 않는다.

가 추상 명사인 경우 잘 일어난다. 즉 *il a montré un sang-froid et une présence d'esprit **étonnante***의 예와 같다. 명사가 *et*로 연결되지 않고 유사한 의미를 갖는 경우 특히 마지막 명사에만 일치시켜야 한다. 게다가 명사의 성이 같은 경우에도 형용사가 마지막 명사에만 일치할 수도 있다. 즉 *sa taille et sa démarche majestueuse*의 예와 같다.

명사가 *ou*에 의하여 연결되면 일치 문제는 논리에 의하여 결정된다. 즉 *on peut faire cet objet en pierre ou en bois très **dur***의 예와 같다. 그런데 *ce peuple se nourrit de poisson ou de viande **sèche***는 물고기가 항상 말린 것이 아닌 경우에 사용하고, *ce peuple se nourrit de poisson ou de viande **secs***은 물고기와 고기가 모두 말린 것일 때 사용한다. 왜냐하면 *de viande ou de poissons secs*이라고 하면 귀로 듣기에 애매할 수 있기 때문이다. 그리고 *on demande un homme ou une femme **bien portants***에서 *bien portante*라고 하면 애매해질 수 있기 때문에 *bien portants*이라고 한 것이다.[31)]

명사의 보어 다음에 생기는 일치 문제도 역시 논리에 의하여 결정된다. 즉 *des manteaux de soie **traînants**, des manteaux de soie **légère**, des manteaux de soie **verts*** (ou ***verte***), *de la viande de mouton **sèche**, une table de noyer **massif*** (ou ***massive***), *une multitude de moutons **prodigieuse***의 예와 같다.

여성에게 말하면서 *quand on est **élégante** comme vous*라고 하는 것은, 비록 *on*이 중성대명사이지만 논리의 이름으로 이렇게 하는 것이다. 또한 단수형으로 *vous êtes élégante*라고 적는 것이나 여성이 자신에게 *soyons élégante*라고 말할 수 있는 것도 마찬가지 이유라고 할 수 있다.

또한 ***avoir l'air***가 점차로 *paraître*의 의미를 갖게 되어서 내적 의미이건 외적 의미이건 구별하지 않고 심지어는 사물에도 사용한다. 즉 *elle a l'air toute **surprise**, elle a l'air **sourde**, ces prunes ont l'air **bonnes***의 예와 같다. 아마도 *paraître*나 *avoir l'air d'être*를 사용하는 것이 더 나을 것이다. 그러나 *avoir l'air*를 사용하는 것이 아주 일반적이어서, 전혀 의미상의 차이가 없이 *elle a l'air **douce***나 *elle a l'air **doux***

31) 형용사가 명사 앞에 나오면 거의 언제나 이 형용사를 반복한다. 즉 *un bon bifteck et une bonne côtelette*의 예와 같다. 그런데 *certificat de bonne vie et moeurs*는 고전적 어법으로, 오늘날에도 이를 그대로 사용하고 있다. 한정되지 않은, 의미가 유사한 추상명사 두 개를 연결할 때, *en pleine liberté et indépendance*와 같이 말할 수 있는데, 이는 아주 정확한 어법이라 할 수 있다.

를 함께 사용한다. 따라서 *l'air*를 강조하고자 한다면 부정관사를 사용하여 *elle a* ***un*** *air* ***majestueux***라고 한다. 그리고 *elle a l'air grognon*라고 말하기도 하는데, 이는 *grognon*이 불변하는 형용사이기 때문이다.[32)]

형용사가 종종 부사처럼 취급되어서(**l'adjcetif est pris adverbialement**) 성수 일치를 하지 않는다. 즉 *cette fleur sent* ***bon****, cette femme est restée* ***court****, elle s'est fâchée* ***tout*** *rouge, elle a parlé* ***bas****, elle a crié* ***fort****, elle a marché* ***droit****, elle a filé* ***doux***의 예와 같다.[33)] 또한 *j'en ai* ***plein*** *ma poche, j'en ai la poche* ***pleine****,* ***haut*** *la main, la main* ***haute****, envoyer* ***franc*** *de port, une lettre* ***franche*** *de port*라고도 말한다.[34)] 또한 글로 적을 때 *légère et* ***court*** *vêtue, une* ***nouveau****-née*라는 표현을 사용한다.[35)]

사실은 *une nouveau-née*와는 달리 *la* ***nouvelle*** *mariée, les* ***nouvelles*** *venues*, (연음을 하는) *les* ***nouveaux*** *arrivés*가 있다. 형용사 다음에 나오는 분사를 명사로 여기고 형용사는 부가형용사로 취급하기 때문에 이러한 표현이 가능하다. 또한 옛날 프랑스어에서 형용사가 부사로 취급되더라도 성수 일치를 하던 경향과도 관련된다. 우리는 이러한 옛날의 경향으로부터 다음과 같은 예를 보존하고 있는데, 이것들은 자주 사용되고 정말로 프랑스어적인 표현이라고 할 수 있다. 즉 *avoir les yeux* ***grands*** *ouverts,*[36)] *une porte* ***grande*** *ouverte, une fleur* ***fraîche*** *éclose, je suis* ***toute*** *malade*[37)]의 예가 있다. 이러한 어법은 별로 논리적이지 못하나 변치 않고 사용되고 있으며 문법학자들도 인정할 수밖에 없었다.

---

32) 그런데 *espèce* (ou *sorte*)라는 단어에 대하여 한 가지 지적을 하자. 격의 없는 대화에서 어떤 물건을 다른 물건과 동일시하기 위하여 사용하며 실제에 있어서는 그 보어가 중요한 단어가 된다. 즉 *une espèce de manteau, une espèce de table*의 예와 같다. 그런데 *cette espèce de table était assez grande*라고 말하는 것은 괜찮은데, *cette espèce de parc était assez grand*라고 말하는 것은 귀에 거슬린다. 그렇다고 *grand* 대신에 *grande*를 사용하면 이치에 맞지 않는다. 오히려 이런 표현을 피하는 것이 좋다.

33) 이 예들을 *gagner gros, dire vrai, faire gras, boire sec* 등과 비교하기 바란다. 이 예에서 형용사는 부사라기보다는, *avoir froid*나 *avoir chaud*같이 전치사 없이 쓰인 중성의 보어로 보아야 한다.

34) 부사로 여겨지는 *franc de port*는 *franco*에 자리를 양보하는 것 같다.

35) 그러나 *les premiers-nés*의 경우 일치시킨다.

36) 물론 연음해서 읽는다. 이러한 어법에서 *ouvrir les yeux tout grands*이라는 철자법이 나왔다.

37) 우리는 뒤에서 별도의 항목으로 *tout*를 살펴 볼 것이다.

가끔은 명사의 생략(**l'ellipse d'un nom**)에 의하여 일치의 규칙이 틀린 것처럼 보일 때도 있다. 상인들이 사용하는 축약된 표현인 *fin* ***courant***은 *à la fin du mois courant* 대신에 쓴 것이다.[38] 격식을 차리지 않고 말할 때 특히 *beau*와 *bon*과 같은 형용사가 다음과 같은 굳어진 표현에서 여성형을 취하는 것도 역시 생략에 의한 것이다. 즉 *je l'ai échappé* ***belle****, il a recommencé de plus* ***belle****, vous me la baillez* ***belle*** (ou *bonne*), *j'en ai appris de* ***belles****, il m'en a conté de* ***bonnes****, en voici une bien* ***bonne****, s'attendre* ***à la pareille****, faire* ***des siennes****, en voici bien d'****une*** *autre*의 예와 같다.[39] 특히 민족의 이름을 사용하여 *à la française, à l'anglaise, à la russe* 등이라고 말하는데, 이는 *à la diable*과 같은 표현이다.

특히 색깔을 지칭하는 형용사의 경우 생략이 빈번하다. 이것은 이러한 형용사의 수가 명백히 불충분하다는 사실에 기인한다. 즉 *blanc, noir, gris, bleu, vert, jaune, rouge*에 *violet, rose, mauve, beige, bis, blond*을 덧붙이고 이제 여성형이 점차 쓰이기 시작하는 *châtain*까지 더한다면 이것이 전부라 할 수 있다. 그러나 이 정도로는 유행이나 일상용법에서 색깔의 미묘한 차이를 분명하게 표현하기에는 불충분하다. 따라서 생략에 의하여 *une robe* ***vert*** *tendre* (ou ***vert*** *d'eau*), *une capote* ***bleu clair*** (ou ***bleu foncé***)라고 하는데, 이는 *vert tendre, vert d'eau* 등의 명칭을 가진 색깔이라는 의미이다. 또한 *des cheveux sont* ***châtain clair***라고 하고 *une barbe* ***blond cendré***라고 말한다. 이중의 생략을 사용하여 *une robe* ***bleu*** *marine,* ***gris*** *perle,* ***gris*** *ardoise,* ***vert*** *amande,* ***vert*** *Nil,* ***vert*** *bouteille*라고도 한다. 그러나 앞으로 보게 되겠지만 이것으로도 충분하지 않다.

---

38) 또한 *les maux les plus grands possible*이나 *le moins de fautes possible*은, <les plus grands ou le moins *qu'il est possible*>의 의미이고, *les plus grands maux possibles*이나 *toutes les fautes possibles*과 뜻이 완전히 같지는 않다.

39) 남성형 (혹은 중성형)이 사용된 예와 비교하라. 즉 *c'est tout un, le plus court, le plus sûr, il fait beau, il fait noir* 등의 예가 있다.

4. 형용사를 대체하는 단어들

어떤 성질을 지칭할 수 있는 적절한 형용사가 항상 있는 것도 아니고, 나타내고자 하는 성질에 정확하게 일치하는 형용사가 없는 경우도 흔하다. 흔히 현재분사 혹은 과거분사가 형용사 역할을 하기도 한다. 즉 *un séjour charmant* (ou *enchanté*), *un accueil décourageant* (ou *découragé*)의 예와 같다. 그러나 이들도 우리 생각의 미묘한 차이를 모두 나타내기에는 부족하다. 따라서 다른 방법들을 사용하게 되는 것이다.

먼저 생략이 있는데, 이는 방금 전에 색깔을 지칭하는 형용사의 경우 생략이 광범위하게 사용되는 것을 본 바 있다. 같은 물건을 지칭하는 단순명사를 불변의 형용사로 사용하는 것이다. 즉 앞에서 언급한 *violet, rose, mauve*는 꽃의 이름인데 이것이 불변의 형용사가 된 것이고, *châtain*은 열매 이름인 *châtaigne*의 옛날 남성형이다. *Marron*도 역시 현재까지는 불변의 형용사로 여겨지며, *pourpre*도 마찬가지인데 이것에서 형용사 *pourpré*가 유래했다. 다소 정확하게 색깔의 차이점을 나타내기 위하여 많은 꽃 이름이나 과일 이름을 이용하여 존재하지 않는 형용사를 만들어낸다. 즉 *lilas, réséda, bouton d'or, tabac, jonquille, indigo, prune, cerise, framboise, citron, orange* (여기에서 *orangé*란 형용사가 유래함)의 예가 있다. 그런데 이 정도로도 유행의 변덕을 충족시키기에는 부족해서, 모든 종류의 명사를 차용해서 천을 지칭하는 형용사를 만들었다. 즉 *grenat, turquoise, chaudron, des gants paille, crème, mastic* 등의 예가 있다. 이러한 명사에 특별한 형용사를 덧붙여서 두 형용사를 일치시킨 예는 *des rubans vieil or, vieil argent, vieux rose*이다. 또한 *feuille morte*나 *beurre frais*처럼 형용사가 반드시 붙어야 하는 예도 있다. 그 이외에도 많으며, 고유명사에서 형용사를 만들어내기도 한다.

색깔의 경우가 아닌 예로 *un salon Louis XV* (ou *Empire*), *une robe princesse* 등이 있다.

게다가 많은 명사들이 생략이 없이 형용사적으로 사용되기도 하는데, 이 경우 가능한 한 일치를 한다. 즉 *une expression rêveuse*의 예와 같다.[40] 또한 이 명사들이 수식되는 명사 앞에 놓이기도 한다. 즉 *une maîtresse femme, c'est la plus maîtresse*

40) 어미가 *eur*로 된 많은 남성명사는 명사이면서 동시에 형용사이다.

*femme que je connaisse*의 예와 같다.

이와 같이 주된 명사와 품질 형용사 역할을 하는 명사가 도치되는 현상은, *le bonhomme de père que vous avez* 와 같은 표현에서도 보인다. 그런데 이 예의 경우 명사가 형용사를 대치하면서 동격의 역할을 하고 전치사 *de*가 뒤따르는데, 주된 명사는 동격의 보어가 된 것처럼 보인다. 즉 *bonhomme de père*는 사실 *père bonhomme* 이다.[41] 그런데 이러한 표현에는 조롱하는 의미가 있음을 주목하기 바란다. 사실 이러한 표현은 경멸하거나 욕설로 사용할 때 주로 나타난다. 즉 라퐁텐느(La Fontaine)가 말한 *un fripon d'enfant*의 예와 같다. 그리고 몰리에르(Molière)는 *cette coquine de Toinette, sa chienne de face*라는 말을 했다. 또한 *un chien de temps*은 *un temps de chien*과 의미가 완전히 같지는 않지만 결국은 같은 것이다. 왜냐하면 *un chien de temps*이라는 표현에는 시간이 개처럼 취급된다는 의미가 있기 때문이다. 이와 같은 표현으로는 *ce diable d'homme,*[42] *un drôle d'homme, un drôle de corps,*[43] (남부지방의 욕인) *coquin de sort!*가 있다.

민중들이 전혀 격식을 차리지 않고 욕설에 해당하는 말과 함께 널리 사용하는 아주 흔한 프랑스어 특유의 관용어법이 있다. 그리고 이 명사들이 문법적으로 동격으로 사용되었다는 것을 보여주는 증거는, 위치 이동한 명사 곁에 형용사를 사용한다는 사실이다. 즉 *un saint homme de chat, aller tout droit son petit bonhomme de chemin, ce gros malin d'Antoine*의 예와 같다. 그리고 이렇게 도치된 동격으로 사용된 명사는, 사실 형용사 그 이상도 그 이하도 아니며, 수식하는 역할을 하며 형용사를 대신하고 있는 것이다.

그렇지만 현존하는 형용사의 의미와는 다른 의미를 나타내거나 존재하지 않는 형

41) 전치사 *de*의 이러한 용법을, 일반적인 동격 구문에서 사용되는 *de*와 연관시킬 수 있다. 즉 *le nom de père, la ville de Paris*의 예와 같다. 이에 대해서는 본문 35쪽을 참조하기 바란다. 그런데 이 동격 구문에는 도치가 있는 것이 아니라 <c'est bien le second substantif qui détermine le premier>이다.

42) *Quelle diable de cérémonie est-ce là?*에서 *diablesse*라고 하지 않고 *diable*이라고 하는 것은, *cette cérémonie, c'est le diable*이라고 할 수 있기 때문이다.

43) 또한 더 나아가서 *une drôle d'idée, une drôle de figure*라고 *drôle*이 형용사인 것처럼 여기는데, *drôlesse*라는 단어는 특별한 의미를 갖고 있기 때문이다.

용사를 대치하는 가장 일반적인 방법은, 이미 앞에서 많은 예를 본 것처럼 수식하고자 하는 명사에 관사 없이 ***de***와 함께 쓰인 보어(**complément avec *de* sans article**)를 덧붙이는 것이다. 즉 *une robe de couleur*란 <une robe qui n'est *ni blanche, ni noire, ni grise*>를 의미하는데, *coloré*와 *colorié*는 그 의미가 보다 한정되어 있기 때문에 이 방식 말고 달리 표현할 방법이 없다.

이와 같은 방법을 사용하여 명사의 성질(**la nature**)이나 질(**la qualité**)을 표시한다. 즉 *une personne de qualité, un homme d'honneur* (*honorable*은 다른 의미를 갖는다), *un homme de coeur, un homme d'esprit* (*spirituel*을 사용하기도 한다), *un homme de rien, un homme* (ou *une affaire*) *d'importance* (이는 *important*과 *très important*의 중간 의미이다), *un écrivain de talent, un homme de génie* (*génial*은 보다 일반적이지 않은 의미를 갖고 사물과 함께 보다 잘 사용된다), *une tenue* (ou *un terme*) *de rigueur* (*rigoureux*는 요구한다는 의미로 쓰이고 물건에는 사용하지 않는다), 격의 없이 말할 때 사용하는 *un froid de loup* (*un temps de chien*과 유사하다)의 예가 있다. 또한 재료(**la matière**)나 물질(**la substance**)을 나타내는 것으로, *une table de marbre, un bracelet d'or*, (비유적인 의미인) *un coeur de pierre*의 예가 있다. 그리고 *une robe de bal, une maison de jeu* 등 목적지(**la destination**)를 나타내는 예, *pluie d'orage, eau de source* 등 기원(**l'origine**)을 나타내는 예, *homme de guerre, femme de ménage* 등 직업(**la profession**)을 나타내는 예, *une troupe de cinquante hommes, un homme de six pieds, une robe de cent francs* 등 양(**la quantité**), 크기(**la dimension**) 혹은 가치(**la valeur**)를 나타내는 예, *une guerre de vingt ans, un lièvre de trois jours* 등 시간(**le temps**)을 나타내는 예가 있다.

몇몇 명사들의 경우 이런 구문과 함께 형용사를 사용하며, 이 형용사를 명사와 일치시키는데 이는 순수한 라틴어적 어법이다. 즉 *un homme de bon caractère, de bonne composition, de bon conseil, de mauvaise manière* (ou *de mauvaise mine*), *d'illustre origine, une dentelle d'une finesse extrême* (*extrêmement fine*보다 강하다)의 예가 있다. 한편 형용사를 생략하여 *ce travail est d'une finesse !, ce portrait est d'une vérité !*라고도 하는데, 마치 어떤 형용사도 나타내고자 하는 생각을 충분히 표현하

지 못하는 것처럼 여기는 것이다.[44)]

언제나 빠르게 말하고 가능한 한 생략을 하는 상인의 언어에서는 두 개의 단어가 연이어 나오면 재료나 성질을 나타내기 위한 *de*를 생략하는 것이 흔하다. 즉 *un tissu laine et coton, une étoffe pure laine, des confitures pur sucre, un mobilier vieux style*의 예와 같다. 물론 이것이 아주 좋은 어법은 아니다. 한편 격식을 차리지 않는 언어에서 *un rire bon enfant*이라고 말하는데, 이 경우에는 *de*가 생략된 것이 아니라 *bon enfant*이 형용사의 기능을 하는 것이다.

다른 전치사(**les autres prépositions**)의 경우 형용사를 대신하는 말 앞에 오는 경우는 매우 드물다. 먼저 *à*가 있다. 즉 *une jupe à volants, une manche à gigot, une robe à cent francs*의 예가 있다. 그런데 *une robe à cent francs*의 경우, 일련의 100 프랑짜리 옷들이라는 의미로 경멸하는 의미가 들어가는 경우가 가끔 있는데, *une robe de cent francs*에는 그런 의미가 덜 하다(*les pêches à quarante-cinq sous*와 비교하기 바란다). 또한 *un macaroni à l'italienne, du bœuf à la mode*[45)]가 있다. 또한 *en*이 있는데, *une table en marbre, une tabatière en or, une ville en flammes, une femme en larmes, une dévote en extase*와 *un homme sans fortune*의 예가 있다.

지금까지 살펴본 모든 예들에는 적어도 하나의 명사가 형용사를 대신하였다. 그러나 격식을 차리지 않는 언어에서는 부사가 형용사를 대신하기도 한다. 즉 (생략이 일어났을 가능성이 있는) *des gens bien*과 특히 *des gens très bien*의 예가 있다. 심지어는 절 전체가 형용사를 대신하기도 한다. 즉 *un homme comme il faut*의 예가 있다. (발음은 *comifau*이다). 그리고 이 절이 너무나 형용사적으로 여겨져서 *assez, plus, moins, très comme il faut*처럼 모든 등급의 비교급에도 사용된다.[46)]

---

44) 게다가 *d'un fini, d'un vrai*라고도 한다. 이에 대해서는 본문 42쪽 10번 주를 참조할 것.

45) 이것을 상인들이 생략하듯이 *du bœuf mode*라고도 하는데, 이는 *une sole à la Marguery, à la manière de Marguery*의 의미로 *une sole Marguery*라고 하는 것과 같다. 또한 *un objet bon marché*에서 *bon marché*는 *à bon marché*의 의미이고, *ceci est très bon marché*에서 *bon marché*는 일종의 복합 형용사이다.

46) 게다가 가장 정확한 언어에서도, 관계절에 사용된 시제에 따라서 관계절이 품질 형용사를 대치하기도 한다. 즉 voilà l'homme *qui convient,* il nous faut ici un homme *qui soit à sa place*의 예와 같다. 자기가 할 일을 보다 잘 이해하는 사람을 가리키려면 un homme *qui serait à sa place*가

5. 비교급

프랑스어에서 질의 정도(**les degrés dans la qualité**)를 표시하려면 *peu, un peu, assez, trop, médiocrement, passablement, presque, à peu près, très, fort, bien* 등 아주 다양한 부사를 사용한다.

반면에 하나의 성질과 다른 성질 사이, 혹은 같은 성질을 가진 여러 상태 사이를 비교(**comparaison**)할 수 있다. 또한 같은 성질을 가진 여러 개인 혹은 집단 사이나, 실제와 겉모습 혹은 그에 대한 의견을 비교할 수도 있다.

모든 비교는 동등(*égalité*), 열등(*infériorité*), 우등(*supériorité*)을 나타낼 때 사용된다.

동등(**l'égalité**) 비교의 경우 비교되는 성질을 지칭하는 형용사 앞에는 ***aussi***라는 부사를 놓고 비교되는 둘째 말 앞에 ***que***를 놓는다. 즉 *il est aussi avare qu'il est gourmand, il est aussi orgueilleux aujourd'hui qu'il l'était hier, il est aussi orgueilleux que son frère*의 예와 같다. *Aussi*는 부정 다음에 *si*로 될 수 있다. 즉 *il n'est pas aussi* (ou *si*) *prudent que vous* (ou *qu'on le croit*)의 예와 같다. 가끔 *aussi*의 위치를 바꿀 수도 있는데 이때 일반적으로 동사나 명사에 쓰이는 *autant*이나 *tant*으로 대치한다.[47]

열등(**l'infériorité**) 비교의 경우, (*aussi* 대신에) ***moins***을 사용한다. 즉 *il est moins sévère que méchant, moins hardi que je ne pensais, moins hardi que son frère*, (그의 동생이 벌써 별로 대담하지 않은 경우에는 *encore moins hardi que son frère*라고 한다), *il est hardi, mais moins qu'il ne semble* (ou *que vous ne pensez, que je ne voudrais*)의 예와 같다.

우등(**la supériorité**) 비교의 경우 ***plus***를 사용하는데 *moins*과 반대되는 개념이다. 즉 *il est plus heureux que sage, plus heureux que vous ne croyez, plus hardi* (ou *encore plus hardi*) *que son frère,* (ou *qu'il ne semble, que je ne voudrais*)의 예와 같다.

그런데 *plus*나 *moins*에 의하여 두 개의 성질을 비교하는 경우, 일반적으로 두 성질 중의 하나를 제외시키는 기능을 한다. 즉 *il est moins méchant qu'il n'est bête*나 *il est*

더 나을 것이다.

47) 뒤의 <양의 부사(*adverbes de quantité*)> 항목을 참조할 것.

*plus bête que méchant*은 일반적으로 *il est bête et non méchant*의 의미이다. 두 개의 성질 중 어느 것도 제외시키지 않는다는 것을 표시하려면 *encore plus*를 사용한다. 즉 *il est encore plus bête que méchant, il est encore plus heureux que sage*의 예와 같다.[48)]

일반적으로 명사 앞에 놓이는 형용사들은 *plus, moins, aussi, si, assez, trop, très, fort, bien* 등의 부사와 함께 쓰일 때도 역시 흔히 명사 앞에 온다. 즉 *un beau livre*는 *un livre plus beau, un livre moins beau*가 되거나 *un plus beau livre, un moins beau livre, un si beau livre* 등으로 된다.

부사와 함께 형용사도 부분적인 의미를 나타낼 수 있다. 즉 *rien de plus beau, rien de si beau*의 예가 있다. 이는 *rien d'assez beau, rien de trop beau, je ne connais personne d'aussi intelligent* (ou *de plus intelligent*)과 같다.

부사 *aussi, moins, plus, assez, trop* 앞에는 ***bien***이 올 수 있고, 또한 부사 *trop, moins, plus*앞에는 ***beaucoup***가 올 수 있다. 이때 *bien*이나 *beaucoup*를 덧붙이는 것은 비교를 강조하는 것이다. 즉 *il est bien aussi habile que son frère, il est bien* (ou *beaucoup*) *plus habile que vous ne pensez, il est bien* (ou *beaucoup*) *moins hardi que je ne voudrais*의 예와 같다.

일상어에서 글로 쓰는 경우에도 *beaucoup plus*를 ***autrement***으로 바꾼다. 즉 *il est autrement fort, c'est une pièce autrement remarquable*의 예와 같다. 이것은 *autre, bien autre, tout autre*가 *beaucoup plus grand*의 의미로 쓰이는 것과 관계가 있다. 즉 *l'affaire a une tout autre importance*의 예와 같다. 따라서 대중들이 *autrement*을 비교급과 함께 쓰는 것은 아주 해롭다. 즉 *autrement plus fort*는 받아들일 수 없는 중복적 어법인데, *autrement*이 이미 *beaucoup plus*를 의미하기 때문이다.

여기에서 성질의 정도를 나타내는 부사가 형용사 (혹은 부사)하고만 쓰이는 것이 아니라, 격식을 차리지 않는 경우 *avoir*와 함께 관사 없이 쓰이는 명사와도 사용된다는 것을 지적하는 것이 좋겠다. *Chaud*와 *froid*는 형용사이므로 *il fait plus* (ou *moins*)

---

48) 두 개의 성질 사이에서 주저하게 될 때, 일반적으로 *ou*를 사용하고 *que*를 두 번 생략하여 문장을 아주 가볍게 만든다. 즉 *est-il, on ne sait s'il est plus bête ou plus méchant?*의 의미는 *plus bête que méchant ou plus méchant que bête*이다. 또한 *on ne sait s'il avait plus d'esprit ou plus de bon sens*라고도 한다.

chaud (ou *froid*), *il fait assez* (*trop, si, aussi, tellement, très, bien*) *chaud* (ou *froid*)라고 말하는 것은 아주 자연스럽다. 이러한 용법이 *avoir chaud*나 *avoir froid*의 경우에도 같은 구문을 만들어냈다. 마찬가지로 *avoir faim* (ou *soif*), *avoir mal* (ou *peur*), *avoir envie* (ou *raison*)의 경우에도 적용된다. 즉 *j'ai plus faim que soif, j'ai très soif, j'ai eu très peur, j'ai moins envie de travailler que d'aller me coucher, j'ai si faim* (ou *tellement faim*) *que*...의 예가 있다.[49] 또한 *il m'a fait très mal, il m'a fait assez, trop, plus, moins mal, il faut faire plus* (ou *bien*) *attention, il est très en colère, il est plus en colère que je ne pensais, il est très au courant, il a bien raison, il a raison, très raison* 이라고도 말한다. 이러한 어법들이 모두 어디에서나 같은 방식으로 사용되는 것은 아니지만, 너무나 일반화되어서 이들을 구어에서 금지시킬 수는 없게 되었다.

비교급 다음에 양의 차이를 나타내기 위하여 *de*를 사용한다. 즉 *cette table est plus* (ou *moins*) *longue que l'autre de trois mètres, il est plus grand* (ou *plus petit*) *de beaucoup*의 예와 같다. 또한 모든 종류의 단어와 함께 *d'autant plus* (ou *d'autant moins*) 을 사용한다.[50]

예전에 프랑스어에서는 라틴어로부터 특별한 형태의 비교급과 최상급을 얻었는데, 이는 부사 없이 쓰이며 일반적으로 *ieur*로 끝나는 것이다. 이러한 형태에는 *à*와 함께 쓰이는 형용사 *supérieur, inférieur, antérieur*와 비교급 없이 사용되는 형용사 *majeur, mineur*가 있다. 또한 *que*와 함께 쓰이는 고유한 의미의 비교급 세 개 *moindre, meilleur, pire*가 남아 있는데, 이들은 너무나 많이 사용되므로 쉽게 없어지지 않을 것이며 더구나 간단하다는 이점을 가지고 있다.

Moindre는 *petit*의 비교급이지만 *plus petit*보다는 *moins grand*의 의미를 가지고 있고, 일상 언어에서는 잘 사용되지 않는다. 구체적인 의미에서는 항상 *plus petit*가 사용된다. 추상적인 의미에서도 *plus petit*와 경쟁관계에 있는 *moindre*를 잘 사용하지 않는다. 즉 *une taille plus petite* 대신에 *une taille moindre*라고 말하는 경우는 드물다. 따라서 *plus petit*가 부적절한 경우에 *moindre*를 사용하는 것이 흔하다. 즉 (moins

---

49) 브알로(Boileau) 자신도 *il a si peur qu'on ne les méconnaisse que*....라고 적었다. 이러한 구문이 근래에 생긴 것이 아니라 아주 오래된 것임을 알 수 있다.

50) *C'est trop de la moitié*를 참조할 것. 또한 뒤의 부사를 다룬 장을 참조할 것.

grave의 의미로) *une faute moindre*라고 하고, 혹은 *ceci est de moindre importance*라고 한다. 따라서 *moindre*는 특히 문학 언어에 속한다고 말할 수 있다. 이 단어가 관사와 함께 쓰여서 상대최상급이 될 수 있지만, 이 경우에도 역시 그 용법이 제한되어 있다.

Meilleur의 경우는 상당히 다르다. 왜냐하면 프랑스어에서는 *bon* 앞에 *plus*를 놓는 것을 꺼려해서[51] 사실 *meilleur*가 *bon*의 유일한 비교급이기 때문이다. 이런 반감이 너무 커서 *il est plus heureux que sage*와는 달리 *il est plus bon que sage*라고 말할 수는 없을 것이다. 또한 *il est meilleur que sage*[52]라고 말할 수도 없어서, *plus*를 *plutôt*로 바꾸거나 *plus*를 *bon* 다음에 놓아야 한다. 즉 *il est bon plus qu'il n'est sage*라고 해야 한다. 또한 *de mieux en mieux*라고는 말하지만 *de plus en plus bon*이나 *de meilleur en meilleur*라고는 말하지 않으므로 더욱 난처하게 되는 경우도 생길 수 있는데, 표현 자체를 바꾸어야 한다.[53]

그러나 *il est bon plus que vous ne pensez*는 물론 *plus ou moins bon*이나 *plus il est bon, plus on le hait* (ou *moins on l'aime*)라고 말할 수 있는데, 이는 바로 *plus*가 *bon*의 바로 앞에 나오지 않았기 때문이다.

또한 *bon*이 부사적으로 쓰일 때 비교급이 없는데, 이는 *une fleur peut sentir meilleur* (ou *plus bon*) *qu'une autre*라고 말할 수 없기 때문이다. 즉 이 경우 *une fleur a une meilleure odeur*라고 해야 한다.

Pire의 경우는 보다 복잡하다. 이 단어는 *mauvais*의 비교급인데 *plus petit*와 마찬가지로 *plus mauvais*도 역시 존재한다. 그리고 *plus mauvais*는 *pire*보다 일상적으로

---

51) 부정이 *ne ~ plus*인 경우는 예외이다. 즉 *il n'est plus bon à rien*의 예에서 *plus*는 *bon*과 연관되어 있지 않다.

52) 또한 언젠가 들은 적이 있는 *meilleur administrateur que souple courtisan*도 안 된다.

53) 그런데 *vous êtes bien bon de parler tant, et moi je suis encore meilleur de vous écouter*라고도 더 이상 말하지 않는다. 또한 *je suis encore bien plus bon*이라는 표현은 농담으로 밖에는 받아들이지 않고, 다르게 말하자면 *je le suis encore bien davantage*가 될 것이다. 그러나 약간 격렬한 논쟁에서 *vous êtes bon, vous*라고 *bon*을 분명히 약간 조롱하는 의미로 쓰는 말에 대하여, *vous êtes encore bien plus bon, vous de vous imaginer...*라고 같은 어조로 말할 수는 있다. 그러나 보다 단순하게 *c'est vous qui êtes bon de...*라고 말하는 것이 더 낫다. 반면에 *vous en avez de bonnes*라고 말하는 것에 대하여 *vous en avez de meilleures*라고 기꺼이 대답할 수 있다.

더 많이 사용된다. 또한 *moindre*와 같이 *pire*는 *il n'est pire eau que l'eau qui dort*와 같은 속담 이외에는 약간은 문학 언어의 성격을 갖고 있다.

우리는 *meilleur*와 대립시켜서 *pire*를 기꺼이 사용한다. 즉 *les femmes sont meilleures ou pires que les hommes*라고 라브뤼에르(La Bruyère)가 말했다. 또한 *pire*를 *mauvais*와 대립시켜서 반복을 피하기도 한다. 즉 *il faut distinguer le mauvais du pire*나 *si le premier est mauvais, le second est pire*의 예와 같다. 혹은 *pire*를 명사 *mal*과 대립시키는데, 이 경우 *plus mauvais*는 잘 어울리지 않을 것이다. 즉 *c'est un remède qui est pire que le mal*의 예와 같다.

Souvent la peur d'un mal nous conduit dans un pire,

이 예에서 *dans un pire*는 *dans un mal pire*의 의미이다. 마찬가지로 *misère*에 대하여 *plus mauvaise*라고는 할 수 없고 *pire*라고 해야 한다. 이렇게 *pire*가 *fâcheux*라는 의미를 갖는다면 이는 *mauvais*라는 의미와 대립되기도 한다. 즉 *le café est pire que le thé*에서는 <plus fâcheux pour la santé>의 의미이고, *ce café est plus mauvais que l'autre*에서는 커피가 <plus mauvais goût> (*pire goût*가 아님)를 갖는다는 의미이다. 물론 많은 경우에 선택을 할 수 있지만 *pire*는 신중하게 사용해야 한다.[54] 덧붙이고 싶은 것은, 부사적으로 쓰인 *mauvais*의 비교급은 단지 *plus mauvais*인데, 그 예는 *cela sent plus mauvais qu'hier*이다.

이것이 전부가 아니고 ***pire*** 외에 **pis**가 있는데, 이 둘을 혼동해서는 안 된다. *Pis*는 오랫동안 *pire*의 중성형이었는데, *pire*가 남성 혹은 여성 명사하고만 사용되기 때문이다. 이러한 중성형으로서의 *pis*는 부정대명사나 한정되지 않은 명사와 함께 형용사적으로 쓰인 표현에서 아직도 발견된다. 즉 *c'est bien* **pis** (*pire*가 아님), *qui* **pis** *est* (*ce qui*의 의미로), *quelque chose de* **pis**, *il n'a jamais rien fait de* **pis** (*rien de pire*보다 더 선호됨), *c'est tant* ***pis***의 예가 있다. 아무 것도 덧붙이지 않고 단순히 *tant* ***pis***라고 하는데, *tant pire*라는 표현은 민중들만이 쓰는 표현으로 사용해서는 안 된다.

54) 대중들은 *plus pire*라고 말하기도 하는데, 이는 *autrement plus*보다 더 거슬린다.

반면에 *pis*가 부사로서 *mal*의 비교급으로 쓰이는데, 이는 *mieux*가 *bien*의 비교급인 것과 같다. 그런데 형용사로서의 *pis*와 부사로서의 *pis*의 구별은 미묘한 것 같다. 다행히 부사 *pis*의 용법이 *plus mauvais*의 용법에 의하여 아주 제한되어 있어서 이러한 구별은 별로 중요하지 않다. 사실 *pis*라는 단어는 형용사건 부사건 동사 *faire*와 *être* (혹은 *il y a*)하고만 쓰이는데, 이 사실이 중요한 것이다. 따라서 다음과 같은 표현은 사용할 수 없다. 즉 *agir pis, parler pis, se conduire pis, ils agirent de même et pis encore, un malade va pis, un malade est pis que la veille* (*être*의 특별한 의미 때문에), *deux personnes sont pis que jamais ensemble, une chose est pis faite* (ou *faite pis*)라고는 말할 수 없다. 그러나 대립적으로 *il ne fera pas jamais ni* ***pis*** *ni mieux, il a fait* ***pis*** (ou ***pis*** *que cela*, ***pis*** *que vous*), *il fera* ***pis*** *encore* (*pire encore*는 안 된다), *il y a pis* (ou *bien pis*)[55]라고 말할 수 있다. 또한 대립 때문에 *cela va de mal en* ***pis*** (*en pire*는 안 됨)라고 말하기도 한다. 또한 *c'est mieux ou pire*라고 말해서도 안 된다.[56]

게다가 중성형용사로서의 *pis*가 명사적으로 쓰이기도 한다. 즉 *je m'attendais à* ***pis***, *crainte de* ***pis***의 예와 같다. 이 경우 *pire*는 쓸 수 없는데 *pire*가 관련지을 수 있는 요소가 전혀 없기 때문이다. 명사적으로 쓰인 *pis*에 관사가 붙어서 상대최상급(superlatif relatif)이 되는 경우가 많은데 *le pire*와 혼동하지 말아야 한다. 그렇다고 *le pire*를 명사적으로 사용할 수 없는 것은 아닌데, 적어도 외양상 *médiocre*와 대립되는 경우에 사용한다.

Il n'est pas de degré *du médiocre au pire.*

그러나 대립이 없는 경우 *le* ***pis*** *qu'on puisse faire* (ou *qui puisse arriver*), *mettre les choses au* ***pis***, *au* ***pis*** *aller* (*pis*는 명사임), *le* ***pis*** *de l'affaire, le* ***pis*** *de tout*라고 말한

---

55) 이것은 *il y a mieux, il y a plus mal*이라고 말할 수 있는 것과 같다. 별로 격식을 차리지 않는 언어에서 모든 비교급이 *il y a*와 함께 중성적으로 쓰일 수 있다. 즉 *il y a* (ou *il n'y a pas*) *plus sot* (ou *plus intelligent*) (que lui)의 예와 같다.

56) 가끔 *de pis en pis*라고도 하는데, *de plus en plus mal*이 낫다. 또한 *celui-ci est mauvais, mais l'autre pire*와 같이 *celui-ci est mal, mais l'autre est pis*라고도 말한다.

다. 그렇지만 *le pire de tout*는 아주 잘못된 것이다. 또한 최상급으로 *ce qu'il y a de pire*라고 말하는데, *ce qu'il y a de* ***pis***가 더 정확한 표현이다.

6. 최상급

모든 비교를 넘어서는 최상의 질을 지칭하기 위하여 여러 부사를 사용하는데, 이 부사들은 *bien* (*beaucoup*의 의미), *fort*와 특히 ***très***이다. 그리고 이것이 바로 절대최상급(**le superlatif absolu**)이라고 부르는 것이다.[57] 일상 언어에서는 많은 다른 부사를 사용하기도 한다. 이들은 물론 *ment*으로 끝나는 부사로서 시대에 따라 달라졌는데, 17세기의 귀부인들은 *furieusement, terriblement, effroyablement* 같은 부사를 사용하기도 했다. 이러한 과장법이 전부 사라진 것은 아니지만, 오늘날에는 일반적으로 *extrêmement, infiniment, excessivement*과 같은 보다 단순한 부사만을 사용한다. 그런데 *excessivement*은 아주 논리적이라고는 볼 수 없는데, *과도함*(*l'excès*)이 *우수함*(*la supériorité*)과는 별개이기 때문이다. 또한 이 부사는, *joliment beau*나 *joliment joli*등에서 쓰이는 *joliment*과 마찬가지로 아주 격의 없이 말하는 경우 사용하는 부사이다. 게다가 격식을 차리지 않는 경우 *cet enfant est trop joli*라고 말하는 것이 일상적인데, 이는 *très*보다 강한 표현이다.[58]

16세기에는 이탈리아어를 모방하여 라틴어에서 유래한 ***issime***라는 접미사를 붙여서 최상급을 만들기도 했는데 이는 *ieur*로 끝나는 비교급과 같다. 그런데 이

---

57) 분명히 모순되기는 하지만 *il est fort affaibli*라고 말하기는 해도, *il est fort faible*이라고는 하지 않고 *il est rudement faible*이라고는 말한다. 반면에 *très*는, 격식을 차리지 않고 말할 경우 전치사 없이 *avoir*나 *faire*와 함께 쓰이는 명사 앞에 놓이기도 한다. 앞의 본문 90쪽을 참조할 것. 아무튼 한때 유행하기는 했지만 이제는 *très*가 홀로 쓰일 수는 없다. 즉 *Est-il grand?*이란 질문에 *Très*라고 대답하거나, *Avez-vous faim?*이라는 질문에 *Pas très*라고 대답하는 것이 더 이상 가능하지 않다.

58) 예전에는 *beaucoup plus*나 *beaucoup mieux* 대신에 *trop plus*나 *trop mieux*를 사용하기도 했는데, 이는 단지 비교급일 따름이다.

도 역시 프랑스어의 정수(le génie de la langue)에 어긋난다. 아직도 *généralissime, amiralissime*와 같은 명사뿐만 아니라 *sérénissime, révérendissime, illustrissime, éminentissime, excellentissime* 등의 명예 칭호(titres honorifiques)에 사용하는 형용사를 간직하고 있다. 격식을 차리지 않는 경우 *rarissime, grandissime, richissime, savantissime, ignorantissime*를 사용하고 있고, 몰리에르(Molière)가 *fourbissime*를 만든 것처럼 새로운 단어를 만들 수도 있다.

우리는 또한 라틴어의 접두사 *extra, ultra*를 사용하고 이를 명사로 만들기도 하는데, 요리업계에서는 식품의 복잡한 정도에 따라 등급을 *fines, surfines, superfines, extrafines* 등으로 구별하기도 한다. 여기에 희랍어의 접두사 *archi*를 덧붙일 수도 있는데, 이는 원래의 의미에서 변형되어서 경멸의 의미를 갖게 된다. 즉 *archifou, archipatelin*의 예와 같다.[59)]

격식 없이 나누는 대화에서는 다른 형태의 최상급을 사용하기도 하는데, 그 예는 *c'est tout ce qu'il y a de beau*이다. 또한 *comme*가 들어간 비교를 나타내는 표현이 매우 많이 있다. 즉 *il est sourd comme un pot, il est bête comme une oie* 등의 예가 있다. 그리고 이러한 표현에서 *c'est beau comme tout*가 나왔는데, 이 표현은 별 의미가 없다.

끝으로 부사 *si*와 *pas tant, pas tellement*와 같은 형태를 사용하여 종속절을 생략하면 최상급으로 취급되기도 한다. 즉 *La reine est si bonne!*의 예와 같다. 또한 *Cet homme est fort intelligent*라고 할 때 그 대답으로 *Oh! pas tant* (ou *pas tellement*)이라고 하기도 한다.

상대최상급(**le superlatif relatif**)이란 비교급 앞에 정관사를 붙인 것이다. 즉 *le plus grand, le moins grand, le plus fort, le moindre, le meilleur, le pire*의 예와 같다. 이것과 비교급의 차이점은, 비교급이 다른 사물에 대하여 하나 혹은 여러 사물의 우등(혹은 열등)을 표시한다면 최상급은 같은 종류의 모든 사물에 대하여 우등 (혹은 열등)을 나타낸다는 것이다. 따라서 *절대*(*absolu*)가 *상대*(*relatif*)보다 더 좋은 것이라고 해서, 상대최상급이 절대최상급보다 못하다고 믿는다면 완전히 잘못 생각한 것이다.

---

59) 또한 격식을 차리지 않는 경우 이 접두사를 분사 앞에 놓기도 하는데, 어떤 물건에 대하여 *elle est archiconnue*라고 말할 수 있다. 그렇지만 *on l'a archiconnue*라고 말할 수는 없는데, 그 이유는 *archi*는 동사하고는 결합되지 않기 때문이다.

오히려 정반대라고 볼 수 있다. 왜냐하면 사람이 *très fort*하다고 하면 더 강한 사람이 있을 수 있지만, 그가 *le plus fort*라고 하면 누구도 두려워할 필요가 없기 때문이다.

상대최상급의 이러한 형태가 오랫동안 비교급과 혼동되어 왔는데, 이 둘을 구별하기가 어렵기 때문이다. 오늘날에도 비교급 앞에 관사가 올 수 있으므로 최상급과 혼동될 수 있다. 즉 *donnez-moi le plus beau*가 두 개의 사물에 대한 것이면 비교급이고, 여러 사물에 대한 것이면 최상급이다. 마찬가지로 *le plus sûr est de...*라는 중성으로 된 표현에서 고려할 부분이 두 개이면 비교급이다. 비교급의 형태와 최상급의 형태를 달리 하는 언어들의 경우에는 이러한 혼동이 없다. 그러나 반면에 이러한 언어에서는 상대최상급과 절대최상급이 항상 구별되지는 않는데, 이것이 보다 두드러진 불편함이라고 할 수 있다.

상대최상급이 비교급과 가장 잘 구별되는 것은, 이것이 명사 다음에 나오는 경우이다. 왜냐하면 이 경우 명사 앞에 이미 나온 정관사를 언제나 반복해야 하기 때문이다. 즉 *le livre le plus intéressant, l'homme le plus remarquable*의 예와 같다.[60]

일반적으로 관사와 명사 사이에 나타나는 형용사들이 비교급에서 뿐만 아니라 최상급에서도 이 자리를 차지할 수 있다는 것을 보았는데, 이때 관사는 단 한번만 나타난다. 즉 *le plus beau livre*의 예와 같다. 이것이 비교급인지 아닌지는 상황으로 판단할 수밖에 없고, 이러한 구별은 순전히 문법적인 범주에 속하고 실제로 혼동 때문에 불편함이 야기되는 경우는 드물다.

형용사가 명사 앞에 나오건 뒤에 나오건 구별 없이, 최상급이 두 개면 관사와 *plus*가 모두 반복된다. 즉 *le livre le plus rare et le plus curieux, la plus rare et la plus belle victoire*의 예와 같다. 그런데 형용사 중의 하나만이 관사와 명사 사이에 나타날 수 있으면 두 형용사를 모두 명사 뒤에 놓는다. 즉 *la popularité la plus grande et la plus justifiée*의 예와 같다. 아주 우아하게 말하려면 *la plus grande popularité et la*

---

60) 원래는 *le plus beau livre*와 *le livre plus beau*는 같았고, *le livre le plus beau*에 덧붙여진 관사는 사실 지시사의 역할을 했다. *Vous avez fait une sottise la plus grande du monde*라고 몰리에르(Molière)가 썼는데, 오늘날에는 옛날처럼 상대최상급에 부정관사를 덧붙이지는 않는다는 것을 부언하자. 물론 이러한 표현이 우아하기는 했지만 오늘날에는 정관사를 써야 한다. 그렇지 않으려면 절대최상급을 사용하거나 *vous avez fait une sottise qui est la plus grande qu'on puisse faire*처럼 절을 둘로 나누어야 한다.

*plus justifiée*라고 한다. 그러나 *la plus grande et la plus justifiée popularité*라고 말해서는 안 된다. 이것은 절대최상급의 경우에도 마찬가지이다.[61]

상대최상급의 경우, 관사 대신에 소유형용사를 쓰는 것은 언제나 가능하다. 즉 *mon élève le plus remarquable, mon plus beau livre*의 예와 같다. 둘째 예에는 관사가 전혀 나타나지 않음을 알 수 있다.

최상급 다음에 나오는 명사의 부분을 나타내는 구문 **(la construction partitive)**, 말하자면 이 명사가 보어가 되는 이러한 구문은 널리 사용된다. 즉 *le plus remarquable des hommes, la meilleure des femmes, le plus beau des livres*의 예와 같다. 이 경우 대상이 두 개라면 물론 비교급이 될 수도 있다. 그러나 분명한 것은 명사가 의미적으로 복수형으로 쓰일 수 있는 경우에만 이러한 구문이 가능하다는 것이다. 그래서 *vous avez commis la plus grave des maladresses*라고 말하는 것은 아주 정확한데, 여러 번 저지를 수 있는 것에 관한 것이기 때문이다. 그러나 *il a montré dans cette affaire la plus grande des maladresses* (ou *le plus incroyable des génies*)라고 말하는 것은 잘못된 표현이다. 왜냐하면 이 경우 *maladresse*와 *génie*는 순수한 추상적 의미를 갖고 있으며 복수형으로 쓰이지 못하기 때문이다.[62] 사실상 이러한 구문을 사용하려면 신중해야 한다. 비록 이러한 구문이 비교되는 대상을 종류 전체와 보다 분명히 대립시킴으로써 상대최상급의 가치를 보다 강조하기는 하지만, 대부분의 경우 이 구문보다 다른 두 구문이 보다 적합하다고 볼 수 있다.[63]

예전에는 부분을 나타내는 구문과 함께 쓰인 보어가 최상급이 되기도 했다. 즉 *un des plus grands, quelques-unes des plus belles, c'est un homme des plus*

---

61) 이러한 구문은 단순 형용사 구문을 연상시킨다. 앞의 본문 70-79쪽을 참조할 것.

62) 앞의 본문 63-66쪽을 참조할 것. 이 예는 신문에서 아주 자주 발견되는 소위 우아하다는 것 중 하나인데, 마치 *la plus grande maladresse*로는 불충분한 것처럼 사용하는 것이다.

63) 말할 것도 없이 이러한 구문에서 최상급의 보어 안에는 비교되는 대상도 나머지 다른 대상과 함께 포함되어야 한다. 즉 *il est plus intelligent que tous ses camarades*의 의미로 *c'est le plus intelligent de tous ses camarades*라고 말하는 것은 사리에 맞지 않는다. 그리고 *ce fut la plus sanglante des batailles livrées jusque-là*라고 말할 수 있는데, 화제에 오른 전쟁이 보어에 포함될 수 있기 때문이다. 그러나 *ce fut la plus sanglante des batailles antérieures*라고 말할 수는 없다.

remarquables,[64] *il me faut quelque chose de très beau*[65]의 예와 같다.

현실에서 가장 높은 정도를 지칭하는 상대최상급(*superlatif relatif*) 외에도, 가능성의 차원에서 가장 높은 정도를 지칭해야 할 경우도 있을 수 있다. 이 경우 최상급에 형용사 ***possible***을 붙이는데, 이 형용사가 명사 앞에 놓이는 경우는 전혀 없다. 즉 *apportez-moi le verre le plus grand possible* (ou *le plus grand verre possible*), *les livres les meilleurs possible* (ou *les meilleurs livres possible*)[66]의 예와 같다.

말할 필요도 없이 명사가 나오건 생략되건 상대최상급은 항상 명사에 관계되는데, 관사는 당연히 명사와 일치한다. 문법학자들은 이 점에서 아주 미묘한 구별을 했는데 용법으로 확정되지는 않았다. 리트레(Littré)는 관사의 일치 여부에 따라 여전히 *les opinions les plus* (ou *le plus*) *généralement suivies*, *les arbres les plus* (ou *le plus*) *exposés à la tempête*, *les parures les plus* (ou *le plus*) *à la mode*, *les nations les plus* (ou *le plus*) *anciennement policées*라는 구별을 하고 있다. 물론 미묘한 차이점이 있을 수는 있지만 이를 나타내고자 한다면 절(la proposition)을 사용하는 것이 가장 좋다. 즉 *on a abattu les arbres qui étaient le plus exposées à la tempête*는, 나무들 사이의 비교라는 개념은 없고 폭풍우에 가장 심하게 드러나 있는 나무라는 의미이다. 그

---

64) 역시 말할 필요도 없지만, *des plus*는 복수형이 가능하다는 것을 함축하고 있으며, 이러한 구문이 부사에는 적합하지 않다. 즉 *travailler des plus attentivement, participer des plus efficacement à quelque chose*는 의미가 없는 표현들이다.

65) 앞의 본문 79쪽을 참조할 것. 그러나 여기에서 구문이 유사하다고 해서 비교급과 상대최상급을 혼동하지 말아야 한다. 즉 비교급으로 *je ne connais rien de plus nouveau, je voudrais quelque chose de plus beau* (ou *de meilleur, quelqu'un de plus intelligent*), *dans cette affaire il y a ceci de plus remarquable encore que...*등이라고 말한다. 그러나 대명사 대신에 지시형용사 *ce*를 사용하고 관계절에 의하여 전치사 *de*와 분리시켜서 *ce que je sais de plus nouveau*라고 말하면, 최상급에 필요한 정관사가 없지만 최상급인 것이다. 여기에서의 의미는 *la chose la plus nouvelle que je sache*이기 때문이다. 또한 *ce que j'ai vu de plus beau, ce qui est arrivé de plus curieux* (ou *de pis*), *ce que j'ai mangé de meilleur*도 역시 마찬가지이다. 비교급과 상대최상급의 차이가 얼마나 작은지 알 수 있다.

66) 이미 살펴본 바와 같이, 이 단어는 이러한 용법에서 불변인데 생략의 결과로 쓰인 것이기 때문이다. 앞의 본문 83쪽 38번 주를 참조하기 바란다. 이 표현과 유사한 것이 격식을 차리지 않을 경우 사용하는 *on ne peut plus*인데, 이는 논리적으로 사람에게만 사용된다. 즉 *elle est on ne peut plus aimable*의 예와 같다.

러나 이것도 역시 아주 미묘하여, 일반적 용법에서는 이러한 구별에 별로 신경을 쓰지 않는다. 특히 등위가 있는 경우 일치를 시키는 것이 자연스럽다. 즉 *les modes les plus ridicules et les plus sottement imaginées*의 예와 같다. 이런 경우 아주 조심성 있는 작가들은 가끔 *le plus sottement*을 사용하나 어감이 아주 나쁘다. 일상적 용법으로는 *c'est une des pièces qui ont été les plus applaudies, c'est celui dont la lecture a été la plus intéressante, c'est à telle date que la mode a été la plus ridicule*이라고 말한다. 이 경우 *le plus*가 보다 논리적이고 우아할 것이다. 그러나 결국 우리는 항상 이러한 예들에서 여러 대상들 사이의 비교라는 것을 감지할 수 있고, 마지막 예의 경우에도 *la plus ridicule des modes*라는 의미라는 것을 알 수 있다. 따라서 문어에서는 아니더라도 구어에서 이러한 구문을 사용하는 것이 정당화된다.[67]

반면에 여러 사물들 간의 비교가 아니라 하나의 사물의 여러 상태 사이의 비교라는 것이 명백한 경우, 최상급에서 명사를 생략하는 것이 불가능하기 때문에 관사를 일치시키지 않는 편이 낫다. 즉 *c'est au moment où vous paraissez être* ***le plus*** *éloignés* (le plus loin과 비교할 것) *de la vérité que vous en êtes parfois* ***le plus*** *rapprochés* (le plus près와 비교할 것)의 예와 같다. 왜냐하면 이 경우 최상급에 생략된 것이 아무 것도 없기 때문이다. 또한 *c'est pendant le mois de mars qu'elle a été* ***le plus*** *malade* (ou *que sa maladie a été* ***le plus*** *dangereuse*)의 경우 더욱 그렇다. 왜냐하면 *la plus malade*는 *la plus malade des femmes*가 되고, *la plus dangereuse*는 *la plus dangereuse des maladies*가 되어서 의미가 모순되기 때문이다. 따라서 순수주의자인 척하지 않더라도 정확하게 말하고자 하는 사람들은, 일치를 시키는 경우가 흔하더라도 불변의 *le plus*를 사용해야 한다고 느끼는 경우도 있는 법이다.

몇몇 성질(qualité)의 경우 정도(degrés)를 논할 수 없기 때문에 비교급이 가능하지 않다.

먼저 구체적으로 한정된 양을 지칭하는 형용사가 있다. 즉 어떤 사물이 *plus,*

---

67) 게다가 *c'est là que la viande est LA meilleure*라고 말할 수밖에 없고, 또한 *la viande la plus mauvaise*도 자연스럽다. 또한 명사를 생략하여 *la mieux faite, la mieux venue, la mieux réussie*라고 말하는 것은 아주 정확하게 말하는 것이다. 그러나 아주 많이 사용되는 *voici la mieux, quelle est la mieux?*라는 표현들은 정확하지 않은데, 경우에 따라서 *la meilleure, la plus belle, la mieux faite*라고 말하는 것이 어렵지 않은 만큼 더욱 더 그렇다.

*moins, assez double*일 수 없고, 또한 사람이 *plus* (ou *très*) *premier,* (ou *second, dernier*)일 수도 없다.[68]

도형을 지칭하는 형용사에도 역시 정도(degrés)의 차이를 표시할 수 없다. 즉 어떤 사물이 *carré*이거나 그렇지 않거나 둘 중 하나이다. 그러나 실제로는 *une cour est plus carrée qu'une autre* 혹은 *une cour est très carrée*라고 말하는데, 이는 *plus* (ou *très*) *voisine du carré parfait*라는 뜻이다. 그러므로 과학적 엄밀성이란 과학에 속하지 일상 언어에 속하지 않는다는 것을 알 수가 있다. 그렇지 않다면 *carré parfait*라는 말도 받아들일 수 없는 용어일 것이다.

절대적 성질을 나타내는 몇몇 형용사가 있다. 이들은 *mortel, immortel, éternel, parfait, divin, excellent, infime, extrême, suprême, immense, infini, universel, impossible, unique* 등이다. 원칙상 이러한 절대적 성질도 역시 정도를 측정할 수 없다. 그러나 절대성이란 가끔 상대적으로 여겨질 수 있고, 이러한 단어들에 대하여 여러 가지 비교급이나 절대 최상급을 사용하는 일이 아주 드물기는 하지만, 반대로 상대최상급을 사용하는 경우는 흔하다. 다만 *parfait*의 경우에만 모든 종류의 정도를 나타낼 수 있는데, 완전함이란 아주 상대적인 것이기 때문이다. 즉 *plus* (ou *moins*) *parfait*는 물론이고 *trop parfait*도 역시 가능하다. 또한 불가능하다고 여겨지는 것과 비교해서 *une autre est plus impossible encore*라고 말하고, 또한 *une chose est plus universellement répandue qu'une autre, si universelle que...*라고도 흔히 말한다. 그러나 특히 프랑스의 훌륭한 작가들조차도 *l'auteur le plus divin, l'erreur la plus universelle, les maux les plus extrêmes, la confiance la plus entière*라는 표현을 사용했다. 이는 절도와 기호의 문제라고 여길 수 있고, 한편 *très excellent, très infime*와 같은 표현은 단지 친숙하게 말할 경우에만 사용할 뿐이다.

---

68) 그러나 *être des tout premiers*라고 말하는데, *les premiers*가 정해진 숫자가 아니기 때문이다. 또한 유사한 이유로 *le tout premier rang*이라고 말하는데, *le premier rang*은 종종 아주 넓은 의미로 쓰이기 때문이다. 또한 *arriver bon premier*라고도 말하는데, 이때는 <premier sans difficulté>라는 의미이다.

제4장 한정형용사와 한정대명사

1. 지시형용사와 지시대명사

지시형용사와 대명사의 남성형과 여성형에 대하여 – *Celui*의 용법

몇몇 형용사들은 어떤 품질을 드러내는 것이 아니라 한정하는 역할을 하는데 여러 가지 명칭으로 불린다. 먼저 지시형용사(**les adjectifs démonstratifs**)가 있는데, 앞에서 살펴 본 것처럼 관사는 이것의 약화된 형태일 따름이다. 따라서 의미가 더 강한 지시형용사와 관사 사이에서 선택을 해야 하게 된다. 즉 ***cet homme remarquable qui...***의 예와 같다.

먼저 지시형용사부터 언급하자. 이것은 일반적으로 형태가 두 개인데, 이 두 형태의 용법이 점차 구별되어서 그 중 하나는 항상 명사에 덧붙여져서 형용사(**adjectifs**)의 성질을 갖게 되고, 다른 하나는 형태가 보다 복잡하고 항상 홀로 쓰여서 대명사(**pronoms**)로 여겨지게 된다.

따라서 형용사로는 ***ce, cet, cette, ces***만 남게 되고, ***celui, celle, ceux, celles***은 대명사로 된다.[1]

---

1) 원래는 전자와 후자가 모두 두 역할을 했다. 그러나 전자는 보다 가까운 것을 지칭했고, 후자가 보다 먼 것을 지칭했다. 이러한 원래의 구별이 다른 것에 그 자리를 양보했다. 우리가 아직도 형용사로서의 *celle*을 발견하는 것은 법조계에서 쓰는 *à celle fin de* (ou *que*)라는 표현에서인데, 아마도 착각하여서 *à seule fin*이라는 표현이 여기에서 유래한 것 같은데 이는 완전히 프랑스적 표현이다. 따라서 지시사를 *ci*와 *là*로 강조하는 것은 예전에 가까운 대상과 먼 대상을 구별하던 것을 나타내기 위해서이다. 반면에 이와 같이 지시사를 강조하는 것은 변함없는 현상이라고 볼 수 있는데, 단순한 형태 자체가 이미 강조된 형태이다. 왜냐하면 이 형태에 이미 라틴어의 단어가 둘 혹은 세 개가 들어 있기 때문이며, *celui-ci*는 *ecce illi hic ecce hic*이라는 다섯 개의 단어를 대신하고 있다.

형용사와 대명사 모두 경우에 따라 장소의 부사 *ci* (*ici*와 같다)와 *là*로 강조된다. 이 부사는 또한 *voici*와 *voilà*에도 나타난다. 그러나 대명사의 경우 이러한 부사들이 직접 붙어서 새로운 대명사 *celui-ci, celle-là*를 만드는 반면에 형용사의 경우 명사가 사이에 낀다. 즉 *ces jours-ci, cette femme-là*의 예와 같다.

원칙상 소사(particule) *ci*는 보다 가까운 대상이나 곧 언급이 될 대상을 지칭하는 데 사용되고, 소사 *là*는 보다 먼 대상이나 방금 언급된 대상을 지칭하는 데 사용된다. 즉 ***ce conte-là** est intéressant, mais écoutez **celui-ci***의 예와 같다. 그러나 이러한 구별은 일상적인 용법에서는 물론이고, 문어에서도 특히 대립을 강조하고자 하는 경우 이외에는 지켜지지 않는다. 아마도 *ci*가 점차 *là*에게 입지를 빼앗기고 있는 듯하다. 많은 사람들은 *là*만을 알고 있고 대립을 나타내는 경우에도 이것을 반복하는데, 이는 모방하지 말아야 한다. 그러나 대립이 없다면 가장 일반적으로 사용하는 것은 *là*이다.[2] 게다가 *ci* 없이 *ce*나 *cet*만으로 뒤따를 것을 알리기에 충분한데, 특히 문장의 두 요소가 일체를 이룰 경우에 그렇다. 즉 *l'affaire présente l'avantage* (ou ***cet** avantage) de, j'ai sur vous **cet** avantage que..., vous me rendrez **cette** justice que..*의 예와 같다.[3]

지적하고 싶은 것은, *là*가 사람과 함께 쓰이면 폄하하거나 경멸하는 의미를 쉽게 가질 수 있다는 것이다. 즉 *là* 없이 *CETTE femme est fort remarquable*이라고 말하기도 하고, *là*를 써서 ***cette** femme-**là** est insupportable*이라고 말한다. 대명사는 형용

그런데 *où sont ces dames?, où sont ces demoiselles?, Si ces messieurs le permettent*와 같은 문장에서 *ces*라는 복수형을 사용하는 의도는 예의를 나타내고자 하기 위함이라는 것을 지적하자. 사실 여기에는 *monsieur, madame, mademoiselle*의 복수형이 사용되고 있는데, 명사 없이 단수형으로 부르는 것은 하인들의 언어이고 *ces*와 함께 쓰인 복수형이 일반사람들이 쓰는 언어라는 차이가 있다. 예전에는 *ces messieurs* 대신에 *messieurs*라고 말하곤 했다.

2) 일상적으로 *voici* 대신에 *voilà*를 사용하고, 몰리에르(Molière)는 이미 이를 빈번하게 사용하고 있다. 부사 *ici*와 *là*의 경우에만 구별이 이루어지는데, 이것이 가장 빈번하게 사용하는 대립이다.

3) 이야기 도중에 *ce jour-là*라고 말하는 것이 흔하다. 그런데 프랑스의 작가들은 전에 어느 것도 언급되지 않았는데도 느닷없이(*ex abrupto*) 이 표현을 사용하고 이상하게도 이를 남용한다. 그것이 과연 어느 날이란 말인가? 문어에서 *l'un..., l'autre...*대신에 *celui-ci..., celui-là*를 사용하는 경우도 많다. 또한 반복을 피하기 위하여 방금 전에 언급된 사람을 지칭하면서 *celui-ci, celle-ci* 등을 사용하기도 한다. 그러나 이러한 용법이 우아한 것인지는 논란의 여지가 있다. 물론 일반적으로 아주 어색한 *ce dernier, cette dernière*보다는 낫지만 이것을 사용하지 않는 것이 더 낫다.

사보다는 한결 더 두드러지게 이러한 성격을 취한다. 즉 *qu'est-ce que* ***celui-là*** *vient faire ici?, qu'est-ce qu'elle nous chante,* ***celle-là*** ?의 예와 같다. 또한 격의 없이 말하는 경우 *je ne m'attendais pas à* ***celle-là***라고 말하는데, 이는 일반적으로 불쾌하거나 경우에 맞지 않는 일, 행동, 말 등을 의미한다.[4)]

지시대명사 *celui, celle, ceux, celles*에 *ci* 혹은 *là*를 붙여 강조하게 된 것은, 부분적으로는 이 대명사들이 약화된 결과이지만 그 역으로 말할 수도 있다. 즉 강조된 대명사를 지나치게 남용하다 보니 단순한 형태가 결국 약화되어 그 용법이 상당히 축소되게 된 것이다.

복합대명사 *celui-ci, celles-là*는 그 자체로 충분하다. 이들은 전혀 어렵지 않게 주어, 직접보어 혹은 간접보어가 되며, 이들이 적어도 문어에서는 아주 널리 그리고 용이하게 사용된다. 물론 그 용법이 가끔은 약간 어색하게 되기는 한다. 단순대명사의 경우에는 전혀 상황이 다르다. 이것이 그 자체만으로 한정하기에 충분히 강하지도 않고 그 자신도 한정될 필요가 있다. 따라서 이 대명사는 단지 다음과 같이 두 구문에서 사용해야 정확하다.

첫째 구문은 앞서 나온 명사를 지칭하는 ***celui*** 뒤에 전치사 ***de*** **(préposition *de*)**와 함께 *한정보어*(*complément déterminatif*)를 함께 쓰는 것이다. 즉 *mes livres et* ***ceux de*** *mon frère, cette opinion est* ***celle de*** *tous les grammairiens, voici le programme d'hier et* ***celui d'****aujourd'hui*의 예와 같다. 또한 비록 좋지는 않지만 동사 원형과 함께, *je n'ai pas le temps d'écrire, mais j'ai celui de parler*라고 말한다.[5)] 그러나 *celui*와 *de* 사이에는 어느 것도 삽입할 수 없다. 즉 *sa ruine amènerait celle immédiate de son frère*는 아주 잘못 말한 것이고, 오히려 *sa ruine amènerait immédiatement* ***celle de*** *son frère*라고 해야 한다.

또한 ***celui***는 관계대명사의 선행사**(antécédent d'un pronom relatif)**로 사용되는데, 관계대명사는 *바로*(*immédiatement*) 따라 나와야 한다. 즉 ***celui qui*** *vient, je pense à*

---

4) 물론 형용사도 같은 방식으로 강조한다. 그러나 관사는 그렇지 않다. 즉 *cette femme-là*의 의미로 *la femme-là*라고 말하는 것은 정확하지 않다. 그러나 격의 없이 말하는 경우 *voyez la femme, là, qui vend des légumes*라고 말할 수 있다.

5) 그렇지만 *tout celui*라고는 말하지 않는다. 그렇지만 가끔 *toute celle*이라고는 말한다.

celle que *j'ai vue*와 같다. 이 경우에 *celui*가 사람을 지칭하면 앞에서 이미 언급된 명사를 반드시 받을 필요는 없다. 즉 ***celui qui*** *rend un service doit l'oublier, occupez-vous de* ***ceux à qui*** *vous avez affaire,* ***dont*** *vous êtes le représentant,* ***pour qui*** *vous avez été désigné, pensez* ***à celle que*** *vous aimez*의 예와 같다.[6)]

예전에는 이와 같이 두 대명사가 바로 인접해 있을 필요는 없었다. 그러나 오늘날에는 단 하나의 단어가 그 사이에 끼기만 해도 *celui*를 *celui-là*로 바꾸어야 한다. 즉 ***celui-là*** *seul qui aura fait...,* ***celui-là*** *même qui était déjà venu*의 예와 같다.[7)]

그러나 지시대명사가 관계절과 분리되는 경우가 하나 있다. 이것은 앞에서 언급된 명사를 지칭하기 보다는 부분관사가 붙은 보어가 이것의 성격을 결정하는 경우이다. 이 경우 전치사 *de*가 나타난다는 사실만으로 대명사가 단순형태를 유지할 수 있다. 즉 ***celle*** *de ses œuvres* ***que*** *je préfère,* ***celles*** *de vous* (***celles*** *d'entre vous*가 더 낫다) ***à qui*** *je m'adresse plus particulièrement*의 예와 같다. 그러나 *celles parmi vous qui*라고 말하는 것은 그렇게 정확하다고 볼 수 없고, *celles qui parmi vous*가 한결 낫다.

이 두 구문만이 *celui*를 사용할 수 있는 올바른 경우이다. 그러나 유감스럽게도 일상 언어에서 상인들의 단순화된 언어를 너무 쉽게 받아들이고 글로 적기도 한다. 이러한 예 중의 하나로 그 기원이 아주 오래된 것은 *celui* 다음에 나오는 *qui*와 동사 *être*를 생략하는 것이다. 특히 과거분사나 보어가 딸린 형용사 앞에서 그렇게 한다.

---

6) 이런 표현을 계속해서 사용할 수도 있다. 즉 *l'avis des gens qui ont vu est important, celui de ceux qui n'ont pas vu est sans intérêt*의 예와 같다. 그러나 이것은 별로 우아하지 못하고, 오히려 *l'avis*나 *des gens*을 반복하는 것이 낫다.

7) 문어에서는 이런 방식을 사용하여 관계절을 도입하기 전에 주절을 마친다. 즉 *celui-là ne sait rien, qui ne sait pas qu'il ne sait rien*의 예와 같다. 이러한 방법은 주절이 관계절보다 훨씬 더 짧을 때 특히 유용하다. 그렇지 않다면 주절을 길게 늘이지 않는 한 문장이 너무나 불균형하게 될 것이다. 즉 *celui qui se croit battu avant d'avoir seulement commencé la bataille est battu* 대신에 *celui-là est battu qui...*라고 말한다. 예전에는 단순히 *celui est battu qui...*라고 말했을 것이다. 한편 *celui-ci*는 관계절이 보어절이 아닌 상황절인 경우에만 *qui* 앞에 놓인다. 즉 *celui-ci, qui n'a rien vu, prétend que...*는 *celui qui n'a rien vu*와는 전혀 다른 것이다. 덧붙이자면, 웅변조의 문체에서 (보어 없이) 절대적으로 쓰인 *celui qui*는 강조의 의미를 갖기가 쉽다. 즉 *Celui qui règne dans les cieux et de qui relèvent tous les empires*의 예와 같다.

Celui qui met un frein à la fureur des flots...

즉 *mettez ces chapeaux à côté de ceux déjà faits, ces observations et celles relatives à*의 예와 같다.[8)]

훌륭한 작가에게서도 가끔 발견하게 되는 이러한 유감스러운 구문이 종종 편리하다는 것을 부정할 수는 없다. 그리고 이 구문이 오늘날 너무나 널리 사용되어서 적어도 구어에서 이를 완전히 추방하기는 어렵다. 그런데 과연 단어들을 이렇게까지 절약해야 하는 것일까? 이러한 구문이 언어의 정수에는 완전히 반하며, 정확하게 말하고자 하는 사람들은 조심스럽게 이를 피한다는 것을 기억해야 한다. 반면에 (명사를 사용하는) 유사한 표현이 별로 길지 않다면, 가장 간단한 방식은 명사를 반복하는 것이다. 특히 단어가 길지 않을 때 반복한다. 즉 *je préfère les ouvrages incomplets aux ouvrages mal faits*라고 말하고 *je préfère les ouvrages incomplets à ceux mal faits*라고 말하지 않아야 한다. 한편 생략보다 더 잘 축약을 할 수 있게 해주는 *de*에 도움을 청할 수도 있다. 즉 *je joins à ma lettre celle écrite par ma mère*와 같은 문장보다는 *je joins à ma lettre* **celle de** *ma mère*라고 말하는 것이 더 쉽지 않은가?[9)]

그런데 *celui* 다음에 *de*가 나온다고 해서, *j'ai dressé la liste de ceux de nos confrères morts cette année*라고 말하는 것도 역시 정확하지 않다. 이 문장에서 *qui sont*을 사용하면 너무 길어진다고 여겨서 *ceux de*를 사용했는데 이 단어 자체가 전혀 불필요하다. 즉 *j'ai dressé la liste de nos confrères morts cette année*라고 하면 뜻이 분명하고 완전히 올바른 문장이기 때문이다.

이 정도에 그친다면 그래도 불행 중 다행이다. 그러나 *celui* 다음에 현재분사를 사용하기도 한다. 이것에 대해서는 변명의 여지가 별로 없는데, 쉽게 고칠 수 있는 실수이기 때문이다. 즉 더 길다고 볼 수 없는 *ceux qui désirent*가 가능한데도 굳이 *ceux désirant*을 사용할 특별한 의미가 있을까? 심지어는 한정을 하고자 하는 모든 경우에 이러한 구문을 사용하기도 한다. 그런데 사실 예를 들어 *la première voiture ne part pas,*

---

8) 이러한 표현과 *celui*와 *qui* 사이에 동격으로서 분사를 삽입하는 표현을 혼동하지 않아야 한다. 즉 *à côté de ceux, déjà faits, qui sont là-bas*의 예와는 다르다. 그러나 *celles parmi vous*가 별로 좋지 않다면 이러한 동격도 역시 훨씬 좋지 않으므로 피하는 것이 좋다. 적어도 글로 적을 때에는 피해야 한다.

9) 보어가 없는 형용사 앞에서는 이러한 문제는 잘 일어나지 않는다. 왜냐하면 많은 경우 관사를 사용하기 때문이다. 즉 *les mauvaises herbes étouffent les bonnes*의 예와 같다.

*prenez celle à gauche*라고 말하는 것은 아주 잘못된 어법이다. 즉 *celle qui est à gauche* 라고 말한다고 한결 더 길어지지도 않고, 굳이 단어를 절약하고자 한다면 역시 짧고도 완전히 정확하고 올바른 어법인 ***celle de** gauche*라는 표현이 있기 때문이다.[10)]

요약하자면 이러한 어색한 표현이 실제로 유용한 경우는 드물고 이를 적게 사용할수록 보다 말을 잘하게 될 것이다. 결국 프랑스어에 대한 감각을 소유한 작가들이라면 머지않아 이것을 인정하게 될 것이다.

이제 *celui*의 용법에 대하여 몇 가지를 더 언급하자. 등위의 경우 둘째 용어 앞에서 *celui*를 생략하는 것은 서로 연결된 사물들이 거의 유사하다고 여겨지는 경우에만 가능하다. 즉 *les monnaies d'Athènes et* (*celles*) *de Rome*의 예와 같다.

필요하지도 않은데 *celui*를 사용하는 것은 피해야 한다. 예를 들어 *la peau du buffle est plus dure que celle du bœuf*라고 말하는 것보다, *avoir*를 사용하여 전혀 모호함이 없는 *le buffle a la peau plus dure que le bœuf*라고 말하는 것이 자연스럽다. 그러니 어색하고 무거운 *le buffle a la peau plus dure que celle du bœuf*라는 문장은 피해야 한다.

*Celui*는 수(nombre)가 다른 명사를 받을 수 있다. 즉 *je préfère à vos tables **celle** que j'ai achetée hier, cette phrase et **celles** qui la suivent*의 예와 같다. 그러나 *celui des matériaux*는 논란의 여지가 있는데, *matériaux*의 경우 단수형이 없기 때문이다.

만일 *celui*가 1인칭 혹은 2인칭 주어의 속사인 경우 관계절의 동사는 3인칭으로 된다. 즉 *vous n'êtes pas celles qui **sont venues** hier*와 같다. 선행사를 바꾸어서 *ce n'est pas vous qui êtes venues hier*라고 말하는 것이 더 나을 것이다.[11)]

그런데 *celui*가 앞에서 언급된 명사를 나타내려면 그 명사와 의미가 완전히 같아야 함은 물론이다. 즉 *étudier la grammaire française dans celle de tel auteur* (*celle*은 학문이 아닌 책을 의미함), *prouver qu'on écoute la raison par celle qu'on donne de sa conduite* (*celle*은 이성이란 능력이 아닌 동기를 의미함) 등의 문장은, 마치 *lames*

---

10) 그런데 *les voyageurs pour Lyon et ceux pour Marseille*는 그런대로 참아줄 만하다. 그러나 *les voyageurs pour Lyon ou pour Marseille*라고 글로 쓸 수는 없단 말인가?

11) 뒤에서 살펴볼 <주어 관계대명사(pronom relatif sujet)> 항목을 참조할 것. 그런데 *je suis celui qui suis*라는 문장에 대해서 말하자면, 이 문장은 문학 혹은 오히려 신학에 속하는 라틴어적 어법이다.

*de couteau*를 *celles de la mer*와 비교하는 격이다. 모든 대명사에 대하여도 이와 같은 언급을 할 수 있는데, 이에 대하여 다시 언급할 기회가 있을 것이다.[12)]

중성 지시대명사 (*ce, ceci, cela, ça*)에 대하여

단순 대명사 *celui*와 *celle*에 대응하는 것이 중성대명사 *ce*이다. 그런데 이것의 구문도 역시 축소되었고 소사 *ci*와 *là*를 붙여서 강조하기도 하는데, 그 결과로 복합 대명사 *ceci*와 *cela*가 생겼다.

Ceci*와 *cela 사이에는 *celui-ci*와 *celui-là* 같은 원칙상의 차이가 있고 이러한 구별은 보다 잘 지켜진다. 즉 *vous ne voulez pas de **cela**? aimez-vous mieux **ceci**? Faites bien attention à **ceci*** (<ce que je vais dire>의 의미임), *je n'ai pas compris **cela*** (<ce qui vient d'être dit>의 의미임)의 예와 같다. 가끔은 전혀 정해지지 않은 어떤 한 물건과 다른 물건을 언급할 때 *ceci*와 *cela*를 사용한다. 즉 *c'était **ceci**, c'était **cela**, discuter sur **ceci** et sur **cela***의 예와 같다.[13)]

그렇지만 *cela*의 용법이 *ceci*보다는 한결 더 광범위하다. 그 이유는 먼저 *ceci*를 사용해야 할 특별한 이유가 없는 한 *cela*를 선호하기 때문이고, 또한 앞으로 언급하거나 해야 할 사물에 대해서보다는 이미 언급되었거나 행한 사물에 대하여 말하는 경우가 보다 빈번하기 때문이다. 예를 들어 *c'est **cela**, c'est bien **cela***는 이미 행해진 것에 대하여 용기를 북돋는 경우에 쓰는 표현이며, *comment **cela***?는 이미 한 말

---

12) 그런데 의미의 차이가 아주 클 때 이러한 어법이 곧바로 말장난으로 이어진다는 것은 쉽게 알 수 있다. 즉 *mettre quelqu'un à la question par celles qu'on lui fait*의 예와 같다. 그런데 옛날부터 전해 내려오는 농담인 *viens de bonne heure, tu feras le mien*은 대명사를 비논리적으로 사용하는 것을 비판하는 아주 훌륭한 예이다. 덧붙이고 싶은 것은, *celui*가 나타내는 단어가 숙어의 일부분을 이루면서 그 본래의 뜻을 잃었을 경우 그 결과는 별로 좋지 않다는 것이다. 즉 *ni à l'égard de vos parents, ni à celui de vos amis*와 같은 표현은 그렇게 좋은 것이 아니다.

13) *Ceci*와 *cela*는 주어로서는 사용되지 않는다. 따라서 *ceci et cela me plaisent*라고 해야 하는지 혹은 *ceci et cela me plaît*라고 해야 하는지를 걱정할 필요가 없는데, 전자는 우스꽝스럽고 후자는 더 이상 사용되지 않는다.

에 의한 놀람을 나타내는 표현이다. 또한 *il s'est fâché contre nous, et **cela** sans motif sérieux*라고도 말한다. 그러나 이미 말하거나 행한 것에 대해서도 *ceci*를 사용하기도 한다. 즉 ***ceci** ne me plaît pas, **ceci** n'est pas juste, **ceci** vient de ce que...*의 예와 같다. 또한 이렇게 해서 직접 연관된다는 것을 강조하기도 한다. 반면에 부분적 의미의 보어를 써서 부연 설명을 하고자 할 경우 *ceci*보다는 *cela*를 선호한다. 즉 *l'affaire a **ceci*** (***cela***를 선호) *de particulier que..., vous avez **cela** de bon que...*의 예와 같다.

격식을 차리지 않고 말하거나 특히 속어에서는 *ceci*와 *cela*를 구별하는 법이 없다. 대중들이 *ceci*를 거의 모를 뿐만 아니라 *cela*를 항상 ***ça***로 줄여 쓰기 때문에 *cela*도 사용하지 않는다. 즉 *faites bien attention à ça*가 대중들로서는 이미 언급된 것이나 혹은 앞으로 언급할 것에 대해 구별하지 않고 쓰는 표현이다. 그리고 *aimez-vous mieux ça ou ça*?라고 말하기도 하는데, 몸짓으로 어느 대상을 가리키는 지가 분명하기 때문이다. 물론 이러한 방식으로 대립을 나타내는 것은 정확한 어법으로는 인정할 수 없다. 그러나 이러한 경우 이외에도 *ça*를 일상적으로 사용하는 것은 널리 퍼져 있어서 적어도 구어에서 그리고 가끔은 문어에서도 이에 대해 비난할 수 없다. 전혀 손댈 수 없는 *ça y est*와 같이 일상적인 표현이 있을 뿐만 아니라, *cela*를 사용하는 일이 드물기 때문에 다음과 같이 말하는 것은 아주 자연스럽다. 즉 *ça se dit, ça ne se dit pas, c'est comme ça, donnez-moi ça, il n'y a pas de mal à ça, il ne manquait plus que ça, à part ça, pas tant que ça, je l'ai vu pas plus haut que ça, pour ça, j'y consens, je ne veux pas de ça, c'est toujours ça de gagné,* (생략이 있는) *pas de ça, c'est toujours ça*의 예와 같다. 오래 전부터 사용하는 *Comment allez-vous*?가 일상적으로는 *Comment ça va-t-il*?이 되거나 보다 간단하게는 *ça va*?라고 하는데, 이는 *allez-vous bien*?의 의미이다. 이에 대한 대답으로 그렇게 좋지는 않다는 의미로 *Comme ça*라고 하거나 이를 강조하여 *comme ci, comme ça* 혹은 *couci couça*라고 한다. 그런데 결코 *comme ceci, comme cela*라고는 하지 않는데, 이는 단지 격식 없이 말할 때 사용하는 언어의 경우 그에 맞는 단어를 사용해야 하기 때문이다.[14)]

---

14) *Avec tout ça* (ou *cela*)는 *malgré tout cela*를 의미하는 경우가 흔하다. 그러나 단순한 *avec ça*는 아주 흥미롭다. 왜냐하면 원래의 의미 이외에도 격식 없이 말하는 경우에 생략이 들어간 의구심과 부정의 관례적 표현이 되어서, 속어에서 생략이 많이 일어나는 것을 설명하기가 어렵듯

남성대명사와 여성대명사에 *là*를 붙여서 경멸의 의미를 나타낸다는 것을 보았다. 이들을 *cela* (*ça*가 낫다)로 바꾸어서 중성대명사로 사람을 지칭하면 이러한 성격이 더 두드러진다. 그러나 언제나 이러한 성격이 강하게 나타나는 것은 아니다. 왜냐하면 광장의 아이들을 보고 *ça joue, ça rit, ça s'amuse*라고 할 수 있는 것은, 이 경우 유명인사가 아니라 단지 어린아이들이라는 것을 지칭하기 때문이다. 그러나 성인에 대하여 이러한 표현을 쓰면 조롱하는 의미를 갖기 쉽다. 예를 들어 한 여성에 대하여 *Regardez-moi ça, on ne sait pas d'où ça sort et ça fait des manières*라고 말한다면 조롱의 의미가 아주 분명히 드러난다. 물론 이 경우 *cela*는 별로 어울리지 않는다.[15]

일반적으로 *ceci*와 *cela*가 *ce*를 대신하므로 *ce*가 점점 쓰이지 않게 되었는데, 이는 *celui-ci*와 *celui-là* 때문에 *celui*가 쓰이지 않게 된 것과 같다. 즉 이들의 관계는 완전히 같다. 따라서 *ce*의 용법은 *celui*의 용법으로 축소되었다. 먼저 *ce*는 *cela*처럼 동사 앞의 주어나 홀로 쓰인 직접보어로 쓰이기 어렵다. 우리가 아직도 사용하는 것은, ***ce** semble, **ce** me semble*같은 별로 사용되지 않는 고전적 표현이나 ***ce** faisant, pour **ce** faire*[16] 같은 별로 우아하지 않은 표현이다. 또한 *cela*와 마찬가지로 관계대명사나 접속사 *que*가 바로 다음에 나오지 않으면 전치사 다음에 *ce*를 더 이상 사용하지 않는다. 따라서 복합접속사 *à ce que, de ce que, parce que, en ce que*가 쓰이지만 옛날처럼 *en cela, pour ce motif* 대신에 *en ce, par ce, pour ce*라고는 말하지 않는다. 그러나 격의 없는 대화에서 *après cela* 대신에 ***sur ce***라는 별로 좋지 않은 표현을 사용하는데, 왜 이것이 살아남았는지 설명하기 어렵다. 혹시 예전에 자주 사용하던 유명한 문장인 *sur ce, je prie Dieu qu'il vous ait en sa sainte garde*를 기억하고 이 *sur ce*를 사

이 설명하기가 무척 어려워지기 때문이다. 이것은 아마도 이미 생략이 포함된 *avec ça que*와 관련이 있고, *et avec ça*와 *et en outre*와는 다르다. 즉 *avec ça que je n'ai personne pour m'aider* (*heureusement que*를 참조할 것)의 예와 같다. 이 표현이 처음에는 냉소적으로 사용되다가 *avec ça*로 축소되었다. 아무튼 *je n'ai personne pour m'aider*라는 말에 냉소적으로 대답하며 *avec ça!*라고 대답한다면, 이것은 나는 네 말에 동의하지 않는다는 의미이다. 그러나 이런 방식은 아주 격식 없이 말하는 어법에 속한다.

15) 물론 *cela* 대신에 쓰인 *ça*는 부사 혹은 감탄사로 쓰이는 *çà*와는 전혀 다르다. 즉 *çà et là, de çà, de là, ah çà, or çà* 등과는 다르다.

16) 적어도 *en ce faisant*이라고 말해서는 안 되고 *en le faisant*이라고 말해야 한다.

용하게 되었는가? 이 표현이 적어도 구어에서만 사용되었으면 좋겠다! 그런데 몇몇 소설가들이 *sur ce*를 끊임없이 글로 적는 것은 웬 괴벽인지 모르겠다. 그렇다고 *sur cela*라는 표현까지 입에 담지는 않는다. 아무튼 아주 프랑스어답고 부족함이 없는 *là-dessus*를 사용하면 좋을 듯하다.[17] 만일 *là-dessus*로 부족하다면 *sur quoi*를 사용하면 되지 않는가! 무음 *e*를 그릇되게도 강조해가면서까지 *sur ce*를 사용해야 할 이유가 과연 무엇일까?

사실 오늘날의 올바른 언어에서는 대명사 *ce*는 *celui*와 마찬가지로 두 개의 구문에서만 사용된다. 그러나 두 단어의 구문이 같은 것은 아니다. 왜냐하면 *ce*는 *celui*와는 달리 *de*에 의해 한정된 보어나 부분관사로 된 보어가 뒤따라 나올 수 없기 때문이다.

가장 빈번한 ***ce***의 용법은 동사 ***être*** 바로 앞에 나오는 것이다. 즉 *ce*가 규칙적으로 함께 쓰일 수 있는 동사는 *être*뿐인데, 이 구문의 용법이 아주 광범위하고 복잡하기 때문에 특별한 항목에서 다룰 것이다.

이 ***ce***의 또 다른 구문은 *celui*와 마찬가지로 **관계대명사 바로 앞의 선행사 (l'antécédent immédiat du pronom relatif)**가 되는 경우이다. 이 경우 *ce*는 주어, 속사, 직접보어 혹은 간접보어가 될 수 있다. 즉 ***ce qui*** *est juste sera fait, il en sera* ***ce que*** *vous voudrez, il sera* ***ce qu'****il a toujours été, voici* ***ce que*** *j'ai vu, je me contente de* ***ce que*** *j'ai* (ou *de* ***ce qui*** *m'appartient*), *je ne vous blâme pas pour* ***ce qui*** *est arrivé* (ou *pour* ***ce que*** *vous avez fait*)의 예와 같다.[18]

이러한 표현은 앞서 언급한 것과 가끔은 뒤에 언급할 것에 대한 동격으로도 사용된다. 즉 *il n'en a rien fait,* ***ce qui*** *est regrettable, et,* ***ce qui*** *est plus regrettable, il a juré qu'il n'en ferait rien*의 예와 같다.

위의 모든 예에서 관계대명사는 주어, 속사 혹은 직접보어로서 *ce qui* 혹은 *ce que*의 형태를 취한다. 그러나 *dont*의 형태를 취하면서 간접보어가 될 수도 있다. 즉 ***ce***

---

17) 역시 *sous cela*라고 말하지 않고 *là-dessous*를 사용하면 된다.

18) 시에서는 사람에 대해서도 *ce que*를 사용할 수 있을 것이다. 고전주의 작가 중 한 사람인 라신느(Racine)는 다음과 같이 말했다.

Epouser *ce qu'*il hait et perdre *ce qu'*il aime.

dont *vous vous préoccupez est sans importance, faites attention à* ***ce dont*** *vous parlez*의 예와 같다. 그러나 벌써 약간의 어색함이 보이는 것을 알 수 있는데, 이러한 용법은 그렇게 널리 퍼지지는 않았다. 또한 자주 사용되고 형태가 단순한 전치사를 사용하여 *ce à quoi, ce en quoi, ce par quoi*라고 말하기도 하는데, 아주 우아하다고는 볼 수 없다. 이러한 경우에 가능하면 관계절을 간접의문문으로 바꾼다. 즉 *je veux savoir ce dont vous parlez*보다는 *je veux savoir de quoi vous parlez*라고 말하는 것이 낫다. 마찬가지로 *ce*를 *à quoi, en quoi, par quoi*로 바꾼다. 따라서 *ce*의 구문은 *celui*보다는 한결 제한되어 있음을 알 수 있다.

또한 *celui qui*와 마찬가지로 *ce qui*에 동격을 덧붙일 수 있다. 즉 *je prendrai tout ce qui, fait avec soin, pourra être accepté*의 예와 같다. 그러나 이러한 표현이 우아하지 않을 뿐만 아니라 *ce qui*가 중성이므로 어떠한 동격도 역시 어울리지 않는다. 따라서 *ce qui seul troublait le silence*나 *ce qui troublait seul le silence*가 별로 좋은 표현 같지는 않다.

반면에 부분을 나타내는 구문이 *celui qui*에는 잘 들어맞지 않는데 중성형인 *ce que*와 *ce qui*에는 완벽하게 사용 가능하고, 여러 동사가 나올 수 있다. 즉 *ce qui est de bon*이라고는 더 이상 말하지 않고 ***ce qu****'il y a* ***de*** *bon*이라고 바꾼다. 또한 ***ce que*** *vous avez* ***de*** *bon* (ou ***de*** *meilleur),* ***ce que*** *j'ai vu* ***de*** *plus beau,* ***ce qui*** *s'est passé* ***de*** *remarquable,* ***d****'assez,* ***de*** *moins,* ***de*** *plus remarquable,* ***ce qui*** *vous reste* ***d****'argent*의 예와 같다.

반면에 *ce qui*와 *ce que*를 비인칭 구문으로 사용할 수 있는 경우와 그렇지 않은 경우를 혼동해서는 안 된다. 즉 *ce qui est juste*와 *ce qui convient*이라고 말할 수 있다고 해서, *ce qui est juste de faire* 혹은 *ce qui convient de faire*라고 말하거나 심지어 글로 적는 사람들도 없지 않다. 이는 완전히 엉터리인데, 여기서 관계대명사는 *faire*의 보어이지 *est*의 보어가 아니기 때문에 ***ce qu****'il est juste de faire*라고 해야 하기 때문이다. 반면에 비인칭 구문을 반드시 쓸 필요가 없을 경우 가급적 다른 표현을 사용한다. 즉 *dites-moi ce qu'il en reste*라고 말하는 것이 좋은 이유는, *ce qui en reste*라고 하면 모음충돌이 일어나기 때문이다. 그러나 *dites-moi ce qu'il vous reste d'argent*라는 문장을 사용할 필요는 없고, *apprenez-moi ce qu'il s'est passé*라고 말하는 것도 아주 잘못된 어법이다.

덧붙이고 싶은 것은, *ce qui*와 *ce que* 다음에 서로 다른 동사가 나오면 이를 거의 언제나 반복해야 한다. 즉 ***ce que*** *tu dis et* ***ce que*** *tu fais,* ***ce que*** *tu dois et* ***ce que*** *tu veux être*의 예와 같다. 그러나 반복 없이 *ce qui a été, est ou sera*라고 말하는 것은 아주 좋다.

*C'est*의 용법과 *Est-ce que*

동사 *être* 앞 (의문문의 경우는 도치됨)에 위치하는 중성대명사(**le pronom neutre**)는 인칭구문의 주어 혹은 속사가 될 수 있다(**peut être personnellemnt sujet ou attribut**). 그런데 아주 소수의 경우에만 실제 주어가 된다. 속사가 형용사인 경우 그것은 분명히 주어이며, 이때 *cela*로 바꿀 수 있다. 그러나 주어이건 속사이건 용법은 같다. 즉 *c'est mon père, c'est dommage, c'est bien, c'est cela, c'est* (ou *c'est là*) *une erreur, c'est ta faute et non la mienne,*[19] *c'est très juste* (ou *cela est juste*)*, c'était juste* (ou *cela était juste*)*, ce fut une erreur, ce sera* (ou *serait*) *justice*, *ce* (ou *cela*) *n'est pas fort beau*[20]의 예와 같다. 또한 *qu'est-ce?, qu'est-ce là?, est-ce une erreur ou une vérité?, était-ce réel ou imaginaire?, que sera-ce demain?*의 예도 있다.

이러한 용법에 다음과 같은 전형적인 프랑스어적 관용어법이 관련된다. 즉 *c'est à faire à lui, c'est à savoir* (종종 *à savoir*나 *savoir*로 축약됨), *c'est à qui arrivera le premier, c'est à mourir de rire, c'est-à-dire*[21]의 예와 같다.

복수명사 앞(**devant un nom pluriel**)에서 동사는 견인(attraction)에 의하여 복수형으로 되기 쉽다. 즉 *ce* ***sont*** (ou *ce* ***sont*** *là*) *des erreurs*가 *c'est des erreurs*보다 더 정

---

19) 그런데 *c'est de ta faute*는 안 된다.

20) 용법이 확장되어서 *c'est pour moi* 대신에 *ce m'est*라고 말하는 경우가 있는데, 속사 구실을 하는 몇몇 단수 추상명사 앞에서 그렇다. 즉 *c'est pour moi une grande joie* 혹은 *ce m'est une grande joie*의 예와 같다. 그러나 이런 표현은 오히려 문어에 속한다.

21) 문어에서는 가끔 이를 분리하여 *c'est donc à dire que, qu'est-ce à dire, est-ce à dire que*라고 하기도 한다.

확하다. 또한 *c'est du vin ou ce sont des fruits, est-ce du vin ou sont-ce des fruits*?라고 말한다. 그러나 *quelles gens sont-ce là* 보다는 *quelles gens* ***est-ce*** *là*라고 말하고, *ce n'****est*** *qu'erreurs et sottises*나 *ce ne* ***sont*** *que festons* 둘 다 가능하다. 가격을 나타내기 위해서는 단지 단수형만을 사용한다. 즉 *c'est trois francs*과 같다.[22)]

대명사 앞에서**(devant un pronom)** *c'est*는 단수 3인칭으로 남아 있다. 즉 *c'est moi, c'est toi, c'est nous, c'est vous, c'est eux, c'est elles*과 같다. 그러나 *ce* ***sont*** *eux*는 몇 세기 전부터 사용되고 있는데 적어도 몇몇 경우에는 아직도 가장 정확한 표현이다. 그러나 사라질 것 같고 단지 다음과 같이 말할 뿐이다. 즉 *c'****est*** *bien eux, ce n'****est*** *pas eux*와 *ce n'****est*** *pas lui, c'****est*** *eux* (ou *c'****est*** *eux et moi*), 또한 ***est****-ce eux,* ***est****-ce bien eux*의 예와 같다. 그러나 아직도 *sont-ce vos enfants*이 *est-ce vos enfants*보다는 더 정확하다고 인정된다. 또한 *c'en est*라고 하고 *c'en sont*이라고는 말하지 않는다.[23)]

두 개의 단수명사 앞에서**(devant deux noms singuliers)** *혹은 두 개의 명사 중 첫째가 단수명사인 경우*(*ou dont le premier est singulier*), 두 개의 대명사 앞에서와 같이 역시 단수로 *c'est*를 사용한다. 즉 *c'est son père et son frère, c'était son père et ses frères, c'est du pain ou des fruits*, (*sont-ce les larmes ou le rire*?와는 다른) *est-ce le rire ou les larmes*?의 예와 같다. 그러나 단수명사 앞에서 복수형을 쓰는 경우가 하나 있는데, 이는 복수명사가 나오고 다음에 이를 열거하는 경우이다. 말하자면 고유한 의미에서 열거라고 볼 수 없는 다음 예에서는 *il y a deux choses qui me manquent : ce sont du vin et des fruits*와 같이 복수형을 사용해서는 안 된다. 그렇지만 *il y a trois genres : ce sont...* 혹은 *il y a quatre pièces de Corneilles qui... : ce sont...*의 경우에는 복수형을 사용한다.

Si ce n'est도 역시 불변이다. 즉 *qui donc mérite la pitié, si ce n'est les orphelins et*

---

22) 반면에 뒤따르는 것이 없을 때 *c'est trois heures*라고 말하지 않고 *il est trois heures* (ou *trois heures et demie*)라고 말한다. 그러나 *c'est aujourd'hui le 24* (mai) 혹은 *nous sommes le 24* (mai)라고 말한다. 또한 *quelle heure est-il*이라고 말하지만, 친숙하게 *quelle heure est-ce*라고 말하기도 하는데 이는 시계소리를 듣고 물어보는 경우에만 완전히 정확한 표현이며 이에 대한 대답은 *c'est trois heures*이다. (이때 *qui sonnent*가 생략된 것이다)

23) 그러나 *c'en est les preuves*라고는 말하지 않지만, *c'en sont les preuves* 앞에서도 역시 주저하게 된다. 따라서 이런 경우 표현을 바꾸어야 한다.

les veuves?의 예와 같다. 그러나 단어들의 본래의 의미를 되찾아 주기 위해 *si ce* ***ne*** *sont* ***pas*** *les orphelins*이라고 말할 수도 있다.

다른 곳에서와 마찬가지로 동사 *être*의 복합형(**les formes composées**)이 사용될 수 있는데 단지 단수형으로만 쓰인다. 즉 *ç'a été* (ou *ç'aurait été*) *une erreur*의 예와 같다. 이러한 형태 앞에서 주저하는 사람들도 있는데 그것은 잘못이고, 속사가 형용사가 아닌 한 *ç'aurait été*는 *ça aurait été*나 *cela aurait été*보다는 항상 낫다. 반면에 *ç'ont été*는 전혀 사용되지 않고 *a-ce été, ont-ce été* 등의 복합 의문형도 역시 사용되지 않는다.

그런데 *ce*가 조동사 *avoir* 앞에서 사용될 수 있는데 수동형에서 조동사 ***être***(**auxiliaire *être***) 앞에서는 더욱 잘 쓰인다. 즉 *c'est fait, quand ce fut fini*의 예와 같다. 그러나 여기에서 어느 정도는 신중해야 하는데 적어도 문제되는 것이 행동이 아니라 상태여야 한다는 것이다. 왜냐하면 *c'est aimé de beaucoup de gens*이라고 말하지 않고 *ceci* (ou *cela*) *est aimé*라고 말하기 때문이다. 또한 몇몇 자동사의 복합시제에서도 사용되어 *c'est arrivé comme je vous l'ai dit*라고 말하는데, 이 경우에는 더욱 신중해야 한다. 친숙하게는 자동사의 수동형을 써서 *c'est tout réfléchi*라고 말하는데, 이는 *mon parti est pris, mon opinion est faite*의 의미이다.

*Ce*가 단지 동사 *être*의 주어만 될 수 있으므로 둘째 동사 앞에서 생략될 수 없다. 즉 *ceci est un accident et ne se renouvellera pas*라고는 흔히 말하지만, *c'est un accident et ne se renouvellera pas*라고는 말할 수 없다. 이 경우 *et cela*나 *qui*를 사용해야 한다.

끝으로 *c'est*는 단언(affirmation)을 의미하며, 일종의 조동사라 할 수 있는 ***devoir***나 ***pouvoir***를 사용하여 이를 완화시킬 수가 있다. 그리고 이 동사들도 변화를 하여 *ce doit* (ou *ce devait être*) *une erreur, ce pouvaient être des erreurs*가 된다. 필요한 경우에는 *ç'a dû être une erreur*라고도 한다. 그러나 *qui doit-ce être?, qui peut-ce être?* 라고는 하지 않고, *qui ce peut-il être?*라고 말한다. 또한 *ce peut être*는 *c'est peut-être*로 바꾸는 것이 편리하다.

앞의 모든 예에서 주어 혹은 속사로 쓰인 *ce*는 자신을 위해 존재하고 그 어느 것도 대신하지 않았다. 그런데 *être*와 함께 쓰인 *ce*의 주요한 기능 중의 하나가 프랑스어에서 별로 일어나지 않는 주어 혹은 속사의 도치를 가능하게 하거나 쉽게 한다는 것이다. 이 경우 *ce*는 이미 언급된 명사나 앞으로 언급할 명사를 대신한다. 동사 *être* 다음에는 명사나 동사가 나오는데, 이들이 실제 속사이거나 속사처럼 여겨진다.

가장 간단한 표현은 대명사 ***ce***가 이미 나타난 명사를 다시 받는 것이다(**le pronom *ce* rappelle un nom déjà exprimé**). 이 명사는 실제 속사이며 가주어이다. 가장 단순한 예로 *l'orgueil était son principal défaut*를 들어 보자. 여기에서는 주어가 한 단어이므로 *était*를 *c'était*로 바꾸지는 않는다. 그러나 주어가 보다 복잡해지면 바꿀 수 있다. 반면에 순서를 바꾸어서 주어를 강조하면 반드시 *son principal défaut, c'était l'orgueil*라고 말하는데 *ce*는 가주어가 된 실제 속사를 대신한다. 오늘날 관계절 앞에 있는 또 다른 *ce*를 받을 때에도 *ce*가 거의 필수적으로 사용된다.

Ce que je sais le mieux, *c'est* mon commencement.

또한 문장 뒤로 보내진 주어가 복수이거나 인칭대명사인 경우에는 더욱 그렇다. 즉 *ce que j'aime le mieux, c'est vous* (ou *ce sont mes enfants*)의 예와 같다. 이는 앞에서 이미 살펴 본 견인에 의한 것이다.[24)]

진주어가 동사 원형인 경우에도 구문은 같다. 즉 *boire était son plus grand défaut*는 *son plus grand défaut était de boire*가 되기보다는 *son plus grand défaut, c'était de boire*가 된다.

문장 뒤로 보내진 주어가 *que*로 시작되는 절이 되기도 한다. 즉 *une chose excellente chez lui, c'est qu'il ne ment jamais*의 예와 같다. 여기에서 *c'est que*는 *c'est parce que*의 의미로 설명을 하기 위한 것이다. 즉 *la raison pour laquelle vous ne comprenez pas* (혹은 보다 단순하게 *si vous ne comprenez pas*), *ce n'est pas que je m'explique mal, c'est que vous n'écoutez pas*의 예와 같다. 또한 *est-ce que*에 의한

---

24) 이러한 견인(attraction)이 너무나 언어의 정수(génie de la langue)에 잘 맞아서 옛날 사람들은 *ce*가 없이도 이렇게 했다. 즉 <Ce que je vous dis là ne *sont* pas des chansons>의 예와 같다. 또한 경우에 따라서는 *vingt mille francs est une forte somme*라고 말했다. 그러나 *ce qui me plaît en vous, c'est moins vos qualités de réserve et de prudence que...*라고 (단수형으로) 말할 것이다. 마찬가지로 *ce* 앞에 복수형이 나와도 *ses deux plus grands défauts, c'est l'avarice et l'orgueil*라고 (단수형으로) 말할 수 있다.

의문문도 여기에서 유래하는데 이에 대해서는 뒤에서 살펴볼 것이다.

동사 원형인 주어가 문두에 나오면 경우에 따라 *c'est*를 사용할 수 있는데 속사가 명사인 경우 그렇다. 속사가 또 다른 동사 원형인 경우 항상 *c'est*를 사용한다.[25] 즉 *se conduire ainsi, c'est* (ou *est*) *pure ingratitude* (ou *c'est montrer beaucoup d'ingratitude*)의 예와 같다.[26]

그렇지만 두 개의 동사 원형을 연결하는 절이 부정으로 되어 있으면 *ce*를 생략한다. 즉 *partir, c'est mourir un peu*이지만, *souffler n'est pas jouer*, *plaisanter n'est pas répondre*이다. 그렇다고 반드시 생략을 해야 하는 것은 아니다.

대명사 *ce*가 문두에 놓이면(quand le pronom *ce* est placé en tête **de la phrase)**, 이미 앞에 나온 단어를 다시 받는 대신에 뒤에 나올 주어를 미리 알려준다**(il annonce le sujet qui ne viendra qu'ensuite)**. 이때 *que*를 덧붙여야 하기 때문에 구문이 보다 복잡해진다. 다음 문장 *l'avarice est un grand défaut*를 보자. 만약에 문장을 도치시켜 속사를 문두에 놓으면 *c'**est** un grand défaut que l'avarice*가 된다.[27] 또한 견인에 의하여 *ce sont de grands défauts que l'avarice et l'orgueil*, *ce furent* (*c'étaient*는 가능하나 *ç'ont été*는 불가능함) *de grands rois que Henri IV et Louis XIV*의 예와 같다.

마찬가지로 *croire que les choses se sont passées ainsi est* (ou *c'est*) *une erreur*의 순서를 바꾸어 보자. 먼저 동사 원형 앞에 전치사 *de*를 넣어야 하는데 몇몇 경우에는 이것으로 충분하다. 즉 *c'est une erreur **de** croire que...*와 같다. 그러나 *de*를 덧붙인다고 일반적인 *que*를 덧붙이지 말란 법은 없다. 심지어 다른 *que*가 나오더라도 마찬가지이다. 즉 ***c'est** une étrange erreur **que de** s'imaginer que les hommes sont naturellement bon*과 같다.[28] 그러나 *c'est une bonne affaire que de..., c'en est une*

---

25) 속사가 형용사인 경우는 드물다. 왜냐하면 *mentir est honteux*라고는 말하지 않기 때문이다.

26) 그렇지만 성질이 서로 다른 속사 두 개를 등위시키지 않도록 조심해야 한다. 즉 *agir ainsi, ce serait ingratitude et avouer que...*라고는 말하지 않고 반드시 *agir ainsi, ce serait montrer beaucoup d'ingratitude et avouer que...*라고 말해야 한다.

27) 여기에서 *que*는 *qu'est*이다. 즉 *ce* [*qu'*(est) *l'avarice*] *est un grand défaut*이다. 이 *que*는 따라서 속사이며, *ce*는 문법적 주어이다

28) 이를 *l'erreur qu'est de s'imaginer... est une étrange erreur*라고 이해하라. 이 문장은 *que*가 여기에서 얼마나 자연스러운지를 잘 보여주고 있는데, 사실 옛날 사람들은 *de*보다는 *que*만을 사용

*meilleure de...*라고 말하기도 한다.

실제 속사가 양의 부사인 경우에도 구문은 같은데, 이러한 부사에도 역시 *il*을 사용하지 않고 *ce*를 사용하기 때문이다. 즉 *c'est peu, c'est assez, trop, beaucoup, ce ne sera pas trop, de* (ou *que de*) *vouloir, d'aimer* (ou *que d'aimer*)의 예와 같다. 그러나 여기에서 *que* 없이 *de*만 쓰는 것을 선호한다. 또한 *c'est* 다음에 관사 없는 단어가 나오는 표현에서는 *de*만을 사용하는 것이 일반적 용법이다. 즉 *c'est bien dommage de laisser perdre toute cette marchandise, c'était merveille de voir comme il répondait*의 예와 같다.[29)]

그런데 *ce* 다음에 나오는 주어가 *que*로 시작되는 절인 경우, *que*를 두 번 사용할 수 없음은 물론이다. 즉 *c'est une nécessité absolue que chacun soit prêt, c'est dommage, c'est merveille que...*의 예와 같다.

지금까지 속사는 명사, 동사, 부사였는데, 동사 원형의 속사가 형용사가 되면 일반적으로 도치에 의하여 형용사를 문두에 놓는다. 그런데 **속사가 형용사인 경우 (si l'attribut est un adjectif)** 뒤따르는 동사를 지칭하는 것은 *ce*가 아니다. 즉 주어가 *il*인 비인칭구문을 사용하고 뒤따르는 부정법 앞에는 *que* 없이 *de*를 사용하여, *il convient*이나 *il importe*와 같이 한다. 말하자면, *mentir est honteux*라고는 거의 말하지 않으므로 이를 ***il est*** *honteux de mentir*라고 바꾼다.[30)] 이러한 *il*의 용법은, 아마도 추상적이고 일반적인 것을 나타내는 형식에 이런 구문을 사용하는 것이 가장 흔하다는 사실과 관계되는 것 같다. 따라서 아주 특별한 경우에 쓰이는 지시 대명사는 어울리지 않는다. 즉 ***il est*** *bon, avantageux, utile, plus utile, très utile* ***de*** *faire,* ***de*** *dire,* ***de*** *savoir* 등의 예와 같다. 그러나 ***il était*** *naturel d'en venir là*라고도 말한다. 이러

하는 경우가 많았다.

29) 이와 같이 *c'est à vous de parler* (ou *de jouer*)라고 말하며 이는 일상적 용법에서는 아주 자주 *c'est à vous à parler* (ou *à jouer*)가 되는데, 의미적인 차이는 전혀 없다. 여기에서 표현을 혼동해서 사용한다는 것을 알 수 있는데, 이러한 혼동이 너무나 일반적이어서 비난할 수 없으나 *à*보다는 *de*가 한결 더 정확하다.

30) 여기에서 속사 *que*가 전혀 어떤 역할을 하지 않음을 알 수 있고, 아마도 *il est honteux de mentir*의 구문이 *c'est une erreur que croire* (ou *que de croire*)에 영향을 미쳐서 *c'est une erreur de croire*라고 말할 수 있게 한 것 같다.

한 구문이 주어가 *que*로 시작되는 절의 경우에까지 확장되었다. 즉 ***il est*** (ou *il sera*) *bon* ***que*** *vous sachiez,* ***il est*** *remarquable* ***que*** *vous ayez pu...,* ***il*** *est possible* (ou *est-****il*** *possible*) *qu'il le fasse,* ***il est*** *vrai* ***que*** *je n'en sais rien*의 예와 같다.[31)]

이 모든 경우에 *ce*는 거의 사용되지 않는다. 그러나 예를 들어 속사에 *chose*라는 단어가 붙어서 속사의 성질이 바뀌면 *ce*가 다시 쓰이고 동사 원형 앞에도 *que*가 다시 나타난다. 즉 ***c'est*** *chose fort utile de savoir*보다는 ***c'est*** *chose fort utile* ***que de*** *savoir...*가 더 낫다. 또한 ***c'est*** *chose étrange* ***que*** *vous ayez pu....*라고 한다.

그렇다고 속사가 반드시 명사가 될 필요는 없다. 다소간 일반적이며 추상적인 표현이 아니라 특별한 사실을 대할 때 형용사 앞에서도 *ce*를 사용하기 쉽다. 이는 먼저 삽입구에서 보이는데, *ce*는 진주어가 되어서 앞으로 말할 것을 알리기보다는 방금 전에 언급한 것을 상기시킨다. 즉 *il est exact que je n'en sais rien*은 *je n'en sais rien, c'est exact* (ou *cela est exact*)가 된다. 그런데 *vrai*의 경우에만 예외이고 선택이 가능하다. 즉 ***il est*** *vrai que je n'en sais rien*이 *je n'en sais rien,* ***il est*** *vrai*가 되거나 오히려 *je n'en sais rien,* ***c'est vrai*** (ou *cela est vrai*)가 된다. 또한 대답으로 ***c'est*** *juste,* ***c'est*** *faux,* ***c'est*** *possible,* ***c'est*** *bien possible*이라고 말한다. 그리고 ***est-ce*** *possible?*의 경우 ***est-il*** *possible?*도 가능하다. 이렇게 형용사를 따로 취급하는 것과는 달리, 특별한 경우에 사용하는 친숙한 표현들이 많이 있다. 이 경우 문법학자들이 무슨 말을 하든지 *il*은 불가능하고 *ce*가 자연스럽고 경우에 따라서는 반드시 사용되어야 한다. 일반적인 의미로 ***il est utile*** *de savoir l'histoire*라고 말하지만, 어느 주어진 상황에서 어떤 사람이 역사를 안다는 것의 이점을 말했다면 ***c'est utile,*** *c'est bien utile de savoir l'histoire*라고 말하는 것이 옳다. 이보다는 더 특별한 경우에도 ***il est vrai*** *qu'il fait bien chaud pour sortir*라고 말하지만, 이미 온도에 대한 언급이 있었다면 그 의견을 지지하며 ***c'est vrai****, c'est tout de même vrai qu'il fait chaud*라고 말할 것이다. 또한 밤에 산보를 하는 경우 ***c'est*** *amusant de se promener la nuit*라고 말하는 것은 당연한데, *il est amusant*이라고 하면 실제로는 말하는 순간에 느끼는 기쁨을 확인하는

---

31) 그런데 *dommage*가 명사이므로 *il est dommage*라고는 말하지 않고, *il est tard, il est bien tôt, il n'est jamais trop tard pour bien faire*라고는 말한다. 반면에 *il n'est pas trop de l'accord de tout le monde pour...*라고는 말할 수 없다.

것이므로 어울리지 않게 이 문장을 일반적이며 추상적인 것으로 만들어서 잘난 척하는 것이 될 것이다. 또한 *c'est bien aimable à vous de...*라고 말한다. 끝으로 *bon*의 의미가 일반적이며 추상적인 표현인 ***il est bon** de boire du bon vin*과 마시는 순간의 특별한 기쁨을 암시하는 ***c'est bon**, c'est bien bon de boire du bon vin*은 서로 다르다.

관계절 앞의 ***c'est*** **(*c'est* devant une proposition relative)**를 살펴 보자. 사실 지금까지 우리가 살펴본 모든 문장에서는 *ce*는 절(proposition)에 덧붙어서 이미 언급되었거나 언급될 주어나 속사에 관심을 집중시키고 절은 적어도 외양상으로는 홀로 떨어져 있었다. 그러나 동사 *être*와 함께 쓰인 *ce*의 이러한 용법이 분명히 절을 반복하는 효과가 있는 경우가 있다. 즉 *j'ai fait cela, nous n'avons pas fait cela*라는 문장에서, 가능한 다른 주어들과(*d'autres sujets*) 실제 주어를 대립시키기를(**opposer le sujet**) 원한다면 ***c'est moi qui** ai fait cela, **ce n'est pas nous qui** avons fait cela*로 바꾼다.[32)] 또한 ***c'est eux*** (ou ***ce sont eux, ce sont** ses frères*) ***qui** ont fait cela, **c'est tous** les deux **qui** sont venus, **ce n'est pas** eux **qui** sont partis, **c'est** ceux-là **qui** viendront*이라고 한다.[33)] 주절이 *c'est*와 강조된 말로 줄어들고, 생각의 핵심은 문법적으로 관계절에 이차적으로 표현됨을 알 수 있다. 반면에 관계절은 생략될 수도 있다. 즉 *c'est moi, est-ce lui*?의 예와 같다.

이러한 종류의 문장에서 대명사 *ce*는 여기에서처럼 주어를 강조하거나 혹은 모든 종류의 보어를 강조한다. 또한 드물기는 하지만 *c'est roi qu'il veut* (ou *voulait*) *être, et non prince*처럼 속사를 강조하기도 한다.

직접보어(**complément direct**)를 강조할 때는 주어의 경우와 같이 전혀 문제가 없다. 즉 ***c'est cela*** (ou ***ce n'est pas cela***) ***que** nous avons fait, **c'est** lui* (ou *ce **n'est** pas eux*) ***que** j'ai vus,*[34)] ***est-ce** elle **que** j'ai vue*? ***ce sont** les dieux **que** j'en accuse, **c'est** trois francs **que** vous me devez, **c'est** ceux-là **que** je préfère, **c'est** la sagesse et*

32) 동사의 일치에 대해서는 <주어 관계대명사(*pronom relatif sujet*)> 항목을 참조할 것.

33) 그런데 *c'est trois heures qui sonnent*라고 말하지만, *ce sont trois heures* (ou *trois ans*) *qui compteront dans ma vie*라고 말한다.

34) 주어가 관계되는 경우 *ce sont eux qui sont venus*라고 말하지만, *ce sont eux que j'ai vus*라고는 잘 말하지 않는다. 물론 *c'est trois heures que j'entends, ce sont trois heures que je n'oublierai pas*라고 말하는 것은 자연스럽다.

la modération **que** *j'admire en lui*의 예와 같다.

간접보어(**complément indirect**)의 경우, *c'est vous à* ***qui*** *je parle, ce sont vos frères* ***pour qui*** *j'ai travaillé, est-ce lui* ***devant qui*** *le fait s'est passé*?라고 말하는 것이 논리적일 것이다.[35] 그러나 가끔 작가들에게서 발견되는 이러한 표현은 점점 사라지고, 전치사는 마치 강조된 보어에 당연히 속하듯이 보어에 가서 붙는다.[36] 동시에 *c'est*는 불변이 되어 그 어떤 것과도 일치하지 않는다. 그러나 한동안은 전치사를 이중으로 허용하여 명사와 (관계)대명사 각각에 나타났다. 적어도 몇몇 전치사에 대해서 이와 같이 하였는데 특히 *à*가 그렇다.

C'est *à vous*, mon esprit, *à qui* je veux parler.

이는 중복법(pléonasme)이다. 전치사를 하나만 사용하려면 관계대명사를 *que*로 만드는데, 아마도 직접보어 구문의 영향 때문인 듯하다. 즉 *c'est vous que, c'est à vous que*의 예와 같다. 문법학자들은 이러한 중복법에 반대하여 이를 버리고 결국 *que*를 쓰는 구문을 어디에서나 사용한다. 그런데 이 구문을 설명하기는 어렵다. 즉 ***c'est*** *à vous* ***que*** *je parle,* ***ce n'est pas*** *pour votre frère* ***que*** *j'ai travaillé,* ***est-ce*** *devant votre père* ***que*** *le fait s'est passé*? ***c'est*** *de cela* ***que*** *j'ai peur*의 예와 같다. 그러나 관계절의 위치가 바뀌면 중복법이 다시 나타나고 절이 너무나 짧지 않다면 중복법을 써야 하기도 하다. 따라서 *c'est de votre faiblesse que j'ai peur*가 *ce dont j'ai peur, c'est votre faiblesse*가 된다. 또한 *ce dont j'ai peur, c'est de votre faiblesse*가 되기도 한다. 그러나 다음 문장 *ce dont on a peine à se faire une idée, c'est de ce qui s'est passé le lendemain*은 거의 필연적으로 이렇게 말해야 한다.[37]

---

35) 이것이 원래 동사가 아직도 진주어와 일치하던 때에 하던 방법이다. 즉 *ce suis-je à qui, c'êtes vous pour qui*의 예와 같다.

36) 아직도 가끔 *c'est cela dont j'ai peur*라고 말하기는 한다.

37) 또한 *c'est par votre faute que...*라고 말하기도 하지만 *c'est votre faute si...*라고 말하는 것이 더 낫다. (*c'est de votre faute*는 안 된다.) 그런데 관계절이 보어절이 아닌 경우, 관계절은 그대로 변하지 않음은 물론이다. 즉 *celui-ci, c'est votre frère, pour qui j'ai déjà travaillé*의 예와 같다. 대중들은 *de*나 *à*로 이루어진 간접보어를 직접보어로 잘 바꾼다는 사실을 덧붙이자. 이는 아마도

관계부사 *où*도 관계대명사와 마찬가지로 *que*에 자리를 양보했다. 즉 *c'est Paris où je vais,* (ou *d'où je viens*)이 먼저 ***c'est** à Paris où je vais*가 되었다가 결국에는 ***c'est** à Paris **que** je vais, **c'est** de Paris **que** je viens*이 되었다. 마찬가지로 유추에 의하여 ***c'est ici que** je demeure, **c'est là que** je vais*가 되었다. (*c'est ici où je demeure, c'est là où je vais*가 아니다) 또한 ***c'est par ici que** je passe, **est-ce par là qu**'il faut passer?*이다. 그러나 아직도 *c'est là que je l'attends*과는 별도로 *c'est où je l'attends*이라고 말할 수 있다.

덧붙이고 싶은 것은, 그 어떤 상황보어도 *c'est*를 사용하여 다른 것과 대립시킬 수 있는데, 조건은 이 상황보어가 지나치게 길면 안 된다는 것이다. 즉 ***c'est** demain **qu**'il viendra, **est-ce** ainsi **que** les choses se sont passées?, **c'est** méthodiquement* (ou *avec méthode) **qu**'il faut étudier, **c'est** bien malgré moi **que** je l'ai fait*의 예와 같다. 이 표현들은 바로 *c'est un vilain défaut que l'avarice*를 상기시키는데, 역시 설명하기는 어렵다. 심지어 *c'est*와 *que* 사이에 절 전체를 삽입할 수도 있다. 즉 ***c'est** parce que vous n'écoutez pas **que** vous ne comprenez pas*의 예와 같다.[38)]

끝으로 *ce doit être, ce peut être* 등의 형태도 역시 사용된다는 것을 덧붙이자. 즉 *ce ne peut pas être lui qui a fait cela, ce doit être ainsi que les choses se sont passées*의 예와 같다.

이 모든 문장들에서 *qui*나 *que*로 시작되는 절의 시제가 무엇이든지 *c'est*는 현재형으로 남아 있는데 이는 완전히 논리적이다. 즉 ***c'est** pour vous **que** j'ai travaillé*의 의미는, 현재의 당신이 바로 아직도 전에 내가 당신을 위해서 일한 바로 그 사람이라는 의미이다. 즉 *vous êtes celui pour qui j'ai travaillé*라는 의미이다. 그러나 일종의 시제의 견인에 의하여 *c'était* (**ou** *était-ce) pour vous que je travaillais, ce sera lui qui viendra*라고 말한다. 그러나 반드시 그래야 할 필요는 없다.[39)] 그렇지만 ***ce fut** le*

동사를 혼동해서 그런 것 같다. 즉 *c'est ça que j'ai peur* (ou *que j'ai besoin*), *c'est ça qu'il faut faire attention*의 예와 같다.

38) 우리는 앞에서, 즉 본문 115쪽에서 이미 살펴보았는데, 설명이 나중에 나오는 경우 *c'est parce que*가 일반적으로 *c'est que*로 축약된다는 것이다. 그런데 여기에서는 불가능하다.

39) 물론 몇몇 조건절은 예외이다. 즉 *si c'était moi qui avais* (ou *qui eusse*) *fait cela*의 예와 같은 조건절은 예외이다.

serpent ***qui*** *creva*처럼 단순과거가 주어 앞에 나오는 경우는 정확하지만, 이러한 구문이 현재형인 *c'est*를 사용하는 것만큼 정확하다고도 볼 수 없다. 따라서 ***c'est*** *pour vous que je travaillais,* ***c'est*** *lui qui viendra*라고 말하는 것이 낫다. 위의 경우 복수형 앞에서 동사를 단수로 남겨놓아서는 안 된다는 사실을 덧붙이자. 즉 *ce* ***furent*** *les Romains qui...*라고 하고 *ce fut les Romains qui...*라고는 하지 않는다. 게다가 단순시제의 경우에만 *c'est*의 이러한 단복수 변화가 가능하므로 용법이 아주 축소되어 있다. 즉 *ç'a été lui qui est venu*라고는 결코 말하지 않는다.[40] 단순시제의 경우에도 의문을 표시할 때 *furent-ce*는 물론이고 *seront-ce*처럼 복수형을 사용하지 않는다. 또한 *sera-ce vos parents qui vous aideront*?이라고는 말하지 않고 *sont-ce* (ou *est-ce*) *vos frères qui viendront*?식으로 말한다. 게다가 우리는 언제라도 *est-ce que ce furent* 혹은 *est-ce que ce seront*이라고 말할 수 있다. 이에 대해서 살펴보자.[41]

그런데 ***est-ce que***를 붙여 의문문을 만드는 것이 이 *c'est*의 구문과 직접적인 관련이 있다. 이것이 가끔 외국인들에게는 아주 이상하게 여겨지는데 그럴만한 이유가 있다.

프랑스어에는 원래 의문문을 표시하는 소사(particule)가 없고 주어와 동사를 도치시켜서 의문을 표시했는데, 이것이 아직도 진정한 올바른 형태라 할 수 있다. 그러나 도치는 일반적으로 프랑스어에서 선호되지 않는데, 적어도 명사를 도치시킬 때 그렇다. 그 결과 의문문의 고전적 형태에서도 명사 주어는 제 자리에 있고 가주어가 동사 뒤에서 그것을 대신한다. 즉 *votre frère est-il venu*?라고 하고 *est votre frère venu*?라고는 하지 않는다.[42] 이와 같이 도치를 완화시키는 방식이 일상어, 격의 없는 언어, 특히 속어의 경우 충분하지 않았다. 따라서 도치 중에서 가장 간단한 것, 즉 도치의 외양을 가장 덜 갖는 *est-ce*를 택해서 여기에 의문이 걸린다는 개념과 함께 *que*를 덧붙여서 일종의 의문소사(particule interrogative)를 만들게 되었다. 이것이 모든 종류의 의문문에 사용되면서 다른 모든 도치가 사라지게 되었다.

---

40) 기껏해야 *si ç'avait été* (ou *si ç'eût été*) *lui qui eût fait cela*라고 말할 수 있을 텐데, 이는 받아들이기 어렵고 *si c'était*가 한결 낫다.

41) 우리는 다른 곳에서 *fût-ce*라는 조건법의 용법에 대해서 보게 될 것인데, 이것의 의미는 *lors même que ce serait*이다.

42) 프랑스어에서는 아직도 주어가 도치되는 많은 예를 보여주는데 이때 도치되는 것은 항상 대명사이다. 뒤의 <주어 인칭대명사(*pronom personnel sujet*)> 항목을 참조할 것.

*Est-ce que*는 사실 *c'est que*의 도치이다. 하지만 *c'est que*가 반드시 설명을 요구하는 표현이라면, *est-ce que*는 원래는 같은 목적이었겠지만 한결 더 일반적인 의미를 갖게 되었다. 즉 *ceci est-il vrai, ceci existe-t-il, à savoir que...*의 의미이고, 항상 현재형으로 쓰인다. 이와 같이 *est-il parti?*와 *votre frère viendra-t-il?*의 의문문은 *est-ce qu'il est parti?*와 *est-ce que votre frère viendra?, est-ce qu'il viendra, votre frère?*가 되었다. 그 결과 사실상 하나의 절이 아니라 두 개의 절이 생기는 셈이다.

이러한 의문문의 형태는 아주 정확하다. 그러나 문어에서는 적어도 말하는 사람이 자기 자신에 대하여 말할 때 별로 모양이 좋지 않다. 구어에서도 이 형태를 반드시 사용해야 하는 것이 아니고 도치하는 것이 분명히 더 우아하다.

반면에 구어에서는 이러한 의문문의 형태를 이상하게 남용한다. 문두에 놓여서 *est-ce que*를 허용하지 않을 것처럼 보이는 의문사에게도 이를 사용한다. 즉 *où va-t-il, qu'y a-t-il, pourquoi viens-tu*가 *où est-ce qu'il va?, qu'est-ce qu'il y a?, pourquoi est-ce que tu viens?*이 된다. 전혀 도치가 없는 *qui est là?*도 *qui est-ce qui est là?*가 되는데 이때 *qui est*가 두 번 나온다.[43] 더 나아가서 구어에서는 실제로는 *c'est*의 형태로 반복되지만 정상적인 의문이라면 이미 *est-ce*를 포함한다고 볼 수 있는 경우에도 *est-ce que*를 사용한다. 즉 *est-ce moi, est-ce ainsi qu'on répond*은 *est-ce que c'est moi?, est-ce que c'est ainsi qu'on répond?*이 된다. 가장 정확한 언어에서조차 *qu'est-ce*나 *qu'était-ce*를 꺼리는데, 이는 *qu'est-ce que c'est?*나 *qu'est-ce que c'était?*가 된다.

끝으로 극단적인 경우 어떤 특별한 대상을 지칭하기 위하여 *qu'est ceci?*나 *qu'est*

---

43) 이것이 민중들에게 고유한 어법도 아니다. 왜냐하면 민중들은 의문사 뒤에서 *est-ce*라는 도치를 받아들이지도 않기 때문이다. 그렇지만 민중들은 표현을 달리한다. 민중들은 *où va-t-il*이나 *où est-ce qu'il va*라고 말하지 않고 *où c'est qu'il va*라고 말한다. 그들이 가장 정확하게 말할 때 들어보니, 이것이 가장 빈번하게는 *où c'qu'il va*나 *où qu'il va*로 줄어 들었다. 더욱이 의문사와 어조만을 사용하여 도치를 시키지 않고, 그들은 *où il va?*라고 말하기도 한다. 또한 민중들은 기껏해야 다음과 같이 말한다. 즉 *quoi c'est qu'y a* (*quoi qu'y a*로 축약됨), *pourquoi c'est que tu viens* (*pourquoi c'que tu viens*이나 *pourquoi que tu viens*으로 축약됨), *qui c'est qui est là* (*qui qui est là*나 *qui qu'est là*로 축약됨)의 예와 같다. 따라서 *qui est-ce qui est là*는, 보통 사람들이 생각하듯이 전혀 민중들의 어법도 아니고 민중들의 어법에서 유래하지도 않았으며, 그렇다고 해서 더 나은 표현도 아닌 것이다.

cela?라고는 더 이상 말할 수 없다.[44] 따라서 적어도 *qu'est-ce que cela*?라고 말해야 하는데, 구어에서는 이에 만족하지 않고 *qu'est-ce que c'est que ça*라고 말한다. 이 표현에는 *que*가 세 번, *ce*가 두 번, *est*가 두 번 나오는데, 이러한 표현이 외국인들의 웃음을 자아내는 것은 당연하다.[45]

지시사 *même*와 *tel*

Même는 지시 형용사로서, 많은 품질형용사와 같이 어떤 때에는 관사와 명사 사이에 끼고, 어떤 때에는 명사 뒤에 나오는데, 두 경우의 의미가 전혀 다르다. 프랑스어가 아닌 다른 언어들에서는 이를 서로 다른 단어로 표현한다.

관사 뒤에 그리고 명사 앞(**devant le nom**)에 위치하면 *même*는 유사함(**similitude**)이나 동일함(**identité**)을 나타낸다(라틴어의 *idem*이다). 그리고 명사 뒤에 비교의 대상이 있을 때 *que*를 사용하는데, 비교의 대상은 종종 생략된다. 즉 *le même air* (가끔 *ce même air, un même air, ton* (ou *son*) *même air*를 사용), *donnez-moi du même vin, vous avez fait les mêmes efforts que moi, sans arriver aux mêmes résultats*의 예와 같다.

그런데 *que*에 의한 비교가 분명히 나와 있는 경우에도 일반적으로 생략이 관여한다(même quand il y a comparaison expresse, au moyen de *que*, il y a encore généralement ellipse). 즉 *les mêmes efforts que moi*는 관계대명사 *que*가 쓰인 *ce sont les mêmes efforts que j'ai faits*의 뜻이다. 또한 *vous avez fait aujourd'hui le même effort que j'ai fait hier, je suis allé aujourd'hui au même endroit où vous étiez hier*라고 말할 수 있고, 이렇게 해서 동일함을 더 잘 나타낼 수 있다. 그러나 이러한 표현은 더 이상 그렇

---

44) *Qu'est-ce là*도 역시 순수한 문학적 표현이라고 보아야 한다. 그런데 이것은 *c'est là*에 대응하는 것이다.

45) 문자 그대로 풀어 보면 *quoi est, ce que est, ce que cela* (*est*)이다. 즉 하나의 절을 세 개의 절로 나눈 것이다. 위고(V. Hugo)와 로스탕(E. Rostand)이 이것을 가지고 알렉상드랭(12 음절 시구)의 반구(hémistiche)를 만들기도 했는데, 분명한 것은 어떤 리듬의 효과가 전혀 없음을 알 수 있다. 민중들은 적어도 *ce*를 생략하여 이 표현을 *kexexa*라고 축약한다.

게 잘 사용되지는 않는다.[46)]

반면에 명사는 생략되고 관사만 *même* 곁에 남을 수 있다. 즉 *elle est toujours la même* (*la même femme*의 의미)의 예와 같다. 또한 중성으로 *cela revient au même* (*à la même chose*의 의미)라고 말한다. 그런데 *de* 다음에 일반적으로 관사를 생략한다. 즉 *ces fleurs sont de même espèce*의 예와 같다.[47)]

명사 뒤에(**après le nom**) 위치한 *même* (라틴어의 *ipse*)에는 비교라는 개념은 전혀 없고 ***exactement***이나 ***précisément***의 의미이다. 즉 이미 언급한 것을 강조하는데 이 때의 기능은 부사와 유사하다.[48)] 즉 *le style est l'homme même, les dieux mêmes l'ont voulu, c'était la vertu même*의 예와 같다. 그런데 *la vertu même*는 말하자면 의인화된 미덕, 달리 말하면 가능한 가장 지고한 미덕을 의미한다.[49)]

다른 지시사 다음에도 *même*가 올 수 있다. 즉 *celui-là même, c'est cela même*의 예와 같다. 또한 인칭대명사 다음에도 오는데 일반적으로 명사 주어 혹은 명사 보어의

46) 오늘날에는 *j'ai la même maladie que mon frère* 대신에 *j'ai la même maladie de mon frère*라고 더 이상 말하지는 않는다.

47) 예전에 문법학자들이 관사가 있는 *même*와 관사가 없는 *même*를 구별했는데, 이것이 올바르지 않다는 것을 알 수 있다. 왜냐하면 *de*가 없더라도 문어와 특히 시에서는 관사가 생략되는 일이 흔하기 때문이다. 즉 *Même soin me regarde, nous avions mêmes goûts* 등의 예와 같다. 사실은 *même*의 위치가 어떠하더라도 관사는 명사와 관련된다는 것이다. 그런데 명사가 관사를 독점하는 일은 드물어서 *même*가 나오게 되면 관사가 생략될 수 있다는 것이다. 결국은 의미의 차이를 가져오는 것은 단지 *même*의 위치라고 할 수 있다. 그런데 이러한 구별이 확립되는 데에는 오랜 시일이 걸렸고, 고대 사람들은 관사에는 전혀 신경 쓰지 않고 *même*의 위치에 따라서 두 개의 의미를 함께 사용했다.

48) 그렇지만 정관사가 붙은 명사나 대명사 뒤에 나오면 일반적으로 일치하는 경향이 있다.

49) 이 의미는 이 단어의 원래의 의미, 어원적으로 *ipse*의 최상급의 의미이다. 여기에서 *ipse*의 의미에서 *idem*의 의미로 어떻게 바뀌었는지 살펴보자. 즉 *je fais la chose même que tu fais*나 *je fais la même chose que tu fais*는 의미가 같고 원래는 서로 혼용되었다. 비교가 있을 때 두 번째 동사를 생략하고 *même*의 위치를 고정시켜서 *je fais la même chose que toi*라고 한다. 현재에도 두 의미가 거의 혼용되는 일이 자주 있다. 즉 *le même jour*와 *le jour même* 사이에는 의미적으로는 거의 느낄 수 없는 미묘한 차이가 있는데, 두 개가 모두 같은 경우에 구별 없이 사용될 수 있다. 단지 차이가 있다면 *le jour même*에는 비교의 개념이 없고 *le même jour*에는 *que*가 나올 여지가 있다는 것이다. 마찬가지로 *j'ai la même maladie que* (*de*는 안됨) *mon frère* 대신에 *j'ai la maladie même de* (*que*는 안됨) *mon frère*라고 말할 수 있다. 이 모든 것으로 미루어 보아 위치에 따른 의미의 구별이 확립되기에는 많은 세월이 필요했다는 것을 알 수 있다.

동격의 형태로, 혹은 같은 인칭의 대명사의 동격으로 놓여서 대명사의 경우에는 두 번 나타나게 된다. 즉 ***les dieux eux-mêmes*** *l'ont voulu,* ***ils*** *sont venus* ***eux-mêmes****, je* ***l'****ai rencontré* ***lui-même****, je* ***vous*** *l'ai dit à* ***vous-même***의 예와 같다. 마지막 문장에서는 둘째 대명사에는 첫째 대명사와는 달리 전치사가 나타남을 알 수 있다. 그러나 *eux-mêmes sont venus, il faut y aller soi-même, je l'ai fait pour vous-même* (ou *devant vous-même*)라고 말할 수 있다. 또한 *un autre moi-même, d'autres nous-mêmes* 라고도 말할 수 있다.[50] 또한 *de*와 함께 *j'ai fait cela de moi-même, ils ont fait cela d'eux-mêmes*라고 말하면서 그 행위가 자발적이었다는 것을 표시할 수 있다.

명사 다음의 ***même***가 부사의 성질을 취한다는 것을 입증해주는 것은, 많은 경우에 이것이 *aussi* (라틴어의 *etiam*)의 의미를 갖는 부사(**adverbe**)로 되는데 적어도 부정관사가 있는 경우에 그렇다. 즉 *cet architecte a bâti des mairies, des écoles, des églises, des palais même*의 예와 같다. 심지어는 정관사와 함께 부사의 의미를 갖는다. 즉 *les dieux mêmes*는 *même les dieux*와 거의 같다[51]. 그러나 고유한 의미의 부사는 일반적으로 명사와 관사 앞(**avant l'article**)에 놓이는데, 마치 그것이 걸리는 문장의 모든 요소 앞에 놓이는 것과 같다. 즉 *même des palais, même les dieux, même les meilleurs, je le ferai même devant vous, il faut obéir aux lois, même injustes, même si elles sont injustes*의 예와 같다.

부사로서의 *même*에는 *pas*가 뒤에 나오거나 앞에 나올 수 있다. 즉 *je ne l'ai même pas vu* 혹은 *je ne l'ai pas même vu*의 예와 같다.[52]

*Même*에서 ***de même***라는 부사적 관용구가 만들어지는데 여기에 *que*가 붙을 수도 있다. 또한 ***tout de même***도 있는데 격의 없이 말하는 경우에는 *néanmoins*의 의미로

---

50) *Un autre moi-même*는 항상 남성이다. 그러나 한 여성이 다른 여성에 대해 말하면서 *une autre moi-même*라고 말한다면 당연히 받아들일 만하다.

51) 시인들이 운율을 위하여 *les dieux même*라고 적는 것은 아주 옳다고 볼 수 있다.

52) 그러나 약간의 의미적 차이가 있는데, *pas même*에 일반적인 성격이 다소간 덜하다. 즉 *il n'est même pas juste*는 *même il n'est pas juste*의 의미로 그가 어떤 일을 할 수 있건 없건 간에 그렇다는 것이다. 그런데 *il n'est pas même juste*는, 바로 그의 이러한 성질을 그가 갖고 있지 않은 다른 성질과 대립시키면서 이러한 성질을 강조하는 것이다. 마찬가지로 *je ne l'ai pas même vu*는, 예를 들어 *je ne lui ai rien dit*에 보다 정확하게 대립되는 문장이다.

쓰인다.[53)]

또한 친숙하게 생략해서 쓰는 관용구로 ***à même***가 있다. 즉 *boire à même*는 <boire au vase même>의 의미이다. 이러한 표현이 널리 사용되어서 다음에 명사가 직접 따라 나오기도 한다. 즉 *boire à même de la bouteille*는 *boire à même la bouteille*가 되었다. 마찬가지로 *être à même, mettre à même* (à la place même의 의미) *pour faire une chose*는 *être* (ou *mettre*) *à même de faire une chose*가 되었다.

Tel은 지시형용사로 *même*와 마찬가지로 서로 다른 두 의미를 갖고 있다. 그렇다고 구문이 다른 것은 아니어서 종종 문맥에 의하여 그 의미가 명확해진다.

*Tel*은 먼저 무엇보다도 유사성(**la similitude**) 혹은 동일성(**l'identité**)을 나타내는데, 방금 전에 언급하거나 바로 전에 일어난 사실에 대한 경우가 많다. 즉 *je n'ai jamais vu une telle sottise*는 <une sottise pareille à celle que je viens de voir>를 의미한다.

여기에서 말하는 *tel*은 항상 부정관사와 함께 쓰이고 반드시 명사 앞에 나오는 하나의 품질형용사인 것 같다. 반면에 *pareil*는 명사 앞이건 뒤이건 나올 수 있다. 그러나 이러한 의미로 명사하고만 사용된 경우 *tel*은 지시적인 성격이 강하여, 그 의미가 너무 약하다고 여겨지는 일반적 지시사를 대신하는 경우가 아주 많다.

> *Une telle action* ne saurait s'excuser.

겉으로는 그와 유사한 행동처럼 보이지만, 실제로는 그 행동 자체, 즉 일어난 그대로의 행동을 의미한다. 그리고 *pareil*도 역시 이러한 의미로 쓰인다.

이러한 의미로 쓰인 ***tel***이 속사(**attribut**)로서 홀로 쓰이면, 일반적으로 주어와 도치되어서 문두에 나온다. 즉 ***telle*** *est la vie* (내가 방금 보여준 인생이라는 의미), ***tel*** *est le fruit de mes leçons* 등의 예와 같다. 그러나 *si je vous dis qu'ils sont mauvais, c'est que je les crois* ***tels****, je vous envoie des pêches de Montreuil, ou soi-disant* ***telles***이라고 말하는 것은 아주 우아한 표현인데, *tel*은 어떤 개념이 아니라 방금 사용한 한 단

---

53) 대중들은 *de même*를 *la même chose*로 바꾸기도 한다. 즉 *il l'a battu la même chose*의 예와 같은데, 이것은 아직은 어법에 맞지 않는 표현이다.

어를 나타낸다.[54)]

비교의 개념이 분명하고(**quand il y a comparaison expresse**) 두 대상이 표현되어 있을 때에는, 생략이 있거나 없거나 더 이상 도치를 하지 않고 ***tel*** 다음에는 항상 ***que***가 나온다. 즉 ***tel qu****'il est, sa méchanceté est* ***telle qu****'elle a toujours été* (ou ***telle qu****'auparavant*), (*la même qu'auparavant*과 같다), *un homme* ***tel que*** *lui* (즉 *tel qu'il est*와 같다)의 예가 있다.[55)]

또한 *rien*의 경우에도 비교 대상의 순서를 바꾸며 *que*를 생략할 수 있다. 즉 *il n'y a rien de tel qu'un bon repas* 대신에 *un bon repas, il n'y a rien de tel*이라고 말하는 경우가 흔하다. 또한 *faites ceci, il n'a rien de tel pour...*라고도 말한다.

이제 ***tel quel***을 살펴보자. 이것은 *tel que*의 원래 형태이며 *quel*이 *tel*과 자연스럽게 함께 사용되다 보니 (*tel que*)보다는 더욱 완전한 모습인데, 원래는 분명한 비교의 개념이 있었다. 오늘날에도 예를 들어 *donnez-le-moi tel quel* (*tel qu'il est*의 의미)이라고 둘째 용어를 생략하여 말한다. 일반적으로 *tel quel*이 *tel que*로 바뀌는 것을 여기에서도 볼 수 있는데, *donnez-le-moi tel que*는 정확하다고 볼 수 없다. 왜냐하면 *que*는 둘째 용어가 완전히 생략되는 것을 허용하지 않기 때문이다. 반면에 *tel quel*이 <plutôt mauvais que bon>라는 뜻의 *médiocre*를 의미하는 경우가 흔하다. 즉 *une paix telle quelle, des raisons telles quelles*의 예와 같다.

두 개의 비교 대상 앞에 *tel*을 반복하면(**répétition** du mot *tel*) 비교의 개념이 특히 강조된다. 즉 ***tel*** *il a été,* ***tel*** *il sera toujours*의 예와 같다. 이러한 표현은 특히 ***tel*** *père,* ***tel*** *fils*와 같은 속담에서 발견된다. 사실 우리들은 여기에서 비교의 두 대상이 바뀐 것을 알 수 있는데, 문법적인 순서 대신에 논리적 혹은 일반적인 시간상의 순

---

54) 연설의 언어에서는 방금 전에 한 말을 언급할 때에는 *telles furent ses paroles*이라고 하고, 앞으로 할 말을 언급할 때에는 *ses paroles furent telles*이라고 하여 둘을 구별하기도 한다.

55) 논리적으로 *tel qu'il est*라는 표현이 *tel qu'il soit*를 만들어낸 것 같은데, 이러한 어법은 결코 받아들여지지 않았다. 즉 예전에 *tel*과 함께 쓰였던 *quel*로 이루어진 *quel qu'il soit*가 공교롭게도 선호되었는데, 아마도 *quelque*가 나오는 표현과 혼동되어서 그런 것 같다. 그런데 *tel absurde qu'il soit*는 전혀 의미가 없는 것인데, 형용사 *tel*은 다른 형용사와는 함께 쓰일 수 없기 때문이다. 또한 *tel* 다음에 나오는 *que*는 *même* 다음의 *que*와 마찬가지로 관계대명사로서 속사 역할을 한다는 것을 주목하기 바란다.

서를 따르고 있다. 정상적인 문법적 형태는 *il sera toujours* ***tel qu****'il a été, le fils est* ***tel que*** *le père*가 될 것이다. 즉 비교되는 대상이 먼저 표현되는 것이다. 그러나 예를 들어 모델이 먼저 존재하고 다음에 모조품이 나오는 것이 분명하므로, 이러한 역전 현상은 모든 언어에 나타난다. 프랑스어의 경우 문장을 *que*로 시작할 수 없으므로, *tel*과 함께 사용되던 *quel*로 시작하는 것이 논리적이었을 것이고 바로 이것이 예전에 하던 방식이다. 즉 *quel il a été, tel il sera toujours, quel père, tel fils*의 예와 같다. 우리들은 먼저 *que* 앞에 *tel*을 반복하기를 더 선호했다. 즉 *tel qu'il a été, tel il sera toujours*의 예와 같다. 다음에는 두 비교 대상을 완전히 같게 하여 *que*를 생략했다. 물론 이것이 보다 우아하고 생동감 있다.[56)]

Tel의 둘째 용법은 *si*나 *tellement*과 같이 정도(**le degré**)를 나타내는 것이다. 차이가 있다면 *tel*은 그 자체로 충분하고 형용사가 따라 붙지는 않는다는 것이다. 즉 *une telle nature vicieuse*라고는 말할 수 없고 *une nature si vicieuse*나 모호한 상태인 *une telle nature* 사이에서 선택해야 한다. 형용사를 덧붙이려면 동격으로 해야 한다. 즉 *une telle nature, vicieuse et incorrigible, devait...*의 예와 같다.

우리는 *tel*이 명사와 함께 이와 같이 사용된다는 것을 이미 보았다. 즉 *une telle sottise*는 방금 전에 본 것과 유사한 어리석음이기도 하지만, 오히려 아주 강하거나 커다란 어리석음을 의미한다. 또한 *une telle action*도 훌륭하거나 추한 행위 혹은 어떤 식으로든지 특별한 행위를 의미한다. 따라서 우리들은 여기에서 두 의미가 서로 만나는 지점에 있게 된다. 차이점은 *que*를 사용해서 분명해지는데, 이는 둘째 의미에서는 접속사로서 비교보다는 *결과*(*conséquence*)를 이끄는 것이다. 비교의 문장 *sa méchanceté est* ***telle qu****'elle a toujours été*가 과거의 사실에 대한 것이라면, *sa méchanceté est* ***telle qu****'il faudra la chasser*는 미래의 결과를 이끈다. 그러나 여기에

56) 비교를 위해 사용되는 모든 단어에 대하여 이 방법을 사용하는 것이 일반적이다. 예를 들어 *autant que, d'autant plus que, d'autant moins que*보다는, *autre*나 *ainsi*는 물론 *autant, plus, moins*에 대해서도 이 방법을 사용한다. 연설이나 시의 문체에서는 비교가 약간 길어지면 *que*를 유지하기도 한다. 브왈로(Boileau)의 유명한 비교 *Telle qu'une bergère..., Telle, aimable en son air*를 보라. 또한 주어에 대한 동격의 형태로 비교를 도입하기 위해서도 *tel que*나 보다 시적으로 그냥 *tel*을 사용하기도 한다. 즉 *Alors Alexandre, tel qu'un lion* (ou *tel un lion*) *qui...*의 예와 같다. 그러나 일상어에서는 물론 문어에서도 이러한 경우에 *comme*로 만족한다.

서 구문은 한결 더 자유롭고, *telle*이 *que* 바로 앞에 나올 필요는 없다. 즉 *il a montré une méchanceté* ***telle que****...*보다는 *il a montré une* ***telle*** *méchanceté* ***que****...*가 더 자주 쓰인다. 또한 문어에서는 ***telle*** *est sa méchanceté* ***que****...*라고 쓴다.

이러한 구문에 관련되는 표현이 *à tel point que, de telle sorte que*이다.

형용사 *tel*의 지시사적 성격이 항상 두드러져 보이는 것은 아니다. 그 성격이 가끔은 너무나 약해져서 *tel*이 형용사로 심지어는 부정대명사로 바뀌기도 한다. 먼저 형용사로 되는 경우를 보자. 즉 *elle est faite de telle et telle manière, si je vous parle de tel objet particulier*의 예와 같다. 이러한 의미에서 *tel*은 주어 혹은 보어 관계대명사와 함께 쓰인다. 즉 *telle femme, qui est fort sévère pour les autres, est fort indulgente pour elle-même* 혹은 *vous en ferez tel usage qu'il vous plaira* (*d'en faire*가 생략되었다)의 예와 같다. 그러나 이러한 구문에서 *tel*은 *tel homme*를 뜻하는 대명사로 사용되는 일이 흔한데, 특히 속담의 문두에서 그렇다.

> *Tel qui* rit vendredi, dimanche pleurera.[57)]

또한 *telle*을 *telle femme*의 의미로 쓰기도 한다.

이러한 의미에 관련되는 것은 *un tel, Monsieur un tel, Madame une telle*과 또한 *un* 없이 *tel ou tel, telle ou telle, Messieurs tels, Mesdames telles et telles*과 같은 표현이다. 이러한 표현들은 사람들을 보다 정확하게 지칭할 수 없거나 지칭하고 싶지 않을 때 사용하는 것이다.

---

57) 이러한 구문의 경우, 문학어에서는 옛날 구문을 사용하는 일이 흔한데 이는 관계절을 언급하기 전에 주절을 끝내는 것이다. 다음의 옛 속담과 같다. 즉 *tel menace qui tremble, tel est pris qui croyait prendre* 등의 예와 같다. 정상적인 구문에서는 부정대명사 *tel*은 지시대명사 *celui*로 바꿀 수 있다. 즉 *celui qui rit vendredi*의 예와 같다. 그러나 실제로 *tel*의 의미는 오히려 *le même*이다. 또한 *tel*은 연설에서는 다음과 같이 반복할 때 대명사가 되기도 한다. *tel..., tel...*이나 *tel..., tel autre...*를 *l'un... l'autre...* 대신에 쓰기도 한다.

2. 소유형용사와 소유대명사

일반적 주의사항

지시형용사와 지시대명사가 서로 다르게 변한 것처럼, 소유형용사와 소유대명사도 아주 천천히 점진적으로 서로 달라지게 되었는데 오늘날에는 더 이상 이들을 혼동하지는 않는다.

소유형용사 ***mon***, ***ton***, ***son*** 등은 보어가 인칭대명사일 때 관사와 명사의 한정보어를 동시에 대치한다. 즉 오늘날 더 이상 사용하지 않는 *le* livre *de moi* 대신에 ***mon*** *livre*라고 말한다.

소유대명사 ***mien, tien, sien*** 등은 명사 없이 정관사와 함께 쓰여서 생략된 명사가 무엇인지 보여준다. 즉 *mes livres sont moins beaux que les tiens, leurs enfants sont plus sages que les nôtres*의 예와 같다.[58)]

소유대명사는 특히 같은 명사 앞에서 다른 소유형용사를 등위시키는 것을 피하기 위하여 사용한다. 즉 *mes et tes livres*라고 말하지 않고 *mes livres* ***et les tiens***이라고 말한다. 또한 *mes livres et* ***ceux*** *de mon frère* 혹은 *les livres de mon frère* ***et les miens***이라고 말하고, *les livres de mon frère et de moi*라고 하지는 않는다.[59)]

옛날 구문에서 유래된, 소유대명사가 형용사의 역할을 하는 두 경우가 아직도 남아 있다.

먼저 부정관사 *un*과 함께, 가끔은 지시형용사 *ce*와 함께 쓰이는 경우이다. 즉 *mon*

---

58) 사실 소유형용사와 소유대명사는 둘 다 형용사로 볼 수 있는데, 소유대명사는 생략에 의한 형용사라고 볼 수 있기 때문이다. 즉 *mien*은 관사와 함께 사용된 *강세* 형태 (forme *tonique*)이고 *mon*은 명사 앞에 쓰이는 *약세* 형태 (forme *atone*)이다. 그런데 이러한 전통적인 구별은 실제에 있어서 매우 편리하다. 한편 *mon âme, son image* 와 같이 모음으로 시작되는 여성형 앞에서 쓰이는 *mon, ton, son*의 용법에 대해서는『프랑스어를 어떻게 발음할 것인가? (*Comment on prononce le français*)』(3판)의 388쪽 3번 주를 참조할 것.

59) 그런데 편지의 서두에 *j'ai reçu la vôtre*라고 적는 것은 옳지 않은데, *la vôtre*가 지칭하는 것이 전혀 없기 때문이다.

*ami*라고 말할 때 *mon*은 정관사를 대신한 것인데, 부정관사를 이렇게 대신할 수는 없기 때문이다. 따라서 *un ami à moi*라고 인칭대명사를 사용하여 말하는데 이것은 *la maison à Pierre*의 구문을 연상시킨다는 불편함이 있다. 또는 *un de mes amis*라고 말하는데, 부분을 표시하는 이러한 표현은 다수가 있다는 것을 함축하는데 항상 그렇지는 않다. 아마도 이러한 이유들 때문에 *un* ***mien*** *ami*나 가끔은 *ce mien ami*를 사용하고 있는데, 이들이 분명히 옛날식의 표현이기는 하나 가끔 재미 삼아서 사용되고 있다. 다음의 방빌(Banville)의 예가 그렇다.

> Ou comme Eglé qui dort auprès *d'un ami sien.*

또 다른 경우는 소유대명사를 관사 없이 속사로 사용하는 것인데, 이 속사는 단지 형용사일 수밖에 없다. 즉 *ces livres sont à* ***moi*** 대신에 *ces livres sont miens*이라고 말하지는 않고, 생략을 하여 *il a un style à* ***lui***라고 말한다. 그러나 *cette idée m'a plu et je l'ai faite* ***mienne***라고 아직도 말하는데, 이는 코르네이유(Corneille)가 *Je meurs tienne*라고 말했던 것과 같다. 또한 *je vous donne cette idée non comme bonne, mais comme* ***mienne***라고 말하기도 하는데, *la mienne*라고 하면 의미가 약간 달라질 것이고 게다가 *bonne*에 대립되는 역할을 하지 못할 것이다. 이러한 표현도 역시 옛날식이기는 하지만 여전히 우아한 것으로 여겨지며 세련된 문체나 연설에서 잘 사용된다. 격의 없이 말할 때 가끔 편지를 끝맺는 경구로 *cordialement vôtre, je suis tout vôtre* (*tout à vous*의 의미로 사용됨)라고 끝맺는 것도 역시 같다.

소유대명사는 생략에 의하여 명사적으로 사용되기도 한다. 즉 *les miens*은 경우에 따라 <mes parents, mes proches, mes partisans>이다. 그리고 *le mien et le tien*은 소유물을 상징한다. 또한 *faire des siennes, y mettre du sien* 등의 예가 있다.

소유대명사와 소유형용사는 당연히 사람(**les personnes**)과 함께 사용되는데, 이들은 고유한 의미에 있어서 소유하는 존재가 분명하기 때문이다. 그러나 사람만이 소유하는 것이 아니라 동물(**les animaux**)도 역시 소유하는데, 그들의 팔다리(les membres)뿐만 아니라 장점과 단점, 심지어는 사람들이 그들에게 부여한 모든 것을 소유한다. 즉 *un cheval a eu* ***son*** *avoine*라고 말하고 *un autre n'a pas encore eu* ***la***

sienne라고 말하는 것은 아주 자연스럽다. 사물(**les choses**)도 역시 의인화되었건 아니건 간에 적어도 관습적으로 소유할 수 있다. 즉 한 도시에 그에 속하는 기념물이 있으면 <une ville *possède* de beaux monuments>이라고 말한다. 따라서 *j'ai vu cette ville et j'ai admiré* ***ses*** *monuments* (ou ***ses*** *monuments sont fort beaux*), *j'ai admiré la beauté de* ***ses*** *monuments, de* ***son*** *Hôtel de Ville, de* ***ses*** *ponts et de* ***ses*** *quais*라고 말할 수 있는 것이다. 또한 달리 말할 방법이 없기 때문에 주저하지 않고 *les villes ont* ***leurs*** *agréments et la campagne a* ***les siens****, la noblesse* (ou *l'Eglise*) *avait* ***ses*** *privilèges, un arbre a d'autres fruits que* ***les siens*** *quand on le greffe*라고 말한다. 즉 <un objet *possède* ou il *a* quelque chose>라고 말할 수 있을 경우에는 언제라도 이 구문을 사용할 수 있다. 또한 <le style peut *avoir* de la précision>이므로, 우리는 그것의 *정교함* (***sa*** *précision*)이라고 말할 수 있다. 또한 <les événements *ont* des causes>이므로, 그들의 *원인*(***leurs*** *causes*)이라고 말할 수 있다.

그러나 소유하는 사물이 의인화 되지 않은 것이거나 소유되는 대상이 추상적인 경우 (가끔은 구체적인 경우에도), 가능하면 소유형용사를 관사로 바꾸는 것이 보다 정확하고 우아하다. 이 경우 반드시 한정 보어가 함께 나온다. 이 보어는 *de lui, d'elle, d'eux, d'elles*를 의미하는 ***en***으로서, 모든 비강세 대명사와 같이 동사 앞에 놓인다. 물론 문제가 생기는 것은 소유의 대상이 된 사물이 소유하는 사물과 같은 절 안에 오지 않을 경우이다. 즉 *cette ville a* ***ses*** *agréments* (ou ***sa*** *beauté propre*)라고 말하는 것은 당연한데, *je goûte beaucoup* ***ses*** *agréments* (ou ***sa*** *beauté*)보다는 *j'****en*** *goûte beaucoup* ***les*** *agréments, j'****en*** *ai admiré* ***la*** *beauté*라고 말하는 것이 낫다. 또한 도시에 대하여 ***ses*** *agréments sont préférables à ceux de la campagne*보다는 ***les*** *agréments* ***en*** *sont préférables à ceux de la campagne*라고 말하는 것이 보다 우아하다. 단어의 경우 <un mot *a* (ou *possède*) des emplois variés>가 가능하므로 ***son*** *emploi est très étendu*도 가능하지만 ***l'****emploi* ***en*** *est très étendu*나 *on* ***en*** *connaît mal* ***l'****emploi* 등이 더 낫다. 한 작가의 문체에 대하여 말하면서 *je l'aime pour* ***sa*** *précision*이라고 말하지만, *j'aime* ***sa*** *précision*보다는 *j'****en*** *aime* ***la*** *précision*이 더 우아하다. 마찬가지로 *la précision* ***en*** *est* ***la*** *qualité essentielle* (*en*은 속사의 보어임), *la précision* ***en*** *est admirable* (*en*은 주어의 보어임)이라고 말한다.

무생물이 *소유하는*(*posséder*) 사물에 대하여 반드시 이런 용법을 사용해야 하는 것은 아니지만, 문제가 되는 대상을 어떤 사물이 소유하거나(*posséder*) 갖고 있다고 (*avoir*) 말할 수 없는 경우에는 반드시 이 용법을 사용해야 한다. 따라서 한 시인에 대하여 ***ses** vers sont fort beaux, j'ai admiré **ses** vers*라고는 말하지만, 어떤 시(poème)에 대하여 말할 때에는 반드시(*nécessairement*) *j'**en** ai admiré **les** vers, **les** vers **en** sont fort beaux*라고 말해야 한다. 만일 *en*을 사용할 수 없는 경우에도 *ce poème a dans **ses** vers quelque chose d'original*이라고 말하는 것은 정확하다고 볼 수 없다. 그 이유는 <un poème peut bien *avoir* une beauté propre>라고 할 수 있고, *les vers d'un poème*이라고 말하지만 <un poème *a* (ou *possède*) *des vers*>라고는 말할 수 없기 때문이다. 가끔 <un poème *a de beaux vers*>라고 말하는데, 이는 잘못된 것이다. 왜냐하면 <il peut bien les *offrir*, les *contenir* ou les *renfermer*, mais *il ne les a pas*>이기 때문이다. 추상명사에 대하여 *je n'aime pas ce genre de travail, parce que **la** fatigue **en** est trop pénible*, 혹은 *mon travail m'absorbe tellement que je n'**en** sens plus **la** fatigue*처럼 말해야 한다. 이 문장에서 *sa fatigue*는 아주 잘못된 것이고 전혀 받아들일 수 없는데, 어쩔 수 없는 경우 *la fatigue d'un travail*는 가능하지만 *un travail a de la fatigue*라고 말할 수는 없기 때문이다.

예전보다는 덜 쓰이는 *en*의 이러한 용법이 사라질 것 같지는 않은데 그 이유는 몇몇 경우에는 반드시 필요하기 때문이다. 반면에 아주 흥미로운 사실은 대명사 *en*이 동사 앞에 오기 때문에 일반적으로 자신이 보어인 단어의 앞에 오거나 (*j'en ai beaucoup, j'en sais la cause*), 주어의 보어인 경우 그 뒤에 온다는 것이다. 그런데 후자의 경우는 단지 속사 절에서만 일어난다. 즉 ***la** cause **en** est belle, **la** situation **en** paraît agréable, **les** beautés m'**en** semblent supérieures*의 예와 같다. 또한 *c'est*를 사용하여 대명사 *en*이 주절이 아닌 관계절로 보내지기도 한다. 즉 어떤 시에 대하여 *j'**en** admire **la** forme*이라고 말하는 대신에 *c'est **la** forme que j'**en** admire le plus*로 하거나, ***la** forme **en** est admirable* 대신에 *c'est **la** forme qui **en** est le plus admirable*이라고 말하는 경우가 많다.

그러나 *en*은 주어, 속사 혹은 직접목적어의 보어가 될 수는 있어도 전치사에 이끌린 명사의 보어는 될 수가 없다. 따라서 *la beauté **en** est incomparable, la beauté des* *vers* ***en*** *est incomparable*라고 말하는데, 후자의 경우 *en*이 여전히 *beauté*의 보어이기 때문이다. 그런데 *j'****en*** *ai admiré* ***la*** *beauté des vers*라고 말하는 것은 별로 좋지 않은데 *beauté*의 보어가 이 표현을 어색하게 하고 있기 때문이다. 그런데 *j'en suis sensible à la beauté*라고 말하는 것은 불가능하다. 이러한 경우 가능하면 소유형용사를 사용한다. 즉 이 경우 *les vers* ***ont*** *de la beauté*라고 말할 수 있으므로 *je suis sensible à* ***leur*** *beauté*라고 말하는 것이 가능하다. 마찬가지로 *ils* ***en*** *ont les avantages sans* ***en*** *avoir les inconvénients*라는 문장은 *ils* ***en*** *ont les avantages sans* ***en*** *avoir aucun* ***des*** *inconvénients*으로 될 수는 없고 *sans avoir aucun de* ***leurs*** *inconvénients*으로 되어야 한다. 소유형용사를 사용할 수 없는 경우에는 별다른 해결책은 없고 표현을 바꾸어야 한다. 따라서 *mon travail m'absorbe tellement que je n'****en*** *sens plus le poids de la fatigue*라고 말할 수 없는데 *je ne sens plus le poids de* ***sa*** *fatigue*라고는 더욱 더 말할 수 없다. 왜냐하면 일이 피곤함을 가지고 있다고 볼 수 없기 때문이다. 이 경우 *en*을 생략하고 *la*를 유지하거나 오히려 *le poids de*를 생략할 수밖에 없다. 즉 *je ne sens plus le poids de la fatigue* 혹은 *je n'****en*** *sens plus* ***la*** *fatigue*라고 하는 것이 낫다.

3인칭 단수 소유형용사와 소유대명사는, ***on, chaque*** 혹은 ***chacun***이 가리키는 정해지지 않은 사람이나 사물을 지칭할 수 있다는 이점이 있다. 즉 *on a fait* ***son*** *devoir, à chaque jour suffit* ***sa*** *peine, à chacun selon* ***ses*** *œuvres, à chacun* ***le sien****, ce n'est pas trop*의 예와 같다.[60] 또한 누군가를 전혀 가리키지 않고 *il faut y mettre* ***du sien****, il faut faire* ***son*** *devoir, faire* ***son*** *devoir est encore le meilleur moyen d'être heureux*라고 말하기도 한다. 그러나 이러한 경우 *son*이나 *sien*이 문법적으로 이미 언급된 명사를 지칭하지 않도록 조심해야 한다. 즉 *il faut agir d'une manière conforme à* ***son*** *devoir*라는 문장의 의미는 명확하지만, 이 문장을 *il faut agir d'une manière qui soit conforme à son devoir*라고 바꾸어서는 안 된다. 그 이유는 *son*이 *qui*의 선행사인 *manière*를 지칭하게 되기 때문이다. 이 경우 *son*을 생략하여 *au devoir*로 하거나 *son*

60) 따라서 *il a dit à chacun son fait*와는 달리 *il leur a dit à chacun leur fait*라고 말할 것이다. 왜냐하면 처음의 *leur*가 둘째 *leur*을 이끌기 때문이다. 그렇지만 생략(ellipse)에 의하여 *les juges ont donné leur avis, chacun suivant ses lumières*라고 말하는데, *chacun*을 *leur avis* 앞에 놓으면 반드시 *leurs lumières*라고 말해야 한다.

을 경우에 따라 부정대명사 역할을 하는 *notre*로 바꾸어야 한다.

일반적으로 서로 다른 사람이나 사물을 지칭할 수 있는 3인칭 소유대명사와 소유형용사를 사용할 때 일체의 모호함을 피해야 한다(**éviter toute équivoque**). 따라서 모호해 질 수 있는 *son chien a mangé son dîner* (*ou a mangé le sien*) 대신에 *son chien* ***lui*** *a mangé* ***son*** *dîner* (*ou* ***lui*** *a mangé* ***le sien***)라고 말함으로써 뒤에 나오는 *son*이나 *sien*이 반드시 *lui*를 지칭하고 주어인 *chien*을 지칭하지 않도록 하는 것이 더 낫다. 다른 경우에는 앞에서와 같이 소유형용사를 생략하는 것이 편리할 수 있다. 즉 *le peuple se révolta contre lui, car il se lassait facilement de l'obéissance*의 경우 의미가 명확한데, 소유형용사를 사용하여 *de son obéissance*라고 하면 모호해 질 수 있다.[61)]

여러 사람에 대하여 말하거나 여러 사람에게 말을 하는 경우(**quand on parle de ou à plusieurs personnes**) 공통으로 소유하는 대상에 관한 것이면 형용사를 단수형으로 한다. 즉 *offrez* ***votre*** *cadeau, nous aimons* ***notre*** *mère*의 예와 같다. 그러나 각자가 단지 하나씩 갖고 있는 경우라도 여러 개의 특별한 대상을 지칭하는 경우 형용사를 항상 복수형으로 한다. 즉 *emmenez* ***vos*** *chevaux à l'écurie, prenez* ***vos*** *chapeaux, approchons* ***nos*** *chaises, ils sont allés se promener avec* ***leurs*** *femmes*의 예와 같다.[62)]

추상명사의 경우(**si le nom est abstrait**) 복수형을 사용할 수 있으려면 단수의 소

---

61) *Le nom du pape Léon X est célèbre par son esprit*는 볼테르(Voltaire)가 말한 문장으로 아주 잘못된 것인데, *son*이 주어의 보어를 받는 것이 아니라 주어를 받기 때문이다. 라신느(Racine)가 다음과 같이 적은 것도 역시 마찬가지이다.

> *Ma fortune* va prendre une face nouvelle,
> Et déjà *son* courroux semble s'être adouci,

쥬블리니(Jubligny)가 아주 정확하게 지적했듯이 *la fortune en général*은 노여움(du courroux)을 가질 수 있지만, 오레스트(Oreste)가 처하게 되었다고 불평하는 비참한 상태가 노여움을 가질 수는 없다.

62) 어째서 문법학자들이 *leur*의 철자를 단수로 적어야 한다고 이의를 제기할 수 있단 말인가? 그런데 *avec leur femme*는 모두가 한 사람을 공유한다는 것을 의미하지 않는가? 그리고 여러 사람에게 말할 때 *prenez votre chapeau*라고 말하는가? 그렇다면 *ils ont pris leur chapeau*라고 적어야 하는가? 반면에 *les hommes songent moins à leur âme qu'à leur corps*라고 적는데 이는 *nous passons notre vie, ils passent leur vie dans la paresse*라고 말하는 것과 같다. 그 이유는 이 경우 소유하는 대상이 아니며 이 단어들이 다른 범주에 속하는 것으로 여겨지기 때문이다. 반면에 여러 사람에 대하여 말하면서 *chapeau bas*!라고 역시 단수형으로 적는데 여기에서 생략된 것은 *votre*가 아니라 *le*이다.

유형용사의 경우에도 복수형이 가능한 경우에 한정된다. 따라서 *ils ont oublié* ***leurs*** *amours, oubliez* ***vos*** *haines*라고 말할 수 있는 것은 *ses amours*나 *tes haines*라고 말할 수 있기 때문이다. 그러나 여러 사람에게 말할 때에도 마치 한 사람에게 말하듯이 ***votre*** *amour-propre n'y trouve pas son compte*라고 말한다. 마찬가지로 *honneur*의 경우 의미에 따라서 *ils y ont perdu* ***leur*** *honneur* 혹은 ***leurs*** *honneurs*라고 말한다. 따라서 농담 삼아 말하는 것이 아니라면, *à nos âges*라고 말하지 않고 *à* ***notre*** *âge*라고 말한다. 물론 연령 차이가 나겠지만 이 표현 자체가 이러한 차이를 줄여서 여러 연령을 동일시하는 것이다. 즉 *à votre âge, Messieurs*라는 표현은 연령차가 많이 나는 어린아이는 제외하고 여러 사람에게 말할 수 있는 것이다. 연령 차이를 분명히 나타내고 싶은 경우에는 *âge*의 복수형을 사용하기 보다는 예를 들어 *à votre âge et au mien*이라고 한다.

덧붙이고 싶은 것은 단수 집합명사를 *leur*로 지칭할 수 없다는 사실이다. 즉 *tout le monde n'a pas les moyens de prendre un précepteur pour ses enfants* (그런데 *pour leurs enfants*은 안 된다)의 예와 같다. 사실 *toute la compagnie se rendit et on lui fit livrer ses armes*이라고 말하는 것은 아주 잘못된 것이다. 왜냐하면 *les armes*은 각 개인에 속하는 것이기 때문이다. 이 경우 복수형의 주어를 사용해야 한다.[63)]

끝으로 당연한 얘기이지만 서로 다른 두 개의 명사 앞에서(**devant deux noms différents**) 소유형용사를 반복해야 한다. 이때 관사를 소유형용사가 대신한다고 볼 수 있는데, 관사와 같은 조건을 따른다. 즉 ***mes*** *livres et* ***mes*** *cahiers,* ***mon*** *père et* ***ma*** *mère*의 예와 같다.[64)] 물론 두 명사가 같은 사람을 지칭할 때는 예외이다. 즉 ***mon*** *maître et seigneur,* ***son*** *oncle et parrain*의 예와 같다.[65)] 오늘날에도 그대로 사

---

63) 아주 훌륭한 작가들도 가끔 실렙시스(syllepse)에 의하여 집합명사를 지칭하기 위하여 *leur* (또한 *eux*)를 사용하기도 했다. 그러나 이것은 이 형용사가 집합명사와 멀리 떨어져 있을 경우에만 정당화될 수 있으며, 아주 조심해서 사용해야 하는 것이다.

64) 앞의 본문 43쪽을 참고할 것.

65) 또한 *son* 다음에 결합시키기 어려운 것을 등위시키지 않도록 조심해야 한다. 어느 뛰어난 작가에게서 다음 문장을 발견했다. 즉 *elle fut confiée à Jean, son oncle et représentant de commerce*의 예이다. 문법적으로 *son*은 다음에 나오는 두 명사에 걸린다. 차라리 *à Jean, son oncle, représentant de commerce*라고 하거나 *qui était*를 덧붙여서 말해야 할 것이다.

용되고 있는 오래된 표현에도 역시 예외는 있는 법이다. 즉 *à **ses** risques et périls, en **mon** âme et conscience, en **son** lieu et place*의 예와 같다. 또한 *donnez-moi **vos** nom et prénoms*이라고 말한다. 비록 *mes père et mère*라고 말하지는 않지만 일반적으로 *honorer **ses** père et mère*라는 표현은 아직도 사용하고 있다.

또한 소유형용사는 관사와 마찬가지로 논리적으로 같은 대상을 지칭할 수 없을 때 두 형용사 앞에서 반복되어야 한다. 즉 ***ses** grandes et belles actions*과는 달리 *quand on se marie, il faut aimer **son** ancienne et **sa** nouvelle famille*라고 말해야 한다. 마찬가지로 *leur conduite a été la même dans **leur** bonne et **leur** mauvaise fortune*라고 말하는데, 이 경우 단순히 관사를 사용하는 것이 보다 자연스럽다.[66)]

소유형용사 용법의 확장

한 단어가 소유형용사와 결합하면 특별한 의미를 취하기 때문에 보다 일반적인 의미를 갖기 위하여 정관사를 사용해야 하는 경우가 있다. 즉 *c'est là que j'ai passé **ma** vie*라고 말하는 것은 자연스러운데 이는 내가 살아야 했던 나의 생애 전체를 의미하기 때문이다. 또한 같은 의미에서 *il a vraiment perdu **sa** vie dans la débauche*라고 말할 수 있고, 이는 *ils gagnent **leur** vie fort honnêtement*과 같다. 그러나 *c'est d'elle que j'ai reçu **la** vie, c'est dans telle circonstance qu'il a perdu **la** vie*라고 정관사를 사용하여 말해야 하는데 여기에서 *la vie*는 <l'existence, la lumière du jour, qui n'appartient à personne en particulier>를 의미하기 때문이다. 마찬가지로 *elle a perdu **sa** voix*에는 그녀에게 고유한 음색, 음계가 있는, 노래하는 데 필요한 그녀 특유의 목소리를 의미한다면, *elle a perdu **la** voix, j'ai élevé **la** voix*에는 누구에게나 공통인 목소리를 의미한다.[67)]

---

66) 반면에 *leur bonne ou mauvaise fortune*라는 표현에는 전혀 이의가 없는데, 이는 *leur fortune bonne ou mauvaise*를 의미하기 때문이다. 왜냐하면 운(la fortune)이 동시에 <bonne *et* mauvaise>는 불가능하지만 <bonne *ou* mauvaise>는 가능하기 때문이다.

67) 이러한 구별은 가끔 아주 미묘하고 어느 정도는 관례에 의할 수 있다. 즉 *faire sa cour à une*

그렇지만 소유형용사를 사용하기 위하여 *mon livre*나 *ma vie*에서와 같이 반드시 소유의 개념이 있어야 할 필요는 전혀 없다. 먼저 소유형용사가 관사와 한정보어로서의 대명사를 함께 대체하는 것이므로, 이 보어가 소위 말하는 목적격으로서의 속격(génitif objectif)이 될 수 있기 때문이다. 즉 대중들이 사용하는 *sauf* ***votre*** *respect*는, 당신이 갖고 있는 존경이라는 의미가 아니라 당신이 받아야 하는 존경의 의미이다. 또한 ***votre*** *alliance m'honore*에서는 <l'alliance que j'ai faite avec vous>의 의미이다. 따라서 같은 단어가 같은 소유형용사와 결합하더라도 관점에 따라 서로 다른 두 의미를 가질 수 있다. 즉 *il a supporté* ***mon*** *injure*에는 <l'injure que j'ai faite>의 의미가 있다면, *j'ai vengé* ***mon*** *injure*에서는 <l'injure que j'ai subie>의 의미이다. 또한 *vous ne sortirez pas sans* ***ma*** *permission*에는 허락을 내가 해준다는 의미가 있다면, 한 병사가 말하는 *j'ai* ***ma*** *permission*에는 그가 얻은 허락 즉 다른 사람이 해주는 허가를 의미한다.[68)]

그러나 이러한 용법은 부수적이며 상대적으로 드물다. 한정보어와 소유형용사의 일반적인 의미만을 살펴보자. 즉 한 명사 다음에 사람이나 다소간 의인화된 사물이 나오기만 하면 소유형용사를 당연히 사용할 수 있다. 따라서 많은 경우 가상의 소유 개념, 말하자면 관례적인 소유개념을 나타낸다. 즉 ***mon*** *village*란 내가 소유하고 있기보다는 내가 태어나거나 살고 있는 마을을 의미한다. 또한 ***mes*** *concurrents*는 나와 경쟁관계에 있는 사람들이고 이는 ***mes*** *adversaires*와 마찬가지이다. 또한 ***ma*** *migraine*는 내가 종종 고통을 겪는 것이고, ***mon*** *examen*이란 내가 준비하거나 치러야 하는 것이다.

지금까지의 내용은 별로 새롭지는 않을 것이다. 재미 있는 사실은 한정보어가 어울리지 않거나 아주 드물게 사용되는 많은 경우에 소유형용사가 사용되기도 한다는 것이다. 왜냐하면 소유형용사가 지칭하는 사람이나 사물이 어떤 특별한 흥

*femme*는 *faire sa cour au roi*와 마찬가지로 사심이 없이 경의(hommages)를 표하는 것이라면, *lui faire la cour*는 오히려 그녀를 유혹하려고 애쓰는 것이다.

68) 문어에서 *ton amour*가 일반적으로 네가 하는 사랑의 의미라면 너에 대한 사랑의 의미로도 쓰일 수 있는데, 특히 종교적으로 쓰이면 그렇다. 예를 들어 신에게 기도하면서 *ton amour me possède*라고 한다면, 이는 *l'amour pour toi*라는 목적어로서의 *l'amour de toi*이다.

미를 끌도록 해주기 때문이다. 즉 *je sais **mon** Racine*에는 <la leçon que j'avais à apprendre dans Racine>의 의미가 들어있고, *ferme **ta** porte*에는 <la porte que tu as ouverte ou que tu vas ouvrir>의 의미가 들어 있다. 또한 *il va sur **ses** quinze ans, il gagne **ses** vingt francs par jour, vous prenez bien mal **votre** moment, je ne suis pas dans **mes** jours d'inspiration*이라고 말하기도 한다. 또한 ***ton** César*나 ***ton** Napoléon*이란 경우에 따라 네가 칭송하고 끊임없이 언급하는 사람을 의미하고, *tu nous ennuies avec **ton** César*에는 경멸하는 의미가 있기도 하다. 이야기를 하는 어떤 사람은 *voilà **mon** homme qui*처럼 소유형용사를 사용하여 관심을 끌기도 한다. 또한 *mon*을 이렇게 사용하면 경멸의 의미를 갖기 쉽기 때문에 *voilà mon imbécile que...*와 같이 말하기도 한다. 책의 서문이나 그 외의 곳에서 *je*가 *nous*로 바뀌듯이 어느 소설가는 *mon*을 *notre*로 바꾸기도 한다. 즉 그는 이와 같이 한 등장인물의 행적에 가져야 할 관심에 독자를 참여시켜 ***notre** héros*라고 부른다.

소유형용사를 역시 사물에도 사용하여 그 사물에 고유하거나 적당하다고 여겨지는 것을 표시하기도 한다. 즉 *je parlerai de la chose en **son** temps, la vérité paraîtra dans **son** jour, ce métier ne nourrit pas **son** homme* (<l'homme qui fait ce métier>의 의미임)의 예와 같다.

친숙한 어법에서는 소유형용사가 동사 *faire*와 함께 사용되어서 특별한 용법을 만들어낸다. 즉 *tu fais ton malin*의 예와 같다. 또한 *il fait son grand seigneur*에는 그는 자신이 귀족이라고 주장하나 실제로는 그렇지 않다는 의미가 있는데, 일반적으로 빈정거림의 의미가 있기 때문이다. 또한 일인칭으로 *je fais mon petit Napoléon*이라고도 한다.

동사 *sentir*와 함께 관사를 사용하는 대신에 *son*이나 *sa*를 사용하는 것은 아주 유사하면서 흥미로운 프랑스어 특유의 관용어법이다. 즉 라퐁텐느 (La Fontaine)가 *Un renard sentant **son** renard d'une lieue*라고 말하고 있는데, 여기에서의 *son renard*란 단지 *renard* 자신을 의미한다. 몰리에르 (Molière)도 역시 *cela sent **son** vieillard* 혹은 *cela sent **son** vieux temps*이라고 말하고 있다. 이러한 *son*의 용법이 쉬운 것이 아니라서 흔하지는 않지만, 여전히 사용되고 있고 또한 아주 우아한 용법이다.

반면에 1인칭의 소유형용사가 몇몇 경우에 존경이나 예의를 표시하고자 사용되기도 한다. 즉 *mon père, mon oncle, mon cousin*의 예와 같다. 여기에서 *monsieur, messieurs, madame, mademoiselle, monseigneur*가 유래했는데, 원래는 두 단어로 적었다.[69] 반면에 *Mon seigneur*와 *ma dame*이 *Notre Seigneur*와 *Notre Dame*으로 되었는데, 이는 보다 존경을 표한다고 여겨지기 때문이고 또한 *monseigneur*와 *madame*을 너무 많이 사용하다 보니 이런 필요성을 느낀 것 같다.[70]

소유형용사 *mon*의 용법은 특히 육군에서 유지되고 있다. 즉 동급자나 하급자에게 말할 때 *Capitaine, Général*처럼 계급을 사용하여 부른다. 그러나 상급자에게 말할 때에는 ***mon** lieutenant, **mon** colonel*이라고 한다. 해군에서는 이러한 용법이 무시되고 있는데 이는 의도적인 것 같다.[71]

Sa Sainteté, Sa Majesté, Son Eminence, Sa Grandeur, Son Altesse 등에 3인칭

---

69) 익히 아는 바와 같이 단수형에서 이러한 단어들의 앞에 품질형용사를 사용하기도 하는데 이는 이들이 별도로 혹은 삽입구에서 사용될 때이다. 즉 *chère Madame*이지 *ma chère dame*가 아니다. 농담 삼아서 *une chère Madame, les belles Madames*이라고 말하기는 한다. 심지어는 별로 예의를 표하고자 하는 의도가 없이 *mon cher Monsieur*라고 종종 말하기도 하는데, *ma chère Madame*이나 *ma chère Mademoiselle*이라고는 전혀 말하지 않는다. 아주 친숙하게는 *ma chère demoiselle*이라고 말할 수 있다. 그런데 *le monsieur, ce monsieur*라고 말하는 것은 *sieur*를 별로 사용하지 않기 때문이다. 반면에 *la dame* 혹은 *la demoiselle*이라고 말한다. 이 기회에 덧붙이자. 뒤랑(Durand)씨에게 누군가가 *comment va madame Durand?*이라고 묻는 다면, 뒤랑 씨가 제대로 된 교육을 받고 자랐다면, 그리고 농담 삼아서가 아니라면, *madame Durand se porte bien*이라고는 대답하지 않는다. 왜냐하면 자기 부인에 대하여 말할 때 하인에게는 단지 *madame*이라고 성을 빼고 말하고 또한 다른 사람에게는 *ma femme*라고 말하기 때문이다. 이는 부인이 자기 남편을 *mon mari*라고 하지 *monsieur Durand*이라고 하지 않는 것과 마찬가지이다. 너무나 많은 사람들이 이러한 예의와 관련된 세부사항을 전혀 모르고 있는 것 같다!

70) 중세에는 *mon sieur Jésus*와 *ma dame Marie*라고 적었다. 덧붙이자면 주교에 대해서 말할 때 *monseigneur*의 복수형은 많은 신문에서 쓰고 있는 *messeigneurs*가 아니라 *nos seigneurs*이며 이의 약자는 NN. SS.이다.

71) 민간인이 군인에게 말을 걸 때 *monsieur*를 사용할지 여부는 나이와 사회적 지위에 따라 달라진다. 따라서 계급 앞에 *mon*을 사용하지 않음으로써 자신이 상위 혹은 동등하다는 것을 표시하기도 한다. 그러나 관계가 아주 친밀하지 않다면, *mon*을 사용할 필요가 없는 분명한 경우에도 이를 사용하는 것은 항상 예의 바른 것이다. 여성들은 젊은 장교에게 *mon lieutenant*이라고 말함으로써 그를 기분 좋게 만든다. 부유한 부르주아에게 문을 열어 줄 때 하층민은 *mon prince*라고 말함으로써 그의 비위를 맞추기도 한다.

의 인칭형용사를 사용해야 하는 것도 역시 이러한 범주에 넣을 수 있고, 그에게 직접 말을 하는 경우에는 이를 *Votre Sainteté, Votre Majesté* 등으로 바꾸는데 동사를 항상 3인칭으로 사용한다.[72)]

신체의 일부분에서 소유형용사의 제거

소유형용사의 용법이 얼마나 넓고 편리한지 방금보았다. 또한 그것을 사용하는 것이 어떤 이유 때문에 항상 정당화되는지도 역시 보았다. 한편 소유형용사를 사용하는 것이 확실히 불필요할 때, 프랑스어에서는 이것을 전혀 사용하지 않는다. 소유의 개념이 너무나 분명하여 이를 소유형용사로 표시할 필요가 없는 문장들이 있다. 즉 *arrêtez **vos** yeux* (ou ***vos** regards*) *sur cet objet*는 *arrêtez **les** yeux* (ou ***le** regard*)가 될 수 있다. 이러한 현상이 규칙적으로 항상 지켜지는 것은 특히 신체의 일부분이 문제될 때이다. 말하자면 누가 소유자인가를 문맥이 분명히 보여주거나 혹은 문맥으로 파악할 수 있을 때에는 소유형용사를 관사로 바꾼다.

소유자가 동사의 주어인 경우(**si le possessur est sujet du verbe**), 신체의 일부분

72) 지위가 높은 사람에게 직접 말을 할 때 하인들이 하는 경우와 나머지 사람들이 하는 경우 사이에는 차이가 있다. 그것은 하인들은 항상 3인칭 인칭형용사를 사용하고 동사는 3인칭으로 말하는 반면에, 나머지 사람들은 2인칭의 인칭형용사를 사용하여 동사는 3인칭으로 말하며 상황과 거리감에 따라서 *vous*를 함께 사용한다는 것이다. 아무튼 러시아에서는 *Votre honneur*라고 하지만 우리는 이 단어들을 호격으로는 사용하지 않는다. 사실 (유감스럽게도 외국어에서 차용된 것이긴 하지만) 단지 *Eminence* 혹은 *Excellence*라고 말하기도 한다. 그러나 *Sainteté*라고는 하지 않는 것은 이 대신에 *Très saint Père*가 있기 때문이고, 또한 *Majesté*라고 하지 않는 것은 *Sire*가 있기 때문이며, 그 이외의 어떤 것도 사용하지 않는 것은 *Monseigneur*가 있기 때문이다. 여성에게는 여왕이라 할지라도 단지 *Madame*이라고 하는데, 이것이 *sire*나 *monseigneur*의 유일한 여성형이다. 그런데 신문에서는 이런 사실을 전혀 모르고 있다. 언젠가 수사법 시험에서 작문 주제로 스웨덴(Suède)의 여왕에게 보내는 편지를 쓰라고 하였다. 젊은 경쟁자들은 처음을 어떻게 시작할까 당황해 하다가 *Grande Reine, Illustre Reine* 등으로 시작했는데, 한 명만이 단지 *Madame*이라고 적었다. 이 사람은 바로 오말 공작(le duc d'Aumale)으로 여왕에게 어떻게 말해야 하는지를 알았던 것이다. 덧붙이자면 *Sa Majesté*의 복수형은 당연히 *Leurs Majestés* (LL.MM.)이고 *Son Altesse*의 복수형은 Leurs Altesses (LL.AA.)이다.

이 주어에 속한다는 느낌을 주어가 받거나, 혹은 주어에 가해지는 행위로 알 수 있을 때 항상 관사를 사용한다. 즉 *j'ai mal **au** bras* (*à mon bras*가 아님)는 *j'ai vu **mon** bras s'enfler*와 다르다. 왜냐하면 *j'ai mal*에는 내 팔이 아닌 다른 사람의 팔이 될 수 없는 것이 분명한 반면에, 뒷 문장의 경우 내가 아닌 다른 사람의 팔이 부풀어 오르는 것을 볼 수 있기 때문이다.[73] 물론 *je l'ai vu de **mes** yeux*라고 일부러 중복법(pléonasme)을 써서 말할 수 있는데 이는 남이 말한 것을 반복하는 것이 아님을 강조하고 마치 *je l'ai vu moi-même*라고 말하는 것과 같다. 반면에 이 문장에서 눈은 고유한 의미에 있어서의 신체의 일부분으로 여겨지지도 않는다. 그러나 *j'ai reçu un coup sur **l'**œil, il a été blessé à **la** tête* (ou ***au** genou*), *tu as un bouton sur **la** joue*의 경우 단지 정관사를 사용할 수 있을 뿐이다.

이러한 구문은 태도를 나타내는 절대구문(tournures absolues)에서 특히 사용된다. 즉 *il marchait **les** yeux fixes*의 예와 같다. 또한 신체의 일부분으로 하는 모든 동작에 대해서도 사용된다. 즉 *hausser **les** épaules, froncer **les** sourcils, lever* (ou *baisser*) ***les** yeux, ouvrir* (ou *fermer*) ***la** bouche, tirer **la** langue, montrer **du** doigt* 등의 예와 같다.[74]

이 마지막 예들을 통하여 주어가 정해지지 않아도 됨을 알 수 있다. 즉 *on doit* (ou *il faut*) *baisser **la** tête en passant par là. avoir mal **au** bras, recevoir un coup sur **l'**œil* 도 마찬가지이다. 명령형에서도 당연히 *levez **les** yeux*라고 한다. 게다가 소유자가 복수라도 신체의 일부분을 지칭하는 명사는 단수이다. 즉 *elles ouvrent **la** bouche, ils ont mal **au** bras*의 예와 같다.

그러나 *il a encore mal à son bras, il plie son bras*라고 말하기도 하는데, 이 때는 이미 언급되었던, 아프다는 사실을 알고 있는 팔을 지칭하며 미리 알려진 사실을 언급하는 것이다. 즉 더 이상 단순한 사실이 아니다. 또한 친숙하게 말할 때 반드시 필요하다고는 볼 수 없는 부가형용사를 명사에 덧붙이는데 이 경우에도 소유형용사를 사용하여 일반적 구문을 취한다. 즉 *vous avez mal à **votre** chère poitrine* (ou *à **votre***

---

73) 세비녜 부인(Mme de Sévigné)이 딸에게 편지를 쓰면서 *le vent me fait mal à votre poitrine*라고 적었는데, 이는 그녀가 새로이 고안해 낸 문체로서 두 번 반복할 수 없다는 것을 잘 알 수 있다.

74) 그런데 *avoir les cheveux blonds, les yeux bleus, le pied petit, le nez long, la jambe malade* 등의 표현에서는 정관사가 소유형용사를 대신하기 보다는 부정관사를 대신하고 있다.

joli doigt), il a fermé ***sa*** *grande bouche, ils ont fermé* ***leurs*** *grandes bouches*의 예와 같다. 그러나 *j'ai reçu un coup sur* ***l'œil*** *gauche, pliez* ***le*** *bras droit*라고 말하는데, 형용사가 신체의 일부분임을 명확히 하고 그 부분과 일체를 이루기 때문이다. 또한 비유적으로 *il a* (ou *ils ont*) ***le*** *cœur bien placé*라고 말하기도 하는데 분사가 의미적으로 필요한 속사 역할을 하며 동사의 일부분으로 볼 수 있기 때문이다.[75)]

프랑스어에서는 신체의 일부분에 소유형용사를 함께 사용하는 것을 가급적 피하려고 하는데, 동사의 의미만으로 신체의 일부분이 주어에 속한다는 것을 결정할 수 없을 때에는 형용사를 사용하기보다는 가능하면 대명동사를 사용하여 신체의 일부분이 대명사 보어에 속하게 만든다. 즉 *je lave* ***mes*** *mains, lavez* ***vos*** *mains*은 몇몇 경우에 사용할 수 있지만 어색하기 때문에 거의 언제나 *je* ***me*** *lave* ***les*** *mains, lavez-****vous les*** *mains, je* ***me suis*** *lavé* ***les*** *mains, mon frère* ***s'est*** *cassé* ***la*** *jambe, ils* ***se sont*** *fait mal* ***au*** *bras,* ***se*** *laver* ***les*** *mains,* ***se*** *faire mal* ***au*** *bras*라고 말한다.[76)]

소유자가 동사의 주어가 아닐 경우(**si le possesseur n'est pas le sujet du verbe**) 더 이상 소유형용사를 사용하지 않는데, 구문이 까다롭기 때문에 여러 경우를 구별해야 한다.

소유자가 가끔 직접보어(**complément direct**)가 되는데, 신체의 일부분보다는 사람 자체가 문제가 될 때이다. 이 경우 소유자가 명사가 되기도 하고 대명사가 되기도 하는데 소유자가 먼저 언급되므로 문제가 없다. 즉 *j'ai pris mon frère par* ***la*** *main* 혹은 *je* ***l'****ai pris par* ***la*** *main* (*par sa main*은 안됨)의 예와 같다. 또한 따귀(soufflet)란

---

75) 그렇지만 *donner le bras*와 별도로 *offrir* (ou *tendre*) *le* (ou *son*) *bras* (비유적으로 *offrir son bras*), *ouvrir les* (ou *ses*) *bras à quelqu'un*이라고 말한다. 또한 *avoir dans* (ou *sur*) les *bras*와는 별도로 *prendre, tenir* (ou *serrer*) *dans* (ou *entre*) *ses bras*라고 말한다. 또한 *avoir sur le coeur* (ou *la poitrine*)와는 별도로 *tenir* (ou *serrer*) *contre* (ou *sur*) *son cœur* (ou *sa poitrine*)라고 말한다. 게다가 *cœur*라는 단어는 아주 다양한 추상적 의미를 갖고 있어서 특별히 그 구문이 복잡하다. 이것에 대해서는『실용 통사론 사전(*Dictionnaire pratique de la syntaxe*)』을 참조하기 바란다.

76) 가끔은 특별한 의미를 표시하기 위하여 소유형용사가 사용된다. 말하자면 종교적 정화의식(purification religieuse)의 경우 *laver ses mains*이라 말한다. 즉 *lavabo inter innocentes manus*를 *je me laverai les mains*으로 번역하기는 어려울 것이다. 또한 *se frotter les mains*은 기쁨을 나타내는 동작이므로, 가려울 때 *frotter ses yeux*라고 하듯이 손을 닦는 것은 *frotter ses mains*이라고 말할 수 있다. 또한 *essuyez vos pieds*라는 표현도 널리 사용된다.

신체의 일부인 뺨과 관계되기보다는 그 사람에 관계되는 것이다. 즉 *frapper la joue de quelqu'un* (ou *à quelqu'un*)이라고 말하지 않고 *frapper quelqu'un à* ***la*** *joue, je* ***les*** *ai frappés* ***au*** *visage, j'ai blessé mon frère* ***au*** *bras*라고 한다.

보다 빈번한 경우는 소유자가 전치사 *à*에 의한 간접보어(**complément indirect**) 형태로 나타나는 경우이다. 이 경우 명사로 된 소유자는 신체의 일부분 뒤에 나타나는데 그렇다고 관사를 사용하지 못하는 것은 아니다. 즉 *j'ai cassé* ***la*** *jambe à mon frère*의 예와 같다. 그러나 소유자를 나타내는 명사를 한정보어로 취하기도 한다. 즉 *j'ai pris la main de mon frère*의 예와 같다. 그리고 이 경우 소유형용사의 문제는 생기지 않는다. 그런데 신체의 일부분이 역시 간접보어인 경우 당황스러운 때가 있다. 즉 *j'ai fait mal au bras de mon frère*라는 문장은 모순되는데 아픈 것이 팔은 아니기 때문이다. 그렇다고 *j'ai fait mal au bras à mon frère*라고 한다고 우아해지지도 않는다.

소유자가 이미 누구인지 알기 때문에 언급하지 않을 경우 더 이상 어려움은 없다. 즉 소유자를 거의 언제나 동사 앞에 대명사로 나타내며 소유형용사를 사용하지 않는다. 따라서 경우에 따라 *j'ai pris la main de mon frère*이라고 말하듯이 *j'ai pris* ***sa*** *main*이라고 말할 수 있다. 또한 여성에게 항상 *prenez* ***mon*** *bras*라고 말한다. 그러나 거의 언제나 *je* ***lui*** *ai pris* ***la*** *main*이라고 말하고, *sa main*이라고는 하지 않는다. 또한 항상 *le bourreau* ***lui*** (ou ***leur***) *trancha* ***la*** *tête, on* ***t'****a cassé* ***la*** *jambe, on* ***leur*** *a ouvert* ***les*** *yeux, je* ***t'****ai fait mal* ***au*** *bras*라고 말한다.[77)]

신체의 일부분이 주어인 경우도 있다. 즉 *la tête* ***me*** *fait mal, la langue* ***t'****a fourché*의 예와 같다. 그러나 이는 별로 사용되지 않는 표현이고, 가끔은 대명사와 함께 사용되어서 당황스럽게 되기도 한다. 즉 ***le*** *cœur* ***me*** *bat*는 종종 ***mon*** *cœur bat*가 되거나 오히려 *j'ai* ***le*** *cœur qui bat*와 같이 소유자를 주어로 만든다. 소유자가 명사인 경우에는 보다 당황스러울 수도 있는데, *la tête de ta mère lui fait mal*은 불가능하고 *la tête fait mal à ta mère*도 역시 나쁘다. 따라서 *ta mère a* ***la*** *tête qui lui fait mal*이라고

---

77) 개인의 소유물로 볼 수 없는 사물에 대하여도 반드시 이런 구문을 사용한다. 즉 *il* ***lui*** *ôta* ***la*** *vie, cela* ***m'****a coupé* ***la*** *respiration*의 예와 같다. 신체의 일부분이 아닐 경우에는 소유형용사를 함께 쓰는 일도 있다. 즉 *tu* ***m'****as pris* ***mon*** *livre*의 예와 같다.

말하거나 보다 단순하게 *ta mère a mal à* ***la*** *tête*라고 말한다. 또한 *ta mère a* ***le*** *cœur qui bat*도 별로 좋지는 않다. 그런데 *le cœur me bat*에는 특별한 의미가 있음을 덧붙이자. 즉 죽어가는 사람에게는 ***son*** *cœur bat encore*라고 말하거나 오히려 ***le*** *cœur bat encore*라고 소유대명사를 사용하지 않고 말해야 한다. 그리고 당연히 *son nez touche son menton, ses bras descendent jusqu'à ses genoux*라고 말한다.[78)]

끝으로 예외적이긴 하지만 한 절에 신체의 일부분이 두 개 나타나고 첫째만이 주어를 소유자로 하는 경우도 있다. 이 경우 구문은 아주 다양하고 상황에 따라 다르다. 즉 *frapper*의 의미로 *mettre la main sur*는 굳어진 표현이다. 이 경우에는 단지 *je* ***lui*** *ai mis la main sur* ***l'****épaule*이라고 소유형용사를 사용하지 않고 말한다. 또한 *je* ***lui*** *ai mis la main* ***au*** *collet, on a mis* ***la*** *main* ***au*** *collet à cet homme*라고 말한다. 그러나 단순한 동작인 경우 *j'ai mis* ***la*** *main* (***ma*** *main*도 역시 가능) *sur* ***son*** *épaule, il mit* ***la*** *main sur* ***son*** *épaule*이라고 말하는데, 경우에 따라 모호함을 피해야 한다. 반면에 *j'ai mis* ***le*** *pied sur* ***sa*** *poitrine* (ou *sur la poitrine de cet homme*)라고 하기보다는 오히려 *je* ***lui*** *ai mis* ***le*** *pied sur* ***la*** *poitrine*라고 말한다. 반면에 *j'ai mis* ***mon*** *pied sur* ***sa*** *poitrine, je* ***lui*** *ai mis* ***mon*** *pied sur* ***la*** *poitrine*라고 한다. 그러나 이와 같이 주어에 대해서만 소유형용사를 사용하는 경우는, 보어에 대해서만 사용하는 것보다는 드물고 일반적으로 격렬한 동작을 의미한다. 유사한 예는 *je lui ai mis mon poing sous le nez, je leur ai envoyé mon pied au derrière*이다.

물론 이러한 설명은 단지 여러 가지 신체의 일부분에만 해당하는 것이다. 따라서 *il a perdu la vie*를 이것과 연관시켜서는 안 되는데, 여기에서의 관사는 개인적인 소유라는 개념이 없다는 사실로 설명될 수 있기 때문이다.[79)] 반면에 신체의 일부분에 적용되는 구문을 홀로 쓰인 의복의 경우에도 적용하는 것은 아주 어색하다. 가끔 외국인들이 *il s'est sali la chemise* 혹은 *on lui a coupé le pantalon*이라고 말하는 것을 듣는다. 이보다 더 부정확한 표현은 없는데, 단순하게 말해서 의복이란 한 개인과 일체를 이루는 부분이 아니므로 소유형용사를 생략할 필요가 없기 때문이다. 따라서 단지 *elle a déchiré* ***sa*** *jupe, il a sali* ***sa*** *chemise*라고 말할 따름이고, 이는 *elle a pris*

---

78) 관계절에 대해서는 <관계사 *dont*(relatif *dont*)>의 항목을 참조할 것.

79) 앞의 본문 138쪽을 참조할 것.

son *chapeau*이지 *le chapeau*가 아닌 것과 같다. 가끔은 소유자가 보어인 경우 중복법을 써서 *on* ***lui*** *a déchiré* ***son*** *pantalon*이라고도 말하는데 *il a déchiré* ***son*** *pantalon*이라고 말하면 족하다. 또한 *nous avons déchiré* ***nos*** *pantalons*이라고 복수형을 사용하므로, 글로 적을 때에도 *ils ont déchiré* ***leurs*** *pantalons*이라고 적는다. 이것은 *ils ont pris* ***leurs*** *chapeaux*와 같다. (본문 136쪽 참조)

신체의 일부분과 의복 사이의 구별은 너무나 분명하고 확실한데, 가끔은 관사와 소유형용사 사이에서 선택을 해야 하는 중간의 경우도 있다. 즉 이는 *cheveux*와 *barbe*의 경우인데, 이들이 엄밀하게 말하여 한 개인과 일체를 이루지는 않는다. 왜냐하면 절단하지 않고도 분리될 수 있기 때문이다. 그런데 이들은 거의 신체의 일부분에 속하면서 또한 의복에도 속한다고 볼 수 있다. 반드시 *il* ***s'****arrache* ***les*** *cheveux*라고 말하는데 이 경우 신체 자체가 관계되기 때문이다. 또한 *le coiffeur* ***m'****a coupé* ***les*** *cheveux*라고 말하는데, 소유자가 보어이기 때문이다. 그러나 *je* ***me*** *suis fait couper* ***les*** *cheveux*와는 별도로 *j'ai fait couper* ***mes*** *cheveux* (ou ***ma*** *barbe*)라고 말한다. 또한 항상 *j'ai perdu* ***mes*** *cheveux, il a perdu* ***ses*** *cheveux* (ou ***sa*** *barbe*)라고 말하는데 이는 절단이 아니라 모발이 사라지는 것이기 때문인데, 따라서 *j'ai perdu* ***l'****œil droit* (ou ***la*** *jambe gauche*)와 대립된다. 또한 한 여성에 대하여 말하면서 부가형용사 없이 *elle a coupé* ***ses*** *cheveux pour les vendre*라고 말한다. 또한 나비에 대하여 말하면서 *il se brûle les ailes* 혹은 *il brûle ses ailes*라고 말한다.

반면에 한 절 안에 신체의 일부분과 의복의 일부분 혹은 어떤 다른 물건이 함께 나올 수도 있다. 이 경우 구문을 일치시키기 위하여 둘 중의 하나가 다른 것에 영향을 미치는 것이 아주 빈번하다. 단순히 동작을 확인하는 경우라면 일반적으로 소유형용사를 사용한다. 즉 *il mit* ***ses*** *mains dans* ***ses*** *poches*의 예와 같다. 반면에 지속되는 상태를 나타내는 경우 관사를 사용하는 것이 더 낫다. 즉 *il avait* ***les*** *mains dans* ***les*** *poches*가 *il avait* ***ses*** *mains dans* ***ses*** *poches*보다 낫다. 또한 *il mit* ***sa*** *pipe entre* ***ses*** *dents, il avait* ***la*** *pipe* ***aux*** *dents* (ou ***le*** *cigare à* ***la*** *bouche*)라고 둘 다 사용한다. 이러한 표현이 가능한 것은 태도를 특징짓는 데 사용하는 절대구문 덕택인데, 이는 *il marchait* ***les*** *yeux baissés, il marchait* ***les*** *mains dans* ***les*** *poches* (ou ***le*** *chapeau sur* ***l'****oreille,* ***la*** *pipe* ***aux*** *dents,* ***la*** *cigarette* ***aux*** *lèvres*) 등이다. 이는 말하자면 고정된

표현으로 *mettre **la** main sur **l'**épaule* (ou ***au*** *collet*), *prendre **le** mors **aux** dents*과 마찬가지로 그 형태가 변하지 않는다.

3. 부정형용사와 부정대명사

Un, quelqu'un - quelque, aucun, chacun - chaque

우리는 앞에서 ***un***이 부정관사로 사용됨을 이미 보았다. 따라서 이는 어떤 의미로는 형용사이며, *l'un, les uns*처럼 정관사와 함께 사용될 경우에만 대명사가 된다. 따라서 *un est venu*라고는 말하지 않고 오히려 *il **en** est venu un*이라고 말하는데, 이때 *un*은 수형용사로서 *j'en ai vu un*이나 *j'en veux un*의 경우와 마찬가지이다. 그렇지만 *un seul est venu*나 *pas un n'est venu*라고 여전히 말하는데 이는 생략에 의한 것이고, *il en est venu un seul, il n'en est venu qu'un, il n'en est pas venu un*과 완전히 같은 의미이고 여전히 수형용사로 쓰인 것이다.[80)]

격식을 차리지 않고 말할 때에는 *un homme* 혹은 *quelqu'un* 대신에 *un*이라고 말하기도 하는데, 이는 *il marche comme **un** qui a trop bu*와 같은 몇몇 문장에서 보인다. 그러나 이것은 아주 드문 옛날 표현이며, 이미 속담으로 변한 라퐁텐느(La Fontaine)의 다음 시구 (le vers)도 여기에 속한다.

> On a souvent besoin d'*un* plus petit que soi.[81)]

다른 여러 개의 대상 중에서 어느 숫자를 표시하기 위하여 사용되는 수대명사, 수

---

80) 격식을 차리지 않는 언어의 경우 *je n'ai pas un sou* 혹은 *je n'ai plus un sou*가 *je n'ai pas le sou* 나 *je n'ai plus le sou*가 되는데, 아마도 *le premier sou*의 의미로 쓰인 듯하다.

81) 그런데 *la vérité est une*와 여타의 유사한 구문에서 *un*은 품질형용사이다.

형용사, 부사 등의 단어들은 부분의 의미를 갖는 보어(complément partitif)와 함께 쓰인다. 수대명사나 수형용사로 쓰이는 *un*이 바로 이러한 경우이며, 또한 모든 다른 수대명사나 수형용사도 마찬가지이다.[82] 그러나 이 경우 *un*은 *l'un*과 서로 경쟁관계에 있다. 두 개에 대해서 말할 때에는 *l'un de*를 사용하고 여러 개에 대해서 말할 때에는 *un de*를 사용하게 하려고 문법학자들은 애썼는데, *l'un*과 *un*은 항상 대체로 혼동되었다. 또한 지나치게 뽐내는 느낌이 강한 표현인 ***l'un** des quarante*는 한림원 회원들이 그들 책 제목에 이를 사용했던 당시에도, 둘이 아닌 여러 사람에 관한 것임에도 불구하고 이렇게 사용하였다. 오늘날 *l'un*은 *de* 앞에서 점점 덜 사용되고 있다. 두 명만이 있을 경우라도 ***un** des consuls*이라고 말하는 것은 일반화되어 있다. 게다가 *Henri IV fut **un** de nos plus grands rois*라고 말하는 것이 빈번하고, 또한 정관사 없이 ***un** de ces jours*라고만 말하고 모음충돌이 일어나도 *à **un** de ces jours*라고만 말할 뿐이다. 그렇지만 대명사 앞에서는 *l'un*을 사용하여, ***l'un** de nous, **l'un** de vous, **l'un** d'eux*와 같이 한다. 그러나 이에 구애 받을 필요는 없다. 즉 *l'un*은 부분관사가 붙은 보어가 앞에 나오며 두 개 중 하나를 택하는 몇몇 표현에서만 사용되고 있는데, 딜레마를 나타내는 표현인 *de deux choses l'une*와 이틀 중 하루를 의미하는 *de deux jours l'un*이 그것이다. 이제는 더 이상 *de trois l'un*이라고 말하지 않고 *un sur trois*라고 한다.

*L'un*은 특히 *l'autre*와 대립되어서 여러 표현에서 사용되는데, 우리는 이것을 나중에 살펴볼 것이다.

*Un*은 다음과 같은 복합명사에 나타난다. 즉 형용사인 *quelque*와 *chaque*와는 별도로 대명사인 *quelqu'un*과 *chacun*, 그리고 일반적으로 형용사로 쓰이는 *aucun*이 그것이다.

Quelqu'un은 *un*과 형용사 *quelque*가 합쳐진 대명사로 역시 복수형이 가능하다. 즉 *quelques-uns, quelques-unes*가 있다. 이들은 대명사로서 *un* 대신에 쓰인다. 즉 *quelqu'un est venu, quelqu'un que je connais bien, j'ai vu quelqu'un, j'ai parlé à quelqu'un*의 예와 같다. 주목할 것은 여성에 대해서 말할 때에도 이들을 사용할 수 있다는 것인데, 여성형인 *quelqu'une*는 일반적으로 보어와 함께 쓰이기 때문이다.

---

82) 뒤에 나오는 <수형용사(adjectifs numéraux)>를 참조할 것.

여성들에게 말을 걸면서 *quelqu'un veut-il que je le désigne*?라고 말할 수는 있지만 별로 친절한 말투는 아니므로 *quelqu'une de vous veut-elle...*이라고 말하는 것이 더 나을 것이다.

*Quelques-uns*은 주어로서 홀로 사용될 수 있다. 즉 *quelques-uns sont venus*의 예와 같다. 그러나 *en*이나 부분관사가 붙은 보어를 덧붙이지 않고 *j'ai vu quelques-uns*이라고 말하지는 않는다. *Quelques-unes*도 역시 부분관사가 붙은 보어가 없이는 주어로서 사용되지 않는데, 앞에서 이미 언급된 명사에 관계되는 경우에는 예외로 가능하다. 즉 *j'ai vu ces dames, quelques-unes viendront*의 예와 같다. 그 이유는 *d'entre elles*은 불필요하고 도치를 시켜서 *il **en** viendra quelques-unes*라고 하지 않는 한 *en*을 사용할 수 없기 때문이다.

부분관사가 붙은 보어가 나오면 *un*을 사용하는 것이 더 흔한데 *quelqu'un*도 역시 사용할 수 있다. 복수형에서는 당연히 다음과 같이 말한다. 즉 *quelques-uns* (ou *quelques-unes*) *d'entre vous*의 예와 같다. 단수형에서 *quelqu'un* (혹은 *quelqu'une*)은 *un*보다 비한정적인 의미를 갖는다. 즉 *si quelqu'un de ces hommes, si quelqu'une d'entre vous*는 *si un, si une*보다 모호한 의미를 갖고 *si par hasard*라고 표현하는 것과 유사하다. 이러한 부분적인 의미의 구문은 형용사나 분사와 함께 사용되기도 한다. 즉 *il faut ici quelqu'un **de** juste, j'en ai quelques-uns **d'**excellents, quelques-unes **de** toutes préparées*의 예와 같다.

격식을 차리지 않고 말할 때 *quelqu'un*이 한번 언급되었을 때 *ce quelqu'un*이라는 지시대명사로 지칭하기도 한다. 또한 일상적으로 사용되는 *c'est quelqu'un*은 처음 나타난 누군가를 지칭하는 것이 아니라 <une valeur *personnelle*>를 갖는 사람을 지칭한다.

Quelque는 형용사이다. 즉 *quelque jour*는 어느 정해지지 않은 날이고 *quelques jours*는 며칠을 의미한다. 또 다른 예로 *j'ai eu quelque peine à le faire, je lui ai donné quelques bonnes raisons,* (생략이 포함된) *j'en ai vingt et quelques*가 있다. 또한 *un peu*의 의미로 *quelque peu*도 사용한다.[83]

---

83) 고전적 표현인 *quelque sot*라는 것이 있다. 예를 들어 <*quelque sot* le ferait, mais moi non>의 의미이다.

*Quelque*가 비한정적이므로 그 앞에 지시사 *ces*나 관사 *les*를 덧붙인다는 것은 다소간 모순적이다. 즉 *j'ai passé ces quelques jours, les quelques jours que j'ai passés ici, je vous écris ces quelques mots*의 예가 있는데, 이 예들은 격식 없이 말하는 언어에서는 허용되며 그 의미는 *le peu de*나 *ce peu de*보다는 더 긍정적이며 단정적이다. 따라서 이러한 의미적 차이가 있으므로 이 표현이 가능하다.

비한정적인 의미로 *quelque sottise qu'il fasse, quelques raisons* (ou *quelques bonnes raisons*) *que vous ayez* (ou *qui aient été données*)라고 말한다. 이러한 표현에서 뒤따르는 관계대명사는 항상 주어나 직접보어이다. 왜냐하면 *quelques bonnes raisons dont on se soit servi*라고 말하는 대신에 ***de** quelques bonnes raisons qu'on se soit servi*라고 말하는 것이 정확하며, 또한 ***en** quelque endroit **qu**'on soit*의 의미로 *quelque part qu'on soit*라고 하는 것이 올바르다.[84)]

*Quelque*는 또한 가끔 *environ*의 의미를 가진 부사로 여겨지기도 한다. 즉 *j'ai quelque soixante ans*의 예와 같다.

그런데 *quelque*와 관계있는 *quelconque*가 있는데, 이는 항상 형용사로서 명사 뒤에 놓인다. 즉 *une personne* (ou *un objet*) *quelconque*의 예와 같다. 반면에 *quiconque*는 *quelconque*와 마찬가지로 비한정적이지만 이는 동시에 거의 남성으로만 사용되는 주어 관계대명사이며, *celui, quel qu'il soit, qui*의 의미이다. 가끔은 이를 관계대명사가 아닌 비한정적 간접보어로 사용하기도 하는데 그 의미는 *qui que ce soit*이다. 즉 *je ne le dirai à quiconque*의 예와 같다. 그러나 이런 경우는 드물며 이를 보어 관계대명사로는 전혀 사용하지 않는다. 즉 *quiconque vous aime*가 가능하다고 해서 *quiconque vous aimez*가 될 수는 없고 *qui que ce soit que vous aimiez*라고

---

84) 참고로 *c'est vous à qui* 대신에 *c'est à vous que*로 바꾼다. 그러나 *quelque*의 이러한 구문은 문어에 속하는 것이다. 그리고 *quelque*가 부사로 여겨지는 유사한 구문도 마찬가지이다. 우리가 방금 전에 살펴본 예에서도 *quelque*는 부사에 가깝다. 즉 *quelques bonnes raisons que vous ayez*는 *si bonnes que soient les raisons que vous avez*와 같다. 이것이 속사와 함께 쓰이면 완전히 부사가 되며 *si*와 똑같게 된다. 즉 *quelque bonnes que soient vos raisons, quelque braves soldats qu'ils soient* (ou *qu'ils paraissent, que je les croie*). *quelque bravement qu'ils se conduisent*도 마찬가지이다. 이 모든 구문이 문어에서는 그런대로 사용되나 구어에서는 거의 사용되지 않는다. 구어에서는 대신에 *si*를 사용하는데 이를 *aussi*로 바꾸지 않도록 조심해야 한다.

해야 한다.[85)]

*Quelques*와 *quelques-uns*은 정해지지 않은 복수의 개념을 지칭하지만 아주 적은 수를 의미한다. 이러한 제한을 두지 않고 복수의 개념을 나타내려면 *plusieurs*라는 형용사를 사용하는데, 이는 가끔 생략에 의해서 홀로 주어가 될 수 있다. 즉 *plusieurs ont pensé que...*의 예와 같다.[86)] 보다 많은 수는 *plus d'un*으로 나타내는데 이도 역시 생략에 의하여 홀로 사용될 수 있다. 즉 *plus d'un a pensé que...*의 예와 같다. 끝으로, 여전히 정해지지 않았지만 아주 많은 수를 나타내려면 오래된 형용사인 *maint*[87)]을 사용한다.

Aucun은 어원적으로 *quelqu'un*과 동의어이며, 따라서 아주 드물게 사용되는 고전적 표현인 *d'aucuns*에는 긍정적 의미가 남아 있다. 그런데 *d'aucuns*은 단지 대명사로만 사용되며 *quelques personnes*를 의미한다. 이 경우를 제외하면 *aucun*은 항상 부정적인 것 같다. 그러나 이는 이 단어가 (표현되거나 생략된) 부정과 항상 함께 쓰이거나, 부정의 개념을 갖고 있는 문장에서 사용되거나, 부정에 종속된 문장에서 쓰이기 때문인 것 같다. 즉 *je n'en connais aucun, sans aucun doute, il a beaucoup mieux réussi qu'aucun de ses concurrents* (n'a réussi), *je ne pense pas qu'aucun d'eux soit venu*의 예와 같다.[88)]

*Aucun*에는 거의 언제나 부분을 의미하는 명사 혹은 보어(un nom ou un complément partitif)가 붙는다. 즉 *aucun mal, aucun de nous, je n'en connais aucun, je n'en ai vu aucun de beau*의 예와 같다.[89)] 주어로 쓰인 경우 *aucun*은 오랫동안

---

85) <주어 관계사 *qui* (*qui* relatif sujet)>의 항목에서 *quiconque*에 대해서 다시 언급할 것이다.

86) 문학어에서는 이를 보어로 사용하기도 한다. 라신느(Racine)가 말한 예로 *il faut servir plusieurs si on veut se servir de plusieurs*가 있다.

87) 이 오래된 단어는 단수와 복수에서 같은 의미로 사용되었는데, 17세기에는 시 이외에서는 사용되지 않다가 그 이후에 적어도 문어에서 다시 사용되게 되었다. 또한 이를 반복해서 쓰기도 한다. 즉 *après maintes et maintes recherches*의 예와 같다. 일상적으로 사용되는 표현으로는 *maintes fois*가 있는데 *bien des fois*와 거의 같은 의미이다.

88) 뒤에 언급될 <부정(*la négation*)>의 항목을 참조할 것.

89) 또한 *je n'ai vu dans ce musée aucun tableau remarquable* (ou *de remarquable*), *il n'y a encore aucun mur de blanchi, je n'y ai vu aucun homme sérieux* (ou *de sérieux*)가 있다. 그런데 *aucun*이 *pas un*과 같은 구문을 취하는 것에 대해서는, <수형용사(adjectifs numéruax)>를 참조하기 바란다.

*quelqu'un*과 같이 대명사였는데, 이 경우 이를 *personne*[90]로 바꾸는 것이 일반적이었고 가끔은 *nul*로 바꾸었다. 즉 *personne* (ou *nul*) *n'est content de son sort, que personne* (ou *que nul*) *ne sorte*의 예와 같다.[91]

게다가 어쩔 수 없이 *aucun*은 구어에서 단지 단수로만 사용된다. 단수형이 없는 명사의 경우에는 적어도 여성의 경우 *aucun*을 사용하지 않는 편이 낫다. 그런데 *je n'ai fait aucuns frais*라고 말하는 경우가 흔한데, 이 문장에서는 (발음은 같고) 단지 철자만이 관계되기 때문이다.[92]

Chacun은 *un*과 형용사 ***chaque***가 합쳐진 대명사이다. 둘 다가 분배의 의미를 갖고 항상 단수이다. 즉 *chaque âge a* ***ses*** *plaisirs,* ***chacun*** *de nous,* ***chacune*** *de vous le* ***fera,***[93] *chacun de ces objets me coûte fort cher*의 예와 같다. 생략을 하여 *à chacun selon ses œuvres, chacun pour soi, chacun son goût*라고도 한다. 또한 *chacun en parle, chacun sait que*라고도 말하는데, 이 경우 *chacun*은 *tout le monde*와 뜻이 거의 같다.

그런데 *chaque*와 그 뒤에 나오는 명사가 계속(succession)의 의미를 갖는 상황보어 역할을 할 때 일반적으로 그 앞에 전치사 *à*를 놓는다. 즉 *à chaque instant, à chaque heure du jour, à chaque faute qu'il fera*의 예와 같다. 그러나 *chaque jour*와 *chaque fois*의 경우에는 *à*를 생략한다. 그리고 *chaque soir*나 *chaque matin*이라고 말하는 것도 가능하지만 *tous les soirs*와 *tous les matins*을 더 선호한다.

---

90) 이 단어에 대해서는 앞의 본문 24쪽을 참조할 것.

91) 부정(indéfini)의 *nul*은 일상 용법에서 사라지는 경향이 있다. 대명사로는 *nul n'est content de son sort*와 같은 일반적인 표현에는 다소간 남아 있지만, *que nul ne sorte*는 오히려 문어에 속하는 것이다. 형용사로는 문어에 아직 남아 있지만 구어에서는 *aucun*에게 자리를 양보하고 있고, *nul autre, je n'ai nulle envie* (ou *nul besoin*) *de* 같은 몇몇 표현에서만 남아 있을 따름이고 이들도 역시 사라질 것이다. 그러나 쉽사리 사라지지 않을 표현으로 *nulle part*가 있는데 이를 대신할 일상적인 표현이 없기 때문이다. 즉 *en point d'endroit*라고 말하는 것은 아주 잘못된 것이다. 반면에 *nul*이 품질형용사로는 자주 잘 사용되는데, 그 의미는 별 가치가 없다는 것이다. 즉 *ce mariage est nul, des élèves nuls* 등의 예가 있다.

92) 문어에서 *aucun*의 복수형의 사용이 완전히 사라진 것은 아니지만 별로 유용하지 않다. 즉 *je n'ai fait aucun frais*라고 적지 못할 이유가 없는데, 이는 논리적으로 <*aucun des frais* que j'aurais pu faire>이기 때문이다. 또한 *nul*의 복수형도 역시 순수하게 문학에서만 사용된다.

93) 그런데 *chacun*의 보어와 동사를 일치시키는 것은 어법에 어긋난다.

원칙상 *chaque*는 그 다음에 명사가 직접 뒤따라 나오지 않으면 사용할 수 없다. 즉 *j'ai deux raisons dont chacune est suffisante*에서 *chacune* 대신에 *chaque*를 사용할 수 없다. 따라서 *ces livres m'ont coûté chacun cinq francs*이라고 말하는 것이 올바른데, 민중들의 언어에서 유래한 *cinq francs chaque*가 상인들의 언어에 도입되어서 널리 사용되고 있음은 부정할 수 없다. 사실 이러한 표현을 한림원 (Académie)의 공식회의에서도 듣게 되기 때문이다. 그러나 사람들이 자기의 언어에 조금이라도 신경 쓰면 이런 표현을 피하는 것이 일반적이다. 적어도 이러한 용법을 상품의 가격에 국한하여 사용하여야 하고, 예를 들어 *les joueurs paieront deux francs chaque*라고는 말하지 말아야 한다. 즉 *chacun deux francs* 혹은 *chaque joueur paiera deux francs*이라고 말하는 것이 어렵지 않기 때문이다.[94] 반면에 *chaque*에 분배의 의미가 있으므로 그 앞에 *par*를 덧붙일 수 없다. 즉 *le prix est de deux francs pour chaque personne*라고 말하거나 보다 간단히 *par personne*라고 말할 수는 있어도, *par chaque personne*는 불가능하다.

또한 *chaque* 다음에 복수명사가 나오지 않도록 보다 세심하게 주의해야 한다. 즉 *chaque deux jours, chaque cent francs, chaque cinq minutes*는 아주 잘못된 어법이다. 시간에 관하여 말할 때에는 *tous les deux jours, toutes les cinq minutes*라고 말하고 그 외의 것에 관하여는 *de deux en deux, de trois en trois, un sur deux*와 같이 말한다.

*Chacun*과 *chaque*에는 복수의 개념이 없으므로 앞에서 본 것처럼 일반적으로 단수형의 소유형용사와 함께 쓰인다. 즉 *chacun* ***son*** *goût, chaque âge a* ***ses*** *plaisirs*의 예와 같다.

그러나 *chacun*이 복수 주어를 지칭하는 것으로 동사 뒤에 나올 경우 1인칭과 2인칭의 직접보어에는 *nous*와 *vous*에 해당하는 복수의 소유형용사를 항상 사용한다. 즉 *nous avons apporté chacun* ***notre*** *part, vous serez récompensé chacun selon* ***vos*** *mérites, nous monterons chacun* ***notre*** *cheval*의 예와 같다.[95] 따라서 당연히 *ils*

---

94) 상품에 대해서도 상인들이 역시 생략에 의하여 사용하는 *cinq francs la pièce* 혹은 *cinq francs pièce*를 사용할 수 있다.

95) 이 표현은 아주 흥미롭다. 왜냐하면 *notre cheval*이라 하면 우리가 공동으로 소유하는 말을 의미하는 것처럼 보일 수 있기 때문이다. 그러나 *nos chevaux*는 각자가 여러 마리를 소유한다는

ont apporté chacun ***leur*** *part*라고 말할 수 있는데, *chacun*이 마치 괄호 속에 있는 것과 같으며 직접보어에 대해서는 거의 언제나 이렇게 한다. 주어와 더 분리되어 있는 간접보어의 경우에는 일정하지 않다. 즉 *ils sont montés chacun sur* ***leur*** *cheval* (ou *sur* ***son*** *cheval*)과 같다. 그런데 *chacun*의 앞에 있는 부분이 그 자체로 온전한 경우 거의 언제나 단수의 소유형용사를 사용한다. 즉 *les riches doivent tous contribuer à l'entretien des malheureux, chacun selon sa fortune*의 예와 같다.[96)]

그런데 *chacun* 다음에 (*son*이나 *sa*가 아닌) *leur*를 사용하는 식의 이러한 구문은 *chacun*이 주어와 동격이 아니라 직접보어와 동격인 경우에도 사용된다. 그러나 이는 1, 2인칭에만 국한된다. 즉 *ils vous ont mis chacun à* ***votre*** *place, mettez ces livres chacun à* ***sa*** *place*의 예와 같다.

수의 문제는 *chaque*의 경우에도 제기되는데, *chacun*과는 다른 방식으로 제기되며 *chaque*가 반복될 경우에 문제가 된다. 이 때 문제가 되는 것이 소유형용사가 아니라 동사이다. 소유형용사가 나오면 일반적으로 단수형을 쓴다. 즉 *chaque garçon et chaque fille aura son prix*의 예와 같다. 그러나 형용사 없이 *chaque garçon et chaque fille auront un prix*라고 말할 수도 있다.

고전적 표현인 *un chaque, tout un chacun*이 일상어에서 완전히 사라지지는 않았다. 또한 일상적으로 *chacun avec sa chacune, chacun emmène sa chacune*라고도 말한다.

형용사 *autre*와 *autrui*에 대하여

Autre는 한정형용사인데, 대명사 ***autrui***가 일상적 용법에서 거의 사라졌기 때문에 대명사로 사용되는 일이 많다. 즉 *vous me prenez pour un autre, d'autres vous*

것을 의미할 수 있기 때문에 *notre cheval*이라고 해야 각자가 한 마리씩 갖고 있다는 의미가 된다.

96) 인칭대명사의 경우에도 같다. 즉 *ils soutenaient chacun l'opinion qui leur paraissait la meilleure, ils s'en tenaient chacun à l'opinion qui leur* (ou *qui lui*) *paraissait la meilleure, ils doivent tous profiter de vos observations, chacun en ce qui le concerne*의 예와 같다.

*diront..., ne t'occupe pas des autres, quel autre le ferait?*의 예와 같다.

Autrui는 항상 아주 제한적으로 사용되었다. 사람에게만 사용되었기 때문에 처음부터 간접보어로만 사용되었고, 전치사 *à*나 *de*와 함께 아직도 *le bien d'autrui*나 몇몇 속담에서 사용되고 있다. 그러나 그 외의 경우에는 오늘날 *les autres, le bien des autres*를 아직 사용한다.[97)]

그런데 ***autre***는 주로 형용사로 쓰인다. 즉 *les autres hommes, une autre raison, d'autres accidents*의 예와 같다.[98)]

Autre 앞에 수량형용사, 부정형용사 혹은 부분관사가 붙어서 직접보어나 속사로 쓰이며, 그 뒤에 바로 명사가 나오지 않을 때에는 항상 그 명사를 지칭하는 부분의 ***en***(***en*** partitif) 과 함께 *autre*를 사용한다. 즉 *j'**en** ai vu un autre* (ou *trois autres, quelques autres*), *j'**en** connais d'autres, je n'**en** connais pas d'autres* (ou *d'autre*), *vous **en** êtes un autre*의 예와 같다. 도치가 되어서 *autre*가 진주어인 경우에도 마찬가지이다. 즉 *il y **en** a d'autres, il **en** est venu un autre* (ou *trois autres*), *il n'**en** est pas venu d'autres* (ou *d'autre*), *il **en** fut autrement*의 예와 같다. 그리고 *autre* 다음에 *que*가 나오는 경우에도 같다. 즉 *j'**en** ai vu d'autres que lui*의 예와 같다. 이러한 구문에서 생략된 어떤 단어를 *autre*가 지칭하는 프랑스어 특유의 관용어법이 유래한다. 즉 *j'**en***

---

97) 문어에서는 아직도 *autrui*를 어떤 전치사라도 함께 쓰는 일이 아주 흔하다. 즉 *pour autrui, en autrui, chez autrui* 등과 같다. 또한 가끔 직접보어로도 사용한다. 가끔은 주어로도 사용하는데 이는 별로 올바른 것은 아니다. 그러나 예를 들어 *il faut se conformer à l'opinion d'autrui, quand autrui a raison*이라고 말하는 것은 아주 자연스럽다. 왜냐하면 둘째의 *autrui*가 그 앞의 *autrui*에 이끌려서 정당화되기 때문이다.
또한 *autrui*가 단수이므로 이를 단수형의 인칭대명사나 소유형용사로 받을 수 있다. 즉 *quand on se règle sur autrui, il ne faut pas lui emprunter ses défauts* (ou *en emprunter les défauts*)의 예와 같다. 그러나 이렇게 말하거나 적는 방식이 별로 사용되지 않는 이유는, *autrui*의 용법이 점점 축소되기 때문이다.

98) 그런데 *un autre*의 복수형이 사실 *d'autres*이지 *des autres*가 아니다. 그리고 부정문에서는 단수형에서도 *un autre*가 *d'autre*가 될 수 있다. 즉 *je ne connais pas d'autre raison*의 예와 같다. 옛날에는 *connaissez-vous* (ou *si je connaissais*) *d'autre raison*이라고 부정문과 유사하게 사용하곤 했는데, 오늘날에는 거의 사용되지 않는다. 그런데 *je connais d'autre raison*이라고 말하는 것은 틀린 것이다. 부분관사가 *de*로 축약이 되려면 복수형이 나와야 한다. 앞의 본문 39쪽을 참조할 것.

ai bu bien d'autres (des choses plus extraordinaires), *il* ***en*** *sait bien d'autres* (il a bien d'autres malices), *il n'****en*** *fait jamais d'autres* (il fait toujours des sottises pareilles), ***en*** *voici bien d'une autre* (voici quelque chose de plus étonnant)의 예와 같다.

이렇게 사용된 *autre*가 간접보어일 때 *en*이 사용되지 않을 수 있다. 즉 *j'ai parlé à quelques autres, je me suis occupé d'un autre*의 예와 같다.

간접보어로 사용된 *autre* 다음에 *que*가 나오면, 일반적으로 동사는 생략하고 둘째 간접보어 앞에 전치사를 반복한다. 즉 *j'aime mieux que vous l'appreniez d'un autre que* ***de*** *moi*의 예와 같다. 이것은 *j'aime mieux que vous l'appreniez de moi que de lui, j'aime mieux avoir affaire à d'autres qu'à vous* (que d'avoir affaire à vous)의 예와 같다. 그러나 동사를 생략하는 것이 불가능할 경우 전치사를 생략하는 것이 옳다. 즉 *adressez-vous à d'autres que moi, allez avec d'autres que moi, dites-le à d'autres que moi, je ne ferais pas cela pour un autre que vous*의 예와 같다. 전치사를 반복하지 않으면 종종 *autre*의 의미를 특별히 강조하는 효과가 있음을 알 수 있다. 왜냐하면 이 경우 다르다는 의미를 강조하기 때문이다. 즉 *un autre que vous*란 당신과는 다른 누군가를 의미한다.

만일 *autre* 다음에 명사가 나오더라도 전혀 문제가 없다. 즉 *je n'ai pas besoin d'une autre récompense que celle-là*의 예와 같다. 그러나 반드시 *je n'ai pas besoin d'une autre récompense* (ou *je n'ai pas besoin d'autre chose*) *que de vous voir*라고 말하는데, 이는 *il ne me faut pas autre chose que de vous voir*라고 말하는 것과 같고 *de*는 동사의 원형 때문에 쓰인 것이다. 또한 *j'ai autre chose à faire que de vous écouter*라고 말해야 옳고 *qu'à vous écouter*라고는 하지 않는다.

*L'autre jour*는 *il y a quelques jours*를 의미한다. *Comme dit l'autre*는 (가끔은 *cet autre*를 사용) 인용하는 사람을 정확하게 지칭하기를 원치 않거나, 더 흔하게는 누군지 지칭할 수 없을 때 혹은 속담을 인용할 때 격의 없이 말하는 언어에서 사용된다. 프티쟝 (Petitjean)이 『소송인 (les Plaideurs)』에서 다음과 같이 말했다.

On apprend à hurler, *dit l'autre*, avec les loups.[99)]

Autre 앞에 관사가 있어도 그 사이에 수량형용사를 넣을 수 있다. 즉 *les autres, six autres, les six autres*라고 할 수 있다. 그러나 *les autres six*는 가능하지 않다.

그런데 *l'autre, un autre*라고 말하듯이 *quelque autre, aucun autre, quelques autres, plusieurs autres*라고도 말한다.[100)]

또한 *je n'ai vu personne autre*라고 *de*를 생략하여 말하기도 하고, 유추에 의하여 *j'avais du pain et rien autre*라고도 말한다. 반면에 두 단어가 분리되어 있으면 *je n'ai rien fait d'autre*라고 한다.

명사 앞에서 *sans aucun autre*와 *sans autre*를 구별하지 않고 사용하고, 가끔 *sans autre*는 *sans aucun*과 뜻이 같다. 즉 *nous sommes arrivés sans autre accident*의 예와 같다.

끝으로 다음과 같은 여러 표현에서 *autre* 앞에는 어떤 관사도 나오지 않는다. 즉 *de temps à autre, parler de choses et d'autres, aller de côté et d'autre, autre part* (ou *d'autre part*)의 예와 같다. 특히 반복에 의한 대립의 경우에 관사가 나오지 않는다. 즉 *autre temps, autres mœurs*의 예와 같다.[101)]

격의 없이 말할 때 명사 없이 *nous autres, vous autres*라고 말하거나 명사와 함께 *vous autres femmes*라고 대립을 강조하기도 한다. 그러나 *eux autres*는 별로 좋지 않다.

많은 경우 *autre*는 단순한 품질형용사로 차이점을 강조하는 데 사용된다. 즉 *il est devenu tout autre* (*qu'il n'était*), *vous voyez les choses d'une autre manière que moi*의 예와 같다. 이러한 의미로 사용될 때 *autre que*나 *un autre que* 다음에 동사가 나오기 쉽다.

On se voit d'un *autre* œil qu'on ne voit son prochain.

---

99) 이와 같이 문어에서 사용하는 *comme dit le poète*는 더 이상 그 이름을 기억하지 못하는 사람을 인용할 때 사용하는 편리한 방법이다. 아직도 완전히 사라지지 않은 오래된 고전적 표현으로 *à d'autres, allez dire cela à de plus crédules que moi*가 있다.

100) 가끔 *quelqu'un d'autre*라고 단수형으로만 사용하는데 *quelque autre*가 더 낫다. 이는 *quelque chose d'autre*에서 *autre*가 *différent*의 의미가 아니라면, 이를 *quelque autre chose*로 바꾸는 것이 더 나은 것과 같다.

101) 문어에서는 아직도 *d'autres temps, d'autres soins*이라고 한다.

우리는 비교급의 항목에서 *autre*가 가끔 <supérieur>의 의미로 사용됨을 보았다. 즉 *c'est un autre homme que vous*의 예와 같다.

L'autre나 *un autre*가 ***un***과 쉽게 대립된다. 즉 *il pleure d'un œil et il rit de l'autre, vous en avez un et moi un autre*의 예와 같다. 그러나 특히 *l'autre*와 *l'un*, *les autres*와 *les uns*를 서로 대립시키거나 연관시키는데, *les uns*은 *un*의 옛날 복수형이다.

먼저 두 사람이나 두 사물 사이에, 혹은 이전에 언급된 두 부류 간의 비교를 명백히 할 때 사용하는데, *l'un, les uns*은 먼저 지칭된 것을 가리키고 *l'autre, les autres*는 다음에 지칭된 것을 가리킨다. 또한 일반적인 의미로 어떤 명사를 지칭하지 않고 이들을 사용하는데 특히 복수형의 경우 *hommes*가 생략된 것이다. 즉 *les uns croient que..., les autres* (ou *d'autres*) *pensent au contraire que...*의 예와 같다.

또한 ***l'un et l'autre, l'un ou l'autre, ni l'un ni l'autre***라는 표현이 있는데, 이들은 여성형이나 복수형으로도 사용되며 일반적으로 뒤에 명사가 오지 않는다. 그러나 구어에서는 단수형에서 이러한 표현 대신에 *deux*가 나오는 다른 표현으로 바뀌는 일이 아주 흔하다.

일상적 용법에 있어서 *l'un et l'autre*는 주어로 별로 사용되지 않는다. 단지 중성으로는 사용된다. 즉 *l'un et l'autre se disent* 혹은 *les deux se disent* (*tous* 없이 사용됨)의 예와 같다. 혹은 이들을 문장의 끝으로 가져가고 동사 앞에 *ils*을 쓴다. 즉 *ils sont venus l'un et l'autre*의 예와 같다. 그러나 *tous les deux sont venus, ils sont venus tous les deux*라고 말하는 경우가 더 흔하다.[102] *L'un ou l'autre viendra*도 역시 문어에 속한다. 오히려 *ils viendront l'un ou l'autre*라고 말하기도 하지만, 거의 언제나 *l'un des deux viendra, il y en a un des deux qui viendra*라고 말한다. *Ni l'un ni l'autre*가 훨씬 더 많이 쓰이는데 *aucun des deux*라고 말할 수도 있다.[103]

위의 세 표현이 (실제로 혹은 형식상의) 속사 혹은 보어로도 별 어려움 없이 사용된다. 그러나 *l'un et l'autre*는 *tous les deux*로 대체되는 일이 많다. 즉 *je les ai vus* (ou

---

102) 이러한 *tous les deux, les deux, tous deux*에 대해서는 <수량형용사(adjectifs numéraux)> 항목을 참조할 것.

103) 이러한 표현과 동사의 일치에 대해서는 <동사(Verbe)>에 관한 장을 참조할 것.

il me les faut) l'un et l'autre (ou *tous les deux*)의 예와 같다.[104] 그런데 *l'un ou l'autre*를 역시 *l'un des deux*로 대체하는 일이 많은데, *l'un ou l'autre*는 전혀 상관없다는 의미가 강하기 때문에 가끔 두 표현을 반복하기도 한다. 즉 *donnez-moi l'un des deux, l'un ou l'autre à votre choix*의 예와 같다.[105]

반면에 *ni l'un ni l'autre*가 간접보어인 경우 *ni* 다음에는 전치사가 반드시 반복되어야 한다. 즉 *je n'ai parlé ni à l'un ni à l'autre*의 예와 같다. 그런데 *l'un ou l'autre*의 경우에도 전치사는 거의 언제나 반복된다. 즉 *vous êtes injuste envers l'un ou envers l'autre*의 예와 같다. 그리고 *l'un et l'autre*의 경우에도 전치사 *à*와 *de*는 반복하는 것이 옳다. 즉 *j'ai parlé* (ou *je leur ai parlé*) *à l'un et à l'autre, j'ai parlé de l'un et de l'autre*의 예와 같다. 그러나 보다 간단하게 *malgré l'un et l'autre, envers l'un et l'autre, pour l'un et l'autre, dans l'un et l'autre*라고 말하기도 한다. 이 경우 둘이 대립되기는 하지만 *l'un et l'autre*가 *les deux*와 같다고 여기기 때문이다.[106]

문어에서는 이러한 표현 다음에 단수명사가 뒤따라 나오는 일도 가끔 있다. 즉 *l'une et l'autre* (ou *l'une ou l'autre*) *armée*의 예와 같다. 일상 용법에서는 명사를 보어로 취하는 경우가 많다. 즉 *ni l'une ni l'autre des armées*의 예와 같다. 그러나 가장 빈번한 것은 *l'un et l'autre* 대신에 *deux*를 사용하는 것이다. 즉 *les* (ou *ces*) *deux raisonnements sont faux, ces raisonnements sont faux tous les deux*의 예와 같다. 또한 경우에 따라서 *l'un ou l'autre de ces raisonnements est faux* 혹은 *l'un de ces deux raisonnements est faux*라고 하는데, *de ces deux raisonnements, il y en a un de faux*가 가장 빈번하다. 끝으로 *ni l'un ni l'autre*를 문장 뒤에 놓기도 한다. 즉 *ces raisonnements ne sont justes ni l'un ni l'autre*의 예와 같다.

상호적인(*réciproque*) 의미를 나타내는 ***l'un l'autre***도 있다. 이는 여성이나 복수에

---

104) 이와 같이 *les*를 덧붙이는 것에 대해서는 뒤에 나오는 <보어 인칭대명사(pronom personnel complément)> 항목을 참조할 것.

105) 물론 이러한 표현이 속사로 쓰이면 속사만을 지칭해야 한다. 즉 *faut-il l'aimer ou le détester?*라는 질문에 *ni l'un ni l'autre*라고 대답할 수는 있지만 *il ne sera ni l'un ni l'autre*라고는 할 수 없다.

106) 그런데 *un*과 *autre*가 성이 다른 두 명사를 지칭하더라도 어려움은 없다. 즉 *un*은 남성을 지칭하고 *autre*는 여성을 지칭하면 되기 때문이다.

서도 사용되며 대명동사에서 *l'un*은 주어를, *l'autre*는 보어를 지칭한다. 즉 *ils s'aiment* (ou *aimez-vous*) *les uns les autres*의 예와 같다. 즉 서로(*réciproquement*) 상대방을 좋아한다는 것이다.[107] 또한 *ils se sont dit l'un à l'autre* (ou *les uns aux autres*) *toute sorte d'injures, nous nous nuisons les uns aux autres*라고도 말하는데, 일상 용법에서는 특히 복수의 경우에 *mutuellement*을 선호한다.[108]

*L'un l'autre*가 대명동사 구문 이외에서도 전치사 *à* 이외의 전치사가 사이에 끼어서도 많이 사용된다. 이 경우 *l'autre*는 간접보어가 된다. 즉 *ces femmes sont jalouses l'une de l'autre, ils travaillent les uns pour les autres*의 예와 같다.[109]

> Ils y courent en foule, et jaloux *l'un de l'autre*...

이러한 표현은 물론 그렇게 무겁지는 않은데, 이는 시인이 해결할 문제이다. 그런데 둘이 아닌 셋에 대하여 말할 때 곤란하게 될 수 있는데, *les uns les autres*는 적어도 넷을 의미하기 때문이다. 가장 좋은 방법은 표현을 달리 하는 것이다. 즉 *ces trois femmes se jalousaient mutuellement*의 예와 같다.

이러한 구문에서 전치사구는 서로 분리되어서 그냥 전치사만 *l'un*과 *l'autre* 사이에 놓이는 경우가 가장 흔하다. 특히 *loin de, au-devant de, en face de, vis-à-vis de, à*

---

107) 또한 같은 의미로 *ils se dénigrent mutuellement*이라고도 말한다. 다만 이 경우 우스꽝스럽게 중복되는 *les uns les autres*를 덧붙이지 말아야 한다. 또한 *les uns les autres*만으로도 벌써 중복되는 경우도 있는데, 이는 *ces maisons se touchent les unes les autres*와 같은 경우이다. 왜냐하면 *se touchent*로 충분하기 때문이다.

108) 대명동사 구문에서 *l'un et l'autre, ni l'un ni l'autre*가 결코 상호적인 의미로 쓰일 수 없음을 주의하라. 즉 *nous nous tourmentons l'un et l'autre, ils ne se tourmentent ni l'un ni l'autre*는 단순히 재귀적(réfléchi) 의미만을 갖고, *nous nous tourmentons l'un l'autre, ils ne se tourmentent pas l'un l'autre*와 착각해서는 안 된다. 또한 *ils se nuisent* (ou *ils ne se nuisent pas*) *l'un à l'autre*가 *ils se nuisent l'un et l'autre*나 *ni l'un ni l'autre ne se nuisent*로 될 수도 없다. 이 문제에 대하여 <재귀대명사(pronom réfléchi)> 항목을 참조하라.

109) 문어에서는 가끔 복수의 개념을 말하면서 단수형 *l'un l'autre*를 사용하는데 사람의 경우에도 가능하다. 라신느(Racine)는 다음과 같이 적고 있다.

> Tous ses projets semblaient *l'un l'autre se détruire.*

*l'envi de*의 경우이다. 즉 *ils demeurent loin l'un de l'autre, ils sont allés au-devant les uns des autres*의 예와 같다.

전치사와 함께 상호적 의미를 갖는 *l'un l'autre*를 사용하는 것은 너무나 편리해서 동사나 속사로 쓰인 형용사뿐만 아니라 단순한 명사의 경우에도 사용된다. 이 경우 주어가 전혀 나오지 않는다. 즉 *la haine des hommes les uns pour les autres* (ou *les uns contre les autres*) (*qu'ont les hommes* 대신에 쓰인다), *les rapports des sexes l'un avec l'autre*의 예와 같다. 이것은 다소간 대담한 구문인데, 불행하게도 남용하기 쉽고 또한 남용되기도 한다. 즉 *à la première vue l'un de l'autre*는 다소간 모험적이다. 반면에 *ils ne peuvent rien les uns sur les autres*는 좋은 표현이라고 할 수 있는데, 그렇다고 *ils ne peuvent rien sur la liberté les uns des autres, ils s'excitent au mépris les uns des autres*라고 말하는 것까지 허용해야 할지 의문스럽다. 이러한 표현도 과연 프랑스어라고 할 수 있을까?

반면에 특히 복수형에서 비교급과 함께 일종의 경쟁관계를 나타내기 위하여 *ils sont tous plus sots les uns que les autres*라고 말하기도 한다.[110]

끝으로 보상(compensation)의 개념을 나타내기 위하여 격의 없이 말할 경우 *l'un dans l'autre*를 사용하기도 한다. 즉 *ces objets me reviennent à trois francs les uns dans les autres*의 예와 같다.

형용사 *tout*에 대하여

지시형용사 *même*와 *tel*과 같이, *tout*는 아주 다른 두 의미를 갖고 있다. 프랑스어가 아닌 다른 언어에서는 이를 별개의 단어로 나타낸다. 따라서 이 단어의 여러 용법과 관계되는 두 의미를 분명하게, 그리고 끊임없이 구분하지 않으면, *tout*와 함께 나타나는 다양한 현상을 정확하게 알 수가 없다.

먼저 ***tout***는 품질형용사(**adjectif qualificatif**)로서 전부(entier) (라틴어로는 *totus*)의

110) 그러나 *il y en a de meilleurs les uns que les autres*라고 말하는 것은 정확하지 않은데, *les uns*이 불필요하기 때문이다.

의미이다. 그러나 다른 품질형용사와는 다음 두 가지 점에서 다르다. 먼저 이 단어는 원칙상 단수로만 사용된다. 복수형에서는 의미가 달라지기 때문이다. 다음으로 부가형용사(**épithète**)로서 명사 앞뿐만 아니라 관사, 즉 정관사 혹은 부정관사, 그리고 지시형용사 혹은 소유형용사 앞에 놓인다. 즉 *toute la terre, tout le monde, toute cette ville, toute ma vie, toute une armée y périt, marcher tout le jour et toute la nuit*의 예와 같다.[111)]

반면에 많은 관용구에서 관사가 생략된다. 이 예들은 *aller à toute vitesse, à toute bride, agir en toute liberté, en toute conscience, en toute justice, avec toute raison, en tout bien tout honneur, vouloir à toute force, il faut de toute nécessité, avoir tout lieu de, c'est une affaire de tout repos* 등이다. 경우에 따라서는 *de tout mon cœur*와 *de tout cœur* 둘 다 사용한다. 그런데 *somme toute*에서 *toute*가 뒤에 나오는데 아마도 *toute*가 속사의 기능을 하기 때문이다.

또한 *tout ceci, tout cela*라고도 말하고 격의 없이 말할 때 *tout ça*도 사용한다. 또한 최상급의 특별한 형태라고 우리가 언급한 *c'est tout ce que je puis faire, c'est tout ce qu'il y a de beau*도 있다.[112)]

또한 고유명사에 대해서도 *tout Racine, tout Cinna, tout Paris*와 같이 말하기도 하고 이를 하나의 명사로 만들어 *le tout Paris*라고도 한다. 그런데 이상하게 유추하여 *tout Rome, tout Venise, tout Vienne*라고 하는데, 적어도 이 경우에는 그 주민을 지칭한다.[113)]

---

111) 그런데 *toute celle*이라고는 말하지만 *tout celui*라고는 말하지 않는다. 즉 *si je n'avais pas le temps d'aller le voir, j'avais tout à fait* (*largement*이 낫다) *celui d'écrire*의 예와 같다. 반면에 *tout celui d'écrire*라고는 하지 않는다.

112) 몇몇 현대 작가들은 *tout moi, tout lui, tout elle*이라고 말하는 것이 우아하다고 믿고 있는 듯한데, 이는 잘못 생각한 것이고 이러한 유행은 이미 지난 것 같다. 그러나 *tout moi-même*라고 말할 수는 있고 철학적 의미로 *tout son moi*도 역시 가능하다.

113) 마찬가지로 *tout Venise* (ou *tout Rome*) *est en feu*라고 말하기도 하는데, 이는 도시이름을 남성형으로 만드는 경향과 부분적으로 관계되는 것 같다. 그러나 여성어미로 끝나는 몇몇 도시들은 전통적으로 이런 경향에서 벗어나서 *la Venise des doges, Ah ! que Venise est belle, la Rome, toute la Rome des empereurs, la perfide Albion, la Jérusalem délivrée*라고 말한다. 그 결과 글로는 *Venise* (ou *Rome*) *entière* (ou *tout entière*) *est en feu*라고 적을 것인데, *tout Rome est en feu*는

단수형의 품질형용사 *tout*는 또한 동사 특히 속사동사 뒤에 놓여서 부가형용사로서 동격(**apposition**)이 된다. 따라서 *toute son armure était d'or* (ou *en or*)는 *son armure était toute en or*가 된다. 여기에서 유래한 표현들은 *il avait une armure toute en or* (ou *toute d'or*), *la forêt est toute brûlée* (ou *toute enflammée*), *j'ai vu la ville toute en flammes, sa vie se passe toute à rêver*이다. 분명한 것은 형용사의 위치가 달라지더라도 그 성질이나 의미가 바뀌지 않는다는 것이다. 몇몇 경우에는 이러한 이동이 필연적인데, 그것은 *tout*가 인칭대명사 주어와 결합되어 있지 않은 경우이다. 즉 *je suis tout à vous, elle est toute à vous, elle se fait toute à tous, elle est toute en sang* (ou *en larmes*)의 예와 같다. 그러나 이러한 용법 때문에 동격으로 사용된 형용사에 심각한 변화가 생긴다.

이와 같이 *tout*가 다른 형용사, 분사, 속사로 사용된 명사, 부사 혹은 부사적 표현 앞에 놓이면서, 즉 부사가 놓이는 자리에 놓이면서 *tout*가 점점 더 부사(**adverbe**)로 여겨지게 되었다. 즉 *tout*가 *entier*의 의미로 사용되기보다는 *tout à fait*의 의미를 가지게 되고, 문법학자들은 *tout*를 결국에는 불변하는 부사로 여기게 되었다. 즉 *la ville tout entière, l'affaire est tout autre, c'est une tout autre* (ou *tout une autre*) *affaire, elle est tout interdite*의 예와 같다.[114] 따라서 다음 표현에서도 *tout*가 역시 부사로 쓰인 것이다. 즉 *il est tout seul, moi tout le premier, c'est tout profit, elle est tout yeux, tout oreilles, tout coeur, tout raison, c'est tout près, tout juste, parler tout bas, tout beau, tout court, tout aussitôt, c'est tout comme*의 예와 같다.[115] 이와 같이 부사를 선호하다 보니 예를 들어 *le long de toute la rivière, autour de tout le jardin*을 *tout le long de la rivière, tout autour du jardin*으로 바꾸게 되었다.

이와 같이 *tout*를 부사로 바꾸는 것과 관계되는 것은 *tout*를 *quoique tout à fait*의 의미로 대립을 표현하기 위해 사용하는 용법이다. 즉 *tout habile qu'il est*와 같이 *que*

오히려 구어에 속한다.

114) 그 이후에 약간의 의미적 차이는 있지만, *elle est tout à vous* (ou *tout en larmes*)가 *elle est toute à vous* (ou *toute en larmes*)와 함께 쓰이게 된다.

115) 여기에서 복합 부사(adverbes composés) *tout à fait, tout à l'heure, tout à coup, tout d'un coup, tout de bon, tout au plus, tout au moins* (혹은 이상한 표현인 *à tout le moins*)이 나왔다. 대중들은 또한 *tout partout*라고도 말한다.

앞에서, 혹은 *tout en se promenant, il réfléchissait*와 같이 동시성을 나타내는 제롱디프(gérondif) 앞에서 사용된다.[116)]

이런 현상에서 다른 결과가 나온다. 즉 *tout*를 부사로 여기다 보니 이를 복수형과 함께 사용하는 데 전혀 불편함이 없다는 것이다. 그러한 예는 *ils sont tout seuls, tout mal portants, nous tout les premiers, nous sommes tout oreilles, elles sont tout en sang, tout habiles qu'ils sont*이다.

그러나 문법학자들은 뜻하지 않은 장애물(la pierre d'achoppement)을 만나게 된다. 예전에는 위와 같은 경우에 *tout*가 변화했는데, 부사로서의 성질을 아직 몰랐거나 인정하지 않았기 때문이다. 그런데 (발음은 같고) 철자만이 문제가 되는 경우에 많은 것을 할 수 있는 문법학자들은 ***tout** entière, **tout** interdite, **tout** seuls*에서 *tout*를 불변하는 것으로 만들 수 있었는데 사실 이것은 별로 중요하지는 않았다. 그런데 그들은 또한 ***tout** interdits, **tout** étonnés*를 만들어 내면서 의미가 다른 ***tous** interdits, **tous** étonnés*와 혼동되지 않도록 했다. 그리고 그들은 *elles sont **tout** aimables, **tout** en larmes, **tout** à vous*라고 쓰도록 만들었는데 18세기에는 아직도 *toutes*가 연음되지 않았기 때문이며, 오늘날에도 의미가 다른 *elles sont **toutes** aimables, **toutes** en larmes, **toutes** à vous*와 혼동하는 것을 막아준다. 반면에 문법학자들은 철자법뿐만 아니라 발음에도 관계되는 것에는 별로 영향력을 행사하지 못한다. 따라서 그들은 *une robe **toute** neuve*라고 말하는 것을 막을 수 없었는데 이것이 오늘날에는 *une robe tout à fait neuve*이다. 마찬가지로 *elle est **toute** prête, **toute** malade, **toute** petite, **toute** honteuse, **toute** sage qu'elle est, des robes **toutes** neuves, elles sont **toutes** malades, **toutes** sages qu'elles sont*이라고 말한다. 따라서 이상한 예외로서 자음 혹은 유음 **h**로 시작하는 여성형 형용사나 분사(**adjectifs et participes féminins qui commencent par une consonne ou un h aspiré**) 앞에서는 일치를 인정해야만 했다. 즉 이 경우 음절이 하나 더 있으므로 글로 적을 때에도 이를 계속 표시한다.[117)] 따라서 복수형의 경우 *toutes*의 다른 의미와 혼동이 생겨나게 된다. 즉 *ces robes sont toutes neuves, ces*

---

116) 그러나 *tout en forgeant, on devient forgeron*은 다르다. 왜냐하면 이 경우에는 단순한 양태를 나타내고 대립의 의미는 전혀 없기 때문이다.

117) 이것을 *des portes grandes ouvertes, des fleurs fraîches écloses*와 비교하라.

*femmes sont toutes malades*는 의미가 두 개이다. 집합적인 의미인 경우에는 *toutes*의 위치를 바꾸어서 이를 방지할 수 있다. 즉 *toutes ces robes sont neuves*의 예와 같다. 그러나 실제로 의미를 혼동하게 되는 경우는 아주 드물다.

여성 주어의 속사로 사용된 여성명사 앞에서도 이러한 변화형(variabilité)이 나타난다. 즉 ***toute*** *reine qu'elle est*의 예와 같다. 그러나 *toute poussière qu'elle est*라고는 전혀 말하지 않는데, 아마도 *poussière*가 사물이기 때문이다. 상인들은 항상 어떤 천에 대해서 *tout laine*와 *tout soie*라고 말한다. 반면에 *tout*가 여성형의 추상명사인 속사에 이끌려서 변화하기도 한다. 즉 *il* (ou *elle*) *est tout raison*보다는 *il* (ou *elle*) *est* ***toute*** *raison*이라고 말하는 것이 *일반적*(*généralement*)이다. 이는 주어가 남성명사인데도 불구하고 *Dieu est* ***toute*** *bonté*라고 말하는 것과 같다. 이 점에서도 문법학자들은 사람들이 쓰는 용법을 따라야만 했다.

덧붙일 것은, *tout*는 수식하는 각 명사 앞에서 반복된다는 것이다. 즉 *toute l'adresse et toute l'habileté, il est tout sucre et tout miel, elle est tout aimable et toute charmante, des robes toutes fraîches et toutes neuves*의 예와 같다. 그러나 *quelque*의 의미로 *tout adroits et habiles qu'ils sont, toute reine et femme qu'elle est*라고 *tout*를 반복하지 않고 말하거나 적을 수도 있다.

의미가 *entier*인 형용사 *tout*는 **명사(nom)**로도 사용되며, 이 경우 명사의 구문을 따른다. 즉 *le tout, un tout parfait, plusieurs touts, ce tout, mon tout, une partie du tout, différer du tout au tout*의 예와 같다. 여기에서 부정이 표현되건 생략되건 *je ne l'aime pas du tout, sans rien faire du tout, rien du tout, pas du tout* (*point du tout*)가 나왔다. 또한 부정을 완전히 생략하여 격의 없이 말할 때 사용하는 *du tout*도 있다.[118)]

두 번째 의미로 ***tout***는 **집합형용사(adjectif collectif)**인데, 다른 말로 하면 *부정수량형용사*(*adjectif numéral indéfini*)라고 할 수 있다. 원래는 복수형 (라틴어의 *omnes*에

118) 따라서 이 *du tout*는 부정을 의미한다. 원래 *du tout*가 홀로 쓰이면 긍정적인 의미가 아주 강했고 *absolument*을 의미했다. 즉 *cela est du tout admirable*의 예와 같다. 이 문장을 부정으로 하면 *du tout*가 어디에 놓이건 부정에 걸렸다. 즉 *cela n'est du tout admirable* (ou *point admirable*)의 예와 같다. 그 후 *cela n'est pas du tout admirable* 혹은 *cela n'est pas admirable du tout*가 되었다. 따라서 이것의 의미는 항상 *absolument pas*이었고 *pas absolument*은 아니라는 것을 알 수 있다.

해당한다)으로 사용되다가, 단수형으로도 사용되면서 의미가 달라졌다.

단수형(**au singulier**)에서 집단적 의미의 *tout*는 *chaque*나 *n'importe quel*과 거의 같은 의미이다. 그러나 *chaque*처럼 개별적이며 배분적 의미는 없다. 또한 *tout*는 명사 앞에 놓여서 품질형용사의 역할을 하는데, 관사 없이(**sans article**) 사용되며 또한 이와 유사한 것과도 함께 사용하지 않는다. 따라서 의미가 혼동되는 일은 없다. 즉 *tout homme qui..., toute femme que..., toute faute sera punie, à toute heure, en tout lieu, de toute part, par tout pays, de toute sorte, de toute façon, de toute espèce, en tout cas, à tout venant*의 예와 같다. 말하자면 ***toute autre*** *affaire*는 *n'importe quelle affaire différente*의 의미이며, *une* ***tout autre*** *affaire*가 *une affaire tout à fait différente*를 의미하므로 서로 혼동되지는 않을 것이다. 또한 *pour* 다음에 쓰인 *tout*의 의미를 주의하기 바란다. 즉 *il avait pour toute science...*란 <pour science quelconque>의 의미였다가 <pour *seule* science>의 의미로 쓰인다.

단수형의 집합명사로서의 *tout*는 또한 중성명사(**nom neutre**)로 쓰이기도 하는데, 그 의미는 *toute chose* (가끔은 *toute personne* 즉 *tout le monde*)이며 항상 관사 없이 쓰인다는 점에서 *tout*의 다른 용법과 구별된다. 즉 *tout passe, tout se tait, tout dort, c'est tout, c'est tout dire, il prend tout, il mange de tout, tout bien examiné, à tout prendre, en tout, après tout, par-dessus tout*의 예와 같다.[119)]

이러한 *tout*에 일반적으로 *tout ce qui, tout ce que* 등이 관계되는데, 이것의 의미는 가장 빈번하게는 *toute chose qui* 혹은 *toute chose que*이다. 그러나 이미 앞에서 보았던 *tout ce que je puis faire*에서와 같이 <toute la chose que je puis faire>의 의미를 갖기도 한다. 즉 여기에서 우리는 *tout*의 두 의미가 만남을 알 수 있다. 마찬가지로 *ce n'est pas tout*와 *ce n'est pas le tout*를 구별 없이 말하기도 한다.[120)]

지금까지 말한 것이 단수형으로 쓰이는 집합적 의미의 *tout*의 용법이다. 복수형(**au**

119) 대중들은 *c'est tout des mensonges, il s'ennuie comme tout, c'est bête comme tout*라고 말하는데, 이는 저속한 형태의 최상급이다. 이러한 *tout*에서 *surtout*와 *partout*라는 부사가 만들어졌는데 이들이 *sur tout*와 *par tout*와는 분명하게 구별된다.

120) 문학어에서는 *tout ce que j'aime*와 같은 표현이 가끔 사람을 지칭하기도 하는데, 이것은 *ce que j'aime*가 사람을 지칭하는 것과 같다.

pluriel)에서의 *tout*의 용법은 보다 다양한데, 그 이유는 이것이 *tout*의 고유한 기능이기 때문이며 첫째 의미가 이것에서 파생했기 때문이다. 반면에 의미는 단수의 경우와 거의 같은데, 다만 복수의 경우에는 사물들을 개별적으로 고려하기보다는 전체적으로 고려한다는 점이 다르다. 즉 *tous les hommes sont mortels*은 *tout homme est mortel*과 의미가 같다. 또한 *tous les jours*는 더 이상 사용하지 않는 *tout jour*를 대신한다.[121)]

복수형에서 *tous*는 정관사와 함께 쓰이고(**au pluriel *tous* se construit avec l'article défini**) 또한 지시형용사와 소유형용사와도 쓰인다. 그리고 이렇게 사용된 복수형의 *tous*는 부가어로 쓰인 품질형용사 *tout*보다는 앞에 나온다. 즉 *j'aime toutes ces fleurs, tous mes livres et tous ceux de mon frère, il faut faire tous ses efforts*의 예와 같다. 반면에 부가어 *tout*와는 혼동될 수가 없는데, 이는 복수형으로는 쓰이지 않기 때문이다. 아마도 *toute cette marchandise*와 *toutes ces marchandises*의 사이에는 근본적인 차이는 없다고 할 수 있는데, 앞의 예에서는 *tout*가 품질형용사로 쓰이고 뒤의 예에서는 *tout*가 집합형용사로 쓰인 것이다. 이런 구별이 가능한 것은 *marchandise*가 집합적인 의미를 갖기 때문이다. 그러나 *toute la nuit*와 *toutes les nuits*는 아주 다르며, 후자가 전자의 복수는 아니다. 왜냐하면 어떤 일이 매일 밤 일어난다고 할 때 그 일이 매번 한 순간만 지속될 수도 있기 때문이다.

집합적 의미의 *tous*가 *les*와 함께 쓰임으로써 어떤 경우에는 너무나 분명하게 분포적인(**distributif**) 의미를 취하기도 한다. 어떤 일이 *tous les jours* 일어난다고 하면, 몇 시인가는 중요하지 않고 이를 명확히 하지도 않으며 또한 반드시 규칙적인 간격을 두고 일어나지도 않는다는 것을 의미한다. 또한 *tous les ans*도 *tous les jours*과 거의 같다. 그런데 *tous les mois*나 *toutes les semaines*의 경우에는 이미 간격이 일정하다는 의미가 개입되기 시작한다. 기간이 보다 짧으면 이 개념은 거의 필연적으로 나타난다. 즉 *toutes les heures*와 *toutes les minutes*는 거의 언제나 *d'heure en heure*와 *de minute en minute*이다. 숫자가 덧붙여지면 이 개념은 보다 분명하게 나타난다. 즉 *toutes les deux heures, tous les quarts d'heure, toutes les cinq minutes, tous les deux jours, tous les trois mois, tous les cinq ans, tous les cent ans*의 예와 같다. 따라서 규칙

---

121) 또한 *toujours*는 *tous* (les) *jours*를 의미한다.

적인 간격을 강조하려면 *tous les jours*를 *toutes les vingt-quatre heures*로 바꾼다. 경우에 따라서 다른 명사의 경우에도 사정은 마찬가지이다. 즉 *à toutes les pages*가 일반적 의미를 갖는다면, *toutes les dix pages*는 분명히 분포적인 의미를 갖는다.[122)]

아무튼 *tous* 다음에 관사가 생략되는 일은 아주 드물다. 예외적인 관용구로는 *voguer à toutes voiles*가 있다.[123)]

집단적인 의미의 *tout*는 품질형용사로 쓰이는 *tout*와 마찬가지로 반복된다. 즉 *toute sottise et toute maladresse que..., tous les enfants et tous les vieillards*의 예와 같다. 그러나 복수형에서 홀로 쓰인 관사가 반복될 수 없을 때 관사는 물론 *tous*도 역시 반복되지 않는데, *tous les documents et matériaux, tous les pronoms et adjectifs démonstratifs*의 예와 같다.

생략에 의하여 *tous*와 *toutes*가 홀로 사용될 수 있다. 그럴 경우 이 단어들에는 강세가 오는데(*accentués*), 이 때 *tous*의 *s*를 발음한다. 즉 *tous ont répondu, j'ai répondu à toutes, tous pour un, un pour tous*의 예와 같다.

강세가 오는 ***tous***가 주어와 동격이 되는 경우가(***tous* accentué sert d'apposition au sujet**) 가장 흔하다. 이 경우 긍정문에서 주어가 대명사이면 *tous*가 주어 앞에 오기도 한다. 즉 *tous ils ont répondu, toutes nous irons, tous tant que nous sommes, nous*

---

122) 여담이지만 지적하고 싶은 것은, *presque à chaque page*의 의미로 *presque à toutes les pages*라고 말하는데, 그 외의 전치사들은 일반적으로 *presque*와 *tous* 사이에 오지 않는다. 즉 *dans presque tous les cas*의 예와 같다.

123) 여기에서 *toutes*가 *entières*를 의미한다고 여길 수 있다. 그러나 복수형으로 된 이 표현을 단수형의 *à toute vitesse*와 관련시킬 수는 없다. 물론 *de toutes parts, en tous lieux, en tout cas, de toutes sortes, de toutes forces, par tous pays, à tous venants*이라고 글로 적을 수는 있다. 왜냐하면 단수나 복수가 별로 중요하지 않기 때문이다. 그러나 사실상 여기에서의 복수는 단수를 대신한 것이라고 볼 수 있는데, 그 증거는 단순히 철자만 관계되는 것이 아니라 문법도 관계되는 경우 *à toutes heures*나 *de toutes espèces*처럼 복수형으로 말하지는 않기 때문이다. 반면에 *de toutes les espèces, dans tous les cas, de toutes les façons,* (가끔은) *de toutes les sortes*라고 말한다. 또한 *tous les autres* 대신에 *tous autres*라고 말하는 것은 아주 서툰 것이다. 공식적으로 말하는 *tous sous-officiers caporaux et soldats qui...*라는 표현은 아직도 논란의 여지가 있는 것이다. 그리고 *tous les deux*와 함께 아직도 쓰이는 고전적 표현인 *tous deux*에 대해서는 뒤에 나오는 <*기수형용사*(*adjectifs numéraux cardinaux*)> 항목을 참조할 것. 참고로 역시 고전적 속담인 *la nuit tous (les) chats sont gris*가 있다.

estimons que...와 같다. 그러나 부정문의 경우에는 거의 언제나 필연적으로 동사나 조동사 뒤에 놓이고, 부정이 이 단어에 걸리면 부정 뒤에 놓인다. 즉 *elles viendront toutes, elles n'ont pas toutes répondu, nous irons tous, mettez-vous tous debout*, (생략에 의한) *tous debout*의 예와 같다. 주어가 명사인 경우에도 역시 같다. 즉 *tous*는 접어(enclitique)로서 강세가 붙지 않는 *tous les candidats ont répondu*라는 문장에서, *tous*에 강세가 붙는 *les candidats ont tous répondu*로 바뀌는 경우가 많다. 그리고 *tous les candidats n'ont pas répondu*는 *les candidats n'ont pas tous répondu*로 바뀌는 경우가 아주 많다. 단지 *toutes*의 위치를 이와 같이 바꾸는 경우 *tout*의 다른 의미와 혼동의 우려가 있는 때에는 이러한 구문을 피하면 된다. 즉 집합적인 의미를 표현하려면 *toutes sont malades*나 *toutes ces robes sont neuves*가 *elles sont toutes malades*나 *ces robes sont toutes neuves*보다는 더 나은 문장이다.[124)]

이와 같이 위치가 바뀐 *tous*는 경우에 따라서는 동사 앞에 위치한 대명사 보어와 동격이 되기도 한다. 직접보어의 경우에는 대명사를 반드시 써야 한다. 즉 *je **les** aime toutes*라고 하고 *j'aime toutes*라고는 하지 않는다. 그러나 *j'ai parlé à toutes*라고 말할 수 있다. 물론 *je leur ai parlé à toutes*가 더 좋기는 하다. 또한 비강세의 대명사가 쓰이지 못하는 경우 *j'ai répondu pour tous, je me suis adressé à tous*라고 할 수밖에 없다.

강세형의 *tous*는 인칭대명사 바로 뒤에 놓일 수 있다. 이는 *vous tous, répondez, nous tous, allons-nous-en*처럼 누구를 부르거나 *pour nous tous, devant elles toutes*처럼 전치사와 함께 쓰일 경우이다. 그러나 이러한 구문은 아주 한정되어 있고 더 나은 표현이 없을 경우에만 쓰인다. 따라서 *vous tous viendrez*라고 말하는 대신에 *vous*

---

124) 앞에서 살펴본 것처럼 남성형의 경우 혼동은 일어나지 않는다. 즉 *ils sont tous étonnés* (ou *tous en vie*)와 *ils sont tout étonnés* (ou *tout en vie*)에서 발음이 다르기 때문이다. *s*를 발음하며 *tous*가 강조되는 *vous connaissez tous les drames de V. Hugo*와 *tou(s) les drames*는 그 의미가 다르다. 여성형에서는 강세로만 구별할 수 있다. 즉 *vous connaissez toutes les oeuvres de Racine*의 예와 같다. 단수형의 경우 긍정문에서는 집합적인 의미일 때 *tout*가 동사 뒤로 가는 일은 없다. 또한 *toute l'armée fut surprise*와 *l'armée fut toute surprise*는 서로 의미가 다르기 때문에 혼동이 일어나지도 않는다. 그러나 *l'armée ne fut pas toute surprise*라고는 말할 수 있는데, 그 이유는 부정문에서 *toute*가 부사적 의미를 취하지 않기 때문이다.

viendrez tous 혹은 *vous tous, vous viendrez*라고 말한다. 또한 *j'ai répondu pour vous tous*라고 말할 수는 있지만, *j'ai répondu à vous tous*는 *je vous ai répondu à tous* (혹은 경우에 따라서 *à tous les deux*)로 바꾼다.

강세형의 *tous*는 인칭대명사뿐만 아니라 주어 혹은 직접보어로 쓰인 관계대명사의 동격으로도 쓰인다. 즉 *les candidats, qui tous ont répondu* (ou *qui ont tous répondu, que j'ai tous interrogés*)의 예와 같다. 그런데 종종 관계대명사의 선행사가 명사로서 앞 문장의 요소와 동격이 되는 경우도 있다. 즉 *choses qui toutes me déplaisent fort, circonstances qui toutes sont* (ou *qui sont toutes*) *sans intérêt, fautes que j'ai toutes corrigées*의 예와 같다. 이 경우 *toutes*의 위치를 바꾸어서 명사 앞에 놓는 것이 한결 우아하다. 또한 동격이기 때문에 관사 없이 쓰인다. 즉 *toutes choses qui me déplaisent fort, toutes circonstances qui sont sans intérêt, toutes fautes que j'ai corrigées*의 예와 같다. 관계대명사 없이도 가능하다. 즉 *toutes choses fort désagréables*의 예와 같다.[125] 이러한 표현은 아주 편리하고, 관계절이 부정이며 동격이 앞에 나온 것을 전부 지칭할 때 꼭 필요하다고 할 수 있다. 즉 *toutes choses qui n'ont pas l'intérêt voulu*의 의미는 아주 분명하고, *toutes*가 부정문에 들어있지 않기 때문에 언급된 모든 것에 관계된다. 반면에 *choses qui toutes n'ont pas l'intérêt voulu*는 벌써 그 의미가 모호해지고, *choses qui n'ont pas toutes l'intérêt voulu*는 그 의미가 달라진다. 이제 *tout*의 두 의미와 밀접한 관련이 있는, 아주 중요한 구별을 살펴보자.

원칙적으로 *tout*의 의미가 무엇이든, 즉 품질형용사로 쓰이건 집단적 의미로 쓰이건, ***tout*와 함께 쓰인 부정(la négation qui accompagne *tout*)**은 이 단어에만 걸리고 개념 전체에 걸리지 않는다. 달리 말하자면 *tout*가 부정을 독점해서 부정이 전체에

125) 이 구문은 특히 문어에 속한다. 문학어에서는 더 나아가서 동격이나 관계절이 없이도 이러한 구문을 사용한다. 즉 몰리에르(Molière)는 다음과 같이 말했다.

> Ce sont *toutes façons* dont je n'ai pas besoin.

또한 라퐁텐느(La Fontaine)는 단수형에서도 이를 사용한다.

> Sans leur aide il ne peut entrer dans les esprits
> Que *tout mal et toute injustice*,

이것의 의미는 <de ce qui entre dans les esprits *tout* (collectif) est mal et injustice>이다. 이러한 표현은 아주 우아하기 때문에 오늘날에도 사용할 수 있겠다.

걸리는 것이 아니라 부분에만 걸리게 된다(**la négation exclut la totalité, mais non la partie**).

이것은 *tout*라는 단어가 동사 뒤에 동격의 형태로 놓이고 부정이 그 앞에 나올 때 명백히 드러난다. 즉 *la ville* ***n'est pas toute*** *en flamme*의 의미는 도시의 일부분(une partie de la ville)만이 불탄다는 것이다. 또한 *les candidats* ***n'ont pas tous*** *répondu*의 의미는, 전부는 아니고 많은(beaucoup) 후보자가 대답했다는 것이다.

한편 *tout*가 부정 앞에 놓여도 의미는 바뀌지 않으나 명확성이 덜하다. 즉 *toute la ville n'est pas en flammes*는 *la ville n'est pas toute en flammes*와 의미가 같고, *tous les candidats n'ont pas répondu*는 *les candidats n'ont pas tous répondu*와 의미가 같다. 물론 두 표현 중에서 보다 명확한 것을 택해야 하지만 항상 그렇게 간단하게 할 수 있는 것은 아니다. 예를 들어 *ce qui reluit n'est pas tout or*라고 말하지 않고 단지 *tout ce qui reluit n'est pas or*라고 말하는데, 그 의미는 의심의 여지가 없이 분명하다.

사정이 이렇기 때문에 *tout*를 사용할 때 부정이 미치는 범위가 보편적이라고 여기는 것은 일반적으로 어색하다. 예를 들어 어떠한 조치도 성공하지 않았다는 의미로 *toutes les mesures prises n'ont pas abouti*라고 말하거나 글로 적더라도, 실제로는 몇몇 조치만 성공했다는 것을 의미하게 된다. 이러한 경우에는 오히려 부정을 긍정으로 바꾸어 *toutes les mesures prises ont été inutiles*이라고 하거나 *toutes*를 *aucune*로 바꾸어 *aucune mesure prise n'a pas abouti*로 하는 것이 더 낫다. 마찬가지로 *tout ce qui vient de l'homme n'est pas durable*은 단지 일부분만 지속적이라는 의미이고, 모두가 지속적이지 않다는 의미는 불가능하다. 물론 의도한 생각을 사람들이 오해하지는 않겠지만 특별한 이유가 없는 한 *rien de ce qui vient de l'homme n'est durable*이라고 말하는 것이 낫다. 품질형용사로 쓰인 *tout*의 경우도 역시 마찬가지이다. 즉 *tout le pays n'est pas habité*가 일반적으로 의미하는 바는, 그 고장 전체에 사람이 사는 것은 아니라는 의미이다. 따라서 다른 의미로 말하고자 한다면 *aucune partie du pays n'est habitée*라고 말하는 것이 낫고, 경우에 따라서 *ce n'est pas seulement cette région, c'est tout le pays qui n'est pas habité*라고 말해야 한다. 그런데 후자의 경우 *tout*는 더 이상 부정문 안에서 사용된 것이 아님을 알 수 있다.

그런데 의미가 전혀 모호하지 않고 부정이 미치는 범위가 보편적인 것처럼 보이는 경우들도 있다.

먼저 *ne...pas*라는 단순 부정이 *ne...plus, ne...jamais* 같은 복합 부정으로 대체되어서 부정이 (적어도 비강세로 쓰인) *tout*로부터 분리되어 *plus, jamais*에 걸리는 것처럼 보이는 경우이다. 즉 *tous les bâtiments n'existent plus*의 예와 같다. 그러나 *tous les bâtiments ont disparu* 혹은 *rien ne reste plus des bâtiments*라고 말하는 것이 얼마나 더 좋은가! 마찬가지로 *en cette saison tous les fruits n'ont plus* (ou *n'ont guère, n'ont plus guère*) *de goût*라고 말할 수 있는 것처럼 보인다. 그러나 과연 이렇게 말할까? 그런데 실제로는 이러한 경우에 *tous*가 기여하는 바가 전혀 없으므로 이것을 빼고 단지 *les fruits*라고만 말한다. 반대로 *tous n'ont plus la même ardeur*라고 말하거나 같은 의미로 *ils n'ont plus tous la même ardeur*라고 말하는데, 그 이유는 강세형의 *tous*가 부정을 독점하여 *plus*가 아니라 *pas*가 있는 것처럼 그 의미를 제한하기 때문이다.

그렇다면 *tout*가 부정을 독점하지 않도록 이 단어를 사용하려면 어떻게 해야 할까? 적어도 *tout*와 함께 쓰이는 명사에 특별한 한정사를 붙어야 한다. 즉 *tous* ***ces*** *bâtiments, tous les bâtiments* ***qui étaient là*** *n'existent plus, tous* ***ces*** *fruits n'ont pas* (ou *n'ont plus*) *de goût, toute* ***cette*** *marchandise n'a pas* (ou *n'a jamais*) *eu grande valeur*의 예와 같다. 위의 문장들에서는 부정이 주어 전체에 해당되는 것이지 단지 *tout*에만 걸리는 것은 아니다. 물론 부정문을 긍정문으로 바꾸어서 *toutes marchandises sont sans grande valeur*라고 말할 수는 있지만 반드시 그럴 필요는 없다. 왜냐하면 의미가 분명하고 모호하지 않기 때문이며, *toutes ces marchandises n'ont pas grande valeur*와 *ces marchandises n'ont pas toutes grande valeur*를 혼동하지 않기 때문이다.

보다 세심하게 주의하지 않고도 *tout autre que lui ne saurait se tirer d'affaires*라고 말할 수는 있다. 왜냐하면 이 경우 부정이 반드시 주어 전체에 걸리기 때문이며 반면에 두 개의 의미가 가능하지 않기 때문이다. 또한 이 표현을 *aucun autre que lui ne saurait se tirer d'affaire*로 바꾸려고 한다면 잘못이다. 왜냐하면 앞의 문장이 보다 단호하며 보다 훌륭한 표현이기 때문이다.

따라서 부정이 미치는 범위가 보다 일반적인 경우는, 말하자면 의미가 분명하고 한정되어 있는 긍정문이 먼저 나오고 부정문이 그것에 등위되어 있는 경우이다. 비록 두 문장의 주어가 다르기는 하지만, *l'incendie a été complet et tous les bâtiments n'existent plus*와 같은 문장은 약간 어색하지만 그 의미가 분명하다는 장점이 있다. 주어가 단 하나라면 더 낫다. 즉 *tous les ateliers ne rouvriront pas d'ici quinze jours*와 같은 문장은 모호한데, 어조로 그 의미를 분명히 하지 않으면 *les ateliers ne rouvriront pas tous d'ici quinze jours*와 혼동될 우려가 있다. 그러나 *tous les ateliers sont fermés et ne rouvriront pas d'ici quinze jours*라고 말한다면 혼동의 여지가 없이 그 의미가 완전해진다. 왜냐하면 주어가 두 절에서 완전히 일치하며 두 번째 절에만 *tous*가 분리될 수는 없기 때문이다.

이상에서 우리는 부정이 모호함을 야기하지 않고 전체 부정의 의미를 갖기가 얼마나 어려운지를 보았고, 또한 문두에 쓰인 *tout*가 위치 이동을 하면 의미가 바뀌기 때문에 문장을 매우 조심스럽게 만들어야 한다는 사실도 살펴보았다.

4. 수형용사

기수(cardinaux)가 되었든 서수(ordinaux)가 되었든 프랑스어의 수형용사는, *un*에서 *seize*까지 그리고 *vingt*에서 *soixante*까지의 십 단위와 *cent*과 *mille*이 단순한 형태를 취한다. 그런데 *septante, octante, nonante*는 몇몇 지방이나 프랑스어를 사용하는 몇몇 외국을 제외하고는 사라졌고, 단지 *soixante-dix, quatre-vingts, quatre-vingt-dix*만 남아 있는데 이들은 별로 자연스러운 단어는 아니다.[126)]

기수나 서수의 복합형의 형용사의 경우 오늘날 *dix-sept*와 *dix-septième*부터 *et*를

126) 아직도 *la Bible des Septante*라고 말한다. 스위스에서는 *octante*라고 말하지도 않고 *huitante*라고 말한다. 또한 *quatre-vingts*은 20진법의 잔재인데 이는 골족(Gaulois)에게서 유래했다. 17세기에 *cent vingt* 대신에 *six-vingts*를 사용한 것을 알 수 있고, *trois cents*을 의미하는 *les Quinze-vingts*를 아직도 사용한다. 기수형용사나 수의 명칭의 발음에 대해서는『프랑스를 어떻게 발음할 것인가? (*Comment on prononce le français*)』의 233-235쪽과 그 밖의 여러 곳을 참조할 것.

생략하는데, 예전에는 이 *et*를 일반적으로 어느 곳에서나 사용하다가 이제는 *un*의 앞에서만 사용한다. 즉 *vingt* ***et*** *un* (그리고 *vingt* ***et*** *unième*)에서 *soixante* ***et*** *un*까지만 *et*를 사용하며 또한 *soixante* ***et*** *onze*에도 *et*를 사용한다. 그리고 *quatre-vingt-un, quatre-vingt-onze, cent un, mille un*은 *trente-deux*나 *cent quatre*처럼 *et*를 사용하지 않는다. 그러나 예외가 있는데 이는 *les Mille* ***et*** *une nuits, les Mille* ***et*** *un jours*와 또한 돈 쥬앙(don Juan)의 여인의 숫자처럼 알 수 없는 숫자를 지칭할 경우에 사용하는 *mille* ***et*** *une, mille* ***et*** *trois*의 경우이다.[127]

그런데 *un* 앞에 *et*가 있다고 해도 그 다음에 나오는 명사를 복수형으로 하지 말란 법은 없다. 물론 이런 일치에 대하여 예전에는 논란이 많았다. 즉 *vingt et un chevaux*의 예와 같다. 반면에 이런 경우 *un*의 여성형을 사용하여 *vingt et unième pièce*라고 한다.[128]

고유한 의미의 셈하기와 달리 일상생활에서는 천을 넘어서는 숫자를 백 단위로 말하는 것이 일반적이다. 즉 *mille cent, mille deux cents* 등을 *onze cents, douze cents*으로 바꾸는데, 이는 다음에 십 단위나 일 단위가 나오더라도 마찬가지이다. 즉 *treize cent vingt-quatre, seize cent dix, seize cent dixièmes*과 같다. 그러나 익히 알려져 있는 연도는 *mil huit cent quinze, mil huit cent trente, mil huit cent soixante-dix*처럼 말하고 특히 글로 적을 때에도 이렇게 한다. 그렇지만 사람들은 *dix-neuf cent quatorze*라는 방식을 아무튼 선호하기도 한다.[129] 복잡한 숫자의 경우 천 이후를 생략하여

127) 물론 낭만주의 시대에 출판된 *Livre des Cent et un*의 경우도 있다. 실제로 예전에 발음하던 *et*가 *un*의 모음 앞에서는 유지되다가, 자음 앞에서는 처음에 *e*로 약화되었다가 이 *e*도 점차 사라졌다. 그 이유는 아마도 일반적으로 *trent'deux*처럼 발음하기 때문인 듯하고 *trent'trois*나 그 외의 것에서 영향을 받은 듯하다. 다만 그 흔적이 *vingt* 다음에 분명히 남아 있다. 이는 마치 *vingte-trois*라고 적는 것처럼 *t*가 계속 발음됐기 때문이다.

128) 종종 *vingt et un mille* 다음에 여성명사가 나오면 *vingt et une mille livres de rentes*처럼 되는데, 이것은 분명 완전히 논리적이라고 할 수 없다. 왜냐하면 *un*이 *mille*에 걸리지 *livres*에 걸리는 것은 아니기 때문이다. 그러나 *un*이 *mille*을 넘어서 견인(attraction)되었거나 아니면 *mille livres*가 여성으로 여겨졌기 때문인 것 같다. 세비녜 부인(Mme de Sévigné)이 이렇게 여성형을 사용하여 말했다.

129) 게다가 지난 세기(1800년대) 날짜를 얘기할 때 *quarante-huit* 다음부터는 *dix-huit cent*을 생략하기도 한다. 혁명이 일어난 연도인 *quatre-vingt-neuf, douze, treize*의 경우에는 *dix-huit cent*을 사용한다. 금세기(1900년대)의 경우에도 적어도 *vingt* 다음부터는 역시 같은 방식을 취할 것 같다. [* 이 책이 1927년 발간되었으므로 여기에서 말하는 지난 세기는 1800년대를 말하고 금세기는 1900년대를 말하므로 그것을 괄호 안에 추가했다.]

onze cent mille, douze cent mille 등 어림잡아 표현한다. *Mille* 앞에 숫자가 있는 경우에 *seize cent vingt-quatre mille*처럼 표현하며 그 이후는 생략해 버린다.

*Cent*은 *un cent d'œufs*의 예와 같이 명사가 된다. 그런데 *un mille d'œufs*라고는 말하지 않는데, *les œufs sont à tant le mille*은 가능하다. 보어가 따라 나오는 경우에는 *millier*를 사용하여 대략적인 수량을 나타낸다. *Million, billion, trillion* 등은 명사로만 사용된다. 일상생활에서 *billion* 대신에 *milliard*를 사용하는데, 화폐의 경우에 보어 없이 사용하며 이것에 해당하는 서수는 없다.[130)]

정확한 수량을 표현하는 기수형용사 이외에도 대략적인 수량을 표현하는 기수형용사로 *quelques, plusieurs, tout, chaque* 등이 있다. 이것은 이미 앞 장에서 살펴보았는데, 한편 정해지지 않은 수량을 표현하는 명사들, *beaucoup, guère, peu, trop, assez*에 대해서는 <수량을 나타내는 부사(adverbes de quantité)>를 다루는 장에서 살펴볼 것이다.

기수형용사와 기수명사

기수형용사(**adjectifs cardinaux**)는 정해지지 않은 복수의 개념을 표현하는 모든 단어, 즉 *plusieurs, quelques-uns, beaucoup* 등과 마찬가지로 관사 없이 명사를 생략한 채 주어(**sujets**)로 사용된다. 즉 *j'avais invité tous les enfants, quatre sont venus*의 예와 같은데, 이 문장의 의미는 네 명보다 많은 사람이 있었는데 다른 사람들은 오지 않았다는 것이다. 같은 의미를 표현하기 위하여 이 형용사를 주어와 동격으로 만들어서 동사 뒤에 위치시킬 수도 있다. 즉 *Ils sont venus quatre*의 예와 같다. 또한 비인칭 구문을 사용하여 보다 명확하게 말할 수 있는데 이때 *quatre*가 진주어이다. 즉 *Il en*

---

130) 예전에는 *trillion*을 *milliasse*로 바꾸기도 했는데, 이 단어는 현재 조롱하는 의미로만 사용된다. 한편 화폐의 경우 *cinquante-neuf*까지 sous로 세는 습관이 있었는데, 이 습관은 계층에 따라 다르기는 했지만 거의 도처에서 유지됐다. 물론 이 습관은 우아하지도 않고, 프랑스어를 사용하는 다른 나라 사람들이 우리들 자신은 왜 그들에게 전해준 미터법을 사용하지 않느냐고 우리를 비난하는데 그들 말이 옳다. 그런데 이 습관이 더하기를 하는데 편리한 경우가 많다는 것은 확실하다. 흔히 *cent sous*라고 말하는데 이것은 저속한 표현이다

*est venu quatre*의 예와 같다.

*En*과 함께 나오는 이 구문은 숫자가 (실제적이건 가상적이건)[131] 직접보어 (**complément direct**)인 경우 반드시 *en*이 사용된다. 즉 *j'en ai un, il y en a trois* (ou *un certain nombre, plusieurs*), *je n'en ai pas vu quatre*의 예와 같다. 또한 명사가 생략된 문장인 *j'en sais plus d'un, j'en ai vu plus d'un*도 역시 마찬가지이다. 명사가 간접보어(**complément indirect**)인 경우에는 *en*은 더 이상 사용되지 않는다. 즉 *j'ai parlé à quatre* (ou *à plus d'un*)의 예와 같다.

*En*과 함께 나오는 구문에서 숫자 다음에 형용사나 분사가 나올 때 *de*와 함께 부분의 의미를 갖는 구문(**construction partitive**)이 된다. 즉 *j'en ai vu un* ***de*** *bon, on m'en a donné quelques-unes* ***de*** *bleues, j'en ai trois* (ou *peu, beaucoup*) ***de*** *faits*의 예와 같다. 이 경우 물론 복수라는 개념을 염두에 두고 있어야 한다. 또한 이 문장에서 언급된 목적어는 다른 것과 대립된다는 것을 의미하고 그렇지 않다면 *de*를 사용하는 것이 올바르지 않다. 즉 *j'en ai vu un beau* (ou *deux beaux*)의 예와 같다. *En*과 동사를 생략하여 (*pour*) *un* ***de*** *perdu, deux* ***de*** *retrouvés*라고 말하는 것도 가능하다.

복수 개념을 표현하는 단어와 숫자가 나오는 부분의 의미를 갖는 구문에 *en*을 사용하지 않고 명사만 사용할 수 있는데 이 경우 아주 특별한 조건이 있다. 즉 *j'ai* (ou *il y a*) *deux* (ou *quelques, des*) *tabeaux de faits*라고 흔히 말한다. 이 문장에서 분사나 형용사는 실제적이건 가상적이건 직접목적보어의 동격 혹은 속사로 사용된 것이다. 특히나 *avoir*나 *il y a*와 함께 이루어진 문장이 그렇다.[132] 이 경우에도 물론 복수라는 개념은 항상 존재한다. 즉 *j'ai plusieurs tableaux* ***de*** *faits*라는 문장에는 아직 만들어지지 않은 다른 그림들이 있다는 의미이다.[133]

또한 드물기는 하지만 속사가 형용사인 경우에는 이 형용사가 분사와 마찬가지로 상태를 표현해야 한다. 왜냐하면 *en*을 사용하여 *j'en ai reçu quelques-unes* ***de***

---

131) *Il y a*의 경우 가상적 목적보어가 나오는데 이것이 논리적으로는 주어이다.

132) 이 경우에 사용되는 *avoir*가 전혀 자신의 고유한 의미를 갖고 있지 않다는 것을 알 수 있다. 즉 *il a le nez long*이라고 말할 때 *son nez est long*이라는 의미이고 *long*은 바로 속사인 것이다.

133) *Pour un* (ou *un de perdu, deux de retrouvés*)와 같은, 속담에 나오는 생략된 표현의 경우도 역시 마찬가지이다. 그리고 이것은 어느 경우에나 적용 가능하다.

*bleues*라고는 말하지만 *j'ai trois* (ou *j'ai quelques*) *robes de bleues*라고는 말하지 않기 때문이다. 반면에 *j'ai trois* (ou *plusieurs*) *jours* **de** *libres par semaine* 혹은 *j'ai trois* (ou *plusieurs*) *jours libres*라고는 흔히 말한다.[134]

이런 구문이 부정문이나 부정의 개념을 포함하고 있는 문장에 특히 적합하다는 사실을 덧붙이자. 즉 *je n'ai encore que deux tableaux* **de** *faits,*[135] *il n'y a pas encore* (ou *il y a à peine*) *un mur* **de** *blanchi, il n'y a pas eu une goutte de sang* **de** *répandue*와, 덜 좋은 문장이지만 *il n'y a pas eu de sang* **de** *répandu*가 그 예이다.[136]

분사와 형용사에 한정된 이런 부분관사 구문이 가끔은 속사처럼 쓰이는 명사에게도 통용되는데, 이 경우 동사에 *en*이 함께 나와야 한다. *Des membres de cette assemblée il y en a trois de ministres*의 예와 같다. 그렇지만 *il y en a trois qui sont ministres*라고 말하는 것이 보다 정확하다.[137]

---

134) 한편 *j'ai deux enfants de malades*보다는 *j'ai deux enfants malades*라고 말하는 것이 한결 낫다. 왜냐하면 아이가 둘밖에 없을 때에는 *j'ai mes deux enfants malades*라고 말하기 때문이다. 같은 조건 하에서 다른 동사들의 경우에도 *on m'a laissé trois jours de libres*라고 말할 수는 있어도 *on m'a rendu trois enfants de malades*나 *on en a rendu trois de malades*라고는 말하지 않는다. 그 이유는 *rendre malade*라는 표현에는 *de*가 끼어 들 수 없기 때문이다. 또한 *j'ai peu, beaucoup, assez de jours de libres*라고 말하기도 하는데 *de*를 너무 사용한 것이고 꼭 필요하지도 않은 두 번째의 *de*를 생략하는 것이 더 낫다.

135) 또한 *je n'ai encore que ce tableau de fait*라는 문장이 가능한데 이 그림 말고는 다른 어떤 것도 완성되지 않았다는 의미이다. 즉 <*aucun de fait* autre *que* celui-là>의 의미이다.

136) 복수의 개념에 대립이 있는 경우 적어도 형용사 앞의 전치사의 유무가 약간의 의미 변화를 가져올 수 있다는 것을 지적할 수 있겠다. *Il n'y avait pas là trois hommes sérieux*나 *il y avait tout juste* (*ou à peine*) *trois hommes sérieux*라는 문장에서 *sérieux*라는 형용사는 다른 사람들은 전혀 갖고 있지 않은 어떤 항구적인 자질을 지칭할 것이다. 한편 *il n'y avait pas là trois hommes de sérieux*라고 말하는 경우에는 다른 사람들도 평상시에는 *des hommes sérieux*가 될 수도 있지만 그 당시에는 진지하지 않았거나 그들이 하는 행위를 진지하게 받아들이지도 않았다는 의미이다. 그러나 *il n'y avait pas là trois hommes qui fussent sérieux*라고 말한다면 보다 의미가 분명해질 것이다. 일반적으로 *en*이 없는 경우에 *de*와 형용사와 함께 숫자가 나오는 구문의 경우 그 의미가 미묘하기 때문에 주의를 요한다.

137) *En* 대신에 명사를 사용하여 *dans cette commune, il y a vingt habitants de cabaretiers*라고 말하는 것은 아주 잘못된 것이다. 물론 *ne...que* 다음에는 이런 문장이 가능할 것이다. *Il n'y a que deux habitants de cabaretiers*의 예와 같다. 왜냐하면 *il n'y a que moi d'officier ici, n'y a-t-il que vous d'épicier dans cette commune?*라고 흔히 말하기 때문이다. 물론 *il est seul d'officier ici*라

기수와 함께 한정된 명사가 나오면 이 숫자는 한정사와 명사 사이에 위치한다. 즉 *les trois jours sont passés, j'ai acheté ces quatre livres, j'ai parlé à tes deux enfants*의 예와 같다.[138] 여기에서도 명사가 경우에 따라 생략될 수 있는데 따라서 숫자가 관사하고만 남게 된다(**le nombre seul avec l'article**). 즉 ***les*** *quatre sont venus*의 예와 같다. 이것의 의미는 다른 사람은 없었다는 것이고 이런 의미에서 *quatre sont venus*와 대립된다(그런데 *ils sont venus les quatre*라고 말하지는 않는다). 또한 *j'ai vu* ***les*** *deux, je possède* ***les*** *douze* (ou *la collection* ***des*** *douze*), *j'ai parlé* ***aux*** *trois* (ou *pour* ***les*** *trois*) 등이 있다. 또한 지시대명사와 함께 *j'ai ces deux-là*라고 말한다(그런데 *j'ai ces deux* 라고는 말하지 않는다). 이것으로부터 다음과 같은 생략된 역사적 표현들이 유래했다. 즉 *les Onze, le tribunal des Onze, les Trois-Cents, l'adresse de Deux cent vingt et-un* 등이 있다.

명사의 유무에 관계없이 숫자 앞에 쓰인 관사의 역할이 무엇인지 우리는 잘 알고 있다. 즉 *deux hommes* 나 *quatre hommes*는 다른 사람들 가운데에서 혹은 모든 사람들 가운데에서 택한 사람들의 의미라면, *les deux hommes, les quatre, les douze*는 한 집단을 이루고 있는 사람이나 사물 전체를 지칭한다. 따라서 예전에 코르네이유(Corneille)가 *des trois les deux sont morts*라고 했는데, 이제는 *les deux sont morts* 대신에 *deux sont morts*라고 할 것이다. 즉 하나를 제외한 전체를 지칭하기 위해 정관사를 사용하지는 않기 때문이다.[139]

고 말하는 것은 별로 좋지 않다. 그러나 속어의 경우 조금 지나치게 나아가는 측면이 있는데 그것은 다음과 같은 방법을 통해서이다. *J'en ai trois*라는 문장을 듣고 *Trois quoi?*라고 질문하고 *Trois gilets*라고 대답하는 것은 정확하다. 그러나 *en*안에는 *de*라는 전치사가 내포되어 있으므로, 속어에서 *j'en ai trois*라는 문장에 대해 *De quoi?*라고 질문하고 *Des gilets*라고 대답하는 것이 흔하다. 이것으로부터 지나칠 만큼 널리 퍼져있는 *j'en ai trois de gilets*나 *combien en as-tu de gilets?*라는 표현이 나왔다. 정확한 표현은 *j'ai trois gilets*와 *des gilets, j'en ai trois*이다. 마찬가지로 *en voilà une idée*나 *en voilà une chance*를 *en voilà une d'idée*나 *en voilà une de chance* 로 바꿀 수는 없는데, 이 경우 단수형이 우스꽝스럽게 여겨진다.

138) 물론 *tes deux petits enfants*처럼 *les trois derniers jours*라고 말한다. 그러나 예외적으로 *les premiers* (ou *les derniers*) *huit jours*라고 말하는 것은 *huits jours*가 일주일을 뜻하기 때문이다.

139) 격의 없이 말하는 경우에는 *passer des six mois* (*des périodes de six mois*) *sans lire un livre*처럼 일정 기간을 지칭하기 위하여 부정관사 *des*를 가끔 사용한다. 또한 *il n'y en a pas des mille et*

명사가 생략된 경우에(*dans les cas où le nom est sous-entendu*), 숫자가 크지 않을 때 관사의 역할을 강조하기 위하여, 숫자 앞에 형용사 ***tous***를 사용하는 경우가 매우 흔하다. 그런데 ***deux*** 앞에도 역시 *tous*를 덧붙이는데, *deux*와 *tous*가 함께 하는 것이 이상함에도 불구하고 그렇다. 또한 다른 어느 숫자보다도 *deux* 앞에 *tous*가 나오는 경우가 많은데 아마도 이 숫자의 사용빈도가 매우 크기 때문인 듯하다. 그런데 *tous les deux hommes*라고 말하는 경우는 없고, 명사가 없는 *les deux* 대신에 ***tous les deux***[140]가 사용되는 경우는 흔하다. 사물의 경우보다는 사람의 경우에 *tous*를 덧붙이는 경우가 많다. 그런데 이런 경우 말고도 *tous*의 용법은 이상하게도 매우 복잡하다.

주어의 경우 어려움은 없다. 사물의 경우 *les deux sont bons* (ou *bonnes*)라고 말하고, 반면에 사람의 경우 *tous les deux* (*toutes les deux, tous les quatre, tous les dix*) *sont venus*라고 말한다. 그런데 *tous les deux*를 비강세 주어인 *ils*과 동격으로 삼아서 동사와 분사 뒤에 위치시키는 것을 선호한다. 즉 ***ils*** *sont venus* ***tous les*** *deux*의 예와 같다. 한편 *ils sont venus les deux*라고 말하는 경우는 없다. 예외적인 경우이긴 하지만 명사 주어의 경우에도 *vos deux enfants sont venus* 대신에 *vos enfants sont venus tous les deux*라고 말한다.

직접보어의 경우 *tous*는 비강세 인칭대명사의 동격에만 덧붙여진다. 즉 사물에 대해 말할 때에는 *j'ai vu les deux*라고 말하지만 사람에 대해 말할 때에는 *je* ***les*** *ai vus* ***tous les*** *deux*라고 말하는 것이다. 그러나 *je les ai vu les deux*나 *j'ai vu tous les deux*라고는 말하지 않는다.

간접보어(*complément indirect*)의 경우에도 가능하다면 직접보어와 같은 구문을 사용한다. 즉 *je tiens aux deux, j'ai parlé à tous les deux*도 가능하지만 *je* ***leur*** *ai parlé à* ***tous les*** *deux*가 더 낫다. 그런데 *je leur ai parlé aux deux*는 불가능하고 *j'ai parlé pour les deux* (ou *pour tous les deux*)는 가능하다.

숫자 앞에서 관사 대신에 인칭대명사 복수형을 쓸 수 있다. 즉 *nous deux, vous deux, ils* (ou *elles*) *deux*의 예와 같다. 그러나 이 조합은 간접보어로 대립을 표현하

---

*des cent*이라고도 말한다.

140) 반면에 *tous ces deux*라고 말하는 경우는 전혀 없는데, 이미 오래 전부터 지시형용사 다음에 숫자가 나오는 경우 그 앞에 *tous*를 사용하지 않는다. 그 다음에 명사가 나오더라도 역시 같다.

기 위해서만 사용된다. 즉 *j'ai parlé à vous deux, on a parlé pour nous deux*의 예와 같다. 더 좋은 표현은 오히려 *c'est à vous deux que j'ai parlé, c'est pour nous deux qu'on a parlé*이다. 또한 주어 앞에 동격으로 사용되기도 하는데, 그 예는 *nous deux, nous irons*이다. 가장 빈번한 경우는 직접보어의 경우 비강세 대명사의 동격으로 사용하는 것이다. 즉 *vous irez tous les deux, nous y sommes allés tous les deux, tous les deux nous y sommes allés, on* ***les*** *a vus* ***tous les*** *deux, je* ***leur*** *ai parlé à* ***tous les*** *deux*의 예와 같다.

명령문의 경우에도 *tous*를 반드시 덧붙여야 한다. 즉 *allons-y, allez-y* ***tous*** *les deux*는 되지만 *allons-y, allez-y les deux*는 안 된다. 비인칭 구문의 경우에도 역시 마찬가지이다. 즉 *il faut y aller* ***tous*** *les deux, mieux vaut venir* ***tous*** *les deux*의 예와 같다. 이 경우에도 결코 *les deux*를 사용하면 안 된다.

이러한 구문이 모든 기수에 다 적용되는 것은 물론인데, 어느 상황에서나 그 숫자가 커도 상관이 없다. 다만 숫자가 커질수록 그 숫자 앞에 *tous*를 생략하고 *les*만 사용한다는 것이 다를 뿐이다. 즉 *ils sont venus* ***tous*** *les vingt-sept*보다는 *les vingt-sept sont venus*가 더 낫다. 그런데 또 다른 용법이 있는데, 그것은 다음에 보는 것과 같이 그 용법이 제한적이다.

고대 프랑스어(ancien français)에서의 관사 용법은 오늘날의 용법과는 달랐다. 즉 *tous les deux, tous les trois*라고 하지 않고 *tous deux, tous trois*라고 말했다. 그런데 이러한 옛날 용법이 부분적으로 남아있다. 앞의 예에서 *tous*가 *les*를 강조하기 위한 목적과 효과를 갖기는 하지만, ***tous les deux*** 대신에 ***tous deux***를 사용할 수 있었다. 그 결과 몇몇 경우에는 말하는 방식이 다섯 가지나 되었다. 즉 *les deux, tous les deux, tous deux sont venus, ils sont venus tous les deux* (ou *tous deux*)가 가능하다. 한편 *les*를 생략하는 것이 우아하지는 않지만 동시성을 강조하는 경우에는 적합하다. 즉 *ils sont venus tous les deux*라고는 언제나 말할 수 있지만, *ils sont venus tous deux*라고 말할 때에는 둘이 같이 왔다는 의미이다. 또한 이런 구문은 *deux*의 경우에만 빈번하고 *trois*와 *quatre*의 경우에는 벌써 그 빈도가 떨어지며, *cinq, six, sept*의 경우에는 아주 드물고 그 이후부터는 이런 용법이 가능하지 않다. 따라서 이런 용법을 *deux*의 경우에만 사용하고 그 이외에는 사용하지 않는 것이 좋다.

앞의 예를 통하여 관사 앞에 *tous*를 사용하면 숫자 다음에 명사가 생략된다는 것을 보았다. 그러나 명사가 흔히 사용되는 경우가 있는데, 그 표현이 정확히 분포의 개념을 갖고 동일한 시간이나 공간 다음에 규칙적으로 반복된다는 의미가 있을 때이다. 즉 *tous les trois jours, toutes les dix pages, toutes les six lignes, tous les cinq mètres*의 예와 같다.[141] 같은 의미로 ***de** trois* (*jours*) ***en** trois jours, **de** cinq **en** cinq mètres*라고 말하고, 또한 명사가 측정단위가 아닌 경우에도 역시 이런 표현이 가능하다. 즉 ***de** cinq **en** cinq arbres, **de** trois **en** trois rues*의 예와 같다.[142]

반면에 동일한 집단이 규칙적으로 나뉜다는 것을 표시하지 않고 그 집단 자체를 고려하는 경우에는, 명사를 생략하거나 명사를 숫자에서 분리하여 전치사 *à*나 *par*와 함께 반복한다. 즉 *un **à** un, un **par** un, marcher deux **à** deux, descendre un escalier quatre **à** quatre*의 예와 같다.[143]

기수형용사에 함께 사용되는 전치사의 용법에 대해서는 몇 가지 언급할 사항이 있다.

출발점과 도착점을 지칭하기 위하여 당연히 전치사 ***de***와 ***à***를 사용하며 명사는 일반적으로 한 번만 사용한다. 즉 *depuis trois ans jusqu'à douze ans*[144]과 마찬가지로 사람들은 *de trois ans à douze ans*라고 말한다. 그러나 *de trois ans à douze*와 *de trois à douze ans*이라고 말하는 것이 보다 흔하다. 이것은 *de trois en trois jours*라고 말하는 것과 같다. 흔히 *heure*를 생략하여 *de huit à onze, de deux à quatre*라고 말하는데, *de huit heures à onze heures*처럼 이 단어를 반복하기도 한다.

전치사 *de*와 *à*는 대략적인 수량을 지칭하기 위해서도 사용된다. 이 경우 명사는 반드시 뒤에 나온다. 즉 *il y a là de quinze à vingt personnes*의 예와 같다. 또한 별로 논리적이지는 않지만 *de*를 생략하여 *il y a là quinze **à** vingt personnes*라고 말하기도 하는데 이는 역시 대략적인 수량을 지칭하는 *il y avait là quinze **ou** vingt personnes*와 혼동해서 그런 것 같다. 숫자가 한 단위만 차이가 나는 경우에는 바로 이 표현

---

141) 앞의 본문 168-169쪽의 *tout*에 관한 항목을 참조하기 바란다.

142) 다시 강조하지만 *chaque trois jours*나 *chaque cinq arbres*는 어법에 어긋나는 표현이다.

143) *Se mettre à quatre pour faire une chose*라는 문장에도 역시 분포라는 개념이 들어 있다.

144) 언제나 규칙적으로 *de*와 *à, depuis*와 *jusqu'à*를 대립시키지만, *de*와 *jusqu'à* 혹은 *depuis*와 *à*를 대립시키지는 않는다. 또한 스위스에서처럼 *depuis*와 *dès*를 혼동해서는 안 된다.

을 써서 *il y avait là cinq* **ou** *six personnes*라고 해야지 *cinq à six*나 *de cinq à six personnes*라고 해서는 안 된다. 왜냐하면 *de*와 *à*를 사용한다는 것은 적어도 그 사이에 숫자 하나가 존재한다는 것을 함축하기 때문이다. 그러나 (***de***) *cinq à six livres*라고 말할 수 있는 것은, 책이란 자를 수 있는 존재이기 때문이다. 마찬가지로 *ce travail m'a pris quatre* **ou** *cinq heures* (ou (*de*) *quatre à cinq heures*)라고 말할 수 있다. *Ou*로 연결된 숫자는 분리가 불가능하기 때문에 일부러 숫자 두 개를 분명히 할 목적이 아니라면 전치사를 반복하지 않고 *un voyage de quatre ou cinq jours*라고 말한다.

숫자 다음에 시간의 단위가 올 때 ***en***을 사용하는 것과 ***dans***을 사용하는 것의 의미는 매우 다르다. 즉 *faire une chose* **en** *trois fois, gagner une partie* **en** *cinq coups*라고 말하듯이 *faire une chose* **en** *trois jours* (ou **en** *trois ans*)이라고 말한다. 즉 그것을 하는데 3일 (혹은 3년)이 걸렸다는 뜻이다. 그런데 *la faire* **dans** *trois jours* (ou **dans** *trois ans*)이란 표현은 미래의 의미로만 사용되는데 3일 (혹은 3년)이 *지난 다음에야* (*après que*) 비로소 그것을 한다는 의미이다.[145)]

숫자가 최소한이라는 의미일 때, 부정문을 사용하여 *je n'irai pas avant huit jours*라고 말한다. 반면에 도달하고 싶지 않은 최대한의 숫자라는 의미이면 *j'irai avant huit jours* (ou *dans les huit jours*)라고 말한다. 그런데 전치사 *avant*도 역시 미래의 경우에만 사용되기 때문에 *il est venu* ***il y a*** *huit jours*나 ***il y a*** *huit jours qu'il est venu*의 의미로 *il est venu avant huit jours*라고 말할 수는 없다.[146)] 또한 *il est venu* (*il viendra*) *avant deux heures*라고 말할 때에는 *avant que deux heures ne sonnent*의 의미이지 *il y a deux heures qu'il est venu*나 *il est venu depuis deux heures*의 의미는 불가능하다.

끝으로 기준이 되는 어느 요일부터 출발하여 미래의 1주일 혹은 2주일을 표시하려

---

145) 여기에서 지적하고 싶은 것은, 시간의 측정단위로 (물론 천문학에서는 예외지만) *an*을 사용하고 *année*는 계절의 연속이나 12개월이란 기간을 지칭하며 측정단위로는 사용되지 않는다는 사실이다. 즉 *les années passent*의 예와 같다. 문어체와 특히 시에서는 이 둘을 구분 없이 사용한다. *Journée*도 *année*와 같은데, *jour*로 대체하는 경우가 보다 빈번하다는 점이 다르다. 즉 *toute l'année*는 가능하나 *tout l'an*은 불가능한데, *toute la journée*나 *tout le jour* 둘 다 가능하다.

146) *Huit jours avant*과 혼동해서는 안 되는데, 여기에서 *avant*은 부사이다.

고 하면 *d'aujourd'hui, d'hier, de demain, de mardi* **en** *huit* (ou **en** *quinze*)라고 말한다.[147] 그런데 요일을 말할 때 단지 명사만을 말하는 습관 때문에 *de*를 흔히 생략하고 *j'irai mardi,* **en** *huit*라고 말하는 것은 일주일 뒤 돌아오는 화요일을 의미한다.

몇몇 기수형용사는, ***deux***부터 시작하여 *quelques*라는 한정되지 않은 의미(**dans un sens indéterminé**)로 사용된다. 즉 *j'ai deux mots à vous dire* 혹은 *j'ai deux mots*라고 말하는 것은 아주 짧은 말을 의미하는 *un mot*라고 말하는 것과 같다. 또한 *c'est* ***à*** *deux pas*도 같다. 여기에서 *deux*는 실제 숫자를 축소하는데 사용하는 특별한 과장법이라 볼 수 있다. 같은 의미로 *trois, quatre, un ou deux, deux ou trois, trois ou quatre*와 보다 큰 숫자를 *ou*로 연결한 경우도 있다. 그러나 실제 과장법도 역시 많이 사용되는데, 몇 번 안 되는 것을 *dix fois, vingt fois, vingt fois pour une* 등으로 말하고 숫자가 보다 큰 경우에는 *cent*과 *mille*까지도 사용한다.

정확한 숫자를 모르거나 표시하고 싶지 않을 때 과장하지 않고 대략적인 숫자를 표현하고자 하는 경우 대체로 관사를 사용한 형식으로 표현한다. 즉 *environ huit jours, il a dans* ***les*** *huit ans, cela ne dépasse pas* ***les*** *deux cents hommes, ils étaient vers* ***les*** *deux cents*의 예와 같다.[148] 또한 접미사 ***aine***(**suffixe *aine***)가 붙어서 파생된 형용사도 있다. 즉 *Sixaine, huitaine, dizaine, douzaine, quinzaine, vingtaine, trentaine, quarantaine, cinquantaine, centaine*와 *millier*의 예가 있다.[149] 그런데 *neuvaine* [* '9일 기도'를 의미함]라는 단어에는 대략적인 의미는 없고 항상 명확한 의미만 있다.

기수형용사는 또한 수량을 뜻하는 명사로서 관사 없이 사용된다. 또한 1부터 9까지는 숫자로서 관사 혹은 그 상당어가 붙어야 한다. *Un deux, le deux, ce deux, ton*

147) *Huit jours, quinze jours*는 실제로는 *sept, quatorze*를 말한다. 왜냐하면 출발하는 날과 도착하는 날을 동시에 계산에 넣기 때문이다.

148) 또한 *il viendra vers* (ou *sur*) *les cinq heures*라고 말하기도 하는데 *vers cinq heures*가 한결 간단하고도 자연스럽다. 이상하게도 유추를 남용하여 *vers* (ou *sur*) *les une heure*라고도 말하는데 전혀 근거가 없는 표현이고, *midi*나 *minuit*가 12시간을 뜻하기 때문에 *vers* (ou *sur*) *les midi*와 *vers* (ou *sur*) *les minuit*라고도 한다. (심지어 *à midi précises*라는 표현도 들린다). 그런데 이 모든 경우에 *vers* 하나로 족하다.

149) 가끔 이미 낡은 단어인 *grosse* [* *douze douzaines*를 말함]와 *quarteron* [* 25를 말함]을 사용하기도 한다.

*deux*의 예와 같다. 수량과 숫자를 혼동하지 않도록 해야 한다. 예를 들어 114가 있을 때, 110이 남기를 원하면 *ôtez quatre*(수량)라고 말하고, 11이 남기를 바라면 *ôtez le quatre*(숫자)라고 말한다. 또한 *ôtez un*하면 113이 되고, *ôtez **un** un*하면 14가 된다. 그리고 *ôtez onze*하면 103이 남는데, 4만 남기를 바라면 *ôtez **les** un* 혹은 *ôtez les deux un*이라고 말해야 한다.

끝으로 격식을 차리지 않고 말하는 경우 열거하고자 할 때 처음 몇몇 숫자 앞에 *et*와 *de*를 덧붙여서 생략하는 용법이 있다는 것을 언급하자. 즉 *et d'un* (ou *et d'une*)와 *et de deux, et de trois*의 예가 있다.[150]

서수형용사

서수형용사는 기수형용사에 접미사 *ième*를 붙여서 만드는 전형적인 품질형용사인데, 1과 2의 경우에 특별한 형태가 있다.

복합형의 경우 *un*에 해당하는 서수는 ***unième***이다. 즉 *vingt et unième, trente et unième, la mille et unième nuit*의 예와 같다. 그 이외에서는 ***premier***를 사용한다. 이 단어 앞에 *tout*를 덧붙여서 강조하기도 한다. 즉 *et vous tout le premier*는 <aussi bien et mieux que les autres>라는 의미이다. 또한 *il est des tout premiers, le tout premier rang*이라고도 말하는데, 단지 추상적인 의미로만 사용되며 구체적인 의미일 때보다 명확함이 덜 하다. *Le premier venu, la première venue*는 정해지지 않은 사람을 지칭하고 *le premier ouvrier venu, le premier menteur venu* 등의 표현도 있다.[151] 한편 *Au premier jour*는 <dans un petit nombre de jours>라는 의미이다.

서수형용사 중 복수형이 널리 사용되는 것은 *premier*가 유일하다. 왜냐하면 다른 사람들보다 나은, 정해지지 않은 사람이나 사물을 지칭할 수 있기 때문이다. 정

150) 격식을 차리지 않고 하는 언어에서 사용하는 표현으로 *il m'en a donné d'une, en voici bien d'une autre, dire d'un puis d'un autre*가 있다는 것을 참조하기 바란다.

151) 예전에 라퐁텐느(La Fontaine)가 *le beau premier lapidaire*라는 표현을 사용했는데, 이제는 이런 의미로 이렇게 말하지는 않는다.

반대의 의미로 쓰이는 *dernier*의 경우도 역시 같다. 즉 *ils furent les premiers* (ou *les derniers*) *à se rendre, il fut* (ou *ils furent*) ***des*** *premiers* (ou ***des*** *derniers*) *à se rendre* 의 예와 같다. 이 문장의 의미는 <parmi les premiers ou les derniers>라는 것이다. *Premier*의 복수형에 여성형도 있어 *les premières* (loges ou places)라고 한다. 철도의 경우 1등석은 하나밖에 없지만 좌석이 여럿이므로 *les premières*라는 표현을 사용하고 매표소에서 *une première*를 달라고 할 수 있다.[152)]

복합형에서 *deux*의 서수는 ***deuxième***이다. 즉 *vingt-deuxième, cent deuxième*의 예와 같다. *Deuxième*은 단순 형용사로 옛날보다는 더 자주 사용되나 일반적으로 ***second***이 더 선호된다. 한편 문법학자들이 반대함에도 불구하고 두 개뿐만 아니라 여러 개에 대해서도 *second*을 사용한다. 그러나 특히 밑에서부터 학년을 세는 초등학교에서는 *deuxième classe*를 많이 사용한다. 또한 *deuxième année, deuxième cours* 도 역시 많이 사용한다. 반면에 학년을 위로부터 세는 중등학교의 경우 *la seconde*라는 생략된 표현을 사용한다. 마찬가지로 철도의 경우 *en secondes, une seconde*라고 하는데, 이 경우 *les deuxièmes, une deuxième*은 우아하지 못하다. 반면에 생략된 표현에 *deuxième*을 사용하는 경우는 드물다. 흔히 사용하는 *le deuxième étage*를 줄여서 *le deuxième*이라고 말하는 것도 역시 우아하지 못하다. 반면에 *second*은 *deuxième* 이 갖고 있지 않은 *autre*나 *inférieur*라는 비유적 의미를 가질 수 있는데 그 예가 *un second Paris*이다. 또한 옛날에는 *à nulle autre seconde* [* '추종을 불허하는'이라는 의미이다]라는 표현과 같이 *second*이 명사로 사용되어서 다양한 의미를 가질 수 있었다.

가끔 *second*을 복수형으로 사용하여 *les uns... les autres...*의 의미로 *les premiers... les seconds*이라고 말하기도 했는데, 이것은 문어체에 속한다.

*Trois*의 서수는 ***troisième***인데 복수형은 없고 다만 철도에서 등급이나 자리를 가리킬 때에만 복수형을 사용하여, 기차를 탈 때의 *les troisièmes*, 표를 살 때의 *une troisième*이 있다. 옛 형태인 ***tiers***는 1/3의 뜻이거나 제 3자라는 의미로만 널리 사용된다. 즉 *un tiers, être en tiers*의 예와 같다. 그러나 역사적인 표현들 *tiers état* (생략

---

152) 이 형용사의 다른 형태가 *prime*인데 *de prime abord, de prime saut*라는 표현에서만 사용된다. 옛날에는 *de prime face*와 몇몇 기술에 관한 표현에서 사용되기도 했다. 이 단어는 명사로서 다양한 의미로 사용되기도 한다.

하여 *le tiers*라고 말하곤 했다), *tiers parti, tiers ordre*와 *tiers porteur*와 같은 실생활의 용어에 아직 남아 있다. *Tierce personne*라는 표현은 이제는 더 이상 사용되지 않는데, 아직 남아 있는 표현으로는 *fièvre tierce* [* '3일 간격으로 일어나는 간헐 열'의 의미]가 있다. 그 외에 한두 개의 기술적 표현들과 의미가 변한 명사가 있긴 하다.

*Quatre*에 해당하는 서수형용사는 ***quatrième***이다. 옛 형태인 ***quart***는 부분의 의미나 *fièvre quarte* 혹은 *se moquer du tiers et du quart* 같은 표현에만 남아 있다. 명사로서 *quart*와 *quarte*의 의미는 매우 다르다.

Quatre 이상의 수에는 접미사 *ième*를 붙인 형태만 있다. 즉 *cinquième, neuvième*(v가 사용됨), *trente-quatrième, soixante-dix-huitième*의 예와 같다. 옛 형태는 단지 여성형인 *quinte*와 *sixte*만 남아 있고 *Charles-Quint*과 *Sixte-Quint*의 명사가 있다.[153)]

서수는 항상 관사와 명사 사이에 온다. 즉 *le premier jour, le troisième jour*의 예와 같다. 그러나 문학작품에서 구분을 표시하는 단어들 *tome, livre, chant, acte, scène, chapitre, paragraphe*의 뒤에 나오는 경우가 많다. 뒤에 보게 되겠지만 이때 이 서수는 축약이 불가능하다. 이것은 일반적으로 인쇄되는 그대로 읽고자 하는 것과 관계가 있다.[154)]

서수형용사 *dernier*는 원칙적으로 *premier*와 같이 취급된다. 즉 *être à son dernier jour, la dernière semaine de l'année, la dernière* (ou *l'avant-dernière*) *rue à droite*의 예와 같다.

그러나 *la semaine dernière, le mois dernier, l'année dernière, la nuit dernière, dimanche dernier*라고 말할 때 여러 개 중에서 순서를 고려하는 것이 아니다. 이 경우의 *dernier*는 *qui précède immédiatement le présent*의 의미이고, 이것은 *prochain*이 *qui suit immédiatement le présent*의 의미인 것과 같다. 따라서 이것의 의미는 *la dernière semaine, le dernier mois*라고 말할 때의 의미와 전혀 다르다. 그리고

---

153) 복합형에서 접미사는 단 한 번만 사용된다. 유추에 의하기도 하고, 또한 최소 행위의 원칙에 따른 자연스런 게으름으로 인하여, 일상생활에서 *voilà la cinq ou sixième fois qu'il recommence*라고 말한다.

154) 또한 동격으로 쓰이는 경우에도 역시 뒤에 놓인다. 카드놀이에서 *la quatrième dame*는 나머지 셋과 대립되는 것을 가리키고 따라서 *la cinquième dame*는 의미 없는 것이다. 그러나 같은 색깔의 카드가 여러 개 있을 경우에는 *une dame seconde, troisième, cinquième*이라 하고 이 경우에 *la dame cinquième*이라고 말할 수 있다. 또한 수학에서 *les nombres premiers*와 *les premiers nombres*는 전혀 다른 것이다.

*jugement dernier, heure dernière*의 경우에 *dernier*의 의미는 *suprême*이다.[155]

서수형용사가 속사로 홀로 쓰일 때 대체로 관사가 생략된다. 즉 관사가 없는 *il est premier* (ou *cinquième*)와 관사가 있는 *c'est le premier, il est le premier* (ou *le cinquième de la liste*)가 가능하다. 중등교육에서 학년을 가리키기 위하여 *troisième*에서 *huitième*과 *dixième*까지 명사 없이 사용된다. 또한 *classe de mathématiques, classe de philosophie*에서 유추하여 *première classe, seconde classe* 대신에 *classe de première, classe de seconde*라고 말하는데 이 경우 서수는 명사이다. 명사 없이 쓰이는 서수형용사는 집의 층수를 의미하기도 하는데, 이 경우에는 언제나 층(étage)이라는 단어를 넣을 수 있다는 차이는 있다.

경우에 따라서 기수형용사가 관사와 서수형용사 사이에 나온다. 즉 *les dix premiers, les trois premiers livres, les deux seconds prix*의 예와 같다. 그러나 예를 들어 *les premiers dix grammes*라고 말하는데 이것은 이 집단과 같은 크기의 다른 집단의 연속 즉 *les dix grammes suivants .... et ainsi de suite*와 대립시키기 위함이다.

서수형용사는 동등하게 나눈 전체의 일부분(**fractions**)을 가리키는 데에도 사용된다.

조각이 두 개일 경우에는 *second* 대신에 ***moitié***나 ***demi***를 사용한다. *Demi*는 명사로 쓰일 수는 있지만 형용사로서 명사 앞에 놓이는데 *moitié*보다는 의미가 더 분명하며 *une demi-livre, une demi-journée* 의 예와 같이 사용된다. 또한 측정단위로 사용할 경우 *demi*만 사용하고, 숫자 다음에 *et*와 함께 절반이 추가된다는 것을 표시한다. *Deux mètres et demi* (*et un demi*는 안 된다), *deux heures et demie*의 예와 같다.[156] *Moitié*는 명사로서 보다 폭넓게 일상생활에서 사용되나 의미가 덜 분명하다. 또한 보어와 함께 *une moitié de pomme, la moitié d'une pomme, j'ai passé la moitié de la journée à lire*와 같이 말한다.[157]

조각의 수가 *trois*나 *quatre*인 경우 ***tiers***나 ***quart***만 사용한다. 더 큰 숫자의 경우

---

155) 문어와 시어에서 *son audace première*라고 말하는데 이 경우 순서와 상관없이 *son audace antérieure*라는 의미이다.

156) 50을 *un demi-cent*으로, 500을 *un demi-mille*이라고 말하는 경우가 흔하다. 또한 *demi-dieu*는 계급이 낮은 신을 말하며, *demi-savant*은 형편없는 학자를 말한다.

157) 따라서 *un demi-mètre*는 측량 단위이고, *une moitié de mètre*는 1미터짜리 물건이 둘로 갈라진 한 조각을 의미한다.

에는 *ième*를 붙이는데 남성명사가 된다. 즉 *le dixième*은 전체의 1/10이다. 그런데 일반적으로 특히 파운드의 경우 *huitième* 대신에 *demi-quart*를 사용한다. 게다가 숫자가 보다 클 경우에는 명사를 특별히 명시하지 않고 *la soixantième, la centième, la millième partie*처럼 말한다.

전체의 한 부분을 언급할 때 특히 명사가 생략될 때에는 부정관사를 사용한다. 즉 *un quart* (ou *un demi-quart*) *de beurre*라고 말한다. 그러나 일반적으로는 정관사를 선호하여 *donnez-moi **le** quart* (ou ***la** moitié*) *d'une pomme*라고 한다.

조각이 여러 개인 경우 관사가 반드시 필요한 것은 아니지만 흔히 사용된다. 즉 *deux cinquièmes*보다는 *les deux cinquièmes*를 선호한다. 조각들 중 하나만 빠질 경우 거의 언제나 관사를 사용한다. 즉 *les deux tiers, les trois quarts, les neuf dixièmes, les quatre-vingt-dix-neuf centièmes*의 예와 같다.

*Quart*는 *moitié* 만큼 널리 사용된다. 예를 들어 *les trois quarts*라고 하거나 대부분이라는 의미로 *les trois quarts et demi*라고 말한다. 특히 시간을 말할 때 *quart*를 다양하게 사용한다. 이제는 더 이상 *il est deux heures et un quart*라고는 말하지 않지만 *deux heures un quart*나 *deux heures cinq, deux heures trente-cinq*처럼 말한다. 그런데 보다 일반적으로 *deux heures et quart*와 *deux herues et demie*를 많이 사용하고, *et* 없이 *deux heures trois quarts*라고 말한다. 또한 *trois heures moins cinq* (ou *moins vingt*)과 같이 *trois heures moins un quart*라고 말하는데 *trois heures moins le quart*가 낫다.[158] 몇 시인지 분명할 경우에는 *il est le quart, la demie, moins le quart* (ou *moins cinq*)라고 말한다.

시간은 물론이고 모든 경우에, 기수형용사에 부분을 표시하는 단어가 올 때 그 단어는 명사 뒤에 쓴다. 즉 *un franc vingt-cinq, deux mètres et demi*라고 한다.[159]

---

158) 아주 유감스러운 지방 어투로 *le quart moins de trois heures*가 있다. 반면에 *quarts*와 *demie* 이외에 시간을 간략하게 표시할 때, 5의 배수로 35까지 가끔은 40까지 더하고, 뺄 경우에는 20까지 그리고 가끔은 25까지 말한다. 즉 *deux heures trente-cinq, trois heures moins vingt*의 예와 같다. 시간을 정확하게 표시할 때에는 거의 언제나 더한다. 즉 *deux heures quarante-deux* (ou *cinquante et un*)의 예와 같다. 그런데 *minutes*는 생략하고 일반적으로 숫자만 말한다.

159) 스위스에서는 *deux et demi mètres*라고 말하는데, 아주 논리적이기는 하나 전혀 프랑스어답지는 않다.

배수를 나타내는 형용사(**adjectifs multiplicatifs**)가 있는데 정관사와 함께 명사로도 쓰인다. 즉 *double, triple, quadruple*과 *décuple, centuple*처럼 *uple*이 붙은 다른 단어들이다. 즉 *cette somme est double* (ou *triple*) *de l'autre, j'en ai le double, on vous le rendra au centuple*의 예와 같다. 이 단어들과 특히 *double*은, 엄밀한 의미에서 배수라는 개념이 없이 단지 비슷한 물건이 둘이나 여러 개가 있다는 의미로 사용될 수 있는데 이 경우에 명사 앞에 놓인다. 즉 *un double rang, une double infortune*의 예와 같다. 반면에 크기에 대해서 말할 경우에만 배수의 의미를 갖고 분할의 개념은 전혀 없다. 따라서 크기나 그 밖의 다른 것을 말하면서 *deux fois plus, trois fois plus*라는 표현을 사용한다.

그런데 이 표현이 완전히 논리적이라고는 볼 수 없는데 ***deux fois plus***가 두 배가 더 많다는(*deux fois en plus*) 의미는 아니기 때문이다. 따라서 많은 사람들이 *deux fois autant* (ou *aussi*)라고 말하는 것이 더 정확하다고 믿는다. 그런데 정밀함을 요구하는 수학에서도, 유일하게 널리 사용되는 *deux fois plus*를 사용하기 때문에 이런 염려는 잘못된 것이라 할 수 있다. 따라서 *deux fois plus grand*이란 정확히 두 배 즉 *double*이라는 의미이지 *triple*이라는 의미가 아니다. 또한 어떤 사람들이 생각하듯이 *une fois et demie plus grand*은 1.5배가 아니라 절반이 더 많다는 의미이다. 이런 혼란을 피하기 위하여 *augmenté de moitié*를 사용하고, 한 배 반이 크다는 것은 *plus grand* (ou *augmenté*) *d'une fois et demi*라고 하여 분명히 한다. 그런데 *deux fois et demi plus grand*이라고 말하는 것이 더 좋은데 이 경우 *deux et demi*의 의미가 분명하기 때문이다.

서수형용사를 기수형용사로 대체하기

몇몇 경우에 서수형용사를 숫자로 인쇄하거나 쓴다. 이 숫자에 *ième*이 붙으면 서수형용사를 그대로 유지한다. 그런데 많은 경우 서수형용사가 홀로 나오면 음절수를 하나 혹은 둘 줄이자는 경제원칙에 우리의 천성인 게으름이 편승하여 서수형용사 대신에 기수형용사를 사용하게 되는데, 물론 보줄라(*Vaugelas*)는 이를 반대했다.

이것도 역시 최소 행동의 원칙이 적용된 것이다. 일반적으로 명사 앞에 오는 형용사도 이 경우에는 명사 다음에 나온다는 사실 때문에 이렇게 된 점도 있다.

이런 경향은 연도를 나타내는 숫자와 함께 시작되었다. 1524년이란 기원 후 1524번째 해라는 것이 분명하므로 1322, 1524를 기수처럼 읽고 말했다.[160] 이렇게 연도를 읽는 방식이 달로 넘어와서 (jour가 생략된) *le troisième de mai*가 *le trois de mai*가 되었다가 *le trois mai*로 되어서 오늘날은 이것만 사용된다.[161]

책의 쪽수에 대해서도 마찬가지로 *page huit, page trois cent* (글로 적을 때 *s*를 생략한다)이라고 읽고 말한다.

로마숫자로 적는 서수형용사도 역시 기수형용사로 대체된다. 로마숫자에 가끔 *e*가 붙기 때문에 서수가 뒤따라 나오는 *tome, livre, chant, acte, scène, chapitre, paragraphe*라는 단어 다음에는 기수를 보다 자주 사용한다. 숫자가 중간에 나오면 *au quatrième acte*가 되지만 그 외에는 *à l'acte quatre, scène trois*처럼 된다.[162]

같은 이름을 갖고 있는 일련의 왕들을 지칭하기 위하여 기수형용사만을 사용한다. 즉 *Henri quatre, Louis quatorze*의 예와 같다.

그런데 예외가 하나 있다. 물론 오랫동안 예외가 둘이었는데 그것은 *ième*가 붙지 않는 *premier*와 *second*이다. *Second*은 *Henri second*처럼 오랫동안 쓰이다가 오늘날에는 *Henri deux*라고만 말한다. 또한 *le second tome, le second acte*라고 말하지만 *tome second, acte second*보다는 *tome deux, acte deux*라고 말한다. *Premier*의 경우에는, 많은 경우에 과거로부터 글자 전체가 인쇄되거나 적어도 로마숫자에 *er*을 붙여

---

160) 10의 세 번째를 마무리하는 것은 30이고 4번째는 31부터 시작하는 것처럼, 1900년이 100의 19번째 해이므로 19세기를 마무리하는 해가 분명하다. 이런 점에서 20세기를 시작하는 첫 해가 언제냐에 대한 모든 논쟁을 끝낼 수 있을 것이다.

161) 시간도 이와 유사하게 하는 것이 관례이다. 즉 *la deuxième heure* 대신에 *deux heures*를 사용하는데 이것은 어느 정도는 정확하지만 경우가 다르다. 우리가 *il est deux heures*라고 말할 때 두 시간이 완전히 흘러갔기 때문에 기수를 사용하는 것이 맞는다고 할 수 있다. 30년이 완전히 끝났을 때 *il a y trente ans*이라고 말하는 것은 올바른 것이다. 라틴어의 *tricesimum annum agens*는 *dans sa trentième année* 혹은 *âgé de vingt-neuf ans*라고 번역할 수 있다.일상에서 30살이 완전히 끝난 것이 아닐 때 *il va sur ses trente ans*이라고 말할 수 있다.

162) 무대 위에서는 더 나아가서 간단하게 *la trois du quatre*라고 말한다. 군대에서는 *la troisième du quatre*라고 말하기도 하는데 4대대(*bataillon*)의 3중대(*compagnie*)라는 의미이다.

서 인쇄되어 왔기 때문에 기수형용사로 대체되지 않고 보다 오랫동안 버텨왔다. 즉 *le premier mai, le premier janvier, le premier de l'an*처럼 서수형용사만을 사용하고, *Louis un*이라고 가끔 말하기도 하지만 *Napoléon premier*라고 말한다. 그러나 *chant un, tome un*이나 *chant premier, tome premier* 둘 다 가능한 것은 *chant I, tome I*라고 인쇄하기 때문이다. 또한 *page première*나 *page une*라고 말하지는 않고 *page un*이라고 말한다. 한편 1을 종종 인쇄하지는 않지만 21, 31 등은 인쇄하는데 이때 *un*이라고 읽고 *une*라고 읽지는 않는다.

제5장 관계대명사와 의문대명사

1. 주어, 속사 혹은 직접목적보어 관계대명사: *qui*와 *que*

항상 관계대명사로 쓰이는 *dont*을 제외하면, 같은 단어가 관계대명사가 되기도 하고 의문대명사가 되기도 하기 때문에 이 둘을 혼동하는 경우가 생긴다. 또한 간접의문 종속절이 종종 관계절로 변형이 된다. 이러한 혼란을 피하기 위하여 이 단어들의 구문을 보다 분명하게 파악하는 것이 필요하겠다.

주어 관계대명사는 원칙적으로 ***qui***이다**(le pronom relatif sujet est régulièrement *qui*).** 이것은 사람과 사물 모두에 해당하고 중성대명사 다음에도 역시 해당된다. 즉 *l'homme* ***qui*** *vient, je parle pour ceux* (ou *celles*) ***qui*** *sont ici, le livre* ***qui*** *est sur la table, je parle de ce* ***qui*** *m'intéresse*의 예와 같다.[1)]

속사 관계대명사는 항상 ***que***이다**(le pronom relatif attribut est toujours *que*).** 즉 *malheureux* ***que*** *vous êtes, tout roi* ***qu'****il est, l'homme* ***que*** *je suis devenu, comparez ce* ***qu'****il paraît avec ce* ***qu'****il est*의 예와 같다.[2)]

---

1) *Ce qu'il y a, ce qu'il faut, le temps qu'il fait*에서 *qu'* 는 *que*이다. 이 예에서 *il*이 가주어이므로 실제로는 진주어인데도 *que*가 쓰인 것이다. 즉 관계대명사가 속사 혹은 직접보어의 형태를 취하고 있는 것은 이 동사들이 실제로는 타동사처럼 취급되기 때문이다.

2) 사람들이 남용하는 별로 우아하지 않은 표현이 이것으로부터 나온다. 즉 *le grand poète, l'éminent économiste qu'est M. X, l'instrument de précision qu'est la langue française*의 예가 있다. 여기에서 주목할 것은 속사 동사가 생략되는 경우가 무척 많다는 것인데 그렇다고 *que*의 성격이 바뀌는 것은 아니다. 가끔은 *que*를 접속사로 여긴다. *Qu'est-ce que* (*est*) *la science? c'est une belle chose* (ou *quelle belle chose*) *que* (*est*) *la science, c'est une vilaine chose que* (*est*) *de mentir, il en sera ce qu'il vous plaira* (*qu'il en soit*)의 예와 같다. 다음 문장에서 *que*를 역시 속사로 쓰인 대명사로 여길 수 있다. 즉 *il est le même aujourd'hui qu'hier* (*il était*), *il est tel que vous* (*êtes*), *je ne suis pas tel que vous pensez* (*que je suis*)의 예와 같다. 또한 격식을 차리지 않고 쓰는 표현

직접보어 관계대명사도 역시 ***que***이다**(le pronom relatif complément direct est *que*).** 즉 *l'homme **que** j'ai vu, la sagesse **qu'**il a montrée, il n'a rien dit **que** je ne sache , ce **que** vous faites ne vaut pas ce **que** vous dites*의 예와 같다.[3] 또한 *ce **qu'**il importe de faire, faites ce **qu'**il vous plaira* (de faire), 그리고 *il*이 생략된 *faites ce **que** bon vous semblera* (de faire)의 예가 있다.[4]

주어 관계대명사 *qui*는 그 자체가 인칭대명사가 아니므로 반드시 3인칭일 필요는 없다. 물론 관례적으로 3인칭을 쓰는 경우는 있다. 사실 ***qui*의 선행사로 1인칭이나 2인칭 인칭대명사가 나오면(si *qui* a pour antécédent un pronom personnel de la première ou de la seconde personne),** *qui*도 역시 그 인칭을 따르고 동사도 선행사인 대명사와 일치한다. 즉 *c'est **moi** qui te le **dis**, **moi** qui ne **suis** pas ta grand'mère, **nous** qui **savons** l'histoire, **vous** qui **êtes** si intelligent, il n'y a pas que **moi** ici qui*

인 *ce que c'est que de nous, si j'étais que de vous* (이것은 *si j'étais de vous*보다는 한결 정확하다)도 역시 이것과 관련이 있다. 그런데 크레키 공작(*duc de Créquy*)이 *Monsieur le Maréchal, si j'étais que de vous, je m'irais pendre tout à l'heure*라고 말한 것에 대하여, *Hé bien ! soyez que de moi*라고 클레랑보 장군(*maréchal de Clairambault*)이 재치 있게 답을 한 예 말고는 다른 형태가 보이지 않는다.

3) *Choisis celui que tu voudras*를 *choisis qui tu voudras*로 바꾸는 경우가 많은데, 이것은 더 이상 관계절이 아니다. 여기에서 *qui*는 의문사인 것이다. 즉 간접의문문의 경우인데 이것에 대해서는 나중에 다룰 것이다.

4) *Faites ce qui bon vous semblera*는 논리적이기는 하나 정확한 표현은 아니다. 아마도 *faites ce qui vous plaira*가 더 정확할 텐데 별로 사용되지는 않는다. 왜냐하면 *ce qui vous sera agréable*가 본래의 생각인 경우는 드물고 *ce que vous voudrez*일 것이기 때문이다. 그리고 *qu'il*에서 자음 *l*을 항상 발음하는 것은 아니기 때문에 *qui*라고 말하는 것처럼 보이는 경우가 있다. 즉 라신느(Racine)가 다음과 같이 적고 있는 것은 *qui* 와 *qu'il*을 혼동했기 때문이다.

Tu prétends faire ici de moi ce qui te plaît

이것은 라브뤼에르(La Bruyère)가 살던 당시에 *qui*와 *qu'il*의 발음이 같았기 때문에, 그가 *et qui pensent*라고 말한 아주 유명한 예도 역시 같다. 생략하여 *tout ce qu'il vous plaira*라고 말하는 것은 <tout ce qu'il vous plaira que je fasse, que je dise>라는 의미이지 <tout ce qui vous sera agréable>의 의미가 아니다. 반면에 *ce qui importe ici, c'est....*라고 말하고 *ce qu'il importe*라고 말하지 않는 것은 *il importe quelque chose*가 불가능하기 때문이다. 하지만 *ce qui importe de faire*는 잘못된 어법이다. 또한 *ce qui arrive*라고 말하지 *ce qu'il arrive*라고 말하지 않지만, 더 이상 *quoi qui arrive*라고 말하지 않고 *quoi qu'il arrive*라고 말한다.

m'intéresse *à vous, il n'y a pas que vous deux* ***qui soyez*** *capables de le faire,*[5] *c'est* ***vous*** *qui l'****avez*** *dit le premier, c'est* ***vous*** *qui le premier l'****avez*** *dit, c'est* ***vous*** *seul qui l'****avez*** *fait*의 예와 같다.

인칭대명사 앞에 *ne*가 있는 경우에도 역시 위와 같다.

그런데 1, 2인칭 대명사가 아니라 이 대명사의 속사가 ***qui*** 바로 앞에 나오면 **(si *qui* est précédé immédiatement de l'attribut d'un de ces pronoms)** 여러 경우를 구별해야 한다.

(부정관사를 포함하여) 관사에 의하여 속사가 한정되어 있을 때(**déterminé**) 이 속사와 관계절 사이에 밀접한 관계가 이루어져, 속사 단독으로는 의미가 충분하지 않고 이 속사가 관계사의 진정한 선행사가 된다. 즉 *je suis* ***l'homme qui est*** *venu hier, nous sommes* ***ceux qui sont*** *venus hier, êtes-vous* ***les deux employés qui se sont*** *présentés ce matin, je suis* ***ce Pierre qui*** *vous* ***a*** *tant soigné, tu es* ***un homme qui n'a*** *rien appris*의 예와 같다.[6]

속사 앞에 관사가 없을 때는(**indéterminé**) 그 자체만으로 충분하고 동사와의 일치는 말하는 사람의 의도에 달려 있다. 왜냐하면 대명사가 바로 진정한 선행사일 수 있기 때문이다. 즉 *je suis Pierre, qui vous* ***a*** (ou *qui vous* ***ai***) *tant soigné, nous sommes de pauvres gens qui n'****ont*** *rien* (ou *qui n'****avons*** *rien*)*, vous êtes des sots, qui ne* ***comprenez*** *rien*의 예와 같다.[7]

---

5) 오래된 표현인 *je ne vois plus que vous qui la puisse défendre*는 *je ne vois plus personne* (que vous) *qui la puisse défendre*의 의미이므로 완전히 논리적이다. 그렇지만 라신느(Racine)라면 *puissiez*라고 쓸 것이다. 덧붙이자면 호격의 경우 인칭대명사를 생략할 수 있어서, *soldats, qui m'écoutez*라고 한다. 대중들은 *c'est moi qui suis*를 *c'est moi que je suis*로 바꾸는 것이 일반적인데, 주어 관계사도 *que*로 바꿈으로써 다음에 주어를 언급할 수밖에 없게 된다.

6) 이것은 논리적이다. 왜냐하면 *nous* (*qui sommes venus hier*) *sommes ceux, je* (*qui n'ai rien appris*) *suis un homme*라고는 할 수 없기 때문이다. 그러나 *nous sommes les mêmes qui sommes venus ce matin*이라고 말할 수 있는데, 왜냐하면 *nous* (*qui sommes venus ce matin*) *sommes les mêmes*를 상상할 수 있기 때문이다. 그러나 오늘날 *je suis un vieil arbre qui n'ai plus de racines*라고는 전혀 말하지 않을 것이다. 여기에서 관계절은 속사를 보충하기 위하여 꼭 필요한 것으로 보인다.

7) 사실 *je* (*qui vous ai tant soigné*) *suis Pierre*나 *nous* (*qui n'avons rien*) *sommes de pauvres gens*이라는 문장을 쉽게 상상할 수 있다. 이 경우 관계절은 속사와 분리되어 있으며 이런 점에서 콤마가 있는 것이 정당화된다. 즉 *nous sommes de pauvres gens, qui n'avons rien*은 *et nous n'avons*

반면에 대명사의 속사가 숫자(***nom de nombre***)이거나 *quelques, quelques-uns, plusieurs, beaucoup*처럼 복수의 의미(**pluralité**)를 나타내는 비한정 명사인 경우에 선행사가 되는 것은 바로 대명사이다. 즉 ***nous*** *sommes ici plusieurs, quelques-uns, beaucoup,* ***qui n'avons*** *rien*의 예와 같다. 이 문장을 *il y en a parmi nous plusieurs, quelques-uns, beaucoup, qui n'ont rien*과 비교하자. 또한 ***nous*** *sommes deux* ***qui n'avons*** *rien,* ***vous*** *êtes là deux* (ou *trois, quelques*) *poltrons* ***qui tremblez***의 예가 있다.

끝으로 대명사의 속사가 ***le premier, le dernier, le seul***인 경우에는 그 용법이 정해져 있지 않다. 논리적으로는 속사가 선행사이다. 즉 *vous êtes le premier, le dernier, le seul qui l'****ait*** *dit* (ou *qui* ***s'en souvienne***)의 예와 같다. 즉 이것의 의미는 <le premier qui l'ait dit (ou qui s'en souvienne, c'est vous>라는 것이다. 그러나 종종 *vous êtes le premier qui l'****ayez dit****, je suis le seul qui* ***m'en souvienne***라고 말한다.[8] 대명사를 진정한 선행사로 여기는 이유가 분명히 있을 것이다. 그러나 이 경우 접속법을 사용하면 이 생각이 자연스럽지 않고 직설법을 사용해야 분명해질 것이다. 즉 *je suis le seul qui ne peut* (*qui ne puis*가 더 낫다) *rien dire*의 예와 같다.[9]

*Le premier, le dernier, le seul*이 명사와 함께 사용되면 더 이상 주저하지 않고 이것과 일치한다. 즉 *vous êtes le seul homme qui ne* ***puisse*** *pas* (ou *qui ne* ***peut*** *pas*) *répondre*의 예와 같다.

*Un homme comme vous, comme moi*와 같은 표현에서 *qui*의 선행사는 당연히 명사이지만 경우에 따라서 대명사가 될 수도 있다. 즉 *un homme comme vous, qui* ***sait*** *ce qu'il dit*나 경우에 따라서 *un homme comme vous, qui* ***savez*** *ce que vous dites*가 가능

---

*rien*이라는 의미이다. 반면에 부정문이나 의문문에서 대명사가 진정한 선행사가 될 수는 없다. 즉 *je ne suis pas Pierre, qui vous a tant soigné*처럼 말하는 이유는 *je* (*qui vous ai tant soigné*) *ne suis pas Pierre*라는 것은 상상할 수 없기 때문이다. 물론 이 경우 *je ne suis pas ce Pierre*라고 말할 수 있다. 또한 *tu n'es ni Samson qui fit écrouler le temple, ni David qui tua Goliath*라고 말하는 것도 가능하다.

8) 이것은 아마도 *c'est vous qui le premier l'avez dit* 혹은 *c'est vous seul qui l'avez dit*를 모방해서 이렇게 하는 것 같다. 그렇지만 똑같은 경우는 아니다.

9) 따라서 일반적으로 직설법을 사용할 때에는 1, 2인칭으로 하고, 접속법을 사용할 때 3인칭으로 하는 것이 자연스러울 것이다. 그런데 3인칭을 반드시 사용해야 할 것처럼 보이는 경우가 있다. 즉 *je suis le seul ici qui se soit occupé de cette affaire*의 예와 같다.

하다. 그러나 *vous parlez en homme* (ou *comme un homme*) *qui* ***sait*** *ce qu'il dit, ce n'est pas un homme comme vous qui en* ***ferait*** *autant*처럼 말해야 한다.

반면에 주어의 속사로 사용된 ***un des, une des*** 다음에(**après *un des, une des***) *qui*나 *que*의 선행사는 대명사나 *un, une*가 아니라 이 표현 다음에 나오는 명사이다. 그리고 동사도 이 명사와 일치한다. 즉 *c'est une des choses qui* ***ont*** *mérité le plus d'attention, c'est, je suis, vous êtes un des hommes qui* ***ont*** *le mieux réussi, c'est une des choses que j'ai le mieux* ***comprises****, c'est un des plus grands princes qui* ***aient*** *régné, c'est un des premiers qui* ***soient*** *venus ici*의 예와 같다. 사실 최상급은 단 하나가 아니라 여러 사람에 적용된다. 즉 *vous êtes parmi les hommes* (ou *cet homme est de ceux*) *qui ont le mieux réussi*의 예와 같다.[10)]

주어 관계대명사 ***qui***는 가끔 선행사 없이(**sans antécédent**) 쓰이는데 그 의미는 *celui qui*이다. 이때 부정대명사(pronom indefini)가 되어서 항상 주어로 쓰이는 *quiconque*의 의미와 용법을 갖는다. 이 경우 *qui*는 (*quiconque*처럼) 두 절의 주어처럼 보이는데 주절의 주어는 생략된 선행사이다. 그러나 구어에서는 이런 옛날 용법을 몇몇 전통적인 표현에서만 사용한다. 즉 *qui a bu boira, qui aime bien châtie bien, qui s'y frotte s'y pique, qui dort dîne, qui ne dit mot consent*의 예와 같다. 반면에 *vouloir*와 *pouvoir* 다음에 동사의 원형이 생략되며, 여전히 사용되는 도치된 표현도 있다. 즉 *ne réussit pas qui veut, écrive qui voudra, sauve qui peut, arrive qui plante*의 예와 같다.[11)]

---

10) 옛날 사람들은 실렙시스(syllepse)에 의하여 동사를 *un*과 일치시키는 경우가 많았는데 특히 *un*이 속사인 경우에 그랬다. 즉 *vous êtes un des hommes qui me convient le plus*의 예와 같다. 그러나 이렇게 구별하려고 했던 의미의 차이가 문법적으로는 미묘한 사항인데, 아무튼 이런 비정상적 구문은 사라졌다. 이런 표현과 다음의 *c'est un des hommes de la compagnie qui est venu, c'est un des plus grands poètes français qui a commis cette erreur*와는 관련이 없는데, 이 예에서는 선행사가 *un*일 수밖에 없다.

11) 문어에서는 *heureux qui*처럼 생략된 표현을 보다 광범위하게 사용한다. 생략된 선행사가 직접보어인 경우도 허용된다. 즉 *aimez qui vous aime, je frapperai qui* (ou *quiconque*) *m'attaquera*의 예가 있다. 생략된 선행사가 간접보어인 경우는 *pour qui ne comprend rien, tous les discours sont superflus, je ne réponds pas à qui m'insulte*이다. 예외적으로 *qui*가 *celui que*를 대신하는 경우도 있다. 즉 *aimez qui j'aime*의 예와 같다. 이것은 *aimez qui vous aime*에서 유추한 것인데, 이

*Voici*와 *voilà* 다음에 오는 주어 관계대명사 *qui* 앞에서 중성의 선행사(antécédent neutre)가 생략될 수 있다. 즉 *quelque chose*처럼 여길 수 있는 예는, *voici qui vaut mieux, voilà qui va fort bien*이다. 그러나 *voici quelqu'un qui vous répondra*의 의미로 *voici qui vous répondra*라고 말하지는 않는다.

끝으로 *j'en donnerai à* ***qui*** *je voudrai*라고 말하는 것은 정확하고, 그 의미는 *à celui que je voudrai*가 아니고 *à celui à qui je voudrai en donner*이다. 이것은 관계사가 간접보어인데 선행사와 같은 전치사를 취하고 있다. 이때 전치사는 남겨두고 선행사만 생략하여, *à* (*celui à*) *qui*처럼 선행사의 전치사가 관계사의 전치사와 혼동된 것이다. 그러나 동사 원형을 취하는 동사 몇 개의 경우에만 이런 생략이 가능하다. 왜냐하면 *qui*는 바로 이 생략된 동사 원형의 간접보어이기 때문이다. 즉 *je travaillerai pour qui il me plaira* (de travailler)*, je le ferai faire par qui je pourrai* (le faire faire)의 예와 같다. 그런데 이런 용법은 사람의 경우에만 사용되고 일반적으로 전치사 *à* 와 함께 가능하기 때문에 아주 한정되어 있다.

주어 관계대명사 *qui*도 몇몇 **옛날 표현**(archaïsmes)에 남아 있다.

격식을 차리지 않는 언어에서는 *comme qui dirait*처럼 오래된 표현이 남아 있는데, 여기에서 *qui*는 *si quelqu'un, si on*의 의미이다.[12)]

또 다른 옛날 표현은 *qui*를 반복하여 *l'un..., l'autre..., les uns..., les autres...* 의미로 사용하는 것인데 이것이 완전히 사라지지는 않았다. 즉 *ils prirent,* ***qui*** *un couteau,* ***qui*** *une fourchette*의 예와 같다. 그러나 이것은 문어에서만 사용된다.

반면에 앞의 절에 대한 동격으로 *qui*와 *que*를 사용하여 오랫동안 *que je crois, que je pense*라고 하다가 오늘날에는 여기에 *ce*를 덧붙여서 *il n'ira pas,* ***ce qui*** *sera une sottise, il y est allé,* ***ce que*** *j'ai vivement blâmé*라고 하고, 격식을 차리지 않는 표현으

와 같이 *qui*를 직접보어로 만드는 용법은 논란의 여지가 있다.

12) 라틴어의 *si quis*에 해당한다. *Qui*의 이런 용법은 17세기에는 가끔 보이는데 오늘날 이것이 사라진 것은 유감이다. 옛날 속담인 *tout vient à point qui sait attendre*에도 이런 용법이 남아 있는데, 대중들이 원래의 모습을 보존한 것이다. 그런데 프랑스어를 겨우 조금(*un peu*) 아는 사람들이 이것을 현대화하여 *tout vient à point à qui sait attendre*라고 한 것은 *qui*의 옛날 용법을 몰랐기 때문이다. 이 용법과 유사한 것이 역시 생략된 표현인 *qui vive*?인데, 이것의 의미는 <si quelqu'un vit, à supposer que quelqu'un vive, qu'il parle>이다.

로는 *il y est allé, à ce que je crois, à ce qu'il m'a semblé, à ce qu'il paraît*처럼 말한다.[13] 그런데 이런 옛날 표현이 도치된 표현에 남아서 *qui plus est, qui mieux est, qui pis est*라고 말하는데, 이것은 일반적으로 뒤따라 나오는 것과 동격으로 사용된다. 따라서 *et, **qui** pis est* (*ce qui est pis*가 보다 일반적임), *il n'a même pas compris ce qu'on lui demandait*라고 말한다. 이것과 유사한 것이 *il n'y est pas allé, **que** ja sache* 인데 항상 부정문에 사용된다.

끝으로, 더 오래된 과거에는 중성관계사 주어가 *qui*가 아니라 *que*였고 선행사 없이 사용되었다. 아직 남아 있는 표현이 *advienne que pourra*이고 이것과 관계되는 것이 다음 두 생략된 표현 *coûte que coûte, vaille que vaille*이다.[14]

2. 간접 관계대명사 *dont*

관계대명사(**relatif**)가 간접보어(**complément indirect**)인 경우, ***qui***를 사용하는 것으로 충분한 것처럼 보인다. 왜냐하면 *qui*가 주어로서 사람이나 사물에 다 사용이 가능하고 그 앞에 아무 전치사나 올 수 있기 때문이다. 즉 *de qui, à qui, en qui, pour qui*와 같다. 따라서 이것이 오랫동안 사용되었고 아직도 사용되고 있지만, 예전보다는 덜 사용되고 있다. 그 이유는 이 구문이 사람의 경우에만 사용할 수 있게 되었기 때문이다. 즉 *l'homme à qui j'ai parlé, en qui j'ai mis ma confiance, pour qui j'ai fait cette dépense*의 예와 같다.[15] 또한 사람의 경우에도 다른 단어를 사용하는데 특히 *dont*이란 단어가 일반적으로 *de qui*를 대신하고 적어도 명사의 보어인 경우에

---

13) 대중들은 보다 자유롭게 *à ce qu'il paraît qu'il y est allé*라고도 말한다.

14) 이 두 표현의 의미는 <(que cela) *coûte* ou *vaille* (ce) *que* (l'on voudra que cela) *coûte* ou *vaille*>이고, 여기에서 *que*는 겉으로는 직접보어이나 실제로는 전치사가 없는 간접보어이다. 한편 *je n'ai que faire de*라는 표현에는 아무 것도 생략된 것이 없는데, 그 이유는 여기에서 *que*는 간접의문사이기 때문이다. 이것에 대해서는 나중에 다룰 것이다.

15) *J'en donnerai à qui je voudrai*라는 구문을 참조하기 바란다. 이것은 이미 앞에서 다루었다.

그렇다.

원래는 장소의 부사였던 대명사 ***dont***이, *de*라는 전치사가 어떤 의미를 갖든 ***de qui***를 대신할 수 있고 사람뿐만 아니라 사물의 경우에도 사용이 가능하게 되었다. 즉 *l'homme dont le père est mort, dont j'ai vu la mère, dont je suis le fils, la table dont les pieds sont cassés* (ou *dont on a cassé les pieds*)*, un travail dont je ne suis pas satisfait, il n'a rien fait dont je sois content, des livres dont quelques-uns* (ou *dont beaucoup*) *sont remarquables, les gens dont je parle* (ou *dont j'ai entendu parler*)*, ce dont je parle* (ou *ce dont il s'agit*)*, la personne dont j'ai reçu cet objet* (ou *obtenu cette faveur*)*, les honnêtes gens, dont nous sommes, l'habit dont je suis vêtu, la situation dont on vous a tiré, les paysans dont vous êtes né, des faits dont je doute* (ou *dont je ne sais rien*), 또한 *ce dont je l'ai blâmé*처럼 앞 문장에 대한 동격으로도 사용된다.[16)]

*Dont*은 모든 종류의 단어의 보어가 될 수 있으며 역시 명사의 보어도 된다. 그런데 명사의 보어에 정관사가 붙을 때 이 명사는 주어, 속사, 직접보어가 될 수는 있으나 다음과 같이 말할 수는 없다. 즉 *l'homme dont j'ai parlé à la mère* (ou *dont j'ai marché sur les pieds*), *il a deux fils dont l'âge du premier...*의 예는 가능하지 않다. 대명사 *dont*은 자신이 갖고 있는 전치사 이외의 전치사가 옆에 나오는 것을 허용하지 않기 때문이다. 이 경우에는 관계사가 문두에 나오는 대신에 간접목적어 다음에 나오고 그 형태도 *de qui*나 *duquel*로 바뀐다. 즉 *à la mère de qui* (ou *duquel*) *j'ai parlé*의 예와 같다. 그런데 이 형태는 참기 어렵고 모호한 것인데, 구어에서는 그런대로 적응하지만 문어에서는 그렇지 않다. 따라서 관계사, 동사 혹은 문장을 바꾸는 것이 유일한 해결책이다. 가끔 *les bons romanciers, dont il est du nombre*나 *une femme dont la grâce des mouvements est remarquable*이라는 문장을 듣게 되는데, 이 문장들이

---

16) 시나 연설의 경우에는 조금 더 나아가서, 산문에서라면 *par*를 사용해야 할 경우에도 *dont*을 사용한다. 즉 *l'ennemi dont je suis opprimé, le coup dont je suis confondu, les liens dont il est enchaîné*의 예가 있다. 또한 구어의 경우 *les liens dont nous sommes unis*라고도 말하지만, 이제는 더 이상 옛날 사람들처럼 *dont*을 자유롭게 사용하지는 않는다. 왜냐하면 *de*와 함께 쓰이는 수동태의 구문이 상당히 줄었기 때문이다. 이것은 나중에 살펴볼 것이다. 옛날 사람들은 앞 문장에 동격인 경우에도 *ce*를 생략하여 *dont je l'ai blâmé*라고도 말했다.

귀에 덜 거슬리더라도 *l'homme dont j'ai parlé à la mère* 만큼이나 잘못된 것이다. 한편 바로 앞의 문장에 *du nombre desquels*이나 *des mouvements de qui*를 사용하면 우스꽝스럽게 된다. 올리베 신부(l'abbé d'Olivet)가 잘 표현했듯이, 필요하다고 해서 어려워지면 용서가 안 된다(où la nécessité se trouve, la difficulté n'excuse pas). 따라서 *une femme chez qui la grâce des mouvements est remarquable* (ou *remarquable par la grâce de ses mouvements*)이라고 말하는 것이 더 낫다.[17)]

*Dont*이 단순히 한 명사의 보어가 아니라 분리가 불가능한 복합명사의 보어인 경우에는 예외이다. 즉 *un homme dont le chapeau de paille est tombé à l'eau*, *un homme dont la force d'esprit est surprenante* 라고 말할 수 있는데, *esprit*는 관사 없이 *force*와 일체가 된다. 따라서 *dont la force de l'esprit*라고 말할 수는 없다.

반면에 구체적 장소에 관계될 경우에는 *dont*을 ***d'où***로 바꾼다. 이것은 올바른데 *dont*의 원래 의미가 *d'où*이기 때문이다. 즉 *le pays* ***d'où*** *je viens, un pays* ***d'où*** *la liberté est bannie*의 예와 같다. 본래적 의미로 쓰인 *la maison d'où il sort*와 출신을 뜻하는 의미로 쓰인 *la maison dont il sort*를 구별하기도 한다.

또한 *un fait dont* (ou *d'où*) *il résulte, un fait d'où je conclus*라고 말할 수 있다. 또한 앞의 내용에 대한 동격으로서 *d'où je conclus, d'où il résulte, d'où il suit*라고 말할 수 있다. 그러나 *d'où il s'ensuit*라고는 말할 수 없는 것이, *d'où*와 *s'ensuit*가 불필요하게 중복되기 때문이다.

---

17) 그렇지만 이렇게 혐오스러운 잘못된 어법을 상당히 정확하게 글을 쓴다고 자부하는 작가들에게서도 발견할 수 있다. 예를 들어서 *dont elle n'est même pas certaine de l'existence*라는 문장이 공쿠르(Goncourt)에게서 나타나고 그 밖에 다른 작가들에게서도 발견된다. 그러나 이것은 잘못된 어법이고, 몰리에르(Molière)가 서둘러서 쓰다가 이렇게 잘못 쓴 예가 있다고 하더라도 정당화되지는 않는다. 일반대중은 별로 개의치 않고 모든 보어로 쓰인 관계사를 *que*로 바꾸는데, 특히 거의 사용하지 않는 *dont*을 *que*로 바꾼다. 즉 *l'homme que j'ai parlé à sa mère, une chose que je sais même pas le nom, une montre qu'on m'a fait cadeau, voilà ce que j'ai peur, le livre que je me sers*의 예와 같다. 뮈세(Musset)가 다음과 같이 적고 있다. 실제로는 *que* 앞에 *tel*을 생략한 것이다.

> Car j'en sais une par le monde,
> Que jamais ni brune ni blonde
> N'ont valu le bout de son doigt !

*Dont*의 용법에는 몇 가지 어려움이 더 있다.

먼저 *dont*과 주어 다음에 선행사를 지칭하는 인칭대명사를 쓰는 것이 무척 어색하다는 것이다. 즉 *les enfants dont les parents les ont bien élevés, l'homme dont le travail lui a créé des loisirs, l'enfant dont le père a travaillé pour lui*의 예와 같다. 이런 화법은 가끔 모호하지만 완전히 논리적이다. 그렇지만 전혀 우아하지 않고 부정확하다고 할 수 있는데, 소유관계나 의존관계를 보어로서 표시하기보다는 소유형용사로 표시하는 것이 습관으로 되어 있기 때문이다. 따라서 관계사 옆에 소유형용사를 넣어서 *les enfants* ***que leurs*** *parents ont bien élevés, celui à* ***qui son*** *travail a créé des loisirs, l'enfant* ***pour qui son*** *père a travaillé*라고 말한다.

신체의 일부분의 경우 소유형용사를 피해야 하는데 소유형용사의 사용이 강요되기도 한다. 즉 *un homme à* ***qui la*** (*ou* ***sa***) *jambe fait mal, à* ***qui sa*** *barbe donne un air sauvage*의 예와 같다. 그러나 *un homme dont la jambe lui fait mal, dont la barbe lui donne un air sauvage*라고 말해서는 안 된다. 그러나 신체의 다른 부분을 표시하기 위하여 *lui*가 필요하기도 하다. 즉 *un homme à qui sa barbe descend jusqu'à la ceinture*라고 말하지 않고 *un homme* ***dont*** *la barbe* ***lui*** *descend jusqu'à la ceinture*라고 말하는데, 여기에서 *lui*는 *barbe*가 아닌 *ceinture* 때문에 사용된 것이다.[18)]

한편 관계대명사가 *dont*이라면, 이 *dont*의 역할이 무엇이든지 소유형용사를 함께 사용해서는 안 된다. 따라서 *l'homme dont ses amis ont besoin*이라고 말해서는 안 되는데, *dont*이 *avoir besion*의 보어라도 그렇다. 이 경우 *dont*은 *ses*와 같은 기능을 하는 것처럼 보이는데 이 둘을 같이 사용하면 항상 귀에 거슬리게 된다. 이것을 해결하기는 어렵기 때문에 문장을 바꾸어야 한다.

수량형용사의 경우에도 어려움이 생긴다. *Dont*은 그 다음에 바로 나오는 수량형용사의 보어가 될 수 있다. 즉 *voici des livres dont deux sont très remarquables*의 예와 같다. 이 문장이 아주 우아한 것은 아니지만 그렇다고 *voici des livres dont je vous donne deux* (ou *dont il y a deux qui sont très remarquables*)이라고 말하지는 않는다.

---

18) 인칭대명사와 소유형용사를 둘 다 쓰지 않으면 이러한 어려움은 사라진다. *Une femme à qui le cœur bat* (ou *dont le cœur bat*), *un vieillard dont le nez touche le menton*과 또한 좋은 문장은 아니지만 *un vieillard dont les bras descendent jusqu'à la ceinture*도 가능하다.

왜냐하면 수량형용사가 직접보어로 쓰일 경우에는 반드시 대명사 *en*을 사용해야 하기 때문이다. 즉 *j'en ai deux, il y en a deux*의 예와 같다.[19] 사실 부정대명사의 경우에도 마찬가지인데 *dont il y a plusieurs, dont je vous ai donné quelques-uns*이라고 말하기는 한다. 물론 별로 우아하지는 않다. 그렇지만 *dont il y a deux*라고 말하지는 않는다. 마찬가지로 *dont il y a d'autres*나 *dont il y a deux autres*라고도 말하지 않는다. 그렇기 때문에 많은 사람들이 *dont il y en a deux, dont il y en a d'autres*라고 말하기도 한다. 뷔퐁(Buffon)도 *dont il lui en jette un*이라고 말하지 않았던가? 불행하게도 이런 해결책은 사태를 더욱 악화시킬 따름이고 이렇게 대명사를 중복 사용하는 것은 절대로 용납되지 않는다. 따라서 유일한 해결책은 관계사를 포기하고 문장들을 등위시켜서 꼭 필요한 *en*이 나오도록 하는 것이다. 즉 *il apporte des animaux vivants et lui en jette un*이라고 만드는 것이다.

반면에 겉으로는 중복되는 것처럼 보이지만 완벽하게 옳은 예가 있다. 즉 ***de** la manière **dont** les choses se sont passées, **du** train **dont** les choses....*의 예와 같다.[20] 그런데 오늘날에는 이런 표현에서 *de*를 *à*로 바꾸는 일이 흔하다. 또한 *de l'humeur dont je suis*라고 말하기도 하지만 *avec l'humeur que j'ai*라고 하는 것이 더 낫다.[21]

---

19) 본문 177쪽의 내용을 참조할 것.

20) 아마도 *les choses s'étant passées de la manière dont elles se sont passées*나 *allant du train dont elles vont*의 의미일 것이다. 따라서 이것은 절대분사구문이 생략된 구문이라고 여길 수 있다.

21) 마지막으로 두 가지 언급을 할 텐데, 이것은 문어에 관한 것이지만 구어의 경우에도 이것으로부터 이득을 얻을 수 있는 것이다.

우리는 *dont je suis le fils, dont j'ai vu la mère*처럼 *dont*이 속사나 직접보어의 보어가 될 수 있다는 것을 보았다. 그런데 관계사의 주어가 명사인 경우에는 *dont*이 속사나 직접보어의 보어가 되려면 한 가지 조건이 있는데 그것은 주어의 보어는 안 된다는 것이다. 즉 *un homme dont la France a gardé le souvenir*의 경우에는 의미가 명백하지만, *la femme dont la pudeur est le plus grand charme*의 경우 이 문장을 듣거나 말하는 사람은 먼저 *dont*이 *pudeur*의 보어라고 여길 것이다. 그런데 그 이후에 *pudeur*는 절대적 의미로 사용된 것이고 *dont*이 *charme*의 보어일 수 있다는 사실을 깨달을 것이다. 따라서 이것은 어색한 문장인데 구어에서는 그런대로 통하지만, 문어의 경우 모호한 의미가 생길 수 있으므로 변명의 여지가 별로 없는 나쁜 문장이다. 그렇지만 이 문장이나 유사한 다른 문장에서 *dont*이 속사나 직접보어의 보어이면서 주어의 보어라 해도 이해하는 데 전혀 문제가 없다고 항변할 수 있다. 물론 경우에 따라 다르긴 하다. 또한 *un vieillard dont le nez touche le menton*이라고 말할 수 있는 것도 그 의미가 분명하기 때문이다. 그런데 *l'homme dont la négligence a causé la ruine*라고 말할 때, 관계사가 주어 *la négligence*

3. 간접 관계대명사 *quoi*와 *lequel*

우리가 지금까지 살펴본 *qui, que, dont* 이외에도 ***quoi***라는 네 번째 형태가 있는데, 그 용법이 무척 제한되어 있다.

관계대명사 ***quoi***는 중성형으로 *que*의 강세형인데, 이 **관계대명사 *quoi*는 간접보어로만 사용된다(*quoi* relatif ne peut être que complément indirect).** 전치사 *de*와 함께는 드물게 사용되는데 그 이유는 그 자리를 *dont*이 차지하기 때문이다.

반면에 이 단어가 예전에는 어떤 사물 명사와도 함께 사용되었는데 유감스럽게도 이것은 거의 사라지고, 이제는 거의 **비한정 선행사와 함께(avec un antécedént indéterminé)** 사용된다.[22] 지금은 기껏해야 선행사로 *chose*나 *point*을 사용할 수 있는데

의 보어이고 속사나 직접보어와는 무관하리라고 여기다가 나중에 관련이 있을 수도 있다는 것을 알고는 당황하게 된다. 즉 이 문장과 앞 문장에는 수상한 구석이 있어서 별로 만족스럽지 못한 느낌이다. 그 증거는, 이러한 경우 보어의 관사를 소유형용사로 바꾸도록 제안해서 *dont la négligence a causé sa ruine*처럼 하는 것인데 그렇다고 나아진 것 같지도 않다. 왜냐하면 적어도 외양상으로 모호함이 살아 있고 여전히 만족스럽지 못하기 때문이다. 이런 방법이 성공적이지 못하다면 구문을 바꾸어서 *qui par sa négligence a causé sa ruine*처럼 하는 것이다. 한편 이렇게 소유형용사를 사용하는 것은, 모호함이 없다면 간접보어 앞에서는 완전히 허용된다. 즉 *dont la négligence a été la cause principale de sa ruine*의 예와 같다. 그러나 가장 좋은 방법은 관계대명사 자신이 주어가 되도록 문장을 바꾸는 것이다.

두 번째는 다음과 같다. 우리는 *l'amour de la patrie, la soif de l'or, la crainte de la mort* 라고 말하면서 *de*를 *pour*의 의미로 사용한다. 이것이 소위 목적격으로서의 속격 (*le génitif objectif*)이라는 것이다. 그런데 이 보어의 특별한 의미는, 명사 뒤에 있으면서 그 사이에 다른 단어가 없을 때에만 분명히 드러난다. 따라서 이 보어를 관계대명사의 선행사로 만들어서 *la patrie dont l'amour, l'or dont la soif, la mort dont la crainte, la loi dont le zèle*와 같이 하면 매우 어색한 예가 된다. 모호함이 없더라도 이렇게 시작하는 관계절이 만족스런 의미를 드러내는 경우는 드물다. 또한 가끔 모호함이 생기면 사태는 더욱 악화된다. 예를 들어 *les hommes dont le mépris est le résultat naturel d'une longue expérience*라고 할 때, 먼저 떠오르는 의미는 사람들이 갖게 되는 경멸이라는 것인데 이것 말고도 이 사람들에 대한(*pour les hommes*) 경멸도 가능하리라는 것은 나중에야 떠오른다. 그런데 프랑스어는 단어들이 연속되면서 순차적으로 이해되기를 바라는 언어이지, 다른 언어들처럼 문장이 끝나기를 기다린 다음에 앞부분의 의미를 파악하려는 언어는 아니다.

22) *La raison pour quoi*까지도 *la raison pourquoi*가 되었는데 이것은 그렇게 우아한 것은 아니다.

바로 이 단어들의 한정되지 않은 의미 때문이다. 즉 *c'est un point, c'est une chose sur quoi il y a lieu d'insister*의 예와 같다. 그런데 이것도 별로 사용되지는 않는다.

선행사가 있다면 그것은 중성대명사 *ce*, 중성의문사 *que*나 부정대명사(pronom indéfini) *rien*이 가장 흔하다. 즉 ***ce à quoi** nous pensons, **sur quoi** nous parlons, **contre quoi** vous devez vous tenir en garde, qu'a-t-il dit à **quoi** je ne puisse répondre*의 예와 같다.

*Ce*를 생략하여 선행사가 없는(**sans antécédent**) 경우가 더 흔하다. 즉 *c'est à **quoi** je me résous, c'est **en quoi** vous vous trompez, voilà à **quoi** il faut répondre*의 예와 같다. 또한 앞 문장에 대한 동격으로 비한정 선행사 *ce*나 *chose*를 생략하여 *ce qui, ce que, ce dont*이 *à quoi, en quoi*로 바뀐다. 즉 *il est parti, **en quoi** il a eu tort, faites ce que je vous dis, **moyennant quoi** vous réussirez* (ou ***sans quoi*** (ou ***faute de quoi***) *vous échouerez), on lui a dit beaucoup de sottises, **sur quoi** il est parti*의 예와 같다. 가끔은 *ce dont*을 *de quoi*로 바꾸기도 하는데, 이것이 다시 *d'où*로 된다. 즉 ***de quoi** il résulte*보다는 ***d'où** il résulte*가 더 낫다.[23)]

동사 원형 앞에서는(**devant un infinitif**) 항상 선행사 없이 ***de quoi***가 많이 사용되는데 이 경우 *dont*은 사용할 수 없다. 아마도 *quoi*가 가장 많이 사용되는 곳이 이곳일 텐데 간접의문문에 쓰이는 *quoi*와 유사해서 그런 것 같다. 즉 *il a **de quoi** vivre, donnez-moi **de quoi** écrire, il n'y a pas **de quoi** se fâcher* (ou *faire tant de bruit*), *il y a là **de quoi** faire sauter une ville entière*의 예가 있다. 동사가 갖고 있는 의미가 이미 앞에서 (동사 원형이 아니라 다른 방식으로) 표현되었을 경우에는 동사 원형을 생략하기도 한다. 즉 *pour se chauffer, il faut avoir **de quoi**, ne vous fâchez pas, il n'y a pas **de quoi***의 예와 같다. 또한 *je vous remercie*나 단순히 *merci*에 대한 답으로 *il n'y a pas **de quoi***라고 답한다. 또한 *avoir de quoi vivre* 라는 표현이 격의 없이 말하는 경우 *avoir de quoi*로 축소되는데 그 의미는 *être dans l'aisance*이다.

*Quoi*의 용법이 축소되다 보니 사물에 대하여 말할 때에는 다른 간접의문사를 사용해야 하는데, 이 경우 우리는 ***lequel***을 사용한다. 그런데 이것은 사람의 경우에도

23) 앞의 본문 201쪽을 참조할 것.

사용되므로 *qui*와 *dont*과 경쟁하게 된다.

대명사 *lequel*이 주어(**sujet**)나 직접보어(**complément direct**)로 사용되기도 하는데 이 경우 관계절이 보어절이 아니라야 한다. 그런데 구어에서는 이런 식의 용법은 거의 없다.[24)]

일반적으로 *lequel*은 간접보어(**complément indirect**)로 사용되며 전치사가 필요하다.

앞에서 살펴본 *dont*이 넓은 용도로 사용된다면, 이 *dont*과 유사한 *duquel*은 *de qui*와 경쟁적으로 사용되며, 모호함을 없애주기도 하고 또한 사람에게도 사용된다. *La bonté de cet homme,* ***de laquelle*** *on a eu tant de preuves*의 예와 같다. 우리는 앞에서 간접보어 다음에 *duquel*이 필요하다는 것을 보았는데 구어에서는 이런 표현을 피한다. 즉 *ce fauteuil* ***sur le bras duquel*** *vous vous appuyez, ce domestique, sur le bras* ***de qui*** (***duquel***이 더 낫다) *il s'appuie, les bons romanciers, au nombre* ***desquels*** *tout le monde le place* (*de qui*는 안됨)의 예와 같다.

De 이외의 전치사의 경우, *lequel*만 사용하고 *qui*는 사람의 경우에 사용된다. 의인화된 사물의 경우에도 *qui*를 사용하는데 이것은 작가의 의도를 강조하는 한 방식이다. 즉 *la patrie,* ***pour qui*** *je me suis sacrifié, la France, à* ***qui*** *j'ai donné mes enfants*의 예와 같다. 사람의 경우 *à qui*를 *auquel*보다 선호하는데, 모호함을 피할 경우에만 후자를 사용한다. 그러나 복수형의 경우 둘을 구별하지 않고 사용한다. 즉 *les personnes* ***sur qui*** (ou ***sur lesquelles***) *je comptais*의 예와 같다. 그런데 *parmi lesquelles*이라고 말하고 *parmi qui*라고 말할 수 없는 것은, *au nombre desquelles*의 경우와 마찬가지이다. 동물의 경우 *lequel*을 선호해서 *le chien à* ***qui*** *vous donnez*

---

24) 특히 옛날 문체로 된 소송의 언어에서 나온다. 구어에서는 가끔 모호함이나 반복을 피하기 위하여 이것을 사용한다. 즉 *il a paru à telle date une contrefaçon de ce livre, laquelle..., on arrêta l'homme qui était venu la veille, lequel prétendit...*의 예와 같다. 그런데 이것은 별로 우아하지 않아서 구어에서는 모호함이나 반복을 피하기 위하여 종속절보다는 등위절을 택하여 *je suis allé voir la femme du voisin, et elle m'a dit, j'ai vu l'homme qui est ici, et il m'a dit...* 등이라고 말한다. 이때 *laquelle*이나 *lequel*은 가능하지 않다. 모호함이나 반복을 피하기 위해서가 아니라 강조하기 위하여 *lequel*을 사용하기도 한다. 볼테르(Voltaire)가 *Confutsé rétablit cette religion, laquelle consiste à être juste*라고 말한 것은 바로 이것이다. 시인들은 일반적으로 산문에만 적합한 이런 단어를 사용하지 않는데, 간접보어의 경우에도 그렇다. 희극의 경우에는 예외이다.

*la pâtée*보다는 *le chien* ***auquel*** *vous donnez la pâtée*가 더 자주 쓰인다. 사물의 경우 일반적인 용법으로는 *lequel*만을 사용한다. 즉 *cette hardiesse* ***sur laquelle*** *je comptais, cette maison* ***pour laquelle*** *j'ai fait tant de dépenses*의 예와 같다. 이렇게 사용되는 *lequel*을 *qui*나 *que*와 등위시켜도 완벽한 문장이 된다. 즉 *les principes* ***qui*** *sont dans ce livre et* ***sur lesquels*** *j'ai longuement insisté*의 예와 같다.[25)]

*Lequel*의 용법에 대한 제약은 별로 없다. 장소에 대하여 *auquel*이나 *dans lequel* 보다는 *où*를 사용하는데, 이것은 *d'où*를 *dont* 대신에 사용하는 것과 같다. 따라서 *l'endroit* ***où*** *nous sommes* (ou ***jusqu'où*** *on peut aller*), *la mer* ***où*** *j'ai fait naufrage, le pays* ***par où*** *j'ai passé*라고 말한다. 바로 보줄라(Vaugelas)가 *l'état* ***où*** *je vous ai laissé*라고 말한 것처럼 하면 된다.

또한 시간에 대하여 말하며 *à l'heure* ***où*** *je vous écris, le moment* ***où*** *je vous parle, dans le temps* ***où*** *nous sommes*이라고 말한다. 또한 *le but* ***où*** *je tends*이라고 말하고 *l'honneur* ***où*** *j'aspire*라고 말하기도 하는데 후자는 드물다.[26)]

끝으로 덧붙이자면, 이제는 더 이상 옛날처럼 *au temps que, au moment que, à l'heure que, le jour que, où est le temps que j'étais belle*?처럼 말하지는 않지만, 아직도 라퐁텐느(*La Fontaine*)처럼 ***du temps que*** *les bêtes parlaient, un jour* ***que*** *je me promenais*라고 말하고 있다.[27)]

---

25) 문어 특히 시어의 경우 사물에도 간접보어에 *qui*를 사용하는데 특히 추상명사의 경우에 그렇다. 그런데 시인들이 *lequel*을 피하는 것은 옳다고 볼 수 있다. 대중들은 *dont*의 경우와 같이 별로 개의치 않고 *le pont que j'ai passé dessus*라고 말한다.

26) 옛날 사람들은 여러 전치사 다음에 *lequel*이 나오는 표현을 *où*로 바꾸어서 보다 폭넓게 사용했다. 그리고 시인들이 이런 특권을 간직한 것은 나름대로의 이유가 있다고 볼 수 있다.

27) 이런 *que*의 용법이 옛날 사람들에게는 널리 퍼졌는데 비단 시간의 경우에만 국한되지는 않는다. 즉 *de l'air qu'on s'y prend, au prix qu'ils sont, en l'état qu'il est, sur le côté que vous tomberez, du même oeil que je les vois*의 예와 같다. 이 표현들은 모두가 오늘날에는 낡은 것이지만 대중들은 자연스럽게 간직하고 있는 것들이다. 시간을 표현하는 *que*의 용법 중에서 *du moment que, dès l'instant que*가 아직 남아 있는데 이것들은 *puisque*의 의미를 지닌 일상적인 복합접속사이다. 아마도 이런 구문과 관련된 것이 *il y a longtemps que je suis ici, c'est la première fois que je viens*일 것이다. 한편 *c'est vous à qui*가 *c'est à vous que*로 바뀐 현상에 대해서는 본문 120쪽을 참조하기 바란다.

덧붙일 것은 *lequel*이 더 이상 형용사로 사용되지 않는다는 것이다. 물론 모호함을 피하기 위하여 명사를 반복할 필요가 있을 경우에는 예외이다. 앞서 말한 내용을 요약하기 위한 경우에도 *laquelle raison ne vaut rien, à laquelle raison je n'ai rien à répondre*라는 동격의 말은 재판의 어투에서나 나오는 고전적 어법이고, 이것 대신에 *raison qui ne vaut rien, raison à laquelle je n'ai rien à répondre*라고 말한다. 그렇지만 *auquel cas*는 널리 쓰인다.[28)]

4. 관계대명사와 선행사의 관계

우리는 앞에서 *qui*가 주어인 경우 선행사의 성질 혹은 선행사의 인칭(*personne*)에 따라서 어떻게 동사의 일치가 일어나는 지를 보았다. 여기에서는 관계대명사와 선행사의 일반적 관계에 대하여 살펴보자.

먼저 지적할 것은 선행사의 위치(**la place de l'antécédent**)가 자유롭지 않다는 것이다. 관계절에서 관계대명사가 항상 문두에 온다면, 프랑스어의 특징인 명확함을 표시하기 위하여 선행사는 가능한 한 관계대명사 바로 앞에 온다.

선행사가 관계대명사와 분리될 수밖에 없는 첫째 경우는, 선행사가 의문문의 문두에 올 경우이다. 즉 ***qu'****a-t-il fait* ***qui*** *mérite récompense? Quels* ***arguements*** *a-t-il donnés* ***que*** *je n'aie réfutés sans peine* (ou ***auxquels*** *je n'aie répondu*)?의 예와 같다.

둘째로 인칭대명사의 용법상 비강세형 바로 다음에 동사가 오기 때문에 선행사인 인칭대명사가 가끔 주어 관계대명사와 분리된다. 즉 ***il*** *est là* ***qui*** *vous attend*의 예와 같다. 대명사가 감각 작용을(une opération des sens) 나타내는 동사의 직접보어로 나올 때도 이런 구문이 보인다. 즉 *je* ***les*** *ai entendus, trouvés, rencontrés, surpris,* ***qui*** *parlaient, je* ***les*** *ai vus* (ou *aperçus*) ***qui*** *montaient*의 예와 같다. 또한 유추에 의한 예

28) 문어에서는 *en Poméranie, laquelle Poméranie est voisine de....*와 같은 문장이 보이고 심지어 *jusqu'à lundi, auquel jour....*도 보이는데 이것들은 아주 드문 경우이다.

로 ***le*** *voici* ***qui*** *vient*이 있고, *il y* ***en*** *a aussi* ***dont*** *je n'ai rien dit*라고도 말한다.[29]

이 두 경우 이외에는 선행사와 관계대명사가 분리되는 것은 옛날식 표현이며, 구어에서는 더 이상 사용되지 않는다.[30]

명사를 한정하는 보어가 꼭 필요하다고 해서 선행사가 관계대명사 바로 앞에 와야 한다는 사실을 어기지는 않는다. 그러나 이 보어가 선행사로 오인될 여지가 있어서 모호함이 생기므로, 이렇게 보어를 사용하는 경우에는 주의를 해야 한다. 보어에 관사가 없는 경우에는 그것이 선행사가 될 수 없으므로 모호함이 생기지 않는데, *va me chercher ton histoire de France, qui est dans mon cabinet*의 경우이다. 이 예에서 선행사는 *histoire*가 아니라 분리할 수 없는 *histoire de France*인데, *chapeau de paille, robe de soie*의 경우와 같다. 또한 *va me chercher l'Histoire de la question d'Orient, qui est sur ma table*이라고 말할 수 있는데, 이 경우 보어는 선행사를 한정하고 보충하는 역할만 하지 자신은 한정될 필요가 없기 때문이다. 그러나 *je voudrais bien étudier l'histoire de la question d'Orient, qui a été la cause de tant de guerres* 라고 말할 때 여기에서 *qui*의 선행사는 바로 *histoire*의 보어이다. 따라서 선행사가 무엇인지 결정하는 것이 무엇보다도 의미인 경우가 있다. 그러므로 선행사를 아주 분명하게 지칭하는 것은 필수적이고, 그렇지 않으면 문장이 이상해진다. 그러므로 *va me chercher* ***les livres*** *de ton frère,* ***qui sont*** *dans le salon*은 좋은 문장이나 *va me chercher* ***le livre*** *de ton frère,* ***qui est*** *dans le salon*은 아주 나쁜 문장이고 적어도 이

---

29) 또한 *il est là qui vous attend*과 같이 *votre ami est là qui vous attend*이라고 말하기도 하는데, 이것은 예외적이다.

30) 물론 *tel*로 시작되는 몇몇 속담의 경우는 예외이다. 즉 *tel est pris qui croyait prendre, tel croit se chauffer qui se brûle*의 예가 있다. 그러나 문어 특히 연설이나 시의 언어는, 예전처럼 주어가 선행사가 되는 다소간 짧은 문장을 일단 끝내고 난 다음에야 관계절을 시작하는 특권을 간직하고 있다.

Un loup survint à jeun, *qui* cherchait aventure.

다른 예로 *un homme se montra, qu'on n'avait pas encore vu* (ou *dont personne n'avait parlé*)가 있다. 그러나 이것은 <l'arrivée d'un personnage ou d'un fait inattendu>를 표현하는 동사하고만 가능했다. 그런데 주된 문장이 명사로 끝나는 것을 피해야 하는데, 이 명사가 선행사로 여겨질 우려가 있기 때문이다 . 따라서 *un homme parut dans le jardin, qu'on n'avait pas encore vu*라고 쓰는 것은 다소간 어색한 것이다.

를 글로 적어서는 안 된다. 또한 경우에 따라서 직접보어를 관계대명사와 가까이 하기 위하여 간접보어 다음에 오게 해야 하는데, *j'ai* ***des bonbons*** *pour mes filles,* ***qui sont*** *dans ma poche, elle avait* ***une coiffure*** *sur la tête,* ***qui était*** *fort laide*라고 말해서는 안 된다. 왜냐하면 이 문장들은 *qui est dans la poche*? *qui est laide*? 라는 질문을 야기하기 때문이다. 이 예문들에서는 단어를 가지고 장난하고 있는 듯하다.[31)]

관계절이 여러 개 연속해서 나올 때 관계대명사 각각은 공통의 선행사 곁에 있는 것으로 간주된다는 것을 덧붙이자. 즉 *un homme qui est intelligent, qui a étudié, qui a travaillé, dont...., à qui... , etc., vaudra toujours*의 예와 같다.[32)]

선행사와 관계대명사 사이에 형용사를 넣거나 관계절에 상응하는 요소들을 넣을 수도 있다. 즉 *c'est un homme intelligent, de bonne volonté, laborieux et qui doit réussir*의 예와 같다.[33)]

프랑스어의 특징인 명확함과 또한 선행사가 관계대명사 옆에 와야 한다는 필요성 때문에 **관계대명사와 선행사 간에는 완벽한 의미의 대응관계가 있어야 한다(il doit y avoir une parfaite correspondance de sens entre le relatif et l'antécédent).**

이미 여러 예를 통하여 살펴본 것처럼 관계대명사의 선행사에 항상 관사가 있어

---

31) 이렇게 보어가 끼어들어서 모호함이 생기게 해서는 안 된다. 고티에(Th. Gautier)가 *La rouille empêchait de tourner les girouettes, qui indiquaient toutes un vent différent*라고 쓴 것은 잘못이다. 문장 자체를 바꾸는 것이 낫다.

32) 문어에서는 등위되거나 등위되지 않은 관계절을 이렇게 연속해서 적는 것이 각각의 관계대명사가 자신의 선행사를 갖는 관계절이 계속 종속되는 것보다는 한결 나은 법이다. 후자의 경우는 글쓴이가 서툴러서 생긴다고 볼 수 있는데, 같은 개념을 표현하더라도 등위, 열거하거나 구어에서처럼 단어를 반복하는 것이 어렵지 않기 때문이다.

33) 관계절 앞에 형용사를 넣어서 등위 시키는 것은 가능하나 반대의 순서는 불가능하다. 따라서 *un homme qui doit réussir et intelligent, une route qu'on élargit et bordée de peupliers*라고 말해서는 안 되고 관계대명사를 반복해야 한다. 라브뤼에르(La Bruyère)는 관계대명사의 등위를 아주 대담하게 사용했는데, *pour des princes de l'Eglise et qui se disent successeurs des apôtres* 의 의미는 *pour des gens qui sont... et qui se disent...*이다. 아주 자주 사람들이 모방하는 유명한 문장 *depuis plus de sept mille ans qu'il y a des hommes et qui pensent*에 대하여 말하자면, 그가 *et qui*와 *et qu'ils*을 혼동했을 우려가 있다. 당시에 이 둘이 발음이 같았기 때문이다. 또한 그가 이와 같은 혼동을 다른 곳에서도 하고 있고 다른 사람들도 같은 잘못을 저지르고 있는 것을 보니 그럴 가능성이 농후하다.

야 하는 것은 아니다. 우선 관사가 생략될 수 있는 예를 보자. 즉 *chien qui aboie ne mord pas, ce sont termes de l'art dont on peut se servir*의 예와 같다.

이것 말고도 다음과 같이 말하는 것이 흔하다. 즉 *il est incapable d'actions qui puissent le déshonorer, il agit en homme qui sait ce qu'il fait, il n'y a personne ici qui ne me connaisse* (ou *que je ne connaisse, à qui je n'aie déjà parlé*), *il n'a rien dit qui ne soit juste* (ou *que je ne sache déjà, à quoi je ne puisse répondre*)의 예와 같다. 그런데 이 경우 관계대명사가 확장되면 선행사가 확장되는 것으로 간주해야 하는데, 말하자면 관계대명사가 지칭하는 사람 혹은 사물은 선행사가 지칭하는 것과 동일해야 한다는 것이다. 관계절이 보어절인 경우에는 *rien que je ne sache*처럼 당연히 이렇게 된다.

관계절이 보어절이 아닌 경우에는 다소 주의를 해야 한다. 앞에서 살펴본 것처럼 선행사가 복수인 경우 혼란스러운 경우는 별로 없다.[34] 그렇지만 *il y a là beaucoup de bonnes intentions, dont je vous sais gré*라고 말하는 것은 올바른 것이지만, *il y a là beaucoup de bonnes intentions, dont l'enfer est pavé*라고 말하는 것은 아주 잘못된 것이다. 왜냐하면 선행사와 관계되는 것이 정확히 무엇인지 알 수 없기 때문인데, 차라리 *mais l'enfer* ***en*** *est pavé*라고 말하는 것이 낫다.

복수형이 없는 추상명사의 경우에 어려움이 생긴다. 관사가 없는 추상명사 뒤에는 관계절이 올 수 없다. 물론 *j'ai soif qui me dévore*라고 말할 수는 있어도 *il a fait cela par envie, qui est le pire des vices*라고 말할 수는 없는데, 여기서 *qui*의 선행사는 관사가 없는 *envie*가 아니라 보다 일반적인 의미를 갖는 *l'envie*를 지칭하기 때문이다. 그렇다고 *ce qui est le pire des vices*라고 할 수도 없는 것이 *ce qui*는 앞 문장 전체를 선행사로 취하기 때문이다. 동격구문으로 *vice qui est le pire de tous*라고 표현하면 오히려 낫다. 그러나 가장 좋은 방법은 관계절을 사용하지 않고 *et c'est le pire des vices*라고 하는 것이다. 그런데 이러한 구별이 쓸데없는 자질구레한 사항에 관한 것이 아니라는 증거는, 예를 들어 *c'est un trait de générosité qui le caractérise bien*에서 *qui*의 선행사는 *générosité*가 아니라 *trait*일 수밖에 없다는 것이다.

---

34) *Personne*와 *rien*이 옛날에는 명사로서 그 의미가 *aucune personne*나 *aucune chose*였다. 그리고 복수라는 개념도 포함될 수 있다.

선행사를 인칭대명사로 다시 반복하는 것은 중복법(**pléonasme**)이지만 명확함을 추구하려는 것이 아닌가? 이 경우에도 사정을 잘 따져야 하고 꼭 필요한 경우에만 중복을 허용해야 한다.

격식을 차리지 않는 대화에서, 관계대명사의 선행사인 주절의 주어가 인칭대명사의 형태로 동사 앞에 다시 나타나는 경우가 많다. 즉 ***ceux*** (ou ***les gens***) *qui ne seront pas contents, **ils** le diront*의 예와 같다. 그런데 이런 어법은 그렇게 유용하지 않으므로 별로 좋지는 못한데, 반면에 명령법의 경우에는 아주 정확한 표현이 된다. 그 이유는 접속사의 위치를 바꾸게 해주기 때문인데, 즉 ***ceux*** *qui ne sont pas contents, qu'**ils** le disent*가 *que ceux qui ne sont pas contents le disent*보다는 더 선호된다. 후자의 경우 문장의 균형이 무너져 있다.[35]

관계대명사가 보어인 경우 이런 중복어법은 별로 사용되지 않는다. 즉 *que **ceux que** je n'ai pas nommés lèvent la main*이 ***ceux*** *que je n'ai pas nommés qu'**ils** lèvent la main*보다 많이 쓰인다.

반면에 명령문 이외에 이런 중복어법이 정확하고도 아주 자주 사용되는 경우가 있다. 즉 인칭대명사가 보어 특히 직접보어인 경우인데, 이것이야말로 어순을 지키는 유일한 방법이기 때문이다. 즉 ***ceux*** *qui viendront, je **les** récompenserai*, ***ceux*** *qui viendront, je **leur** donnerai quelque chose*의 예와 같다. 물론 *à ceux qui viendront je donnerai quelque chose*도 가능하다. 또한 관계대명사 자체가 보어가 될 수도 있다. 즉 ***ceux que*** *je verrai, je **les** punirai,* ***ceux dont*** *j'aurai à me plaindre, je **les** signalerai,* ***ceux*** *à* ***qui*** *on a fait du mal, je **les** vengerai* (ou *je **leur** donnerai des compensations*)의 예와 같다.

이 모든 문장에서 중복어법을 사용함으로써 도치가 용이하게 되는 것을 알 수 있는데, 선행사가 주어가 아닌 경우에 이것이 합당하게 된다.

---

35) 문어에서는 지시대명사가 생략된 경우에만 주어 인칭대명사를 표현한다. 즉 *qui* (ou *quiconque*) *n'est pas content, qu'il le dise*의 예와 같다. 옛날 사람들은 명령문 이외에도 이런 어법을 자주 사용했는데 이것은 아주 낡은 것이고, *qui n'a suffisance, il n'a rien*와 같은 속담에서만 나타난다. 가끔은 의도하는 바를 강조하기 위하여 지시대명사를 사용하여 *qui préfère le déshonneur à la mort, celui-là...*처럼 말한다.

옛 언어에서 유래돼서 사용되는 몇몇 표현의 경우 관계대명사와 선행사 사이의 관계에서 특이한 점이 보이는데, 이때 선행사 자체가 관계대명사이다. 즉 관계대명사는 속사(*attribut*)나 직접보어(*complément direct*)의 역할을 하는 *que*이고, 선행사는 사람의 경우 *qui*, 사물의 경우 *quoi*로서 ***qui, que, quoi, que***가 함께 나오는 것이다. 이것은 명사와 함께 쓰인 *quelque* 다음에 *qui*나 *que*가 나오는 것과 같다.[36)]

Qui의 경우 *qui qu'il soit*나 *qui que je voie*라고는 더 이상 말하지 않지만 ***qui que*** *tu sois*, ***qui que*** *vous soyez*라고 말하고, 또한 *n'importe qui*라는 의미로 ***qui que*** *ce soit*라고 말하고 이 표현 뒤에 다시 *qui*나 *que*가 붙어서 ***qui que*** *ce soit qui vienne*라고 말한다.[37)]

Quoi의 경우 ***quoi qu'****il en soit*, ***quoi qu'****il arrive*, ***quoi que*** *tu en dises*, ***quoi que*** *je fasse*라고 말하는 것이 흔하다.[38)]

또한 예전에는 속사 *qui*와 형용사 *quel* (*lequel*의 초기 형태임)을 구별했다면 이제는 더 이상 이것을 구별하지 않는다. 다만 ***que***와 동사 ***être***와 함께 ***quel***을 사용하는 구문은 남아 있다. 이제는 더 이상 *qui qu'il soit*라고는 말하지 않지만 ***quel qu'****il soit* 나 동사 다음에 명사가 나오는 ***quelles que*** *soient vos raisons*, ***quelle que*** *soit votre sagesse*라고 말한다.[39)]

5. 관계절의 통사관계

우리는 관계대명사의 여러 형태가 어떻게 사용되고 선행사와 어떤 관계를 맺고

---

36) 본문 194쪽의 4번 주를 참조할 것.

37) 글로 적을 때에는 *qui que ce soit de qui, à qui, pour qui* 대신에 *de qui, à qui, pour qui que ce soit*라고 한다. 이것은 *c'est vous à qui* 대신에 *c'est à vous que*라고 말하는 것과 같다. 왜냐하면 이제는 더 이상 *de qui que, à qui que*라고는 말하지 않기 때문이다.

38) 문어의 경우 예전에는 많이 사용하던 *de quoi que, à quoi que*를 점점 사용하지 않게 되었다.

39) 이제는 더 이상 *tel qu'il soit*라고는 말하지 않는다. 반면에 문어에서는 *en quelque lieu que*가 *en quel lieu que* (ou *tel lieu qui*)를 대체했는데, 실제로는 뒤의 표현이 보다 논리적이고 더 간단했다.

있는지를 살펴보았다. 이제 관계절 내부의 구성이 어떠한지, 또한 다른 종류의 문장과 얼마나 밀접한 관련을 갖고 있는지를 살펴볼 필요가 있겠다.

관계대명사가 관계절의 문두에 항상 나오므로, 관계절은 항상 주어 *qui*, 혹은 속사나 보어 *que, dont, à qui, auquel* 등으로 시작된다. 관계대명사가 주어인 경우에는 어순도 정상인데, **관계사가 속사나 보어인 경우(quand le relatif est attribut ou complément),** 특히 직접보어인 경우에는 **종종 도치가 일어나서(il y a souvent inversion)** 주어가 동사 뒤에 온다. 즉 *le travail que fait votre ami*의 예와 같다. 이것은 예전의 통사관계에서 아직 남아 있는 드문 도치현상 중 하나이다.

이렇게 도치가 되는 것은 적어도 부분적으로는 *que*가 약세대명사라서 뒤이어 나오는 동사에 의지해야 하는데 자신이 이동할 수 없으므로 동사가 가까이 오게 되기 때문이다. 경우에 따라서 또 다른 약세대명사에 의하여 동사와 분리되기도 해서, *le peu* ***que je*** *suis, le travail* ***que vous*** *faites, le cas* ***que vous en*** *faites*처럼 된다. 의문문의 경우 도치가 되는 것은 명사가 아니라 대명사만 가능한데, 따라서 명사 주어만 도치되는 이런 경우는 다른 상황에서 일어나는 것과는 반대이다. 만일 동사가 단음절이며 하나인 경우 거의 예외가 없다. 그런데 *le travail qu'a fait votre ami*나 *le travail que votre ami a fait* 둘 다 가능하지만, 다음 예들 즉 *le travail* ***que fait*** *votre ami, les propos* ***que tiennent*** *tous ces gens-là, le son* ***que rend*** *cette cloche*에서는 반드시 도치를 해야 한다. 동사가 단음절이 아니더라도 주어가 약간 길기만 하면 도치를 시킬 수 있다. 즉 *le poste* ***que sollicitent*** *plusieurs candidats fort appuyés, ceux* ***qu'étonnent*** *des aventures si extraordinaires*의 예와 같다.

동사 다음에 상황보어가 오면 반드시 도치를 할 필요는 없고 형편에 따른다. 즉 *le travail que fait depuis ce matin votre ami* (ou *que fait votre ami depuis ce matin*, *que votre ami fait depuis ce matin*)의 예와 같다. 보어가 고유한 의미의 명사로 된 간접보어인 경우에는 도치가 불가능하다. 즉 *le livre que votre ami m'a donné* 나 *le livre que m'a donné votre ami*가 둘 다 가능한 것은 간접보어가 대명사로 동사 앞에 나오기 때문인데, *le livre que votre ami a donné à mon frère*에서는 도치가 불가능하다.

주어가 동사보다 조금이라도 길면 관계대명사가 간접보어인 경우 도치가 가능하다. 즉 *les personnes à qui mes observations s'adressent*나 *les personnes à qui s'adressent* *mes observations*가 가능하나, 주어가 긴 *ceux à qui sont arrivées des aventures si surprenantes*의 경우 도치를 선호한다. 또한 *les gens sur qui tombe une infortune pareille*는 반드시 도치해야 하는 예인데, 단음절의 단어로 문장을 끝내게 되면 언제나 귀에 거슬리게 되므로 이를 피하기 위함이다.

요약하자면 대부분의 경우에 문법적으로는 여러 구문이 가능하나 어떤 선택을 하는 것이 좋을지 판단하고 결정하는 것은 바로 귀로 느끼는 어감이라고 할 수 있다. 즉 귀에 거슬리지 않는 선택을 하게 되는 것이다. 이렇게 구문을 선택함으로써 바로 우아함이 생겨나는 것이다.[40)]

하나의 관계절로도 충분할 수 있지만 이것이 다른 관계절들과 여러 방식으로 관련될 수도 있다.

가치가 같은 관계절들이(**propositions relatives**) 여러 개 나올 때에는 등위되는데(**coordonnées**), 열거의 경우이거나 관계절이 표현하는 생각들이 같은 부류에 속하는 경우에는 단순히 병치된다(**juxtaposées**). 즉 *un homme* ***qui*** *est intelligent,* ***qui*** *a étudié,* ***qui*** *a travaillé*의 예와, *cet homme, qui a tant d'audace* ***et qui*** *a réussi jusqu'à présent dans tout ce qu'il a fait*의 예와 같다.[41)]

관계절을 등위하거나 병치할 때, 관계대명사의 기능이 같지 않을 때에는 관계대명사를 반드시 반복해야 한다. 즉 *cet homme* ***qui*** *a tant d'audace* ***et*** *à* ***qui*** *tout a réussi*의 예와 같다. 그러나 관계대명사의 기능이 같을 때 주어인 관계대명사는 생략한다(**ellipse du relatif sujet**). 즉 처음에 한 번만 표현하는데, 특히 앞 관계절이 짧은 경우에는 그렇게 한다. 예를 들어 *celui* ***qui*** *entend* ***et qui*** *ne comprend pas*나 *celui*

---

40) 문어나 연설문에서 이런 성격이 그 어느 곳보다도 자연스럽게 드러난다. 이런 경우 도치의 사용이 특히나 유용한 것은 주어를 뒤로 보내서 새로운 관계절의 주어로 만들 수 있기 때문이다. 즉 *les hommes par qui furent exécutés ces travaux étonnants que nous admirons encore* (ou *qui sont encore l'objet de notre admiration*)의 예와 같다. 이것만으로도 도치를 유지하는 충분한 이유가 될 수 있지만 그 외에도 같은 형식의 관계절을 반복하는 것을 피할 수 있도록 해준다. 즉 *les hommes par qui furent faits les travaux qui....*는 좋은데 *les hommes qui ont fait les travaux qui...*는 피해야 한다.

41) 프랑스어에서는 종류가 같은 요소들만 등위하며, 관계절을 비관계절과 등위할 수는 없다. 또한 옛날처럼 *cet homme qui a tant de succès et tout lui réussit, un défaut qu'il faut combattre et non l'entretenir*라고 말해서는 안 된다.

qui entend ***et*** *ne comprend pas*가 둘 다 가능하고, *celui* ***qui*** *étudie,* ***qui*** *réfléchit,* ***qui*** *médite*나 *celui* ***qui*** *étudie avec soin, réfléchit mûrement, médite longuement*이 가능하다.[42] 이렇게 관계대명사를 생략하는 것은 동사가 단순시제인 경우에만 가능하고, 동사가 복합시제인 경우에는 관계대명사와 조동사는 운명을 같이 한다. 한편 이것은 다른 종류의 생략이다. 즉 *celui* ***qui a*** *étudié* ***et qui a*** *médité*나 *celui* ***qui a*** *étudié* ***et*** *médité*라고는 해도 *celui qui a étudié et a médité*라고는 말하지 않는다.

또한 관계대명사가 보어인 경우에도 생략하는데(**ellipse du relatif complément**) 다만 홀로 생략해서는 안 된다.

주어가 다른 경우에는 반드시 *les principes* ***que*** *ce livre énonce* ***et que*** *j'ai développés devant vous*라고 생략하지 않고 말하고, *les principes que ce livre énonce et j'ai développés*라고 말해서는 안 된다. 그러나 주어가 공통일 경우 *les principes* ***que*** *ce livre expose et développe* (ou ***qu'****expose et développe cet ouvrage*)라고 당연히 생략하여 말한다.

반면에 관계절 두 개가 연속해서 나올 때 하나가 다른 것에 종속될 수 있다(**deux propositions relatives consécutives peuvent être subordonnées l'une à l'autre).**

대부분의 경우 뒤의 관계절이 앞의 관계절에 종속되는데, 앞의 관계절이 뒤의 관계절의 선행사로 끝난다. 즉 *l'homme* ***qui*** *a bâti la maison* ***que*** *vous voyez là*의 예와 같다.

또한 앞의 관계절이 짧은 경우 이것이 뒤의 관계절에 종속되는 경우도 빈번한데, 이 경우 선행사는 같게 된다. 즉 *il n'y a que ceux* ***qui*** *sont méprisables* ***qui*** *craignent d'être méprisés*의 예와 같다. 이 경우 앞의 관계절은 선행사의 성격을 분명하게 하는 보어절이다. 그러므로 뒤의 관계절이 주된 생각을 표현하며 선행사를 포함한 앞 문장 전체, 즉 *ceux qui sont méprisables*이 실제로는 선행사 역할을 한다고 말할 수 있다. 그러므로 *c'est l'homme* ***que*** *j'ai vu hier* ***qui*** *est venu ce matin*은 *quel est l'homme qui est venu ce matin*? 이라는 질문에 대한 답이고, *c'est l'homme* ***qui*** *est venu ce matin,* ***que*** *j'ai vu hier*는 *quel est l'homme que j'ai vu hier*?에 대한 답이다.

---

42) 관계절이 등위되지 않는 경우에 주절이 다른 절들에 덧붙여진 관계절로 오인되는 것을 피하도록 주의하여야 한다. 이런 경우 문어에서는 주어를 상기시키는 *celui-là*를 덧붙여서 모호함을 쉽게 피한다. 즉 *celui qui étudie, réfléchit, médite..., celui-là est toujours sûr de...*의 예와 같다.

이와 같이 앞의 관계절을 뒤의 관계절에 종속시키는 것은 문장의 한 요소를 강조하여 그것을 앞세우는 표현인 *c'est*와 같은 표현이라고 할 수 있다.

끝으로 그 자체로는 완전하지 않은 관계절이 있는데(**il y a des propositions relatives qui ne se suffisent pas à elles-mêmes**) 이 절은 자신에게 종속되어 있는 다른 절의 도움을 받아야만 완벽한 의미를 가질 수 있다. 이 경우 관계대명사는 항상 보어인데 이것이 바로 다음에 오는 동사에 의존하는 것이 아니라 그 동사에 종속되어 있는 다른 동사에 의존한다. 다시 말하자면 관계절에 종속되어 있는 절에 속한 단어에 의존하는 것이다. 즉 *l'homme* ***que*** *je crois avoir* ***vu*** (ou ***qu'****il me plaît d'aller* ***voir***) (*que*는 *vu*나 *voir*의 보어이다), *l'homme* ***dont*** *je sais que* ***la mère*** *est venue* (ou ***dont*** *il vous plaît de* ***médire***, ***dont*** *vous vous obstinez à* ***médire***, ***dont*** *il est certain que vous avez* ***obtenu*** *cette faveur*) (*dont*은 *mère, médire, obtenu*의 보어이다), *les conditions* ***auxquelles*** *vous voulez que je me* ***soumette***, *les faits* ***sur lesquels*** *il convient d'insister* (ou *qu'on* ***insiste***)의 예와 같다.[43)]

이렇게 관계대명사가 두 번째 동사에 종속되는 경우에 두 동사의 보어가 같은 경우에는 모호함이 생길 수 있다. 즉 *l'homme à* ***qui*** *j'ai* ***dit*** *que j'avais* ***donné*** *mes livres*라고 말해서는 안 되는 것이 *à qui*가 *dit*의 보어인지 아니면 *donné*의 보어인지 알 수 없기 때문이다. 그러나 *l'homme à* ***qui*** *je vous ai dit que j'avais* ***donné*** *mes livres*라고 말할 수는 있는 것은 *dit*가 자신의 보어를 갖고 다른 보어를 가질 수 없으므로 모호함이 생기지 않기 때문이다.

한편 앞의 동사가 다음에 나오는 요소들과 아주 밀접하게 관련되어 있고 그 전체가 분리될 수 없는 하나가 되어서 관계대명사가 그것의 보어가 되는 경우에만 이러한 구문이 가능하다. 즉 *un homme à* ***qui*** *j'ai hésité à répondre*는 가능하나 *un homme à* ***qui*** *j'ai hésité avant de répondre*는 불가능하다. 그리고 *des inconvénients*

---

43) 다음에 오는 동사의 원형 때문에 주동사가 비인칭적으로 쓰일 때, 그것을 인칭적 용법으로 만들지 않는 것이 중요하다. 사람들은 부적절하게도 너무 자주 *qu'il*을 *qui*로 바꾸는데, *ce qu'il me plaît de faire*라고 해야 하고 *ce qui me plaît de faire* 라고 해서는 안 된다. 또한 *le plus beau qu'il soit possible de voir*라고 해야 하고 *le plus beau qui soit possible de voir* 라고 해서는 안 된다. 한편 이것과는 정반대되는 실수로 *qu'est-ce qui vous arrive*라고 말해야 하는 것을 *qu'est-ce qu'il vous arrive*라고 부적절하게 말하는 경우도 있다.

que *vous n'avez rien fait pour* ***atténuer***라고 말하는 것도 아주 어색하다.[44)]

끝으로 관계대명사가 직접보어 *que*인 경우에도 뒤따르는 절이 접속사 *que*로 되어 있지 않아야 이런 구문이 잘 어울린다. 물론 *l'homme* ***qu****'il dit* (ou ***que*** *je crois)* ***qu****'il a vu ce matin*이라고 말할 수는 있지만 그렇게 우아한 문장은 아니다. 이것을 피하는 방식은 동사원형을 사용하는 것인데, 물론 앞의 동사가 이런 구문을 허용하고 두 동사의 주어가 같은 경우에 그렇다. 즉 *l'homme* ***qu****'il dit,* ***qu****'il prétend,* ***qu****'il croit avoir vu ce matin*의 예와 같다. 이것이 가능하지 않은 경우에는 문장을 바꾸는 것이 좋은데 예를 들어 삽입구를 사용하는 방법이 있다. 즉 *l'homme qu'il a vu, je crois, ce matin,* (ou *l'homme qu'il a probablement vu ce matin*)의 예와 같다.[45)]

---

44) 고티에(Th. Gautier)가 어디에선가 *d'un secret qu'elle eût donné sa vie pour savoir*라고 말한 바가 있는데 *que*가 *donner*의 보어가 될 수 있기 때문에 이것은 더 나쁜 경우이다. 이러한 경우에는 문장 자체를 바꾸는 것이 좋다. 예를 들자면 *dont il a fallu son intervention pour sauver* 대신에 *dont nous n'avons pu être sauvés que par son intervention*이라고 바꾸거나, *qu'il y a quinze ans que je n'ai vu*를 *que je n'ai pas vu depuis quinze ans*으로 바꾸는 것이 낫다.

45) 옛날 사람들은 관계대명사 *que* 다음에 접속사 *que*가 오더라도 개의치 않았다. 그들은 더 나아갔는데 그 이유 중 하나는, 자음 앞에서 발음이 같은 *qui*와 *qu'il*을 혼동하는 것이 흔한 현상이었기 때문이다. 다른 이유는 뒤의 *que*도 관계대명사로 여기고 가끔 이것을 *qui*로 바꾸는 것이었다. 즉 *l'homme qu'il dit qui est venu*라고 말하는 것이 흔했다 (가끔은 *qu'il est venu*라고도 말했다).

Nous verrons si c'est moi *que* vous voudrez *qui* sorte.

또한 *c'est une démarche que je crains qui ne vous nuise*의 예도 있다. (가끔은 *qu'elle ne vous nuise*라고도 말함) 그런데 이러한 용법은 전혀 논리적이지 않고 다만 사람들이 사용하기 때문에 허용하는 것이다. 17세기 어법에 열광하는 작가들이 아직도 이런 어법을 사용하고 있는데, 이런 예스러운 표현 속에 우아함이 있다는 것을 부정할 수는 없지만 일상적인 용법으로는 더 이상 통용되지 못한 지 오래되었다. 그러나 의문문의 경우에는 아직 남아 있는데, 그 이유는 앞의 대명사가 관계대명사가 아니라 의문대명사이기 때문이다. 즉 *que veux-tu qui arrive? laquelle penses-tu qui vaille le mieux? qui dites-vous qui est venu hier?*의 예와 같다.

이런 옛날 표현을 대신하기 위하여 가끔 관계대명사 *que*를 동사원형의 주어로 만들려고 하기도 했는데, 동사원형과 그 외 다른 요소를 취하는 동사들 다음에 나오는 동사원형의 경우가 그렇다. 즉 *l'homme qu'il dit* (ou *qu'il croit) être venu ce matin, ce qu'ils devinent devoir plaire, ce qu'ils constatent avoir plu*의 예와 같다. 그런데 이것은 지식인들이 라틴어법을 모방한 것으로 프랑스어의 정수에 어긋난다. 다른 동사들의 경우에도 *l'homme que j'ai vu* (ou *entendu) passer* 라고 말하는데, 이것은 *j'ai vu* (ou *entendu) passer un homme* (앞에서 <부정법절 (propositions infinitives)>을 다룬 부분을 참조할 것)라고 말하기 때문이다. 그러나 *je crois cet homme être venu ce matin*이나 *je devine cette chose devoir plaire*라고 말하지는 않기 때문에 *l'homme que je* *crois être venu ce matin*이나 *la chose que je devine devoir plaire*라고 말하는 것은 별로 근거가 없는 표현이다. 일상대화에서는 *l'homme que je dis qui est là*가 *l'homme que je dis être là*보다는 더 낫다. 아마도 별로 어색하지 않기 때문에, 마시용 (Massillon)이 *un honneur qu'il croit n'appartenir qu'à lui seul*이라고 말하거나 보쉬에(Bossuet)가 *ceux que les livres sacrés nous assurent avoir été abandonnés dans les ténèbres*라고 말할 수 있었던 것 같다. 그러나 이런 표현은 사용하지 않을수록 더 나은 법이다. 가끔 *il a reçu une lettre qu'il dit être fort bien écrite*라고 말하는데 이런 경우 *être*가 하는 역할이 전혀 없으므로 이것을 생략하는 것이 한결 프랑스어에 맞다. 따라서 순수한 속사와 함께 사용된 동사만 남는다. 그런데 *une lettre que je crois très bien écrite*라고 말하는 것이 아주 정확한 것은 *je la crois très bien écrite*라고도 말하기 때문이다. 또한 *vous que je croyais arrivé depuis ce matin*도 *je vous croyais arrivé depuis ce matin*처럼 정확하고, *vous que je croyais à Paris*도 *je vous croyais à Paris*와 마찬가지로 옳다. 여기에서 *à Paris*는 속사의 역할을 한다. 요약하자면 관계절로 가능한 구문은, 주절에서도 가능한 것에 국한하자는 것이다. 그리고 *l'homme que je croyais être venu ce matin*은 아주 논란이 많은 프랑스어라고 할 수 있는데, *je croyais être venu*가 제대로 된 프랑스어라면 *je croyais que j'étais venu*의 의미이기 때문이다.

반면에 이런 구문에 실제적인 어려움이 있다는 것을 알고 있는 몇몇 작가들은 *au sujet duquel*의 의미로 *dont*을 사용하여 이 문제를 해결할 수 있다고 믿는데, 그 예는 *l'homme dont je dis qu'il est venu, une démarche dont je crains qu'elle ne vous nuise*이다. 불행하게도 이것이 논리적이라 하더라도 제대로 된 프랑스어라고는 할 수 없다. 대부분의 경우 유일한 해결책은 앞에서 본 것처럼 종속절을 포기해서, *l'homme qui est venu, comme je vous l'ai dit, c'est une démarche qui, je le crains, pourra vous nuire, c'est une démarche imprudente et je crains qu'elle ne vous nuise*라고 하는 것이다.

덧붙일 사항은, 프랑스어의 경우 관계절은 관계절로 머물러 있어야 한다는 것이다. 따라서 우선 지적하자면 동사는 동사 원형이나 분사 형태가 되어서는 안 되고 인칭에 따라서 변화하는 형태이어야 한다. 즉 *pour à quoi parvenir*라고 해서는 안 되고 *et pour y parvenir*라고 해야 한다. 또한 *un homme dont les affaires, allant mieux, il s'ensuit qu'il m'a payé*는 안 되고 *un homme dont les affaires vont mieux, ce qui fait qu'il a pu me payer*라고 해야 한다. 또한 *une maladresse dont ayant subi les conséquences, il sera plus prudent*은 안 되고 *une maladresse dont il a subi les conséquences, ce qui le rendra plus prudent*이라고 해야 한다. 동사가 인칭 변화하는 경우에도 *laquelle démarche si vous ne faites pas, vous le regretterez*라고 해서는 안 되고 *et si vous ne faites pas cette démarche, vous le regretterez*라고 등위절로 만들어야 한다. 다른 언어에서는 아직도 사용되고 있는 이런 라틴어적 표현을 사라지게 만든 것은, 절대적 명확함이라는 물리칠 수 없는 욕구(un besoin invincible de clarté absolue)에 의한 것이다. 그리고 이것은 단순화와 문장구조의 엄격함을 통하여 얻어졌다. 어떤 시인이 아직도 *qui, plus il a de succès, moins on l'approuve*라고 말했는데 산문에서는 *qui est d'autant moins approuvé qu'il a plus de succès*라고 말해야 할 것이다. 한편 관계절 안에 짧은 동격 구문을 넣을 수 있다. 즉 *c'est une démarche qui, croyez-moi* (*qui, si vous la faites trop tôt* 혹은 *qui, faites imprudemment*) *pourra vous porter préjudice*의 예와 같다.

6. 의문대명사

의문대명사는 관계대명사의 모든 형태를 공유하고 용법도 같은데 다만 예외는 *dont*이다. 한편 의문대명사의 용법은 관계대명사보다는 한결 간단하다.

사람에 대한 의문대명사는 항상 ***qui***이다**(le pronom interrogatif est toujours *qui* pour les personnes).** 즉 주어, 속사, 직접보어, 간접보어, 직접의문문 혹은 간접의문문 중 어느 것이라도 항상 *qui*이다.

의문대명사가 주어인 경우, 일반적인 의문의 경우와는 달리 전혀 도치가 일어나지 않는다. 이 경우 의문사가 문두에 반드시 나오기 때문인데, 그 결과 직접의문문과 간접의문문이 형태가 같다. 즉 *est-il venu?, votre frère est-il venu?*와 달리, ***qui** est venu?, je ne sais pas **qui** est venu, **qui** vous a dit cela, je veux savoir **qui** vous a dit cela*라고 한다.[46)]

동사가 원형인 경우에도 역시 같다. 즉 ***qui** croire? à **qui** se fier désormais? je ne sais à **qui** me fier, vous trouverez à **qui** parler*의 예와 같다.

의문대명사가 주어가 아니고 동사도 원형이 아닌 경우 직접의문문에서는 도치가 일어나는 것이 당연한데, 간접의문문에서는 도치가 일어나지 않는다. 속사의 예는 ***qui** êtes-vous? je veux savoir **qui** vous êtes*이고, 직접보어의 예는 ***qui** avez-vous rencontré? **qui** votre père a-t-il rencontré?,*[47)] *dites-moi **qui** votre frère a vu ce matin*[48)]

---

46) 여기에서 의문절과 관계절을 혼동하지 않도록 해야 한다. 즉 *j'aime qui m'aime*에서 *qui*는 관계대명사이고, *je sais qui m'aime*에서 *qui*는 의문대명사이다. 직접의문문이면서 도치가 없는 것이 많은 사람들에게는 이상하게 보일 수 있는데, 신문 등에서 *qui est-il venu, qui m'a-t-il demandé* 처럼 이중주어를 사용하기 때문이다. 아마도 자동사의 경우 *il est venu quelqu'un*이라고 하고 이 경우의 도치는 나름대로의 유용성이 있는데 이 문장에서 *il*은 비인칭으로 사용된 것이다. 그렇다고 이것이 *qui est-il venu*에 도치가 나오는 것을 정당화해주지는 않는다. 게다가 *il m'a demandé quelqu'un*을 *quelqu'un m'a demandé*의 의미로 사용하지는 않는다.

47) 그런데 *qui a rencontré votre père?*라고 말할 수 없는데, 만약 이렇게 하면 모호함이 생기기 때문이다.

48) 여기에서 *pouvoir*와 *vouloir* 다음에 동사의 원형이 나오는 특별한 구문에 대해 언급해야겠다. 직접의문문 *qui pourrai-je envoyer*에 대응하는 간접의문문은 *dites-moi qui je pourrai envoyer*이다.

이고, 간접보어의 예는 ***avec qui*** *êtes-vous venu*? ***par qui*** *est renseigné votre ami*? ***par qui*** *votre ami est-il renseigné*? *vous ne savez pas à* ***qui*** *vous parlez, dites-moi* ***pour qui*** *vos fils travaillent*와 같다.[49)]

격식을 차리지 않는 언어에서 직접의문문을 강화하기 위하여 접속사 *donc*를 *qui*나 동사 다음에 넣는 경우가 많은데 분사가 있으면 그 앞에 넣는다. 즉 *qui donc est venu* (ou *qui est donc venu*)? *qui donc êtes-vous* (ou *qui êtes-vous donc*)? *avec qui donc êtes-vous venu* (ou *avec qui êtes-vous donc venu*)?의 예와 같다. 그런데 일상대화에서는 이것으로 그치지 않고 ***qui est-ce qui***나 ***qui est-ce que***를 사용하고 그 사이에 *donc*를 넣기도 한다. 즉 *qui est-ce* (donc) *qui vous a dit cela*? *qui est-ce* (donc) *que vous avez rencontré*? *avec qui est-ce* (donc) *que vous êtes venu*?의 예와 같다. 이렇게 되면 의문절과 관계절이라는 두 개의 절이 생기게 된다. 이러한 의문문의 형태는 그렇게 우아한 것은 아니고 특히 *qui*가 간접보어인 경우에 그렇다. 간접의문문에서는 아주 어색해지기도 한다.[50)]

간접의문문에서는 생략과 함께 *quelqu'un est entré, devinez* ***qui*** 혹은 *j'ai parlé à quelqu'un, savez-vous à* ***qui***? 혹은 도치를 시켜서 *j'ai vu je ne sais* ***qui****, je le tiens de je ne sais* ***qui****, il est venu je ne sais* ***qui***와 같이 한다.

*A qui*는 경쟁을 표시하는데 역시 간접의문문이고 그 의미는 *pour savoir qui*이다. 즉 *ils se battent à* ***qui*** *aurait le butin, c'est à* ***qui*** *courra le plus vite*의 예와 같다. 이 구문에 관련되는 표현이 *à* ***qui*** *mieux mieux*이다.

의문사 *qui*는 중성도 아니고 비한정도 아니지만 부분의 의미를 갖는 *de*와 함께 가끔 사용된다. 즉 ***qui*** *voyez-vous ici* ***d'****intelligent*? *dites-moi* ***qui*** *vous voyez ici*

또한 *j'enverrai qui je pourrai, choisis qui tu voudras*의 표현에서 뒤의 절은 동사의 원형이 생략된 간접의문문이라고 여겨야 한다.

49) *Où, quand, combien, comment, pourquoi*의 경우에도 역시 같다. 간접의문문에서 *dites-moi pour qui travaillent vos fils*라고 말하기도 하는데, 이것은 의문문에 나타나는 도치가 아니라 관계절의 용법에서 차용된 도치이다. 간접의문문과 관계절은 너무 쉽게 혼동이 된다.

50) 일반대중들이 직접의문문으로 사용하는 *qui c'est qui*나 *qui c'est que*는 대단히 잘못된 것이다. 간접의문문에서 이 표현은 매우 논리적이기는 하나 역시 대중적 표현이다. 도치가 없고 관계절과 유사하다는 점에서 간접의문문으로는 그런대로 남아 있다.

d'*intelligent*의 예와 같다. 이것은 *il y a quelqu'un d'intelligent*의 문장과 유사한 문장이라고 할 수 있다.

끝으로 의문사 *qui*는 가끔 형용사적으로 사용되고 *quel*을 대신한다. 예전에는 이 둘을 확실히 구별했다. 즉 ***qui*** *sont ces gens* (ou *qui sont donc ces gens*)? *dites-moi* ***qui*** *sont ces gens*의 예와 같다.[51]

사물의 경우 의문대명사는 강세형이 ***quoi***이고 약세형이 ***que***이다**(pour les choses, le pronom interrogatif est *quoi*, forme tonique, et *que*, forme atone).** 즉 더 이상 *qui*가 사용되지 않는데, 사물에 대한 이런 중성대명사로 인하여 문제가 보다 복잡해졌다.

주어 의문대명사가 강세형 ***quoi***을 취하는 것은**(le pronom interrogatif sujet peut prendre la forme tonique *quoi*)** 그것이 동사에 기대지 않을 때 즉, 생략된 형태의 직접의문문으로서 강세가 오는 경우이다. 즉 ***quoi***? ***quoi*** *donc*? ***quoi*** *de nouveau*? ***quoi*** *de plus noble*?의 경우이다.[52]

그런데 ***que***는 본질적으로 속사나 보어이기 때문에 주어의 역할을 하기가 어렵다. 따라서 도치 때문에 속사나 보어처럼 보이는 경우에만 주어가 될 수 있는데, 말하자면 동사가 비인칭 구문으로 사용된 경우이다. 즉 ***qu'****arrive-t-il*? ***qu'****est-il arrivé*? ***que*** *reste-t-il*? ***qu'****y a-t-il de nouveau*? ***que*** *vous faut-il*?의 예가 있다. 또한 ***que*** *t'en semble*? (ou ***que*** *vous en semble*?)에서는 가주어 *il*이 없어서 *que*가 자신의 원래 주어 성격을 되찾는다. 비강세 다음에는 나올 수 없는 *donc*는 항상 *il* 다음에 나온다. 즉 *qu'est-il donc arrivé*? *que vous faut-il donc*?의 예와 같다. 따라서 *que vous en semble donc*?라고 말하지는 않는다. 그러나 일상적으로는 *est-ce*가 나오는 별로 우아하지 않은 표현을 선호하는데 여기에서 *que*는 실제로는 보어이다. 즉 *qu'est-ce qui est arrivé*? *qu'est-ce qui reste*? *qu'est-ce qu'il y a*? *qu'est-ce qu'il vous faut*?의 예와 같다. 이 표현에도 *donc*를 넣을 수 있는데 가끔은 *qu'est-ce* 다음에 그리고 가장 빈번하

---

51) 이 문장이 *dites-moi qui ces gens sont*보다는 낫다. 이 문장에 나오는 도치는 관계절에서 차용한 것이다.

52) 라마르틴느(Lamartine)는 다음과 같이 말한 유일한 시인이다.

> *Quoi* donc *était* hier ce qu'il sera demain?

반면에 이렇게 홀로 나오는 *quoi*는 의문사가 아니라 감탄사라고 볼 수 있는데, 적어도 문어에서는 그렇다.

게는 동사 다음에 넣는다. 즉 *qu'est-ce qu'il y a donc*? *qu'est-ce qu'il vous faut donc*?의 예와 같다.[53)]

이와 같이 *quoi*와 *que*는 주어로는 별로 사용되지 않는다. 따라서 대부분의 경우 ***qu'est-ce qui***를 사용하는데, 이것은 *qu'est-ce* 다음에 관계절이 나오는 것이다. 즉 *qu'**est-ce qui** vous empêche de sortir*라고 하고 *que vous empêche* (ou *que vous empêche-t-il*) *de sortir*라고는 말하지 않는다. 그렇지만 항상 명사 주어를 사용할 수는 있는데, 여기에서는 *quelle raison*을 사용할 수 있다.

간접의문문의 경우 *qu'est*가 생략되어 단순하고 간결한 관계절로 바뀐다. 즉 *je voudrais bien savoir* ***ce qui*** *vous empêche de sortir*의 예와 같다. 이 경우 *qu'est-ce qui*를 사용하면 아주 잘못된 것이다.[54)]

사물에 대한 속사 혹은 직접보어 의문대명사(**le pronom interrogatif attribut ou complément direct**)는 직접의문문에서는 *que*이다. 여기에서 ***qu'est-ce que***가 나왔다.[55)] 즉 ***que*** *devenez-vous* (ou *qu'est-ce que vous devenez*)? ***que*** *fait-il* (ou *qu'est-ce qu'il fait*)? ***qu'****en pense votre père* (ou *qu'est-ce que votre père en pense, qu'est-ce qu'en pense votre père*)?의 예와 같다.[56)] 동사 *être*만 나오는 경우 속사 *que*는 *qu'est-*

53) 주의할 것은 동사는 가능하다면 비인칭 변화를 피한다는 것이다. 즉 *qu'est-ce qu'il arrive*?는 아주 잘못된 표현이고, *qu'est-ce qu'il reste*?도 별로 좋은 문장은 아니다. 반면에 아주 우아한 표현인 *que vous en semble*을 *qu'est-ce qui vous en semble*로 대치해서는 안 되고 차라리 *qu'est-ce que vous en pensez*라고 해야 한다.

54) 예전에 *qu'est-ce qui*의 용법이 발전하기 전에, 사물에 대해서도 주어로 *qui*를 사용하여 *que*와 *quoi*의 불충분함을 보충했다. 이런 용법이 문어 특히 시어에서 완전히 사라지지는 않았고, 가끔은 구어에서도 사용되었다. *Qui vous empêche*는 *quelle personne vous empêche*의 의미이기도 하고 *quelle chose vous empêche*의 의미가 된다. 이것이 *qu'est-ce qui*보다 더 우아하다. 간접화법에서도 시의 운율을 맞추기 위한 목적이긴 하지만 *ce qui* 대신에 *je voudrais bien savoir qui vous empêche* (ou *qui me retient*)...이라고 적는다.

55) *Donc*와는 관계가 없다.

56) 언젠가 *que votre père en pense-t-il*? 이라는 표현을 읽은 적이 있다. 아마 이것을 쓴 저자는 *qu'est-ce que*가 별로 우아하지 않다고 보고 *que*를 쓰려고 했는데 아마 그 방법을 잘 몰랐던 것 같다. 그런데 이 표현이 잘못된 이유는 비강세 대명사 *que*는 역시 비강세인 다른 대명사에 의해서만 동사에서 분리될 수 있기 때문이다. *Que lui dit-il, qu'en fait-il, qu'y fait-il*은 가능하지만 명사 주어인 경우에는 도치를 해서 *qu'en pense votre père*? 라고 말해야 한다.

*ce que*에 자리를 양보해서 *qu'est la vie*라고 결코 말하지는 않고 *qu'est-ce que la vie*라고 *est*를 생략해서 말해야 한다. 동사 원형이 주어인 경우에도 *qu'est mourir*라고 결코 말해서는 안 되고 여전히 *est*를 생략하여 *qu'est-ce que mourir*라고 말해야 한다. 반면에 감탄사 *diable*은 *que*에만 사용이 가능하고 *qu'est-ce que*에는 불가능하다. 즉 ***que diable*** *faites-vous donc là*?의 예와 같다.[57)]

조금 전에 살펴본 것처럼 간접의문문의 경우 순수하고 단순한 관계절로 바뀐다. 즉 *dites-moi* ***ce que*** *vous devenez* (ou ***ce que*** *vous faites,* ***ce que*** *votre père en pense,* ***ce qu****'en pense votre père*), *je ne sais* ***ce qu****'il faut en croire*의 예와 같다. 여기에 *qu'est-ce que*를 쓸 수는 없다.[58)] 격식 없이 쓰는 표현인 *ce que c'est que de nous*가 이것과 관련이 있는데, 여기에는 동사가 생략된 것으로 여겨진다.

이 모든 예에서 동사가 인칭변화하고 있는데 단순히 동사 원형을 가지고도 질문할 수 있다. 이 경우 동사 *pouvoir*가 생략된 것이다. 우아한 이 표현에서 *que*는 속사 혹은 보어로서 *qu'est-ce que*로 대체될 수는 없다. 즉 ***que*** *devenir*?는 *que puis-je* (ou *que pouvais-je*) *devenir*이다. 경우에 따라서는 *que peut-il* (*que pouviez-vous*, *que pouvaient-ils*) *devenir*?의 의미이다. 마찬가지로 ***que*** *faire,* ***qu****'en faire,* ***que*** *dire,* ***que*** *dire de cela,* ***que*** *penser*?도 가능하다. 이 표현은 *pas* 없이 *ne savoir*다음에 오는 간접의문문에서 그대로 쓰인다. 즉 *je ne sais* ***que*** *faire* (ou ***qu****'en faire*)의 예와 같다. 또한 *plus*를 써서 *je ne savais plus* ***que*** *faire* (ou ***qu****'en faire*)도 가능하다. 또한 같은 의미로 *je n'ai* ***que*** *faire de cela*라고도 말한다.

이것 이외에도 동사원형 앞에 강세형 ***quoi***가 나타날 수 있다. 직접의문문에서는 별로 사용되지 않고, ***quoi*** *faire*나 ***quoi*** *dire*라고는 말하나 ***quoi*** *penser*라고는 말하지 않는다. 간접의문문에서는 보다 흔한데, *pas*나 *plus*없이 *il ne savait* ***quoi*** *dire*라고는 잘 말하지 않는데 *il ne savait plus* ***quoi*** *dire*는 보다 많이 사용한다. 그리고 *il ne sait pas* ***quoi*** *faire*에서는 반드시 *pas*를 사용해야 한다. 그러나 *pas*와 *quoi*를 함께 쓰는

---

57) *Savoir* 다음에 보어가 올 때 그 앞에 *que*를 중복해서 사용하기도 한다는 사실을 언급하자. 즉 *que sait-on ce qui arrivera*? *que sait-on s'il le fera*?의 예와 같다.

58) 그러나 이 표현과 직접의문문 앞에 독립된 절이 나오는 것, 즉 *dites-moi, qu'est-ce que vous avez fait ce matin*?과 혼동해서는 안 된다.

표현은 *pas*없이 *que*를 쓰는 것보다는 우아하지 못하다. 마찬가지로 *il ne savait plus* ***qu'en*** *faire*가 (모음이 충돌하는) *il ne savait plus* ***quoi en*** *faire*보다 더 우아하다. 또한 *je n'ai* ***que*** *faire*에는 대신 *quoi*를 사용하지 못한다

강세 악센트 때문에 반드시 *quoi*를 써야 하는 표현도 있다. 이것은 *vous désirez* ***quoi*** ? 같은 의문문이나 *il m'a répondu devinez* ***quoi*** (ou *savez-vous* ***quoi***)처럼 평서문이 의문문으로 바뀐 경우이다. 이것의 의미는 *devinez* (ou *savez-vous*) *ce qu'il m'a répondu*이다. 끝으로 *n'importe quoi*와 *je ne sais quoi*의 표현이 있다. *Il fera n'importe* ***quoi****, il y a là je ne sais* ***quoi*** *d'incompréhensible, c'est un je ne sais* ***quoi*** *qui n'a pas de nom*의 예가 있다.[59)]

사물에 대한 간접보어 의문대명사는 ***quoi***이다**(le pronom interrogatif complément indirect est *quoi*).** 그 앞에 나오는 전치사 때문에 강세 악센트를 받기 때문에 당연히 *quoi*가 쓰인다. 즉 ***de quoi*** *parlez-vous* ? *à* ***quoi*** *pense votre ami* (ou *à* ***quoi*** *votre ami pense-t-il*)? ***en quoi*** *ceci peut-il vous servir* ?의 예와 같다.[60)] 의문문에 흔히 등장하는 *est-ce que*가 역시 올 수 있으나 그렇게 잘 어울리지는 않는다. 즉 *de quoi est-ce que vous parlez, en quoi est-ce que ceci peut vous servir*는 별로 좋은 표현은 아니다. 한편 동사 원형을 가지고 ***sur quoi*** *compter désormais* ?라고 말하기도 한다.

이 경우 간접의문문이 관계절로 바뀔 필요는 없고 직접의문문과의 차이는 도치가 사라진다는 점이다. 즉 *dites-moi* ***de quoi*** *vous parlez,* ***en quoi*** *ceci peut vous servir,* ***à quoi*** *votre ami s'occupe*의 예와 같다.[61)]

예전에는 전치사가 없는 경우에도 간접보어로 ***que***를 사용했는데 이것은 라틴어

---

59) 격식을 차리지 않는 말투에서 *il ne connaît ni qui ni quoi, il ne dit ni quoi ni qu'est-ce*라고 말하기도 했는데, 이제는 이런 표현은 더 이상 사용되지 않는다.

60) 그런데 *en quoi peut ceci vous servir*라고는 하지 않는다. 그렇지만 *à quoi sert ceci*라고 말할 수는 있다. 그리고 *quoi*나 동사 다음에 *donc*를 넣을 수도 있다.

61) 혹은 *à quoi s'occupe votre ami*라고도 하는데 관계절의 도치에서 유추한 것이다. 게다가 *dites-moi à quoi pense votre ami*라고도 말하는데 *pense*가 단음절이기 때문이다. 또한 간접의문문에서 *comment* 대신에 *comme quoi*이라고 말하기도 하는데 이것은 아주 격식 없이 말할 때 사용하는 표현이고 그렇게 잘 사용되지는 않는다. 대중들은 *dont*의 용법을 잘 몰라서 몇몇 동사 앞에서 이것을 *que*로 바꾸는데 *de quoi*를 역시 *ce que*로 바꾸기도 한다. 즉 *regardez ce qu'elle a l'air*!의 예와 같다.

적인 용법으로 아직 그 흔적이 남아 있다. 즉 ***que*** *sert de* 혹은 *que sert que*는 *à quoi sert* 대신에 사용되고, ***qu'****est-il besoin*은 *en quoi est-il besoin*이고, ***qu'****importe*는 *en quoi importe-t-il*이다. 또한 ***qu'****importent* (ou ***que*** *m'importent*) *vos raisons*? 등의 표현이 있다.[62)]

명사에 대한 의문문의 경우, 문두에는 대명사가 아니라 의문형용사 ***quel*** **(adjectif interrogatif *quel*)**이 온다. 이 *quel*은 대명사 *qui*와 아주 유사한 단어이고, 함께 나오는 명사는 모든 기능을 수행할 수 있다. 즉 *quel homme est entré*? *quel homme est-ce*? *quel âge avez-vous*? *à quelle heure partez-vous*?의 예와 같다.[63)] 간접의문문의 경우에도 역시 마찬가지인데, *dites-moi quel homme est entré, quel homme c'est, quel âge vous avez, à quelle heure vous partez, je ne sais quel homme j'ai rencontré, j'ai rencontré je ne sais quel homme*의 예가 있다. 그런데 직접의문문에서는 주어가 문두에 오는 것을 사람들은 별로 좋아하지 않는데 이 경우 도치가 없기 때문이다.[64)] 의문문이라는 것을 강조하기 위하여 *donc*를 덧붙일 수 있을 것이다. 즉 *quel obstacle vous a donc empêché de.....*?의 예와 같다. 보다 빈번하게는 절을 두 번 써서 *quel*을 보어로 만드는 것이다. 즉 *quel est* (donc) *l'homme qui est entré, quel est* (donc) *l'obstacle qui vous a empêché de ....*?의 예와 같다.[65)]

덧붙이자면 *quel*은 간접보어 *de quoi*를 절약하는 데 아주 편리하다는 것이다. 예

---

62) 이것과 관련되는 우아한 표현으로 ***que*** *tardez-vous*나 *pas* 없이 사용하는 ***que*** *ne partez-vous*가 있다. 여기에서 *que*는 실제로는 부사로 변했고, *pour quoi*의 의미로도 쓰이는데 이것이 *pourquoi*로 변했다.

63) 여기에서도 *donc*은 항상 동사 다음에 온다. 물론 분사의 경우 그 앞에 와야 한다. 즉 *quel âge avez-vous donc, quelle sottise avez-vous donc fait*?의 예와 같다.

64) 그렇다고 해서 유명한 신문기자들이 흔히 쓰는 *quels obstacles ont-ils empêché de...*라는 식의 문장을 글로 써서는 안 된다. 이것은 결코 좋은 프랑스어라고 볼 수 없다. 앞의 본문 220쪽 47번 주석을 참고하기 바란다.

65) *Quel est*로 시작하는 의문문이 아직도 아주 많이 사용되고 있고 이것이 보어로서의 *quel*을 홀로 만드는 유일한 방법인 듯하다. 또한 앞에서 언급한 명사를 받는 표현으로 *quel est-il*? *quelles sont-elles*?을 아직도 사용한다. 옛날 사람들은 이것을 우리보다 한결 많이 사용했는데, 라신느(Racine)와 같이 *quel devins-je*라고 말하거나 *voyez quel vous êtes*라고 말했다. 오늘날 *que suis-je devenu*나 *voyez ce que vous êtes*처럼 중성적으로 말한다.

를 들자면 *à propos de quoi* 대신에 *à quel propos*를 사용하고 *en l'honneur de quoi* 대신에 *en quel honneur*을 사용한다.

의문형용사 *quel*은 또한 감탄형용사로도 사용된다. 즉 *quel homme! quelle sottise!*의 예와 같다. 게다가 우리가 이미 앞에서 관계대명사로 사용되는 *lequel*을 본 적이 있는데, *quel*에서 새로운 의문대명사 ***lequel*(pronom interrogatif *lequel*)**이 만들어진다. 그런데 의문대명사로서의 *lequel*은 관계대명사 *lequel*보다는 한결 그 용법이 한정되어 있다. 왜냐하면 이 단어는 항상 여러 개 혹은 둘 사이의 비교를 암시하기 때문이다. 물론 *lequel des deux*라고는 말하지 않는다. 또한 다음에 부분을 의미하는 보어가 종종 나온다. 즉 *lequel* (ou *lequel de ces enfants*) *vous plaît davantage*? 의 예와 같다.[66] 또한 *lequel est-ce*? *lequel préférez-vous* (ou *lequel est-ce que vous préférez*)? *auquel des deux parle votre ami* (*votre ami parle-t-il*이 더 낫다)? 의 예가 있다. 간접의문문에서 *voyez lesquels vous plaisent davantage, dites-moi laquelle des deux votre ami préfère, je ne sais lequel des deux croire*의 예가 있고, 비교 대상이 둘이거나 여럿이거나에 따라서 *lequel vaut mieux* 혹은 *lequel vaut le mieux*라고 말한다.

*Ou*로 표시된 양자택일을 나타낼 경우 각각의 명사 앞에 *de*를 반복한다. 즉 *lequel* (*des deux*) *préférez-vous, Homère ou Virgile*? 보다는 *lequel* (*des deux*) *préférez-vous,* ***d'****Homère ou* **de** *Virgile*이 더 일반적이다. 그렇지만 이것은 물론 별로 논리적이지는 않다. 또한 동사원형 앞에서 중성적으로 *lequel aimez-vous mieux* **de** *tuer ou* ***d'****être tué*?라고 하고, 가끔은 여러 다른 사물들을 지칭하는 여성명사 앞에서도 *lequel préférez-vous* **de** *la ville ou* **de** *la campagne*?처럼 말한다.[67]

---

66) 물론 *lequel* (ou *lequel de ces enfants*) *vous plaît-il*이라고는 하지 않는다. 우리는 항상 *quel est celui de ces enfants qui vous plaît davantage*?라고 말할 수는 있다. 앞의 주를 참조할 것.

67) 그런데 *quel*과 명사를 합하여 의문문을 만들거나 아니면 *qui*나 *que*로 의문문을 만들거나 용법은 같다. 즉 *qui* (ou *que*) *préférez-vous, de... ou de*…처럼 *de*를 반복한다. *Qui* 다음에 양자택일을 표시하는 표현이 바로 나오는 경우에도 역시 *de*를 반복해야 한다.

Qui, de l'âne *ou du* maître, est fait pour se lasser?

그런데 이 구문은 오히려 문학언어에 속한다. 게다가 이런 단어가 전혀 나오지 않더라도 양자택일을 보다 우아하게 표현할 수 있다. 즉 *on ne sait s'il a plus d'esprit ou plus de bon sens*의 의미는, 정확하게 말하면 *on ne sait lequel des deux il a le plus*이다. 이 문장에는 이중의 생략이 있다.

제6장 인칭대명사

인칭대명사는 인칭과 수에 따라서, 또한 기능과 문장 안에서의 위치에 따라 다양한 양상으로 나타난다. 왜냐하면 강세형, 약세형이 있는가 하면 위치에 따라 강세형이나 약세형이 되는 형태도 있기 때문이다. 인칭대명사에 대한 여러 현상을 분류하는 가장 편리한 방식은 여러 기능에 따라서 그것을 차례로 검토하는 것이다.[1)]

1. 주어 인칭대명사: 중성 *il*과 *on*

주어로 사용되는 인칭대명사는 두 종류이다.

우선 대명사 ***je, tu, il***과 ***ils***이 있다. 이들은 주어로만 쓰이는데 그 이유는 항상

---

1) 하지만 여기에서 3개 인칭의 대명사와 여러 기능을 소개하겠다.

단수 1, 2인칭대명사는 *je, me, moi*와 *tu, te, toi*이다. 비강세형 *je*와 *tu*는 단지 주어 역할을 하고 이것과 동사 사이에는 *ne*와 다른 비강세 대명사만 올 수 있다. 역시 비강세형인 *me*와 *te*는 직접보어로 동사 앞에 오고 또한 *à moi*와 *à toi* 대신에 쓰이기도 한다. 강세형인 *moi*와 *toi*는 간접보어로 사용되고, 어떤 이유에서건 강세형이 필요할 때에는 주어와 직접보어로 사용될 수 있다.

복수 1, 2인칭대명사는 단지 *nous*와 *vous*의 형태만 있다. 문장 내에서의 위치에 따라서 강세형이나 약세형으로 사용되고 이런 이유로 모든 기능을 수행할 수 있다.

3인칭 대명사는 한결 복잡하다. 왜냐하면 예전에는 지시대명사였기 때문인데 아직도 성의 구별이 나타난다. 남성 단수는 *il, le, lui*이고 여성 단수는 *elle, la, lui*이며, 남성 복수는 *ils, les, eux*이고 여성 복수는 *elles, les*이다. 그리고 *leur*는 남성 복수와 여성 복수로 사용된다. 이외에도 *se*와 *soi*가 있는데 이것은 남성과 여성, 단수와 복수 공통으로 재귀적으로 사용되며, 부사적 대명사로 *en*과 *y*가 있다.

약세형인 *il*과 *ils*은 *je*와 *tu*와 마찬가지로 동사 곁에 나오는 주어이다. 약세형과 강세형인 *elle*과 *elles*은 *nous*와 *vous*처럼 주어 혹은 간접보어로 사용되고 경우에 따라서 직접보어가 되기도 한다. 약세형인 *le, la, les*는 단지 직접보어로 사용되며 동사 곁에 나온다. 강세형인 *lui*와 *eux*는 *moi*와 *toi*처럼 간접보어로 사용되며 강세형이 필요할 경우에는 주어와 직접보어의 역할을 할 수 있다. 그러나 *à lui*나 *à elle* 대신에 쓰인 *lui*는 동사 곁에서 약세형이며, *leur*는 동사 곁에서 *en*과 *y*처럼 단지 간접보어 역할을 한다. *Se*와 *soi*는 *me*와 *moi, toi*와 대응한다. 즉 *se*는 직접보어이고 동사 앞에서 *à soi* 대신에 쓰이기도 하고, *soi*는 간접보어이다.

약세형이며 다음에 나오는 동사에 의지해야 하기 때문이다. 경우에 따라서는, 보통 간접보어로 사용되는 대응하는 강세형 ***moi, toi, lui, eux***으로 바뀌거나 함께 나올 수 있다.

다음으로 ***elle, elles, nous***와 ***vous***가 있다. 이들은 문장 내의 위치에 따라 강세형이 되기도 하고 약세형이 되기도 하며 보어로도 사용된다.

인칭대명사 주어는 당연히 동사 앞에 오고, 동사에 기대는 이 위치에서 항상 약하게 발음된다. 즉 ***il*** *aime,* ***vous*** *aimez*의 예와 같다. 이 위치에서 약세 대명사인 *elle, elles*은 *il, ils*과 마찬가지로 사물에 대해서도 사용되고 사람에 대해서도 사용된다. 그런데 주어를 강조하고자 할 때 *사람의 경우에*(*pour les personnes*) 이 약세대명사로는 부족하므로 그 앞에 강세형을 아울러 사용한다. 즉 ***moi****, je n'y comprends rien,* ***lui****, il ne fera jamais rien de bon*의 예와 같다. 이렇게 약세형과 강세형이라는 형태가 같은 대명사를 두 번 사용하는 일이 벌어지는데 처음에 나오는 것이 강세형이다. 즉 ***vous****, vous n'y comprenez rien,* ***elle****, elle n'a rien fait*의 예와 같다. 따라서 강세형이 약세형에 동격으로 쓰이게 된다.[2)]

*Moi*와 *toi*는 *je*나 *tu* 없이 동사 앞에 나오는 법은 없다. 그러나 *lui*와 *eux*는 *il*이나 *ils*없이 동사 앞에 오기도 한다. 즉 *lui n'y a rien compris*의 예와 같다.[3)] 강세형 대명사에 *même*나 *seul*에 붙어서 동사 앞에 나올 때에는 *moi*와 *toi*에는 *je*와 *tu*가 나와야 한다. 즉 *moi-même* ***je*** *n'y ai rien compris*의 예와 같다. 그런데 *nous*와 *vous*의 경우에도 반복하는 것을 선호한다. 즉 ***nous****-mêmes, nous n'y avons rien compris*의 예와 같다. 반면에 *lui, eux, elle*과 *elles*의 경우에는 이것만으로 충분하다. 즉 *eux-mêmes n'y ont rien compris, elles seules n'ont rien fait*의 예와 같다. 또한 *ils* (ou *elles*)을 생략한 *l'un et l'autre* (ou *tous les deux*) *sont venus*가 *ils sont venus l'un et l'autre* (ou *tous les*

2) 일상생활에서 강세형이 추가적으로 사용되는 것은 대명사 *moi*의 경우에 특히 흔하다. 그러다 보니 *je* 앞에 반드시 *moi*를 덧붙여서 말하는 사람이 있는데, 이것은 피해야 할 남용의 사례이다. 주어를 강조하는 다른 방식을 어디에선가 본 적이 있는데 다른 주어와의 대립을 강조할 때 사용하기 때문에 더욱 강하다고 볼 수 있다. 즉 *c'est lui qui l'a dit* 혹은 생략하여 *c'est lui*라고 하는 것이다. 이 경우 주어 대명사는 강세형을 취하는데 겉보기에는 속사처럼 보인다.

3) 또한 *elle*을 반복하지 않을 수도 있다. 또한 *il disait que... et elle répondait que...*와 *lui, disait que..., et elle, répondait que...*처럼 구별하기도 한다.

deux)와 함께 사용된다.

격식 없이 말하는 경우 강세형이 약세형에 대한 동격으로 동사 다음에 나올 수 있다. 즉 *je le savais bien,* ***moi***의 예와 같다. *Même*가 붙은 대명사의 경우에는 이 위치가 제대로 된 위치이고 격의 없이 말하는 것이 아니다. 즉 *tu iras toi-même*의 예와 같다. 그런데 이것이 동사 앞에 나올 때는 그 의미가 달라진다. 즉 *toi-même tu iras*는 다른 사람들과 마찬가지로 너도 또한 간다는 의미이고, *tu iras toi-même*는 다른 사람을 보내는 대신에 네가 친히 간다는 의미이다. 즉 *en personne*의 의미가 불가능한 경우에만 이 두 표현을 구별 없이 사용할 수 있다.

동사 앞에 나오거나 뒤에 나오면서 약세형에 동격으로 쓰인 강세형 대명사가, 또한 동격어, 관계절 등 강세형을 요구하는 요소를 취할 수 있다. 즉 *moi, votre ami, je ne vous comprends pas,*[4] *il n'y comprend rien, lui qui parle tant*; *il est sorti, lui troisième*; *moi-même, qui suis de la partie, je n'y ai rien compris*의 예와 같다.[5]

주어가 등위될 때 대명사는 강세형을 취하는데, 주어의 인칭이 다를 때 일반적으로 동사 앞에 약세형의 복수대명사가 함께 온다. 1인칭이 있으면 이 복수대명사는 *nous*이고, 그렇지 않을 경우에는 *vous*이다. 즉 *vous ou moi* (ou *elle et moi*), ***nous***

---

4) 일상생활에서 실무적으로 사용하는 옛날 표현인 *je soussigné*에는 약세형인 *je*가 남아 있는데, 이 약세 대명사가 다음에 나오는 동사의 유일한 주어이다.

5) *C'est... qui* (ou *que*)라는 구문을 사용하다보니 가끔 덧붙여지는 강세형의 위치가 이상하게 바뀌는 일이 벌어진다. 특히 약간 긴 요소를 강조하면서 이 문장이 부정문일 경우에 그렇다. *Ce n'est pas l'histoire des batailles qui nous intéresse, nous* (ou *que nous écrivons, nous*)의 위치에서, 특히 3인칭의 경우 *ce n'est pas, eux, l'histoire des batailles qui les intéresse* (ou *qu'ils écrivent*)처럼 *eux*의 위치가 바뀌는 것은 문장 끝에 오게 되면 문장이 이상해지기 때문이다. 반면에 약세형을 강조하기 위하여 그 옆에 강세형을 넣다보니 현대 언어에서 예상치 못한 결과를 가져왔다. 가끔은 어떤 주어를 다른 주어들과 대립시킬 필요가 있어서 *de son côté, quant à* 등의 표현을 사용했다. 격식을 차리지 않는 언어에서는 주어 옆에 3인칭 대명사를 넣는 새로운 방식을 사용해서, *le père, lui, la mère, elle, ne comprenait pas que..., le père ne comprenait pas, lui, que...*처럼 말한다. 더 나아가서 관계대명사 옆에 인칭대명사나 지시대명사를 넣어서, *le père, qui, lui, ne comprenait pas* (ou *qui ne comprenait pas, lui*) 혹은 *les habitants de la ville voisine, qui, ceux-là, n'avaient pas entendu dire...*와 같이 표현한다. 그런데 사실 이러한 어법이 유용한 경우는 별로 없고, 격식을 차리지 않는 언어에서는 받아들이더라도 소설이나 신문 등에서까지 이러한 것을 보게 되는 것은 놀라운 일이다.

*irons*이나 ***nous*** *irons, mon frère et moi*처럼 하고, *vous et lui,* ***vous*** *irez*나 ***vous*** *irez, vous et votre frère; ni vous ni lui* ***vous*** *n'irez*처럼 한다. 그렇다고 명사 주어와 동사를 사용하여 *mon frère et moi sommes tout à fait de votre avis, ni mon frère ni moi ne sommes de votre avis*라고 말할 수 없는 것은 아니다. 그러나 일반적으로 약세 복수형을 덧붙이는데 명사 주어가 없는 경우에는 더욱 그렇다. 즉 *vous et moi,* ***nous*** *sommes tout à fait de cet avis*라고 한다.[6)] 반대로 약세대명사가 없이 *elle et lui, son frère et lui sont revenus, ni elle ni lui ne sont revenus*라고 말하는데 주어가 둘 다 3인칭인 경우이다.[7)]

*L'un et l'autre, tous les deux, les uns et les autres, ni l'un ni l'autre, ni les uns ni les autres*는 약세대명사 없이 동사 앞에 오는데, 동사 뒤에 올 때에는 약세대명사가 온다. 즉 *l'un et l'autre sont venus, ils sont venus l'un et l'autre*의 예와 같다.

강세형의 대명사가 나오는 또 다른 표현은 *personne que* ***moi*** *ne le fera, aucun autre que* ***lui*** *ne l'a dit*인데 이 대명사가 앞에 나오는 단어를 받쳐주는 역할을 한다.

끝으로 생략의 경우 대명사 다음에 동사가 나오지 않아서 그것에 기댈 수 없을 때는 강세형만 가능하다. 즉 *Qui a fait cela?*라는 질문에 ***Moi***라고 대답하는 것과 같다. 다른 예로 *je pense comme* ***eux*** *(pensent), il est plus grand que* ***toi*** *(es), ce n'est pas moi, il n'y a que* ***lui*** *à qui ces choses-là arrivent*, 또한 감탄문의 예로 ***moi****, sortir?* ***lui*** *jaloux? vous plaisantez*의 예가 있다.[8)]

3인칭 대명사는 원칙적으로 앞에서 이미 언급된 사람이나 사물을 지칭한다. 가끔

---

6) 격식을 차리지 않는 언어에서는 이상하게도 잘못된 표현을 사용한다. *Nous* 다음에 *moi*를 사용하지 않으려고 *avec*를 사용하여 *nous sommes de votre avis, avec mon frère*라고 말하는데 이는 *mon frère et moi* 대신에 쓴 것이고 이치에 맞지 않는 것이다. 자연주의 학파에 속하는 작가들에게 이런 것이 많은데, 로티(P. Loti)는 *nous la tenions à deux avec la marraine*라고 적고 있는데, 이렇게 하면 논리적으로 세 명이 관계된다는 것을 알지 못하고 있는 것이다. 끝으로 *nous deux un tel*이라고 말하는 것을 자주 듣게 되는데 이것은 더 나쁘다.

7) 예외적으로 앞의 주어만 대명사인 경우 3인칭 주어 두 개를 동사 뒤로 보내고 동사 앞에 약세대명사를 놓을 수 있다. 이 대명사는 동사와 함께 단수형이 될 수 있다. 즉 *sa femme et lui* (ou *lui et ses enfants*) *sont morts* 대신에 *il est mort, lui et sa femme* (ou *lui et ses enfants*)이라고 말한다. 그런데 *il est mort ainsi que sa femme* (ou *ses enfants*)이라고 말하는 것이 보다 간단하다.

8) 반면에 몇몇 지방에서 쓰는 *j'ai acheté cela pour moi manger*는 잘못된 어법이다.

은 앞으로 언급할 것을 알려주기도 한다. 즉 ***il*** *n'est pas venu, cet homme dont vous parliez*의 예와 같다. 이것은 우리가 자유롭게 사용할 수 있는 단순도치를 사용하지 않고 동사를 앞에 놓기 위한 방식이다. 아주 명확하게 한정되기만 한다면 이미 언급한 것을 다시 언급할 경우에도 이 대명사를 사용한다. 즉 *cet homme dont vous parliez,* ***il*** *n'est pas venu,* 혹은 생략이 들어간 *eh bien! cet homme,* ***il*** *n'est pas venu,* 질문에 대한 대답으로 *ton frère?* ***il*** *n'est pas venu*가 가능하다.[9] 감정이 잔뜩 들어간 말 (le langage passionné)의 경우 이런 동격을 많이 사용한다. 즉 ***elle*** *n'est pas venue, l'ingrate!* 혹은 *l'ingrate,* ***elle*** *n'est pas venue*의 예와 같다. 그런데 이 예에서 *l'ingrate*는 차라리 독립된 감탄문이라고도 볼 수 있다.[10]

대명사 *il*은 남성대명사이기도 하고 **중성대명사(pronom neutre)**이기도 하다. 비인칭 동사의 유일한 주어인 *il pleut, il neige*와 비인칭 구문의 유일한 주어인 *il est deux heures, il était nuit, il n'en est rien, il fait beau* (ou *beau temps*), *il se fait tard, il y a des gens qui..., y a-t-il quelqu'un ici? il me faut de l'argent ou des livres, il s'agit de, il y va de, il en va de, il n'est pas besoin de*[11]가 있다.

이러한 표현 다음에 바로 명사가 나오는 일이 흔한데 이 명사는 실제로는 동사의 논리적 주어로서 단수나 복수가 가능하다. 왜냐하면 마치 보어처럼 여겨지기 때문이다. 이러한 구문은 몇몇 자동사, 특히 *être*를 취하는 동사와 함께 쓰인다. 즉 *il arrive*

---

9) 약세대명사의 기능에 상관없이 용법은 같다. 즉 *je ne l'ai pas vu, cet homme* 혹은 *cet homme, je ne lui ai rien dit*의 예와 같다.

10) 대중들은 어떤 경우에서나 주어를 두 번 사용한다. 즉 *la chaise, elle est faite, ton père, il est là*와 *il n'est pas là, ton père*의 예가 있다. 그러나 동사 앞에 주어를 두 번 쓰려면 정당하고 명확한 이유가 있어야 한다. 고전주의 시대까지는 3인칭 대명사는 약간 멀리 있는 주어를 언급하기 위하여 다시 사용되기도 했다. 즉 *un noble, s'il vit chez lui dans sa province, il vit libre*의 예와 같다. 또한 *quiconque*의 의미로 쓰인 *qui*에 멀리 떨어져 있는 선행사 역할을 하기도 했다. 즉 *il ne l'est pas qui veut* 혹은 *qui n'avance pas, il recule*의 예를 보라. 그러나 중복되는 이러한 구문은 이제는 더 이상 사용되지 않고 문어에만 몇 가지 흔적을 남겼다.

11) 그러나 *il est besoin de*라고는 하지 않는다. 또한 *il fait chaud* (ou *froid*)에서 유추하여, 격식을 차리지 않은 어법에서 *il fait soif* (ou *il fait faim*)이라고 하기도 하는데 이것은 단지 재미삼아 하는 표현이다.

(ou *il est arrivé*) *quelque chose d'extraordinaire, quoi qu'il arrive*의 예와 같다.[12] 주어에 부분관사가 붙거나 *un, des* 혹은 복수를 의미하는 단어가 올 때에도 이 구문이 쓰인다. *Il tombe de la neige, il pleut des balles, il me manque* (*il me reste*) *un livre, il est venu une, deux, plusieurs personnes* (ou *beaucoup de gens*)의 예가 있다.[13] 또한 *il fut un temps,*[14] *il vous a* (ou *il vous est*) *échappé une parole imprudente, il s'est rencontré des hommes, il s'est produit des événements graves, il en sera fait mention*의 예가 있다.

논리적 주어가 동사의 원형이거나 *que*로 시작되는 종속절일 때, 가주어 *il*로 시작되는 비인칭구문을 사용해야 한다. 즉 *il est honteux de mentir*가 *mentir est honteux* 보다 낫다. 다른 예로 *il vaut mieux s'en aller, il me tarde de vous voir, il est bon de savoir* (ou *que vous sachiez*), *il est certain, évident, juste que, il s'ensuit que, il se peut que, il convient, il semble, il va sans dire que, comment se fait-il que*?가 있다. 예전에는 중성대명사 *il*을 한결 많이 사용했고 오늘날 *ce*나 *cela*를 사용하는 많은 경우에도 이것을 사용했다. 남아 있는 예로 *il est vrai, il me semble*가 있고, 이것을 문장 사이에 끼어 넣는다. 이 예들은 *il*이 원래의 지시대명사 가치를 완전히 간직하고 있는 것들이다.[15]

주어 인칭대명사와 함께 부정대명사 ***on*** **(pronom indéfini *on*)**을 다루는 것은 당연하다. 이것은 ***il***과 같이 항상 주어**(toujours sujet comme *il*)**이고 다른 모든 주어 인칭대명사 대신에 사용된다. 구어에서도 역시 같다. 즉 ***on*** *pensera à vous*는 *je penserai à vous* 대신이고, *qu'**on** s'en aille*는 *va-t-en*이나 *allez-vous-en* 대신이며, ***on*** *m'a vu*는 *il* (ou *elle*) *m'a vu, ils* (ou *elles*) *m'ont vu* 대신이며, 또한 *où va-t-**on***은 *allons-nous* 대신에 쓰인 것이다.

---

12) 그렇지만 *ce qu'il arrive*라고는 말하지 않는다.

13) 아마도 *il me reste le livre que vous m'avez prêté*라고 말할 수는 있으나, *il est venu l'homme dont je vous ai parlé*의 문장처럼 비인칭 *il*을 사용하여 말하지는 않는다.

14) 이 표현은 문어에 속하는데, 문어에서는 *il y a*를 *il est*로 쉽게 바꾸고 시제가 현재가 아니라면 예외적으로 문두에 주어를 놓기도 한다. 즉 *un temps était* (ou *fut, sera*)의 예와 같다. 그러나 *il y a*의 경우에는 이것이 불가능하다.

15) 문어에서는 *il ne me plaît pas*를 쓰기도 한다. 옛날 사람들은 또한 *il*을 중성대명사로 여겨서 이미 앞에 나온 *rien, tout ce que, ceci* 나 *cela*를 대신했다. *Dieu a tout conçu avant qu'il fût*의 예와 같다. 이러한 용법도 이제는 사라졌고, *il*은 한정되어 있는 사람이나 사물만을 받을 수 있고 따라서 남성형으로 사용된다.

또한 *on*이 *nous*나 *vous*로 자주 대체되는데, *on*이 보어가 될 수 없으므로 보어의 경우에는 반드시 대체해야 한다. 일반적인 문구에서는 *nous*를 사용하는데, 그 예는 *on n'aime guère les gens qui* ***nous*** *font du mal*이다. 상대방의 주의를 환기시키고자 할 때에는 *vous*를 사용하는데, 그 예는 *quand on a une idée fixe qui ne* ***vous*** *lâche pas un instant*이나 *cet homme* ***vous*** *calme,* ***vous*** *rassure,* ***vous*** *donne de la confiance*이다. *On*이 주어인 경우 *nous*나 *vous*로 바꿀 수 있고 보어가 있는 경우에는 특히 바꾸는 것이 낫다. 즉 *nous n'aimons guère les gens qui nous font du mal*이 *on n'aime guère*로 시작하는 것보다 낫다. 특히 문어에서는 이것을 더 선호하는데 반드시 그럴 필요는 없다.[16)]

예전에는 *on* 대신에 ***l'on***을 많이 사용했다. 오늘날에는 구어에는 거의 사용하지 않고, *si* 다음 이외에는 거의 사용하지 않고 그 빈도수도 점점 줄어들었다.[17)]

*On*이 중성이고 단수인데 보어가 실렙시스(syllepse)에 의하여 여성형으로 되는 경우도 있다. 즉 *on n'est pas plus* ***jolie*** *que vous*의 예와 같다. 또한 격식을 차리지 않고 말할 때 복수형으로도 된다. 즉 *on n'est pas des esclaves, ici, on est tous égaux* (ou *tous des camarades*)의 예와 같다.[18)]

*Un on dit, des on dit, le qu'en dira-t-on*은 *on*이 명실상부한 명사로 바뀐 예들이다.

2. 주어 인칭대명사의 생략

주어 인칭대명사가 구체적인 사람 혹은 사물을 지칭하는 경우에는 절이 하나인

---

16) 몇몇 책에서는 *on*과 *nous*를 함께 사용한다고 비난하는데 이것은 틀린 것이다. 다만 사물에 대하여 이것을 사용하는 것은 별로 바람직하지 않으므로 *nous*와 *vous*를 사용하지 않으면 된다. 그리고 사람들에게 *si vous volez, si vous tuez, il arrive que...*라고 말하는 것도 피해야 한다.

17) 문어에서는 모음충돌을 피하기 위하여 *si*나 *ou* 다음에 *l'on*을 일반적으로 사용한다. 그러나 *si l'on l'aime*처럼 다음에 나오는 단어가 *l*로 시작되어서는 안 된다. 또한 듣기 싫은 소리(*cacophonie*)를 피하기 위하여 *que* 다음에 *concevoir* 같은 단어가 나올 때에도 *l'on*을 사용한다. 즉 *ce que l'on conçoit mieux, c'est....*의 예와 같다. 아마도 산문에서 12음절(*alexandrin*)이 나오는 것을 피하기 위하여 음절 하나를 덧붙이기 위하여 이것을 사용하는 작가들도 있을 것이다.

18) 그렇지만 이 경우에 과거분사 일치는 하지 않는다는 것을 주목하기 바란다. 즉 *on s'était cru amis, on s'est trouvé rivaux*의 예와 같다.

경우 문두에서는 생략되는 일이 없다.[19)]

중성 대명사 혹은 비인칭 대명사로 사용되는 대명사 *il*은 아직도 사용되고 있는 오래된 표현들에서 또한 생략된다. 즉 *n'importe* (ou *il n'importe*), *qu'importe, peu importe, soit dit entre nous, plût à Dieu, à Dieu ne plaise, suffit* (ou *il suffit*), *reste à savoir si, qu'à cela ne tienne, passe encore de, advienne que pourra, bien vous prend*의 예가 있다. 동사 *être*가 생략된 *permis à vous de, libre à vous de*의 예도 있다.[20)] 또한 *il*이 생략된 것처럼 보이는 *force m'est, peu s'en faut* (ou *tant s'en faut*), *que t'en semble, tant y a*의 경우, 실제로는 *force, peu, que*와 *tant*이 주어로서 제 자리에 있다고 볼 수 있다.[21)]

절이 여러 개일 경우, 즉 인칭대명사가 여러 동사의 주어인 경우(**quand le pronom personnel est sujet de plusieurs verbes**), 각 동사 앞에 인칭대명사를 반복한다. 특히 *mais, ou, et, ni* 이외의 접속사 다음에 명사 주어가 대명사로 대체된 경우에 그렇다. 즉 *il le fera, car il est juste*의 예와 같다. 혹은 동사를 일부러 반복한 경우에 그렇다. 즉 *il dort le jour, il dort la nuit, il dort constamment*의 예와 같다.

접속사 ***mais, ou, et, ni*** 다음에(**après les conjonctions *mais, ou, et, ni***) 혹은 등위가 없을 때, 명사 주어를 대명사로 대체하지 않는 많은 경우에 대명사를 반복한다. 그런데 접속사뿐만 아니라 인칭 사이의 구별이 필요하다. 왜냐하면 3인칭 대명

---

19) 물론 다음과 같은 옛날 표어나 문구는 예외이다. *Fais ce que dois* 혹은 *roi ne puis, prince ne daigne, Rohan suis*의 예와 같다. 또한 라퐁텐느(La Fontaine)와 다른 콩트 작가들이 흔히 사용한 소위 클레망 마로(Clément Marot) 식의 문체도 역시 예외이다. 그렇지만 이것들은 오늘날에는 거의 사용되지 않는다.

20) 대중들은 *faut croire, y a des gens*이라고 말하기도 했는데 예전에는 올바른 프랑스어였다. 그런데 *comme suit, dont s'agit*는 상인이나 법률가들의 전문용어였는데 올바른 프랑스어라고 볼 수 없다.

21) 그러므로 많은 사람들이 *tant il y a*라고 말하거나 글로 적을 수 있다고 믿는 것은 틀린 것이다. 이렇게 하면 불필요한 중복어법이 되는데, 다른 곳에서 *il*이 *y a*앞에 나오는 것은 진주어가 뒤로 빠졌기 때문이다. 그러므로 대중들이 *y a des gens*이라고 말하는 것은 틀린 것이고 *tant y a*는 완전하게 올바른 것이다. 물론 이것이 오래된 표현이기는 하다. 한편 *tant y a*를 정당화하는 방식으로 *il y a*를 타동사로 보고 *tant*을 그 보어로 여기는 것인데, 이것은 단지 외견상으로만 그럴 뿐이다. 마찬가지로 *la prudence, si prudence il y a*라고 말하기도 하고 *si prudence y a*라고 말하기도 한다.

사는 다른 인칭의 대명사보다 명사의 용법을 더 잘 따르기 때문이다. 반면에 종속절의 경우 접속사나 관계대명사가 반복되는 경우에만 대명사를 반복한다. 즉 *ce que vous faites ou ce que vous dites, parce qu'il vous entend et qu'il vous comprend* 혹은 *parce qu'il vous entend et vous comprend*은 가능한데, *ce que vous dites ou vous faites, parce qu'il vous entend et il vous comprend*은 불가능하다. 끝으로 여기에서 우리가 다루는 것은 원칙상 단순시제이거나 복합시제라도 조동사가 다른 경우이다. 왜냐하면 조동사가 같을 경우에는 명사와 마찬가지로 대명사도 거의 언제나 조동사와 운명을 같이 하기 때문이다. *Pierre* (ou *il*) *a dormi et* ***il a*** *mangé, Pierre* (ou *il*) *a dormi et mangé*는 가능한데, *Pierre* (ou *il*) *a dormi et a mangé*는 가능하지 않다. 또한 *j'ai lu et relu, j'ai dit et répété*는 가능하다. 그러나 부정문에서 *ne*가 대명사의 생략을 용이하게 하므로 조동사를 반드시 반복하더라도 대명사를 반복할 필요는 없다. 즉 *Pierre* (ou *il*) *a dormi et* (ou *mais*) *n'a pas mangé*의 예와 같다. 이러한 예비 지식을 갖고 앞에서 언급한 접속사 네 개에 대하여 살펴보자.

대립을 나타내는 접속사 ***mais***와 ***ou*** 다음에는(**après les conjonctions *mais* et *ou***), 1인칭 대명사와 2인칭 대명사가 일상어에서 조동사와 함께 일반적으로 반복된다. 즉 *tu frappes, mais tu n'écoutes pas, tu as frappé, mais tu n'as pas écouté, je sortirai ou* ***je*** *travaillerai, je sortirai ou* ***je*** *ne ferai rien*의 예와 같다.[22)]

3인칭 대명사는 1, 2인칭보다는 덜 하지만 그래도 일반적으로 반복하는데 특히 대립을 강조하고자 할 때 반복된다. 즉 *il prétend me faire plaisir, mais* ***il*** *fait tout le contraire de ce qu'il faudrait ; il a dormi, mais* (*il*) *n'a pas mangé ; il réussira ou* ***il*** *y perdra son nom, il fera ce que j'ai dit ou* (*il*) *ne réussira pas*의 예와 같다.[23)]

접속사 ***et*** 다음에(**après la conjonction *et***) 문장 사이에 대립이 있는 경우가 아니라

---

22) *Tu as frappé mais n'as pas écouté, je sortirai ou ne ferai rien*이라고 쓰기도 하는데, 부정어가 있기 때문이다.

23) 문어에서는 앞의 절이 부정문이라도 대명사를 넣는 일이 많다. 많은 문법학자들이 이에 대해 반드시 동의하지는 않는다. 물론 *je ne romps pas, mais plie*라고는 쓰지 않을 것이다. 문장이 너무 거칠고 단조롭기 때문이다. 그러나 *il ne répondit pas, mais fit ce qu'on lui demandait, il ne discutait jamais, mais n'en faisait qu'à sa tête*라는 문장은 글로 적거나 말로 할 때 전혀 문제가 없다.

면 1인칭과 2인칭 대명사는 반복되지 않는다. 즉 *je suis allé le voir et* (*je*) *lui ai raconté mon aventure, tu es paresseux* (ou *tu ne fais rien*) *et* ***tu*** *veux réussir*의 예와 같다.[24)]

3인칭 대명사의 경우에는 대립이 있더라도 반복하지 않는 것이 분명히 우아하다. 즉 *il est venu me voir et m'a raconté son aventure, il ne fait rien et ne réussira pas, il ne répondait pas et songeait à tout autre chose, il a frappé et* (*il*) *n'a pas ouvert, il ne fait rien et* (*il*) *veut réussir, il prétend me faire plaisir et* (*il*) *fait tout le contraire de ce qu'il faudrait*의 예와 같다. 그러나 대명사의 생략이 꼭 필요한 것은 아니므로 *et est* 처럼 듣기 싫은 모음충돌을 피하고자 하면 *il a pris son chapeau et il est sorti*처럼 말한다. 또한 현재분사가 접속사 옆에 끼어들면 대명사를 반복하는 것이 일반적이다. 즉 *il est entré, et, s'asseyant près de moi, il m'a raconté son histoire*의 예와 같다.

계속되는 사실을 열거할 때, 끝에 등위가 있건 없건 1인칭과 2인칭 대명사를 반복한다. 즉 ***je*** *suis venu,* ***j'****ai vu,* ***j'****ai vaincu*와 ***tu*** *ouvres la porte,* ***tu*** *entres et* ***tu*** *lui dis...*의 예와 같다.[25)] 사실들이 연속된다는 것을 강조하기 위함이 아니라면 3인칭 대명사는 전혀 반복되지 않는다. 즉 ***il*** *frappe,* ***il*** *ouvre la porte,* ***il*** *entre et* ***il*** *me dit...*의 예는 사실의 연속을 강조하는 것이다. 그런데 라퐁텐느(La Fontaine)처럼 다음과 같이 말하는 것이 더 자연스럽다.

Elle bâtit un nid, pond, couve et fait éclore.

한편 *puis*의 용법은 *et*의 용법과 같다.

단 한번만 나올 경우 접속사 ***ni*****(la conjonction** ***ni*****)**는 대명사가 결코 반복되지 않는 유일한 접속사이다. 즉 *je ne plie ni ne romps, il ne boit ni ne mange*의 예와 같다. 그러나 단어들이 정확하게 대응하는 경우인 *ni je ne bois ni je ne mange*의 경우에는 반

---

24) 라퐁텐느(La Fontaine)가 *je plie et ne romps pas*라고 말했는데, 이 문장은 아주 아름답고 정확한 것이다. 그러나 문어에서는 구어에서보다 대명사를 흔히 생략한다. 구어에서라면 대립이 있으므로 *je plie et* (아니면 *mais*를 사용하여) *je ne romps pas*라고 말할 것이다. 아무튼 절이 부정문인지 긍정문인지는 별로 중요하지 않다.

25) *Je vins, vis et vainquis*는 시어에 속하는 문장인데, 나름의 이점이 있다. 적어도 문어에 속하는 것으로 세련된 느낌이 있다.

복된다.

인칭대명사 *il*과 *on*(**les pronoms personnels *il* et *on***)은 항상 반복된다. 이것이 생략되는 경우는 단음절 동사를 *et*로 등위하고 공통의 보어가 나오는 경우에 한한다. 즉 *il pleut et neige toute la journée, on y boit et mange autant qu'on veut*의 예와 같다. 그러나 반드시 이렇게 할 필요는 없다.

3. 주어 인칭대명사의 도치

우리는 앞에서 몇몇 조건 하에서 관계대명사 다음에 도치가 가능하다는 것을 살펴보았다.

일반적으로 도치는 옛날 언어에서는 아주 흔히 사용되었다. 하지만 원칙적으로 도치는 프랑스의 정수에 어긋나며, 점차 빈도가 줄어들어 이제 몇몇 경우에만 쓰인다. 물론 시의 경우에는 아직까지도 산문에서라면 더 이상 나오지 않을 도치를 기꺼이 사용하는 시인들도 있지만, 그래도 상당히 줄어들었다. 산문에서 역시, 특히 문어의 경우에는 아직까지 주어를 동사 뒤로 놓는 경우가 남아 있는데, 적어도 문두에 간접보어, 상황보어, 속사, 장소부사 등의 요소가 나타나고 동사 다음에 다른 보어가 나오지 않을 경우이다. 즉 *avec ceci commence une autre série de faits, telle est la règle, grande fut sa surprise, à droite se trouvait un grand lit, ici m'attendait une surprise étrange, ainsi parla la reine, alors commença une nouvelle opération, comme l'a dit Cicéron* 등과 같다.[26] 구어에서는 아직도 많은 도치가 완전히 허용되고 있다. 문두에 동사를 놓은 도치도 허용한다. 즉 *arrive mon père* (*à ce moment*이 생략되었다), *viennent ensuite deux observations importantes, reste la ligne du nord, suivent les signatures* 등의 예가 있다.[27] 그렇지만 단순하고 순수한 도치

26) 주어가 길고 주어에 다양한 보어나 관계절의 형태로 여러 요소가 덧붙을 때 이렇게 도치하는 것은 특히 유용하다.

27) <명령법(impératif)> 항목에서 보게 될 도치도 물론 존재한다.

는 상대적으로 드물고 도치를 피하거나 완화시킬 몇 가지 방법을 사용하는데, *il est venu deux personnes* 같은 비인칭 구문을 사용하거나 *c'est ... que...*라는 표현을 사용하는 것이다. 역시 많이 사용하는 방법은 명사 주어를 제자리에 놓고 동사 다음에 대명사를 다시 쓰는 것인데 대명사가 명사보다는 도치가 쉽기 때문이다.

그 결과로 인칭대명사의 도치가 모든 도치 중에서 가장 빈번한데, 이것은 문어에서도 그렇고 구어에서도 그렇다.

의문문에서

주어 대명사의 도치 중 가장 중요한 경우는 고전적 형태로 된 의문문이다. 즉 *aimes-**tu**, aime-t-**il**, qui aime-t-**on**, l'aimez-**vous***?의 예와 같다. 복합시제의 경우 대명사는 조동사 다음에, 그리고 분사 앞에 나온다. 즉 *est-**il** venu, qu'a-t-**il** fait, quelle sottise as-**tu** encore faite*의 예와 같다.[28)]

주어가 명사일 때, 다른 언어에서는 도치시키는 것이 규칙이라면 프랑스어의 경우에는 도치가 아주 제한적이고 일반적으로 3인칭 대명사를 사용하여 도치한다.

의문이 속사나 직접보어인 *que*에 걸릴 때, 도치는 거의 언제나 고전적 형태로 일어난다. 즉 *qu'est devenu,* (ou *qu'en pense*) *votre père*의 예와 같다.[29)] 반면에 의문사가 보어나 직접보어가 아닐 때 동사에 걸리는 보어가 없을 때에도 도치를 할 수 있는데, 주어를 동사 앞에 놓고 동사 다음에 대명사를 넣는 것을 선호한다. 즉 *à quoi pense votre père* (ou *à quoi votre père pense-t-**il***)의 예와 같다.[30)] 또한 *combien coûte cet objet* (ou *combien cet objet coûte-t-**il***)?, *comment* (ou *quand*) *viendra* (ou *est venu*) *votre père*?, *comment* (ou *quand*) *votre père viendra-t-**il*** (ou *est-**il** venu*), *où va votre père, où votre père a-t-**il***?, *où est allé votre père, où votre père a-t-**il** été*?의 예

---

28) *Est-ce que*에 의한 의문문에 대해서는 앞의 본문 221쪽을 참조하기 바란다. 이 경우 인칭대명사가 더 이상 도치되지는 않지만 지시대명사 *ce*의 도치는 여전히 남아 있다고 볼 수 있다.

29) 앞의 본문 222쪽을 참조하기 바란다.

30) 앞의 본문 225쪽을 참조하기 바란다.

와 같다. 또한 ***pourquoi*** *votre père vient-**il*** (ou *ne vient-**il** pas, est-**il** venu, n'est-**il** pas venu*)*?*에서 도치가 반드시 필요하다. 한편 동사에 직접보어가 있으면 반드시 도치를 하고 간접보어가 있으면 대부분의 경우 도치를 한다. 즉 *à quoi votre père occupe-t-**il** son temps, quand, comment, où votre père fera-t-**il*** (ou *a-t-**il** fait*) *ce travail, où votre père va-t-**il** ainsi* (ou bien *va-t-**il** avec sa famille*)의 예와 같다.[31)]

문두에 대명사나 의문부사가 없을 때 명사 주어는 항상 문두에 있고 그것을 대신하는 대명사를 동사나 조동사 뒤에 넣는다. 즉 *votre père viendra-t-**il*** (ou *ne viendra-t-**il** pas*)? *vos filles sont-**elles** venues* (ou *ne sont-**elles** pas venues*)?의 예와 같다.[32)]

여기에서 덧붙일 것은 특히 문어에서 *toutes les fois que*의 의미로 *si*를 대신하기 위하여 의문문을 사용하는 것이다. 물론 조건의 의미는 없다. 즉 *fait-il beau, nous sortons*의 예와 같다. 이 문장의 의미는 *nous sortons toutes les fois qu'il fait beau*이다. 그러나 *nous sortirons s'il fait beau*의 의미로 *fait-il beau, nous sortirons*이라고는 하지 않는다. 다른 예로 *commencez-vous, il s'arrête, vous arrêtez-vous, il recommence*가 있다.[33)]

비강세 대명사 *tu, il*과 *ils*은 도치의 경우에도 의문문에서도 약세형을 간직하지만 더 이상 동사에 기대지(s'appuyer) 않는다. 오히려 이 대명사에 동사가 기대면서 자신의 강세를 대명사에 주어서 예외적으로 이 대명사가 강세를 받게 된다. 즉 *aimes-**tu**, aiment-**ils***의 예와 같다.

대명사 *je*도 역시 약세형을 취한다. 그러나 몇몇 지방에서 그 흔적이 남아 있는 것처럼 이 대명사가 강세형으로 취급되기도 했지만 결국 약세로 되었다. 즉 끝의 *e*를 받쳐주는 것이 없어서 완전히 묵음이 된다. 즉 *que dis-je*?의 예와 같다. 그 결과 *je*가 도치되는 것은 일상 언어에서는 완전히 사라졌고, 특히 *er*로 끝나는 1군 동사의 현재형에서 사라졌다. 예전에는 묵음인 *e*에 강세를 넣어야 했다.[34)]

---

31) 이외에도 *à quoi, combien, comment, où, quand, pourquoi est-ce que votre père*...라는 표현들이 있다. 그런데 이 표현들은 우아함이 덜 하지만 점점 더 많이 사용되고 있다.

32) 물론 *est-ce que votre père* ou *vos filles*도 역시 가능하다.

33) 물론 형태상으로만 의문문이라는 것이지 이 표현을 *est-ce que*로 대신할 수는 없다.

34) 문어에서도 이제는 더 이상 *aimé-je*라고는 쓰지 않는다. 이런 경우에 일반대중은 3인칭에서 유래한 특별한 의문소사를 사용하여, *ah ! je l'aime-ti, tu l'aimes-ti, j'aimais-ti, j'suis-ti bête !*라고 말한다.

많이 사용되는 동사의 경우, 미래형, 특히 조건법에서는 *je*가 도치되는 일이 그런대로 발생한다. 물론 *est-ce que*를 사용하여 의문을 표시하는 것이 보다 빈번해지기는 했다. 그런데 그 다음에 어떤 단어들을 덧붙이는 것을 선호한다. 즉 *lui ferai-**je** ce plaisir*? *où irais-**je** bien aujourd'hui*? *où serais-**je** allé sans vous*? *qu'aurais-**je** pu lui dire*? *que lui dirai-**je** si je le rencontre*?의 예와 같다.

반과거의 경우 *je*가 도치되는 것은 별로 많지 않다. 물론 많은 경우에 도치가 아주 자연스럽다. 특히 *avais-je, étais-je*가 사용되고 특히 조동사로 사용되는 경우에 그렇다. 즉 *avais-**je** raison*? *avais-**je** fait ce qu'il fallait*? *en étais-**je** bien sûr*? *étais-**je** aimé*?의 예와 같다.

단순과거에 대해서는 별로 말할 것이 없다. 단순과거의 경우 문어에서만 1인칭이 사용된다. 이제는 더 이상 *je fis, je devins*이라고 말하지 않기 때문에 *fis-je, devins-je*라고도 말하지 않는다. 그러나 현재형의 경우에도 *ai-je, suis-je*의 경우에만 도치가 가능하고 특히 조동사로 사용될 때 그렇다. 즉 *ai-**je** raison*? *ai-**je** fait ce qu'il fallait*? *en suis-**je** bien sûr*?의 예와 같다. 가끔은 다른 단어들과 함께 *puis-**je**, vais-**je***가 쓰이고, *que sais-**je**, que dis-**je***가 가능하다.[35)]

아주 유식한 많은 사람들의 경우에도 널리 사용되는 *je*의 도치를 결코 사용하지 않고 있는데, 이것을 사용한다면 *est-ce que*로 하는 의문문보다는 한결 더 우아하다고 볼 수 있다.[36)]

---

35) 문어에서도 현재형에서는 *je*의 도치가 거의 완전히 사라졌다. 많은 수의 단음절 형태, *mens-je, sens-je, cours-je, dors-je, sors-je, perds-je* 등을 말장난에 사용하기 쉬우므로 가끔 사용하기는 하지만 장난삼아 사용할 뿐이다. 왜냐하면 이것들은 오래전부터 단지 이론적으로만 존재하기 때문이다.

36) 게다가 격의 없이 말하는 경우에는 단순의문문의 앞에 나오는 *est-ce que*를 생략하고 단순히 어조를 올려서 의문을 표시하는 것이 매우 흔하다. 즉 *tu viens*? *tu partais*? *tu es bien sûr*? *ton frère viendra*? *si j'y allais, tu irais*? *votre père était là depuis longtemps*?의 예와 같다. 이것이 *est-ce que*에 의한 것보다는 더 우아하다. 그런데 대명사나 의문부사 다음에 이렇게 하는 것은 완전히 잘못된 것이다. 즉 *avec qui tu es venu*? *de quoi tu parles*? *où, comment tu vas*? *quand, pourquoi tu es venu*?의 예와 같다. 따라서 대중들이 하듯이 *de quoi que tu parles, où que tu vas*라고 하는 것이 좋을 것 같다.

의문문 이외의 경우

대명사 주어가 도치되는 것은 의문문이 유일한 경우가 아니고 그 외에도 많다.

첫째로 단순의문문이 쉽게 감탄문이 되는데, 특히 동사 *être*의 현재형에서 도치가 잘 일어난다. 즉 *suis-**je**, est-**il**, était-**il**, ton frère est-**il** assez paresseux !*의 예와 같다. 또한 *avoir*가 조동사로 쓰이는 경우에도 도치가 일어나는데, 그 예는 *en ai-**je** vu de ces gens qui... ! l'ai-**je**, l'avais-**je**, l'aurai-**je*** (ou *l'auras-**tu***) *assez répété ! ton père t'a-t-**il** assez dit !*이다. 의문문이 아니므로 *est-ce que*가 나오지 않기 때문에 이러한 표현은 더욱 우아하다. 또한 *combien en ai-**je** vu*라고 말하기도 하는데, 구어에서는 도치 없이 *combien j'en ai vu*를 더 선호한다. 같은 의미인 *que j'en ai vu*도 역시 도치를 허용하지 않는다. 또한 감탄사 *quel*의 경우에도 더 이상 도치하지 않는데, 그 예는 *quelle sottise il a encore faite !*이다.

둘째로, 문장 안에 삽입된 독립된 절이 있다. 즉 *paraît-**il**, semble-t-**il**, dit-**on***의 예와 같다. 특히나 담화 속에 삽입된 독립절이 있는데, 여러 가지 시제가 가능하나 단순과거가 많이 쓰이므로 문어에 속한다고 볼 수 있다. 즉 *dis-**je**, dis-**tu**, dit-**il**, répondit-**il**, s'écria-t-**elle**, fis-**je**, fit-**il***의 예와 같다. 이 경우에는 명사 주어의 경우에도 도치를 하여, *répondit mon frère*와 같이 한다.[37)]

그 외에 일상어에서는 *vive la France, comprenne qui pourra*[38)]와 같은 도치가 들어간 표현과 함께 *puissé-je* 식의 어형변화가 여전히 사용되고 있다. 즉 바람(souhait)을 나타내기 위하여 몇 가지 인칭으로 어형변화를 하였고, 또한 *dussé-je* 식의 조건법을

37) 대중들은 도치를 사용하지 않기 때문에 *dit-il*을 *qu'il dit* (kidi)로 바꾼다. 표현을 다양하게 하는 문어에서는 반대로 많은 수의 동사에서 도치를 하는데 특히 단순과거에서 그렇다. 즉 *oberva, interrompit, riposta, articula, reprit, répliqua*의 예와 같다. 그런데 *finit-il par dire*는 별로 좋은 예는 아니다. 한편 이러한 동사들에는 대체로 말한다는 의미가 들어 있는데, 몇몇 현대작가들은 말한다는 의미를 암시하는 모든 종류의 동사를 사용한다. 그런데 *soupira-t-elle* (ou *gémit-elle*)이 *dit-elle en soupirant* (ou *en gémissant*)의 의미인 것처럼 동사 안에 말한다는 의미가 들어 있는 경우에는 상관없다. 그런데 *pleura-t-il* 같은 표현은 논란의 여지가 있는데, 프랑스의 유머 작가들은 이것을 오히려 과장해서 희화화함으로써 이런 방식을 훌륭하게 비판했다. 즉 *entendit-il*이나 다른 재치 있는 덜 우스꽝스러운 예들도 역시 있다.

38) <명령법(impératif)> 항목을 참조할 것.

사용하여 *quand même je devrais*의 의미를 나타내고 *puissiez-**vous** réussir, dussiez-**vous** échouer*의 예를 사용했다. 그러나 이 경우 명사 주어는 *puisse*라는 접속법 다음에 나오고, 한편 *dusse* 다음에는 대명사가 나온다. 즉 *puisse l'opération réussir, l'opération dût-elle échouer*의 예와 같다.[39] 또한 다소 세련된 언어에서는 *eussé-je, fussé-je, dussé-je*의 3인칭 단수 형태를 사용했는데, 본동사거나 조동사거나 둘 다 가능하고 대명사만 도치가 되었다. 즉 *eût-**il*** (ou *votre père eût-**il***) *cent fois raison, fût-**il*** (ou *votre père fût-**il***) *beaucoup plus âgé qu'il n'est, eût-**il** gaspillé toute sa fortune, dût-**il** en mourir*의 예와 같다.[40]

덧붙이고 싶은 것은, 현대 언어에 이러한 도치 말고도 새로운 도치가 도입된다는 것이다. 이 도치는 별로 유용하지 않고 예전에는 전혀 몰랐던 것으로 *si grand soit-il*과 같은 것인데 *si grand qu'il soit* 대신에 쓴 것이다.[41]

아주 이상한 도치의 경우를 하나 언급하자. 이것은 예전보다는 오늘날의 언어에 보다 많이 사용되고 있다. 우리가 앞에서 명사가 도치되는 것을 살펴보았다. 즉 특히 문어에서 문장이 간접보어, 상황보어나 장소 부사 등의 부사로 시작될 때 도치가 나타나는 것을 보았다. 마찬가지로 대명사가 도치되는 경우, 즉 명사는 불가능한 경

39) 물론 이렇게 사용되는 이 두 시제는 문어에 속한다. 문어에서는 *dusse* 다음에 명사 주어를 놓는 특권도 갖고 있었는데 특히 복수형에서 그랬다. 즉 *dussent mes efforts n'aboutir à rien*의 예와 같다. 반면에 구어에서는 1인칭의 경우 *si je pouvais, quand* (*même*) *je devrais*를 사용했고 명사 주어인 경우에도 *si l'opération pouvait réussir ! quand même l'opération devrait échouer*처럼 말했다.

40) 문어에서는 더 나아가서 *eussé-je, fussé-je, dussé-je*를 모든 인칭에서 어형변화를 하는데, 다만 단수 1인칭의 경우 *aimé-je*처럼 약점이 있으므로 점점 피하게 된다. 즉 *eussiez-vous cent fois raison, fussiez-vous beaucoup plus âgé, dussions-nous nous en repentir toujours*의 예와 같다. 이런 형태들이 다른 동사들에서 사라진 것처럼 이 동사들에서도 점점 사라질 운명이다. 왜냐하면 예전에는 널리 사용되던 것도, 먼저 단수 1인칭이 사라지고 다음으로 단수 2인칭, 복수 1, 2인칭이 사라지고 그 다음에야 복수 3인칭이 사라지기 때문이다. 그래도 단수 3인칭은 끝까지 남아서 *préférât-il, voulût-il*을 아직 사용한다. 한편 *voulussent-ils* 앞에서는 주저하게 되고 *préférassent-ils*이라고 더 이상 글로 적지 않으며, 또한 *aimassé-je*라고는 전혀 쓰지 않는다.

41) 이러한 도치는 신문에서 우아함을 잘못 추구하다가 생기게 된 것 같다. 말하자면 *fût-il très grand, fût-il solidement établié*를 모방하여 부당하게도 *si grand soit-il, si solidement fût-il établi*라는 표현을 만든 것 같다. 현재까지 이러한 어법은 별로 용인되지 않았고, 또한 이런 표현에서 흔히 *si*를 *aussi*로 바꾸는데 이것도 틀린 용법이다.

우를 보게 되는데, 이 경우 반드시 도치를 해야 하는 것은 아니나 도치를 무척 선호한다. 이것은 (거의 모두가) 어떤 제한을 나타내는 부사로 시작되는 절 안에서 그렇다. **(dans les propositions commençant par certains adverbes qui marquent** presque tous **une certaine restriction).**

먼저 ***au moins***, *tout au moins*, ***du moins***이 있는데, 그 의미는 *en tout cas, quoi qu'il en soit*이다. 아마도 *au moins* (ou *du moins*) *il est incontestable que...*라고 말하지만 *au moins* (ou *du moins*) *est-il incontestable que...*이라고 말하는 것을 더 선호하는 것 같다.

정반대의 의미인 ***tout au plus***의 경우에도 역시 도치를 한다. 그러므로 *on peut dire tout au plus*와 *tout au plus* ***peut-on*** *dire que...*에서 선택해야 하고, *tout au plus votre ami peut-il dire que..., c'est tout au plus si on peut dire*라고 말할 수 있다.

또한 *en tout cas*의 의미인 ***toujours***의 경우에도 역시 도치를 해야 하나 비인칭 구문에서만 사용된다. 즉 *toujours* ***est-il*** *vrai que, toujours* ***est-il*** *que*가 가능하고 그 의미는 <en tout cas c'est un fait que>이다.[42)]

Encore의 경우에도 *mais*가 붙건 안 붙건 역시 도치를 해야 한다. 즉 *encore* (ou *mais encore*) ***vaut-il*** *mieux..., encore n'****est-ce*** *vrai qu'à moitié, encore ceci n'****est-il*** *vrai qu'à moitié, encore n'****avez-vous*** *pas fait ce qu'il fallait*의 예와 같다. 그러나 *et encore* 다음에는 반드시 도치를 할 필요는 없지만 1인칭의 경우에는 편리하다. 즉 *et encore je préfère...*의 예와 같다. 그런데 *encore* 다음에 조건절을 끼워 넣으면 더 이상 도치가 안 된다. *Encore, si vous étiez venu, j'aurais pu*에는 마치 *si encore*가 있는 것처럼 여겨지는데 실은 이것이 더 자연스럽다.[43)] 반면에 *malgré cela*의 의미인 *mais encore*와, *en outre*의 의미이며 *non seulement* 다음에 쓰이는 *mais encore*를 구별해야 하는데, 앞의 경우 도치를 전혀 허용하지 않는다.[44)]

---

42) 이 경우 이외에는 *toujours*는 문두에 오지 않는다. 반면에 *jamais*는 문두에 자주 나온다. 그러므로 *jamais il ne monte*라고는 말해도, *toujours il monte*라고는 말하지 않는다.

43) 시에서는 모음충돌을 피하기 위하여 *encore si*라고 하기도 한다.

44) 이런 예들을 실제로 발견하지 않았더라면 이렇게 말을 하지 않을 것이다. 그리고 점점 더 흔하게 보이는 다른 실수는 *encore faut-il*이란 올바른 표현을 *faut-il encore*로 바꾸는 것인데, 앞의 것이 옳다면 뒤의 것은 도치를 할 이유가 전혀 없기 때문에 틀린 것이다.

어느 정도의 제약을 표시하는 ***peut-être***의 경우에도 그 다음에 *que*가 나오지 않으면 역시 도치를 해야 한다. 즉 *peut-être* ***est-il*** (ou *peut-etre qu'il est*) *venu, peut-être votre ami* ***est-il*** *arrivé* (ou *peut-être que votre ami est arrivé*)의 예와 같다. 한편 *peut-être il est venu*라고는 잘 말하지 않는다.

Sans doute는 *peut-être*와 유사하다. 왜냐하면 이것의 의미는 경우에 따라 매우 다양하지만 *peut-être*와 유사한 의미가 있기 때문이다. 따라서 반드시 도치를 할 필요는 없지만 일부러 단언하는 경우가 아니라면 도치를 하는 것이 좋다. 즉 *sans doute il faudra* (ou ***faudra-t-il***)*..., sans doute* ***voudrez-vous****..., sans doute votre frère voudra-t-il*의 예와 같다. 물론 *sans doute que* 다음에는 도치를 하지 않는다.

Aussi bien도 역시 같은 경우이고, *aussi bien il faut dire* (ou ***faut-il*** *dire*), *aussi bien votre frère* ***est-il*** *déjà venu*와 같이 한다.[45)]

*Depuis peu*나 *presque pas*의 의미인 *à* ***peine*** 다음에는 대체로 도치가 된다. 실제로 시가 아니라면 *à peine il avait terminé*라고 말하는 것은 드물고 *il avait à peine terminé*나 *à peine* ***avait-il*** *terminé, à peine le travail* ***était-il*** *terminé* 중에서 선택한다. 마찬가지로 *à peine il m'a regardé*라고 말하지는 않고 *il m'a à peine regardé*나 *à peine* ***m'a-t-il*** *regardé, à peine cet homme* ***m'a-t-il*** *regardé*라고 말한다. 그리고 *c'est à peine si*도 가능하다.

끝으로 ***à plus forte raison***도 도치를 허용한다. 즉 *à plus forte raison votre ami n'hésitera pas* (ou *n'****hésitera-t-il*** *pas*)라고 한다.[46)]

이 모든 부사들에 덧붙여서 ***aussi***라는 부사를 언급해야겠다. 즉 *aussi*가 결과를 나타내는 접속사처럼 보일 때이다. 물론 *aussi vous irez*라고 말할 수 있는데 이것은

45) *Aussi bien*과 그 의미가 아주 유사한 *au surplus, d'ailleurs, au reste, du reste*의 경우에는 도치를 하지 않는다는 것을 주목하자. *Aussi bien*에 도치를 하는 것은 (앞에서 살펴 본 것처럼) *aussi*에서 영향을 받은 것 같다. 반면에 *aussi bien*이 문두에 있지 않으면 도치가 일어나지 않는다. 즉 *puisque aussi bien il faut avouer que...*의 예와 같다.

46) 문어의 경우 대명사의 도치가 일어나는 다른 예들이 있다. 예를 들어 *en vain*이나 *vainement*이 그런 예인데, 이런 예는 많지 않다. 또한 *de même*의 경우 도치를 할 이유가 없고 *d'ailleurs*의 경우에도 역시 도치를 거의 하지 않는다. 우리가 언급한 이런 예 이외에는, 소위 말하는 문체의 세련됨을 내세워서 도치하는 것은 흔히 무식을 드러내는 것에 지나지 않는다.

*c'est pourquoi vous irez*의 의미로 쓴 것이고 *aussi irez-vous*라고 하면 모음충돌이 있기 때문이라고 볼 수 있다. 반면에 *aussi il viendra*에서 모음충돌이 있으므로 *aussi* ***viendra-t-il***이라고 말한다. 또한 *aussi mon père* ***viendra-t-il***이라고 말하는데 적어도 *aussi* 다음에 휴지가 없어야 한다. 그래야 *c'est pourquoi*의 의미가 된다.

이러한 도치가 일반적인 긍정문과 등위될 수 있다는 것을 주목하기 바란다. 따라서 *peut-être viendra-t-il et me donnera-t-il les renseignements dont j'ai besoin*이라고 말하는데, 오히려 도치를 한 번만 하는 *à plus forte raison viendra-t-il et il me donnera...*나 *toujours est-il vrai que... et vous devez supposer, encore vaut-il mieux..., et vous ferez bien de...*가 더 낫다.

4. 직접보어 인칭대명사

직접보어로 사용되는 인칭대명사는 두 종류인데, 하나는 *je, tu, il, ils*처럼 약세형인 ***me, te, le, la, les***로서 이것에 대응하는 강세형인 ***moi, toi, lui, eux, elle, elles***로 바꾸거나 함께 사용할 수 있다. 다른 하나는 약세형과 강세형이 같은 ***nous, vous***이다.

직접보어는 주어와 동사 사이에 끼어들고(**le pronom complément direct s'intercale entre le sujet et le verbe**) 이런 이유 때문에 주어 대명사처럼 비강세이다. 즉 *il* ***m'****aime, ton père* ***t'****aime, vous* ***l'****aimez, tu* ***les*** *aimes, nous* ***vous*** *aimons*의 예와 같다.

복수 1, 2인칭 대명사는 형태가 같기 때문에 *nous nous levons, vous vous levez*처럼 같은 대명사가 두 번 나올 수 있다.[47] 의문문에서는 동사나 조동사를 두 대명사

---

47) 단수와 복수 1, 2인칭에서 같은 인칭의 대명사가 함께 나오려면 같이 단수이거나 복수이어야 한다. 이것이 바로 대명동사 인칭변화이다. 따라서 *je nous, tu vous, nous me, vous te*는 불가능하다. 뒤의 두 개는 별로 유용하지 않지만, 반면에 앞의 두 개는 가끔 유용해서 *je nous prends* (ou *tu vous prends*) *pour des sots*라고 재미삼아 말하기도 한다. 따라서 경우에 따라서는 *je me prends pour un sot, et vous avec moi*라고 하거나, *tu prends tes amis et toi-même pour des sots*라고 풀어서 말해야 하는데 약간은 복잡하다.

사이에 넣는다. 즉 *ton père **t'aime-t-il*** (ou *ton père **t'a-t-il** aimé*), *de quoi **vous** avisez-**vous**, de quoi **me** suis-**je** avisé?*의 예와 같다.

주어 대명사와 마찬가지로 직접보어의 경우에도 주어 앞이나 동사 뒤에 강세형을 넣어서 강조한다. 즉 *tu **l'**aimes **lui**, et **moi**, tu ne **m'**aimes pas,* 그리고 ***moi**-même* (ou ***moi** seul*), *tu ne **m'**aimes pas, **le** frapper, **lui**!*의 예와 같다. 그러나 이러한 구문은 동격절이나 관계절에 의하여 요구되는 것이 아니라면 주어의 경우보다는 한결 드물다. 즉 *c'est ainsi que tu **me** traites, **moi**, ton meilleur ami,* 혹은 ***moi** qui t'ai obligé si souvent*의 예와 같다.

직접보어를 등위할 때(**en cas de coordination de compléments directs**) 주어 대명사처럼 보어 대명사의 경우에도 강세형을 써야 한다. 그리고 보어는 주어 앞이나 동사 뒤에 온다. 그러나 보어가 서로 다른 인칭의 대명사일 때 주어와 동사 사이에 항상 비강세 복수형 대명사 *nous*나 *vous*가 온다. 즉 *il **vous** aime beaucoup, vous et votre frère* 혹은 *ton frère et toi* (ou *toi et lui*), *je **vous** aime beaucoup* (ou *je ne **vous** aime guère*), *aimez-**nous** bien, mon frère et moi*의 예와 같다.[48] 그러나 동사 다음에 *ni*를 반복함으로써 비강세 대명사를 절약할 수 있다. 즉 *je n'aime ni vous ni votre frère*라고 말할 수 있는데, *ni vous ni votre frère je ne vous aime*도 물론 가능하다.

보어가 3인칭일 때에도 용법은 같은데 비강세 대명사를 사용하지 않고 *j'estime beaucoup son frère et lui*라고 하거나 단수 비강세 대명사를 사용하여 *je **l'**estime beaucoup, lui et son frère*라고 하는데 *l'*은 물론 *lui*를 받는다.

*L'un et l'autre, tous les deux, les uns et les autres, ni l'un ni l'autre, ni les uns ni les autres, l'un l'autre*의 경우, 사람에 대하여 말할 때 일반적으로 동사 앞에 비강세 대명사를 넣는다. 즉 *je **les** estime l'un et l'autre* (ou *tous les deux*), *je ne **les** estime ni les uns ni les autres, vous vous estimez l'un l'autre*의 예와 같다. 사물에 대하여 말할 때에는 *je tiens l'un et l'autre* (ou *les deux* (sans *tous*)) *pour mauvais, je ne tiens ni les uns*

48) 따라서 *j'aime beaucoup vous et votre frère*처럼 말해서는 안 되고 또한 예전처럼 *je vous aime beaucoup et votre frère*라고 말해서도 안 된다. 기껏해야 속사의 대립 덕택에 동사를 생략하여 *je l'avais cru plus habile, et son succès plus certain*이라고 말할 수 있을 텐데, 이것은 매우 신중해야 하는 생략 구문이다.

*ni les autres pour mauvais*라고 말한다.

보어 사이에 대립이 있을 경우에도 대명사 강세형이 나온다. 즉 *vous avez obligé mon frère et non **moi***의 예와 같다.[49] 또한 *vous n'avez obligé que **lui**, aucun autre que **lui***의 예가 있다. 동사가 생략된 *qui ai-je vu hier?*라는 질문에 ***Moi***라고 대답하는데, *tu m'as vu*는 대답으로 부적절하고 *c'est moi que tu as vu*라고 반드시 할 필요는 없기 때문이다.[50]

동사 다음에 동사원형이 있을 때에도 비강세 대명사(**le pronom atone**)는 당연히 (본)동사 앞에 온다. 즉 *je **l'**ai vu mourir*의 예와 같다.[51] 그런데 대명사가 동사원형의 보어가 되기도 한다. 이 경우에도 대명사는 동사 앞에 오는데, 이 동사들은 *faire* (ou *laisser*), *voir* (ou *regarder*), *entendre* (ou *écouter*)이며 드물긴 하지만 *sentir*도 가능하다. 즉 *il **vous** a fait appeler, on **les** a laissé mettre en prison, vous **l'**avez vu bâtir, nous **l'**avons entendu chanter* (en parlant d'un morceau de chant)의 예와 같다. 다른 동사들의 경우에는 비강세 대명사가 동사원형 앞에 온다. 즉 *j'irai* (ou *je suis allé*) ***vous** chercher, j'oserai **les** braver*의 예와 같다.[52]

그런데 보어 대명사가 이렇게 동사 앞에 나오기 위한 필요조건이 있는데, 그것은 대명사 앞에 다른 단어가 나와야 한다는 것이다. 그런데 일반적으로 그 단어는 주어가 된다. 그렇지만 긍정명령형의 경우(**à l'impératif sans négation**) 동사 앞에 어떤 단어도 없다. 이 경우 대명사는 동사 뒤로 가고, *me*와 *te*는 강세형이 된다. 즉

---

49) 그러나 *c'est mon frère et non moi que vous avez obligé*를 더 선호한다.

50) 비강세 대명사 *le, la, les*가 앞으로 나올 보어나 이미 언급한 보어를 다시 받는 것에 대해서는 본문 229쪽에서 주어 대명사에 대해서 언급한 부분을 참조할 것.

51) 실제로는 이것이 부정법절(*proposition infinitive*)이고 비강세 대명사가 이것의 주어 역할을 하고 있는데, 이것에 대해서는 다른 곳에서 살펴볼 것이다. 이런 경우에도 대명사의 위치는 변하지 않는다.

52) 전치사 *à*와 함께 쓰이는 간접보어의 경우에도 용법은 같다. 즉 *tu m'as* (ou *je leur ai*) *fait faire un vêtement, je me suis fait faire un vêtement*이나 *je suis allé vous porter cet objet, j'oserai leur dire que...*의 예와 같다. 예전에는 동사나 보어의 성격에 상관없이 대명사를 동사원형 앞에 놓거나 주어 옆에 놓곤 했다. 즉 *je t'irai voir, tu m'oses braver* (ou *tu m'oses donner un démenti*), *tu m'as osé braver, tu t'es osé attaquer à moi, tu m'as pu nuire*의 예와 같다. 시인들만 아직도 이런 옛날 용법을 단순시제와 함께 사용하는데, *tu oses me braver*처럼 모음충돌이 생기는 것을 피하기 위한 목적이라도 그렇다. 대명사가 *faire, laisser* 앞에 나오고 동사원형이 뒤에 나오는 것에 관한 자세한 사항은 <부정법절 (*propositions infinitives*)> 항목을 참조하기 바란다.

*aimez-**moi**, ôte-**toi** de là*의 예와 같다. 그러나 *le, la, les*는 약세형으로 남아 있으면서 예외적으로 강세를 받는다. 즉 *prends-**le**, prenons-**la***의 예와 같다.[53] 또한 *faites-**moi*** (ou *faites-**le***) *venir, faites-**la** faire, laissez-**moi*** (ou *laissez-**les***) *passer, laissez-**moi** emprisonner*라고 말하는데, 이것은 대명사가 앞의 동사가 아닌 동사 원형과 관련되어 있는 *venez **me** chercher, allez **le** chercher*와 대조가 된다.[54]

부정명령의 경우 대명사가 본래의 자리에 나오고 비강세가 되는데 그 앞에 한 단어가 있기 때문이다. 즉 *ne **m'**irritez pas, ne **les** irritons pas*의 예와 같다.[55]

그러나 비강세대명사가 문두에 나오는 경우가 하나 있는데, 이것이 본래 동사 앞은 아니지만 *voir* 동사의 명령형으로 이루어진 복합어 앞이다. 그런데 이 대명사는 복합어 안에 끼여 들 수 없고 ***me** voici, **me** voici de retour, **les** voilà bien avancés*처럼 문장 앞에 나온다.

비강세대명사가, 단순시제로 된 연속되는 동사의 보어인 경우 **이 대명사를 각 동사 앞에서 반복한다(on répète le pronom devant chaque verbe).** 즉 *je vous estime et*

---

53) 여담이지만, 이렇게 쓰인 대명사는 관계대명사의 선행사가 될 수 없다. 더 이상 *croyez-moi, qui suis votre ami*나 *croyez-le, qui est votre ami*라고 말하지 않는다. 반드시 *croyez-moi, moi qui* 혹은 *croyez-le, lui qui*라고 말하거나 다른 표현을 사용해야 한다.

54) 도치의 경우 비강세 주어가 강세를 받는데 (*l'aimes-tu*), 한편 대명사 *je*는 어느 정도 강세 여부가 확정되지 않다가 결국에는 약하게(muet) 되었다. 즉 *que dis-je?*의 예와 같다. 반면에 *le*는 너무나 강해서 모음축약도 일어나지 않는다. 즉 *prenez-le avec précaution*의 예와 같다. 그러나 모음축약은 시(vers)에서 17세기 중엽까지 꾸준히 일어났고 19세기까지도 유지됐다. 그 이유는 아마도 이것의 발음에 대하여 오랫동안 논란이 많았고 19세기 전반기까지도 *prenez-l' sans crainte*라고 발음해야 한다고 주장하는 사람들이 있었고, 그 결과 *prenez-l' avec précaution*라고 발음해야 했기 때문인 것 같다. 이런 이유로 빅토르 위고(V. Hugo), 뮈세(Musset) 와 다른 작가들의 작품에서는 아직도 모음축약의 예를 발견한다. 오늘날에는 이런 모음축약이 이상하게 보이지만 몰리에르(Molière) 시대에는 완전히 옳은 것이었다.

55) 옛날 사람들이 *et*나 *ou*로 등위된 긍정명령문에서 비강세 대명사를 마지막 명령 앞에 위치시킨 것은 명백히 이와 같은 원칙에 의한 것이지 <문장에 보다 명확함을 부여하고자>(pour donner plus de précision à la phrase) 한 것이 아니었다. 즉 *va, cours, vole et nous venge*와 *taisez-vous et m'admirez*의 예와 같다. 아마도 그 이후 *et*나 *ou*가 있다고 해서 보어 대명사에 자신의 자리를 찾아주기에는 불충분하다고 여겼던 것 같다. 그런데 시인들의 경우 이런 우아한 용법을 여전히 사용한 것은 적어도 *et admirez-moi*처럼 모음충돌이 일어나는 것을 피하기 위한 목적이었을 것이다.

(*je*) ***vous*** *aime, il le vise et* ***le*** *tue*의 예와 같다. 또한 명령형에서도 대명사를 두 동사 뒤에 반복한다. 즉 *vise-****le*** *et tue-****le***의 예와 같다. 부정명령형의 경우에도 역시 같아서, *ne* ***nous*** *salissez pas et ne* ***nous*** *mouillez pas*의 예와 같이 한다. 동사가 복합시제인 경우 대명사는 조동사와 운명을 같이 하고 함께 탈락한다. 즉 *le maître l'a complimenté et* (***l'a***) *récompensé*의 예와 같다.[56)]

반면에 *j'ai trouvé des gens pour mettre à la place de ceux que j'ai renvoyés*는 아주 좋은 문장인데, 여기에서 (*mettre* 앞에) *les*가 생략된 것이 아니라 *pour tenir la place de...*가 사용된 것처럼 여기기 때문이다.

5. 중성대명사와 속사대명사로 쓰인 *le*

대명사 ***le*** (**le pronom *le***)는 직접보어로서 중성대명사(**pronom neutre**)의 기능을 하는데, *il*이 주어로서 중성대명사 역할을 하는 것과 같다. *Cela*의 의미로 *il*이 사용되는 것보다도 *le*가 지시적 가치를 가지면서 사용되는 경우가 한결 더 많다. 즉 *je* ***le*** *veux, je* ***le*** *dois, il* ***le*** *faut*의 예와 같다.[57)] 이런 기능에서 *le*는 앞에서 언급된 생각이나 절을 대신한다. 즉 *faites cela, je* ***le*** *veux, si j'ai réussi, c'est à vous que je* ***le*** *dois, je l'aime comme il* ***le*** *mérite, j'ai trouvé des ouvriers comme je* ***le*** *désirais,*[58)] ***le*** *croiriez-vous, que je ne l'ai pas encore vu? je* ***le*** *savais bien, moi, qu'il viendrait*의 예와 같다.[59)]

---

56) 그런데 *le maître l'a complimenté et récompensé sa bonne volonté*라고 말하는 것은 아주 잘못된 것이다. 왜냐하면 이러한 경우 대명사를 생략하지 않으면서 조동사를 생략할 수 없기 때문이다. 따라서 *je l'ai instruit et dirigé*는 좋지만 *je l'ai instruit et dirigé ses goûts*는 좋지 않다.

57) *Il faut*가 타동사로 여겨지기 때문이다. 본문 193쪽 1번 주를 참조할 것. 따라서 목적격을 사용하여 *il le faut, il les faut absolument*이라고 말한다.

58) 이것은 *j'ai trouvé des ouvriers comme je les désirais*와 대립된다. 또한 *voici de la viande comme vous la vouliez*나 *voici de la viande comme vous le vouliez*라고 구별하여 말하는 것은 경우에 따라서 그렇게 하는 것이다.

59) 라신느(Racine)는 모음충돌을 피하기 위하여 다음과 같이 말했다.

그러나 다음과 같은 차이가 있다. 즉 앞으로 나올 생각을 알리려면 *le*가 반드시 나올 필요는 없고 단지 강조하는 역할을 하는데, 앞에서 언급한 생각을 받는 것이라면 반드시 동사의 보어로 *le*를 써야 한다. 그러나 몇몇 동사의 경우 아주 짧은 문장에서 이 보어를 생략한다.

먼저 단수 1인칭 현재형으로 독립된 삽입구에(**en incise**) 나오는 동사 앞에서 대명사 ***le*** 를 생략한다(**on omet le pronom *le***). 즉 *je crois, je pense, je suppose, j'imagine, j'espère, je vois, je t'assure*[60]와 *vous ne prétendez pas, je pense* (ou *je suppose*), *aller jusque là, vous avez, je le vois* (ou *je vois*), *de bonnes raisons*의 예가 있다. 반면에 *comme je le pense, comme je l'espère*라고 흔히 말하기도 하고 오히려 선호하기도 한다.

아마도 이 용법에서 유추하여서인지 부정 대답에서(**dans une réponse négative**)도 역시 *le*를 생략한다. 즉 *je ne crois pas, je ne pense pas, je ne suppose pas*라고 말하는 것 같다. 반면에 긍정 대답으로는 *je le crois, je le pense, je le suppose*라고 말한다.[61] 마찬가지로 *je **le** sais, je **le** veux, je **le** peux*와는 반대로 *je ne sais pas, je ne veux pas, je ne peux pas*라고 말한다.[62] 부정문에서 보어 없이 널리 사용되는 것은 바로 이 세 동사 *savoir, pouvoir, vouloir*이다. 즉 *je ne savais pas, jamais tu ne pourra, ils n'ont pas voulu, nous ne pourrions pas, vous n'auriez pas voulu*의 예와 같다.[63]

... Tu l'as vu, comme elle m'a traité.

60) 여기에 *je t'en prie*의 의미로 사용된 *je te prie*의 예를 덧붙일 수 있다.

61) 또한 *je ne vois pas cela*의 의미로 *je ne vois pas*라고 말하는데, 말하자면 너와 의견이 다르다는 것이다. 반대로 상당한 생략이 들어가 있는 *je ne dis pas*는 *je ne dis pas le contraire, je ne veux pas vous contredire*를 의미한다.

62) 물론 *le savez-vous, le voulez-vous*라는 질문에 대하여 *non, je ne le sais pas, non je ne le veux pas*라고 말하기는 한다.

63) 아마도 많은 경우에 특히 *pouvoir*의 경우에 대명사 *le*를 보어로 취하는 동사의 원형이 생략되었다고 여길 수 있다. 즉 *je ne peux pas*에는 *le faire*가 생략되었다고 보는 것이다. 그러나 이 세 동사의 용법은 같으므로 이렇게 동사 원형의 생략이 있다고 볼 수 없다. 즉 *je ne veux pas*의 의미는 *je ne veux pas que vous sortiez*나 *je ne veux pas sortir*이다. 반면에 *je ne veux pas sortir*의 의미에서 *vouloir*를 같은 의미의 단어로 바꾸면 보어가 다시 나타나는 것을 알 수 있다. *Vous feriez peut-être bien de sortir*에 대명사와 함께 *je n'en ai pas envie*나 *je ne le désire pas*라고 대답하거나 대명사가 없이 *je ne veux pas*라고 대답한다. 따라서 생략된 것은 단지 대명사라고 볼 수 있다. 달리 말하면 생략된 절이 대명사 *le*로 대체되었다고 여길 필요가 없다. 이런 현상은 다

Quand, aussitôt que, si*와 *comme 다음에 *pouvoir*와 *vouloir*가 나오면 대명사 *le*를 생략한다. *Vous le ferez quand vous pourrez, je le ferai quand vous voudrez* (ou *aussitôt que je pourrai*), *je sortirai si je peux, vous sortirez si je veux, vous ferez comme vous pourrez, ce sera comme vous voudrez*의 예와 같다. 그런데 여기에 절대적 법칙은 없고, 일반적으로 생략되는 자리라도 강조하기 위해서는 *le*를 넣기도 한다. *Vous sortirez si je le veux*의 예와 같다. 또한 *comme vous voyez, comme vous dites, comme vous l'avez vu, comme vous le disiez*라고 말하고, 경우에 따라서 *si je le savais, si je savais, si je l'avais su, si j'avais su*라고 말한다.

마지막으로 열등이나 우등 비교급 다음에(**à la suite d'un comparatif d'inégalité**) 특히 *ne*가 나올 때, *croire*나 유사한 의미를 갖는 동사 앞에서 *le*를 생략한다. *Il est plus* (ou *moins*) *âgé que je ne croyais* (*que je ne pensais, que je ne supposais*), *il est tout autre que je n'aurais cru*의 예와 같다. 마찬가지로 *vouloir*와 *pouvoir*의 경우에도 역시 *le*가 생략된다. *J'en ai fait plus que vous ne vouliez* (ou *moins que je ne pouvais*)의 예와 같다. 그런데 *ne*가 없이 쓰인 *aussi*나 *autant*의 경우 주저하게 된다. *Il est* (ou *il n'est pas*) *aussi intelligent que je* (*le*) *croyais*의 예와 같다.

예외적으로 같은 종류의 것을 비교하는 문장에서 *faire* 동사 다음에 *le*를 생략하기도 한다. *Je m'en tirerai cette fois mieux que je* ***ne l'ai fait*** (ou *que je* ***n'ai fait*** *jusqu'à présent*)의 예와 같다. 다소간 예스러운 감이 있어서 우아한 이런 용법에서 *faire* 동사는 주절의 동사를 대신한다.[64]

대명사 *le*가 중성대명사인 이런 용법에 *le*가 여전히 직접보어이긴 하나 그 의미가 모호한 많은 표현이 있다. 즉 *je ne* ***le*** *cède à personne, vous* ***l'****emportez, il ne saurait* ***le*** *disputer à ses rivaux, je vous* ***le*** *passe pour cette fois, je vous* ***le*** *donne en cent, tu*

른 곳에서도 나타난다.

64) 이것은 직접보어 앞에 나오는 주절의 동사 대신에 *faire* 동사를 사용했던 옛날 사람들의 용법의 잔재이다. 몰리에르(Molière)는 Orgon *aime* Tartufe 다음에 다음과 같이 적었다.

Cent fois plus qu'il ne *fait* mère, fils, fille ou femme.

몇몇 작가들은 *il vous aime plus qu'il ne fait son fils*나 *plus que son fils*라고 말하기 싫어서 *il vous aime plus qu'il ne fait de son fils, il vous a chassé comme il a fait de moi*라고 말하는 것이 가능하다고 믿었다. 그런데 이것은 논란의 여지가 있고 차라리 동사를 반복하는 것이 낫다.

me ***le*** *payeras*의 예들이다.[65)]

중성대명사 ***le***(***le*** **pronom neutre** ***le***)가 단지 보어 역할만 하는 것이 아니라 속사 역할(**comme attribut**)도 한다. 이것에 주목하는 이유는 다른 인칭대명사들은 이렇게 사용되지 않기 때문이다. 겉으로 보기에는 속사인 *c'est moi, c'est lui, c'est nous qui...*이외에는, *ce portait n'est pas* ***moi*** (ou *n'est pas* ***elle***), *il me semble que je suis* ***moi,*** *vous n'êtes plus* ***vous****-même*처럼 매우 드문 표현만 있었다. 반면에 *le*는 속사로 사용되는 경우가 매우 흔한데, 이미 앞에서 언급한 속사를 대신하기도 한다. *Vous êtes plus heureux ici que vous ne* ***l'****étiez là-bas*에서처럼 *le*를 사용하는 것을 *que vous n'étiez*보다 선호한다. *Un homme aussi brave que vous* ***l'êtes***에서처럼 *le*를 사용하고 *que vous êtes*라고는 말하지 않는다. 다른 예로는 *si vous ne* ***l'êtes*** *pas, vous* ***le*** *deviendrez, soyez-****le****, paraissez-****le***가 있다.[66)]

반면에 *le*는 반드시 남성 단수의 속사일 필요는 없고, *s'ils sont menteurs, tu ne* ***l'****es pas moins*이라고 말하는데 *tu es cela*라는 의미이다. 또한 *le*는 앞 문장에 나온 품질 형용사를 대신할 수 있다. *Les grands hommes* (ou *les bonnes choses*) *ne* ***le*** *sont pas toujours*의 예와 같다. 물론 이것이 비정상적인 것처럼 보이기는 하나 특히 문어에서 별로 유쾌하지 않은 형용사를 반복하는 것을 피할 수 있게 해준다는 이점이 있다. 또한 *le*가 하나의 명사(*un nom*)를 대신하기도 하는데 *les menteurs croient volontiers que les autres* ***le*** *sont*과 같다.[67)]

주어가 여성이나 복수일 경우, **형용사나 구체적 명사를 대신할 경우(représenter un adjectif ou un nom déterminé)** 예전에는 *la*나 *les*를 사용했다면 오늘날에는 중성대명사 *le*를 사용한다. *Si vous n'êtes pas heureuse maintenant, vous* ***le*** *serez plus tard*

65) 이런 기능을 하며 그리고 역시 모호한 의미를 갖는 *le*가 다음 문장에서는 *la*로 바뀐다. *Vous l'avez échappé belle, vous me la baillez belle, tu me la payeras*의 예와 같다. 이 예에서 *la*는 여성명사를 대신한다고 여겨지지만 실제로는 중성대명사의 역할을 한다.

66) 예전에는 심지어는 *je ne sais si vous êtes juste, mais je ne vous le crois pas*라고 말하기도 했다. 오늘날에는 *le*를 보어로 하여 *je ne le crois pas*라고 말하거나 *je ne vous crois pas tel*이라고 말한다.

67) 이것이 아마도 논란의 여지가 더 있을 듯하다. 그렇지만 *les menteurs*가, *ceux qui sont menteurs* 라는 어법에 맞는 표현보다는 간단하다는 이점이 있다. 그러나 *les menteurs croient volontiers que les autres leur ressemblent*라고 적는 것이 더 나을 것이다.

라고 해야 하고 *vous la serez*는 안 된다. 또한 *mère, je* **le** *suis autant qu'il faut*에서 *je la suis*는 안 되는데 이것은 *je suis cela, j'ai cette qualité*라는 의미이다. 또한 *mères, nous* **le** *sommes*이라고 한다. 예전에 *les*보다는 *la*를 사용하게 했던 견인(attraction)은 용법에서 완전히 사라졌다.

물론 앞에서 언급된 속사가 한정된 명사(**un nom déterminé**)라면 중성대명사를 사용할 수 없다.

물론 *vous avez été mes amis et vous* **le** *serez encore davantage*라고 말할 수는 있지만 *êtes-vous la mère, êtes-vous les témoins*이라는 질문에는 *je le suis, nous le sommes*이라고 답할 수는 없다. 그렇다면 반드시 *je la suis* (ou *je ne la suis pas*), *nous les sommes*이라고 답해야 할까? 물론 이것이 올바른 답이겠지만 이렇게 대답하지는 않고 *oui*나 *non*을 강하게 한 *c'est moi, c'est nous, ce n'est pas moi*라고 대답하기 때문에 대명사에 관한 문제는 더 이상 제기되지 않는다.[68]

중성대명사 *le*가 대신할 수 있는 보어 가운데 특히 과거분사(**le participe passé**)가 있다. *Il est aimé parce qu'il mérite de l'être*의 예와 같다.

격식을 차리지 않고 말할 때 과거분사가 표현되어 있지는 않고 앞선 동사에 암묵적으로 있다고 여겨질 때에도 이런 표현을 사용한다. 동사가 복합시제 능동형인 경우에도 이것이 가능하다. *Il n'a rien dit qui ne mérite de l'être*의 예와 같다. 이렇게 하면 같은 동사를 반복하는 것을 피할 수 있기 때문이다. 동사원형의 발음이 과거분사와 같은 경우에도 똑같은 현상이 일어나는 것을 알 수 있다. *On ne peut vous aimer que si vous méritez de l'être*의 예와 같다. 그런데 *on ne peut vous plaindre que si vous méritez de l'être, on ne vous aimera que si vous méritez de l'être, je veux qu'on les fasse comme ils doivent l'être!*라고 말하기도 하는데 이것은 지나친 감이 있다.

---

68) 또한 *Est-ce votre voiture? - Ce l'est. Sont-ce vos chaussures? - Ce les sont* (ou *ce les furent*). *Est-il sept heures? - Il les est*라고 말하거나 쓸 수 있다. 그리고 이런 대답은 완전히 올바른 것이고 옛날 사람들에게서 이것을 발견할 수 있다. 그러나 이제는 이렇게 말하지 않고 일상적으로는 속사로서 *la*나 *les*를 사용하지 않는다. 문어에서는 라퐁텐느(La Fontaine)처럼 다음과 같이 말한다.

La reine? Vraiment oui; je *la* suis en effet,

혹은 보마르셰(Beaumarchais)처럼 *je ne la suis plus, cette Rosine que vous avez tant poursuivie*라고 쓸 수 있다.

분명한 것은 이런 표현들에 전혀 모호한 점은 없지만 이것들이 아주 올바른 표현은 아니라는 것도 역시 분명하다. 따라서 이런 표현을 피하는 것이 낫고 적어도 문어에서는 이런 표현을 피한다.[69]

6. 사람을 지칭하는 간접보어 인칭대명사

간접보어로 사용되는 인칭대명사는 다음과 같다. 1인칭과 2인칭 단수의 경우에는 ***moi***와 ***toi***로, 경우에 따라서 ***me***와 ***te***로 바뀌며, 복수의 경우에는 ***nous***와 ***vous***이다. 3인칭은 ***lui, elle, eux, elles***로 이 형태는 다른 용법으로도 사용된다. 한편 3인칭으로 다른 용법이 없는 것은 ***leur, en, y***이다. 3인칭 대명사는 사람과 사물에 사용되는데, *lui, elle, eux, elles*과 *leur*는 주로 사람에게 사용되고, *en*과 *y*는 사물에게 사용된다.

원칙상 간접보어 앞에는 전치사가 온다(**en principe, un complément indirect est précédé d'une préposition).** 강세형 *moi, toi, eux, elle, elles*과 *lui, nous, vous*가 일반적이다. *Il est digne* ***de moi*** (ou ***d'eux***), *j'ai pensé à* ***lui***, *j'ai travaillé* ***pour moi***, ***avec moi***, ***devant vous***, *je compte* ***sur lui*** (ou ***sur elles***), ***de vous à moi***, *quant* ***à nous***, *ce que c'est que* ***de nous***의 예와 같다. 이것이 전부라면 아주 간단할 텐데, 중요한 두 개의 전치사 ***de***와 ***à*** (**les prépositions** ***de*** et ***à***)는 이렇게 단순하지 않기 때문에 용법이 아주 복잡해진다.

---

69) 라로슈푸코(La Rochefoucauld)가 *on ne loue d'ordinaire que pour être loué*라고 말한 것은, 보브나르그(Vauvenargues)가 *Les hommes ne haïssent rien tant que de l'être*라고 말한 것보다는 아마도 더 나은 것 같다. 아마도 *si vous méritez de l'être*의 의미가 *si vous méritez d'être cela*인 것은 *si vous le méritez*의 의미가 *si vous méritez cela*인 것과 같다. 그런데 *le*는 속사보다는 보어로서 한결 자연스럽기 때문에 *on ne peut vous aimer* (*on ne peut vous plaindre, on ne vous aimera*) *que si vous le méritez*라고 말하는 것이 낫다. 물론 *vous ne pouvez être aimé* (ou *plaint*), *vous ne serez aimé que si vous méritez de l'être, je veux qu'on les fasse comme on doit les faire*를 선호할 수는 있다.

전치사 ***de***는 사물의 경우 또한 가끔 사람의 경우에도 *en*에 양보한다. 이 *en*에 대해서는 나중에 다룰 것이다. 게다가 우리가 이미 알고 있는 것처럼 *de*는 어떤 명사를 한정하는 보어로 쓰인 대명사와 함께 사용되지 않는다. 즉 *le livre de moi*라고 하지 않고 *mon livre*라고 하며 *tes parents et les miens*이라고 한다. 명사와 등위되어 있는 경우에 *c'est l'opinion de mon frère et de moi*라고 하지 않고 *c'est l'opinion de mon frère et la mienne, c'est mon opinion et celle de mon frère*라고 말한다. 그리고 강조하고 싶을 때에는 *de*를 사용하지 않고 *à*를 사용하여 *c'est mon opinion* ***à moi***라고 하고 격의 없이 말하는 경우에도 *un ami à moi*라고 한다.

전치사 *à*의 경우에는 한결 복잡하다. 사물의 경우 *y*에 자리를 양보하고 사람의 경우에는 *leur*에 자리를 양보하는 것 말고도, 여러 보어 대명사가 고대 언어로부터 이 전치사를 생략하는 특별한 경향을 이어받아서 위치를 바꾸기도 하고 형태가 변하기도 한다.

체계적으로 다루기 위하여 먼저 간접보어만 대명사인 경우(**le cas où le complément indirect seul est un pronom**)를 살펴보자.

전치사 *à*는 다른 전치사와 마찬가지로 동사 다음에 나오는데, 적어도 보어가 사람인 경우에 그렇다. 이것 말고 다른 보어가 없는 몇몇 동사의 경우 항상 이런 구문을 사용한다. *J'ai pensé* ***à toi****, vous songerez* (ou *vous rêverez*) ***à moi****, je recours* (ou *j'ai recours*) ***à lui****, j'ai affaire* ***à lui****, on a fait appel* ***à vous****, je renonce* ***à elle****, je ne tiens pas* ***à vous****, ne touchez pas* ***à lui*** (en parlant des personnes), *ce livre est* ***à vous***의 예와 같다.[70)]

동사가 직접보어를 함께 갖고 있는 경우가 가장 흔하고, 또한 직접보어가 없는 경우도 아주 빈번한데, 간접보어가 전치사 없이 동사 앞에 놓인다(**le pronom complément indirect se place devant le verbe**). 1, 2인칭인 경우 *me, te, nous, vous*의

---

70) 물론 *aller, venir, marcher, courir* 등 장소이동을 나타내는 동사의 예도 있는데, 이 동사들의 경우 *à*는 *vers*의 의미이다. 예전에는 동사 *parler*와 동사 *penser*가 용법이 같아서 옛날 사람들은 여전히 *tu parles à moi*라고 흔히 말하곤 했다. 이미 여러 번 반복해서 말했지만 이것은 대명사를 강조하기 위함이 아니었다. 대명사를 강조하는 것에 대해서는 나중에 다룰 것이다. 말하자면 정확한 어법이 바뀐 것이다.

약세 대명사가, 3인칭인 경우에는 남성이건 여성이건 *lui*나 *leur*의 형태를 취한다. 즉 *lui*는 *à lui*나 *à elle*의 의미이고, *leur*는 *à eux*나 *à elles*의 의미이다. *Il* ***m'****a donné* (ou *fait donner*) *ce livre, je* ***lui*** (ou *je* ***leur***) *ai dit un mot, tu* ***nous*** *procures un beau bénéfice, on* ***t'****a préféré ton frère, je* ***vous*** *permets de sortir, tu* ***m'****as rappelé* (ou *je* ***me*** *suis rappelé*) *ce que tu* ***m'****avais dit*의 예와 같다.[71] 보어가 하나인 예로 *cette affaire-là peut* ***vous*** *nuire, ceci* ***me*** *plaît, vous* ***leur*** *avez parlé hier*가 있다.[72]

긍정명령형에서(à l'impératif sans négation) 이 대명사는 동사 다음에 나오면서 강세를 받고, *me, te*는 *moi, toi*가 된다. *Donne-moi, procure-toi, envoie-leur* (ou *envoie-nous*) *ce livre*의 예와 같다. 부정명령형의 예인 *ne me donne pas, ne te nuis pas*와 비교하라.[73]

전치사 *à*가 없는 간접보어를 강조하는 방식은, 강세형을 써서 직접보어를 강조하듯이 가끔 주어 앞에 강세형을 써서 할 수 있는데 이 경우 전치사 *à*를 사용하지 않는다. ***Moi****, on m'a préféré mon frère*의 예와 같다. 동사 뒤에 강세형을 놓는 것이 가장 흔한데 이 경우에는 *à*를 사용한다. ***Lui*** *donner un soufflet,* ***à lui*** (ou ***lui*** *donner,* ***à lui****, un soufflet*), *tu* ***m'****as parlé,* ***à moi***의 예와 같다.[74] 또한 강세형에 *même*를 덧붙일 수도 있는데 이 경우에 일반적으로 약세형도 함께 쓸 수 있다. *Tu* (lui) *as parlé* ***à elle-même***의 예와 같다.

---

71) 그런데 <rappeler *quelque chose* à un autre ou à soi-même>이기 때문에, *se rappeler de*는 틀린 것이다. 왜냐하면 se는 직접보어가 될 수 없기 때문이다.

72) 그렇지만 분사가 있는 경우에는 전치사와 함께 *une lettre à moi* (ou *à lui*) *adressée, permis à vous de...*라고 말한다. 반면에 *venez à moi*와 *il me vient une idée*(*sens abstrait*)처럼 의미가 다른 경우와 *je rapporte à lui*와 *je lui rapporte*처럼 의미가 같은 경우를 구별해야 한다. 또한 *je*와 *nous, tu*와 *vous* 그리고 *tu vous as procuré*를 이것과 연관시킬 수 있는데 (본문 247쪽 47번 주를 참조하기 바란다), *tu as procuré à tes amis et à toi*처럼 표현을 달리 하여 어려움을 극복할 수 있다.

73) *Donne-vous, ne vous nuis pas*는 이제는 더 이상 사용되지 않는다. 덧붙이자면, 등위의 경우 옛날 사람들은 직접보어가 있는 것처럼 *viens et me donne*라고 말했는데 이런 표현은 이제는 시에서만 사용된다.

74) 그러나 *tu as parlé à moi*라고는 하지 않는다. 물론 예외적인 것을 앞으로 보게 될 것이다. 그러나 *c'est à moi que tu as parlé*라고 하는 것이 더 좋다.

간접보어를 등위할 경우(**en cas de coordination de compléments indirects**) 강세형을 써야 하고 동사 뒤에 있는 각 보어 앞에는 각각 전치사를 써야 한다. 그러나 보어가 여러 인칭일 경우 동사 앞에 약세형 복수 인칭대명사를 반드시 표시할 필요는 없다. *On* (*vous*) *a préféreé cet homme **à toi** et **à ton frère**, on* (*nous*) *a préféré cet homme **à toi** et **à moi***의 예와 같다.

또한 *je **leur** ai écrit*라고 말하는 것이 흔하고, *j'ai écrit à l'un et à l'autre, aux uns et aux autres*라고도 말하고, *je ne **leur** ai parlé* (ou *je n'ai parlé*) *ni aux uns ni aux autres*라고 말한다. 그러나 다음 경우에는 비강세 복수대명사를 사용하여 *tu **nous** as écrit* (ou *je **vous** ai parlé*) *à l'un et à l'autre* (ou *à tous les deux*), *je ne **vous** ai parlé ni à l'un ni à l'autre*라고 말해야 한다. 그렇지 않으면 3인칭과 혼동할 수 있다. 또한 *vous **vous** nuisez* (ou *vous **vous** êtes nui*) *l'un à l'autre*라고 말한다.

보어 사이에 대립이 있는 경우에도 전치사와 함께 강세형을 사용한다. *Tu as parlé à **moi** et non à mon frère, à **lui** et non à **moi***의 예와 같다.[75] 또한 *tu n'as parlé qu'à **moi*** (ou *à aucun autre que **moi***)와 같은 표현이나, 생략이 된 *A qui* (*est*) *ce livre* (ou *à qui a-t-on donné ce livre*)? *-A moi,* (*à lui*)의 경우도 그렇다. 그리고 *permis à **vous** de...*는 *il **vous** est permis de...*의 의미이다.[76]

전치사 *à*가 없는 간접보어 대명사는 동사 앞에서 직접보어 대명사와 함께 나올 수 있는데 여러 경우를 구별해야 한다.

1인칭이나 2인칭 보어대명사는 단지 3인칭 보어대명사와 함께 나올 수 있는데(un pronom complément de la première ou de la seconde personne ne peut être associé qu'avec un complément de la troisième), 1, 2인칭 대명사가 간접보어이며 먼저 나와야 한다. *Il **me l'**a envoyé, je **vous les** ai donnés, on ne **te l'**a pas donné, ne **nous les** envoyez pas*의 예와 같다.[77]

---

75) 그러나 *c'est à.... et non à... que...*를 더 선호한다.

76) 동사 다음에 동사 원형이 올 때 비강세 대명사의 사용에 대해서는 본문 249쪽 51번 주를 참조할 것.

77) 말하자면 *il le m'a envoyé, je les vous ai donnés*라고 말하지 않는데, 예전에는 이렇게 말했고 이것이 보다 자연스러웠다.

보어대명사 두 개가 1, 2인칭인 경우 간접보어는 동사 뒤에서 전치사 *à*와 함께 강세형으로 된다. *Il m'a envoyé **à vous**, il vous a envoyé **à moi**, je me confie **à vous***의 예와 같다.[78)]

직접보어가 1, 2인칭인 경우에도 간접보어는 동사 뒤에서 전치사 *à*와 함께 강세형으로 된다. *Il me soumet **à eux**, **à elles**, je me suis adressé **à lui***의 예와 같다.[79)]

대명사의 어순이나 성격으로는 가능하지만 예외적으로 *je veux vous l'unir* (ou *vous le joindre*)라고는 말하지 않고, *je veux l'unir* (ou *le joindre*) ***à vous***, *il veut l'unir* (ou *le joindre*) ***à moi***라고 말한다.[80)]

긍정명령형의 경우(à l'impératif sans négation), 직접보어와 간접보어는 동사 뒤에 오고 간접보어인 1, 2인칭 대명사가 강세형이 되어서 뒤에 오는데 특히 직접보어가 단수인 경우에 그렇다. *Envoyez-le-moi* (ou *envoyez-le-nous*)의 예와 같다. 그렇다고 *envoyez-moi-le*가 별로 사용되지 않은 것은 아니었는데, *envoyez-le*에서 필요했던 강세가 이 예에서는 점점 부정확하다고 여겨지게 되었고 또 다른 대명사가 나와서 이 강세형을 생략할 수 있었다. 그렇지만 *donnez-moi-les*는 용인하였지만 *donnez-les-moi*가 더 정확하다고 여기게 된 것은, *donnez-le-moi*에서 유추한 결과이다. 물론 *fiez-vous **à moi**, adressez-vous **à lui***라고 말한다.

3인칭으로 된 직접보어와 간접보어는(deux pronoms compléments de la troisième personne) 함께 나올 수 있는데 항상 직접보어가 먼저 나온다. *Je le lui enverrai, nous ne la leur avons pas envoyée, donnez-les-leur, ne le lui donnez pas*의 예와 같다. 그리고 중성대명사 *le*가 쓰인 예는 *je ne le lui fais pas dire*이다. 그런데 이런 결합은 약간은 거칠고 특히 *les leur*가 거친데, 이 경우 직접보어를 생략하는 방법을 사용한다. 그러나 이런 방식은 완전히 틀린 것이고, 대명사가 결합되는 것을 피하는 단 하나의

---

78) 그리고 *il me vous a envoyé, il vous m'a envoyé, je me vous confie, je vous me confie*는 불가능한데, 이것들은 사실상 모호한 문장이다.

79) 또한 *il me leur soumet, je me lui suis adressé*도 불가능하다.

80) 덧붙이자면, *on me lui a fait donner de l'argent*의 경우 *me*가 직접보어로서 불가능하다면, *me*가 간접보어인 *on me l'a fait donner de l'argent*는 더욱 불가능하다. 그렇다고 *on m'a fait lui donner*나 *on l'a fait me donner*도 역시 불가능하다. 따라서 의미에 맞게 표현을 바꾸어서 *on m'a* (ou *on l'a*) *prié de...*라고 표현해야 한다.

해결책은 명사보어를 사용하는 것이다.

직접보어 대명사와 같은 조건 하에서 전치사 *à*가 없는 간접보어 대명사는 반복하고(**on répète le pronom complément indirect**),[81] 경우에 따라서는 직접보어와 간접보어 모두를 반복한다. *Votre ami vous dit et* ***vous*** *répète que... je vous le dis et je* ***vous le*** *répète, il peut à son gré nous l'ouvrir ou* ***nous la*** *fermer*의 예와 같다.

반면에 분사 앞의 대명사와 조동사를 생략할 수 있는데 대명사가 두 동사에서 기능이 같을 경우에 그렇다. *Il t'a dit et répété que...*의 예와 같다. 그러나 *il t'a vu et parlé*라고 말하는 것은 분명히 잘못된 것인데, 같은 대명사가 동시에 직접보어와 간접보어가 될 수 없기 때문이다.

격식을 차리지 않고 말할 때, 전치사 *à*가 없는 1인칭 간접보어, 특히 단수형은 3인칭 직접보어 명사나 대명사와 함께 쓰인다. 일반적으로 명령형에서 명령한 행위에 관심을 집중시키고자 하는 목적에서 그렇다. 예를 들어 *ôte-****moi*** *ça de là, qu'on* ***me*** *pende cet homme, qu'on* ***me*** *le pende* (ou *qu'on* ***nous*** *le pende*)의 예와 같다.[82]

2인칭 대명사를 같은 방식으로 사용하는데 이 경우에는 직설법에도 역시 그렇다. 자기가 하는 이야기에 대화상대자, 청자 혹은 독자의 관심을 더 끌려는 목적에서 그런 것 같다. *Je* ***te*** *les ai fouettés de la belle façon, il* ***vous*** *pendit l'homme sans le moindre scrupule*의 예와 같다.[83]

---

81) 앞의 본문 250쪽을 참조할 것.

82) 그렇지만 몰리에르(Molière)가 *qu'on me leur donne le fouet* (ou *donnez-lui-moi le fouet*)라고 한 것처럼 다른 간접보어 대명사에 이렇게 대명사를 덧붙이지는 않을 것이다.

83) 이 문장에서 간접보어 앞에는 전치사 *à*보다는 전치사 *pour*가 있을 것이다. 같은 의미로 문어에서는 동사 *être*와 속사 앞에 비강세 대명사를 사용하여, *elle m'est sacrée, ce m'est* (*ce nous est, ce leur est*) *une grande joie de* (ou *que*)...라고 한다. 구어에서는 일반적으로 *elle est sacrée pour moi*나 *c'est pour moi* (*pour nous, pour eux*) *une grande joie*라고 말한다. 그렇지만 문어의 경우에도 *ce t'est*라고 하는 일은 없다.

7. 사물을 지칭하는 간접보어 인칭대명사

사물이 주어나 직접보어인 경우, 즉 동사 앞에 사물이 비강세형으로 나올 경우에, 프랑스어에서는 사물에 대해서도 인칭대명사를 기꺼이 사용한다. 예를 들어 꽃병에 대하여 *il est petit, je l'ai lavé*라고 말한다. 반면에 간접보어로 전치사가 앞에 나오는 강세형 *lui, elle, eux, elles*의 경우에 인칭대명사가 사람을 지칭하는 데는 별 문제가 없지만, 프랑스어에서는 사물이나 동물을 지칭하는 데에는 이 형태가 별로 사용되지 않는다. 따라서 이런 경우를 가급적 피하기 위하여 노력을 많이 하지만 항상 성공하는 것은 아니다.

가장 많이 사용되는 전치사 *de*와 *à*의 경우 전치사와 인칭대명사를 대치하는 *en*과 *y*를 사용하는 수단이 있긴 하나, 이 경우에도 우리가 뒤에서 보게 되겠지만 한계가 있기 마련이다.

다른 전치사 *sur, sous*와 *dans*의 경우 부사 *dessus, dessous, dedans*을 대신 사용하면 된다. *Voici votre cheval, montez dessus* (et non *sur lui*), *tirez cette table et cachez-vous dessous* (et non *sous elle*), *faites vos malles et mettez dedans* (et non *dans elles*) *tout ce que vous pourrez*의 예와 같다.

몇몇 전치사의 경우에는 부사로 취급하여 문제를 해결한다. *Mettez-vous devant* (ou *derrière*)의 예와 같다. 따라서 할 수 있으면 *parmi*를 *au milieu*로, *outre*를 *en outre*로, *vers*를 *à côté*로 바꾸고, 심지어는 *j'ai du pain et rien avec, si vous mettez cette robe, quel chapeau mettrez-vous avec*?라고 말하기도 한다. 그러나 이것은 분명히 올바른 것은 아니다. 그러나 이 경우 *avec lui*나 *avec elle*이라고[84] 말할 수 없기 때문에 이것은 참 거북한 경우에 해당한다고 고백해야겠다. 그렇다면 *en, par, pour*의 경우에는 어떻게 해야 할까? 우회적인 방법을 찾으려 해도 결국 대명사를 사용할 수

---

84) 대중들은 *avec*의 원래의 의미를 살려서 사용하는데, 라퐁텐느(La Fontaine) (『우화집』4권, 20)에도 이런 예가 나온다. 반면에 대중들은 더 나아가서 *prends ton chapeau, je ne veux pas que tu sortes sans*이라고 말하는데 이것은 아주 논리적이다. 대중들은 사람의 경우에도 이런 구문을 사용한다.

밖에 없는 경우도 있다. 즉 *cette comédie a plu, c'est assez pour elle*[85]의 예와 같다. 결국에는 이들을 가급적 덜 사용하는 수밖에 없고, *lui*나 *eux*를 *elle*이나 *elles*보다 덜 사용해야 한다. 즉 다른 방식으로 자신의 생각을 표현하려고 노력해야 한다.[86]

대명사 *en*

원래 *en*이란 단어는 *de là*의 뜻을 가진 부사이다. 사람들은 이것을 인칭대명사처럼 사용하는데, 마치 우리가 앞에서 살펴본 것처럼 부사 *où*를 관계대명사로 취급하는 것과 같다. 원칙적으로 *en*은 *de cela*의[87] 의미를 갖는다.

이 대명사를 여기에서 처음 보는 것이 아니라 이미 다른 곳에서 *en*이 부분의 의미를 갖는 보어(**complément partitif**)로 아주 자주 사용된다는 것을 보았다. 이러한 용법에서 이것은 직접보어를 대신하고 또한 이미 앞에서 언급된 명사를 대신하기 위해서는 반드시 사용해야 한다. *J'**en** ai, tu **en** as vu, il y **en** a*의 예와 같다. 특히 숫자의 경우 그리고 복수나 양의 개념을 표현하는 명사, 대명사, 부사의 경우 *en*이 나온다. *J'**en** ai* (ou *il y **en** a, **en** voici*) *un, deux, cent, quelques-uns, plusieurs, peu* (ou *beaucoup*), *plus* (ou *moins*), *tant* (ou *autant*)의 예와 같다. 그리고 *on ne peut pas **en** avoir plus qu'il n'**en** a*처럼 반복돼야 한다.

소유형용사를 사용하지 않는 경우에는 대명사 *en*이 사물 명사에 대한 한정보어

---

85) 시에서는 사물들을 보다 쉽게 의인화하기 때문에 보다 자유롭다. 빅토르 위고(V. Hugo)는 다음과 같이 말하고 있다.

Moi, la douleur m'éprouve, et mes chants viennent *d'elle*.

86) 지시대명사 *cela*를 정확하게 같은 방식으로 다루는 것을 보는 것은 흥미롭다. 문어에서는 이 단어가 진부하기 때문에 별로 사용하지 않고 세심하게 주의를 기울이는 언어에서도 많이 쓰지는 않는다. 주어인 경우에는 *il*로 가끔 바꾸고 직접보어인 경우에는 *le*로 바꾸는 것이 흔한데, *de cela*와 *à cela*는 *en*과 *y*로 바꾼다. 또한 *sur, sous, dans cela*는 *là-dessus, là-dessous, là-dedans*이 된다. 또한 추상적 단어로 된 부사를 사용하여, *par cela*는 *par ce moyen*으로, *pour cela*는 *pour ce motif*로 바꾼다. 그렇지만 결국 *avec* (ou *sans*) *cela* (ou *ça*), *en cela*와 *pour cela* (ou *ça*)는 매우 많이 사용된다.

87) 따라서 속어나 격식을 차리지 않는 언어에서는 이것을 *de ça*로 흔히 바꾼다.

(complément déterminatif) 역할을 할 수 있다는 것도 역시 살펴보았다. 그런데 이것의 용법은 흥미롭다. *J'en ai admiré la beauté, la beauté* ***en*** *est remarquable, le succès* ***en*** *est douteux*의 예와 같다.[88)]

이제 *en*이 형용사나 동사의 보어**(complément d'un adjectif ou d'un verbe)**로서 *de lui, d'elle, d'eux, d'elles* 대신에 쓰인 경우를 보자. 사물이건 동물이건 전치사 *de*의 의미가 무엇이든 상관없다. *Qu'on lui donne cette récompense, il* ***en*** *est digne ; cette lecture est fort agréable, j'****en*** *suis encore tout ému ; ces livres sont à moi, j'****en*** *ferai ce que je voudrai ; ces notes sont fort intéressantes, j'****en*** *ai tiré de curieux renseignements ; je connais votre affaire et je m'****en*** *suis occupé ; ce cheval rue, n'****en*** *approchez pas ; les Vandales ont envahi le sud de l'Espagne et s'****en*** *sont rendus maîtres ; il aimait le travail et l'étude et* ***en*** *a retiré beaucoup de joies ; il a beaucoup de défauts et il* ***en*** *est presque fier*의 예와 같다.

원래 *de cela*를 뜻하는 *en*은 앞 문장 전체나 이미 앞에서 언급한 생각을 다소간 명확하게 상기시키는 역할을 한다. *Il a fait beaucoup de mal, mais il s'****en*** *est repenti*는 그가 악행을 많이 저지른 것에 대하여 후회한다는 의미이다. 다른 예로 *je n'****en*** *doute pas, je m'****en*** *vengerai, je m'****en*** *lave les mains*이 있다. 특히 문어에서 *en*의 이런 용법은 매우 넓은데, 실제로는 *pour cela*의 의미인 예로 *il n'****en*** *est pas moins vrai que..., il n'****en*** *est pas moins coupable, je l'****en*** *aime encore davantage, j'****en*** *mettrais ma main au feu*가 있고, *sur cela*의 의미인 예로 *je ne vous* ***en*** *crois pas, vous* ***en*** *avez menti*가 있다. 가끔은 *en*이 나타내는 의미가 생략되어 있지만 쉽게 찾아낼 수 있는 경우가 있다. *Il en a encore pour une heure*는 일에 대한 이야기도 되고 삶에 대한 이야기도 된다.

*En*이 너무나 편리해서 예전에는 사람에게도 많이 사용되었다**(employé pour les personnes).** 부분적인 의미에서 이 ***en***을 꼭 써야 하기 때문이다. *J'en ai vu, j'en connais qui...*의 예와 같다. 그러나 한정된 보어나 간접보어인 경우 이런 용법은 사라졌다. 예를 들어 어떤 사람에 대하여 *qu'on* ***en*** *parle*라고 가끔 말하기도 하지만 *qu'on parle de lui*라고 말하는 것이 한결 정확하다. 따라서 *parlerez-vous de moi*라는 질문

88) <소유형용사(adjectifs possessifs)> 항목을 (본문 133쪽을) 참조할 것.

에 *oui*나 *certainement je parlerai de vous*라고 대답하지만 *j'en parlerai*라고는 대답하지 않는다. 또한 *dites-moi ce que vous pensez d'eux*라고 말하는데, 그 이유는 *ce que vous **en** pensez*는 사물에만 사용되기 때문이다. 그렇지만 *en*은 너무 편리해서 가끔은 듣기 좋은 발음을 위해서나 우아함을 위해서 사용된다.[89)]

대명사 *en*이 많은 수의 프랑스어 특유의 관용어법에 남아 있는 것은 이것이 편리하기 때문이다. 그런데 *en*의 의미가 특히 동사 *être*의 경우에 항상 분명한 것은 아니다. *Il **en** est de vous comme de lui, c'**en** est assez* (ou *c'**en** est trop*), *où **en** êtes-vous*? *c'**en** est fait, j'**en** serai quitte pour..., j'**en** suis pour mon argent, il m'**en** veut, je n'**en** puis plus* (ou *je n'**en** puis mais*), *il s'**en** faut de peu, nous **en** tenons, à qui **en** avez-vous*? 이외에도 *s'**en** aller, s'**en** prendre à, s'**en** rapporter à, s'**en** tenir à, **en** imposer à, **en** venir aux mains, **en** user bien* (*ou mal*) 등이 있다.

다만 지적하고 싶은 것은 이런 표현들 중 몇몇에 대하여 중복법(**pléonasme**)이 되지 않도록 주의해야 한다는 점이다. 물론 *en*의 가치가 많이 사라져서 *va-t'**en** **d'**ici*라고도 말하고 *c'**en** est fait **de** moi*라고도 말한다. 후자는 *c'est fait de moi*의 의미이다. 그 외의 예로 *je n'**en** puis plus **de** fatigue, où **en** êtes-vous **de** votre affaire*? *je vous **en** veux **de** ce que vous avez fait* (ou *je ne t'en veux pas pour cela*), *je m'**en** prends à vous **de** ce qui s'est passé*가 있다. 그러나 *c'est une chose **dont** je vous **en** veux* (ou ***dont** je m'**en** prends à vous*)라고 말하지는 않는데, *en*과 *dont*이 둘 다 동사 앞에 있고 중복되었다는 점이 너무 명백하기 때문이다.[90)]

---

89) 특히나 문어에서는 사람에게도 *en*을 사용하는데, 특히 수동동사의 보어로 *par lui, par elle*의 의미로 사용한다. *J'aime une femme et n'en suis point aimé*가 *et je ne suis point aimé d'elle*보다는 더 우아하다. 그리고 시인들은 당연히 그들의 특권이 있어서, 크레비용(Crébillon)은 다음과 같이 말했다.

> Ses grâces, sa beauté,... tout m'*en* plaît.

90) 그러나 부분의 의미를 가진 *en*의 경우 *de nos livres, il y en a beaucoup que nous pourrions vendre*라고 말한다. 왜냐하면 명사가 뒤에 나올 경우에만 *en*없이 *il y a*가 올 수 있기 때문이다. 게다가 격식을 차리지 않는 언어의 경우 모든 동사에 중복어법이 나타나서, *de cela, tout le monde en parle, tout le monde en parle, de cette affaire*라고 말한다. 또한 격식을 차리지 않고 *en voilà une idée* (ou *des idées*)! *en voilà une chance*! *en voilà une question*! *en as-tu de la chance*! *en fais-tu des questions*!라고 말하는 반면에, *s'ensuivre*가 *s'enfuir*처럼 어형변화를 하지만, *il suit*

비강세 대명사인 ***en***은 항상 동사 앞에 온다(***en* se place toujours devant le verbe**). 긍정명령형은 예외인데 이 경우에 *s*를 반드시 넣어야 한다. ***J'en** donne, prends-**en**, n'**en** prends pas, donnes-**en***의 예와 같다. 그러나 *va en chercher*에는 *s*가 나오지 않는데 *en*이 *chercher*에 걸려 있기 때문이다.[91)]

게다가 *en*은 모든 비강세 대명사와 함께 쓰이고 항상 제일 뒤에 온다. *Tu **m'en** donnes, je **lui en** ai pris deux*의 예와 같다. 그리고 *en*은 간접보어이므로 1, 2인칭 대명사나 3인칭 대명사가 직접보어가 되게 한다. *Vous ne **l'en*** (ou *ne **m'en***) *empêcherez pas, on **les*** (ou *on **nous***) ***en** a détournés, je **m'en** suis retourné, ne **t'en** va pas*의 예와 같다.

긍정명령형의 경우도(**à l'impératif sans négation**) 역시 같다. *Donne-**lui-en**, parlez-**nous-en***의 예와 같다. 대명사 *moi*와 *toi*까지도 동사 앞에 있는 것처럼 비강세형이 된다. *Va-**t'en**, donnez-**m'en***의 예와 같다.[92)]

대명사 *y*

Y는 *en*과 마찬가지로 본래 부사이고 *à cet endroit*의 의미이다.[93)] 대명사로서 *y*는

---

*de là, d'où il suit*를 *il s'ensuit de là, d'où il s'ensuit*보다 선호한다. 또한 이제는 더 이상 *il s'en est ensuivi*라고 말하지 않고, 분명히 잘못된 것이기는 하지만 *il s'en est suivi*라고 말한다.

91) 시인들은 모음충돌을 피하기 위하여 이곳에 *s*를 넣고 그 외에도 많은 곳에 *s*를 넣는다. 그런데 음절을 하나 더 만들려고 쓴 *Retranches, ô mon Dieu...*의 예처럼 이것을 고치는 것이 보다 바람직하다. 문어에서는 가끔 동사원형의 보어인 *en*을 인칭 변화하는 동사 앞에 놓는다. *On en peut dire autant de....*의 예와 같다. 이런 구문은 인칭대명사의 경우에는 사용하지 않는 구문인데 다만 시에만 남아 있다.

92) *Donnez-moi-en*의 의미로 *donnez-en-moi*라고 하는 표현은 몇몇 독일 문법학자의 두뇌 속에서만 존재했지만, 대중들은 *donnez-moi-zen*이라고 *donnez-en*에서 유추해서 말한다. 반면에 올바른 형태가 듣기에 너무 거친 경우들이 있는데, 결코 *contente-t'en*이라고 말하지는 않을 것이다. 그렇지만 예를 들어서는 *tu t'en contenteras*라고는 말한다.

93) 예전에는 이것의 사용범위가 오늘날보다 더 넓었다. 이제는 더 이상 다음과 같이 말하지는 않을 것이다. *Sont-ils en sûreté?*라는 질문에 *Ils y sont*이라는 대답은 더 이상 가능하지 않다. 또한 꼬르네이유(Corneille)가 다음과 같이 한 것처럼도 하지 않을 것이다. *Laissez-moi en paix.*라는 말에 *Je vais t'y laisser*라고 말할 수도 없다.

*à cela*의 의미이고, 사물이나 동물의 경우 *à lui, à elle, à eux, à elles* 대신 쓰인다. 따라서 *en*의 경우에 사용한 예를 다시 들자면, *qu'on lui donne cette récompense, il* ***y*** *a droit ; cette lecture est fort agréable et j'****y*** *ai pris un vif intérêt ; ces livres sont à moi et je vous défends d'****y*** *toucher ; ces notes sont fort intéressantes et je vous* ***y*** *renvoie ; je connais votre affaire et j'****y*** *ai pensé*의 예와 같다. 그런데 *y*가 *à cela*의 의미이므로 앞에서 언급된 생각이나 전치사를 다시 언급할 수 있다. *Nous y penserons, je vous y invite*의 예와 같다.[94)]

그러나 이런 유사한 예들에도 불구하고 ***y***의 용법은 ***en***의 용법보다는 한결 제한되어 있다(**l'emploi de *y* est beaucoup moins étendu que celui de *en***). 단순하게 말하자면 동사 앞에서 *en*을 대신할 수 있는 비강세 대명사가 없고, *en*과 전치사와 함께 쓰인 *de lui* (ou *d'elle*) 사이에서 선택해야 한다면 *en*을 선호한다. 반면에 동사 앞에서 *y* 대신에 전치사 없는 비강세 대명사 *lui*나 *leur*를 편리하게 사용할 수 있기 때문에 *lui*나 *leur*가 *y*의 영역을 침범했다고 볼 수 있다. 그런데 앞의 예에서 *y*가 사용된 것은 이것을 *lui*나 *leur*로 바꾸는 것이 불가능했기 때문이다. 즉 *en*의 경우처럼, *y*와 전치사가 있는 *à lui, à elle* 사이에 선택이 가능하긴 한데 이것은 사람의 경우에만 해당된다. *Je tiens* (ou *je renonce*) *à lui*는 사람의 경우에 가능하고, *j'y tiens* (ou *j'y renonce*)는 사물의 경우에 가능하다. 바꿔 말하면, 사물에 대하여 말할 때 *de lui, d'elle, d'eux, d'elles*을 사용하지 않는 것보다 *à lui, à elle, à eux, à elles*라고 더욱 말하지 않는다. 그런데 *y*의 경우 ***lui, leur***를 사용할 수단이 있기(**on a la ressource d'employer *lui* et *leur***) 때문이다.

먼저 동물의 경우 이 수단을 사용한다. 물론 *ce cheval rue, et je ne m'****y*** *fie pas*라고 말하는 것은, *n'****en*** *approchez pas*의 예와 같고 이것을 *je ne me fie pas à* ***lui***라고 말하지는 않는다. 그런데 다음 예에서는 비강세 대명사만 가능하다. 즉 *je* ***lui*** *ai donné un coup de fouet, j'ai soigné vos lapins et je* ***leur*** *ai donné à manger*라고만 말한다. 앞의 *en*의 경우에 사용한 예를 다시 들자면, *les Vandales ont envahi le sud de l'Espagne et* ***lui*** *ont laissé le nom d'Andalousie ; il aimait le travail et l'étude et* ***leur*** *a dû beaucoup de*

94) 속어나 격식을 차리지 않는 언어에서는 *je m'occuperai de ça*라고 하듯이 *j'ai pensé à ça*라고 말하는 것은 당연하다.

joies ; il a beaucoup de défauts, mais il sait ***leur*** *donner de beaux noms*의 예와 같다.[95)]

구체적 사물에 대해서도(**même avec des objets matériels**) 용법은 같다. *Il faut arroser vos plantes et* ***leur*** *faire prendre l'air ; ta poupée est cassée, il faut* ***lui*** *raccommoder la bras*, (꽃병의 경우에) *on* ***lui*** *fait une réparation*, (집의 경우에) *on* ***lui*** *ajoute une aile*, (테이블의 경우에) *on* ***lui*** *fait remettre un pied*의 예와 같이 한다. 문법학자들이 *y*를 사용하라고 요구해도 별 소용이 없을 것 같은데, 그렇다고 이러한 예에서 사물을 의인화하려는 의도는 전혀 없다.

그렇지만 예외도 역시 존재한다. 달리 말하자면 인칭대명사를 사용하는 데 한계가 있다고 볼 수 있다.

먼저 비강세 대명사 *lui*나 *leur*를 사람의 경우에도 허용하지 않는 동사들이 있어서 사물의 경우에는 더욱 허용하지 않는다. 따라서 반드시 *j'****y*** *ai pensé, vous* ***y*** *songerez* (*ou rêverez*)*, j'****y*** *renonce, il n'****y*** *tient pas, nous* ***y*** *avons pris intérêt, n'****y*** *touchez pas, il* ***y*** *a droit*라고 해야 한다. 또한 *je vous* ***y*** *renvoie*라고 해야 하는데, *vous lui*의 경합이 불가능하기 때문이다. 역시 같은 이유로 *je m'****y*** *fie, il s'****y*** *attend, nous nous* ***y*** *complaisons, vous vous* ***y*** *adonnez*라고 한다.[96)]

반면에 편지에 대하여 말하면서 *je leur ai répondu*라고 말하지 않고 *j'****y*** *ai répondu*라고 한다. 아마도 편지를 쓴 사람에 대하여 말한다면 *je* ***leur*** *ai répondu*라고 말하기 때문에, 이 경우 *lui*와 *leur*를 쓸 수 없을 것이다. 따라서 두 표현이 다 같이 사용되지만 서로 다른 경우에 사용된다. 마찬가지로 사람에 대하여 *je* ***lui*** *ai cousu un bouton*라고 말하므로, 조끼에 대하여는 *lui*를 못 쓰고 *j'****y*** *ai cousu un bouton*이라고 한다. 이 문장에서 *y*를 부사로 여길 수도 있다. 이러한 설명이 모든 경우에 다 적용된다고 단언할 수는 없지만, 이런 예를 통하여 이러한 구별을 확실하게 하는 것은 바로 직관이라는 것을 알 수 있다. 따라서 테이블에 대하여 *je* ***lui*** *ai fait remettre un pied*라고 주저 없이 말할 수 있는 것은 이 경우에는 *lui*를 사용해도 무방하기 때문이다.[97)]

---

95) 아나톨 프랑스(Anatole France)가 *si elles blessent notre raison, c'est parce au'elles y sont supérieures*라고 말했는데, 이것은 옛날 어법을 사용한 것이다.

96) 앞의 본문 260쪽을 참조할 것.

97) 대중들만 계속해서 *j'y ai fait mettre un pied*라고 말하는데, 이것은 마치 *j'y ai donné une gifle*처

사람의 경우에(**quand il s'agit de personnes**) *lui*와 *leur*를 *y*로 바꿀 이유가 전혀 없다. *Je* ***lui*** *ai plu, tu* ***leur*** *as nui, nous* ***lui*** *avons donné des livres*의 예와 같다. 따라서 *penser, songer*처럼 비강세 대명사 *lui, leur*를 허용하지 않는 동사나 이미 비강세 직접보어가 있는 동사들, 특히 대명동사들의 경우에만 *y*와 관련된 문제가 제기된다. 그러나 이 경우에도 *y*를 별로 사용하지 않는다. 아직은 *je connais cet homme et je ne m'****y*** *fie pas ; j'aime cette enfant et je m'****y*** *attache de plus en plus*라고 말하지만, *je ne me fie pas à lui, je m'attache à elle*이라고 말하는 것이 더 정확하다. 또한 *j'ai pensé* ***à lui, à eux***라고 말하므로 *penserez-vous à moi*라는 질문에는 단순히 *oui*나 *certainement je penserai à vous*라고 대답하지, 문법학자들처럼 *j'****y*** *penserai*라고 말하지는 않는다. 이 마지막 문장은 단지 사물의 경우에만 사용된다. 그렇지만 저자에 대하여 말하면서 *je t'****y*** *renvoie*라고 하는데, *renvoie à*가 듣기에 좋지 않을 뿐만 아니라 그가 쓴 작품들이 바로 작가라고 볼 수 있기 때문이다.[98)]

덧붙일 것은 *y compris*라는 표현에서만 *y*가 분사나 형용사 앞에서 사용되는데 경우에 따라서는 변하지 않는 전치사 역할을 한다는 것이다. 즉 *y compris la maison*이 올바른데 드물지만 *la maison y comprise*도 가능하다.[99)]

대명사 *y*는 대명사 *en*과 마찬가지로 몇몇 프랑스어 특유의 관용어법에 나타나는데 예전에 부사였던 성격이 가끔 드러난다. *Il* ***y*** *a, il* ***y*** *va de, je n'****y*** *vois pas, vous n'****y***

럼 아무데서나 *lui* 대신에 *y*를 사용하는 것과 같다. 사람들이 더 이상 *j'y ai fait mettre un pied*라고 말하지 않는 것은 바로 대중처럼 말하는 것으로 보이기 싫었기 때문이다. 그렇다면 직접보어 *le* 대신에도 대중들은 *y*를 사용하는가? 물론 *j'y ai tout mangé, je vais tout y manger*라는 문장을 듣게 되는데 이것은 *je l'ai mangé, je vais le manger tout entier*의 의미이다. 속사로 쓰인 중성대명사 *le* 대신에 *y*를 사용하는 것을 보다 자주 보게 되는데 *ils y sont*은 *ils le sont*의 의미이다.

98) 시에서는 보다 운신의 폭이 넓으므로, 몰리에르(Molière)처럼 다음과 같이 쓸 수 있다.

> Oui, oui, je te renvoie à l'auteur des Satires
> - Je t'*y* renvoie aussi

또한 *y*를 *en lui*의 의미로 사용할 수도 있다.

> Je ne distingue rien en celui qui m'offense:
> Tout *y* devient l'objet de mon courroux.

99) *La maison y comprise*는 법정에서 쓰는 옛날 어법이다. 이런 예로 *y relatif* (ou *les événements y survenus*)가 있다.

êtes pas, on vous ***y*** *prend, tu n'****y*** *penses pas, tu t'****y*** *prends mal, sans qu'il* ***y*** *paraisse* 등의 예와 같다.

이러한 표현들이 격의 없이 말할 때 사용하는 중복된 표현을 만들어내는데 아주 자연스런 표현들이다. *Je vous* ***y*** *prends à jeter des pierres, je n'****y*** *vois rien à* (ou **dans**) *toute cette affaire*의 예와 *dans la chambre, on* ***y*** *voyait de moins en moins*가 있다. 물론 *il y a là*의 경우 중복됐다는 느낌은 완전히 사라졌다. 게다가 *en*의 경우와 마찬가지로 이러한 중복된 표현이 다른 동사들에도 확장되어서 *tu n'y crois pas, à une telle sottise*와 *je m'y connais, en hommes*의 예도 사용한다.

긍정명령형이 아닌 경우 대명사이건 부사이건 ***y***는 *en*과 마찬가지로 **항상 동사 앞에 오고(se met toujours devant le verbe)** 긍정명령의 경우에는 다음 예에서와 같이 *s*를 넣어야 한다. *Je m'****y*** *fie, ne t'****y*** *fie pas, vas-****y****, retournes-****y****, apportes-****y*** *tes soins*의 예와 같다. 마지막 문장의 경우 *s*를 넣을지 약간 주저하기는 한다.[100)]

부사이건 대명사이건 *y*는 비강세 대명사와 함께 쓰이는데 *en*과 완전히 같은 조건 하에서 그렇다. *On* ***m'y*** *a renvoyé, on* ***les y*** *a renvoyés, ne* ***m'y*** *renvoyez pas*의 예와 같다. 예외가 있다면 *lui*의 경우인데, *nous lui y rendrons visite*에서 모음충돌이 생기는데 이 경우에는 *y*를 생략한다.

긍정명령형에서(à l'impératif sans négation) *y*를 사용하여 *mettez l'y, renvoyez-les-y*라고 하고 *moi, toi* 대신에 *me, te*를 사용하여 *mets-t'y, prépare-t'y, menez-m'y, attendez-m'y*라고 한다. 그런데 많은 사람들이 *m'y*나 *t'y*를 싫어하고 또한 어떤 사람들은 대신에 *menez-****y-moi***를 선호한다. 그런데 실제로는 이 둘 다 별로 사용되지 않는 것이고 피하는 것이 더 낫다.[101)]

---

100) 경우에 따라서는 *va y chercher mon habit*라고 말하는 것이 정확한데 *y*는 *va*의 보어가 아니기 때문이다. 이러한 경우에 *y*를 피하는 것이 보다 흔한데 시인들은 당연히 *vas*라고 쓸 것이다. 여담으로 지적하자면 *il s'y agit, il s'y agissait, il devait s'y agir*라고 말하는 경우는 결코 없는데, *s'agir*가 벌써 논란의 여지가 많기 때문이다. 대명사 *en*의 경우와 같이 문어에서는 *y*를 동사 원형 앞이 아니라 어형 변화하는 동사 앞에 놓는 용법을 여전히 간직하고 있어서 *on y peut joindre*라고 말하는데 이것은 *on peut y joindre* 대신에 쓴 것이다. 시인들은 모음충돌을 피하기 위하여 *on y peut aller*라고도 말할 것이다.

101) 대중들은 별로 개의치 않고 *menez-y*에서 유추하여 *menez-moi-zy*를 사용한다.

*En*과 *y*가 가끔 함께 나오는데 *il* ***y en*** *a*나 ***y en*** *a-t-il*처럼 *en*이 뒤에 온다. 그런데 이런 조합은 아주 드물고 *je n'****y en*** *ai point vu, il faut* ***y en*** *mettre* 앞에서 주저하게 된다. 명령형에서 *expédiez-y-en*이라고 결코 말하지 않는 것은, 이 문장이 분명히 올바르지만 순전히 이론적 차원에서만 그러하기 때문이다.[102)]

끝으로 *y*에 관하여 덧붙이자면, *j'y vais, j'y allais, j'y suis allé*라고 말하는데, *j'irai, j'irais*에는 모음 *y*와 모음 *i*가 하나로 결합하게 된다. 예전에는 *j'y irai*라고 말했다.

8. 재귀대명사 *se*와 *soi*

1, 2인칭 대명사 *me, moi, te, toi*가 재귀적이거나 비재귀적으로 사용될 수 있는 반면에, 3인칭 대명사 *se, soi*는 재귀적으로만 사용되므로 주어가 될 수는 없다.

재귀대명사의 비강세형 ***se*(*se*, forme atone du pronom réfléchi)**의 용법은 *me, te*와 같다. 차이가 있다면 단수와 복수, 여성과 남성에 다 쓰인다는 점이다. 직접보어로 쓰인 예로 *elle se lève, ils se lèvent, elles se sont levées*가 있고, *me, te*가 *à moi, à toi*를 대신하는 경우에도 *se*를 사용할 수 있는데 다만 동사의 경우에만 가능하다. *Il se procure* (ou *elles se sont procuré*) *un beau bénéfice, ils se sont rappelé ce que je leur avais dit*의 예와 같다. 그런데 *il est fidèle à lui-même*는 가능하나, *il m'est fidèle*과는 달리 *il s'est fidèle*은 불가능하다.

보어를 강조하고 싶을 때 두 번째 대명사에 *même*를 붙이는데, 주어가 한정되어 있는 경우에는 *soi*가 아닌 비재귀형 인칭대명사에 붙인다. *Ils se frappent eux-mêmes, elles s'est donnée elle-même, ils se sont nui à eux-mêmes, elle s'est donné à elle-même de bien mauvaises raisons*의 예와 같다. 주어가 *on*인 경우에는 *on s'aime soi-même, on se donne à soi-même de mauvaises raisons*이 된다. 등위의 경우 *même*가 붙어서는

---

102) 몇몇 훌륭한 작가들이 *y*와 *en*을 인칭대명사와 결합하여 *je M'Y EN vais, allez VOUS-Y-EN, retourne-T'Y-EN*이라고 하는데 이것이 실제로 사용되지는 않는다.

안 된다. 즉 *il s'est livré, lui et sa famille, à...*라고 말하는데, *il s'est livré, et sa famille avec lui*가 더 낫고, 모호함을 피하기 위하여 *il s'est livré et a livré sa famille*나 *il a livré sa famille et lui-même*라고 하는 것이 더 낫다. 또한 *Qui a-t-il livré?*라는 질문에 *Lui-même*라고 대답한다.

다른 대명사의 경우와 마찬가지로 동사 원형이 다음에 나오면 *il s'est vu mourir, il s'est vu chasser ; il s'est laissé emprisonner, il s'est laissé manquer de respect ; il se fera* (ou *il s'est fait*) *prendre, il s'est fait faire un vêtement*처럼 말한다. 반면에 *il ose* (ou *il a osé*) *se confier à..., il faut s'entr'aider, ils sont allés se noyer*라고 한다.[103)]

단순시제로 되어 있는 여러 다른 동사 앞에서 *se*의 기능이 같을 경우에는 다른 대명사들과 마찬가지로 일반적으로 반복된다. *Ils se donnaient ou se vendaient suivant les cas*라고 하며, 반면에 복합시제에서는 *ils se sont donnés ou vendus*처럼 한다. 한편 기능이 다르면 반드시 반복한다. *Il s'aime fort et se prête beaucoup de qualités*의 예와 같다.

다른 비강세 대명사와 마찬가지로 *se*는 *en*과 *y* 앞에 온다. *Il* ***s'en*** *vante, il* ***s'y*** *est rendu*의 예와 같다.

사물에 대해 말하면서 *se*가 나오는 대명동사를 흔히 사용하다 보니 특별한 관용어법이 생겨나서, 논리적으로는 수동태를 써야 할 경우에도 대명동사를 사용한다. *Ce vêtement ne* ***se*** *porte plus, du temps que la ville* ***se*** *bâtissait*의 예와 같다. 특히 대명사 *cela*(ou *ça*)가 주어인 경우 *cela* ***se*** *dit, cela ne* ***s'****est jamais fait, cela ne* ***se*** *refuse pas*의 예와 같다. 그러나 수동태가 모호함을 야기할 경우 비인칭 구문을 사용하여 *on dit cela, on n'a jamais fait cela*라고 하는데 이것보다는 대명동사구문이 더 선호된다. 이것은 우리가 남용하는 가장 흥미로운 예 중 하나이다.[104)] 이러한 구문에는

---

103) 앞의 본문 249쪽 51번 주를 참조할 것. 시인들만 *il s'ose confier, il se faut entr'aider*라고 말할 수 있다.

104) 예전에는 이런 예를 보다 많이 사용하였는데, 아직도 남아 있는 예들은 *s'en aller, s'enfuir, s'ensuivre, s'écrier, s'évanouir, s'émouvoir, se mourir, s'entendre à, se connaître à, s'étudier à, s'attaquer à, s'apercevoir de, s'étonner de*이다. 이 예들은 항상 조동사 *être*와 함께 쓰인다. 다른 예로는 *je me suis fait prendre, il s'est fait faire un vêtement*, (그리고 예전에 사용되던) *il s'est voulu précipiter*가 있다.

가끔 상황보어가 덧붙여져서 *cela s'est fait par erreur*라고 말하는데, 그렇다고 수동태의 동작주 보어까지 덧붙이지는 않아서 예전처럼 *cela s'est dit par le peuple*이라고는 더 이상 말하지 않는다.

현대프랑스어에서는 *faire* 다음에 대명동사를 사용하는 경향이 점점 더 많아진다. 예전에는 이 경우 *se*를 생략했고 오늘날에도 몇몇 동사 앞에서 생략한다. *Je t'en ferai bien repentir, je l'en ai fait souvenir, nous l'avons fait taire, on les a fait asseoir, on l'a fait échapper,*[105] *cela fait dresser les cheveux, cela fit évanouir mes espérances, faites accorder le verbe et le sujet*의 예와 같다. 또한 *il les fait mouvoir, on les a fait lever, on les a fait en aller*라고도 말한다. 유감스럽게도 이러한 용법은 점점 줄어들고 있고 오늘날에는 *je l'ai fait* ***s'****enfuir, nous les ferons* ***se*** *retirer d'ici*를 선호하는데, 이 예들은 별로 우아하지 않고 피하는 것이 낫다. 예전에는 틀린 어법이라고 여겨졌던 문장들인 *je l'en ai fait se souvenir, nous l'avons fait s'échapper*가 이제는 점점 말하는 데도 사용되기 시작한다.[106]

대명사 *se*가 단지 재귀적인 것이 아니라 *nous, vous*처럼 상호적인(**réciproque**) 의미를 갖기도 한다. 즉 *nous nous aimons*이라고 말하듯이 *ils s'aiment, ils ne s'aiment plus, on se bat*라고 말하는데, 재귀적인 의미도 일반적으로 역시 가능하지만 거의 언제나 상호적인 의미를 갖는다. 제대로 된 의미는 상황에 달려 있다. 의미가 모호한 경우에는 복수형 대명사에 *même*를 붙여서 재귀적인 의미로 사용되었다는 것을 표시할 수 있다. 물론 *on*은 예외이다. *Ils* ***s'****aiment* ***eux-mêmes*** *et n'aiment pas les autres, ils se nuisent* ***à eux-mêmes***의 예와 같다. 또한 상호적인 의미를 표시하려면 *l'un l'autre*나 부사 *mutuellement*을 붙여서 *aimez-****vous*** (ou *ils s'aiment*) ***les uns les***

---

105) 이것은 *me, te, nous, vous*를 생략하여 *il m'en, il t'en, il nous en a fait repentir, souvenir*라고 하는 것과 같다.

106) 이러한 구문이 예전에는 동사 *faire*뿐만 아니라 *laisser, voir, entendre*의 경우에도 사용되어서 *vous les laissez battre, j'ai vu lever la lune*라고 말했다. 오늘날에는 *vous les laissez se battre, j'ai vu la lune se lever*라고 말한다. 반면에 격식을 차리지 않고 말할 때 *envoyer promener, envoyer coucher*라고 말하는데, 이것은 같은 현상이라고 볼 수 없는 것이 원래 *promener*와 *coucher*는 오랫동안 자동사였기 때문이다. 대중들은 아직도 이런 구문을 사용하여 *nous allons promener*라고 말한다. 또한 *allez coucher*의 예도 있는데 이 표현은 개에게만 사용한다.

autres, *vous* ***vous*** *nuisez* (ou *ils se nuisent*) ***l'un à l'autre*** (ou ***mutuellement***)이라고 말한다.[107)]

재귀대명사의 강세형인 ***soi***(***soi*, forme tonique du pronom réfléchi**)는 오늘날 원칙상 비한정주어만을 받는다. 해당 주어가 반드시 문장에 나올 필요는 없다. 게다가 전치사가 붙은 간접보어로 사용된다. *Chacun dit du bien de* ***soi*** *; on est mieux chez* ***soi*** *que chez les autres ; chacun pour* ***soi*** *et Dieu pour tous ; qui ne pense qu'à* ***soi*** *ne peut être aimé ; c'est quelque chose que de ne rien devoir qu'à* ***soi*** *ou qu'à* ***soi-****même ; il est bon d'être à* ***soi****, de rentrer en* ***soi*** *ou en* ***soi-****même, de revenir à* ***soi****, cela va de* ***soi***의 예와 같다. 이러한 경우에 반드시 *soi*를 사용하고 *chacun dit du bien de lui, cela s'est fait de lui-même*라고 말하지는 않는다. 그러나 *il faut rendre à chacun ce qui* ***lui*** *revient*이라고 말하는 것은 *chacun*이 주어가 아니기 때문이다.

또한 *le beau en soi*라고 말하는데 이것은 <*ce qui* est beau en soi>의 의미이고, *l'amour de soi*는 <l'amour qu'*on* a pour soi>의 의미이다. 그러나 비인칭 구문에서 *il dépend de soi d'être honnête*라고 말하지는 않는다. 왜냐하면 여기에서 *soi*는 주어인 *être honnête*를 받을 수 없고 *on*이 생략된 것도 아니다. 실제로 이 경우에 *on*은 보어가 될 수 없으므로 앞에서와 같이 이것을 *nous*로 바꾸어서 *il dépend de nous d'être honnêtes*라고 말한다.

비록 *soi*가 주어가 될 수는 없지만 비한정 주어에 대한 동격(*apposition*)으로 *soi*나 *soi-même*를 기꺼이 사용한다. 해당 주어가 반드시 문장에 나올 필요는 없다. *Il faut être* (qu'on soit) *soi-même bien sot pour ne pas voir la sottise des autres ; on n'a pas de meilleur ami que soi-même* (qu'on ne l'est soi-même)의 예와 같다.

---

107) 대명사가 상호적인 의미를 갖는 경우 *vous, nous*처럼 *se*를 반드시 사용해야 한다. 그렇지만 *vous travaillez* (ou *ils travaillent*) *les uns pour les autres, nous allons* (ou *ils vont*) *les uns chez les autres*의 경우 보어가 나오지 않는다. 우리가 다른 곳에서 살펴보았듯이 *l'un et l'autre, ni l'un ni l'autre*가 대명동사의 경우 반드시 상호적 의미를 갖는 것은 아니다(본문 161쪽 참조). 반면에 말을 할 때 *il s'est fidèle*이라는 표현은 사용할 수 없고 더욱이 글로 쓰면 안 된다. 언젠가 훌륭한 번역가가 *ni l'un ni l'autre ne s'étaient fidèles*이라는 문장을 사용한 적이 있는데 이것은 이중으로 잘못된 것이다. 이것을 *ils n'étaient pas fidèles l'un à l'autre*라고 *se* 없이 적거나 *aucun des deux n'était fidèle à l'autre*라고 적는 것이 더 낫다.

On a souvent besoin d'un plus petit que *soi*.

또한 *soi*나 *soi-même*를 속사로도 사용한다. *Il faut être* (ou *rester*) *soi* (ou *soi-même*)의 예와 같다.

끝으로 *soi-même*를 직접보어로서 *nous-mêmes* 대신 사용하는데 그 예는 *on trouve en ses enfants d'autres soi-même*이다.

예전 용법에서 아직까지 남아 있는 표현으로 *soi-disant*이 있는데 여기에서 *soi*는 *se* 대신에 쓰인 직접보어이다. 즉 *de soi-disant docteurs*의 예와 같다.[108)]

17세기까지 간접보어로 쓰인 *soi*는 사람이건 사물이건 한정된 주어를 아주 자유롭게 받았고 이것은 아주 논리적이었다. *Qu'il prenne garde à soi ; les crimes traînent après soi*의 예와 같다. 오늘날에는 이러한 용법이 *de soi*와 *en soi*에만 남아 있다. 따라서 *cela va de soi*가 당연히 *une explication qui va de soi*라는 표현을 이끌 뿐만 아니라 정당화시키고, 아울러 비한정 의미를 가진 *chose*의 복수형으로 *ces choses-là vont de soi, ce sont choses qui vont de soi*라는 문장을 가능하게 했다. 왜냐하면 *soi*와 *se*가 복수가 되지 말란 법이 없기 때문이다. 또한 *le beau en soi*가 *les choses qui sont belles en soi*라는 표현을 이끌었는데, 아무튼 철학용어로서 *en soi*를 많이 사용한다.

예외적이긴 하지만 *soi*를 *lui*와 대립해서 사용할 필요도 있는데, 문법학자들은 *l'avare qui a un fils prodigue n'amasse ni pour* ***soi*** *ni pour lui*라는 문장을 권하는데 이는 올바른 것이다.

이러한 경우를 제외하고는, 주어가 한정되어 있을 때 사람들은 모든 경우에 점차 *soi*를 비재귀적 인칭대명사로 대체하였다. *Qu'il prenne garde à lui ; ils ont fait cela malgré eux ; elles sont rentrées chez elles ; cette femme parle constamment d'elle* (ou

108) 이러한 표현을 사용하는 데에는 몇 가지 주의가 필요하다. 물론 *je suis* (ou *tu es*) *un soi-disant docteur*라고 말할 수는 있지만 *je suis soi-disant sévère et injuste*는 아주 나쁜 것이다. 반면에 사물은 말을 하지 않으므로 *soi-disant*이 사물을 받을 수는 없다. 아마도 *une chose se dit*는 좋은 표현으로 *une chose est dite*의 의미이다. 그러나 *une chose se dit service*는 가능하지 않으므로 *un soi-disant service*는 논란의 여지가 있다. 이러한 경우에 *prétendu*를 사용할 수 있으므로 이 단어를 쓰는 것이 더 낫다. 그런데 *j'ai attendu que soi-disant il eût fait...*라는 문장은 종잡을 수 없는 알 수 없는 문장이다.

d'elle-même)의 예와 같다. 또한 *chacun de vous dit du bien de lui-même*라고 하는데 *de vous*가 *chacun*을 한정하고 있기 때문이다. 프랑스어에서는 사물을 지칭하는 간접 보어로 3인칭 대명사를 사용하는 것을 꺼려하기는 하지만 사물에도 같은 방식을 사용한다. 이것은 사물이 항상 의인화될 수 있다는 사실에 달려 있다. *Le vent chasse devant lui la poussière ; la vertu porte avec elle sa recommandation ; les vices portent avec eux* (ou *en eux*) *leur châtiment*의 예와 같다. 물론 인칭대명사를 이렇게 사용하는 것이 재귀대명사를 사용하는 것보다 논리적이지는 않지만, 현재의 용법이 이렇다는 점에서는 의심의 여지가 없다.[109)]

9. 몇 가지 일반적 주의사항

모호함에 대하여

프랑스어에서 3인칭 소유형용사와 관계대명사를 사용함에 있어 모호함을 피하기 위하여 얼마나 조심하는가를 이미 살펴보았다.[110)] 3인칭 대명사가 주어이거나 이미 앞에서 언급된 명사 보어를 받거나 이 대명사가 무분별하게 사용되어서 모호해지지 않도록 주의해야 한다. 아마도 이 점에서 문어보다는 구어에서 더 엄격하지는 않을 텐

---

109) 언제나 이에 대해 반대를 하려고 한 작가들은 존재했다. 그러나 이것이 문학 바깥으로 나온 적은 없었고, 늘 그렇듯이 작가들은 나름의 특권을 갖고 있었다. 반면에 문어에서는 몇 가지 구별을 해야 하는데 작가들은 이것을 파악하지 못하는 것 같다. 만일 *quiconque* (ou *qui*) *ne pense qu'à soi ne peut être aimé*라고 말하는 것은 *quiconque*와 *qui*가 한정되어 있지 않기 때문인데 이것을 *celui qui*로 바꾸어도 뜻은 같다. 일반적인 의미를 갖는 명사가 주어인 경우, 즉 파스칼(Pascal)이 쓴 문장인 *L'homme n'aime pas à demeurer avec soi*에서와 같이 *avec lui-même* 대신에 *avec soi*를 쓰는 것도 가능하다. 또한 *la vertu, les vices*처럼 추상적 주어의 경우도 가능하다. 그러나 반드시 이렇게 해야 할 필요는 없는데, 아무튼 *soi*를 구체적이고 특정된 주어를 받는 것으로 하는 것은 분명히 일반적 용법과는 어긋나는 것이다.

110) 앞의 본문 136쪽과 209쪽을 참조할 것.

데, 적어도 문어에서는 모호함이 분명한 경우는 피하기 위하여 노력한다. 그렇지만 구어의 경우 어조와 상황으로 실제적인 모호함을 피할 수 있긴 하지만, 구어에서도 몇 가지 주의를 해야 한다.

인칭대명사는 가끔 그것이 속한 문장 내의 주어의 보어를 받는다. *Les vices des hommes **les** perdent le plus souvent, les vices des hommes **leur** donnent le plus souvent...*의 예와 같다. 이런 용법이 가능한 것은 이곳에서는 모호함이 생겨나지 않기 때문이다. 만일 대명사가 주어를 받으면 재귀대명사 *se*가 된다. 또한 *les vices des hommes ont pour **eux** de fâcheuses conséquences*라고 말할 수 있는 것은 의미적으로 모호함이 없고 경우에 따라서 주어를 받으려면 *eux-mêmes*를 사용할 수 있기 때문이다. 그러나 이러한 구문은 그렇게 흔한 것은 아니다.[111)]

가장 흔한 것은 바로 대명사 *il*이 모호함을 일으킨다는 것이다. 원칙상 이것은 주절이나 첫 문장의 주어를 받는다. *Jean a dit à son fils qu'**il** allait venir*의 예와 같다. 그러나 누군가가 *Jean a vu son fils et m'a dit qu'**il** allait venir*라고 말한다면 모호해지는데, 문법적으로는 *il*이 문장의 주어인 *Jean*을 받지만 머릿속으로는 *fils*를 받기 때문이다. 만일 *Jean a vu son fils, qui lui a dit qu'il viendrait*라고 말한다면 어색함은 줄어든다. 적어도 의미상으로 모호함은 없는데, *lui*는 *Jean*을 받을 수밖에 없고 *il*은 바로 앞문장의 주어인 *qui*를 받을 수밖에 없기 때문이다. 그런데 *qui lui a dit*를 *qui a dit*나 *qui m'a dit*로 바꾸면 모호함이 다시 나타나서 *il*이 누구를 받는지 알 수가 없게 된다. 구어에서는 상황으로 실제 모호함을 피할 수 있지만, 문어에서는 아무튼 이런 문장을 별로 허용하지 않는다.[112)]

---

111) 몇몇 경우에 이것을 피하기는 쉽다. 예를 들어 *le fils de votre ami le surpasse déjà*라고 말하기보다는 *le fils de votre ami surpasse déjà son père*라고 말하는 것이 낫다.

112) 부알로(Boileau)는 주저하지 않고 *Hypéride a imité Démosthène en tout ce que Démosthène a de beau*라고 적었는데, *il*을 쓰게 되면 모호해지고 *Hypéride*를 받는 것이 되기 때문이다. 반면에 이런 경우에 *celui-ci*를 사용하라고 문법학자들이 권고하지만 이렇게 명사를 반복하는 것보다 우아하지도 못하다. 초대장 등에 쓰는 짧은 문장에서도 특히 모호함을 피해야 하는데, 이 경우 인쇄된 명사가 주어 역할을 한다. *Alfred B. envoie ses compliments à M. X.. pour le succès qu'il a obtenu...* (ou *pour son beau succès*)라고 적는 것은 제대로 한 것인데 모호함이 없기 때문이다. 그러나 조금이라도 문장이 길어지거나 복잡해지면 이런 방식을 피하고 1인칭을 사용하는 것이 낫다.

또한 주어가 *on*일 때 또 다른 *on*이 다른 사람을 받으면 안 된다. 예를 들어 ***on** a dû les avertir du mauvais tour qu'**on** leur préparait*에서 두 *on*의 주어가 같은 사람들을 지칭한다고 여기게 만들 것이다. 그런데 이것은 별로 가능할 것 같지 않으므로 *qui leur était préparé*라는 식으로 바꾸면 모호함이 사라질 것이다. 반복해서 나오는 *on*이 모호하지 않게 서로 다른 사람들을 지칭할 수 있는 경우는, *on*이 아주 일반적인 의미를 가질 때이다. *On a vu ailleurs qu'on emploie les pronoms...*의 예와 같다. 물론 표현방식을 다르게 하는 것이 더 우아하다.

일반적으로 한 문장에 같은 대명사가 여러 번 나올 때 가급적 다른 사람이나 사물을 지칭하지 않아야 한다.

반면에 주어 대명사와 함께 보어대명사 *le, lui*가 나올 때, 보어대명사가 앞 절의 보어를 받고 주어 대명사가 주어를 받는다면 역시 모호함이 없다. *Jean a vu son fils et **lui** a dit qu'**il l'**emmènerait* (ou *qu'**il lui** donnerait de l'argent*)의 예와 같다. 또한 보어 대명사가 종속절의 주어를 받는 경우에도 역시 같다. *Jean a su que son fils était parti: **il** a pris le train et **l'**a rejoint*의 예와 같다. 다른 부분은 그대로 두고 *Jean a su* 대신에 *on a dit à Jean*이라고도 말할 수 있는데, 그 이유는 *Jean*이 더 이상 문법적 주어는 아니지만 말하는 사람 생각으로는 *Jean*이 주어로서 *il*이 지칭하는 사람을 바로 *Jean*이라고 여기기 때문이다.

그러나 이렇게 일치시키는 것을 절대규칙으로 여겨서는 안 된다. 예를 들어 *Jean était déjà à Paris; son fils pensa qu'**il** devait **le** rejoindre*라고 말하면 *il*은 *fils*를 받고 *le*는 *Jean*을 받는다는 사실에는 모호함이 없다. 그러나 두 문장이 *et*로 연결되거나 *comme Jean était déjà à Paris, son fils pensa qu'**il** devait **le** rejoindre*라고 말한다면 확실히 모호함이 생긴다. 왜냐하면 *il*이 주절의 주어를 받는지, 아니면 첫 절의 주어를 받는지 알 수가 없기 때문이다.

성이나 수를 다르게 하거나 문장 형태를 달리 하여 모호함을 피할 수 있다. *Jeanne a dit à Louise qu'**elle** irait **la** voir pour **lui** apprendre à broder*에서 *la*와 *lui*가 *Louise*를 받는 것은 분명하다. 그런데 자수를 배우고 싶어 하는 사람이 *Jeanne*인 경우 *Jeanne a dit à Louise qu'**elle** irait la voir pour qu'**elle lui** apprenne à broder*라고 말할 수 있다. 왜냐하면 접속사를 사용한다는 것은 주어가 바뀐다는 것을 암시

하고 두 번째 나오는 *elle*이 *Louise*를 받고 *lui*는 *Jeanne*를 받는 것이 분명하기 때문이다. 그런데 이 경우 모호함은 없지만 아주 어색한 문장이라서 구어의 경우에는 그런대로 통하더라도, 문어의 경우에는 *Jeanne a dit à Louise qu'elle irait la voir pour apprendre à broder*라고 쓰는 것이 더 낫고 또한 이렇게 말하는 것이 더 좋을 것이다.

이제 예들을 더 많이 언급할 필요는 없을 것 같다. 중요한 것은 모호함이란 결코 어렵지 않게 알아차릴 수 있다는 것과, 또한 이것을 피하기 위하여 얼마나 많은 주의를 기울여야 하는지를 충분히 깨닫는 것이다.[113)]

그 외의 주의할 점

모호함 이외에도 대명사에 대하여 주의할 점들이 있다. 즉 같은 대명사가 동시에 직접보어와 간접보어의 역할을 하는 것은 안 된다. *Tu m'a frappé et fait du mal*의 예와 같다. 지시대명사나 소유대명사와 마찬가지로 인칭대명사는 그것이 대신하는 단어와 정확히 같은 의미를 가져야 한다. 만일 볼테르(Voltaire)가 일부러 우스꽝스럽게 모호하게 한 것이 아니라면, 『자디그(Zadig)』의 한 등장인물이 말하는 문장인 *nous adorons un bœuf et nous en mangeons*은 아주 잘못된 것이다. 왜냐하면 이집트인들이 숭상하는 것은 소(*un bœuf*)이고 먹는 것은 소고기(*du bœuf*)로서 이 둘이 같은 것

113) 반면에 아주 위대한 작가들도 이 모호함을 항상 피한 것은 아니다. 보쉬에(Bossuet)가 *César voulut premièrement surpasser Pompée; les immenses richesses de Crassus lui firent croire qu'il...*라고 적었는데 이 문장에서 *lui*와 *il*이 지칭하는 것은 누구인가? 콩디약(Condillac)이 아주 적절하게 지적했듯이, 처음에는 둘 다 유일한 주어인 *César*를 받는 것처럼 보이지만 텍스트를 계속 읽어보면 *Crassus*를 받는다는 것을 알 수 있는데 이것이 이 예의 약점이다. 반면에 엄격하게 일치시키기만 하면 대명사를 남용하는 것이 충분히 정당화된다고 여겨서는 안 된다. 콩디약은 *Le colonel dit au général que le maréchal voulait attaquer l'ennemi, et il l'assura qu'il le forcerait dans ses retranchements*라는 문장을 상상해서 만들었다. 그리고 처음의 *il*과 *le*는 각각 *colonel*과 *général*을 받고 다음의 *il*과 *le*는 각각 *maréchal*과 *ennemi*를 받는 식으로 절 사이의 정확한 일치가 있으므로 이 문장이 완전히 올바르다고 말했다. 물론 이론적으로는 가능하지만 두 개의 *il*과 두 개의 *le*가 각각 같은 주어와 보어를 받는 것이 더 나았을 것이다. 게다가 이것은 문법학자가 만들어낸 가상의 문장이고, 사람들은 이렇게 말하지도 쓰지도 않을 것이다.

이 아니기 때문이다.[114)]

이것으로부터 다음과 같은 중요한 결과가 나온다. 우리는 관계대명사가 비한정 선행사를 받으려면 특별한 조건이 있어야 한다는 사실을 이미 다른 곳에서 살펴본 바가 있다.[115)] 3인칭대명사가 비한정 명사를 받으려면 의미가 같아야 하기 때문에 그 여지가 더 좁다. 옛날 사람들은 이러한 요구사항을 별로 지키지 않고, *si vous voulez qu'on vous fasse grâce, faites-**la**, l'un a raison, l'autre ne **l'**a pas, j'ai pris patience, prenez-**la** aussi* (ou *ayez-**en** aussi*)라고 말하곤 했다. 그들은 관사가 별로 사용되지 않았던 시대에서 그리 멀지 않은 때에 살았는데, 그렇게 오랫동안 관사가 붙지 않았던 추상명사의 경우에도 관사가 사용되게 되었다. 그런데 관사의 사용이 일반화되자, 동사와 명사가 분리될 수 없게 일체화된 많은 표현들 속에서 관사가 생략되게 되면 비한정화라는 현상을 만들어내서 인칭대명사가 명확성을 요구하는 것과 별로 양립하지 못한다는 것을 점차 이해하게 되었다.

사람들은 위와 같은 어법에 불일치가 있어서 불만족스럽다는 것을 어렵지 않게 알게 되었다. 따라서 *il a fait ses études en France et **la** regarde comme une grande nation ; elle a pris une femme de ménage, ne pouvant **le** faire elle-même*라고 말하는 것은 아주 잘못된 것이다. 이 모든 경우에는 대명사를 사용하는 것을 피해야 한다. *Si vous voulez qu'on vous fasse grâce, donnez l'exemple ; l'un a raison, l'autre non ; j'ai pris patience, faites comme moi.... ; regarde ce pays comme une grande nation*의 예와 같다. 아니면 할 수 있다면 명사를 한정하여, *j'ai eu de la patience, ayez-en aussi ; elle a pris une femme pour faire son ménage ; j'ai demandé ma grâce et on me l'a donnée* 라고 말한다. 이 경우에 대명사는 이미 언급된 *de la patience, son ménage, ma grâce* 를 받고 있으며 대명사와 별로 맞지 않는 모호하고 비한정된 개념을 받는 것이 아니라는 것을 알 수 있다.[116)]

---

114) 앙리 모니에 (Henry Monnier)가 조세프 프뤼돔 (Joseph Prud'homme)에게서 인용했다는 다음 문장 *Si ces cinq francs peuvent parvenir à ton bonheur, sois-le*!를 상기할 필요가 있다. 또한 *c'est un homme qui vous met à la question quand on lui en fait*라는 문장도 역시 같은 종류에 속한다.

115) 본문 210쪽을 참조할 것.

116) 프랑스의 소설가 중 한 사람이 다음과 같은 문장을 쓴 적이 있다. *Je suis homme et vous êtes assez belle pour inspirer à n'importe lequel d'entre eux...* 그런데 이 문장에서 *eux*는 누구를 가리키는가?

이러한 용법에서 자연스레 관사의 성격에 관한 것으로 넘어가는데, 관사 다음에 나오는 명사를 생략하려면 그것이 한정되어 있는 의미를 가질 때에만 가능하다. 따라서 *il ne veut plus faire grâce, parce que la dernière lui a mal réussi*라고 말하는 것은 잘못된 것이고, *parce que la dernière fois cela lui a mal réussi*라고 말하거나 *il ne veut plus accorder de grâces*라고 말하는 것이 낫다. 또한 *manquer aux égards les plus élémentaires*라는 표현에서 *un manque d'égards les plus élémentaires*라는 표현을 만들어낼 수는 없다.[117)]

1인칭과 2인칭 대명사 복수형은 가끔 단수형 대신에 쓰인다. 먼저 공손하게 말하는 *vous*가 있는데 종종 조롱하는 의미를 갖는다.[118)] 격식을 차리지 않는 언어에서는 *tu*나 *vous* 대신에 *nous*를 사용한다. 마치 변호사가 자기 고객과 일체감을 주고자 *nous*를 사용하는 것과 같다. 따라서 한 아이에게 특별한 애정을 표시하거나 필요한 경우에는 비난하는 어조를 완화시켜서 *il paraît que nous n'avons pas été sage, hier, on nous a puni* 혹은 *serons-nous plus attentif désormais?*라고 말한다. 혹은 어른에게 빈정거리면서 *ne nous gênons pas, prenons la part des autres; nous allons au théâtre toute seule*이라고 말한다.[119)]

---

117) 그런데 이런 금지사항은 모든 한정하는 요소에 적용된다. 즉, on ne passe pas *en conseil de guerre composé de...*, un train n'entre pas *en gare éloignée de la ville d'un kilomètre*라고 할 수 없다. 그러나 비한정 명사 앞에 부분관사가 올 수 있는 경우에는 가능하다. 즉, *les candélabres sont en bronze provenant de...*가 가능한 것은 이것이 동(*du bronze*)으로 되어 있고, *un voile en dentelle noire*가 가능한 것은 이것이 레이스(*de la dentelle*)로 되어 있고 *un habit à basques un peu longues*는 이것이 늘어진 옷자락(*des basques*)이기 때문이다. 반면에 *un habit à queue toute sale*은 가능하지 않다.

118) 연극에서는 연인들끼리 *tu*를 사용하는데 이것은 코르네이유(Corneille)까지 그랬다. 나중에는 *tu*를 사용하여 격렬한 열정, 화 혹은 증오를 드러냈다. 시에서도 보다 친숙함을 표현하거나 반대로 보다 엄숙하게 신이나 왕에게 말을 걸 때도 *tu*를 사용했다.

> Car le poète seul peut tutoyer les rois.

이것은 에레디아 (Heredia)가 러시아 황제(tsar)에게 말을 걸면서 한 것이다.

119) 행정상의 언어에서도 *je* 대신에 *nous*를 사용한다. 그렇지만 작가들이 특히 서문에서 *nous*를 항상 사용하는 것은 다른 사람들과 작품의 장점을 함께 하고자 하는 것이다. 이것은 *on*과 마찬가지로 가끔은 겸손함을 가장하는 것인데, 특히 빅토르 위고(V. Hugo)가 이런 방법을 썼다. 아마도 가장 좋은 것은 이런 방식을 다른 방식과 섞어서 사용함으로써, *je*를 너무 자주 쓰지는 않더라도 이것을 전혀 안 쓰는 척하지 않는 것이다.

제7장 동 사

1. 동사 인칭변화에 대한 몇 가지 주의사항[1)]

문법책에서는 불규칙동사와 불완전동사(verbes défectifs)의 어형변화를 아주 성실하게 보여준다. 그러나 유감스럽게도 문법책에서 기술하는 것은 항상 다소간 시대에 뒤처진 느낌이 있고, 이미 더 이상 사용되지 않는 형태를 제시한다. 그 결과 몇 가지 주의사항을 언급할 필요가 있겠다.

격식을 차리지 않고 말하는 경우 동사 ***aller***의 복합시제 대신에 동사 *être*의 복합시제를 사용한다. *Il a été à Paris*의 예와 같다. 원칙적으로 말해 이 문장은 *on n'est plus où on a été*의 의미이므로, 그곳에 있다는 사실과는 무관한 *il est allé*와는 의미적으로 차이가 있다. 그렇지만 문법학자들이 주장하는 이런 이론적 차이가 일상적인 용법에서 지켜지는 경우는 결코 없었다. 또한 *j'ai été me promener, j'ai été le chercher*라고 말하기도 하는데, 이는 *je suis allé*처럼 단순히 이동했다는 개념을 갖고 있다. 그런데 *je suis à Paris*처럼 *je suis me promener*라고 말하지는 않으므로 이런 문장은 분명히 논쟁의 여지가 있다. 그렇지만 이런 어법이 너무나 널리 퍼져 있어서 적어도 구어에서는 논란의 여지가 없다.[2)]

반면에 ***s'en aller***를 *s'enfuir*처럼 취급하는 것이 일반적인 관행이다. *Il s'en est fui*가 *il s'est enfui*가 된 것처럼 *il s'en est allé*가 *il s'est en allé*가 되는데, 아마도 *enfui*처럼 *enallé*라고 한 단어로 적게 되는 날이 되어야만 완전히 올바른 용법으로 정착될

---

1) 끝이 *eler, eter, ayer*로 된 동사들에 관해서는 *Comment on prononce le français*의 174, 193쪽을 참조할 것.

2) 예전에는 *je fus*의 경우에도 역시 사정은 마찬가지였다. 덧붙이자면 *aller*의 접속법 현재형이 가끔 *que j'alle*처럼 변형되기도 하는데 이는 잘못된 것이다.

것이다.[3)]

동사 ***arguer***의 음절은 두 개가 아니라 세 개이고, *tuer*나 *diminuer*처럼 *j'argu-ë, il argu-ë, il argu-ait*라고 어형변화를 하고 *fatiguer*와는 다르다.

동사 ***faillir***는 *falloir*의 쌍둥이로서 미래형, 조건법과 복합시제로만 사용된다. 게다가 미래형은 몇몇 고집스런 순수학자들이 고수하는 *faudrai*가 아니라, 훌륭한 작가들은 물론 많은 사람들이 *je n'y faillirai point*이라고 말한 지도 벌써 오래되었다. 현재형의 경우 *au bout de l'aune faut le drap*라는 속담 하나만으로 역부족이어서 이 현재형을 *manque*로 바꾼다.

Saillir에는 변화형이 두 가지인데, 분출하다(*jaillir*)는 의미로는 *je saillis*이고 돌출해 있다(*être en saillie*)는 의미로는 *je saille*로 변화한다. 물론 전혀 이렇지 않다고 반박할 수도 있을 텐데, *jaillir*의 의미로는 몇몇 세련된 시인을 제외하고는 이 동사가 아니라 그냥 *jaillir*를 사용하고 동사원형의 경우에도 수컷이 암컷과 교미하다는 의미로만 (분사와 함께) 이 동사를 사용하기 때문이다. 반면에 *être en saillie*의 의미로는 동사원형만 남아 있고 현재분사는 단지 형용사일 뿐이다. 따라서 *saillirai*와 *saillerai*를 서로 구별한다는 것은 불필요하고, 이것과 연관된 동사로 *tressaillirai*로 족하다.

Fleurir는 어형변화가 두 가지가 아니지만, 추상적 의미의 형용사 *florissant*에서 역시 추상적인 의미를 갖는 반과거형 *florissais*를 만들었다. 이것은 *fleurissais*의 의미 중 일부를 갖는다. 한편 *florir*는 아주 세련된 취미를 갖는 몇몇 작가들만 사용하는 동사이다.

Férir, quérir, ouïr는 문어에 속하는 동사들이고 동사원형으로만 사용되거나 *ouï-dire*라는 단어에 남아 있다.[4)]

Choir는 시에만 나오거나 장난 삼아 사용하는 옛 동사이다. 이 동사의 미래형 *cherra*는 『붉은 두건을 쓴 소녀(*le Petit Chaperon rouge*)』에만 나온다. *Déchoir*는 동

---

3) 가끔은 *une joie en allée*라고 적기도 하는데 논란의 여지가 많은 구문이다. 반면에 가끔 *ils s'en furent*라고 적는데 *ils s'en ont été*라고 말하지는 않으므로 올바른 것은 아니다.

4) 충분한 지식도 없이 *ouïr*의 어형변화를 복원하겠다고 주장하는 사람들은 유감스럽게도 실패하게 된다. 이 사람들이 *ouïssais, ouïssons*이라고 말하기도 하는데 이는 대단히 잘못된 것이다. 코르네이유(Corneille)는 *oyons*이라고 말하기도 했다. 다름 아닌 위스망스(Huysmans)의 글에 *requirent* 대신에 *requérirent*라는 동사가 등장한다는 것은 언급하고 싶지도 않다!

사원형, 현재, 과거분사형으로 아직 사용되고 있고 두 개의 조동사와 함께 쓰인다. 이 동사의 단순과거는 문어에 속하는데 정식 미래형은 *déchoirai*이지 *décherrai*가 아니다. *Echoir*는 3인칭 현재(*échoit*이고 *échet*가 아님), 단순과거, 그리고 미래(*échoira* 이고 *écherra*가 아님), 과거분사와 *le cas échéant*이라는 표현에서 사용된다.

Je puis는 *je peux*보다는 우아한 무엇인가를 간직하고 있다. *Pas*가 없는 부정문이나 의문문에서 *puis*만 사용한다. *Je ne puis, puis-je? qu'y puis-je?*의 예와 같다.[5]

Seoir가 *être assis*의 의미로는 더 이상 사용되지 않는다. 왜냐하면 실제로 사용되는 단어는 *séant*(*siégeant*)과 *sis*(*situé*)이기 때문이다.[6] 이 단어가 *convenir*의 의미로는 3인칭으로 *sied, siéent, seyait, siéra, siérait*의 형태로 남아 있고 현재분사인 *seyant*은 오히려 형용사가 되었다. 한편 ***asseoir***는 여러 형태를 갖고 있고, *je m'assieds, asseyez-vous, je m'assiérai*를 *je m'assois, assoyez-vous, je m'assoirai*보다 많이 사용하는데 후자는 사투리 느낌이 난다(유일하게 사용되는 것은 *surseoirai*이다). 한편 *je m'asseyerai*는 더 이상 사용되지 않는다.

일반적으로 *ne m'en veux pas, ne m'en voulez pas*를 많이 사용한다. 이것이 올바르냐 하는 것은 논란의 여지가 많으나 이 경우 이외에는 ***vouloir***의 명령형으로는 *veuille, veuillons, veuillez*가 있다. 반면에 접속법 현재형의 경우, 반과거에서 유추에 의하여 만들어진 *voulions*과 *vouliez*가 *veuillions*과 *veuilliez*를 거의 완벽하게 대체한 것 같다. *Il importe que vous le vouliez avec énergie*의 예와 같다.

Bruire는 특히 문어에 속하는 단어이고, 직설법 현재, 접속법 현재, 반과거, 현재분사에서만 형태가 바뀌는데 말하자면 *iss*라는 음절을 갖는 시제인 *bruit, bruissent, bruissait, bruissant*의 경우이다.[7]

Poindre는 중성동사(verbe neutre)로만 사용되고, 원형이나 *le jour point* (ou *poindra*)의

5) 접속법에서 *peuve*나 *pouvions*은 *émeuve*에서 유추한 것이기는 하지만 잘못된 것이다.

6) 시인들은 아직도 *sieds-toi*라고 말하는데 이것이 편리하기 때문이다.

7) 17세기부터 도입되기 시작했고 *bru-ir*나 *brou-ir*와 혼동되어 도입된 *iss*로 된 이런 형태는 원래의 형태를 완전히 대체해버려서 *bruyant*은 이제 형용사로 되었다. 유감스럽게도 몇몇 작가들은 *bruissa*라는 형태를 사용하기도 하는데 마치 원형이 *bruisser*라고 여기고 유추하여 그렇게 하는 것 같다! 이것은 *ria*나 *maudissa*처럼 프랑스어라고 여겨지는데 만일 단순과거형을 쓰라면 *bruit, bruirent*라고 할 것이다.

예에서 사용된다.[8)]

문법책에서는 단순과거와 접속법의 반과거 형태 변화를 언급하고 있는데 실제로 구어에서는 이들을 별로 사용하지 않는다.

이러한 단순과거형으로 *cousis*가 있는데 이것은 *luisis* 만큼이나 별로 사용되지 않는다. 접속법 반과거의 경우 문어에서 규칙동사의 경우에도 대부분의 경우 3인칭에 만족하는데, *que je musse, que j'assisse, que je cousisse, que je risse*라는 어형변화는 단지 장난삼아 하는 변화일 뿐이다. 이 형태와 그 외 다른 형태는 단지 이론상으로만 존재할 뿐이다.[9)] 반면에 *er*로 끝나는 많은 동사들이 원형, 분사 혹은 현재형으로만 사용되고 있다.[10)]

두 개의 조동사(**deux auxiliaires**) ***avoir***와 ***être***는 동사 변화에 유용한 역할을 한다.

이론적으로 *avoir*는 직접보어를 갖고 있는 동사의 조동사로 사용되는데, *il a aimé sa mère*는 실제로 *il a sa mère aimée*를 의미한다.

그러나 타동성이 강한 동사들은 보어 없이도 계속 *avoir*를 취할 수 있다. *Il a aimé*의 예와 같다. 그 결과 많은 자동사의 경우에도 유추에 의해 *avoir*를 취하게 되는데, *courir*와 *vivre* 같은 많은 동사들은 타동사로 여겨진다. 상태(*l'état*)와 동작(*l'action*)이라는 전통적 구분은 이 경우에는 어울리지 않는다.

사실 조동사 *être*하고만 함께 변화하는 동사들은 대개 10개 정도 있다. 이것들은 장소가 바뀌는 것을 나타내는 동사들인데, *aller, venir, arriver, partir, entrer, sortir*

---

8) 작가들은, 옛 분사형인 *poignant*이란 형용사로부터 *poignait, poignent, poignit*를 되살려서 *piquer* (ou *percer*) *au cœur*라는 능동적 의미나 비유적 의미로 사용하려고 했다. 유감스럽게도 몇몇 작가들은 위스망스(Huysmans)처럼 *poigna*라고 쓰거나, 샤토브리앙(Chateaubriand)처럼 *point* 대신에 *poigne*라고 쓰고 *poigné*라는 형태를 사용하고, 알퐁스 도데(Alphonse Daudet)나 위스망스(Huysmans)처럼 *poigner*라는 형태를 쓰기도 했다. 이런 잘못된 어법은 *bruissa* 만큼이나 틀린 것이다. 메테르링크(Maeterlinck)가 *dissolverait*라고 쓴 것을 보게 되다니 얼마나 유감스러운가? 또한 *vous mettri-ez*라고 말할 것을 *vous metteriez*라고 말하는 사람들도 있다고 말할 필요가 있을까?

9) 나는 다음 문장을 읽은 적이 있다. "*Bien que la Grèce répugnât à l'emploi des aiguilles et des ciseaux, et que deux fibules suffissent pour...*" 그런데 *suffissent*라니 이것은 정확하게 하겠다는 핑계 하에 말도 안 되는 말을 하는 것이다. 차라리 *fussent suffisantes*라고 말할 수는 없었을까?

10) 물론 장난삼아 형태 변화를 하는 *ravoir*나 과거분사가 없기 때문에 복합시제가 없는 *renaître*는 언급하지 않겠다.

와 유추에 의하여 *naître* (그리고 *éclore*), *mourir* (그리고 *décéder*), *tomber* (그리고 *échoir*), *rester*이다.[11] 이 동사들의 복합어, 특히 *venir*의 복합어는 이 동사들과 같이 형태 변화 한다.[12]

다른 동사들은 의미에 따라서 타동사나 자동사가 되고 자동사일 경우 *être*를 취한다. *Monter, descendre, retourner*도 이런 동사들인데 타동사의 의미로 사용되는 경우는 많지 않다.[13]

몇몇 동사들은 자동사임에도 두 개의 조동사를 취하는데 그 의미가 다르다. *Je* ***suis*** *demeuré confus, j'****ai*** *demeuré longtemps dans cette ville, ceci m'****a*** *convenu, nous* ***sommes*** *convenus* (*tombés d'accord*) *de ceci*의 예와 같다. 또한 *nous* ***avons*** *convenu*라고 말하기 시작한다.

그러나 두 개의 조동사를 사용할 수 있다고 여기는 대부분의 경우에 실제로는 *avoir*만 사용되고 *être*는 분사를 형용사처럼 취급하는 경우에만 사용한다. 장소 이동이 아니라 상태 변화를 표현하는 모든 동사가 이에 해당한다. *Il* ***a*** *beaucoup changé, il* ***a*** *grandi* (*grossi, maigri, engraissé, pâli, blanchi, vieilli, rajeuni, embelli, enlaidi, dégénéré*). 그러나 분사를 형용사로 사용하는 것도 역시 가능하다. *Elle est changée* (*vieillie, embellie*)의 예와 같다.[14]

---

11) *Il a resté*라고는 더 이상 말하지 않고, *le fusil* (ou *le coup*) *a parti*라고는 더욱 말하지 않는다. 돌아와 있다는 것을 의미하는 *il a sorti*는, 아직도 밖에 있을 때만 사용하는 *il est sorti*와 대립하여 사용되는 것이고, 이 표현을 만들어낸 메나쥬(Ménage) 때문에 생긴 골동품과 같은 것으로서 하나의 어법으로 공인된 적이 없다. 아무튼 이미 오래전부터 더 이상 *j'ai sorti, j'ai tombé*라고 말하지 않는다.

12) 타동사인 *prévenir, circonvenir*와 *subvenir, contrevenir, convenir, disconvenir*는 예외이다. 덧붙이자면 *entrer, sortir, tomber, rentrer*는 격식을 차리지 않은 언어에서는 타동사로 여겨지기도 한다.

13) *Monter*와 *descendre*는 오랫동안 *avoir*와 함께 동사 변화했고 대중의 어법에서 이것이 사라지지 않았다. 올바른 화법에서는 <marquer une différence de niveau>의 경우에만 이 어법을 사용한다. *Le baromètre a monté*라고 하지만 *la baromètre a descendu*라고는 말하지 않고 *a baissé*를 사용한다. 이것은 *la mer, la rente, la dépense*의 경우에도 마찬가지이다. 또한 *une plante* (ou *une jeune fille*) *a monté en graine*라고 말하지만, *le thermomètre est monté à vingt-cinq degrés* (ou *est descendu à zéro*)라고 말한다.

14) 이런 동사들은 *paraître, apparaître, disparaître, pourrir, crever, déborder, enchérir, divorcer, éclater, échouer, expirer, sonner* 등이다. 아마도 완성된 행위와 그 결과인 상태를 구별해서, *la*

가끔은 조동사 *être*가 *avoir*의 영역 침범을 막아내기도 하는데 이것도 역시 점차 사라지고 있다. 예를 들어 *échapper à*는 조동사로 *avoir*만을 취하지만 *ce mot m'**a** échappé* 이외에도 *ce mot m'**est** échappé*라고 말하는데 그 의미는 <*je l'ai dit sans le vouloir, par inattention*>이다. 반면에 *ceci m'**a** échappé*라고 항상 *avoir*를 사용하는데 그 의미는 <ceci a échappé à mon attention>이다.[15]

2. 동사의 일치에 대하여

주어가 명사이건 대명사이건, 동사가 주어와 단수 혹은 복수 일치를 한다는 사실은 너무나 당연해 보인다. 그러나 두 번째 주어가 첫 번째 주어와 수가 같지 않을 때에도 *être, paraître, sembler*가 생략될 수 있다는 것을 주목하라. *La vie paraît courte et les heures longues*의 예와 같다. 반면에 몇몇 경우에는 이 현상이 아주 복잡하다는 것을 이미 보았다. 실제 주어가 동사 뒤에 오고 동사는 가주어 *il*과 일치한다는 것도 보았다. *Il est venu quelques personnes*의 예와 같다.[16] 또한 *ce* 다음에 *être*의 복수형이 올 수 있다는 것도 보았다. *Ce sont mes frères*의 예와 같다.[17] 끝으로 관계대명사 다

---

*voiture a passé par là, la voiture est passée depuis une heure*라고 하지만 *la voiture est passée par là*라고 말하기도 한다.

15) 동사 *être*를 실제로 조동사로 사용하건, 아니면 명목상으로만 조동사로 사용하건, 이것의 이점은 시인들로 하여금 과거분사를 따로 부가형용사로 사용할 수 있도록 한다는 것이다. *Les jours disparus* (ou *expirés*), *une parole échappée*의 예와 같다. 그런데 이런 부가형용사와 대명동사에서 나온 부가형용사를 구별해야 한다. 즉 *les prisonniers échappés, les jours enfuis*는 각각 *qui se sont échappés, qui se sont enfuis*를 말한다.

16) 앞의 본문 233쪽을 참조할 것.

17) 앞의 본문 116쪽을 참조할 것. 동사가 속사와 일치하기도 하는데 이는 옛날 사람들이 했던 것이다. *Vingt mille francs est une forte somme, ce que je vous dis là ne sont pas des chansons*의 예와 같다. 그런데 이것 대신에 *c'est*와 *ce sont*을 사용하게 되었다. 또한 *tout cela, ce sont des phrases*라고 하고 *tout cela est* 혹은 *tout cela sont*이라고는 하지 않았다.

음에 동사가 어떻게 일치하고 여러 인칭의 주어 다음에는 어떻게 일치하는가도 살펴보았다.[18] 이제 우리가 살펴보아야 하는 것은 단수 주어의 의미가 복수일 때와 하나의 동사에 여러 개의 주어가 있을 때이다.[19]

주어가 하나인 경우

동사의 주어가 집합명사이고 그 뒤에 복수형의 보어가 나올 때(**quand un verbe a pour sujet un nom collectif suivi d'un complément au pluriel**), 동사는 일반적으로 보어와 일치한다. 드러난 행위의 실제 주어는 이 보어이고 그 전체가 개별적으로 그 행위를 하거나 받기 때문이다. *Une foule, une multitude de gens* ***sont venus*** *nous voir* (ou ***ont*** *été fort surpris*), *la* (ou *cette*) *foule de gens qui* ***sont venus*** *nous voir*의 예와 같다. 그러나 보어와는 별도로 집합명사를 염두에 두었을 때, 다시 말하자면 사람이나 사물의 복수 개념보다는 전체를 고려할 때 (특히 정관사의 경우가 그러한데, 다른 것도 역시 가능하다), 이 경우 동사는 집합명사와 일치한다. *La multitude* (*la foule*) *des assistants* ***est*** *si grande que...., la foule des soldats* (*une foule épaisse de soldats*) ***couvrit*** *entièrement la place, une nuée de sauterelles, qui* ***obscurcissait*** *l'air,* ***s'est*** *dissipée comme par enchantement*의 예와 같다. 또한 중간에 복수로 된 관계절이 있는 문장의 경우에도 *une collection de mots qui ne* ***sont*** *pas ordonnés suivant la logique* ***FAIT*** *difficilement une phrase française*처럼 집합명사와 일치한다.

집합을 나타내는 표현에 수(***le nombre***)가 분명하게 드러난 경우. *Un grand* (ou *un petit*) *nombre, un certain nombre, un assez* (ou *trop*) *grand nombre, un plus* (ou *moins*) *grand nombre, un nombre infini, le plus grand* (ou *le plus petit*) *nombre*, (*nombre de* 혹은 *quantité de*를 포함), 또한 *une partie, une grande* (ou *petite*) *partie, la plus grande partie* (ou *la plupart*), *une infinité, une dizaine, une vingtaine, un millier, un*

---

18) 앞의 본문 193쪽과 214쪽을 참조할 것.

19) 당연한 이야기이지만 동사는 주어와 일치하지, 단순히 삽입된 것에 불과한 주어의 동격어와 일치하는 것은 아니다.

*million*과 실제 명사라고 볼 수 있는 양의 부사들 *beaucoup, peu, plus, moins, autant, tant, force*의 경우 동사는 거의 언제나 보어와 일치한다. 그 이유는 행위를 하는 것은 주어의 복수개념이기 때문인데, 보어가 반드시 표시되지 않아도 된다. *Un grand nombre, un petit nombre, la plupart, très peu* ***sont venus***의 예와 같다.[20)]

그렇지만 한 부분(**une partie**)이 다른 부분에 대립되는 경우에는 단수형을 쓰는 것이 당연하다. *Une partie des candidats a compris le problème, l'autre partie n'y a rien vu*의 예와 같다. 또한 *c'est le petit nombre des gens qui agissent qui* ***conduit*** *le grand nombre de ceux qui se laissent faire*라고 말한다. 그런데 *un grand nombre d'enfants* ***sont*** *une charge*라고 말한다면 언급된 아이들 각자가 부담이 된다는 것이고, 이것은 가능한 하나의 의미이다. 그러나 원래 말하고자 하는 바는 아니고, *un grand nombre* (*un trop grand nombre*) *d'enfants* ***EST*** ou ***peut*** *devenir une lourde charge*라고 말하는 것이 옳은데 이것의 의미는 부담이 되는 것은 *avoir trop d'enfants*이라는 것이다.[21)]

보어가 복수이고 ***la moitié, le tiers, le quart***가 나오면 동사는 복수가 된다. *La moitié des candidats n'y* ***comprennent*** *rien*의 예와 같다. 보어가 없거나 이 단어들의 본래 의미를 명확히 하거나 절반을 다른 절반에 대립시킬 경우 동사는 단수가 된다. *La* (ou *une*) *moitié des députés* ***a*** *voté pour, la* (ou *une*) *moitié contre*의 예와 같다. 따라서 *douzaine*가 대략적인 숫자가 아니라 정확하게 *douze*을 의미할 때 단수가 온다. *Une douzaine de personnes* ***sont*** *venues*와 *une douzaine d'œufs vous coûtera plus cher*를 비교하라. 복수로 된 보어가 있더라도 고유한 의미로 사용된 *la majorité, la minorité*의 경우 항상 단수가 온다.[22)]

---

20) 또한 *il en viendra beaucoup, peu, assez, un grand nombre*라고 말하는데, 이 경우 관계대명사의 선행사 역할을 하는 것은 *en*으로 표시된 복수보어이다. *Il en est venu beaucoup, j'en ai vu une infinité, une foule, qui n'ont rien pu dire*의 예와 같다. 물론 *le nombre de spectateurs a doublé*에서는 단수형을 사용해야 함은 물론이다.

21) 물론 *beaucoup de monde, peu de monde, une infinité de monde,* (격식을 차리지 않을 때 사용하는) *un tas de monde*다음에는 단수가 오는데, 이것보다는 *il est venu beaucoup de monde*나 *gens*이라는 단어를 사용하여 *une infinité de gens ont fait...*라고 하는 것이 더 낫다.

22) 아마도 *la majorité des hommes sont convaincus que*라고 말할 수는 있을 텐데 이 경우 *la plupart*를 사용하는 것이 더 정확하다. 사실 이런 의미로 사용된 *majorité*는 영국의 국회 용어에서 차용한 기술적인 용어로 부당하게도 *pluralité* 를 대신한 것이다. *La pluralité des opinions n'est pas*

Le reste, *ce qui reste, ce qui restait, tout ce qu'il y a, tout ce qu'il y avait de* 다음에 동사를 단수로 하는 것이 보다 일반적이다. *Ce qui restait de soldats **s'en alla** trouver le capitaine*의 예와 같다. 그러나 *s'en alla trouver son capitaine*라고 말할 수는 없고 *s'en allèrent trouver leur capitaine*라고 말할 수밖에 없는데, 이 경우 가장 좋은 것은 당황스럽지 않게 *les soldats qui restaient*라고 하는 것이다.

Plus d'un 다음에는 단수가 오는데 일치가 *un*과 되기 때문이다. *Plus d'un* (ou *plus d'un soldat*) *y **périra**, plus d'un parmi vos soldats, plus d'un de vos soldats y **périra**, je connais plus d'un de vos soldats qui y **périra***의 예와 같다. 그런데 *plus d'un de vos soldats y **périront**, j'en connais plus d'un qui y **périront***이라고 말할 수도 있는데, *ils étaient plus d'un*의 경우에는 반드시 복수형을 써야 한다.[23)]

반대로 *moins de deux* 다음에는 복수가 오는데, 그 이유는 이 표현이 나누어지는 물건에 대해서만 사용되고 *moins de deux*는 항상 하나보다는 많기 때문이다. 따라서 *moins de deux y mourront*이라고 말할 수는 없고 대신 *moins de deux ans **ont** passé depuis cette aventure*라고 말하는데 *moins de deux ans*이란 거의 *deux ans*이기 때문이다.

Peu de 다음에 복수의 보어가 오면 동사는 복수가 되는데, 이것은 *beaucoup de*나 *une foule de* 다음에 복수가 오는 것과 같은 이유다. 그러나 *peu*가 한정되었을 때, 즉 ***ce peu de***와 ***le peu de*** 다음에 대부분의 경우 일치는 *peu*와 하는데 *peu*가 중요한 단어이기 때문이다. 따라서 *ce peu de mots ne **suffira** pas* (ou ***suffira** parfaitement*); *le peu de connaissances qu'il a lui **a** causé un grand préjudice* (ou *lui a procuré un sérieux avantage*)라고 단수를 사용하는데, 그러한 결과를 초래한 것이 지식이긴 하나 적은 양으로도 충분했기 때문이다. 마찬가지로 *le peu de soldats qui restent* (ou *le peu qui reste de soldats*) ***est** encore à craindre* (ou *n'**est** guère à craindre*)라고 말한다.

그런데 문법학자들이 지키는 엄밀한 구별은 순전히 이론적이고 자의적이다. 아

---

*une preuve*의 예와 같다.

23) 문어에서는 *plus d'un*을 반복하게 되면 복수가 온다. *Plus d'un père, plus d'une mère en seront inconsolables*의 예와 같다. 마르몽텔(Marmontel)은 논리에 맞게 다음과 같이 적었다. *A Paris on voit plus d'un fripon qui se dupent l'un l'autre*라는 문장에서 복수형은 상호적인 의미 때문에 정당화되는데 이것은 아주 드문 화법이기는 하다.

마도 *peu*보다는 *peu*의 보어를 강조하고, 양이 적다는 사실보다는 어느 정도 있다는 사실을 강조하고자 하면 *peu*의 보어와 일치하는 것이 부당한 것은 아니다. 따라서 *ce peu de mots* ***suffiront****, le peu de connaissances qu'il a lui* ***ont*** *procuré un grand avantage*라고 말할 수 있는데, 그렇다고 이것이 가장 일반적인 어법은 아니다.[24] 그러나 주어가 될 수밖에 없는 몇몇 구체적 보어의 경우 복수가 와야 한다. *Le peu de gens que j'ai vus m'****ont*** *dit tout ce qui s'était passé, ce peu de livres que j'ai lus ici m'****ont*** *fort intéressé*의 예와 같다.[25]

*Le*와 유사한 것은 *le plus ou moins*이고 일반적으로 *le plus ou moins de connaissance qu'il avait n'****a*** *pas pu le mener bien loin*이라고 말하는데, 대신에 *n'****ont*** *pas pu*라고 말할 수도 있다.

수의 문제에 대한 마지막 언급으로, 동사의 주어가 복수로 된 제목인 경우 복수를 사용한다는 것을 덧붙이자. *Les "Femmes savantes"* ***sont*** *vraiment une belle comédie*와 같이 복수형을 사용한다.[26]

동사와 주어의 일치에서 흥미있는 것은 일반적으로 수(***nombre***)의 문제인데, 성(***genre***)의 문제가 어려움을 야기하는 경우가 하나 있다. 집합명사와 마찬가지로 양의 부사는 (표현되었건 생략되었건) 복수형의 보어만 허용하는 것이 아니라 단수형의 보어도 허용한다. *Beaucoup* ***sont*** *venus, beaucoup d'argent* ***a*** *été donné*의 예와 같다. 그런데 이 경우 보어가 여성일 때 분사나 속사를 여성형으로 할 것인가 아니면 남성형으로 할 것인가 하는 문제가 생긴다.

먼저 지적할 것은 집합명사의 성이 항상 이긴다는 것인데, 보어가 한정되어 있지

---

24) 반면에 복수형 때문에 모순적 상황에 빠질 경우도 있다. 왜냐하면 *le peu de livres qui me restent*라고 말할 수 있다면 *le peu qui reste*라고 적어야 하기 때문이다. 그런데 *le peu qui reste me suffiront*이라고 적어야 하나 아니면 *le peu qui restent*라고 해야 하나? 그런데 단수형의 경우 *le peu qui reste suffira* (ou *ne suffira pas*)라고 적을 수 있어서 아주 단순하다.

25) 그러나 이 경우 *peu*를 한정하는 보어가 있어야 한다. 그런데 *un peu de*의 경우 1901년의 교육부 훈령이 무슨 말을 하든 이제는 더 이상 복수를 허용하지 않는다. *Quelques connaissances suffisent*라고 말하는데 이 대신에 *un peu de*를 사용하지는 않는다.

26) 제목을 어떤 단어인 것처럼 취급하는데, 마찬가지로 *le premier acte des "Femmes savantes"*라고 말한다.

않은 경우에도 그렇다. 왜냐하면 보어가 복수인 경우 행위를 하거나 받는 것은 주어 역할을 하는 이 보어인 반면에, 보어가 단수인 경우에는 보어보다는 집합명사에 사고가 집중되기 때문이다. *Une partie du vin, la moitié du vin, une grande quantité de vin a été* ***mise*** *en bouteille, un quart de l'eau a été* ***mis*** *en bouteilles*의 예와 같다. 그런데 집합명사의 경우 이렇게 하는 것이 옳다면 부사의 경우에는 더욱 그렇다. 따라서 다음의 경우 남성형을 사용하여 *beaucoup de sagesse serait bien* ***surprenant*** *de sa part ; trop de précipitation pourrait devenir* ***dangereux****, si peu d'attention* (ou *de bonne volonté*) *ne saurait être* ***souffert***라고 하는 것이 논리적이다.

그런데 다른 부사들에는 별로 관심을 보이진 않는(*négligeant d'ailleurs les autres adverbes*) 문법학자들이 *tant*의 경우에는 한결같이 소위 보어와 일치시킨다는 규칙을 고수하는 것은 어찌된 까닭일까? 이는 아마도 라신느(Racine)가 다음과 같이 말했다는 단순한 이유 때문이다.

Jamais tant de beauté fut-*elle* couronnée?

이 문장에서 우리의 생각이 *beauté*라는 단어가 지칭하는 구체적인 존재에 걸려 있다는 사실을 문법학자들은 보지 못하고 있다. 그런데 *tant*을 *beaucoup*나 *trop*로 바꾸는 것은 안 되는 걸까? 왜 *tant*은 다른 부사들과는 달리 취급될까? 나는 물론 *tant de sagesse est bien surprenante*라고 말할 수 있다는 것을 부정하지는 않는다(그리고 이것은 아마도 가끔은 귀로 듣기에 좋은가 하는 문제와도 관련이 있다). 그런데 오히려 *tant de sagesse serait bien surprenant de sa part*라고 말하는 것이 더 낫다. 따라서 앞의 라신느의 예에서와 같이 여성형을 강요하는 경우가 아니라면 남성형을 사용하는 것은 언제나 올바르다고 할 수 있다.[27)]

27) 아마도 *beaucoup d'eau* (ou *que d'eau*) *a été bue*라고 쓸텐데, *eau*가 구체적인 물건이기 때문이다. 그런데 이렇게 말하지는 않고 단순히 *on a bu beaucoup d'eau*나 *que d'eau on a bu*!라고 말한다.

주어가 여러 개인 경우

단수로 된 주어(sujets)가 두 개 혹은 여러 개가 *et*로 연결된 경우 동사는 복수가 되는데, 이 주어들이 같은 사람을 지칭하는 경우에는 단수가 된다. *C'est ton frère et ton meilleur ami qui te **parle** ici*의 예와 같다. 여러 개의 주어가 동사 뒤에 나올 경우 마치 첫째 주어만 예견된 것처럼 동사는 이것과 일치하는 경우도 가끔 있다. 즉 *à quoi **sert** ici ta bonne volonté et ta complaisance?*의 경우가 그렇다.[28)]

또한 *chaque garçon et chaque fille **auront** un livre*라고도 하고 ***aura** un livre*라고도 하는데, *chaque garçon et chaque fille aura **son** livre*라고 말할 수 있기 때문이다. 또한 *chaque état et chaque âge a ses devoirs*라고 말하는데, 이것은 각각의 의무가 다르기 때문이다.

주어가 동사원형인 경우 대립의 개념이 있으면 복수형을 쓴다. *Promettre et tenir **sont** choses fort différentes*의 예와 같다. 그 외의 경우에는 단수를 선호한다. *Se taire et souffrir en silence **est** encore ce qu'il y a de mieux à faire*의 예와 같다. 그러나 *c'**est** encore*를 사용하는 것이 더 낫다. 또한 *se coucher de bonne heure et se lever matin **est** le meilleur moyen* (ou ***sont** les meilleurs moyens*) *de se bien porter*라고 말할 수 있는데 *c'**est** le meilleur moyen*을 사용하는 것이 낫다.

여러 개의 주어가 등위접속사 없이(**les sujets sans coordination**) 동사 앞에 나올 때 일반적으로 복수형을 쓴다. 그러나 일련의 주어들이 열거되기보다는 같은 개념을 강조하는 것이거나 점차 그 의미가 증가하면서 마지막 주어가 가장 중요한 것일 때에는 단수형을 쓴다. *Une parole, un sourire, un regard **peuvent** suffire*보다는 ***peut** suffire*가 낫다. 또한 마지막 주어를 강조할 경우에도 단수를 사용한다. *Si une parole, si un sourire, si un simple regard **doit** suffire*의 예와 같다. 동사 다음에 단순히 열거되는 주어가 나올 경우에도 일반적으로 단수를 사용한다. 즉 *à quoi sert la jeunesse,*

---

28) 여러 개의 주어 앞에서 동사를 단수형으로 하는 *qu'importe*도 역시 이와 같다. 물론 복수형이 옳다. 옛날 사람들은 더 나아가서 동사 앞의 여러 주어 중 마지막 주어와 동사를 일치시켰다. *La crainte et la pudeur les retiendra*의 예와 같다. 이것은 라틴어에서 유래한 옛날 어법이고 오늘날에는 시에서만 볼 수 있다.

la santé, la richesse...?의 예가 있다.

*Chaque, tout, aucun*이 반복될 경우에도 단수를 사용한다. *Chaque peuple, chaque âge, chaque sexe* ***a*** *ses habitudes ; aucun homme, aucune femme n'y* ***sera*** *; aucun jour, aucune heure ne se* ***passera*** *sans que...*의 예와 같다.[29)]

끝으로, 열거한 것을 *tout, rien, personne, chacun*과 같은 단수명사로 요약할 경우에도 이것이 유일한 주어이므로 단수형을 쓴다. *Le potage, les viandes, les légumes, le dessert, tout* ***est*** *exquis* (ou *rien n'****est*** *médiocre*)의 예와 같다.

주어가 두 개일 때 *et*나 *et aussi*를 ***comme, ainsi que, de même que, avec***로 바꿀 수 있는데 이 경우 동사는 복수이다. *Votre père ainsi que votre mère vous* ***ont*** *laissé une grande fortune.*[30)] 또한 *la santé comme la fortune* ***veulent*** *des ménagements*의 예와 같다.

> Le Singe *avec* le Léopard
> *Gagnaient* de l'argent à la foire.

격식을 차리지 않고 말하는 경우 이러한 단어들과 접속사 *et*가 똑같은 의미인 경우에는 이런 용법이 가능하다. 그리고 이 경우에 *et*를 사용하는 것이 더 옳다고 할 수 있다. 반대로 그 의미가 같지 않을 때, 즉 이 단어들이 원래의 의미에 따라 비교를 표시할 때 (그리고 *avec*가 수단을 표시할 때) 동사에 걸리는 주어는 하나라고 볼 수 있고 단수를 사용하는 것이 옳다. *La santé, comme la fortune,*(ou *de même, ainsi, tout aussi bien que la fortune*), *veut des ménagements*의 의미는 *il faut ménager sa santé comme on ménage sa fortune*이다.[31)]

---

29) 라신느(Racine)처럼 다음과 같이 말해야 한다.

> Mais quelque ambition, quelque amour qui me *brûle*.

30) 너무나 당연하지만 *votre père ainsi que votre mère étaient de fort honnêtes gens*이라고 말해야 하지 *était un fort honnête homme*라고 말해서는 안 된다.

31) 또한 *c'est le ministre, et non ses bureaux, qui est responsable*에서 주어는 단 하나인데, *qui sont responsables*라고 말하는 경우도 있는데 이것은 그렇게 올바른 것은 아니다. 가장 좋은 것은 *c'est le ministre qui est responsable, et non ses bureaux* 혹은 *c'est le ministre, ce ne sont pas ses bureaux qui sont responsables*라고 말하거나 쓰는 것이다. 그렇지만 *ce n'est pas le ministre mais*

접속사 *et*가 아니라 (반복되었건 아니건) *ni*로 주어가 결합되었을 때(*sujets joints par ni*) 동사를 복수로 하는 것이 가장 흔하다. 왜냐하면 주어들이 서로 배척하는 것이 아니기 때문이다. *Le soleil ni la mort ne se peuvent regarder fixement* (LA ROCHEFOUCAULD)의 예와 다음의 예와 같다.

> *Ni* l'or *ni* la grandeur ne nous *rendent* heureux(LA FONTAINE)

또한 대립의 경우에도 복수를 사용한다. *Ni la douleur ni la violence n'y* ***pourront*** *rien*의 예와 같다. 즉 이것의 의미는 <la douceur et la violence sont également incapables de rien obtenir>이다. 단지 시인들만 가끔 동사의 단수형을 사용하는데, 분명한 사실은 이런 단수형이 그 자체로는 완벽하다는 것이다. 우리가 단지 말할 수 있는 것은 이것이 관례는 아니라는 것이다.[32] 그렇지만 주어를 *qui*로 받을 때 주어와 동사가 같은 절 안에 나오지 않을 수 있는데 이때 동사는 단수나 복수 둘 다 가능하다. *Il n'est ni rang, ni naissance, ni fortune qui ne disparaissent* (ou *disparaisse*) *devant une âme comme la tienne*의 예와 같다. 또한 주어가 동사 뒤에 올 때도 역시 마찬가지이다. *Ce que ne peuvent* (ou *ce que ne peut*) *rendre ni la poésie ni la peinture*의 예와 같다.

주어가 서로 배척하는 경우, 즉 어떤 행위를 부정할 때 그것이 다른 주어에 의해서만 행해질 수 있을 때 복수나 단수를 모두 사용할 수 있다. *Ni Pierre ni Jean*

---

ses bureaux (ou *c'est bien moins le ministre que ses bureaux*) *qui sont responsables*라고 말하거나 *ce ne sont pas les bureaux, mais le ministre* (ou *ce sont bien moins les bureaux que le ministre*), *qui est responsable*이라고 말하는 것도 가능하다. 그런데 이런 문장들은 문법학자나 사용하는 것이고 오히려 *ce ne sont pas les bureaux, c'est le ministre qui est responsable* (ou *ce sont bien moins les bureaux qui sont responsables que le ministre lui-même*)라고 말하는 것이 낫다. 또한 *non seulement les légumes et les fruits, mais la viande même a été fournie par la ferme*라고 말하기도 하는데, 앞의 주어의 경우 동사가 생략된 것이다.

32) 경우에 따라서는 운율을 맞추려고 단수를 사용하기도 한다. 라퐁텐느(La Fontaine)가 다음과 같이 적은 것은 당시에는 용인되던 옛날 어법을 사용한 것이다.

> *Ni* mon grenier *ni* mon armoire
> Ne se *remplit* à babiller.

*n'**auront*** (ou *n'**aura***) *le prix*의 예와 같다. 그러나 *ni Pierre ni Jean ne **passera** le premier*의 경우 단수를 사용해야 하는데, *premier*는 단수만 가능하기 때문이다. 그러나 이 경우 *ce n'est ni Pierre ni Jean qui passera le premier*라고 말하는 것이 낫다. 주어가 서로 다른 인칭일 때 동사는 1인칭 복수나 2인칭 복수를 써야 하므로 당황스럽게 된다. 즉 *ni vous ni moi nous n'**aurons** le prix* (ou *le premier prix*)라고 말할 수 있는데 *passer le premier*의 경우에는 어떻게 해야 하는가? 동사를 바꾸거나 3인칭의 주어를 써서 *aucun de nous ne passera le premier*라고 해야 한다.

Ni 대신에 *ou*를 사용할 때 가능한 한 복수형을 사용하는데 단수형도 드물지는 않다. 왜냐하면 주어끼리 서로 배척하는 의미가 더 쉽고 이런 경우를 더욱 고려하기 때문이다(parce que les sujets s'excluent plus facilement et qu'on en tient compte davantage).[33] 즉 *l'habileté **ou** la chance **font*** (*également*) *gagner des batailles ; la douceur **ou** la violence **sont*** (*également*) *inutiles ; les avantages de cette place **ou** le crédit qu'elle donne la lui **font** rechercher*라고 말한다. 그런데 *Pierre ou Jean auront le prix*라고 말하지는 않는다. 물론 *Pierre ou Jean aura le prix*라고도 말하지 않고 오히려 *c'est Pierre ou Jean qui aura le prix* (ou *qui passera le premier*)라고 말하면서 배척의 의미를 보다 명확하게 표시한다. 여기에서 *c'est*가 관계절의 단수를 자연스럽게 이끌고 있는 것이다.[34] 보다 쉬운 방식은 *vous ou moi, nous **aurons** le prix*라고 말하는 것이다.[35] 그러나 *c'est vous ou moi* (et non *moi ou vous*) *qui aurons le prix*라고 말하는 것이 더 정확하고 자연스럽고, *c'est l'un de nous deux qui aura le prix*가 더 낫다. 또한 *c'est l'un de nous deux qui passera le premier*라고 해야 한다.[36]

L'un et l'autre의 경우 보제(Beauzée)가 죽어가면서 다음과 같이 말했다는 일화를 우리는 알고 있다. *Je m'en vais ou je m'en vas car l'un et l'autre se dit...* (ou

---

33) 앞의 본문 80쪽의 부가형용사 앞에 두 개의 명사가 오는 부분을 참조할 것.

34) 또한 굳이 배척의 의미를 강조하려면 *ce sont les avantages de cette place ou c'est le crédit qu'elle donne qui la lui fait rechercher*라고 한다.

35) 라퐁텐느(La Fontaine)에 나오는 *le roi, l'âne, ou moi, nous mourrons*을 참조할 것.

36) 볼테르(Voltaire)가 *est-ce le diable ou toi qui as inventé cette manière d'argumenter*?라고 적었는데, *avez*는 부적당하기 때문이다. 아마도 *est-ce*를 반복하는 것이 더 좋을 텐데 꼭 그렇게 할 필요는 없다.

se disent). 그런데 오늘날 *je m'en vas*는 전혀 사용하지 않고, 시가 아니라면 *l'un et l'autre se dit*라고는 더욱 말하지 않고 거의 언제나 *l'un et l'autre se disent*라고 한다. 게다가 구어에서는 구체적인 사람이나 사물인 경우 문장을 *ils*로 시작하므로 당황할 일이 없다. *Ils sont venus l'un et l'autre* (*les deux* 나 *tous les deux*가 보다 빈번하게 사용된다)의 예와 같다.[37)]

Ni l'un ni l'autre의 경우에도 오늘날 동사는 복수형이 되는데 문장이 *ils*로 시작되기 때문에 더욱 그렇다. *Ni l'un ni l'autre ne **sont** venus, ils ne sont venus ni l'un ni l'autre*의 예와 같다. 정해지지 않은 사물의 경우에는 *ils*을 사용할 수 없고, *ni l'un ni l'autre ne se **disent*** (ou *ne se **dit***)라고 한다. 반면에 *ils n'auront le prix ni l'un ni l'autre*라고 말할 수는 있지만, 단수형을 사용하여 *ni l'un ni l'autre n'**aura** le prix*라고 써야 하는데 상이 하나밖에 없어서 그들이 함께 받을 수 없기 때문이다. 또한 *ni l'un ni l'autre ne **passera** le premier, ni l'un ni l'autre n'**est** ton père*라고 말해야 하는 것은 복수형이 불가능하기 때문이다. 또한 *ni l'un ni l'autre* 다음에 보어가 올 때 동사가 단수가 되는데, *ni l'un ni l'autre de ces raisonnements n'**est** exact*의 예와 같다. 즉 *ni l'un ni l'autre*보다는 보어를 쉽게 받아들이는 *aucun*이 있는 것처럼 여기는 것이다.

L'un ou l'autre의 경우에는 반드시 배척의 개념이 들어 있어서 *l'un ou l'autre **viendra***처럼 단수형을 취한다. 그런데 이것은 오히려 문어에 속한다고 볼 수 있다. 그 외에도 *il me suffit que l'un ou l'autre **soit** ici*와 보어가 딸린 *l'un ou l'autre de ces raisonnements **est** faux*가 있다.

---

37) 앞의 본문 159쪽을 참조할 것. 문어에서는 명사에도 사용하여 *l'un et l'autre mal sont à craindre, l'une et l'autre armée a succombé*라고 쓰는데, 구어에서는 이 경우 *les deux maux, les deux armées*라고 한다.

3. 동사의 보어에 대하여

여기에서 어떤 동사가 타동사인가 자동사인가, 그리고 의미에 따라서 하나 혹은 여러 개의 전치사를 요구하는 동사에 어떤 전치사가 올 것인가 하는 것에 대해서는 말할 필요가 없을 것이다. 이것은 사전에서 취급할 사항이기 때문이다. 우리는 몇 가지 일반적인 사항을 언급하는 데 그칠 것이다.

프랑스어에서는 한 동사가 직접보어를 두 개 가질 수 없는데(**un verbe ne peut pas avoir deux compléments directs**), 특히 하나는 사람이고 다른 하나는 사물인 직접보어를 두 개 가질 수 없다. 사람과 사물이 각각 직접보어가 되더라도 두 개가 함께 나올 때에는 사람인 보어가 간접보어가 된다. 즉 *enseigner quelque chose*와 *enseigner quelqu'un*이 가능하지만 이 둘이 합쳐지면 *enseigner quelque chose à quelqu'un*이라고 해야 한다.[38)]

마찬가지로 *on hérite* 다음에 ***de** quelque chose*나 ***de** quelqu'un*이 나오지만 *on hérite quelque chose **de** quelqu'un*이라고 한다.

하나의 보어가 두 동사에 공통 요소가 되려면(**un complément commun à deux verbes**) 두 동사가 같은 방식의 구문을 취해야 한다. 즉 *prendre et piller une ville*이나 *prendre une ville et la piller*라고 말할 수 있으나, *s'emparer d'une ville et la piller*의 경우에는 각 동사가 자신의 보어를 취해야 한다. 또한 *il doit obéir et faire tout ce qu'on lui dit*라고 말할 수 있는 것은, *obéir*가 전치사 *à*를 취하기도 하지만 보어가 생략될 수 있기 때문인데 이 경우가 바로 생략된 경우이다. 그러나 말하거나 특히 글로 적을 때 두 동사에 공통의 보어를 사용해서는 안 되는 경우가 있다. 즉 *présider et régler quelque chose*는 틀리는데, *on préside à quelque chose*이기 때문이다. 또한 *j'ai essayé et je suis arrivé à...*의 경우 <*on essaye de*>이므로 틀린 것이다. 그 외에도 *je suis allé et je suis revenu **d'**Angleterre le même jour ; je suis entré et sorti **du** bois par le même chemin ; je n'ai jamais vu ni entendu parler **de** rien de semblable, j'ai observé et tenu*

38) 그렇지만 두 보어가 같은 전치사를 취할 수 있다. 즉 직접보어인 사물의 보어가 동사원형이면 *il enseigne à lire à cet enfant*이라고 한다.

compte **de** *tout ce que vous m'avez dit*의 예가 있다.[39]

반면에 같은 동사에 등위되어 있는 보어는 일반적으로 그 성격이 같다(**les compléments coordonnés d'un même verbe sont généralement de même nature**). 예를 들어 같이 명사이거나 동사의 원형이다. 그러나 격식을 차리지 않고 말하는 경우 해당 명사가 없는 경우 *donnez-moi du pain, de la viande et à boire*처럼 말하는데 *à boire*가 명사 역할을 한다. 또한 *j'ai besoin d'air et de marcher, on ne parle plus de vacances ni d'aller en Suisse*라고 말하기도 하는데, 적어도 이 문장에서와 같이 동사 원형이 명사 다음에 와야 한다.[40] 문법학자들은 별로 동의하지 않겠지만 직접보어에 역시 직접보어 역할을 하는 종속절을 등위시키면 어느 정도 우아함이 생기기도 한다. 즉 *ils veulent un chef et que ce chef commande ; je comprends votre douleur et combien vous avez dû souffrir*의 경우가 그렇다. 여기에 덧붙여 각 보어에 자신의 동사를 넣는다면 문장을 지나치게 무겁게 만들 우려가 있는데, 단 종속절이 다른 보어 뒤에 와야 한다.[41]

반면에 보어에 속사를 덧붙이는 것이 가능한데 보어가 대명사가 아니어야 한다. 즉 *vous l'achèterez aussi long que vous voudrez, servez-vous de cet objet tel qu'il est*는 가능하나, *je m'en sers* (ou *dont je me sers, servez-vous-en*) *tel qu'il est*는 불가능하다. 이 경우 동사를 바꾸어야 한다.

---

39) 마찬가지로 *un enfant cher et estimé de ses maîtres*라고 말하는 것은 틀린 것이다. 더욱이 *parler contre et en faveur de quelqu'un*의 경우 *de*가 *contre*와 *en faveur*에 공통 요소가 아니므로 역시 틀리다. 또한 *agir suivant et conformément aux lois*도 틀린다. 한편 *je suis fatigué et content de me reposer*가 가능한 것은 *fatigué* 다음에는 보어가 나오지 않는 것이 명백하기 때문이다.

40) 그렇지만 동사와 명사가 같은 전치사를 취해야 한다. 즉 *j'aime les sentiments nets et à voir clair en moi-même*라고 말하는 것은 잘못된 것이다. 그런데 어느 날인가 *j'aime à voir clair en moi-même et les sentiments nets*라는 문장을 읽은 적이 있는데 우스꽝스러운 문장이다.

41) 또한 다음과 같이 말하거나 적을 수 있다. 즉 *j'aime mieux sortir et qu'on ne me dise rien ; j'aime mieux qu'on ne me dise rien et n'avoir rien à répondre, quand il comprit ce qui se passait et que même il était imprudent de continuer ; voyant la nuit tomber et qu'il était impossible de continuer*가 가능한데, 마지막 문장의 경우 *voyant que la nuit tombait*라고 적는 것이 낫다. 가끔은 *je puis me tromper et que les autres ne se trompent pas*라고 말하기도 하는데 약간은 위험하다. 간접(*indirect*)보어를 보어절과 등위시키는 것은 덜 자연스러운데, *je suis sûr de ce que je dis et que...; je vous avertis de ce qui se passe et que...*라는 문장은 글로는 쓸 수 없고 말로만 할 수 있다.

일반적으로 직접보어가 가장 먼저 나오고 다음에 간접보어, 그 다음에 상황보어가 나온다.[42] 그러나 이 순서를 너무 엄격하게 지키려다 모호한 문장이 되는 것을 피하지 못해서는 안 된다. 즉 *ramener les esprits égarés par la bonté et la douceur*라고 말해서는 안 된다. 반면에 보어의 상대적 순서(**la place respective des compléments**)는 각각의 길이가 분명하게 차이가 날 때 그 길이로 결정된다. 왜냐하면 일반적으로 아주 짧은 요소를 다소간 긴 요소 다음에 놓는 법은 없기 때문이다. 문장이 너무나 갑작스럽게 끝남으로써 코가 깨지는 것 같은 황당한 느낌을 갖지 않으려면 그렇다.[43] 즉 *il a écrit ce matin à son fils* (*qui est malade*) *une lettre très affecteuse et très consolante*라고 하는 것이 좋고 여기에 *où il lui raconte que...*를 덧붙일 수 있다.

다른 이유들 때문에 보어의 순서를 바꾸어야 하는 경우도 있다. 반면에 상황보어는 문두나 명사주어와 동사 사이에 나오는 경우가 많다. 이것은 특히 동사 다음에 보어들이 지나치게 많이 모이는 것을 피하기 위해서는 반드시 필요하다. [44]

수동태 동사의 보어(**le complément des verbes passifs**)는 원칙적으로 전치사 *par*를 취한다. 옛날 사람들은 *de*를 많이 사용하였는데 이것은 출발점 혹은 기원을 표시한다는 사실로부터 왜 이 전치사가 사용되었는지 알 수 있다. 전치사 *de*가 수동태에서 여전히 사용되고 있지만 점점 더 특별한 용법, 즉 전치사 *par*와는 다른 용법으로 아직은 널리 사용되는 것 같다. 많은 경우에 두 전치사의 구별은 아주 미묘하고 그 용법이 확립되지도 않았지만 둘 사이의 구별은 여전히 존재한다.

먼저 *de*는 수동태의 복합시제보다는 분사만 나올 경우나 분사가 조동사 *être*와 함

---

42) 에드몽 공쿠르(Ed. de Goncourt)는 남들처럼 글쓰는 것을 싫어해서 다음과 같이 적었다. 《Vous me faites l'honneur de me demander de présenter en quelques lignes au public, votre oeuvre》 그런데 남들처럼 *de présenter votre œuvre au public en quelques lignes*라고 하지 않아서 얻는 이점이 무엇인지 모르겠다.

43) 마찬가지로 긴 관계절 다음에 너무 짧은 주절로 문장을 끝내지 말아야 한다. 본문 214쪽을 참조할 것.

44) 이것은 특히 문어의 경우에 해당한다. 어느 문법학자가 다음과 같이 말한 것은 아주 올바른 지적이다. 즉 *le général passe rapidement le fleuve, le 10 au soir, par un temps sombre, sur deux ponts de bateaux*라고 말하지 말고, *le 10 au soir, par un temps sombre, le général....*이라고 말해야 한다.

께 사용될 때 나온다. 이것으로부터 쉽게 이끌어낼 수 있는 결론은 분사가 일반적 상태, 다소간 길게 이어지거나 영원한 상태를 표현하거나 형용사의 성격을 띠게 될 때 우리는 전치사 *de*를 사용한다는 것이다. 아무튼 어떤 사람이 의도적으로 어떤 행위를 수행했다는 것을 분명하게 할 필요가 있을 때, 즉 동사가 원래의 동사적 가치를 전적으로, 그리고 온전하게 간직하는 경우에는 반드시 전치사 *par*를 사용한다는 것이다.

따라서 *un homme est*(ou *était, sera*) *suivi* (ou *accompagné*) ***d'un** cortège,* ***de** ses amis,* ***de** ses parents,* ***de** ses chiens*의 경우 다소간 영속적인 일반적 사실이나 상태를 의미한다. 그러나 누군가가 어떤 사람이 어디로 가는지, 혹은 무엇을 하나 알기 위하여 뒤를 따라가거나, 그가 올바른 길에 들어서도록, 혹은 원래 출발한 곳으로 다시 데려가기 위하여 함께 가는 경우에는 *par*를 사용한다. 즉 *un homme est* (ou *a été*) *suivi* ***par*** *des espions* (ou *des policiers*)이라고 해야 하고, 만일 *d'espions*을 사용하면 그 사람과 한 패거리가 되는 경우이다. 또한 *une femme est* (ou *était*) *suivie* ***de*** *son chien* (ou ***de*** *sa domestique*)는 *elle est* (ou *elle a été*) *suivie* ***par*** *un homme*와 대립된다. 마찬가지로 *un homme est* (ou *était*) *abandonné* ***de*** *Dieu et* ***des*** *hommes,* ***de*** *ses amis,* ***des*** *médecins*은 영속적인 상태를 의미하고, *il est* (ou *il a été*) *abandonné* ***par*** *sa femme,* ***par*** *son associé,* ***par*** *son fils*와는 다르다. *On peut être environné* (ou *enveloppé*) ***de*** *toute sorte de choses ou de gens*과 *on est* (ou *on a été*) *environné* (ou *enveloppé*) ***par*** *des gens*은 다른데, 후자는 예를 들면 당신을 혼내주려고 하는 사람들에 둘러싸였다는 의미이다. 또한 *une compagnie est cernée* ***par*** *l'ennemi*의 문장을 ***de*** *l'ennemi*로 바꾸면 안 된다. 그리고 *On est contrarié* ***de*** *ce qui se passe*와 *une entreprise est contrariée* ***par*** *quelqu'un* (ou ***par*** *les circonstances*)의 대립과 *On est* (ou *on était*) *effrayé* ***des*** *conséquences d'un fait*와 *on est* (ou *on a été*) *effrayé* ***par*** *un coup de tonnerre* (ou ***par*** *l'arrivée inattendue de quelqu'un ou de quelque chose*)의 대립에 주목하자.

동사 *voir*와 *entendre*의 경우 이런 대립이 사라지는데, 이 경우에도 절대적이지는 않고 역시 예외는 존재한다. 분명한 것은 아직 일반적으로 *une personne* (ou *une chose*) *a été vue* (ou *entendue*) ***de*** (ou ***par***) *beaucoup de gens*, ***de*** (ou ***par***) *tout le monde*라고 말하는데, 이 경우에도 누군가가 특정한 장소에서 특정한 시간에 있다는

사실을 강조하려면 *il y a été vu* ***par*** (et non ***de***) *deux personnes*라고 해야 한다. 마치 un propos qu'il s'agit d'authentiquer *a été entendu* ***par*** (et non ***de***) *tel ou tel*이라고 해야 하는 것과 같다.

감정을 표현하는 동사들, 즉 *être aimé, regretté, haï, détesté, touché, ému*의 경우 *par*보다 *de* 를 사용해야 한다고 문법학자들이 반복적으로 지적했다. 그 이유는 이 분사들이 실제로 형용사의 성격을 띠고 누군가가 일부러 한 행위보다는 다소간 지속적이거나 영속적인 상태를 표현하기 때문이다.

이에 대한 마지막 증거는 몇몇 동사들의 경우 누군가가 한 행위를 의미하는 경우에만 사용되는데, 즉 *être ranimé* (ou *transformé*)의 경우 반드시 *par*를 요구한다. 또한 *être conduit, poussé, amené à faire une chose*의 경우 ***par*** *quelqu'un*이나 ***par*** *quelque chose*만 가능하다.

동사의 원형과 함께 쓰이는 *se faire*의 용법은 수동태의 용법과 정확히 같고, 이 둘은 종종 서로 같은 가치를 갖는다.

4. 직설법 시제의 용법

본래 직설법(**l'indicatif**)은 단언과 확신의 법(**le mode de l'affirmation et de la certitude**)이다. 따라서 직설법은 사실을 진술하는 데 사용된다. 그러므로 직설법은 대부분의 주절과 독립절, 그 외의 많은 절의 법인데, 직설법만 모든 시제를 갖고 있다.[45)]

---

45) 법(*le mode*)은 단지 시제(*le temps*)로 정의되는데, 법이란 바로 방식(*manière*)을 의미한다. 간단히 말해서 여러 관점에서 동사적 행위를 바라보는 방식이다. 시제(*temps*)는 논리적으로 세 개가 있다. 즉 현재(*le présent*), 과거(*le passé*)와 미래(*l'avenir*)인데, 현재란 무한한 과거와 무한한 미래 사이의 한 점에 불과하다. 문법적 정의, 즉 말하는 시점(*le moment où l'on parle*)에 의하더라도 현재에는 지속(*durée*)의 개념이 없다. 부알로(Boileau)가 다음과 같이 말했다.

Le moment où je parle est déjà loin de moi

그렇지만 실제로는 현재 시제에 감지할만한 지속의 개념을 주어야 한다. 그러나 이 지속이 경우에 따라서 무한히 다양할 수 있다. 즉 1분, 한 시간, 일 년, 한 세기 그리고 지질학적으로는 그 이 직설법 시제 각각의 고유한 의미가 충분히 정해져 있다면 그 용법도 그만큼 간단했을 것이다. 그런데 실제로 매우 복잡한 것은, 전하고자 하는 생각을 완화시키거나 생각의 다양하고도 미묘한 차이를 표현하기 위해서, 아니면 주의를 끌거나 강조하기 위하여 시제들이 끊임없이 서로 뒤섞이기 때문이다. 그러므로 매순간마다 겉으로 드러난 시제 밑에 원래의 시제는 숨어서 드러나지 않게 되는데 우리는 이것을 잘못 이해해서는 안 된다.

상이 될 수도 있다. 그러므로 얼마나 지속하는지 알 수 없는 현재형 *j'aime*에 과거 *j'ai aimé*와 미래, 문법에서는 *futur*라고 하는 *j'aimerai*가 대립된다.

그렇지만 동사의 형태 변화는 언어에 따라서 다양한 수의 시제가 있고 이것은 3개를 훨씬 초과한다. 말하자면 시제의 구분이란 실제로는 그들 사이의 관계로만 존재하고, 우리가 현재, 과거, 미래라고 이야기할 때, 과거와 미래란 현재를 출발점으로 삼아 그것과의 관계를 의미할 따름이다. 그런데 우리는 과거를 출발점으로 삼거나 미래를 출발점으로 삼아서 이들을 고려할 수도 있다. 따라서 전자의 세 시제, 사람들이 부당하게도 절대시제(*temps absolus*)라고 부르는 것 이외에도 우리가 상대시제(*temps relatifs*)라고 부를 수 있는 새로운 시제가 있는 것이다. 이론적으로는 세 시제(*trois* temps)에 관계되는 세 집단(*trois* groupes)이 있을 텐데, 언어란 보다 복잡해서 과거란 잘 알려진 것이므로 알려지지 않은 미래보다는 한결 중요하게 여겨진다.

프랑스어에서는 현재를 출발점으로 삼더라도 벌써 두 개의 과거시제를 갖고 있는데, 단순형과 복합형, *il aima*와 *il a aimé*이다.

과거를 출발점으로 삼았을 때, 그에 따른 현재를 반과거(*imparfait*)라고 한다. 즉 *à telle date, je faisais telle chose*이다. 미래는 여러 방식으로 표현하는데, *je devais faire*처럼 풀어 쓰거나 반은 법이고 반은 시제인 조건법(*conditionnel*)으로 표현한다. 즉 *je pensais alors que je réussirais dans mon entreprise* (*je pense* aujourd'hui que *je réussirai*와 비교하라). 끝으로 과거는 두 개의 복합시제로 나타낸다. 하나는 대과거(*le plus-que-parfait*)로 이전의 어느 시점을 표시하는데 *à telle date, j'avais fait telle chose*의 경우이고, 다른 하나는 바로 전과거(*passé antérieur*)로 바로 직전의 시점을 표시하는데 *quand il eut terminé, il partit*의 경우이다.

미래를 출발점으로 삼았을 때, 현재와 미래의 경우에는 똑같은 단순 형태의 미래형을 사용하는데 *à telle date* (dans l'avenir) *il fera son service militaire, et ensuite il choisira un métier*처럼 한다. 과거의 경우에는 새로운 복합형을 사용하는데 이것이 전미래(*le futur antérieur*)로 *à telle date, il aura fait son service*와 같다.

프랑스어에는 심지어 이중복합시제(les temps surcomposés)도 있다. 구어에서 단순과거를 복합과거로 바꾸는 습관이 필연적으로 복합시제에 사용된 조동사 *eus*와 *fus*를 같은 방식으로 바꾸게 만들었다. 즉 *quand il eut terminé* (ou *quand il fut arrivé*), *je lui donnai son argent* 대신에 *quand il a eu terminé* (ou *quand il a été arrivé*), *je lui ai donné son argent*이라고 말하는 것이다. 이것은 전과거의 변형인데 별로 우아하지는 않다. 다른 이중복합형도 역시 존재하지만 그렇게 많이 사용되지는 않는다.

현재

현재(**le présent**)란 말하는 순간에 존재하는 행위 혹은 상태를 나타낸다. 즉 *j'ai faim, je suis las*의 예와 같다. 그러나 과거와 미래와 현재의 경계가 순수하게 관례적이기 때문에, 언급하는 사실이 반드시 순간적일 필요는 없고 현재는 영원한 습관(*habitude*)을 지칭할 수 있다. 아주 먼 과거로 거슬러 갈 수도 있고 정해지지 않은 미래로 연장될 수도 있다. 즉 *j'aime la musique*처럼. 그러므로 *vous buvez trop*는, 경우에 따라서 두 개의 의미를 가질 수 있는데, 이 문장이 단지 현재에만 해당된다면 우리가 제공하는 식사에 나오는 것보다 지금(*en ce moment*) 더 많이 마신다는 의미이고, 다른 의미는 당신은 필요 이상으로 많이 마시는 유감스런 습관(*habitude*)을 갖고 있다는 의미이다. 현재가 이렇게 무한정 확장되는 능력을 갖고 있기 때문에, 일반적 진리, 어느 시대에나 해당하는 원리나 격언, 과학적 성격의 일반적 사실과 일반 대중의 지혜가 격언에 남겨놓은 경험적 사실, 즉 *qui se ressemble s'assemble*와 같은 예를 표현할 수 있다. 우리는 여기에서 과거를 사용할 생각을 할 수 있고 실제로 다른 언어들에는 과거로 된 예들이 있다. 그러나 일반적으로 대중의 지혜는 과학과 마찬가지로 동시에 세 시제에 모두 통하는 것이다.[46]

일반적 범주의 진리에 이와 같이 현재를 사용하다 보니 과거 시제로 된 동사에 종속된 경우에도 현재형을 쓰게 되는데, 이는 시제를 당연히 일치시킨다는 것을 어기는 것이다. 우리는 *je t'ai déjà dit que j'étais sourd*라고 말하기도 하고 *je t'ai déjà dit que je suis sourd*라고도 말하는데, *je t'ai déjà dit que l'eau bouillait à cent degrés*라고는 말할 수 없다. 또한 *je t'ai déjà dit que qui se ressemblait s'assemblait*라고 말할 수 없는 것은 이러한 종류의 굳어진 표현은 반드시 그대로 유지되어야 하기 때문이다.

현재가 과거나 미래로 확장되는 것에 그치는 것이 아니라 과거나 미래를 아예 대체해 버리기도 한다.

먼저 과거를 대신하는(**pour le passé**) 경우를 보자. 아주 최근의 사건을 말할 때 현재를 사용하는데 마치 가까운 과거를 현재와 동일시하는 것과 같다. 즉 *qu'est-ce*

46) 그렇지만 우연히 현재에 중단이 생기는 경우에는 일부러 미래에 대하여 단언하기도 한다. 즉 *qui a bu boira*는 *il y a des habitudes qu'on ne perd jamais*의 의미이다.

*que j'apprends ? on me dit que vous n'êtes pas nommé*의 예와 같다. 또한 가까운 과거 대신에 현재형이 나오는 완곡한 어법을 사용하기도 한다. 즉 *je viens d'apprendre que..., je ne fais que d'arriver*의 경우이다.

더 좋은 예가 있다. 우리는 일반적으로 예전에 일어났던 것보다는 오늘날 일어나는 것에 더 관심이 많기 때문에, 말하는 사람은 자신의 이야기를 하는 도중에 청자나 독자의 주의를 더욱 끌기 위하여 과거 대신에 현재를 사용하는데, 이것을 역사적 현재(*le présent historique*)라고 한다. 이것은 과거로 된 일련의 사실을 적절하게 중단하면서 이야기를 보다 생생하게 만드는 것이다. 물론 같은 문장 안에 현재와 과거를 함께 놓는 것은 피하는데, 이야기 중에 이들을 분별 있게 교차시키는 것은 하나의 기교에 속한다.[47]

현재가 과거를 대신하는 것처럼 미래를 대신(**pour le futur**)하기도 한다. 가까운 미래를 현재와 동일시하듯이 곧 일어날 사실을 말하면서 현재를 사용한다. 즉 *je **pars** demain* (ou *la semaine prochaine*) ; *nous **sortons** ce soir* ; *vous n'**allez** pas à Paris* ?의 예와 같다. 그러므로 *nous **déjeunons** à midi*는 두 가지 의미가 있는데, <nous avons *l'habitude* de déjeuner à midi>와<nous *déjeunerons* aujourd'hui même à midi>이다.

이 경우에도 역시 시점을 명확하게 하지 않을 때 현재형이 나오는 완곡한 표현을 사용한다. 즉 *je **vais** partir*는 *je **viens** d'arriver*와 짝을 이루고, *je **suis** sur le point de partir*는 같은 의미를 갖는다.

또 다른 표현인 *je **dois** partir*는 언제인지 명확히 하더라도 덜 가깝고 덜 확실한 미래를 지시한다. 그런데 이 표현은 특별히 유용한 점을 갖고 있다. 예전에는 두

---

47) 또한 반과거나 대과거를 현재에 종속시키는 것도 피한다. 즉 *tandis qu'il marchait, il entend tout à coup*라고 말하기보다는 *tandis qu'il marchait, il entendit*나 *tandis qu'il marche, il entend*이라고 말하는 것이 더 정확하다. 또한 *on lui apprend que sa maison brûle*의 문장을 *brûlait*가 사용된 문장보다 선호하며, *on lui demande ce qu'il a décidé*의 문장을 *avait décidé*가 사용된 문장보다 선호한다. 게다가 *il annonce qu'il partira*의 문장에서 *partirait*를 사용하지 않는 것이 낫다. 그리고 *il ordonne que des renforts soient amenés*의 문장을 *fussent*가 사용된 문장으로 바꾸는 것은 라틴어적 표현이다. 반면에 과거로 된 이야기에서 전과거를 단순과거에 종속시켜서 *quand il eut fini, il s'en alla*라고 하는데, *il s'en alla*가 *il s'en va*로 바뀌면 *quand il eut fini*는 반드시 *quand il a fini*로 바꾸어야 한다. 즉 앞으로 보게 되겠지만 복합과거는 어느 정도는 현재형과 동화될 수 있다.

개의 미래를 대립시킬 때 앞의 미래 앞에 *si*를 넣어서, *si vous* (d'une part) *en serez content, je* (d'autre part) *ne le serai pas moins que vous*라고 했다. 이것은 완벽하게 논리적이긴 한데, *si* 다음에 미래형이 나오는 것을 꺼리다 보니 *si vous **devez**...*라는 표현을 사용하게 되었고 또한 *si* 다음에 현재형을 사용할 수 있게 된 것이다.

반면에 동사 *devoir*는 확실함을 완벽하게 보장하는 것은 아니므로, 단언을 완곡히 표현하거나 가능성이 아주 많다는 것을 표현하기 위해서도 역시 이 동사를 사용한다. 즉 *elle **doit** avoir vingt-cinq ans*의 예와 같다. 그런데 그 가능성이 덜하거나 단언을 더욱 완화시키려면 *elle **peut** avoir vingt-cinq ans*이라고 말한다.

이것이 전부가 아니다. 시간절이 아닌(*non temporelle*) 종속절의 경우 주절의 동사가 미래형일 때 이것과 동시에 일어날 사실을 말할 때 현재형을 사용한다. 즉 *quand viendra le moment, je **saurai** ce que j'**ai** à faire*의 예와 같다.[48] 이것은 조건절의 경우 더욱 두드러진다. 프랑스어에서 *si* 다음에 미래형을 허용하지 않는다는 것은 조금 전에 보았다.[49] 주절이 미래형으로 되어 있으면 미래 대신에 현재형을 쓴다. 즉 *j'irai si tu y **vas**, si tu y **vas**, j'irai*의 예와 같다. 반면에 다른 언어들에서는 *si tu iras, si tu y seras allé*라고 말하는데 이것이 더 논리적이다. 더군다나 두 개의 절 사이에서 그 결과가 직접적이고 두 개의 사실이 실제로는 하나라는 것을 나타내려면 미래 대신에 현재를 사용하여 *si tu y **vas**, j'y **vais***라고 한다.

이러한 용법에서 두 개의 현재가 반과거와 조건법을 대신할 수 있다. 즉 *si tu avances, je frappe*는 *si tu avançais, je frapperais*의 의미이다. 심지어는 대과거와 조건법 과거를 대신할 수 있는데, 더 이상 실현되지 않는 사실을 마치 실현되는 것처럼 나타낸다. 즉 *si je vais à Paris, je rencontre Pierre*는 일반적으로 실현 가능한 사실을 나타내고 가장 흔하게는 습관적 사실을 나타낸다. 즉 *toutes les fois que je vais à Paris*의 의미이다.[50] 그러나 이 문장은 또한 *si j'étais allé à Paris, j'aurais rencontré*

---

48) 옛날 사람들은 시제를 일치시키곤 했다. 즉 몰리에르(Molière)는 다음과 같이 말했다. *Je viendrai voir sur le soir en quel état elle sera*의 예와 같다.

49) 물론 간접의문문에서 *si*가 조건의 의미를 갖지 않는 경우는 예외이다. *Je ne sais s'il viendra*의 예와 같다.

50) 또한 같은 의미로 *vais-je à Paris, je rencontre Pierre* 혹은 *fait-il beau, je vais me promener*라고 말하기도 하는데 이 표현에는 규칙적으로 반복한다는 의미가 들어있다.

*Pierre*를 의미할 수도 있다. 아무튼 노름에서 돈을 잃은 사람이 *si je joue cœur* (ou *en jouant cœur*) *je gagne*라고 말한다면 그 의미는 *si j'avais joué cœur, j'aurais gagné* 이다.[51)]

현재 시제를 끝마치기 전에 수동 현재, 적어도 외양상으로 수동태로 보이는 현재가 갖는 이중의 의미에 대하여 한 마디 하자. 이 수동 현재는 다른 시제 대신에 쓰이는데, 능동 현재와 같은 조건 하에서 다른 시제 대신에 사용되는데 그 빈도도 많지 않고 쉽지도 않다. 즉 *à peine arrivé, il est entouré, arrêté et mis en prison* 혹은 *il vient d'être arrêté* (ou *il va l'être, il doit l'être*); *s'il vient ici, il est arrêté*의 예를 보자. 이 모든 예에서 수동 현재는 현재 이루어지고 있는 행위를 나타내는데 이것이 바로 본래의 의미이다. 이 행위가 영속적이며 습관적인 성격을 갖는 예는 *ce chef est aimé de tous ses soldats*인데, 행위를 한 사람을 반드시 지칭할 필요가 없으므로 *ce chef est aimé*라고 하기도 한다. 즉 *il est aimé*의 의미는 *on l'aime*이다. 또한 *cette maison est bâtie par tel architecte*나 *cette maison est construite avec beaucoup de soin*도 역시 집을 짓고 있다는 것을 지칭한다. 반면에 *cette maison est bâtie en pierres de taille*는 현재 건축 중인 집을 지칭하기보다는 이미 지어진 집에 해당하는 문장이다. 따라서 수동 현재가 행위를 지칭하기도 하고 그 행위의 결과인 상태를 의미할 수도 있는데 *mon travail est terminé, l'affaire est faite, le sort en est jeté*의 경우이다. 다른 언어에서는 이러한 것에 과거를 사용하지 현재를 사용하지 않는다. 즉 *alea jacta est*의 예와 같다. 그런데 프랑스어의 경우 현재를 사용하는 것은 어떻게 된 것인가? 사실을 말하자면 프랑스어의 경우 동사를 변화시키는 것이 아니라 과거분사를 속사처럼 여겨서 형용사와 마찬가지로 *être* 동사 다음에 사용한다는 것이다. 즉 *cette maison est*

---

51) 과거나 미래 대신에 현재가 사용된다는 것을 방금 보았다. 이러한 대체는 동사의 현재 시제에 의하기도 하고 동사원형이 조동사 역할을 하는 몇몇 동사에 의하기도 한다. 그런데 이 후자의 경우는 그 자체가 단순히 현재 시제를 역시 대체한다고 볼 수 있다. 그런데 그 외의 방식도 가능하다. 현재 시제가 다른 시제를 쉽게 대체한다면 다른 시제들도 역시 현재 시제를 대체하는 것이 가능하기 때문인데 이것은 나중에 보게 될 것이다. 그러므로 *je venais vous dire, je vous dirai, je voudrais vous dire, il paraîtrait que* 등의 문장은 현재 시제로 되어 있지는 않지만 단순히 현재 시제를 완화시키는 표현이라고 할 수 있다. 현재 시제란 너무 단정적이라고 여겨지기 때문에 이들을 사용하는 것이다. 물론 *si*와 현재 시제를 결합한 <가정에 의한 명령(impératif de supposition)>도 역시 존재한다.

*remplie de monde*는 *cette maison est pleine de monde*이고, *mon travail est terminé*는 *mon travail est complet*이다. 말하자면 *est*는 더 이상 조동사가 아니라 본동사가 된 것이다.

반과거

반과거(**l'imparfait**)란 현재를 과거로 옮겨놓은 것이다. 즉 현재 대신에 과거를 출발점으로 삼아서 현재를 고려하는 것이다. 즉 *à telle date, je faisais telle chose*의 예와 같다. 따라서 현재가 과거 시제에 종속될 때 현재는 반과거로 바뀐다. 물론 현재를 유지해야 할 특별한 이유가 없는 한 그렇다. 예를 들어 *il dit qu'il travaille*는 *il disait* (*il a dit, il avait dit*) *qu'il travaillait*로 바뀐다.[52)]

그런데 이 출발점이란 것이 항상 명확하게 드러나지 않고 생략되기도 하는데, 반과거를 사용함으로써 두 사실 혹은 두 상태 사이, 즉 겉으로 드러난 것과 출발점이 된 것 사이에 동시성이 있다는 것을 표시한다.[53)]

---

52) 어떤 사실이나 일반적 진리를 단호하게 확실히 하기를 원하거나 단언해야 하는 경우에는 현재형을 유지한다. *Ils ont affirmé qu'ils étaient* (ou *qu'ils sont*) *satisfaits, ils s'imaginaient que la terre était* (*ou est*) *immobile, ils estimaient qu'un tiens vaut mieux que deux tu l'auras*의 예와 같다.

53) 이것이 바로 문어에서 실제로 소위 간접화법(*le style indirect*)에 사용된 반과거에 일어나는 것이다. 간접화법은 세 개의 절대 시제를 상대 시제로 바꾼다. 또한 간접화법은 드러나 있건 드러나지 않았건 한 동사에 종속된다. 직접화법으로 된 *Pierre dit à Jean*: *je fais..., j'ai fait..., je ferai...*를 간접화법으로 바꾸면 1인칭 대신에 3인칭으로 변해서 *Pierre dit à Jean qu'il faisait..., qu'il avait fait..., qu'il ferait...*가 된다. 주절을 생략하면 *il faisait..., il avait fait..., il ferait...*만 남게 되는데 이것이 순수간접화법(*le style indirect pur*)로서 자연주의 작가들이 이상하게도 이것을 남용했다. 대화가 없는 경우에도 이런 화법이 나오는데, 등장인물이 자신에 대하여 성찰하면서 *Ah! je suis bien toujours le même, jamais je n'ai compris que... toujours je serai dupe de...*라고 하기보다는 *Ah! il était bien toujours le même, jamais il n'avait compris que..., toujours il serait dupe de...*라고 자신에 대하여 이야기한다. 이 문장에는 *il songeait que..., il se disait que...*가 생략된 것이다. 이와같이 간접화법의 모든 시제는 이야기를 빨리 진행시키기 위하여 표현하지 않는 어떤 동사에 종속된 것이고, 바로 이 생략된 동사와 반과거 사이에 동시성이 성립한다. 즉 반과거가 왜 사용되었는지 설명이 가능한데 그렇다고 이것을 남용하는 것을 정당화 시켜주지는 않는다. 주목할 것은 주절의 동사가 생략되었을 때 이것에 걸리는 간접의문문은 시제가 아니라

반과거가 사실상 현재이므로 현재의 모든 용법을 반과거에서 발견하는 것은 당연하다. 가장 흔한 것은 습관의 반과거(*l'imparfait d'habitude*)로서 습관의 현재보다는 그 용도가 좁다. 왜냐하면 과거에만 한정되어 있기 때문이다. 즉 *j'aime la musique*에 대하여 *j'aimais la musique*에는 *alors, à une certaine époque, autrefois*를 덧붙일 수 있는데 그 의미는 이제는 좋아하지 않는다는 것이다.

또한 현재와 같이 완곡어법을 사용하여 가까운 과거를 나타낼수 있는데, (*à tel moment*) *je* ***venais*** *d'apprendre que..., je ne* ***faisais*** *que d'arriver*와 같다.

끝으로 이야기에서 과거를 현재 시제로 바꾸는 것처럼 규칙적으로 과거 시제를 반과거로 나타내지는 않는다. 그 이유는 동기가 같지 않기 때문인데, 반면에 우화나 단순히 콩트 등의 옛날 이야기에서 반과거로 시작되는 일이 많다. 즉 *il y* ***avait*** *un jour un roi et une reine*라고 한다. 이 경우 명확하지는 않지만 동시성이 있는 것은 분명하고, *il y avait*와 *un jour, autrefois* 사이에도 분명히 동시성이 있다. 그런데 *il* ***était*** *un roi de Thulé*처럼 언제인지 그 시기가 전혀 드러나 있지 않은 경우에도 마찬가지이다.[54)]

반면에 현재형이 너무 단정적으로 보이는 것을 완화하기 위하여 현재 대신에 반과거를 사용하기도 한다. 즉 *je* ***voulais*** *vous dire que...*의 예가 있다. 어떤 일을 할 의향은 있으나 상대방의 마음에 안 들면 하지 않을 것처럼 말하지만 실제로는 하겠다는 의미이다. 경우에 따라서는 존경심을 갖고 사용하는 형태인데, *Monsieur, je* ***venais*** *vous dire que...*의 예와 같다. 세심한 사람에게 충격을 주지 않으려고 말하기도 하는데, *je* ***pensais*** *que vous feriez peut-être bien de...*의 예에서 상대방이 의견에 동의하지 않으면 자신의 생각을 접으려는 준비가 되어 있다는 것을 보이는 표현이다.

미래에 대하여 말하자면, 순수한 반과거는 과거에서의 미래를 표시하기에 충분

직접의문문의 형태를 간직한다. 즉, *il lui demanda* (ou *il se demandait*) *d'où il venait, où il irait, s'il ne savait pas que...*대신에 *d'où venait-il ?* (ou *d'où est-ce qu'il venait ?*), *où est-ce qu'il irait ? est-ce qu'il ne savait pas que...?*를 사용한다.

54) 몇몇 작가들, 특히 스포츠 작가들과 운동선수들은 이상하게도 이야기 속에서 반과거를 남용한다. 그들은 *un cheval partit, passa, arriva*나 *un cheval est parti, a passé, est arrivé*라고 말하지 않고 *un cheval partait, passait, arrivait*라고 말한다. 공쿠르(Goncourt) 식 문체에도 유사한 현상이 보이는데 아마 간접화법을 남용하다 보니 나타난 현상인 것 같은데 별로 좋은 것은 아니다.

하지 않다. 그러나 가까운 미래는 현재에서와 같이 동사원형 앞에 조동사의 반과거를 사용하여 표현할 수 있다. 즉 *j'**allais** partir*는 *je venais d'arriver*와 짝을 이루고, *j'**étais** sur le point de partir*도 역시 같다. 또한 *je **devais** partir* 역시 과거에서의 미래를 지칭하는데 일반적으로 더 먼 미래를 의미하며 통상 실현되지 않는다는 의미이다. 이 표현 이외의 경우에는 실현 가능하다는 의미가 들어있다. 또한 *je croyais qu'il devait partir hier*는 좋은 문장이지만 종속절을 *qu'il partirait*로 바꾸면 어색하다. 끝으로 *elle **devait*** (ou *elle **pouvait***) *avoir vingt-cinq ans*은 *elle avait*라는 반과거의 단언적 성격을 완화하는 효과가 있다. 물론 그럴만한 개연성이 크다는 것을 의미한다.

이것이 전부는 아니고, *si tu y vas, j'irai*라는 모델을 근거로 *si tu y **allais** j'irais*라는 표현이 만들어졌다. 여기에서 반과거가 조건법을 대신한다고 할 수 있는데, 왜냐하면 다른 언어들에서는 논리에 맞게 *si tu irais*라고 하기 때문이다. 그런데 프랑스어에서는 이것을 허용하지 않는다.[55] 또한 *si* 다음에 현재형이 두 개 나올 수 있는 것처럼 두 개의 반과거도 역시 나올 수 있다. 즉 *si je vais à Paris, je rencontre Pierre*에 *si j'**allais** à Paris je **rencontrais** Pierre*가 정확하게 일치하는데 이것은 두 개의 의미를 갖고 있다. 하나는 *toutes les fois que j'allais à Paris, je rencontrais Pierre*인데 이것은 습관의 반과거(l'imparfait d'habitude)이고,[56] 다른 하나는 *si j'étais allé à Paris, j'aurais rencontré Pierre*이다. *Si tu **avançais**, je **frappais***의 유일한 의미는 *si tu avais avancé, j'aurais frappé*이다. 반면에 *si tu avais avancé, je **frappais***라고도 말하고, 내기를 잘못한 사람이 *si je **jouais** cœur* (ou *si j'avais joué cœur, en jouant cœur*) *je **gagnais***라고 말하는데 현재형보다는 현실감이 덜 하지만 반과거 원래의 의미에 가까운 것이다. 또한 *sans vous je partais*는 <si vous n'aviez pas été là, je serais parti>의 의미이다. 또한 어떤 행위가 시작되어서 진행되고 있다고 가정할 수 있는데 이것이 반과거의 원래 의미이다. 즉 *je partais* (j'étais en train de partir) *quand vous m'en avez empêché*의 경우이다. 그러나 이것의 본래 의미는 조건법 과거라고 보아야 한다.

---

55) 일반적으로 실현 불가능한 바람을 나타내는 표현에서 *si* 다음에 반과거를 사용하는 것도 역시 같다. 즉 *ah! si je pouvais*의 예와 같다. 여기에서 주동사는 생략된 것이다.

56) 이러한 의미로 *allais-je à Paris, je rencontrais Pierre, faisait-il beau, j'allais me promener*라고도 말한다.

게다가 반과거가 조건법 과거의 의미로 사용되는 동사가 두 개 있는데 그것은 *je pouvais*와 *je devais*이다. 즉 자신이 할 수 있었거나 해야만 했던 것을 하지 못했다는 것을 의미할 때는 *j'aurais pu*와 *j'aurais dû*와 같은 의미가 된다.

수동태 반과거는 수동태 현재와 정확하게 같다. 즉 *il était aimé*는 *on l'aimait*이고 하나의 행위를 나타낸다. 그런데 *cette maison était bâtie en pierres de taille*는 반대로 상태를 나타내고, 그 집이 파괴되었거나 무너져서 이제는 더 이상 존재하지 않는다는 의미이다. 다른 언어에서는 대과거를 사용할 텐데 프랑스어에서는 동사 *être*에 속사를 사용하여 *cette maison était remplie* (ou *pleine*) *de monde*라고 표현한다.

단순과거와 복합과거

프랑스어에는 현재에 대한 과거를 표시하기 위하여 두 개의 시제를 사용하는데 그것은 단순시제와 복합시제이다.

단순과거(혹은 정과거)(***le passé simple*** ou *passé défini*)는 어떤 사실이 이전에 완전히 끝나고 이미 대체로 결정된 상태라서 현재에 어떤 영향을 미치는지 전혀 고려할 필요가 없는 것을 말한다. 즉 *à telle époque, il aima, il reçut, il écrivit*의 예와 같다. 이것은 역사적 사실이나 설화의 자연스러운 시제인데, 이 경우 당연히 사건의 연속이 현재와 관련이 없고 현재 시제는 이야기에 활력을 주기 위해서만 사용된다. 그러나 이 시제의 용법은 남부 지방(*le Midi*)을 제외하면 문어에 국한되어 있다. 구어에서 이 시제를 사용하더라도 3인칭, 특히 복수 3인칭에서만 사용한다. 그런데 누군가가 진지하게 *nous allâmes*라고 말하는 것을 듣는다면 웃음을 참아야만 한다. 또한 *tu allas*나 *vous allâtes*는 더욱 우스꽝스러운 것인데 이들 형태는 재미삼아 하는 경우에만 사용될 따름이다. 이것은 유감스러운 경우이긴 하나 우리로서는 어찌할 수 없는 것이고 구어에서는 단순과거가 복합과거에게 자리를 완전히 양보했다고 볼 수 있다. 수동태의 경우도 역시 같다. [57)]

---

57) 경제적인 이유로 단순과거를 사용하는 곳은 전보국(les agences télégraphiques d'informations) 밖에는 없다.

복합과거(혹은 부정과거)(***le passé composé*** ou *passé indéfini*)는 원칙상 최근의 어느 시점에 끝나고 그 여파가 현재에 미치는 사실을 지칭한다. 즉 *j'ai terminé mon travail, je suis arrivé à mon but*의 예와 같다.[58] 따라서 복합과거는 아직 끝나지 않은 시간 동안 이루어진 사실에 대하여 사용되었다. 즉 *je l'**ai vu** deux fois cette semaine* (ou *cette année*)은 *je le **vis** la semaine dernière* (ou *l'année passée*)와 대립된다. 그런데 이런 구별은 문어에만 겨우 남아 있고, 구어의 경우 복합과거만을 사용하므로 이런 구별 자체가 없다. 즉, *je l'**ai vu** hier, je l'**ai vu** aujourd'hui*의 예와 같다.[59]

가까운 미래를 현재 시제를 사용하여 나타낸 예는 *je pars demain*이고, 가까운 전미래는 과거를 사용하여 나타내는데 그 예는 *encore un instant et j'**ai fini**, j'**ai fini** dans un instant*이다. 원래는 *j'aurai fini dans un instant*일텐데, 아주 짧은 순간이 끝나는 그 때 나는 이미 끝내놓은 상태일 것이라는 의미이다. 가까운 미래가 현재로 여겨진다면 이 가까운 미래 바로 전은 현재 이전, 즉 과거로 여겨진다는 것을 쉽게 상상할 수 있다. 근본적으로 이것은 하나의 과장법의 형태인데, 과장법이 없는 언어가 없는 것은 자기의 생각을 표현할 때 과장함으로써 보다 힘 있게 표현할 수 있으리라 여길 수 있기 때문이다.

시간절이 아닌(*non temporelle*) 종속절에서 복합과거가 전미래를 역시 나타낼 수 있는데, 이것은 주절의 미래 시제 이전의 사실을 지칭하기 위함이다. 즉 *je viendrai voir ce soir quelle résolution vous avez prise*의 예와 같다.[60]

조건절의 경우 복합과거의 사용은 보다 두드러진다. 우리는 앞에서 현재 시제가

---

58) 문법학자들은 복합과거를 상태를 표현하는 현재와 동일시하기도 했다. 즉 *j'ai terminé mon travail*란 <*mon travail est terminé*>이고, *j'ai mangé*는 <*je suis* dans l'état produit par un repas terminé>와 같은 것이다.

59) 이러한 구별이 아주 분명한 예가 있는데, 그것은 다음의 크레비용(Crébillon)의 멋진 예이다. 왜냐하면 그가 이런 선택을 명백히 하고 있기 때문이다.

La crainte *fit* les dieux, l'audace *a fait* les rois

예전에, 즉 이미 지나가버린 시대에 두려움 때문에 신을 만들었는데(*fit*), 아직도 통치하고 있는 왕들을 만든(*a fait*) 것은 무모함이다.

60) 옛날 사람들은 이 경우에 전미래를 사용했다.

Et je connaîtrai bien si vous l'aurez instruite.

앞의 본문 307쪽 49번 주를 참조할 것.

si 다음의 미래와 주절의 미래를 대신한다는 것을 보았다. 즉 *si tu y vas, j'y vais*의 예이다. 여기에서 과거시제는 주절의 미래나 심지어 조건법까지도 대체할 수 있는데 특히 동사가 조동사 *être*와 함께 쓰이고 *si* 다음에 현재 시제가 나올 경우에 그렇다. 즉 *si tu avances, je frappe*처럼 *si tu avances, tu* ***es mort***라고 하는데 이것의 의미는 *si tu avances, tu mourras*나 *si tu avançais tu mourrais*이다. 또한 *si je joue cœur, je gagne*외에도 *si je joue cœur* (ou *en jouant cœur*) *j'****ai gagné***라고 말하면 그것은 *si j'avais joué coeur, j'aurais gagné*의 의미로 조건법 과거 대신에 쓰인 것이다.

끝으로 지적하고 싶은 것은, 격식을 차리지 않는 언어에서는 조동사로 *devoir*와 *pouvoir*를 사용하여 이들 현재형 다음에 동사원형의 완료형을 사용하는 대신에 이들 조동사의 복합형 다음에 동사의 원형을 사용하는 것을 이상하게도 남용한다는 것이다. 즉 *vous avez dû le rencontrer*에서 *devoir*는 분명히 조동사이고 *vous devez l'avoir rencontré*라고 말하는 것이 보다 정확한 표현일 것이다. 즉 현재로서는 (*actuellement*) 당신이 그를 만났을 가능성이 있다는 의미이다. 그런데 이 정확한 표현을 방해하는 것이 전혀 없으므로 시제를 뒤바꾸는 것은 전혀 불필요하다고 볼 수 있는데 특히 글로 쓸 경우에 그렇다. 그런데 *pouvoir*의 경우에는 시제가 이렇게 바뀌는 것을 더 쉽게 설명할 수 있다. 그런데 *je ne sais pas ce qu'il a pu faire, j'ai pu faire une erreur*보다는 *je ne sais pas ce qu'il peut avoir fait, je puis avoir fait une erreur*가 더 정확하게 말하는 것이고 또한 올바르게 쓰는 방법일 것이다. 우리는 나중에 동사 *vouloir*의 조건법과 다른 동사들의 경우에도 *devoir*와 *pouvoir*처럼 시제가 이렇게 바뀌는 것(interversion)을 보게 될 것이다.[61]

61) 이렇게 복합과거가 다른 시제 대신에 사용되는 것과 마찬가지로 다른 시제들이 복합과거 대신에 사용되기도 한다. 우리는 이미 앞에서 근접과거 대신에 현재 시제를 사용하는 것을 보았다. 즉 *j'apprends à l'instant que...*의 예가 그렇다. 어떤 경우에는 반과거를 사용하여 *il y avait un jour...*라고 하고, 겉으로 보기에 수동태 현재형처럼 보이는 *l'affaire est faite*가 있다. 우리는 또한 과거 사실을 이야기하면서 미래 시제를 사용하는 방식과 *il aura fait, il aurait fait*가 과거에 관해 언급하면서 어조를 완화시키고 있음을 보게 될 것이다.

전과거와 대과거

프랑스어에는 과거를 기준으로 하여 (상대적으로) 과거를 지칭하는 시제가 두 개 더 있다.

소위 전과거(***le passé*** dit ***antérieur***)는 과거의 사실 바로 직전의 사실을 지칭하기 위하여 사용되는데 일반적으로 시간 접속사에 의하여 과거의 사실에 종속된다. 즉 *quand il eut fini, il s'en alla* 혹은 *il s'en alla quand il eut fini*와 같다.[62)]

반면에 종속관계를 바꿀 수도 있는데, 즉 이전 사실을 출발점으로 삼는 것으로 이때 전과거 대신에 대과거를 사용한다. 즉 *quand il s'en alla, il avait fini* 혹은 *il avait fini quand il s'en alla*의 예와 같다. 이것은 특히 이전 사실이 바로 앞서는 경우에 일어나는 것이다. 즉 *il fit imprimer son livre dix ans après l'avoir terminé*는 올바르지만 *après qu'il l'eut terminé*라고 말하는 것은 틀리고, 반면에 *il avait terminé son livre depuis dix ans quand il le fit imprimer*는 올바른 것이다.

전과거로 표시된 행위가 어떤 행위보다 뒤에 일어나려면 그 행위는 대과거로 되어 있어야 한다. 즉 *quand il eut fini, son frère était déjà parti*의 예와 같다. 이 경우 전과거는 단순과거에 비해 그 행위가 보다 완전하게 끝난 상태라는 것을 나타낸다. 그러나 *quand il termina, son frère était déjà parti*라고 말하는 것과 그 의미는 거의 같다고 볼 수 있다.

반면에 전과거는 주절에서도 사용되는데, 그 예는 *il eut bientôt fini* 혹은 *en quelques instants il eut fini*이다.[63)]

---

62) 물론 전과거는 직설법에 속하므로 단순과거와 마찬가지로 <accent circonflexe>가 없이 *il eut, il fut*라고 한다. 그러나 프랑스의 훌륭한 신문이나 잡지에서 *dès qu'il eût* (ou *fût*), *aussitôt qu'il fût arrivé* 등을 읽게 되는데, 아마도 단순과거와 접속법 반과거, 특히 전과거와 접속법 대과거를 혼동하고 있는 것이 일반적 현상처럼 보인다.

63) 여기에서 전과거로 표시된 행위는 어떤 다른 행위보다 앞서는 것 같지는 않다. 따라서 자격 있는 문법학자들(grammairiens qualifiés)은 이런 전과거를 완료과거(*un passé accompli*)라고 부른다. 즉 그들은 이 과거를 상대적 시제로 보지 않는 것이다. 그런데 이것은 단순한 착각에 불과하다. 왜냐하면 종속절이 아닌 곳에서 사용된 전과거도 시간을 나타내는 표현이 없으면 전혀 사용되지 않는데 이 표현이 동사 역할을 하는 것이다. 즉 *en quelques instants il eut fini*라고 말하면, *quand il eut fini, quelques instants à peine s'étaient écoulés*라고 말하는 것과 같고 또한 순

가장 일반적인 경우는 전과거가 단순과거에 종속되는 것인데, *quand il eut fini, il s'en alla*의 예와 같다.[64] 이 두 시제 사이에는 완벽한 대응관계가 있는데 복합시제인 전과거의 경우 조동사 자신이 단순과거이기 때문이다. 그런데 구어에서는 이 단순과거를 꺼려한다는 것을 우리는 알고 있다. 조동사의 단순과거와 전과거에 대해서도 역시 꺼려한다. 반면에 전과거는 주절에 복합과거가 나올 경우에도 잘 사용되지 않는다. 즉 *quand il eut fini, il est parti*라고 말하지 않는다. 따라서 오래전부터 전과거의 조동사를 복합과거로 바꾸게 되었는데, 달리 말하면 전과거를 이중복합과거로 바꾸게 되었다는 것이다. 이렇게 해서 주절의 복합과거와도 사용이 가능해진다. 즉 *quand il* ***a eu*** *fini, il est parti* 혹은 *en trois minutes il* ***a eu*** *fini*가 가능하다. 조동사로서 *être*만 사용할 수 있는 자동사의 경우에도 역시 이 방법을 사용한다.[65] 즉 *en trois minutes il* ***a été*** *revenu*의 예와 같다. 이 이중복합과거 시제 중 적어도 조동사로 *avoir*를 취하는 것은 문어에도 사용되기 시작하는데, 앞으로 더 많이 사용될 가능성은 있지만 별로 좋은 것은 아니다. 한편 조동사 *être*를 갖는 이중복합과거는 아직은 어법에 맞지 않는다고 할 수 있다.[66] 전과거를 사용하지 않고도 정확하게 말하고자 하는 사람들은 다른 방식을 사용하고 또한 전혀 당황하지 않는다. 예를 들면 대과거를 사용하거나 조동사를 생략하는 어떤 표현을 사용하기도 한다. 즉 *à peine avait-il fini qu'il est parti, après avoir fini* (ou *son travail fini*), *il est parti, à peine* (ou *une fois*)

서를 바꾸어서 *quand quelques instants se furent écoulés, il avait déjà fini*라고 말하는 것과 같다. 또한 *en quelques instants il avait fini*라고 말할 수 있는 것은, 대과거가 역시 완료된 과거가 될 수 있기 때문이다. 결국 이런 구별은 불필요하다고 볼 수 있다. 주절에 사용된 전과거란 보다 간단하고 생기 있는 표현일 따름이고, 하나의 절과 종속 표현을 절약할 수 있는 것이다. 이렇게 절약할 수 있다는 것은 언어의 경우 항상 이득이라고 볼 수 있다.

64) 이것은 복합과거가 현재형에 종속되는 것과 같다. 즉 *quand il a fini, il s'en va*의 예와 같다.

65) 앞의 본문 312쪽을 참조할 것.

66) 우리가 *quand il a été arrivé* (ou *revenu*)라는 표현을 들으면 우리는 항상 <누구에 의하여(par qui)> 라고 묻고 싶어진다. 그 이유는 이 형태가 원래는 수동형이기 때문이다. 분명히 상태를 표현한다고 여겨지는 두세 개의 분사, 즉 *mort, éclos*와 *échu* 정도만 형용사로 취급될 수 있다. 즉 흔히 사용되는 *quand il a été mort, quand l'œuf a été éclos, quand le billet a été échu*의 예와 같다. 그런데 수동태에서는 이런 이중복합과거를 피하는데 나름 이유가 충분하다. 그런데 능동태라고 이것이 반드시 필요한 것일까?

arrivé (ou *de retour*), *quand il a été de retour, en trois minutes il avait fini* (ou *il était revenu*)의 예와 같다.

대과거(**le plus-que-parfait**)는 역시 과거인 어떤 행위 이전에 일어난 행위를 표시하는 데 사용된다. 즉 (à tel moment dans le passé) *il avait terminé* (ou *il était arrivé, il avait déjà été blessé*)의 예와 같다. 또한 *j'avais toujours fini en même temps que lui* (*après lui*)라고 말할 때, 동시에 혹은 계속해서 일어나는 두 개의 사실을 의미하고 또한 습관적 사실을 의미하기도 하는데 두 개의 사실은 기준이 되는 과거보다 그 이전이어야 한다. 따라서 과거의 사실이 다른 과거에 종속되게 되면 대과거로 바뀐다. 즉 *il dit qu'il a travaillé*는 *il a dit qu'il avait travaillé*가 되어야 하고 그렇지 않다면 복합과거를 사용하는 특별한 이유가 있어야 한다.[67]

대과거의 이런 일반적 의미 때문에 대과거로 전과거를 대신하는 것이 가능하다. 그러나 대과거가 전과거를 대신하려면 대과거가 주절에 있어야 한다. 반면에 전과거는 일반적으로 시간의 접속사가 있는 종속절에 나온다. 그렇다고 대과거가 시간의 접속사와 함께 나올 수 없다는 것은 아닌데, 주절이 습관의 반과거(*l'imparfait d'habitude*)로 되어 있다면 대과거는 습관이나 반복을 표시한다. 즉 *lorsqu'il avait fini, il partait*의 예와 같다.[68]

주절이 조건법 과거인 경우 *si* 다음에 조건법 과거 대신에 대과거를 사용한다. 즉 *si tu y allais, j'irais*에 대응하는 문장이 *si tu y étais allé, j'y serais allé aussi*이다. 다른 언어에서는 논리에 맞게 *si tu y serais allé*라고 하는데, 프랑스어의 경우 이를 허용하지 않는다.[69] 그런데 주절의 동사가 상태를 표현할 때 이것을 역시 대과거로 표현하기도 한다. 즉 *si tu avais avancé, tu étais mort; sans vous* (si vous n'aviez pas été là) *j'étais mort*라고 한다. 주절에만 대과거를 사용하여 *si tu avançais, tu étais mort*라

67) 본문 309쪽 53번 주에서 반과거에 관하여 언급한 것을 참조하기 바란다. 그런데 여기에서 언급하는 이런 경우는 매우 드물다.

68) 간접화법(*le style indirect*)에서 과거 시제를 대체하는 대과거에 대해서는 앞의 본문 314쪽 61번 주를 참조하기 바란다.

69) 실현 불가능하거나 후회를 나타내는 표현인 *ah! si j'avais pu!*, *si j'avais su!*의 경우에도 역시 마찬가지이다. 이 경우 주절의 동사는 생략된 것이다.

고도 한다. 노름에서 잃은 사람이 *si j'avais joué cœur* (ou *si je jouais cœur, en jouant cœur*), *j'avais gagné*라고 다양하게 말할 수 있는데 그 의미는 *j'aurais gagné*이다.[70)]

끝으로 대과거는 너무 단정적이거나 별로 존경을 표현하기에 적합하지 않는 현재형 대신에 어조를 완화하는 효과를 내는데 반과거보다 더 강한 효과를 낸다. 즉 *Monsieur, j'étais venu vous dire que...; j'avais pensé que vos feriez peut-être bien de...*의 예와 같다.[71)]

미래와 전미래

단순미래(**le futur simple**)는 말하는 순간 이후에 있을 행위나 상태를 표시한다. 즉 *je ferai telle chose, je serai guéri*의 예와 같다. 또한 역시 미래인 상태나 행위에 대하여 그 이후나 그와 같은 시점의 행위나 상태를 지칭하는 데 사용된다. 즉 *quand il sera près de vous, il vous dira...; puis il vous quittera et retournera chez lui*의 예와 같다.

미래는 가끔 현재 대신에 사용되어서 단언을 완화하기도 한다. 즉 *je vous dirai que...; ce sera probablement lui qui a fait cela*의 예에서는 단언하기 전에 우선 앙케이트의 결과를 보고난 다음에 말하는 것과 같다. 게다가 보다 존경심을 담아서 요구하려면, *je vous demanderai la permission de ne pas venir demain*이라고 말하는데 마치 허가를 받고 난 다음에 요구를 하겠다는 식이다.

미래는 현재 명령을 대신하기도 하는데, 특히 빈정거리는 느낌이 들어가 있을 때

---

70) 아마도 주절이 조건법일 때 *si* 다음에 이중복합 대과거를 사용하는 것을 보다 잘 이해할 수 있을 것이다. 사실 *s'il avait fini, il partirait*라고 말할 때, *il partirait*가 조건법 현재인 것이 자연스러운 것은 대과거 *s'il avait fini* 안에서 단지 현재 상태인 현재의 결과만을 기대하기 때문이다. 그런데 조건법 현재가 대과거와 함께 쓰이는 것의 자연스러운 결과는 조건법 과거가 이중복합 시제와 함께 사용되어야 한다. 즉 *s'il avait eu fini il serait parti*의 예와 같다. 그런데 수동형을 사용하면 더 나은 것은, *si son travail avait été terminé*에서 동사의 형태 변화를 지키고 있다는 것이다. 아마도 형용사로 여겨지는 분사를 사용하여 *si l'œuf avait été éclos, si le billet avait été échu*라고 말할 수 있을 텐데, 그렇다고 *s'il avait été mort*라는 표현은 권하기가 어렵다.

71) 앞의 본문 311쪽을 참조할 것.

명령형을 완화하기 위해서 *vous me permetterez de vous dire...*라고 말한다. 그런데 이때의 직설법 미래는 존재하지 않는 명령법 미래를 대신해서 사용된 것이다. 왜냐하면 뒤에 살펴볼 텐데 명령법 현재가 명령법 미래를 대신할 수 있고 특히 일반적 범주의 명령의 경우에 그러하다. 그런데 특별한 사실에 관하여 명확한 날짜를 표시하지 않고 명령할 때 미래형이 거의 필요하다고 볼 수 있고 아무튼 아주 편리하다. 즉 *vous irez, vous ferez, vous sortirez par telle porte, vous apprendrez telle leçon* 등이다. 이때 명령형을 쓰는 것처럼 단호한 명령을 의미한다. 의문문을 사용하여 *vous tairez-vous*? (ou *est-ce que vous allez vous taire*?)라고 하면 보다 엄한 명령을 의미한다.

끝으로 이야기에서 과거 대신에 현재를 사용하듯이 출발점이 과거 사실인 경우에도 미래를 사용하는 것이 자연스럽다. 즉, *désormais Louis XIV dira, fera, ne fera pas...*의 예와 같다.[72] 그리고 *on verra* (ou *on va voir*) *bientôt de graves événements s'accomplir*는 이미 오래 전에 끝난 사건에 대하여 말하는 것이다.

전미래(**le futur antérieur**)는 전과거와 밀접한 대응관계를 이루고 있다. 그런데 구어에서 전미래에 대해서는 반감을 보이지 않는데 그 형태에 단순과거가 관여하지 않기 때문이다.

전미래는 원칙상 어떤 미래의 사실 바로 앞에 일어나는 것을 표시하려고 사용한다. 따라서 시간의 접속사에 의하여 자연스럽게 이 미래의 사실에 종속되는데, 전과거의 경우와 마찬가지이다. 즉 *quand il aura fini, il s'en ira*나 *il s'en ira quand il aura fini*의 예와 같다.[73]

그런데 종속관계를 바꿀 수도 있는데, 즉 출발점을 바로 앞선 사실로 삼는 것이다. 이 경우 전미래(*futur antérieur*)가 주절에 나오는데, 전과거 대신에 대과거를 쓰듯이 이 전미래를 대신할 다른 시제가 없기 때문이다. 즉 *quand il s'en ira, il aura*

---

72) 우리는 앞의 본문 306쪽에서 어느 정도까지 미래 대신에 현재를 사용하는지를 보았다. 즉 가까운 미래를 지칭하는 여러 표현인 *je pars demain, je vais partir, je dois partir*의 경우와 시간절이 아닌 종속절에 나오는 예인 *je saurai ce que j'ai à faire*가 있다. 특히 *j'irai quand tu iras*와 *j'irai si tu y vas*를 비교해보라.

73) 시간절이 아닌 종속절의 현재와 과거를 참조하라. 즉 *je viendrai voir quelle résolution vous avez prise*는 *vous aurez prise*의 의미이고, *je le ferai si vous le faites*는 *quand vous l'aurez fait*와 같다. 이에 대해서는 본문 306쪽, 313쪽을 참조하라.

*fini, il aura fini quand il s'en ira*의 예와 같다. 그런데 이 경우 종속절 대신에 시간을 표시하는 상황보어를 사용하여 단문으로 만들 수도 있다. 즉 *à huit heures il aura fini*나 *il aura bientôt fini*의 경우이다.[74)]

마찬가지로 *il aura fini en même temps que vous* (ou *après vous*)라고 말할 때 동시에 일어나거나 계속되는 두 사실을 말하는데, 출발점으로 삼은 미래의 어떤 시점에 두 경우 모두 앞서는 것을 의미한다.

그렇지만 전미래로 표시된 행위가 현재에 대하여 반드시 미래일 필요는 없다. 즉 가끔 미래 이전이기도 하고 현재 이전이기도 한 것이다. 즉 *vous avez bien fait de venir, cela m'aura permis de vous voir avant mon départ* (*cela m'a permis* 대신에 쓰인 것이다), *vous ne serez pas venu inutilement*이라고 흔히 말한다. 또한 *si on vient le chercher* (이것은 실제로는 미래이다), *au moins il aura fini*의 의미는 <il a peut-être déjà fini>이다. 또한 *cette année aura eu cela de bon que...*에는 *quand elle sera finie*가 숨어 있다. 그리고 *ce général aura été de ceux qui...*의 의미는 <*quand il sera mort* on dira qu'il a été de ceux qui...>이다. 날씨가 방금 바뀐 순간에 *le beau temps n'aura pas duré longtemps*이라고 말할 수 있는데 마치 날씨가 아직 바뀌지 않았고 *quand le temps changera*라고 아직도 말할 수 있는 것처럼 여긴 것이다.

끝으로 절대과거(passé absolu) 대신에 전미래를 사용할 수도 있다. 어떤 사실을 설명하고자 하는데 그 설명이 가능한 것으로 여길 경우에 그렇다. 즉 그렇게 확실하지는 않은 단언을 완화하고자 할 때, *il sera venu en mon absence et n'aura trouvé personne*라고 말한다면, 내 생각에는 *il est probable qu'il est venu*의 의미이다. 이렇게 완화하는 방식은 순수하게 예의를 표하는 것일 수도 있는데, *vous aurez mal compris ce qu'il vous a dit*의 경우이다. 이런 방식을 통하여 결정적 판단을 보다 확실한 정보

74) 몇몇 문법학자들은 이것을 완료미래(futur accompli)라고 명명하고 싶어 한다. 즉 (본문 315쪽 63번 주에서 살펴본 완료과거(*passé accompli*)와 유사하게 취급하는 것이다. 왜냐하면 이 미래는 어떤 다른 사실에 앞서지 않고 스스로 존재하므로 상대적이 아니라고 보기 때문이다. 그런데 이것도 역시 환상에 불과하다는 것을 쉽게 알 수 있는데, 이 전미래는 시간을 나타내는 표현이 없이는 사용되지 않는데 이것이 바로 동사를 대신하는 것이다. 즉 우리가 인용한 예의 의미는 *quand huit heures sonneront* (ou *quand un temps très court s'achèvera*), *il aura fini*라는 의미이고 이것이 바로 전미래인 것이다.

를 얻게 될 후일로 미루는 것인데, 이 미래의 시점을 기준으로 과거의 사실을 단언한다고 볼 수 있다.

반면에 미래가 미래 명령을 대신하듯이 전미래는 가끔 전미래 명령을 대신한다. 즉 *vous aurez fini quand nous rentrerons, vous aurez fini à six heures*의 예와 같다. 특히 *vous tairez-vous* ?와 같은 표현에 대응하는 것이 *aurez-vous bientôt fini*인데, 이것의 의미는 *finissez le plus tôt possible*인데 심지어는 *immédiatement*의 의미도 가능하다.

아무튼 전미래로 과거에 대한 미래, 즉 말하자면 후미래(*futur postérieur*)라고 할 수 있는 것을 표현할 수는 없다. 이것을 표현하려면 *il devait venir*라는 표현을 사용하거나 종속절에서 조건법을 사용해야 할 것이다. 조건법에 대해서는 다음 항목에서 보게 될 것이다. 전미래란 단지 미래보다 이전(*antérieur au futur*)이라는 것만을 의미할 따름이고 그것이 반드시 미래일 필요는 없는 것이다.

5. 조건법의 용법

미래의 반과거 그리고 고유한 의미의 조건법

조건법(**le conditionnel**)이 항상 하나의 법이었던 것은 아니다. 원래는 단지 미래의 반과거(**l'imparfait du futur**) 즉 과거에서의 미래 (혹은 전미래)(**le futur dans le passé**)이었고 오늘날도 흔히 이렇게 사용된다. 이것은 반과거가 과거에서의 현재인 것과 같다.[75] 따라서 이 미래는 동사가 과거시제로 된 어떤 절에 항상 종속되는데, 그렇지만 어떤 조건이 별도로 표명되지 않은 경우가 가장 흔하다. 말하자면 *il dit*

75) 누구나가 아는 사실이지만, 조건법은 어원상으로 동사원형에 *avoir*의 반과거형을 결합한 것인데, 이것은 미래형이 동사원형에 *avoir*의 현재형이 결합한 것과 같다. 즉 *j'aimerai*는 *j'ai à aimer*의 의미이고, *j'aimerais*는 *j'avais à aimer* 혹은 *je devais aimer*의 의미이다.

qu'il ***viendra***에 *il disait* (*il a dit, il avait dit, quand il eut dit*) *qu'il* ***viendrait***가 대응하는데, 이것의 의미는 *qu'il allait* (ou *qu'il devait*) *venir*이다. 또한 *il dit qu'il* ***aura*** *fini*에 *il disait* (*il a dit, il avait dit, quand il eut dit*) *qu'il* ***aurait*** *fini*가 대응하고, 간접의문문인 *je demande s'il* ***viendra*** (ou *s'il* ***aura*** *fini*)에 *je demandais* (*j'ai demandé, j'avais demandé, quand j'eus demandé*) *s'il* ***viendrait*** (ou *s'il* ***aurait*** *fini*)가 대응한다.[76)]

과거에서의 미래가 얼마 후에 하나의 법으로 바뀌게 되는데 이것이 고유한 의미에서의 조건법(**le conditionnel propromemt dit**)이다. 그 경과는 다음과 같다. 미래 시제가 현실이 되기 위해서는 어떤 조건에 의존해야만 한다. 즉 *il dit qu'il viendra*가 *il dit qu'il viendra si on l'en prie*가 되거나 단순히 *il viendra si on l'en prie*가 되더라도 여전히 미래이다. 그런데 이 미래가 불확실하지만 실현 가능성이 많은 이유는 그것이 의존하는 조건 자체가 실현 가능성이 높기 때문이다. 마찬가지로 *il a dit qu'il viendrait*가 *il a dit qu'il viendrait si on l'en priait*가 될 수 있고, 이것은 아직도 과거에서의 미래로서 *il dit qu'il viendra si on l'en prie*에 정확하게 대응하는 불확실한 미래이다. 그런데 이미 이 대응관계가 절대적이지가 않고 불확실성이 증가하는 경향이 있다. 이 문장을 간단하게 *il viendrait si on l'en priait*라고 만들면, *il viendra si on l'en prie*와의 차이점은 보다 분명해지고 미래라는 개념이 점차 사라진다. 아마도 조건 자체가 실현 가능하기 때문에 이것은 실현 가능한 사실이지만, 실제에 있어서는 이 조건이 실현되지 않을 가능성이 많고 따라서 사실 자체도 이루어지지 않을 것이

---

76) 주목할 것은 *il disait* (ou *il avait dit*) *qu'il viendrait*에서 과거에서의 미래는 일반적으로 현재에 대해서도 미래라는 것이다. 비록 *il disait* (ou *il avait dit*) *qu'il viendrait demain*이라고 말할 수는 있다. 게다가 이 미래 사실이 일반적으로 실현되지는 않는데, 그가 와야 하지만 아직 안 왔거나 올 것 같지는 않다는 것이다. 물론 상황으로 정반대의 경우인 *il est venu parce qu'il avait dit qu'il viendrait*가 가능하기는 하다. 반면에 *il a dit qu'il viendrait*에서 과거에 대해서 미래는 일반적으로 현재에 대해서도 미래인데, 이 미래 사실은 실현 가능하다는 것을 의미한다. 즉 그는 특별한 사유가 없으면 즉시 아니면 조만간 올 것이다. 따라서 조건법을 미래형으로 바꾸어서 미래 사실을 단언하기도 한다. 즉 *je vous ai déjà dit et répété qu'il viendra demain*에서 조건법인 *viendrait* 대신에 미래가 사용되었는데 마치 *je vous répète*라는 의미를 표현하는 듯하다. 또한 *j'ai rêvé qu'il viendra demain*이라고 말하는 것이 논리에 어긋나지는 않지만 별로 사용되지는 않는다. 자유간접화법(*le style indirect*)에서 나오는 과거에서의 미래라는 이런 용법에 대해서는 앞의 본문 307쪽 49번 주를 참조하기 바란다.

다. 이 문장에서는 단어 자체의 의미 때문에 상당한 정도의 개연성이 존재한다. 그러나 *je vous donnerais de l'argent si j'en avais*라고 말하면 돈이 없기 때문에 주지 않는다는 의미이고 미래라는 개념은 완전히 사라져버린다. 이것이 순수한 조건법인 것이다.[77)]

주절에서의 조건법

따라서 조건법이란 그 자체로는 가능하지만 대개는 일어나지 않는 사실을 알리기 위해서 사용하는 법이다(**le conditionnel est le mode dont on se sert pour énoncer un fait possible** en lui-même). 그 사실이 일반적으로 현재, 미래, 과거에서 일어나지 않는 이유는, 그것이 대개는 실현되지 않는, 혹은 미래에 실현되지 않을, 혹은 과거에 실현되지 않은 어떤 조건에 종속되기(**subordonné à une condition**) 때문이다. 즉 미래의 불확실하지만 실현 가능한 것을 의미하는 문장인 *si j'ai de l'argent, je vous en donnerai*와 다음의 문장들은 서로 대립된다.

1) *Si j'avais de l'argent* (en ce moment), *je vous en* ***donnerais*** (connditionnel présent) 혹은 *si j'avais de l'argent* (en général) *je vous en* ***aurais donné*** (conditionnel passé). 이 문장에는 내가 돈이 없어서 못 준다 혹은 못 주었다는 의미가 들어있다.[78)]

2) *Si j'avais de l'argent je vous en* ***donnerais*** (conditionnel futur는 조건법 현재와

77) 이것이 바로 문법학자들이 비현실성(*irréel*)이라고 부르는 것이고, 실현 가능한 조건에 종속되는 잠재성(*potentiel*)이라는 것과 대립된다. 이 잠재성(*potentiel*)은 미래의 사실에만 드러나는데, 예를 들어 *si d'ici demain je recevais de l'argent, je pourrais encore vous en donner*의 경우이다. 그런데 이렇게 말할 때 이런 조건이 실현되는 것이 얼마나 의심스러운지 쉽게 알 수 있다. 왜냐하면 단지 불확실하다는 것만 의미하려면, *si je reçois de l'argent d'ici demain, je vous en donnerai*라고 미래형을 가지고 말할 것이기 때문이다. 현재 사실의 경우 이 잠재성이 아주 드물다면, 조건법 과거의 경우에는 잠재성은 이제는 더 이상 존재하지 않는다.

78) 다음 문장 *s'il était deux heures, il serait parti*에서 조건법은 현재로도 여겨지고 과거로도 여겨진다. 이런 현상은 조동사 *être*와 함께 쓰이는 동사의 조건법 과거에서 자주 나타난다.

같다). 아마도 가능할 수는 있으나 기대할 것은 못 된다는 의미이다.

3) *Si j'avais eu de l'argent, je vous en* ***aurais donné*** (conditionnel passé). 이것의 의미는 돈이 없어서 주지 못했다는 것이다. 다음 문장인 *s'il avait été plus prudent, il* ***vivrait*** *encore* (conditionnel présent)의 의미는 그는 죽었다는 것이다.

그런데 조건법이 역시 현재, 미래, 과거에서의 실현 가능한 사실을 표현할 수 있는데, 조건 자체가 실현 가능하기 때문에 이 조건이 방해요소가 되지는 않기 때문이다. 이 경우 *si*는 *même si*가 된다. 즉 *même si j'avais de l'argent, je* ***m'en irais****, même si j'avais eu de l'argent, je* ***serais parti***의 예와 같다. 이 문장들 속에는 내가 지금 간다 혹은 떠났다는 과거의 의미가 들어있다.[79]

조건법이 나름의 하나의 특별한 법으로 여겨지는 경우에도 직설법과 마찬가지로 어떤 사실을 단언하는 데 사용된다. 또한 조건법은 직설법과 같은 구문을 취하고 같은 조건하에서 종속되기도 하는데 이는 나중에 보게 될 것이다. 따라서 조건법이 실제로 고유한 의미의 법이라기보다는 직설법을 보충하는 역할을 한다고 볼 수 있다. 조건법이 과거에서의 미래 역할을 하는 것을 이미 살펴보았는데 이것이 그런 경우이다.

사실 조건법은 무엇보다도 주절의 법이라고 할 수 있다. 아마도 조건법으로 발설된 사실, 즉 *j'en donnerais, je m'en irais*의 경우도 어느 조건에 종속된 것인데, 말하

---

79) 덧붙이자면 조건이 부정인 경우에도 의미 관계에는 전혀 변화가 없다는 것이다. 즉 *si j'avais eu de l'argent*의 의미는 돈이 없다는 것이고, *si je n'avais pas eu de l'argent*의 의미는 돈이 있다는 것이다. 또한 *s'il n'avait pas commis cette imprudence, il vivrait encore*의 의미는 그가 경솔한 짓을 해서 이러한 조건이 전혀 실현되지 않았던 것이다. 조건법에 부정이 결합될 수 있는데, *si j'avais de l'argent, je ne m'en irais pas*의 의미는 내가 간다는 것이다. 이 경우 *même si*가 단지 *si*로 되기도 하는데 그 예는 *même si* (ou *si*) *j'avais de l'argent, je ne vous en donnerais pas*이다. 또한 *si je n'avais pas d'argent, je ne m'en irais pas*의 의미는 내가 돈이 있고 또한 간다는 것이다. 반면에 미래에 대하여 조건법 과거를 사용하기도 해서 *si j'étais parti demain, j'aurais été accompagné par mon père*라고 말하기도 하는데 이것의 의미는 내가 내일 떠나지 않을 것이고 아버지가 따라오지도 않을 것이라는 의미이다. 혹은 *si on l'en avait prié* (*antérieurement*)*, il serait parti demain*의 의미는 그가 내일 떠나지 않을 것이란 것이다. 끝으로 이중복합 대과거를 사용하여 *si j'avais eu terminé* (ou *si j'avais été parti quand vous êtes venu*), *qu'auriez-vous fait*? 라는 표현도 있다. 당연한 이야기이지만 조건법을 의문문에서도 항상 사용할 수 있다.

자면 이 종속 관계는 문법적으로 그렇다는 것이 아니고 순전히 논리적으로 그렇다. 따라서 조건법(**le mode conditionnel**)과 조건절(**la proposition conditionnelle**)을 혼동해서는 안 된다. 조건절이란 일반적으로 *si*와 직설법을 통하여 하나의 조건을 표현하는 절이며 문법적으로 종속되는데 반해, 조건법이란 원칙상 주절에 속하는 것이다. 반면에 이 주절이 조건절과 관련하여 주절이긴 하지만 다른 식으로 종속이 될 수도 있다. 그 예는 *croyez bien que* (*si j'avais de l'argent*) *je vous en donnerais*이다.[80)]

조건절에서의 조건법

프랑스어에서 조건을 나타내는 접속사로 아주 탁월한 *si*가, 조건법이나 미래형과 함께 사용되지 않고 직설법 현재, 반과거, 대과거와 함께 사용된다는 것은 아주 흥미로운 사실이다. 이것은 라틴어에서 접속법이 조건법의 역할을 하였는데, *si*가 원래는 접속법과 함께 쓰였고 이 접속법이 나중에 직설법으로 대체되었다는 사실과 관련이 있다.[81)] 그런데 *si*에 직설법 대과거 대신에 조건법 과거 제2형을 사용하기도 하는데, 이 제2형이란 접속법의 대과거라고 할 수 있다. 즉 *s'il avait de l'argent, il en* ***aurait*** (ou *il en eût*) *donné*의 예와 같은데 이것은 순수하게 라틴어식의 표현이다. 이러한 형태가 주절과 조건절에서 동시에 사용되는 것이 가장 빈번해서, *s'il* ***avait*** *eu de l'argent, il en eût donné*나 *s'il eût eu de l'argent, il en* ***aurait*** *donné*라고 하기도 하나 *s'il eût eu de l'argent, il en eût donné*가 가장 좋은 표현이다.[82)]

---

80) 그런데 주절의 동사가 과거일 때 조건법이 과거에서의 미래를 가리킨다는 사실을 기억하기 바란다. 즉 *il a dit qu'il viendrait si on l'en priait*는 두 가지 의미를 갖는데, 하나는 *j'irai si on m'en prie*이고 다른 하나는 *j'irais si on m'en priait*이다. 또한 *il a dit qu'il serait arrivé avant vous s'il prenait le train*은 역시 두 가지 의미, 즉 *je serai arrivé avant vous si je prends le train*이거나 *je serais arrivé avant vous si je prenais le train*의 의미가 가능하다. 그러나 *il a dit qu'il serait parti s'il avait eu de l'argent*의 문장에는 *je serais parti si j'avais eu de l'argent*이라는 의미만 가능하다.

81) 반면에 일반 대중들은 *si j'aurais su*나 *si j'aurais eu*라고 하는데 이것은 다른 언어들에서 논리에 따라 이렇게 말하는 것과 같은 현상이다. 심지어는 *à moins que j'aurais*라고도 말한다.

82) 주목해야 할 것은 이러한 표현이 엄밀하게 말해서 비현실적(*l'irréel*)인 의미를 내포하고 과거에 대해서만 사용된다는 사실이다. 따라서 *s'il avait* (ou *s'il eût*) *commis cette imprudence, il serait*

이것이 전부가 아니고 접속사 *si*가 조건법 일반, 특히 조건법 현재와 함께 사용되더라도 문장이 올바른 경우들이 있다. 그러나 착각하지 말아야 하는 것은, 이것은 고유한 의미의 조건이 아니고 주절이 겉으로만 조건절처럼 보인다는 것이다. 옛날 사람들은 우리들보다 이것을 보다 광범위하게 사용하였고 조건법 두 개를 대립시킬 경우에 즐겨 사용했다. 즉 몰리에르(Molière)가 말한 *J'ai à vous dire que si vous* (d'une part) ***auriez*** *de la répugnance à me voir votre belle-mère, je* (d'autre part) *n'en* ***aurais*** *pas moins à vous voir mon beau-fils*의 예가 있다.[83] 아주 유용하면서도 생략이 허용되지 않는 이런 구문이 *si*의 정상적 용법과 모순되는 것은 아니다. 그러나 프랑스어에서는 *si* 다음에 조건법을 사용하는 것을 너무나 싫어해서 이런 용법은 거의 사라졌다. 그렇지만 *si* 다음에 한 단어를 삽입함으로써 이런 어려움을 극복할 수 있는데, 즉 *si peut-être on* ***aurait*** *tort de croire que... du moins...*의 예와 같다. 그러나 가장 빈번하게는 *si*가 아닌 다른 단어를 사용하여 대립관계를 표시하거나 직설법을 첨가하여 *si*의 존재를 정당화하기도 한다. 즉 *s'il est vrai que vous* ***auriez****, si vous pensez que vous* ***feriez*** *bien*의 예와 같다. 이런 경우 조건법을 전혀 어렵지 않게 사용할 수 있다. 분명히 주절의 조건법인데 실제로는 (어떤 조건이 아닌) 다른 절에 종속된 예로, *croyez bien que je serais heureux de le faire*가 있다.

서로 대립시킬 두 개의 조건법이 없더라도 예를 들어 *si je l'avais rencontré, c'est*

---

*mort aujourd'hui*라고 말하지만 *il fût mort*라고 말하지는 않는데, 그 이유는 *il serait mort*는 *il ne vivrait pas*를 의미하고 사실상 조건법 현재의 역할을 하기 때문이다(본문 323쪽 78번 주 참조). 더구나 *s'il commettait pareille imprudence, il serait mort à bref délai*라는 예에서는 미래를 예견하는 것이고 그가 경솔했는지는 불확실하다. 또한 *si par hasard il était arrivé, il serait bon de...*의 예에서 *s'il fût arrivé*는 불가능한데 이 문장의 의미는 현재에 관한 것이고 그가 도착했을 가능성이 있기 때문이다. 반면에 *s'il fût arrivé plus tôt, il eût rencontré...*라고 말할 수 있다. 또한 *s'il commençait tout de suite, il aurait fini avant vous*의 예에서 *il eût fini*는 불가능한데 이것은 미래에 관한 것이고 실현 가능한 사실을 표현하기 때문이다. 그러나 *s'il eût commencé plus tôt, il eût fini avant vous*의 예는 과거에서 비현실적인 것을 의미한다. 덧붙이자면 조건법 과거 제2형은 이중복합시제가 될 수도 있다. 즉 *cela ne serait* (ou *ne fût*) *pas arrivé, s'il avait eu* (ou *s'il eût eu*) *fini à temps*이나 *il aurait eu* (ou *il eût eu*) *fini à temps si on ne l'avait* (ou *si on ne l'eût*) *pas dérangé*의 예가 있다.(본문 318쪽 70번 주를 참조할 것).

83) 이러한 조건법은 그 어떤 조건에도 종속된 것이 아니다. 이것은 우리가 나중에 다룰 조건법의 범주에 들어가는 것이다.

tout au plus ***si*** *je l'****aurais*** *salué*라고 흔히 말한다. 이것의 의미는 *je l'aurais à peine salué, je ne l'aurais peut-être pas salué*이다. 즉 *c'est tout au plus si*라는 표현을 사용하여 제한의 의미가 생략의 방식으로 표현되어 있으면서 반면에 주절이라는 성격은 변하지 않는다. 또한 격식을 차리지 않는 표현으로 조건의 의미가 없는 조건법을 사용하여 *du diable si je l'****aurais*** *cru, du diable si je n'****aimerais*** *pas mieux*라고 말하는데, 여기에서 *du diable si*는 강한 부정의 역할을 한다. 그러므로 이것의 의미는 *je ne l'aurais certainement pas cru, j'aimerais certainement mieux*인데, 후자의 경우 두 개의 부정으로 긍정이 된 것이다. 또 다른 격식을 차리지 않은 표현인 *comme si vous ne* ***pourriez*** *pas, comme si vous n'****auriez*** *pas dû, comme si tu n'****aurais*** *pas mieux fait de...*의 경우도 역시 같다. 이것의 의미는 *vous pourriez certainement, vous auriez dû certainement, tu aurais certainement mieux fait de...*이다.[84)]

접속사 *si* 다음에 조건법이 나오기가 어렵다는 것을 알 수 있는데, 반면에 주절에서와 같이 조건절에 조건법으로 된 동사가 나오는 경우도 있다.

먼저 조건절 대신에 조건법으로 된 동사가 나오는 관계절(**proposition relative au conditionnel**)이 사용되는 것을 보자. 즉 *il fera tout ce qu'on lui demandera*에 대응하는 예로 *il ferait tout ce qu'on lui* ***demanderait****, il aurait fait tout ce qu'on lui* ***aurait demandé***가 있다. 이것의 의미는 *si on lui demandait* (ou *avait demandé*) *quoi que ce soit, il le ferait* (ou *l'aurait fait*)이다. 또한 *ceux qui* ***seraient*** (ou ***auraient*** *été*) *là verraient* (ou *auraient vu*)...의 예가 있다. 이외에도 격식을 차리지 않는 표현인 *comme qui* ***dirait***라는 표현이 있는데 이것의 의미는 *comme si quelqu'un disait*이다.

또한 관계절(proposition *relative*)을 이끄는 ***au cas où, dans le cas où*** 다음에 주절에서와 같이 동사가 조건법으로 된다고 하더라도 전혀 놀랍지 않을 것이다. 즉 *au cas où j'****aurais*** *de l'argent, j'en donnerais*의 예가 있다. 여기에서 알 수 있는 것은 이럴 가능성이 많지는 않지만 어느 정도는 있다는 의미인데, *si j'avais de l'argent*의 경

84) 격식을 차리지 않는 많은 표현에서와 같이 생략이 포함된 표현이 보다 발전하여 *vous agissez comme s'il était évident que vous n'auriez pas pu* (ou *comme s'il n'était pas évident que vous auriez pu*)와 같은 예가 가능하다. 그런데 이것은 *c'est comme si on serait en voiture*와는 전혀 관계가 없는데 이 문장은 어떤 상황에서도 사용될 수 없는 것이다.

우에는 가능성이 전혀 없다. 이러한 가능성이 있는 이 표현과 관련하여 두 가지 결론이 나온다. 하나는 *au cas où* 다음에 조건법 과거보다는 조건법 현재가 사용되는 경우가 많다.[85] 다른 하나는 주절의 동사가 미래형으로 나타날 수 있다는 것이다. 즉 *au cas où il **recevrait** de l'argent, il vous en **donnera***의 예와 같다.[86]

양보의 조건법

조건의 의미로 사용된 ***quand*** 다음에도 조건법이 나올 수 있다. 즉 *quand il **travaillerait** dix fois plus, il n'en serait* (ou *il n'en deviendrait*) *pas plus riche*; *quand il **aurait*** (ou *quand il eût*) *travaillé dix fois plus, il n'en serait pas devenu* (ou *n'en fût pas devenu*) *plus riche,* 혹은 *il n'en serait pas plus riche*의 예와 같다. 그런데 여기에서 조건법 현재가 사용되면 주절의 동사는 조건법이 되기도 하고 미래형이 되기도 한다. 즉 *quand il en **devrait** mourir, il n'en **démordrait*** (ou ***démordra***) *pas ; quand je **serais** dix fois plus riche, vous n'**auriez*** (ou *n'**aurez***) *pas un sou de moi*의 예가 있다. 그 이유는 *quand*이 단지 *si*의 의미가 아니라 *même si*의 의미이기 때문인데, 이 *même si*가 이끄는 조건은 실현 가능하다는 것을 기억하기 바란다. 여기에서 우리는 단순히 하나의 조건을 대하는 것이 아니라 동시에 하나의 제약, 오히려 하나의 양보를 대하고 있는 것이다. 같은 의미로 *quand*을 ***quand même, quand bien même, lors même que***로 바꾸는데 그 용법은 같다.[87]

이러한 양보의 접속사들은 생략 가능한 아주 특이한 특성을 갖고 있어서 주절과 종속절이 병렬되게 되고 또한 조건절이 도치되는 경우가 흔하다. 즉 *il travaillerait* (ou *travaillerait-il*), *il aurait travaillé* (ou *aurait-il travaillé*) *dix fois plus, il n'en serait*

---

85) 잊지 말아야 하는 것은 *au cas où il serait parti* (ou *arrivé*)의 경우 조건법 과거가 아니라 조건법 현재로 여겨야 한다는 사실이다.

86) 따라서 조건법을 전혀 사용하지 않고 *si par hasard je recevais de l'argent, je vous en donnerai, vous en aurez*라고 말하기도 한다.

87) 격식을 차리지 않는 경우 *quand même*는 조건절이 전혀 없더라도 사용되는데, *j'irai quand même*의 의미는 *j'irai tout de même* (ou *néanmoins*)이다.

pas plus riche 혹은 *serais-je dix fois plus riche, vous n'auriez pas un sou de moi*의 예와 같다. 또한 *il aurait beau faire, il n'en serait pas plus riche*라고 말하는데, 이 경우에는 도치가 불가능하다. 격식을 차리지 않는 언어에서는 이 경우 이상하게 혼동을 하여 종속관계를 다시 만들어내는데, 이번에는 주절을 종속절로 만드는 것이다. 이렇게 하는 이유는 주절이 뒤에 나오므로 이것에 만능인 접속사 *que*를 부여하여 결과적으로 조건절이 주절로 변하는 것이다. 즉 *il aurait* (ou *aurait-il*) *travaillé dix fois plus* (ou *il aurait beau travailler dix fois plus*), ***qu'****il n'en serait pas plus riche*의 예와 같다.

덧붙일 사항은, 양보의 접속사가 생략되고 도치가 되는 경우 조건법 제2형을 선호한다는 것이다. 이것은 *eût-il travaillé dix fois plus*처럼 조건법 과거의 경우뿐만 아니라 적어도 몇몇 경우에는 조건법 현재의 경우에도 이렇게 한다.[88] 실제로 조건법 과거 제2형은 *être*와 *avoir*의 조건법 현재 제2형에서 만들어진 것이고, *dussé-je*라는 조건법과 함께 사용된다. 즉 ***dussé-je*** *en mourir, je n'en démordrai pas ;* ***fussions-nous*** *dix fois plus riches ;* ***eût-il*** *cent fois raison ; ne* ***fût-ce*** *que pour plus de sûreté*라고 말하는 것은 아주 정확하고도 우아한 것이다.

Il nous *faut* du nouveau, n'en *fût-il* plus au monde[89]

그런데 잊지 말아야 하는 것은 이렇게 도치되는 경우에 생략된 접속사는 항상 *lors même que*나 *même si*이지 단순히 *si*가 아니라는 것이다. 즉 항상 양보의 개념과 단순한 조건이 함께 들어있다는 것이다.[90]

---

88) 조건법 현재의 제2형은 바로 접속법 반과거이다. 문법학자들도 이 형태가 드물기 때문에 어형 변화를 하지 않는다. 마치 조건법 과거 제2형이 접속법 대과거에 해당하는 것과 같다. 예전에는 *si j'eusse de l'argent, j'en donnasse*라고 말했는데 이것은 *j'en eusse donné*처럼 순전히 라틴어적 표현이다. 조건법의 이런 형태는 우리가 언급하는 표현, 즉 도치 때문에 남아 있는 표현 이외에는 사라져버렸다. 본문 244쪽 이하를 참고하기 바란다.

89) 우리는 이미 앞에서 문어의 경우 다른 동사의 경우에도 이런 형태를 단수 3인칭에서 사용한다는 것을 보았다. 즉*travaillât-il dix fois plus*의 예와 같다.

90) 유감스럽게도 사람들은 이것을 자주 함부로 사용하고 있다. 즉 우아하다(!)는 핑계 하에 (*s'il*

조건이 없는 조건법

지금까지 우리는 조건이 조건절 속에 나타나고 이 조건절이 문법적으로 주절에 종속되는 것을 살펴보았다. 그런데 이 종속관계가 반드시 필요한 것이 아니라, 조건이 여러 다른 방식으로 표현되어서 잘 드러나지 않는 경우도 있다. 먼저 *mais*로 등위된 부정문을 통하여 조건이 실현되지 않는다는 것을 나타낼 수 있다. 즉 *je vous donnerais bien de l'argent, mais je n'en ai pas ; je l'aurais fait volontiers, mais je n'ai pas pu*의 경우 *si j'en avais*나 *si j'avais pu*를 대신한다. 또한 전치사 *de*와 동사원형을 조건법과 함께 사용함으로써 조건을 나타낼 수 있다. 이때 조건이 실현될 수도 있고 실현되지 않을 수도 있다. 즉 *je serais bien fâché* ***d'apprendre***...의 예와 같다. 또한 ***en l'avertissant****, vous lui rendriez service*의 예와 같이 현재분사로 나타낼 수도 있고, 그외 다양한 방식으로 표현한 예로 ***à ce compte****, je devrais...;* ***sans vous****, je ferais...;* ***à l'entendre****, il serait...; je le reconnaîtrais* ***entre mille***이 있다. 마지막 예는 *si j'avais à le chercher entre mille*의 의미이다.

아무런 조건도 없이, 즉 이 조건이 표현되건 감추어지거나 생략되건, 조건법을 사용할 수 있다. 아마도 *je* ***voudrais*** *bien m'en aller*라고 말할 경우 *si je pouvais*가 생략되었다고 할 수 있지만 실제로는 아무 것도 생략되지 않은 것이다. 이것은 항상 아니지만 자주 실현 가능한 바람을 완화된 방식으로 표현하는 것이라 할 수 있다.[91]

---

*était venu*의 의미로) *fût-il venu le matin, il m'aurait trouvé chez moi*라고 쓴 문장을 신문에서 어렵지 않게 읽을 수 있다. 그런데 이것은 터무니 없고 완전히 말이 안 될 수 있다. 즉 *fût-il riche, il me donnerait de l'argent*의 예에서 가능한 의미는 단지 *il me donnerait de l'argent même s'il était riche*이기 때문이다. 반면에 조건법 현재 제2형은 도치하기 위하여 사용되었다고 할 수 있다. 즉 *s'il était* 대신에 *s'il fût* 라고 말하지는 않는데, 물론 *s'il eût été*를 *s'il avait été* 대신에 사용하기는 한다. 끝으로 잊어서는 안 되는 것이 이 접속법이 조건법이라는 사실과 접속법 현재가 조건법을 대신할 수는 없다는 것이다. 그러므로 *il faut* (ou *il faudra*) *lui pardonner, fût-il beaucoup plus coupable*에서 *soit-il*이 불가능한 것처럼 현재나 미래 시제에서도 반드시 (접속법이 아닌) 조건법을 사용해야 한다. 그런데 이 경우 *soit-il*을 사용하는 것은 무식한 작가가 우아함을 추구하면서 너무 올바르게 표현하고자 하다가 틀리게 되는 격이다. 마찬가지로 *dans une situation donnée, fût -elle la plus agréable*의 예에서도 *la plus agréable soit-elle*이라고 해서는 안 되는데 이것도 역시 무식한 작가가 우아함을 추구하는 또 다른 예이다.

91) 우리가 본문 323쪽 77번 주에서 살펴본 잠재성(*le potentiel*)을 여기에서 다시 보게 된다.

따라서 조건법 현재는 직설법 현재를 대신한다고 볼 수 있다. 또한 *je* ***désirerais****, je* ***souhaiterais*** *fort que...* ***voudriez****-vous bien....*라고도 말한다.[92] 마찬가지로 필요성이나 충고를 완화시켜서 표현할 수 있다. 즉 *il* ***faudrait*** *sans doute...; il* ***devrait****, vous* ***devriez*** *faire ceci ou cela*의 예와 같다. 또한 *il ne* ***ferait*** *pas de mal à une mouche*의 의미는 *il est incapable de...*이다. 끝으로 *je ne* ***saurais***의 의미는 정확하게 *je ne puis*이다.[93]

조건법 과거의 경우 역시 어떤 조건도 없이 *j'****aurais*** *voulu, j'****aurais*** *préféré*라고 말하고 제2형을 사용하여 *j'****eusse*** *préféré, j'****eusse*** *mieux aimé*라고 말한다. 이 경우 조건법은 반과거를 대신한 것으로 여길 수 있다.[94]

게다가 사람들은 *j'aurais voulu, j'aurais mieux aimé*와 같은 표현을 함부로 늘 사용하는데 이것은 자기가 의미하는 바를 항상 정확하게 말하는 것은 아니다. 왜냐하면 *j'aurais voulu être là*가 의미하는 바는 단지 *je souhaitais alors d'être là*이며, 자기가 모르는 이야기를 누가 하는 것을 들을 때마다 *j'aurais voulu être là*라고 말할 때 논리적으로는 *je* ***voudrais*** *avoir été là*라고 말하는 것이 옳다. 왜냐하면 바람이나 후회는 비록 과거 사실에 대한 것이라고 해도 항상 현재(*présent*)일 수밖에 없기 때문이다. 마찬가지로 *j'aurais préféré qu'on ne le fît* (ou *fasse*) *pas*를 *je* ***préférera****is qu'on ne l'eût pas fait* 대신에 사용한다. 또한 *vous auriez pu* (ou *vous auriez dû*) *le faire*를 *vous* ***pourriez*** (ou *vous* ***devriez***) *l'avoir fait*의 의미로 사용한다.[95] 예전에는 부정의

92) 또한 *pourriez-vous me dire s'il viendra*라고 말하는데 여기에 *viendrait*를 사용하면 안 된다. 그리고 *je parierais bien qu'il ira*에서도 *irait*를 사용할 수 없다. 물론 어떤 조건이 표현되어 있다면 이런 조건법을 사용할 수 있다.

93) 가끔은 이 가짜 조건법(faux conditionnel)이 어떤 조건에 종속되기도 하는데, 마치 직설법 현재나 과거가 어떤 조건에 종속되는 것과 같다. 이 경우 조건이 현재이거나 과거이다. 즉 *s'il comprend* (ou *s'il a compris*) *ce qu'on lui a dit, il ne saurait se tromper ; s'il comprend* (ou *s'il a compris*) *ce qu'on lui a dit, il pourrait* (ou *il devrait*) *s'y prendre un peu mieux*의 예와 같다. 이러한 종속관계가 우리의 생각 속에서는 완전히 올바른데 이런 가짜 조건법을 정당화하기 위하여 무언가를 생략할 필요는 전혀 없다.

94) 이것은 *je pouvais*와 *je devais*에서 반과거가 조건법 과거를 대신하는 것과 같은데, *j'aurais pu*나 *j'aurais dû*가 *je pouvais*나 *je devais*를 대신한다고 여기지 않을 경우에 그렇다.

95) 앞의 본문 314쪽에서 이 두 동사의 복합과거가 유사하게 남용된다고 언급한 것을 참조하기 바

위치가 바뀌는 것과 같이 일종의 조건법의 견인 현상이 있었는데, *je n'aurais jamais cru que je m'en tirerais*의 의미는 *j'ai* ***cru*** (ou *je* ***croyais***) *que je ne m'en* ***tirerais*** *jamais*이다. 이렇게 말하는 방식이 완전히 허용되기는 하지만 이들 중 몇은 피하는 것이 낫고 특히 글로 적어서는 안 된다.[96]

또한 직설법 현재나 복합과거 대신에 조건법 현재나 과거를 사용하기도 하는데, 이것은 현재 떠돌고 있는 소문에 대하여 확실하게 단언하지 않음으로써 책임을 피하고자 하는 것이다. 가끔은 전혀 믿지 않는 소문에 대해서도 이렇게 말한다. 이런 표현을 씀으로써 *dit-on, paraît-il*을 절약할 수 있다. 즉 *le roi d'Angleterre* ***serait*** (*dit-on*) *à Paris et* ***aurait*** *vu le président*의 예와 같다[97]. 특히 의문문은 의구심을 나타낸다. 즉 ***serait****-il à Paris* ? ***aurait****-il vu le président* ?의 예와 같다. 또한 *il paraît* 대신에 *il paraîtrait*를 사용하는데 그 의미는 *on dit*이다. 이런 의미로 조건법이 종속절에 나타날 수 있다. 즉 *on prétend que les choses se* ***seraient*** *passées de telle façon, on parle d'une lettre qu'il* ***aurait*** *écrite*의 예가 있다.[98]

특히 문어에서 감탄문의 형태로 사용된 조건법이 이런 용법과 관련이 있다. 이것은 어떤 가정을 용납하지 않고 놀람이나 분개의 감정을 가지고 어떤 사실을 평가하는 것이다. 즉, *Moi, je* ***serais*** *coupable d'un tel crime ! Comment ! vous* ***auriez*** *fait cela*?의 예와 미래의 개념이 들어 있는 *vous* ***feriez*** *cela* ?의 예가 있는데 후자는 <est-

---

란다.

96) 유감스럽게도 이렇게 시제가 바뀌는 것 이외에 다른 현상도 생긴다. 즉 조건법 과거 제2형과 전과거를 일반적으로 혼동한다는 것이다. 왜냐하면 전과거를 전혀 사용하지 않는 많은 대중들이 *il eût préféré, il eût mieux aimé*에서 유추하여 *j'eus préféré, j'eus mieux aimé*라고 말하는데, 이런 조건법 제2형의 사용은 위스망스(Huysmans)와 몇몇 작가들에게서 발견되지만 틀린 어법인 것이다. 이것은 앞에서 언급한 (본문 315쪽 62번 주를 참조할 것) 일반적 혼동과 관련이 있다.

97) 또한 *si ce qu'on dit est vrai, le roi d'Angleterre...*와 *si ce qu'on dit était vrai, le roi d'Agleterre...*는 전혀 다른 것이다. 왜냐하면 뒷 문장은 사실이 아니라는 것을 의미하기 때문이다.

98) 고전주의 작가들은 주절에 조건법이 나오면 종속절에도 역시 조건법을 사용하곤 했는데 이것은 견인에 의한 것이라고 할 수 있다. 즉 몰리에르(Molière)가 말한 문장으로, *Je dirais que ce serait* (*c'est* 대신에 사용) *quelque petit frère qu'elle m'aurait donné* (*m'a donné* 대신에 사용)가 있다. 물론 우리의 용법이 보다 단순하긴 하지만 이런 용법이 논리적이라고 할 수 있다. 그런데 적어도 이것은 제대로 된 조건법이라고 할 수 있는데, *il faudrait que j'irais*라고 몇몇 지방에서 사용하는 문장은 잘못된 것이다.

il possible que vous soyez capable de faire cela ?>이다.[99]

우리는 다른 곳에서 조건절(*proposition conditionnelle*)의 용법을 다시 언급할 것이다.

6. 명령법의 용법

명령법(**l'impératif**)은 명령의 법(**mode**)이지만 단지 의지(**volonté**)를 표현할 뿐만 아니라 충고(**conseil**)나 바람(**souhait**)을 표현하기도 한다.

단수 1인칭 명령법이 없는 이유는 원칙상 자신에게 명령하는 법은 없기 때문이다. 반면에 복수 1인칭 명령법이 있는 이유는 자신이 속한 둘이나 여러 명의 집단에 명령할 수 있기 때문이다. 즉 ***sortons**, **allons**-nous-en d'ici, **supposons** que, **disons** que* 등이 있다.[100]

그 결과 만약에 자신에게 하는 명령이나 충고를 감출 필요가 있을 경우에는 복수 1인칭을 사용한다. (경우에 따라서는 속사는 단수형을 사용한다.) 즉 *quand j'ai vu cela, je me suis dit: **imitons**-le et **soyons** digne de lui ; **faisons** semblant de n'avoir rien vu*의 예와 같다. 반면에 격식을 차리지 않은 표현으로는 단수 2인칭을 사용하여 자신에게 말을 하는데, 이것으로부터 명령법 2인칭의 용법이 나왔을 가능성이 있다. 즉 *je me suis dit: Mon petit, tu n'as rien fait de bon, **recommence**-moi tout cela*의 예가 있다. 반면에 명령이나 충고를 완화하기 위하여 2인칭 대신에 복수 1인칭을 사용

---

99) 우리는 앞에서 몇 가지 조건 하에서 조건법 과거 대신에 직설법 현재, 반과거, 복합과거, 대과거를 사용한다는 것을 살펴보았다. 즉 내기에서 돈을 잃은 사람이 *si j'avais joué cœur, j'aurais gagné*의 의미로 다음 여섯 개의 표현을 사용할 수 있다. 즉 *si j'avais joué cœur, je gagnais* (ou *j'avais gagné*), *si je jouais cœur, je gagnais* (ou *j'avais gagné*), *si je joue cœur, je gagne* (ou *j'ai gagné*)가 그것이다. 여기에 *en jouant cœur* (ou *que je joue cœur*), *j'avais gagné, je gagnais, je gagne, j'ai gagné*를 더하면 합이 14이다. 이것들은 아직 실현되지 않은 어떤 조건에 논리적으로 종속되어 있는 제대로 된 조건법이라고 할 수 있다.

100) 그런데 *allons*과 같은 형태는 단순히 감탄의 표현이 되기도 한다.

하여, *ne **soyons** pas si brutal*이라고 말한다.[101]

명령법 중 가장 흔한 형태는 당연히 2인칭인데 면전에 있는 사람에게 명령하는 형태는 이것이기 때문이다. 즉 ***va**-t'en, **allez**-vous-en*과 같다. 명령이 너무 단호해지는 것을 완화하기 위하여 동사의 원형 앞에 *veuillez*를 사용한다. 말하자면 명령의 실행이 상대방의 의지에 따른다는 것처럼 만드는 것인데, *veuillez*를 사용할 때 빈정거리는 의미를 갖는 경우가 아주 많다.

문법책에 의하면 명령법에는 3인칭이 없다. 아마도 우리는 면전에 있는 사람에게만 명령하기 때문이라고 여길 텐데 이것은 합당한 이유가 아니다. 먼저 면전에 없는 사람에게 단호하게 명령할 수 있다. 물론 제3자를 통해서 하는 것인데 *qu'ils viennent !*의 예와 같다. 이것을 접속법이라고 말할 텐데 이것이 매우 의심스러운 것이다. 접속법의 특성은 종속된다는 것인데 위의 문장에 종속의 개념은 전혀 없기 때문이다. 물론 종속되지 않는 여러 종류의 접속법이 있을 수 있다고 대답할 텐데, 오히려 이것이 명령법이라고 증명하는 것이 아주 쉽다. 단어의 형태 자체는 아무 것도 증명하지 않는다. 그런데 직설법 현재와 형태가 같은 *viens, venons, venez*가 명령법이라면 *vienne*와 *viennent*도 역시 명령법이 될 수 있다. 이 형태가 접속법에서도 역시 발견되기는 하지만.

이런 의견은 물론 논란의 여지가 있다. 그런데 명령법이 단지 명령하는 역할만 한다는 것은 전혀 사실과 다르다. 누군가에게 ***venez** donc me voir de temps en temps*라고 말하면 이것은 명령이 아니라 기껏해야 요구나 바람이다. 그리고 *veuillez*는 자주 기원의 가치를 갖는다. 그런데 바로 이곳에서 소위 말하는 종속절이 아닌 곳에 사용된 접속법을 보는 것이다. 그리고 이 경우 거의 언제나 3인칭이고 현재이며 접속사가 사라진다.

먼저 *Dieu*라는 단어가 나오는 일련의 굳어진 표현이 있는데 바람이나 기원을 나타낸다. 즉 *Dieu vous **garde**, Dieu **soit** loué, Dieu **protège** la France, Dieu vous **bénisse**, **plaise** à Dieu* (ou *au ciel*), *à Dieu ne **plaise** que...., Dieu **veuille*** (ou ***fasse** le ciel, **fassent** les dieux que*)...등이 있다. 또한 ***vive** la France*[102] , *qui m'aime me **suive***

101) 본문 281쪽에서 *vous* 대신에 *nous*를 사용하는 것을 참조할 것.

102) 글로 적을 때에는 *vive* (ou *vivent*) *les Français !*, *vive* (ou *vivent*) *le vin et le jeu !*처럼 단수와 복수가 둘 다 가능하다.

등도 있다. 이러한 명령법에 고유한 특성은 주어가 명사라도 도치된다는 것인데, 모든 명령형과 마찬가지로 가급적 주어를 문두에 놓는다. 따라서 이 단어들 앞에 *je souhaite que..., je désire que...*가 생략되어서 접속법이 사용되었다고 볼 여지는 전혀 없다. 그 누구도 이런 명령형을 만들면서 이런 생각을 하지 않을 것이고 이것은 단지 3인칭 명령형이라고 보아야 한다.[103)]

단수 1인칭을 포함하여 전체가 어형변화를 하는 명령형이 있다. 즉 *puissé-je, puissions-nous, puissent-ils, puisse votre voeux être exaucé*의 예가 그렇다. 이 명령형이 정상적 명령형이 아니라면 접속법과 완전히 일치한다. 그런데 힘(le pouvoir)이란 명령의 대상이 아니므로 이것은 소망(souhait)의 명령형이라고 보아야 하는데 주어가 명사인 경우에도 일반적으로 도치된다.[104)]

고유한 의미의 소망이 없이 단순히 동의나 양보만 있어도 이런 명령이 정당화되는데, 이 경우에도 3인칭으로 된 일련의 굳어진 표현이 있다. 시제는 현재이고 접속사가 없이 사용된다. 즉 ***advienne** que pourra, **vaille** que vaille, **vienne** qui voudra, **comprenne** qui pourra*와 **soit** (en latin *esto*)가 있다. 그러나 접속사가 있더라도 명령의 가치는 남아 있다. 즉 *que votre volonté **soit** faite et non la mienne, que son sang **retombe** sur nous et sur nos enfants*의 표현이 있는데 이것은 명령형이며 이곳에 *je consens*이 생략되었다고 볼 수 없다. 즉 *qu'il **vienne** donc me voir de temps en temps*은 ***venez** donc me voir*와 같은 가치를 갖는다.[105)]

명령법 현재는 또한 명령법 미래(**impératif futur**)라고도 할 수 있는데, 곧 수행해야 할 명령을 말하기보다는 정해져 있지 않은 미래에까지 확장되는 규정을 말한다는 점에서 그렇다. *Ne **faites** pas à autrui ce que vous ne voudriez pas qu'on vous fît*

---

103) 또한 라퐁텐느(La Fontaine)가 *quiconque est loup **agisse** en loup*라고 말한 것은 바람이라고는 볼 수 없고 충고로 봐야 하는데 이것이 명령형의 특성을 보다 잘 드러내고 있다.

104) 주의할 것은, 예외적인 이 명령형의 단수 1인칭이 다른 명령형의 경우에도 단수 1인칭을 가능하게 한다는 점이다. 즉 명령할 뿐만 아니라 바람을 나타내는 것인데 *puissé-je aimer, vivre, mourir*의 예가 있다.

105) 이것에 역시 예외적인 1인칭으로 된 ***que je meure** si...*나 옛날 표현인 ***je meure***를 덧붙일 수 있다. 그런데 이것은 문어에 속하는 것이고 그 외에 다음 표현이 있다.

... *Sois-je* du ciel écrasé si je mens

의 예와 같다. 그런데 *souvenez-vous*와 같은 표현은 어떤 특별한 사실을 기억 속에서 상기해보라는 초대라고 할 수 있는데, 즉 *souvenez-vous de ce que je vous ai dit hier soir*의 예와 같다. 또한 *momento quia pluvis es*[106]의 경우처럼 도덕적 범주의 진리를 결코 잊지 말자는 초대의 경우도 있다. 나중에 행하라는 특별한 명령을 하려면 명령형 현재에 명확한 시점을 표시해서 말하는데, ***allez** à telle heure à tel endroit*의 예와 같다. 그렇지 않으면 일반적으로 직설법 미래형을 사용한다.

명령법 미래에 고유한 형태가 없는 반면에 명령법 과거(**impératif** dit **passé**)는 있다. 과거에서 명령을 내린다는 것이 이상할 수 있으나 전혀 그렇지 않다. 사실 어떤 미래의 사실이 이 명령법 과거에 종속되어 나타나는데 시간적 표현이 대신할 수도 있다. 즉 *ayez fini quand nous viendrons, ayons fini à six heures*의 예가 있는데 후자의 경우 *quand six heures sonneront*의 의미이다. 그 결과 이 명령법은 실제로는 전미래 명령법(**impératif futur antérieur**)[107]이라 할 수 있다. 이러한 형태의 명령법도 역시 접속법에서 차용한 것이라고 할 수 있는데, 그렇다고 명령법이 아닌 것은 아니다.

명령법 현재는 여러 종류의 조건절 대신에 사용되는데 특히 미래 시제 앞에서 사용된다. 즉 ***cherchez** et vous trouverez*는 *si vous cherchez, vous trouverez*이다. (*qu'il*) ***vienne** un peu de soleil, et aussitôt...*는 *si seulement il vient un peu de soleil*를 의미한다.[108] 또한 ***admettons** votre hypothèse, quelles seront les conséquences*?의 경우는 *si* (ou *même si*) *nous admettons*의 의미이다. 또한 ***soyez** aimable avec lui, il vous rit au nez*의 의미는 *si* (ou *toutes les fois que*) *vous êtes aimable*이다. 가끔은 가정이 도전의 의미일 경우도 있다. 즉 ***touchez-y**, vous verrez ce qui vous arrivera*의 예와 같다. 이중의 가정

---

106) 라틴어의 경우 3인칭으로 된 명령법 미래형이 있었는데 이것은 특히 법전에서 명령의 형태를 만드는 데 사용되었다. 프랑스어에서는 이 경우 직설법을 사용한다.
[* quia가 고전 라틴어에서는 '...이므로'의 의미이고 라틴 속어에서는 '...를'의 의미이다. 문맥으로 보아 '너는 먼지라는 것을 기억하라'의 의미이다.]

107) 이것 대신에 직설법 전미래로 바꾸는 일이 가끔 있다. 앞의 본문 321쪽을 참조할 것. 그런데 *plût à Dieu* (ou *aux dieux*)의 예에서는 명령법 과거 혹은 반과거, 바람의 반과거가 있다고 하는 것이 보다 정확할 것인데, 일반적으로 *plaise à Dieu* 대신에 사용된다.

108) 이것은 명령법이 *et*와 함께 직설법과 등위되는 유일한 경우일 것이다. 왜냐하면 *allez le voir et vous lui direz que...*나 *il n'est pas venu et ne vous en inquiétez pas*라고 말하는 것은 매우 어색하기 때문이다.

이나 다중의 가정의 경우에 이런 방식이 특히 사용된다. 즉 ***faites*** *ceci,* ***faites*** *cela,* ***allez****-y, n'y* ***allez*** *pas, le résultat est le même*의 예가 있다.

명령법 과거의 경우 가끔 조건의 의미로 사용되는데 그 의미는 *même si*나 *quand même*이다. 즉 ***ayez fait*** *pis que pendre, vous n'en serez pas moins honoré, si vous êtes riche*의 예와 같다. 그런데 *quand vous auriez fait pis que pendre*라고 말하는 것이 낫다.

7. 접속법의 용법

접속법의 성격

접속법이 종속절의 법이라고 말할 수는 없는 것이 종속절에는 접속법뿐만 아니라 직설법도 사용되고 게다가 직설법이 사용되는 경우가 더 많기 때문이다. 물론 직설법을 보충하는 조건법도 사용된다. 그러므로 실제로 직설법이 단언(*affirmation*)과 확실성(*certitude*) 그리고 개연성(*probabilité*)의 법이라면 접속법(**subjonctif**)은 가능성의 법(**le mode de la possibilité**)이며 의구심(**doute**)과 불확실성(**incertitude**)의 법이라고 할 수 있다. 그렇지만 접속법을 종속절의 법이라고 부당하게 부르는 이유는, 접속법은 단언할 수 없기 때문에 직설법 (혹은 조건법)이 나올 수 없는 종속절에서(**dans les propositions subordonnées**)만 접속법이 사용되기 때문이다.

물론 접속법 현재형이 종속절이 아닌 몇몇 경우에 사용되기는 하지만 이것은 앞에서 살펴본 것처럼 실제로는 접속사가 없는 3인칭으로 된 명령법 현재인 것이다. 그런데 가정을 하는 대신에 놀람이나 분개의 감정을 가지고 어떤 사실을 평가하기 위하여 몇몇 표현에서 접속법을 조건법처럼 사용하는 것을 알 수 있다. 그런데 실제로는 종속절이 있는 것인데 그 방법은 다음과 같다. 가장 흔한 것은 가능성과 관련된 것으로 독백이 아니라면 다른 누군가가 암시하는 것으로 *que*와 함께 1인칭 접속법을 사용한다. 즉 *moi, que je me* ***taise****! moi, que j'****aille*** *là-bas!*와 같다. 또한 실제적 사실에 대하여 *qu'il se* ***soit*** *oublié à ce point !*이라고 말한다. 이것은 접속법이라고 봐야 하는 것이 *vous voulez, vous prétendez, est-il possible*가 생략된 것이기 때문이다.[109)]

반면에 *que*를 *il faut que* 대신에 가끔 사용하기도 하는데 1인칭에서 그렇다. 즉 *que je vous* ***raconte*** *une bonne histoire*의 예와 같은데 여기에도 역시 종속이 관계한다.

그런데 우리는 예전에 쓰던 이상한 표현을 아직 쓰고 있는데 이것은 *je ne sache pas que...*이다. 예전에는 가끔 종속절에 사용되었지만 지금은 전혀 종속되지 않고 이 문장에서 접속법은 이미 *je ne sais pas*에 들어 있는 의구심을 강조하는 목적이 있는 것 같다. 이 표현은 단수 1인칭에만 사용되는데 그 이유는 *je ne sais pas que*라고는 전혀 말하지 않기 때문이다. 유추에 의하여 *je ne sache pas de..., je ne sache rien* (ou *personne*) *qui* (ou *que*)...라고 말하는데, 오히려 *je ne sais* (ou *je ne connais*) *pas de....*, *je ne sais, je ne connais rien* (ou *personne*) *qui* (ou *que*)...라고 말하는 것이 더 낫다.[110)]

---

109) 또한 *moi, je me tairais ! moi, j'irais là-bas !*와 동사의 원형을 사용한 *moi, me taire ! aller là-bas, moi !*를 참조할 것. 이러한 표현은 문어에 속하는 것이다.

Moi, *que j'ose* opprimer et noircir l'innocence !

경우에 따라서는 접속법의 다른 시제를 사용하기도 한다.

110) 따라서 *je ne sache pas* 다음에는 바로 *que*가 나와야 올바른 표현이다. 사실상 *je ne sais pas* (ou *j'ignore*) *qu'il est venu*라고 말할 수 없다는 사실을 쉽게 알 수 있는 것이, 이 문장은 자신이 알지 못하는 것을 공공연하게 알리는 의미이기 때문이다. 반면에 *je ne savais pas* (ou *j'ignorais*) *qu'il était venu*라고 말하는 것은 올바른데, 이것은 그 후에 알게 되었다는 의미이고 마찬가지로 *tu ne sais pas* (ou *ils ne savent pas*) *qu'il est venu, je n'ignore pas* (ou *je ne me dissimule pas*) *qu'il est venu*라고 말할 수 있다. 그렇지만 접속법을 사용하여 *je ne sais pas qu'il soit venu, je ne savais pas qu'il fût venu*라고 말할 수 있다. 그런데 실제로는 이렇게 말하지 않고 *j'ignore qu'il est* (ou *qu'il soit*) *venu*라고도 말하지 않는다. 오히려 *je ne sais pas* (ou *j'ignore*) *s'il est venu*라고 말하는데 이것은 간접의문문이다. 물론 의미는 같지 않은 것이 이 문장은 완전한 불확실성을 표시하기 때문이다. 그런데 *je ne crois pas* (ou *je ne pense pas*) *qu'il soit venu*는 거의 부정문과 같다. 한편 *je ne sache pas que*는 이 둘 사이에 위치하고 (다소간 *je ne crois pas*에 가깝다), 이런 이유 때문에 이 표현을 없애기가 어렵고, 더욱이 이 표현에는 조롱기가 섞여 있다. 그런데 복수형의 경우 문제가 있는데, 우리는 접속법을 사용하더라도 *nous ne savons pas que*라고는 더 이상 말하지 않기 때문이다. 그런데 복수형은 문어에서만 사용되고 그것도 아주 드물게 사용된다. 즉 너무 드물기 때문에 이상한 혼동이 생겨나는데, 빅토르 위고(V. Hugo)를 포함한 많은 작가들이 *nous ne sachons pas*라고 적었는데 마치 동사원형이 *sacher*이거나 *savoir*의 명령형인 것처럼 여긴 것이다. 그런데 이것은 아주 잘못된 것이고, 적어도 이런 표현이 유용하다면 *nous ne sachions pas*라고 적어야 한다.

이러한 표현이 유지된 것은 아마 특별한 상황의 도움이 작용한 것 같다. 즉 *que je sache*라는 관계절이 자주 사용된 결과인 것 같은데, 이것의 의미는 *autant que je puis savoir*이다. 부정절 다음에 항상 사용되고 선행사가 안 나오는 이 문장은 라틴어의 *quod sciam*을 흉내낸 것 같은데 말하자면 *il n'est pas venu, que je sache*와 같다.[111)]

시제 일치 규칙들

이와 같이 고유한 의미의 접속법은 종속절에서만 나온다. 그런데 접속법에는 옛날부터 지금까지 시제가 네 개가 있었다. 오랫동안 유지되던 이 네 시제의 규칙이 과거와는 달라졌지만, 적어도 문어에서는 그렇게 오랫동안 유지되어 왔고 여전히 몇몇 작가들은 세심하고 거의 맹목적으로 지키고 있는 이 규칙들을 알 필요가 있다. 다음으로 이 네 가지 시제가 어떻게 해서 점차 두 개로 줄어들게 되었는지 살펴볼 것이다. 게다가 이런 변화는 아직 끝난 것이 아니고 점차 사라지는 시제들에서도 아직 단수 3인칭이 유지되고 있다는 사실로 미루어 여전히 이 규칙을 아는 것이 필요하다는 것을 알 수 있다.

실제로 문법학자들은 항상 시제 일치(***condordance des temps***)를 언급하면서 통사규칙을 단일화하고 말하자면 기계적으로 만들려고 항상 노력하였는데 이것이 적절치 못한 경우도 자주 있었다. 그런데 접속법의 시제가 절대적으로 주절의 시제의 지시를 받았던 적은 전혀 없었다. 접속법의 시제는 표현하고자 하는 사고에 의존될 수밖에 없었다. 그런데 이 규칙은 편의상 두 개의 일반적인 경우로 귀결될 수 있었다. 일반적으로 여러 시제의 용법은 이 두 경우에 일치하는데 이것을 어기는 불가피한 예외를 언급하기만 하면 충분할 것 같다.

---

111) 그런데 *je ne sache pas*가 *que je sache*에서 유래했을 가능성이 있다. 즉 절의 위치가 바뀌어서 *il n'est pas venu, que je sache*가 *je ne sache pas qu'il soit venu*가 되었다고 여길 수 있다. 반면에 *que je sache*가 어형변화할 수 있을 텐데 실제로는 거의 어형변화하지 않는다. 이러한 표현을 자신에게만 적용한다고 보지 않으면 이렇게 제한적인 사실을 이해할 수 없을 것이다. 이런 면에서 *que nous sachions*이란 표현이 정당화된다.

첫째 경우로 주절의 동사가 현재형 혹은 미래형인 경우(**le verbe de la proposition principale est au présent ou au futur**)를 보자.[112] 이 경우 종속절의 접속법(**le subjonctif**)은 의미에 따라서 단지 현재(**au présent**)나 과거(**au passé**)로 된다. 즉 *j'attends* (ou *j'attendrai*) *qu'il **vienne*** (ou *qu'il **soit arrivé***); *quand j'aurai attendu pendant une heure qu'il **vienne*** (ou *qu'il **soit arrivé***), *je m'en irai*의 예가 있다. 또한 접속법은 미래를 대신하기도 한다. 즉 *je crois qu'il viendra demain* (ou *qu'il sera venu avant trois jours*)는 *je ne crois pas qu'il **vienne** demain* (ou *qu'il **soit venu** avant trois jours*)가 된다.[113]

둘째 경우로 주절의 동사가 과거형 혹은 조건법인 경우(**le verbe de la proposition principale est au passé ou au conditionnel**)를 보자.[114] 물론 의미에 따라서 달라지기

---

112) 이 경우 종속절의 동사가 직설법이나 조건법인 경우 이 법은 어느 시제나 가능하다. 즉 무한한 재량권이 있는데 다만 표현하고자 하는 사고에 따라서 시제가 결정된다. 즉 *je crois* (경우에 따라서는 *je croirai*나 *je croirais*) *qu'il vient, qu'il venait, qu'il vint, qu'il est venu, qu'il était venu, qu'il viendra, qu'il sera venu, qu'il viendrait* 혹은 *qu'il serait venu*가 가능하다.

113) 접속법이 직설법 반과거, 대과거 혹은 조건법을 대신할 경우에는 사정이 같지 않다. 즉 *je crois qu'il était déjà là* (ou *qu'il avait déjà fini*)는 접속법으로 변할 때 *je ne crois pas* (ou *je ne croirai jamais*) *qu'il fût déjà là* (ou *qu'il eût déjà fini*)가 된다. 그 결과 현재형 다음에 접속법의 네 시제 중 어떤 것이라도 나올 수 있게 된다. 마찬가지로 *aurait-il réussi*라는 질문에 *je doute fort* (ou *je douterai toujours*) *qu'il eût réussi*라고 대답할 수 있고, *cela lui serait-il permis*라는 질문에 *je doute fort que cela lui soit permis*라고 대답할 수 있는데 물론 문법학자들은 반대할 것이다. 여기에서 *serait*는 실제로는 현재형이 완화된 것이다. 그런데 *il le ferait si on le lui demandait*라는 문장은 접속법으로 바뀌면 *je ne crois pas qu'il le fît*가 된다. 접속법 반과거가 이제는 더 이상 조건법으로 사용되지 않고 *fît*가 아직 *ferait*의 의미를 절반쯤 갖고 있었기 때문에 옛날 사람들은 이 경우 주저하지 않고 이 형태를 사용했다. 따라서 이런 용법이 많이 사용되었는데, 라신느(Racine)의 유명한 다음 시구절도 이것과 관련이 있다.

On craint qu'il *n'essuyât* les larmes de sa mère.

여기에서 *essuyât*는 *essuierait*를 의미한다. (아마도 라신느는 운율 때문에 *essuyât*를 사용할 필요가 없었더라면 *essuie*를 사용했을 것이다. 왜냐하면 앞의 시에서 그는 *on ne craint pas qu'il venge*라고 적었는데 역시 운율이 요구했더라면 *qu'il vengeât*라고 적었을 것이다.)

114) 종속절의 직설법이 일반적으로 반과거나 대과거가 되고 여기에 조건법 현재나 과거나 연관된다는 것을 우리는 이미 앞에서 보았다. 즉 *je croyais, j'ai cru, j'avais cru, je croirais, j'aurais cru qu'il venait, qu'il était venu* (ou *qu'il viendrait, qu'il serait arrivé*)의 예와 같다. 그런데 어떤 사실이나 객관적 진리에 대하여 절대적으로 단정하는 경우도 예외로 하여야 한다는 것을 역시 보았다. 즉 *ils ont affirmé qu'ils étaient* (ou *qu'ils sont*) *satisfaits, il estimait qu'un tiens vaut mieux que deux tu l'auras, je vous ai dit et répété qu'il viendra*의 예와 같다.

는 하지만 이 경우 종속절의 접속법(le subjonctif)은 원칙상 반과거(**l'imparfait**)나 대과거(**le plus-que-parfait**)가 된다. 즉 *j'attendais, j'attendis, j'ai attendu, j'avais attendu, j'attendrais, j'aurais attendu qu'il **vînt*** (ou *qu'il **fût arrivé***)와 같다. 마찬가지로 주절의 동사에 동사원형이 함께 나오더라도, *je devais, j'ai dû, j'aurais dû attendre qu'il **vînt*** (ou *qu'il **fût arrivé***)와 같이 된다. 조건법 대신에 접속법을 사용하는 경우에도 역시 같다. 즉 *j'espérais qu'il viendrait* (ou *qu'il serait arrivé*)는 *je n'espérais pas qu'il **vînt*** (ou *qu'il **fût** arrivé*)가 된다.[115)]

접속법의 몇 가지 형태가 갖는 고전적 특성

지금까지 언급한 것이 사람들이 시제 일치 규칙이라고 말하는 것들인데 물론 이것이 정당한 것인가에 대해서는 이론의 여지가 있다. 옛날 사람들에게는 이 규칙이 그렇게 엄격하지는 않았고 또한 기계적인 것도 아니어서 경우에 따라서는 개념의 차이를 보다 세심하게 표현하는 것을 가능하게 했는데 그 이후에는 이러한 것이 사라졌다. 즉 규칙의 엄밀함이 항상 이점이 되는 것은 아니다. 반면에 이러한 엄밀함이 1세기 전부터 점점 더 극복할 수 없는 암초를 만나게 되는데, 이것 때문에 문법학자들은 그들의 라틴어법을 버리게 된다. 우리는 앞에서 유감스럽게도 구어에서는 단순

---

115) 우리는 뒤에서 더 이상 접속법을 사용하지 않는 경우를 살펴볼 것이다. 반면에 접속법이 직설법 현재나 복합과거를 대신하는 것이 명백한 경우가 있는데 이때 접속법 반과거를 사용하지는 않는다. 예를 들어서 *tout ce qu'il a fait était-il* (ou *est-il, a-t-il été*) *parfaitement juste*?에 대한 대답으로 *il n'a rien fait qui ne fût* (ou *qui ne soit, qui n'ait été*) *parfaitement juste*라고 대답할 수 있다. 마찬가지로 *nul ne contesterait* (ou *n'aurait contesté*) *qu'il fût* (ou *qu'il soit, qu'il ait été*) *un honnête homme*라고 말할 수 있다. 더군다나 직설법 현재를 완화하는 역할을 하는 조건법 현재 다음에 접속법 반과거를 반드시 써야 한다고 문법학자들이 주장한다면 이것은 순전히 자의적 판단에 의한 것이다. 즉 *je voudrais qu'il vienne*가 *je voudrais qu'il vînt*보다는 더 논리적이다. 그러므로 *je ne saurais sortir qu'il ne me l'eût permis*라고 말하는 것은 아주 불합리한 것이다. 논리를 따르자면 *qu'il ne me l'ait permis*나 *qu'il ne me le permette*라고 하는 것이 맞다. 우리는 조건법 현재를 직설법 현재와 마찬가지로 아무 시제하고도 함께 사용할 수 있는데 이 경우 종속절의 동사는 직설법으로 된다. 종속절에 접속법이 나온다고 조건법의 성격이 변할 것인가?

과거를 너무나 싫어했기 때문에 이것 대신에 복합과거를 사용했다는 것을 보았다. 단순과거와 아주 유사한 접속법 반과거는 물론 조동사가 접속법 반과거인 접속법 대과거에 대해서도 구어는 역시 똑같은 반감을 보이고 있다.[116] 그런데 접속법에 대한 이런 반감은 단순과거에 대한 반감만큼이나 정당한 것이 아닌데 귀로 들어서는 차이를 알 수 없기 때문이다. 아마도 *que nous amassassions*은 듣기에 아름답지는 않다. 그렇지만 *que nous chauffassions*이, 널리 쓰이는 *que nous effacions*이나 *que nous fassions*보다 듣기에 더 불쾌하다고 할 수 있을까? 또한 *que vous mentissiez*가 *vous tissiez*보다 추하다고 할 수 있을까? 아무튼 이것은 하나의 사실이라서 우리로서는 어찌할 수 없다. 또한 이런 형태가 별로 사용되지 않다 보니 드물다는 사실만으로도 듣기에 불쾌하고 우스꽝스럽게 된다. 구어가 문어에 강하게 반작용을 하기 시작했기 때문에 더욱 사실을 있는 그대로 받아들여야 한다.

극복할 수 없는 이런 반감을 극복하기 위하여 구어에서는 어떤 방식을 취할 수 있을까? 경우에 따라서 두 가지 방식이 있다. 가끔은 접속법 대신에 직설법을 그대로 사용한다. 즉 *je pensais que vous l'aimiez*에서처럼 *je ne pensais pas que vous l'aimiez*라고 한다. 또한 시제는 그대로 유지하고 법만 바꾸기도 하도, 경우에 따라서는 조건법 현재를 사용하여 *je pensais que vous iriez*에서 *je ne pensais pas que vous iriez*라고 말한다. 그러나 접속법 대과거와 혼동되는 조건법 과거 제2형이 알지 못하는 사이에 올바른 것으로 여겨진다. 접속법을 반드시 사용해야 하는 경우에는 구어에서는 반과거 대신에 현재를, 대과거 대신에 과거를 사용하는데 그렇다고 의미가 바뀌지는 않는다. 내가 구어라고 말할 때 나는 거의 정확하게 말하는 사람들을 염두에 두고 말하고 있다. 물론 아주 많은 수의 지식인들이 결코(*jamais*) 접속법 반과거나 대과거를 사용하지 않을 것이다. 물론 이들이 이 두 시제의 용법을 완전히 숙지하고 있는 것은 말할 필요도 없다.[117]

---

116) 조건법 과거 제2형에 대하여 구어가 종종 유감스럽게도 지나친 호감을 보이는 것과 비교해서 이런 현상은 더욱 놀라운 일이다.

117) 어떤 사람들에게는 접속법 반과거라는 개념 자체가 완전히 사라져서, 이들은 자신들이 프랑스어를 잘 알고 있다고 여기면서 *il fallait qu'il l'aimât beaucoup*라는 문장을 읽을 때 이런 철자는 존재하지 않고 *aima*라고 써야 한다고 주장한다.

이러한 조심성이 과한 것일 수는 있으나, 반면에 이런 예는 따르는 것이 최선이라고 할 수 있다. 접속법 반과거와 대과거 전체가 점점 옛날 어법으로 변해간다는 것은 하나의 사실이고 이런 옛날 어법을 구어에서 사용한다는 것은 완전히 잘못된 것이다. 이것은 거스를 수 없는 흐름이고 이미 한참 진행이 되어서 문어에서도 따를 수밖에 없는 진행 중인 사항이다. 그렇지만 이러한 변화가 어떤 점에서 특이하고 유감스럽다고 할 수 있는가? 이미 접속법에는 직설법과 조건법이 가진 10개의 시제에 대응할 수 있는 시제가 4개뿐이다. 이 말은 대략적인 일치관계만이 가능하다는 뜻이다. 그런데 접속법에 2개의 시제만 남게 된다면 그 대략적인 일치관계는 더 심해질 것이다. 하지만 접속법 현재와 과거만으로도 충분할 수 있다. 언어가 미묘한 차이를 잃게 되겠지만 어차피 더 중요한 것을 이미 잃어버린 상태이다. 막을 수 없는 것은 따르는 수밖에 없다.

이러한 변화가 결국에는 완성되겠지만, *être*와 *avoir*의 접속법 반과거는 단수 3인칭에서 여전히 사용되고 있다. 따라서 잘난 척한다는 비난을 받지 않고도 *eût*와 *fût*의 형태를 사용할 수 있다. 그러나 더 나아가는 것은 벌써 너무 정확하려고 애쓰는 것이다. 물론 임시적으로 *fusse*와 *eusse*라는 형태를 사용하여 글을 쓰거나 대중 앞에서 말할 수 있는데, 말하자면 접속법 대과거나 수동태에서 이 형태의 사용이 가능하다. 그런데 *être*와 *avoir* 이외의 동사들을 능동문에서 접속법 반과거로 사용할 경우, 문어에서는 단수 3인칭의 경우 가능하고 옛날 표현에 반감이 없는 시어의 경우 아마 앞으로 오랫동안 이것을 사용할 것이다. 즉 *que vouliez-vous qu'il fît*는 *que vouliez-vous qu'il fasse*보다는 분명히 우아한 표현이다. 그러나 이것도 구어에서는 이미 적합하지 않고 특히 *qu'il aimât*에서처럼 *ât*라는 형태는 더욱이 안 된다. 대화에서 *aimassions*이나 *aimassiez*라는 형태를 사용한다는 것은 구어에서 뿐만 아니라 문어에서도 역시 우스꽝스럽게 보인다. 따라서 훌륭한 작가의 경우 이러한 표현을 피하려고 조심하는데, 그 이유는 소설가나 연극작가가 등장인물들에게 사용하게 하는 가장 정확한 언어가 보편적인 용법을 정면으로 어기게 할 수는 없기 때문이다.[118)]

118) 몰리에르(Molière)의 연극작품『인간혐오자(Misanthrope)』에서 오롱트(Oronte)가 말하는 다음 대사를 보자.

Je voudrais bien, pour voir, que de votre manière

*Qu'ils aimassent*도 정확히 같은 경우이다. 학생들이 정확성을 기한다는 구실 하에 이런 표현을 시도할 때 이를 권장하거나 축하하는 선생님들이 아직 있다. 또한 몇몇 지식인들은 어조나 웃음을 통하여 이를 강조하면서 이런 표현을 사용하는데, 이것은 그들이 소중하게 여기는 언어의 정확성을 유지하면서 잘난 척한다는 비난이나 우스꽝스럽게 되는 것을 피하기 위함이다. 그런데 이것은 틀리게 말하는 것이다. 왜냐하면 옛날 표현을 사용하는 것이 정확하게 말하는 것은 아니고, 이제 이런 표현도 역시 같은 경우에 해당 한다고 보아야 하기 때문이다.

8. 종속절에서의 직설법과 접속법

직설법과 접속법이 본질적인 두 개의 법이라고 할 수 있는 것이, 명령법의 용법은 아주 제한적이고 조건법은 직설법에 의존하는 법이기 때문이다. 따라서 서로 경쟁관계에 있을 수 있는 것은 바로 직설법과 접속법이다. 직설법이 주절이나 독립절에서 자연스러운 법이므로 접속법이 직설법의 영역 침해에 가능한 한 저항을 해온 것은 바로 종속절에서이다. 물론 시대에 따라서 그 성공 여부는 다르게 나타났는데, 그 이유는 이 두 법의 역할이 앞에서 본 정의에 따라서 아주 분명하게 특징지어진다 해도 한쪽의 개연성과 확실성, 다른 쪽의 의구심과 가능성 사이에 분명한 경계가 그어지지 않기 때문이다. 많은 동사들의 의미와 영향 범위에 대한 관점이 시대에 따라서 변해 왔다. 일반적으로 말해서 접속법은 고전주의 때부터 그 영역을 잃어 왔고 여전히

Vous en *composassiez* sur la même matière

그가 등장인물을 우스꽝스럽게 할 의도는 전혀 갖고 있지 않다. 당시에는 접속법 반과거가 그 누구에게도 귀에 거슬리지 않았으므로 오롱트가 정확하게 말하고 있지 그 이상도 아닌 것이다. 오늘날의 극작가가 등장인물 중 하나에게 이렇게 말하게 하면 그를 희화화하거나 단순히 관객을 웃게 만들 목적일 것이다. 이 방법은 쉬운 만큼이나 확실해서 몇몇 극작가들은 이런 표현을 일부러 사용한다.

잃고 있는데 아마 접속법의 두 시제에 대하여 사람들이 반감을 보인 결과인지도 모른다. 여러 종류의 절에 대하여 검토해보면 오늘날 접속법의 용법의 한계는 무엇인지, 또한 잃어버렸거나 잃어버리고 있는 영역은 과연 무엇인지 드러날 것이다.

관계절에서

관계절은 일반적으로 단언하는 성격을 보인다(**les propositions relatives ont généralement un caractère affirmatif).** 왜냐하면 선행사가 생략되었더라도 충분히 한정되어(suffisamment déterminé) 있기 때문이다. 보어 관계절의 경우 이것이 명백한데, 이때 동사는 당연히 직설법(**l'indicatif**)이다. 즉 *l'homme qui est venu, ce que j'ai vu, ceux dont j'ai parlé*, (celui) *qui vivra verra, voilà* (quelque chose) *qui est surprenant, ai-je dit les choses qu'il fallait dire?, je n'ai pas dit ce qu'il fallait dire*의 예와 같다. 또한 관계절이 여러 가지 상황절에 해당하는 *je prendrai ce chemin, qui est plus court* (parce qu'il est plus court); *il faut se défier du chat qui dort* (quand il dort ou même quoiqu'il dorme); *qui ne hasarde rien n'a rien* (quand ou si l'on ne hasarde rien)의 예가 있다.

그렇지만 항상 이렇다고 여겨서는 안 된다. 즉 선행사가 전혀 한정되어 있지 않고 관계절이 하나의 사실을 표현하기보다는 의도(**intention**), 욕망 (**désir**), 능력(**capacité**), 즉 단순히 가능성(**possibilité**)을 표현할 수 있는데 이 경우에는 당연히 접속법(**subjonctif**)을 사용한다. 즉 *il nous faut* ***un*** *chef qui* ***sache*** *commander, il y a* ***peu*** *de chefs qui* ***sachent*** *commander*와 같다. 그런데 *je connais par ici* ***une*** *fontaine où* ***il y a*** *de l'eau potable*의 예와 같이 단언하는 경우도 있는데 여기에서 *une fontaine*란 *une certaine fontaine*를 지칭하고 이미 알고 있는 샘을 지칭한다. 반면에 *je voudrais bien trouver* ***une*** *fontaine où* ***il y ait*** *de l'eau potable*라고 말할 때에는 이런 샘이 있는지 모르는 경우이다.

주절이 의문문인 경우(**si la proposition principale est interrogative**), 올바른 법은 접속법인데 이때 의문이란 모른다는 것을 의미하기 때문이다. 즉 *peut-on trouver ici* *une fontaine où il y **ait** de l'eau potable*?의 예와 같다. 더욱이 주절이 부정문인 경우 (**si la proposition principale est négative**), 모든 단언이 제거되었기 때문에 역시 접속법을 써야 한다. 즉 *je ne connais pas de fontaine* (ou *pas une fontaine*) *où il y **ait** de l'eau potable*는 *je ne connais pas la fontaine où **il y a** de l'eau potable*와는 구별된다.[119)]

조건절 다음에도 용법은 같다. 즉 *si je pouvais trouver une fontaine* (*la fontaine*가 낫다) *où **il y a** de l'eau potable*라고 하면 이런 샘이 존재한다는 것을 안다는 것이고, 만일 *où **il y ait** de l'eau potable*라고 하면 이런 사실을 전혀 모른다는 것이다.[120)]

그런데 의문문과 부정문 사이에서 구별해야 할 것이 하나 있다. 즉 부정문 다음에는 가능성을 나타내는 접속법이 꼭 필요하고, 특히나 선행사가 *rien*이나 *personne*와 같이 부정대명사일 때 필요하기 때문에, 혹시나 접속법 반과거를 접속법 현재로 바꾸는 것은 흔하지만 결코 직설법으로 바꾸지는 않는다는 사실이다. 즉 정확한 표현이 *il n'y avait personne qui ne me comprît*인데 이것을 *il n'y avait personne qui ne me comprenne*라고 말할 수 있지만 (물론 글로 적어서는 안 된다), 이것은 *comprenait*보다는 항상 더 정확하다. 그렇지만 접속법 과거를 사용하여 *il n'y a* (ou *il n'y a eu*) *personne qui ne m'**ait** compris*라고 하는 것이 보다 정확하게 말하는 것인데 이 문장에서의 접속법은 *on m'a compris*의 의미이기 때문이다. 그런데 *il n'y a que* 다음에는 경우에 따라서 접속법이나 직설법을 사용한다. 즉 *il n'y a qu'une chose qui m'**ait*** (ou *qui m'**a***) *choqué*가 둘 다 가능한 것은 단언의 여지가 남아 있기 때문이다.[121)]

---

119) 따라서 프랑스 작가 중 하나의 글에 나오는 *il n'est pas une minute où je n'ai pensé à vous*라고 해서는 안 된다. 이것과 관련이 있는 것이 *il n'a rien fait, que je sache*와 *vous n'êtes pas venu, que je sache*이다. 또한 주의할 것은 부정문에 *si*와 형용사가 딸린 명사가 오는 경우, 접속사 *que* 대신에 관계대명사 *qui*를 사용하는 것이 낫다. 즉 *il n'y a pas d'écrivain si sot, qui ne sache*가 *qu'il ne sache*보다는 낫고 또한 반드시 *il n'y a si sot écrivain qui ne sache...*라고 적어야 한다.

120) 주의할 것은 원래 가능성을 나타내는 동사 *pouvoir*가 여타의 동사들과 동등하게 취급된다는 점이다. 즉 *je connais un endroit où nous pourrons nous reposer*라고 하는데 여기에서 중요한 것은 관계절에 있는 동사의 의미가 아니라 우리 머릿 속에 있는 단언인 것이다. 반면에 *je voudrais bien trouver, où trouverons-nous, si je trouvais un endroit où nous puissions nous reposer*라고 한다.

121) 접속법 반과거를 전혀 사용하지 않으려고 했을 때 이것을 어떻게 대치해야 할까 하고 난감해 하는 경우가 가끔 있다. *Je n'ai rien dit qui ne fût à dire*라는 문장이, 의미가 다름에도 불구하

반면에 의문문 다음에는 부정문 다음에서 만큼 접속법이 항상 같은 정도로 요구되지는 않는다. 정확하고 우아한 표현인 *y a-t-il ici quelqu'un qui ne me* ***comprenne*** *pas*?를 *y a-t-il ici quelqu'un qui ne me comprend pas*?라고 말한다고 해서 반드시 틀렸다고는 말할 수 없다. 말하자면 이런 일이 있을 수 있는지 확인하고 싶어하는 가상의 사실을 지칭하거나, 관계절에 직설법이 가능할 만큼 누군가가 충분히 한정되어 있다고 여기는 것이다. 여기에서 우리가 분명히 알 수 있는 것은, *il y a quelqu'un qui ne me comprend pas*라는 평서문의 용법이 의문문의 영역을 침범한다는 것인데, 그렇다고 *il n'y a personne qui ne me comprend pas*라고 말할 단계에 이르지는 않았다.

물론 이런 경우 조건법은 관계절에서 그대로 남아 있다. 즉 *tout le monde l'aimerait*에서 *y a-t-il quelqu'un qui ne l'aimerait*나 *il n'y a personne qui ne l'aimerait*가 된다. 옛날 사람들은 *qui ne l'aimât*라고 보다 정확하게 말하였는데, 오늘날에는 다행히도 조건법 과거 제2형 덕택에 *il n'y a personne qui ne l'eût aimée*라고 아직은 말할 수 있다.

관계대명사의 선행사에 함께 나오는 최상급 다음에(**après un superlatif relatif**) (이 경우 명사는 생략될 수 있다), 최상급이 속한 전체가 한정되어 있지 않을 때 동사는 접속법의 형태를 취한다. 즉 여러 사람이 모여 있는 것을 보면서 *c'est le plus grand que je connais*라고 말할 수 있는데 이것은 내가 아는 사람이 모여 있는 사람들 중 가장 키가 크다는 의미이다. 반면에 한정되지 않은 의미로 *cet homme est le plus grand* (ou *un des plus grands*) *que je connaisse*라고 말할 때에는 모든 사람을 알지 못하고 더 큰 사람이 있을 수 있기 때문이다. 또한 *achetez les plus chers que vous trouverez*

고 *je n'ai rien dit qui n'ait été à dire*나 *qui ne soit à dire*로 바뀔 수 있다. 그런데 *je ne disais rien que je ne fusse obligé de dire*라는 문장은 *je ne disais rien que je ne sois obligé de dire*라고 바뀔 수는 없다. 따라서 대략적으로 같은 의미를 갖는 문장을 사용해야 하는데, 관계대명사의 선행사가 한정되어 있는 *je ne disais que ce que j'étais obligé de dire*와 같은 문장을 사용해야 한다. 그런데 *il ne vous était rien arrivé dont vous pussiez vous plaindre*?라는 문장을 어떻게 해야 할까? 만일 *puissiez*를 사용하면 의미가 왜곡되지는 않을까? 이 경우에는 *vous ne pouviez vous plaindre de rien de ce qui vous était arrivé*라고 말해야 한다. 마찬가지로 *il n'y a personne qui n'en fît autant*이란 문장은 조건의 의미를 갖는데, 이 문장을 *il n'y a personne qui n'en fasse autant*으로 바꾸면 의미가 달라지고 *il n'y a personne qui n'en ferait autant*으로 하자니 문법적으로 틀린 문장이다. 따라서 접속법 반과거를 제외하려고 하면 가끔은 심각한 어려움에 맞딱뜨리게 된다.

라고 말하는 것은 발견하는 물건들 중에서 가장 큰 것을 고르라는 의미이다. 이 경우 그 물건들이 무엇인지 미리 알지는 못하더라도 충분히 한정되어 있다는 의미이다. 이것은 직설법을 사용해야 하는 *achetez les plus chers de ceux que vous trouverez*와 의미가 같다. 그런데 *c'est le plus cher que j'**aie** trouvé*에서 접속법을 사용한 것은, 모든 것 중에서 가장 비싼 것을 발견했다고 볼 수 없기 때문이다. 모든 것 중에서 가장 비싼 것을 발견했다면 *j'ai trouvé*라고 해야 한다. 위의 예에서 직설법이 부당하게 침범해오는 것은 틀린 것이므로 주의해야 한다. 따라서 (이미 고인이 된) *cet homme était le plus adroit tireur que je **connusse***라는 문장에서 접속법 반과거를 사용하지 않으려면 *que je connaisse*라고 말해야 한다. 물론 의미가 약간은 다르므로 글로는 적지 않는 편이 낫고 문장 자체를 바꾸어야 한다.

그렇지만 일반적으로 *le plus, le moins, le mieux*를 (동사 없이) 단독으로 사용된 동사 ***pouvoir***의 직설법과 함께 사용한다. 즉 *en certaines circonstances le moins qu'on **peut** est le meilleur*와 *c'est bien le moins qu'on **puisse** faire*가 둘 다 가능하다. 또한 *j'ai la meilleure tenue que je **puisse** avoir*와 *je me tiens le mieux que je **peux***가 역시 둘 다 가능하다. 이런 용법은 접속법 반과거의 경우 특히 편리하다.

반면에 ***un des***의 경우 *c'est un des meilleurs tireurs que je connaisse*에서 유추하여 *c'est un des bons tireurs que je **connaisse**, c'est un des beaux spectacles qu'on **puisse** voir* (ou *que j'**aie** jamais vus*)라고 말하는데 이것의 의미는 최상급을 사용할 때와 같다.

Le seul도 최상급과 아주 유사한 표현이다. 따라서 이 표현 다음에 접속법을 사용하는데 *c'est le seul que je **connaisse***와 같다. 그런데 접속법을 반드시 사용할 필요는 없는 것이, 주절이 의문문이나 부정문이라도 관계절에 어느 정도 단언을 표시할 수 있기 때문이다. 즉 몽테스퀴외(Montesquieu)는 *c'est peut-être la seule chose que l'argent ne peut pas faire*라고 말했다. 우리가 말할 수 있는 사실은, 접속법이 대체로 보다 우아하지만 접속법 반과거나 조건법 때문에 더 이상 당황할 필요가 없다는 것이다. 즉 *c'est la seule chose qui me serait agréable*의 예와 같다. 또한 *unique*나 *un des seuls* 대신에 쓰이는 *un des rares* 다음에도 용법은 같다. 즉 *c'est un des rares hommes qui **soient*** (ou ***sont***) *allés au pôle*의 예가 있다.

또한 ***le premier**, un des premiers, **le dernier**, un des derniers* 다음에 접속법을 쓰

는 것이 역시 우아하다. 즉 *c'est le premier qui en* ***ait*** *fait autant*의 예와 같다. 그러나 이 경우 접속법을 반드시 사용할 필요는 없고 오히려 직설법이 필요한 경우도 있다. 즉 *c'est la seule fois que nous l'****ayons*** *reçu*와 같이 접속법을 사용하는 것이 우아한 반면에, *c'est la première* (ou *la dernière*) *fois que nous le* ***recevons***에서처럼 반드시 직설법을 사용해야 하는 경우도 있다.

우리는 *quelque que, quel que, qui que, quoi que, où que*와 *si... que*로 시작되는 절을 관계절로 여길 수 있는데 이 경우 동사는 항상 접속법이다. 이것에 대하여는 양보(*concession*)를 표현하는 항목에서 다시 다룰 것이다.

*Que*로 시작되는 보어절에서

접속사 ***que*** **(la conjonction** ***que*****)**는 전형적인 접속사로 대부분의 다른 접속사를 만드는 데 관여한다. 특히 이 접속사는 절이 동사에 대해 사물을 지칭하는 직접보어의 역할을 할 때 사용된다. 덧붙이자면 절이 여러 개 있을 때 이 *que*는 각 절 앞에서 반복해서 써야 한다. 물론 아주 드물긴 하지만 주어가 생략되는 경우에는 예외이다.

접속사 *que*로 시작되는 절이야말로 확실성(la certitude)과 개연성(la probabilité)의 법인 직설법과 가능성(la possibilité)과 불확실성(l'incertitude)의 법인 접속법 사이의 구별이 가장 분명하게 드러나는 절이다. 물론 몇몇 동사의 경우 그 용법이 아주 다양하게 나타나기는 한다.

어떤 사실의 발화(**énonciation**)나 단언(**affirmation**)을 표현하는 데 사용되는 동사들이나, 단순히 의견(**opinion**)이나 개연성(**probabilité**)을 표현하는 긍정문 다음에는 *que* 뒤에 직설법(**indicatif**)이나 조건법이 나온다.

먼저 이런 타동사들은 다음과 같다. 즉 *dire*(*c'est-à-dire* 포함), *affirmer, soutenir, prétendre, assurer, gager, parier, jurer, avouer, reconnaître, accorder, admettre, savoir, voir* (*voici*와 *voilà* 포함), *prévoir, considérer, noter, remarquer, observer, sentir, deviner, apprendre, entendre, comprendre, concevoir, faire voir, faire entendre,* *montrer, enseigner, démontrer, prouver, rappeler, se rappeler, conclure* 등이다.[122] 또한 *croire, penser, estimer, s'imaginer, se figurer, supposer, présumer, soupçonner, ne pas se dissimuler, avoir dans l'idée* (격식을 차리지 않은 표현인 *avoir idée*), *promettre, espérer* 등이 있다. 즉 *je vous promets que j'irai, j'espère qu'il viendra* (ou *qu'il vient*)의 예와 같다.[123]

사물이 간접보어 역할을 하는 동사 다음에도 용법은 같다. 즉 *je réfléchis, je songe, je m'aperçois que vous ne l'**avez** pas fait et que vous **auriez** dû le faire, je m'attends qu'il viendra*[124]의 예가 있다. 다른 예로 *instruire, informer, aviser, avertir, prévenir, donner avis, être d'avis, convaincre, persuader, être d'accord, convenir, se douter, s'assurer, se souvenir, se rendre compte*가 있다. 즉 *je vous avertis* (ou *je conviens*) *qu'il **vaut** mieux ne pas y aller, je l'ai fait avertir qu'il fallait, je me suis rendu compte qu'il fallait*[125]가 있다. 또 다른 예로 *je suis sûr* (*assuré, certain, etc.,*) *qu'il **est** venu* (ou *qu'il **viendra**, qu'il **viendrait***)가 있다.

또한 다음과 같은 긍정의 비인칭구문에서 진주어 역할을 하는 절에 나오는 *que* 다음에는 직설법이 온다. 즉 *il est vrai, toujours est-il vrai* (ou *toujours est-il, la vérité est*), *il est clair, visible, évident, certain, sûr, assuré, constant, il est croyable* (ou *à croire, à présumer*), *probable* (ou *vraisemblable*), *on dirait, il paraît* (ou *il semble*), *il*

---

122) 이것과 용법이 같은 것은 *que*로 시작하는 각 장(chapitre)의 제목이라고 할 수 있는데, 이것 앞에는 *il va être dit* (ou *démontré*)가 생략되었다고 볼 수 있다.

123) 여기에서 지적하고 싶은 것은 이 두 동사를 이상하게 남용한다는 것이다. 물론 부득이한 경우 생략을 사용하여 *j'espère qu'il est venu*라고 말할 수는 있다. 그러나 *je vous promets qu'il est venu*의 의미는 무엇이고, *j'espère*(를 강하게 발음하여) *que vous êtes belle aujourd'hui*!의 의미는 또 무엇인가?

124) 접속법을 사용하여 *je m'attends à ce qu'il vienne*라고 말하기도 한다. 그렇지만 *je songe que* 대신에 *je songe à ce que*라고 글로 적는 것은 안 된다. 왜냐하면 *je songe à ce que*에서 *que*는 반드시 관계사가 되는데, *je songe à ce que vous avez dit*는 가능하나 *je songe à ce qu'il est venu ce matin*은 가능하지 않기 때문이다.

125) 이 경우 *que*가 관계사일 수밖에 없는 *de ce que*라는 표현은 가능하지 않다. 그렇지만 *de ce fait que*라고 말할 수는 있다.

arrive, il en résulte, il s'ensuit (ou *il suit de là*) 다음에 그렇다.[126]

동사나 형용사와 어원이 같은 명사의 경우에도 용법은 같다. 즉 *dans la pensée* (ou *l'idée*) ***que***, *la réflexion qu'il fit* ***que***, *la certitude, la conviction, la croyance où il était* ***que*** *les choses* ***s'étaient*** *passées ainsi*의 예가 있다.[127]

그렇지만 종속절이 문두에 따로 떨어져 나오고(**la proposition subordonnée en tête de la phrase**) 이 절을 나중에 주절에서 대명사로 다시 받을 때 일반적으로 동사를 접속법으로 한다. 즉 *qu'il l'ait dit* (ou *qu'il l'ait fait, qu'il doive le faire*), *je l'ai affirmé* (ou *je l'ai renonnu, cela est évident, cela est certain*) 이것은 종속절에 의하여 가정적인 성격을 먼저 제시하고 단언은 나중에 오는 것과 관련이 있는 것 같다.

반면에 위의 동사들이 나오는 절이 의문(**interrogative**)이나 부정(**négative**) 혹은 조건(**conditionnelle**)이 되면 그 용법이 상당히 복잡해진다. 원칙상 접속법을 사용하는데 이 경우 기껏해야 하나의 가능성을 나타내기 때문이다. 즉 *si j'avais su qu'il* ***fût*** *là ; croyez-vous qu'il* ***soit*** *venu* ? *je ne pense pas* (ou *je n'espère pas*) *qu'il* ***vienne*** *demain ; pouvez-vous supposer, vous ne pouvez supposer que j'****aille*** *raconter cette histoire*의 예와 같다. 문장 안에 부정의 개념이 숨어 있는 경우에도 접속법을 사용하는 것이 우아하다. 즉 *j'ai peine à croire qu'il* ***vienne*** *demain ; je n'ai pas de raison pour supposer* (ou *je le connais trop pour supposer* (ou *espérer*)), *qu'il le* ***fasse*** 예와 같은데, 이 경우 *je ne crois pas* (ou *je n'espère pas*)와 의미가 같다. 심지어는 *on peut espérer qu'il* ***vienne***라고도 말하는데 이 경우는 단지 하나의 가능성만을 의미하기 때문이다. 이러한 용법이 매우 정당한 것이기는 하나, 다음과 같은 너무나도 많은 제약

---

126) 옛날 사람들은 의견을 나타내는 동사들(les verbes d'opinion) 특히 *croire, penser, on dirait, il semble* 다음에 접속법을 사용하였고 오늘날에도 *il semble*의 경우 단언을 완화하기 위하여 접속법을 사용하는 것이 더 우아하다. 그렇지만 *il me semble*의 경우 단언의 성격이 더 강하여 항상 직설법을 사용한다.

127) 생략을 사용한 표현으로 *je vous dis, j'affirme, je crois, je pense, il est sûr, il est probable, il paraît* ***que oui***, ***que non***, ***que si***가 있다. 이런 생략 구문과 유사한 것이 *dire, croire*와 몇몇 다른 동사 다음에 *que*와 *être*를 생략하는 것이다. 즉 *on vous disait en voyage, je vous croyais à Paris, supposons l'armée arrivée à Paris, lui qu'on disait en voyage, l'armée qu'on croyait en péril*의 예와 같은데 이것은 눈에 거슬리는 표현을 대신하는 우아하고도 쉬운 표현이다. 본문 218쪽 44번 주의 관계대명사에 관한 설명을 참고하기 바란다.

이 포함되어 있다.

먼저 주절이 부정문이라도 종속절에서 항상 직설법을 사용해야 하는 동사들이 있다. 즉 *vous ne réfléchissez pas, vous ne considérez pas, vous ne songez pas que c'**est*** (ou *que c'**était***) *une affaire très grave ; songez-vous que sans moi vous ne **pouvez** rien?*의 예와 같다. 경우에 따라서 직설법을 사용하는 예는, *vous ne disiez pas* (vous omettiez de dire) *que vous êtes venu hier ; il ne veut pas croire que je **suis** venu hier*가 있다. 보편적 진리에 관한 것일 때 특히 직설법을 사용하는데, *il ne sait pas* (ou *il ne savait pas*) *que l'eau **bout** à cent degrés, que la terre n'**est** pas immobile*의 예와 같다.

반면에 주절의 동사가 단언을 표시하고 절 자체는 조건문, 의문문이면서 동시에 부정문인 경우 두 개의 부정이 서로 상쇄하기 때문에 직설법을 사용해야 한다. 즉 *n'avez-vous pas affirmé qu'il **était** venu*는 *vou avez affirmé qu'il était venu*와 같다. 마찬가지로 *ne savez-vous pas, n'est-il pas certain qu'il **était** là* (ou *qu'il **viendra***); *si je ne savais pas qu'il **viendra***의 예도 같다. 주절의 동사가 하나의 의견이나 개연성을 표시할 때에도 용법은 대체로 같다. 즉 *ne dirait-on pas que c'**est** le grand Turc? n'est-il pas probable* (ou *vraisemblable*) *que le résultat **était*** (ou ***sera***) *le même?*의 예가 있다. 예전에는 접속법을 사용하던 이런 예에서 더 이상 접속법을 사용하지는 않지만, 아직도 접속법을 사용하게 되면 우아한 예들은 *ne croyez-vous pas* (ou *ne pensez-vous pas*) *qu'il **soit** un peu fou? n'espérez-vous pas qu'il **vienne** demain?*이다.

그렇지만 특히 조건문이나 의문문 다음에 접속법 대신에 직설법을 사용하는 경우가 있다. 즉 *si vous affirmez qu'il **est** venu*라고 말하는 것은 아주 자연스럽고 이 문장에서 의구심보다는 단언의 성격이 더 강하다. 또한 자주 사용되는 예들로 *si vous croyez qu'il **est** venu, si vous espérez qu'il **viendra**, si j'avais su qu'il **était** là* (ou *qu'il **était** venu*)가 있는데, 이들의 장점은 접속법 반과거나 대과거를 사용하지 않을 수 있다는 것이다. 또한 미처 알지 못했던 사실을 알게 되어서 단언할 수 있게 되었다는 것을 의미한다는 점에서 바람직하기도 하다. 주절이 의문문인 *affirmez-vous* (ou *êtes-vous bien sûr*) *qu'il **est** venu?*도 역시 마찬가지이다. 일반적으로 *d'où vient* 다음에는 직설법을 사용하는데 단언이 관여하기 때문이다. 물론 *croyez-vous qu'il est là* (ou *qu'il est venu*)의 예와 같이 현재형의 경우 직설법을 사용하는 것에 대해 아직 주저하게 되지만, *croyez-vous qu'il* ***viendra*** (ou *qu'il* ***réussira***)의 예에서는 접속법 미래의 개념이 점점 사라지기 때문에 주저하지 않고 직설법을 사용한다. 게다가 *espériez-vous qu'il* ***viendrait***나 *saviez-vous qu'il* ***était*** *venu*의 예에서도 주저하지 않고 직설법을 사용한다. 대부분의 경우 특별히 단언할 필요가 없다면 접속법을 사용하는 것이 보다 우아하다.[128)]

가끔은 부정문 다음에도 접속법 대신에 직설법을 사용하기까지 한다. 물론 아직은 *je ne crois pas qu'il est là* (ou *qu'il est venu*)라고는 하지 않고, *je ne crois pas qu'il viendra* 앞에서는 주저하기는 한다. 그러나 *je n'affirme pas qu'il* ***viendra***라고 말하는 것은 일부러 단언하지 않는다는 것을 강조하려는 것과 같다. 또한 *je ne promets pas qu'il* ***viendra***의 경우도 같다. 특히 *je ne savais pas qu'il* ***était là*** (ou *qu'il* ***était*** *venu*) 라고 흔히 말하는데 이것은 논리적으로 받아들일 만하다. 또한 *je ne croyais pas qu'il* ***était*** *venu*도 같은 예이다. 이런 문장들이 논란의 여지가 있고 별로 올바르지 못한 것처럼 보이나 어쩔 수 없는 측면이 있고, 아마 *qu'il fût venu*가 더 나을 것이다. 그렇지만 그 누구도 *je ne croyais pas que vous fussiez venu*라고 여전히 말하는 사람은 없다. 분명한 것은 그 누구도 *je ne croyais pas que vous l'aimassiez*라고 말하지는 않고 또한 글로 적는 사람도 거의 없다. 이런 이유 때문에 적어도 접속법 반과거의 경우 직설법이 침범해오는 것을 허용할 수밖에 없는 것이다.[129)]

앞의 동사들과 정반대되는 동사들의 경우도 역시 같은 말을 할 수 있다. 즉 *affirmer*나 *avouer*와 반대되는 *nier*나 *contester*, *croire*의 반대인 *douter*, *ne pas savoir*와 같은 *ignorer*, *ne pas espérer*보다 강한 의미의 *désespérer*, *il n'est pas vrai*와 같은 의미의 *il est faux*의 경우이다. 이 동사들 다음에는 접속법이 온다. 즉 *je nie* (ou *il est faux, ôtez-vous de l'esprit*) *qu'il* ***soit*** *venu ; je doute fort qu'il* ***vienne*** (*je me doute qu'il viendra*와 비교하라) ; *j'ignorais qu'il* ***fût*** *venu ; je désespère qu'il* ***réussisse***의

---

128) 훌륭한 작가라면 *croyez-vous qu'il vienne*와 *croyez-vous aussi qu'il viendra*를 구별할 것이다. 전자는 <celui qui parle doute en effet *qu'il vienne*>하는 것이고, 후자는 <celui qui parle estime en effet *qu'il viendra*>라고 평가하면서 상대방도 동의하는지 알고 싶어하는 것이다. 또한 *croyez-vous que l'âme soit* (ou *est*) *immortelle*?의 예도 역시 같다.

129) 문어에서는 아직도 접속법 반과거의 3인칭을 유지하고 *eusse*와 *fusse*의 모든 인칭변화 그리고 몇몇 동사의 복수 3인칭을 유지하고 있다.

예가 있다. 그렇지만 *j'ignorais qu'il **était** venu, il ignore que la terre **est** ronde ; nier cela, c'est nier qu'il **fait** jour en plein midi*의 경우 직설법을 사용한다. 여기에서 주목할 것은 *ignorer*를 제외하고는 주절이 부정문이라도 그 용법이 변하지 않는다는 점이다. 즉 부정이 두 개 겹쳐도 긍정이 되지 않아서, *ne pas nier*나 *ne pas désespérer*는 *affirmer*나 *espérer*의 의미가 아니고 단순한 가능성을 표현한다. 즉 *je ne nie pas, je ne conteste pas qu'il **soit** venu ; je ne doute pas qu'il ne **vienne*** (ou *qu'il vienne*)*; je ne désespère pas qu'il **réussisse***의 예와 같다. 그러나 *je n'ai jamais nié que les choses **s'étaient** passées ainsi*의 경우 반드시 직설법을 사용하는데 이것은 접속법 반과거를 피하기 위한 것이다. 또한 *je ne nierai pas qu'il me l'**a** dit*라고 말하는 것은 올바른데, *je ne nierai pas*는 *j'avoue*와 같기 때문이다. 또한 *je ne doute pas qu'il viendra demain*의 경우에도 단언에 해당한다.[130)]

이러한 범주의 동사들에 대하여 마지막으로 언급할 것은, 많은 동사들이 항상 의미가 같지는 않고 의미가 바뀌면 범주도 역시 바뀐다는 것이다. 즉 동사 *supposer*는 *je suppose qu'il **est** venu*에서 *croire, présumer*의 의미이다. 그런데 아주 불확실하게 여기는 가정에 대한 명령문에 사용되는 *admettre une hypothèse*의 경우 접속법을 사용한다. 마찬가지로 *prétendre, entendre, être d'avis, dire*가 어떤 사실에 대한 의견이나 단언이 아닌 것을 표현할 수 있는데, 우리는 이 동사들을 포함하여 다른 동사들을 나중에 살펴볼 것이다.

오늘날 개연성이 직설법을 요구한다면, 긍정이건 부정이건 단순한 가능성(**possibilité**)은 반대로 접속법(**subjonctif**)을 요구하는데 과거의 사실에 관하여 말할 경우에도 역시 같다. 즉 *il est* (ou *il n'est pas*) *possible*, *il est* (ou *il n'est pas*) *impossible qu'il **soit** venu hier ; il est possible, il peut se faire, il est* (ou *il n'est pas*) *impossible qu'il **soit** ici* (ou *qu'il **vienne** demain*)의 예와 같다.[131)]

---

130) 마찬가지로 *je ne disconviens pas qu'il en soit* (ou *qu'il en est*) *ainsi*라고 말한다. 격식을 차리지 않고 말하는 언어의 경우 나타나는 아주 흥미로운 생략에 대하여 언급하고 싶다. 즉 반대의견을 받아들이면서 *j'en conviens*이라고 하기보다는 *je ne dis pas*라고 하는데 이것의 의미는 *je ne dis pas que vous ayez tort*와 역시 사용되는 *je ne dis pas le contraire*이다. 이것 다음에 흔히 *c'est possible, mais...*라고 덧붙인다.

131) 옛날에는 *il est possible, il peut se faire*, (동사가 없는) *possible que* 다음에 직설법을 사용했는

이러한 *il est possible*의 용법과 유사한 것이, *que*로 시작하는 진주어 절이 가정적이거나 불확실한(**incertain**) 미래를 예견하는 것이 아주 흔한 비인칭구문(**tournures impersonnelles**)이다. 즉 *il convient, il est temps, il importe, il faut, il est juste, convenable, bon, avantageux, nécessaire* 등이다. 어떤 사실의 확실성이나 개연성을 명확하게 표현하지 않을 때 이런 구문이 형용사에까지 확장되었다. 즉 현재나 미래뿐만 아니라 과거에 대해서도 사용되는데, *il est juste* (ou *il est heureux*) *qu'il l'**ait** puni*의 예와 같다.[132] 형용사와 의미가 같고 구조가 같은 몇몇 명사(**noms**)도 같은 구문을 취한다. 즉 *il est bon, il est étonnant, il est convenable que*와 유사한 구문을 취하는 *il est temps* (ou *il est à propos*) *que, c'est merveille* (ou *quelle merveille*) *que* (*quoi d'étonnant que*를 참조할 것), *c'est dommage* (ou *quel dommage*) *que*의 예가 있다.[133] 마찬가지로 *qu'est-il besoin, il n'est pas besoin que*도 있는데, *il est besoin que*라고는 하지 않지만 *j'ai besoin que* 다음에 접속법을 사용하기도 한다.[134]

접속법을 사용하는 다른 표현으로 *il s'en faut de peu* (ou *de beaucoup*), *tant s'en faut*와 의미가 같은 *loin* (ou *bien loin*)이 있다. 즉 *loin qu'il soit venu ; à Dieu ne plaise* (ou *plût à Dieu*), *il tient à, il dépend de*가 있다. 또한 *il suffit, c'est assez, c'est trop, c'est beaucoup*가 있는데 이것들은 일반적으로 확인하는 사실의 특징을 드러내는 데 사용된다. 즉 *il suffit qu'il soit venu* (ou *qu'il vienne demain*)의 예와 같다. 그런데 *il suffit* 대신에 친숙한 표현으로 줄여서 *suffit*라고 하면 직설법을 사용하여, *suffit qu'il **a** fait ce que je lui ai dit*라고 한다. 마찬가지로 *il suffit qu'il viendrait si on le lui*

데 오늘날에는 더 이상 이렇게 하지 않는다. 그러나 *peut-être qu'il viendra*에서는 직설법을 사용한다. 이것이 일반적 용법과는 모순되는 것처럼 보이지만, 여기에 나오는 *que*는 부사 다음에 나오는 불필요한 단어로서 *heureusement que*와 같이 격식을 차리지 않고 말할 때 사용한다. 그런데 이 *que*가 있더라도 용법에는 전혀 차이가 없는데, *il viendra peut-être*나 *peut-être (qu') il viendra*나 차이는 없기 때문이다..

132) *Heureusement (qu') on l'a puni*와 비교하기 바란다.

133) 라퐁텐느(La Fontaine)는 직설법을 사용하여 다음과 같이 적었다.

> C'est dommage, Garo, que tu n'*es* point entré

그런데 이것은 시에서만 허용되는 것이다.

134) 또한 *j'ai intérêt à ce que* 대신에 *j'ai intérêt que*라고 말하기도 한다 그런데 *c'est une chose remarquable* (ou *admirable*) *que* 다음에는 의미에 따라서 직설법과 접속법이 나올 수 있다.

*demandait*도 역시 자연스런 표현이다.[135)]

우리가 주목해야 할 것은, 주절이 긍정문일 때 접속법을 요구하는 구문에서 접속법 반과거나 대과거를 싫어한다고 해서 직설법을 쓰는 것이 정당화되지는 않는다는 사실이다. 즉 우리가 앞에서 살펴본 것처럼 직설법으로 된 종속절이 접속법으로 된 종속절을 침해하는 것은 불가능하다. 따라서 접속법 반과거나 대과거를 접속법 현재나 과거로 바꾸는(**le présent et le passé du subjonctif à la place de l'imparfait et du plus-que-parfait**) 수밖에 없게 된다. 즉 *il était possible* (ou *il était temps*) *que nous* ***arrivions*** 혹은 *qu'ils* ***arrivent***라고 하거나 *il était bon* (ou *il suffisait*) *que vous* ***eussiez*** (혹은 que vous ayez) *fait la moitié de ce travail*라고 한다. 그렇지만 오해의 소지가 없을 경우에만 이렇게 대체할 수 있고 그렇지 않다면 표현 자체를 바꾸는 편이 낫다.

앞에서 살펴본 비인칭 구문에 ***ce n'est pas que***나 ***non que***를 연관시킬 수 있다. 이 표현들도 접속법을 요구하는데 그 이유는 *c'est que*처럼 단지 순수한 원인(cause pure et simple)이라는 개념이 포함되어 있지 않기 때문이다. 즉 이것의 의미는 *il ne faut pas croire pour cela que...*이다. 만일 *ce n'est pas*를 사용하여 원인을 표시하고자 한다면, *ce n'est pas* ***parce que*** *je suis son père*라고 해야 하고 *ce n'est pas que je suis*는 안 된다. 그렇다고 *ce n'est pas que je sois*는 더욱 안 되는 것이, 이것의 의미는 (그의 아버지가) 아니라는 것이기 때문이다. 이러한 부정적 표현들을 앞에서 본 *je ne crois pas*와 같은 범주에 넣을 수 있는데 아주 중요한 차이점이 하나 있다. 즉 이 표현들의 경우 접속법 반과거의 경우라도 직설법으로 바꿀 수는 없다는 점이다. 즉 *ce n'est pas qu'il fût* (ou *qu'il eût été*) *fort joyeux de l'aventure*라고 해야 한다. 그런데 *ce n'est pas qu'il l'aimât*를 *ce n'est pas qu'il l'aime*로 바꿀 수 없는 것은, 의미가 같지 않기 때문이다. 따라서 우리는 *ce n'est pas qu'il l'***ait*** *aimée*라고 바꾸거나 *il ne faut pas croire pour cela qu'il l'****aimait***라고 바꾸어야 한다.

자격(**mérite**)이나 분개(**indignité**)를 표현하는 동사 다음에도 역시 접속법을 사

---

135) 문어 특히 시어에서는 *il suffit* 다음에 직설법을 사용하는 옛날 용법을 유지하기도 하는데 특히 라신느(Racine)의 다음 시구에서처럼 과거형에서 그렇다. 이 경우 운율 때문에 직설법을 사용했을 수도 있다.

Ne vous suffit-il pas que je l'*ai* condamné?

용한다. 이것은 아마도 사람이 자신이 한 업적에 따라서 제대로 평가받는 것이 아주 드물고 매우 불확실한 것 때문인 듯하다. 즉 *il mérite* (ou *il est indigne*) *que vous **fassiez** cela pour lui; il n'a pas mérité que vous le **récompensiez***의 예와 같다.

가정에 대한 동의(**le consentement à une hypothèse**)를 표현하는 동사 다음에도 역시 접속법을 사용하는데, 과거시제의 경우에는 반드시 접속법을 사용할 필요는 없다. 이 경우 가정은 매우 불확실하지만 그 결과를 제시하고 싶어하는 것이다. 즉 *admettons qu'il soit ici* (ou *qu'il vienne demain*)*; supposons, admettons, j'admets, je consens, je vous accorde que les choses se **sont*** (*se **soient***가 더 낫다) *passées comme vous le dites: qu'en résultera-t-il?*의 예가 있다.

동의를 표현하고자 할 때도 역시 접속법을 사용한다. 즉 *je comprends, je conçois, je m'explique qu'il ne l'ait pas fait*의 예에서 말하는 것은, 처음에는 놀랐지만 나중에는 그 이유를 알게 되는 어느 사실에 대해서이다.

보다 중요한 범주는 명령(**ordre**), 금지(**défense**) 혹은 단지 욕망(**désir**), 두려움(**crainte**), 후회(**regret**)나 그와 유사한 것을 표현하는 동사들이다. 즉 *vouloir, ordonner, demander, commander, exiger; défendre, empêcher, garder, prendre garde* (ou *éviter*)*; permettre, accepter, consentir, agréer, approuver, trouver bon; désapprouver, trouver mauvais, souffrir, endurer, tolérer; proposer, désirer, souhaiter, attendre, aimer* (ou *aimer mieux*), *préférer, faire obtenir, avoir soin; ne pas se soucier, haïr, détester, regretter* (ou *désespérer*)*; craindre, redouter, appréhender, avoir peur, trembler* 등이다. 이런 동사들 다음에 접속법을 사용하는 것은 아마도 언제나 불확실한(**incertain**) 미래를 예견하거나 반드시 실현되지는 않는 의도(**intention**)를 함축하고 있기 때문이다. 또한 명령도 반드시 실행되는 것은 아니다.[136)]

우리가 구별해야 할 것이 있는데 그것은 *j'espère qu'il **viendra***와 *je crains qu'il ne **vienne*** (ou *j'exige qu'il **vienne***)*; je m'attends qu'il viendra*와 *j'attends qu'il vienne*이다.[137)]

---

136) 게다가 명령에 대해 말하자면 접속법은 명령형과 유사하다. 즉 *je veux qu'il vienne*는 *qu'il vienne*와 같다. 그렇지만 사람들이 가끔 *le hasard a voulu que nous sommes allés ce jour-là*라고 말할 때의 의미는 *le hasard a fait*인데, 이런 것을 모방하려고 해서는 안 된다.

137) 또한 주의할 것은 다음과 같다. 우리는 *consentir à, aimer à, demander à*라고 말하지만, *je*

게다가 부정과 함께 쓰인 *cela n'empêche pas que beaucoup* ***sont*** *morts*도 아주 정확한 표현인데 이 문장에는 단언이라는 의미가 분명하게 드러나 있기 때문이다. 또한 *j'ai obtenu qu'ils viendrait*라고 말하는데 이것은 *qu'ils vinssent* 대신에 쓰인 것이다.

경우에 따라서 이런 범주에 넣을 수 있는 동사들은 *dire, écrire, prétendre, entendre, être d'avis, avertir, mander, crier, accorder*이다. 즉 *j'entends* (ou *je prétends, je suis d'avis*) *qu'il* ***vienne***는 *je prétends* (ou *je suis d'avis*) *qu'il* ***viendra***와는 전혀 다른 의미를 갖는다. 경우에 따라서는 의미에 따라서 접속법과 직설법을 섞어 쓸 수도 있다. 즉 *je dis* (ou *j'ai dit*) *qu'on* ***aille*** *plus vite, que les invités* ***vont*** *arriver et que rien ne* ***sera*** *prêt*의 예와 같다.[138)]

그렇지만 *que*와 함께 잘 쓰이지 않는 동사들, 즉 *arrêter, décider, décréter*와 *résoudre*도 역시 미래형이나 조건법(과거에서의 미래)을 종속절에 사용한다. 즉 *je décide que nous* ***partirons*** *demain, j'ai décidé que nous* ***partirions*** *demain*의 예와 같다. 아마도 이 동사들이 일반적으로 권위 있는 당국에 의하여 사용되고 이들은 자신의 의지를 관철시킬 수단이 있으므로 보다 확실하게 명령할 수 있다는 점에서 이 직설법의 사용이 관련이 있을 것이다. 동사 *ordonner*도 궁중 문체에서 이런 구문을 취한다.[139)] 일상 언어에서는 이런 용법이 없지만 적어도 접속법 반과거를 조건법으로 바꿀 수는 있다. 즉 *il a ordonné que le livre serait brûlé*의 예와 같다.

---

consens qu'il parte (*à ce qu'il parte*가 아님), *j'aime qu'on fasse* (*à ce qu'on fasse*가 아님), *je demande qu'il vienne* (*à ce qu'il vienne*가 아님)라고 말하는 것도 역시 올바른 것이다. 반면에 *je m'oppose* (ou *je ne m'oppose pas*), *je tiens, je suis intéressé* (ou *j'ai intérêt*), *je ne vois aucun inconvénient à ce qu'il vienne*라고 말한다. 또한 약간 나쁘기는 하지만 *je m'attends à ce qu'il vienne* (*qu'il viendra*도 가능함), *quoi d'étonnant à ce qu'il soit venu* (*qu'il soit venu*도 가능함)라고 한다. 법정에서는 *conclure à ce que...*라고도 한다.

138) 이것과 관련하여 세비녜 부인(Mme de Sévigné)의 흥미로우면서 아주 정확한 다음 문장을 인용하겠다. *Les soldats criaient qu'on les menât au combat, qu'ils voulaient venger la mort de leur père, de leur général, qu'on les laissât faire, qu'ils étaient furieux*의 예에서, 직설법이 단언하는 것이라면 접속법은 간접화법의 명령법이다. 즉 이 문장을 다음과 같이 쓸 수 있다. *Les soldats criaient: menez-nous..., nous voulons..., qu'on nous laisse faire, nous sommes furieux*와 같다.

139) 라신느(Racine)가 『소송인(*les Plaideurs*)』에서에서 다음과 같이 적었다.

Ordonné qu'il sera fait rapport à la cour
Du foin que peut manger une poule en un jour

단순 접속사 *que*로 시작되는 다른 절도 역시 존재하는데 이 절들은 보어절이라기보다는 상황절이고 *que*가 복합접속사(conjonction composée)를 대신하는 일이 많다.

격식을 차리지 않는 언어에서 특히 가능한 한 복합접속사를 만능의 접속사 que로 대체하는 경우가 많은데, 고상한 언어에서도 역시 많은 경우 이렇게 한다.

따라서 감정이나 마음의 움직임을 표현하고 그 원인을 말하는 동사들, *se réjouir, s'irriter, se plaindre*의 경우에도 역시 *que*와 함께 쓰인다. 그러나 이 동사들은 복합접속사와 함께 사용할 수도 있는데 이에 대해서는 다음 항목에서 다룰 것이다.

반면에 우리가 나중에 보게 되겠지만 복합접속사를 전부 반복하지 않기 위하여 *que*를 사용한다. 실제로 등위의 경우 주어가 생략되지 않는다면 각각의 종속절에는 자신의 접속사가 나와야 한다. 그런데 복합접속사를 온전하게 반복하는 경우는 강조를 하고자 하거나 종속절 사이에 동의관계가 있을 때이다. 또한 *comme*와 *quand*을 반복하는 경우에도 *que*를 사용하고, 복합접속사를 단 한번 사용하는 경우에도 축약하여 *que*를 사용하기도 한다. 이 모든 경우에 *que*는 대신하는 복합접속사와 용법이 같다는 것에 대해서는 언급할 필요가 없겠다.[140)]

끝으로 *que*는 *si*의 반복을 피하기 위해서도 역시 사용되는데, 이것은 특별한 경우이므로 조건절(*propositons conditionnelles*)의 항목에서 살펴볼 것이다.

원인, 효과와 의도를 나타내는 절에서

원인(**cause**), 효과(**effet**), 동기(**motif**) 혹은 결과(**conséquence**)를 나타내는 종속절에는 직설법(*l'indicatif*) (혹은 조건법)을 사용하는데, 원인이나 결과를 말한다는 것은 사실을 확인하는 것이기 때문이다.

---

140) 가끔은 *c'est pourquoi*와 등위된 경우에도 *que*를 사용한다. 즉 *c'est pourquoi..., et que...*와 같은 예를 파스칼(Pascal)이 한 번 사용한 적은 있으나 아주 잘못된 것이다. 두 번째 절에서 *que*를 없애야 한다.

원인절(propositions **causales**)을 이끄는 복합접속사는 *parce que,*[141] *puisque,*[142] *vu que, attendu que, étant donné que, par la raison que, pour ce motif que, sous prétexte que*이다. 부정이 있건 없건 직설법을 사용하여, *j'ai fait cela parce que je l'**ai** voulu, je ne l'ai pas fait parce que je l'**ai** voulu, mais parce qu'on me l'**a** demandé*라고 한다.[143)]

접속사 *comme*가 문두에 있을 때 역시 이 접속사가 원인을 표시한다.[144)]

끝으로 *que*와 *de ce que*를 가지고 원인을 표시하기도 한다.

접속사 ***que***와 ***c'est que***라는 표현은 *c'est parce que*의 의미이다. 즉 *si je suis venu, c'est que vous me l'**avez** demandé*의 예와 같다.[145)] 또한 접속사 *que*는 실제로는 몇몇 의문문에서 *parce que*나 *étant donné que*가 축약된 형태인 경우가 있다. 즉 *vous êtes donc brouillés,* ***que*** *vous ne vous* ***parlez*** *pas? qu'est-ce qu'il a donc,* ***qu****'il ne* ***dit*** *rien?*의 예와 같다.

반면에 원인절 앞에 ***que***만 나오기도 하는데, 이것은 감정이나 마음의 움직임을 표현하는 동사들 다음(**après les verbes qui expriment un sentiment ou un mouvement de l'âme**)에 그러하다. 이때 동사는 접속법(**subjonctif**)을 취한다. 즉 *je m'étonne que*

---

141) 두 단어이며 *par ce que*라는 세 단어로 된 표현, 즉 *que*가 단지 관계대명사인 것과는 구별해야 한다. 즉 *je suis informé parce que* (par ce fait que) *vous me l'avez dit*는 *par ce que vous m'avez dit* (par les choses que vous m'avez dites)와 구별된다. 그런데 *par cela seul que*라고 말하기도 한다.

142) 한 단어로 된 것이다. 그런데 *puis donc que*라는 표현은 농담으로 할 경우에만 사용된다.

143) 격식을 차리지 않고 말할 때 사용하는 *du moment que, dès que* (ou *dès l'instant que*)도 여기에 속한다. 대중들은 *à cause que, rapport à ce que*를 사용하는데 후자의 경우 *rapport à*가 원인을 표시한다. 격식을 차리지 않고 말할 때 *parce que*라는 표현만 가지고 *pourquoi?*에 대한 대답으로 사용한다는 사실을 지적하고 싶다. 특히 아이들에게 설명하고 싶지 않을 때 사용하는데 이것만으로도 아이들은 만족한다.

144) *Comme*가 분사 앞에서 역시 원인을 표시하기도 하는데 가끔은 불확실하다는 의미를 갖는다. 즉 *on l'a condamné comme ayant volé son patron*의 예와 같다. 또한 형용사 앞에서 *étant*이 생략되어서 사용하기도 하는데, *on a rejeté cette oeuvre comme trop violente*의 예와 같다. 이 경우 이 접속사는 부사와 아주 유사하다.

145) 격식을 차리지 않고 말할 때 *c'est que*를 아주 이상하고 생략이 많은 용법으로 사용한다. 즉 *sortez-vous?*라는 질문에 *C'est que je suis bien fatigué*라고 대답한 것은 *je ne sais pas, j'hésite, et c'est parce que je suis bien fatigué*의 의미로 쓴 것이다. 결국 의미는 같다고 볼 수 있다. 우리는 앞에서 *ce n'est pas que*와 *loin que* 다음에 접속법을 사용한다는 것을 살펴보았는데 이들은 원인을 나타내는 접속사가 아니다. 앞의 본문 355쪽과 356쪽을 참조할 것.

*vous ne l'**ayez** pas fait*의 예와 같다.[146)]

이러한 접속법의 용법은 그 자체로는 그렇게 논리적으로 보이지는 않지만 설명은 가능하다. 우리는 형용사가 나오는 비인칭구문의 경우 *que* 다음에 반드시 접속법을 취한다는 것을 알고 있다. 즉 *il est heureux, bon, convenable, équitable, honteux, regrettable, fâcheux, étonnant, désolant* 등과 *c'est une chose heureuse, honteuse, étonnante*의 예에서 종속절이 실제로는 주절의 주어이다. 마찬가지로 *je suis heureux, content, joyeux, safisfait, ravi* (ou *bien aise*), *mécontent, désolé, fâché* (ou *affligé*), *irrité, étonné, confus, honteux* 등의 경우에도 역시 접속법을 사용한다. 물론 이 예들의 종속절은 더 이상 주절의 주어가 아니고 이 형용사의 보어 앞에는 전치사 *de*가 나온다. 마찬가지로 역시 유추에 의하여 같은 의미의 동사들 즉 *s'étonner, se réjouir, s'irriter, enrager* 다음에도 역시 접속법을 사용한다. 그러므로 이들을 순차적으로 하면 *il est heureux, je suis heureux, je me réjouis qu'il **soit** venu ; il est étonnant, je suis étonné, je m'étonne* (ou *je ne m'étonne pas*) *qu'il **soit** encore là* (ou *qu'il **vienne** demain*)와 같다.

이러한 용법이 생겨난 기원은 아마 위와 같을 것이다. 그런데 다른 표현에서 유추에 의하여 사용하게 된 접속사 *que*는 원인절의 고유한 접속사는 아니었다. 물론 간단하기 때문에 사용하기는 하지만 반드시 *que*를 사용할 필요는 없다. 먼저 주절의 개념을 강조하고자 할 때, 우리는 *que*에 의해 유지되는 주절과 종속절 사이의 밀접한 관계를 느슨하게 만들기 위하여 *parce que* 다음에 직설법을 사용한다. 즉 *je me réjouis parce qu'il **est** venu ; je m'étonne parce qu'il **est** encore là*의 예와 같다. 주절과 종속절 사이의 밀접한 관계를 유지하고자 하는 경우에도, 이 동사들의 보어 앞에 *de*가 나오므로 ***que***를 ***de ce que***로 바꾼다(**remplacer *que* par *de ce que***). 이것의 의미는 *de ce fait* (qu'on affirme), *à savoir que...*이다. 즉 *je me réjouis de ce qu'il **est** venu* (ou *de ce qu'il **viendra** demain*), *je m'étonne de ce qu'il **est** encore là*의 예와 같은데, 여기에는 원인을 표시하는 일반적 직설법이 나온다. 형용사의 경우에도 이렇게 함으로써 접속법 반과거나 대과거를 사용하지 않을 수 있다. 즉 *j'étais fâché de ce que*

146) 어떤 사람들은 원인절을 주어로 만들어서 *que vous ne l'ayez pas fait me surprend*처럼 말하는데, 이것은 우아하기는 하지만 논란의 여지는 많다.

vous ne me ***répondiez*** *pas*의 예와 같다.

그렇지만 솔직히 말하자면 *que*나 *de ce que*가 그렇게 우아하지는 않다는 것이다. 즉 *je suis heureux de ce qu'il a compris*의 의미가 모호한데, 이 경우를 포함한 많은 경우에 *je suis heureux* ***de voir*** *qu'il a compris*처럼 말하는 것이 한결 낫다.[147)]

아무튼 *que* 다음에 접속법을 사용하고 *de ce que* 다음에는 직설법을 사용하는 것은 아주 명확하게 구별해야 하므로, *je m'irrite* (ou *je suis irrité*) *de ce qu'il ne soit pas venu*나 *je m'irrite* (ou *je suis irrité*) *qu'il n'est pas venu*는 둘 다 아주 잘못된 것이다.

예외가 있다면 그것은 ***se plaindre que***의 경우이다. 훌륭한 작가들도 이 경우 직설법을 사용하는데 아마도 접속법을 요구하는 대응하는 형용사가 없기 때문인 듯하다. 즉 ***je me plains qu'il n'est pas venu assez vite***의 예와 같다. 그렇지만 별로 논리적이지는 않지만 *je me plains qu'il ne soit pas venu*라고 말하는 것이 더 낫다. 물론 *de ce que*를 사용하여 *je me suis plaint de ce qu'il n'était pas venu*라고 할 수도 있다.[148)] 그런데 아주 자주 듣거나 심지어 글로 읽게 되는 *je me plains de ce qu'il ne soit pas venu*라는 문장은 완전히 틀린 것이다.

우리는 어떤 사실의 원인을 몰라서 이것에 대한 가정을 할 때, *soit parce que*의 의미로 *que*나 *soit que*를 반복해서 사용하기도 한다. 그런데 접속법과 함께 사용하는 *soit que*는 보다 일반적인 의미가 있는데 나중에 이것에 대해서 살펴볼 것이다.[149)]

효과(effet), 결과(conséquence)를 나타내는 종속절은 *de sorte* (ou *en sorte*) *que, de manière* (ou *de façon*) *que, au point que*이다.[150)] 혹은 주절에 *tel*이 나오고 다음에 *que*

---

147) 또한 *ne vous affligez pas qu'un autre vous ait remplacé* (ou *de ce qu'un autre vous a remplacé*)를 *ne vous affligez pas si un autre vous a remplacé*로 바꾸기도 하는데, 사실 자체는 변함이 없다.

148) 그렇지만 아주 조심성 많은 작가라면 *vous vous plaignez qu'il ait menti* 혹은 *de ce qu'il a menti*를 구별하여, <la personne qui parle a ou n'a pas d'opinion sur le fait>를 나타낼 것이다. 다른 동사들의 경우에도 역시 같다.

149) 역시 같은 경우에 *est-ce parce que*의 의미로 의문문을 반복하거나 단독으로 사용하기도 하는데, 그것은 *a-t-il voulu..., a-t-il préféré..., toujours est-il que...,* 혹은 *quoi qu'il en soit*의 경우이다. 그런데 이런 의문문을 다루는 데에는 약간의 세심함이 필요하다. 반면에 *je ne sais si*라는 조건문은 *je ne sais si c'est parce que*와 같은 의미를 가질 수 있다.

150) 그런데 *de manière* (ou *de façon*) *à ce que*는 틀린 것이다. 이것은 *de manière que*와 동사원형과 함께 쓰는 *de manière à* 사이의 혼동에서 나온 것인데 아주 잘못된 것이다.

가 오는 것으로, *de telle sorte, de telle manière, de telle façon, à un tel point que*가 있는데 앞의 것들은 이것이 축약된 것이다. 또한 형용사 *tel* 대신에 부사 *tellement*이나 이것과 유사한 *si*와 *tant* 다음에 *que*가 나오는 것이 있고 특히 *si bien que*가 있다.[151)]

다른 언어들에서는 소위 결과절(**propositions consécutives**)인 이 절 다음에 접속법을 사용하는데 그 이유를 이해할 수 있다. 그런데 프랑스어에서는 원인의 경우와 마찬가지로 결과를 말하는 것은 사실을 확인하는 것이라고 여기는데, 이것이 분명히 보다 논리적이다. 즉 *il en résulte, il s'ensuit que vous ne **réussirez** pas*라고 말하는 것과 마찬가지로, *il est étourdi au point* (ou *si étourdi*) *qu'il **peut** très bien oublier vos recommandations ; vous avez si bien fait, vous avez fait de telles imprudences que vous **êtes*** (ou *que vous **serez***) *malade ; tant s'en faut qu'il ait fini qu'il n'**a** pas même commencé*라고 말한다.[152)]

그렇지만 주절이 조건문(**proposition conditionnelle**), 의문문(**proposition interrogative**) 특히나 부정문(**proposition négative**)인 경우 단언을 의미하는 동사도 접속법을 요구하는 것이 올바르거나 우아하다고 한 사실을 기억하기 바란다. 따라서 *il n'en résulte pas que vous soyez malade*의 문장이 가능하다. 그런데 여기에서는 많은 경우 직설법을 사용하는데, *en résulte-t-il* (ou *il n'en résulte pas*) *que vous serz malade*의 예와 같다. 그렇지만 조건, 의문, 부정이 결과를 이끄는 특별한 단어에 걸리는 것이 명백하다면 반드시 접속법을 사용해야 한다. 즉 *l'a-t-on, si on l'a, on ne l'a pas battu **au point** qu'il en **fût*** (ou ***soit***) *malade ; est-il **si** étourdi, s'il est* (ou *il n'est pas*) ***tellement** étourdi qu'il **puisse*** (ou *qu'il **ait pu***) *oublier vos recommandations*의 예와 같다.

이것이 전부가 아니다. 만약 주절의 동사가 명령형이거나(**si le verbe principal est à l'impératif**) 명령의 기능을 하는 미래형이라면 종속절의 동사는 접속법(**subjonctif**)

151) 또한 *il en résulte*나 *il s'ensuit* 다음에 나오는 *que*의 경우에도 결과를 이끈다. 우리는 본문 351쪽에서 비인칭 긍정문을 다루면서 이것을 살펴보았다.

152) 격식을 차리지 않고 말할 때 *si bien donc*를 사용하여 의문문 형태로 대화의 주제를 다시 말하기도 하는데, 즉 *si bien donc que vous y êtes allé* ?의 예와 같다. 옛날보다는 못하지만 가끔 부정관사를 *tel* 대신에 사용하는데, *je suis dans une colère, que je ne me sens pas*라는 문장을 몰리에르(Molière)가 말한 적이 있다. 또한 *tellement*을 생략하여 *elle est sotte, que c'est à n'y pas croire*라고 하기도 한다.

이 되어야 하는데, 이 경우 결과가 더 이상 확실하다고 볼 수 없기 때문이다. 즉 *il a agi de manière* (ou *de telle sorte*) *qu'on* ***a été*** *content de lui ; il se conduira de façon* (ou *sa conduite sera telle*) *qu'on* ***sera*** *content de lui*의 예에서 직설법이 사용된다면, *agissez de manière* (ou *de telle manière*), *faites en sorte* (ou *vous ferez en sorte*) *qu'on* ***soit*** *content de vous*의 예에서는 반드시 접속법을 사용해야 한다. 여기에서 결과는 더 이상 미리 단언하는 사실이 아니라, **결과는 도달해야 할 목적이 된다(la conséquence devient un but)**. 따라서 어느 정도의 **불확실성(incertitude)**이 포함되게 된다. 말하자면 절의 범주가 바뀌는 것이다.[153]

그리고 ***assez pour***, ***trop pour***라는 표현의 뒤에 나오는 *que*에도 항상 접속법이 나오는 것은 같은 이유 때문이다. 즉 *il est si menteur qu'on ne le* ***croit*** *pas* (ou *qu'on ne le* ***croira*** *pas*)에서 직설법이 나오는 것은 단순히 순수한 결과를 단언하기 때문이다. 그런데 *il est trop menteur pour qu'on le* ***croie*** (ou *pour qu'on* ***puisse*** *le croire*)처럼 접속법을 사용하는 것은, *pour que*라는 표현은 결과라는 개념에 도달해야 할 목적이라는 추가적인 개념을 결합시키기 때문이다. 따라서 직설법을 사용할 수는 없다.[154]

결국 종속절이 **의도(intention)**, **목적(but)**, **실현할 목표(fin)**를 말할 경우에는 항상 동사가 **접속법(subjonctif)**이 되어야 한다.

이러한 절이 인칭구문에서는 *pour que, afin que*라는 복합접속사와, *pour que*에 부정이 있는 것과 같은 *de peur que, de crainte que*로 시작된다. 그런데 이런 접속사 다음에는, 욕망이나 두려움을 표현하는 동사가 요구하는 법과 다른 법이 *que* 앞에서 나올 수 없다는 것이다. 두 경우 모두 불확실한 미래에 관한 것이기 때문이다. 즉 *je désire* (ou *j'attends*) *qu'il* ***vienne***는 *je lui écris pour qu'il* ***vienne***이고 *j'ai craint que*

---

153) 이 현상은 의도나 가능성을 표시하는 관계절의 경우와 마찬가지이다. 앞의 본문 345쪽을 참고하기 바란다.

154) 주의할 것이 있는데, *assez pour*와 *trop pour*는 정확하게 반대되는 결과를 가져온다는 것이다. 즉 *il est trop malin pour qu'on puisse le tromper* 혹은 *assez malin pour qu'on ne puisse pas le tromper*를 구별해야 하고, 반대로 *il est assez malin pour qu'on prenne avec lui ses précautions*과 *trop malin pour qu'on ne prenne pas ses précautions*를 역시 구별해야 한다. 그런데 문장이 조금이라도 길어지면 사람들은 *assez*를 *trop*와 혼동하는 일이 많은데 그러면 전혀 이치에 맞지 않는 문장이 된다.

*vous n'**arriviez** avant moi*는 *je vous ai écrit de peur que vous n'**arriviez** avant moi*와 같은 것이다.

또한 격의 없이 말할 때 종속절이 보어절이 아닌 경우 *pour*를 생략하기도 하는데, *viens ici, que je t'**apprenne** à vivre*와 *va-t'en, que ton père ne te **voie** pas*의 예와 같다.[155)]

시간 상황절에서

시간 상황절(**subordonnées temporelles**)의 자연스런 법은 당연히 직설법(**l'indicatif**)(혹은 조건법)이다. 왜냐하면 이 경우의 접속사는 일반적으로 확인된 사실을 이끌기 때문인데 이것은 현재나 과거뿐만 아니라 미래의 경우에도 마찬가지이다. 즉 *lorqu'il vient* (ou *venait*) *; lorsqu'il est* (ou *fut*) *venu ; lorsqu'il viendra* (ou *sera venu*) *; lorsqu'il viendrait* (ou *serait venu*)의 예와 같다.

다음 두 경우에 예외 없이 직설법을 사용한다.

1. 접속사가 동시에 일어나는 사실들(**faits simultanés**)을 연결시킬 때. 이것은 *lorsque* (가끔은 *alors que*포함), *quand,* 반과거와 함께 쓰인 *comme* (*comme il disait ces mots*), *tant que, aussi longtemps que, tandis que* (ou *pendant que*), *toutes les fois que*와 같은 의미로 쓰인 *si*의 경우이다.[156)]

---

155) 반면에 *pour qu'il vienne* 대신에 *il n'y a pas de raison qu'il vienne*라고 말한다면 아주 잘못 말한 것이다.

156) 격식을 차리지 않고 말할 때 *quand*으로 된 절만 사용하고 주절은 생략한다. 즉 *Quand je vous le disais !*에서 *vous ne vouliez pas me croire*가 생략된 것이다. 반면에 *pendant que*와 *tandis que*는 동의어이다. 그런데 동시에 일어나는 사실 사이에 대립이 있을 때에는 *tandis que*를 사용한다. 구어에서는 아직도 *cependant que*를 사용한다. 끝으로 과거의 사실에 대하여 *du temps que*를 사용한다. (격식을 차리지 않고 말할 때 원인을 표시하는 *du moment que, dès l'instant que*와 혼동하지 말기 바란다.) 그렇지만 *au temps* (ou *dans le temps*), *à l'instant* (ou *dès l'instant*), *au moment* (ou *dès le moment*), *dans la saison* 이나 *à l'heure* 다음에는 *où*와 관계절이 따라 나온다. (물론 *à l'heure qu'il est*는 예외이다). 반면에 *un jour que, un matin que, depuis deux jours que,*

2. 접속사가 이전 사실(**un fait antérieur**)을 이끌 때. 이것은 역시 *lorsque, quand, dès que* (ou *après que*), *dès l'instant que* (가끔 *dès lors que*도 가능), *sitôt* (ou *aussitôt*) *que, une fois que, depuis que* (ou *depuis le temps que*)의 경우이다.[157)]

시간절은 상황절로 항상 주절보다 앞에 나올 수 있다는 사실에 주목하자. 그렇지만 접속사가 *que*로 줄어든 경우에는 예외로 해야 한다.

접속사 ***lorsque***가 ***que***로 될 수 있는 경우는 두 절 중의 하나가 부정문이고 동시성을 표현할 경우이다. 즉 *il était déjà venu* ***que*** (ou *lorsque*) *nous ne savions pas encore qu'il viendrait*의 예와 같다. 그러나 이 경우 관계가 바뀔 수 있으므로 절의 순서도 역시 자유롭다. 즉 *nous ne savions pas encore qu'il viendrait* ***que*** (*lorsque*나 *alors que*도 가능) *déjà il était venu*의 예와 같다. 부정문을 어디에 놓느냐에 따라서 의미가 약간 변할 수 있다고 생각할 수 있으나, 사실상 부정문을 앞에 놓는 것, 즉 이것을 주절로 만드는 것을 선호하는 것은 확실하다. 즉 *il n'était pas encore venu* ***que*** *nous avions déjà terminé*의 예와 같다.[158)]

이 구문과 유사한 것이 *à peine...*의 표현으로, 이것은 거의 부정과 마찬가지이고 일반적으로 *lorsque* 대신에 *que*를 사용한다. 즉 *il n'avait pas encore le dos tourné* ***qu****'on recommença*라는 문장이 *il avait à peine* (ou *à peine avait-il*) *le dos tourné* ***qu****'on recommença*가 된다.[159)]

---

*maintenant que, aujourd'hui que*라고 말하는데 여기에서 *que*는 접속사라기보다는 관계대명사의 기능을 한다. 그리고 *si*를 의문문으로 바꾸는 것에 대해서는 앞의 본문 329쪽을 참조하기 바란다.

157) *Après que*는 가끔 전치사로 변하여 *après cette affaire réglée*처럼 한다. 또한 절대분사구문에서 *aussitôt* (혹은 *sitôt*) *le soleil levé, une fois la chose faite*라고 말하고, 아주 격식을 차리지 않는 경우 *aussitôt* (혹은 *sitôt*) *son arrivée*라고 말한다. 그러나 절대로 글로 적어서는 안 된다. 그런데 도데(Daudet)도 *sitôt la catastrophe*!라고 글로 적은 적이 있다.

158) 주절과 종속절이 둘 다 긍정문인 경우 *lorsque*가 *que*로 바뀌는 것은 드물다. 그렇지만 *lorsqu'on croit avoir fini, il faut recommencer*라는 문장이 관계가 역전되어서 *on croit avoir fini qu'il faut recommencer*로 바뀔 수 있다. 그러나 이 문장에서 *on croit* 라는 표현에 실수(une erreur)가 있을 수 있다는 것이 암시되어 있고 이것은 부정과 유사하다는 것을 주목하기 바란다. 게다가 *on n'a pas encore fini qu'il faut déjà recommencer*라고 말하는 것이 더 낫다.

159) 가끔은 *à peine*의 경우 *que*를 생략하기도 하는데 이것은 한결 자연스럽지 못하다.

마찬가지로 ***depuis que***도 *il y a*나 *voilà* 다음에 시간을 나타내는 표현이 나오면 항상 ***que***로 바뀐다. 즉 *il y a dix ans* (ou *voilà bien longtemps*) *qu'il est venu*라는 문장은 그가 온 이래로(*depuis qu*'il est venu) 십 년 혹은 여러 해가 흘렀다는 의미이다. 그리고 이 문장의 의미가 *depuis dix ans il n'est pas venu*이므로 *il y a dix ans qu'il n'est pas venu* (*qu'il n'est venu*가 더 낫다), *il y a dix ans qu'il ne vient pas* (ou *plus*)라고도 한다. 또한 *depuis qu'il n'est venu, telle chose s'est passée*라고도 말한다.[160)]

이제 접속사가 어떤 사실 이후의 사실(**un fait postérieur**)을 이끄는 경우를 살펴보자. 이 경우 접속법(**subjonctif**)을 사용하는데, 과거의 사실을 확인하는 경우에도 그렇다.

접속사 ***en attendant que***는 동사 *attendre*와 관련이 있다. 이 동사에는 일반적으로 불확실하다는 개념이 들어 있고 의도(*intention*)라는 개념이 항상 포함되어 있다. 즉 *je reste ici en attendant qu'il* ***vienne****; il était resté là, en attendant que vous* ***arriviez***의 예와 같다.

접속사 ***avant que***와 ***jusqu'à ce que***도 의미가 유사하기 때문에 역시 용법도 같다. 즉 *je ne m'en irai pas avant qu'il* ***vienne****; je voulais avoir fini avant que vous* ***arriviez*** (ou *que vous* ***n'arriviez****); je resterai ici jusqu'à ce qu'il* ***vienne****; il était resté là jusqu'à ce que vous* ***arriviez***의 예와 같다. 그런데 *ils se sont battus jusqu'à ce que vous les* ***sépariez***의 문장에서 의도가 없는 것이 분명함에도 역시 접속법을 사용하는데 이것은 정당성이 덜하다.[161)]

---

160) 전혀 격식을 차리지 않는 경우에는 *pendant que*를 *que*로 바꾸기도 하는데, *il est venu que j'étais malade*의 예와 같다.

161) 분명한 것은, *avant que*와 *jusqu'à ce que*의 의미가 *en attendant que*의 의미와 완전히 같지는 않고, 이 접속사들이 *quand*이나 *après que*와 성격이 같은 경우가 있다는 것이다. 따라서 *je resterai ici jusqu'à ce qu'il viendra*라고 말하지 않는 것이 논리적이라 할 수 있는데 이 문장에는 *en attendant que*의 의미가 분명하기 때문이다. 그런데 *ils se sont battus jusqu'à ce que vous les sépariez*라는 문장에 어떤 의도가 있을 수는 있다. 왜냐하면 <ils ont peut-être attendu qu'on vînt les séparer>가 가능하기 때문이다. 그렇지만 *ils ont cessé de se battre quand vous les avez séparés*라고 말하는 것처럼 어떤 하나의 사실을 말하고 있다고 보는 것이 보다 논리적이다. 따라서 *ils se sont battus jusqu'à ce que vous les avez séparés*라고 말하는 것이 논리에 맞을 것이다. 그런데 오늘날의 용법에서는 이런 구별이 사라졌는데, 유감스런 일이다. 예전에는 어떤 사실을 확인만 하는 경우에는 *jusqu'à ce que* 다음에 직설법을 사용하였는데, 접속법을 사용하면 정반대의 의미가 나올 수 있다고 믿었기 때문이다. 이것은 올바른 용법으로 여겨진다. 즉 *Napoléon*

물론 고유한 의미에서 시간에 관계되는 접속사는 아니지만 ***sans que***는 *avant que*와 유사하고 용법도 같고 의미도 유사하다. 즉 *je ne sortirai pas sans qu'il m'**ait** vu*의 예와 같다.

이 두 접속사는 아주 특별한 구문 때문에 아주 유사해지는데, 주절이 부정문일 때 종속절에서 둘 다 *que*로 변한다. 물론 *sans*과 *avant*에 들어 있는 부정 개념을 보충하기 위하여 *ne*를 도입한다. 즉 *je ne sortirai pas **qu**'il **ne** m'**ait** vu*는 *sans* (ou *avant*) *qu'il m'ait vu*를 의미한다. 또한 *je ne m'en irai pas **qu**'il **ne soit** venu*는 *avant que* 대신이고, *je ne puis rien faire **qu**'il **ne** me **fasse** des reproches*는 *sans que* 대신이다.[162)]

비교절에서

비교절(**propositionss comparatives**)에는 단지 직설법(**l'indicatif**) (혹은 조건법(*le conditionnel*))만을 사용하는데 사실을 확인하는 것이기 때문이다.

이 절은 *tel, même, autre* 다음에 속사 *que*로 시작되는데, *il est tel que vous êtes* (ou *que vous seriez*), *autre que vous n'êtes*의 예와 같다. 또한 비교의 표현 다음에 접속사 *que*로 시작되는데, *il est plus grand, aussi grand, moins grand* (ou *meilleur*) *que vous n'êtes*의 예와 같다. 그런데 이 모든 경우에 일반적으로 동사는 생략된다. 즉 *il est plus grand que vous*의 예와 같다.[163)]

절 앞에 *comme, de même que* (ou *ainsi que*), *tant que, autant que* (ou *en tant que*),

---

soumit les peuples à sa volonté jusqu'à ce que l'Europe entière se coalisât (*ou se fût coalisée*) *contre lui*?라고 쓴다면 일종의 정반대 의미가 있지 않을까? 만일 *jusqu'à ce que* 다음에 *coalisa*라고 적고 싶지 않다면 적어도 직설법을 요구하는 *jusqu'au moment où*라는 표현을 사용하자. 그러면 접속법 반과거를 피하는 편리함도 있을 것이다. 그렇다고 *jusqu'à ce que*를 *jusqu'à tant que* (ou *jusqu'à temps que* !)로 바꾸지는 말자. 덧붙이자면 *avant que*가 *après que*를 모방하여 가끔 전치사로 바뀌는데, *avant le soleil levé*의 예와 같다.

162) 아마도 *avant*이나 *sans*의 경우 허사 *ne*가 함께 사용되는 것은 이런 용법과 연관되어 있을 것이다. 이것에 대해서는 〈*허사 부정어*(*négation explétive*)〉 항목을 참고하기 바란다.

163) 물론 두 절의 순서가 바뀌어서 등위될 때도 직설법을 사용하는데, *tel, autre* (ou *autre chose*), *ainsi, plus, moins, autant*을 반복하거나 *plus*를 *moins*과 대립시킬 경우에 그렇다.

à mesure (ou *à proportion*) *que, selon que, d'autant plus* (ou *moins*) *que*와 같은 접속사가 나와도 역시 직설법을 사용한다. 즉 *je vous traite comme je traite* (ou *comme je traiterais*) *mon frère,*[164] *je ne le ferai qu'autant que vous le désirerez,*[165] *je n'ai pas plus tôt fini que je recommence*의 예가 있다.

또한 비교가 되는 처음의 단어를 생략하여 *autant qu'il est en moi, autant que j'en puis juger*만을 표현하기도 한다. 그런데 많은 사람들이 *autant que je puisse m'en souvenir*라고 접속법을 사용하는데, 아마 의구심을 표현하려고 하는 것 같다. 그런데 이런 표현은 우아하기는 하지만 별로 정확한 것은 아니다. 반면에 부정문 다음에 *je ne l'ai jamais vu, qu'il me souvienne* (ou *que je sache*)라고 말하는 것은 우아한 것이고, 그 의미는 *autant que je puis m'en souvenir* (ou *autant que je puis savoir*)이다. 그런데 이 문장에는 비교의 개념은 없고 오히려 관계대명사의 용법과 관련이 있는 것 같다. 즉 *il n'a rien fait dont je me souvienne*의 예와 같다.[166]

그런데 *comme si* 안에는 조건법이 생략되었다는 것을 주의하라. 즉 *si*는 조건법이 표현되어 있는 것처럼 여겨진다. 즉 *je vous traite* (ou *je vous traiterai*) *comme* (je vous traiterais) *si vous étiez mon frère ; je vous traitais, je vous ai traité comme* (je vous aurais traité) *si vous étiez* (ou *si vous aviez été*) *mon frère ; il m'a traité comme* (il m'eût traité) *s'il eût été mon frère*[167]의 예와 같다. 또한 *j'ai été pour lui moins indulgent, aussi indulgent, plus indulgent que* (je l'aurais été) *s'il avait été mon frère*라고 말한다. 이 모든 문장 안에는 비교절 이외에도 일반적인 조건절이 들어 있는 것이다. 그리고 비교절은 생략되기도 하고 *comme*라는 한 단어로 축약되기도 한다.[168]

---

164) 동사 *faire*가 접속사 *comme* 다음에 이미 앞에 나온 동사를 대신하여 사용되는 경우에 대해서는 본문 253쪽 64번 주를 참조할 것.

165) 그런데 *autant que*를 *à condition que*와 같이 취급해서는 안 된다. 메테르링크(Maeterlinck)는 *le moi ne peut subsister qu'autant qu'il soit...*와 같은 문장을 썼는데 잘못된 것이다.

166) 여기에 나오는 *que je sache*에 대해서는 앞의 본문 346쪽 119번 주를 참조할 것.

167) 어떤 사람들은 *comme s'il était* 대신에 *comme s'il fût*라고 말하는데 별로 올바른 것 같지는 않다. 왜냐하면 *s'il était* 대신에 *s'il fût*라고 말하지는 않기 때문이다.

168) 격의 없이 말할 경우에는 주절 자체도 종종 생략되고 문장이 *comme*로 시작되는 조건절로만 되기도 한다. 즉 *comme s'il ne valait pas mieux céder*로 끝난다. 그런데 이 문장의 의미가 *mieux vaut céder*이므로 어떤 사람들은 *comme s'il ne vaut pas mieux céder*라고 쓸 수 있다고 생각한다.

직설법이 널리 사용되는 것과는 달리 *plutôt que* (*plus tôt que*가 아니다) 다음에는 접속법을 사용한다. 말하자면 종속절의 주어가 주절의 주어와 달라서 동사원형을 사용할 수 없는 경우에 그렇다. 즉 *vous me tuerez plutôt que j'y aille*의 예와 같다. 말하자면 이 문장에는 단순한 비교 이상의 무엇, 즉 실현할 수 없다고 여겨지는 가정을 제외한다는 것이 들어 있다. 그런데 이 문장에서 *que*가 이중의 역할을 하는데, 비교의 *que*가 종속절 앞에 있고 그 앞에 다른 *que*가 나온 경우라고 여길 수 있다.

그런데 *aimer mieux* 다음에 동사원형을 사용할 수 없는 경우, *aimer*의 종속절 두 개가 각각 그 앞에 *que*를 갖고, 또한 비교의 *que*가 다시 나와서 *que*가 세 개 나오게 된다. 즉 *j'aime mieux qu'il s'en aille que qu'il reste*라는 문장이 예견되는데, 이렇게 말할 수 없는 것은 분명하다. 그렇다고 흔히 하듯이 *que*를 하나 생략하면 아주 틀린 문장이 된다. 예전에는 두 개의 *que* 사이에 *non pas*를 넣어서 아주 우아하게 이 문제를 해결했다. 즉 *j'aime mieux qu'il s'en aille que non pas qu'il reste*와 같다. 오늘날에는 다른 방식, 즉 조건문을 사용하여 *j'aime mieux qu'il s'en aille que s'il restait*라고 말한다. 즉 *comme si*의 경우처럼 생략을 이용하는 것이다. 그런데 *j'aime mieux le voir partir que rester*라고 말할 수 있다면 이 문장이 더 낫다.

그런데 *je ne demande pas mieux*는 보다 당황스러운 경우이다. 이 경우는 흔히 *que*를 생략하여, *je ne demande pas mieux qu'il s'en aille*라고 한다. 그런데 이 문장은 받아들일 수 없는 것이고, 오히려 표현을 바꾸어서 *je ne demande pas mieux que de le voir s'en aller* 혹은 *qu'il s'en aille je ne demande pas mieux*라고 한다. 최악의 경우에는 격의 없이 말한다면 *je ne demande pas mieux que ça, qu'il s'en aille*라고 한다.

그런데 어떤 비교의 문장이 되었건 부정문 다음에 똑같은 어려움이 생긴다. 즉 *rien n'est plus sûr que je me suis trompé*는 완전히 틀린 문장이므로, *je me suis trompé, rien n'est plus sûr*라고 비교 대상을 생략하여 말한다. 또한 *je ne saurais dire autre chose qu'il a commis une faute*도 역시 틀린 문장이므로, *il a commis une faute, je ne saurais dire autre chose* 혹은 *je ne saurais dire autre chose, sinon qu'il a commis*

그런데 이것은 완전히 비논리적이고 전혀 받아들일 수 없는 것이다. 왜냐하면 생략된 부분은 언제나 복구가 가능한데 이 경우 반드시 반과거를 사용해야 하기 때문이다. 즉 (vous agissez) *comme* (vous agiriez) *s'il ne valait pas mieux céder*와 같다.

*une faute*라고 말한다. 접속법이 나오는 경우에는 상황이 더 나쁜데, *rien n'est plus naturel que vous le fassiez*는 틀린 문장이므로 적어도 단어의 순서를 바꾸어야 한다. 마찬가지로 *je ne crains rien tant qu'il s'en aille*는 틀린 문장이므로, 예를 들어 이 문장을 *je ne crains rien tant que de le voir partir*라고 바꾸어야 한다. 이런 잘못된 문장에 속하는 것은 *il ne manquerait plus qu'il y aille*인데, 적어도 격의 없이 말하는 경우 *il ne manquerait plus que ça*라는 식으로 말해야 한다.

양보절 (혹은 제한절)에서

지금까지 접속법이 상대적으로 제한적으로 사용되었지만, 이제부터 우리가 다룰 종속절에서는 아주 많이 사용된다.

우리는 이미 앞에서 양보(*concession*)를 나타내는 보어절(*propositions complétives*)이나, 적어도 아주 불확실한 가정을 받아들이는 경우 직설법보다는 접속법을 선호한다는 것을 살펴보았다. 즉 *supposons, admettons, je consens que les choses se* ***soient*** *passées ainsi*의 예와 같다. 그런데 강한 대립을 나타내는 고유한 의미의 양보 접속사(**conjonctions concessives**) 다음에는 더욱 접속법을 사용해야 한다. 즉 *quoique, bien que* (예전에는 *combien que*)와 약간 오래되긴 했지만 우아한 *encore que*라는 접속사가 있다. 예로는 *quoiqu'il soit venu, bien que* (ou *encore que*) *je n'en sache rien*이 있다.[169)]

그런데 이런 절에 직설법을 사용한다 해도 이치에 어긋나지는 않는 것이, 결국은 우리가 확인할 수 있는 사실들에 대해서 말하고 있기 때문이다. 양보절들은 흔히 원인을 도입하는데, 그로 인해 달라지는 것은 없다고 말하면서 그 원인을 제거해 버리는 것이다. 이것에 대한 증거는 *parce que*를 가끔 *quoique*의 의미로 사용하는데, 제외의 개념이 접속사에 없더라도 나중에 주절에서 그것이 나타난다. 즉 *parce que vous avez fait cela, je* ***ne*** *vous en estime* ***pas moins***의 예와 같다.

---

169) 이 절들은 양보(*concession*)뿐만 아니라 제한(*restriction*)을 나타낸다고 여겨진다.

따라서 옛날 사람들은 양보절에서 직설법을 사용했는데 특히 접속사와 동사가 떨어져있을 때 그랬다. 그렇지만 오직 접속법만 사용하는 관행이 이미 오래전부터 굳어졌기 때문에 오늘날 직설법이나 조건법을 사용하는 것은 아주 잘못 말하는 것이다. 즉 *quoique j'aimerais mieux*는 다른 문장으로 대치하기가 어렵기는 하지만 전혀 옳다고 여겨지지 않는다. 미래의 경우에는 동사 *devoir*를 사용하여 어려움에서 벗어날 수 있다. 즉 *quoique je doive le rencontrer*라고 하고 *quoique je le rencontrerai*라고 하지는 않는다.[170)]

그 결과 접속사 *quoique*가 자주 잘못 쓰이는 경우가 생기는데, 이 접속사를 문두에 두고 부사나 등위접속사로 취급하는 유감스러운 경향을 말한다. 그렇지만 대신에 *cependant, néanmoins, toutefois*를 사용하고 그 앞에 *et*나 *mais*를 쓰거나 쓰지 않는 너무나 쉬운 방법이 있다. 말하자면 이제는 더 이상 *quoique j'aimasse mieux*라고 말할 수 없으므로, 이 단어들을 조건법과 함께 사용하고 절의 순서도 역시 자유롭게 할 수 있다. 즉 *j'irai, et cependant j'aimerais mieux...* 혹은 *j'aimerais mieux..., mais j'irai tout de même*라고 한다. 따라서 종속절에 접속법을 쓰는 것이 거북하다면 이렇게 절을 등위시키는 것이 가장 쉬운 방법이다.

대중들은 더 나아가서 *quoique*를 전치사로 여겨서 *quoique ça*를 *malgré ça* 대신에 사용하는데 이것은 잘못된 것이다. 설사 *ça*를 *cela*로 바꾸더라도 변하는 것은 아무것도 없다.

반면에 작가를 포함하여 많은 사람들이 전치사 *malgré*에서 새로운 접속사 *malgré que*를 만들었다. 그런데 이 새 접속사는 물론 잠정적이겠지만 직설법을 사용하건 접속법을 사용하건 아직은 프랑스어라고 볼 수 없다. 그런데 젊은 작가들이 모르고 이것을 사용하고 있는데, 다행이도 그것이 틀렸다는 것을 알려주면 금방 고친다. 유감스럽게도 이 표현이 점점 퍼지고 있고 결국에는 새로운 접속사로 굳어질 것이다. 그런데 내가 무슨 말을 하겠는가? 문법학자들이 이미 관례가 되었다고 이 접속사를 지지하는데, 과연 무슨 관례란 말인가? 프랑스어를 조금이라도 아는 작가라면 아직

170) 주의할 것은 동사 *aller*는 이 경우에 미래의 의미로 사용되지 않는다는 것이다. 우리가 *je vais sortir*로 미래를 의미한다면, *quoique j'aille sortir*라고 하지는 않는다. 오히려 *quoique je doive* 혹은 *quoique j'aie l'intention de...*라고 한다.

은 이 접속사를 사용하지는 않을 것이다. 그리고 작가들 이외에도 많은 사람이 그럴 것이다. 벌써 유사한 접속사가 둘 아니 셋이 있는데 이 새로운 접속사가 필요하다는 말인가? 따라서 우리는 유용하기 때문에 사용한다는 변명도 할 수 없다.[171)]

여기에서 주목할 것은, *quoique, bien que, encore que* 다음에 동사 *être*와 주어를 형용사나 과거분사 앞에서 생략할 수 있고 이렇게 함으로써 경우에 따라 접속법 반과거를 절약할 수 있다는 것이다. 즉 *quoique* (il fût) *très bien portant, quoique* (il fût) *tout à fait guéri, il n'est pas venu nous voir*의 예와 같다. 이러한 생략이 필연적으로 *quoique*와 현재분사를 결합한 구문, 즉 *quoique recevant* 혹은 *quoique ayant reçu*를 만들어내는데, 이 경우 동사 *être*를 쉽사리 생략할 수 없기 때문에 정확성이 덜한 표현이다. 또한 이것이 별로 필요하지도 않은 것은, 정확하고도 무겁지 않은 *quoiqu'il reçoive*나 *quoiqu'il ait reçu*라고 말한다고 더 길지도 않기 때문이다.[172)]

우리는 앞에서 부사 *si* 다음에 형용사나 부사를 사용하고 그 뒤에 *que*를 사용하는 경우, 결과를 이끄므로 직설법이 나온다는 것을 보았다. 즉 *il est si étourdi qu'il oublie tout*의 예와 같다. 그 반대의 경우가 *si étourdi qu'il* ***soit****, il n'oublie pas tout*이

171) 고전주의 작가들은 *malgré que*를 알지 못했는데도 *malgré que j'en aie* (ou *qu'il en ait*)라는 이상한 하나의 표현을 사용했는데 설명하기 어렵다. 이 표현에서 *malgré*는 두 단어로 분리하는 것이 맞았을 것이고 그 의미는 *quelque mauvais gré que*...이었을 것이다. 이 옛날 표현을 오늘날에도 역시 사용하는데 잘못 사용하는 일이 가끔 있다. 즉 *malgré qu'on en dise*라는 표현을 상드(G. Sand)와 도데(Daudet)가 사용했는데 이치에 맞지 않는다. 더 나아가서, *malgré que*와 *bien que* 를 혼동하거나 *bien que*와 (*quoique*라고 여기는) *quoi que*를 혼동하여 *bien qu'on en ait, bien que tu en penses*라고 적었다. 이것은 상드(G. Sand), 부르제(Bourget), 모파상(Maupassant)의 글에 나온다. 또한 위고(V. Hugo)는 언젠가 *bien qu'en aient dit*라고 적었는데 *quoi qu'en aient dit*...대신에 그렇게 한 것이다. 이 모든 표현은 잘못된 것이다. 그런데 *malgré que*가 프랑스어가 아니라는 사실을 아는 다른 사람들은, *malgré qu'il en ait*를 *quoiqu'il en ait*로 바꾸는데 이것도 역시 잘못된 것이다. 왜냐하면 *quoiqu'il en ait*란 *quoiqu'il possède de cette chose*의 의미이기 때문이다. 따라서 적어도 *quoi qu'il en ait*라고 적으면 이해는 된다. 즉 *quoi qu'il en dise*라는 명확하고 정확한 표현으로부터 유추할 수 있기 때문이다. 그런데 이 문장에 나오는 *que*는 접속사가 아니라 동사의 직접보어이다.

172) 몇몇 작가들은 *quoique*의 이런 용법을 *parce que*에도 역시 적용하기도 한다. 먼저 *quoique*와 대립시키면서 이렇게 하는 것은 이해가 된다. 그런데 *parce que*만 따로 이렇게 하는 것은 이해하기가 어렵다. 이것은 전보 등에 사용하는 문체로서 별로 유용하지 않은데, 그 이유는 *parce que* 다음에 접속법 사용으로 당황하게 되는 일이 벌어지지 않기 때문이다.

다. 이번에는 종속절이 주절로 변하고 *si étourdi*가 *que*와 함께 종속절이 된다. 이때 *que*는 접속사가 아니라 속사 대명사이다. 이것이 또 다른 형태의 양보절인데 동사는 예외 없이 접속법이 된다. 여기에서 *si étourdi qu'il soit*의 의미는 <*quoiqu'il soit peut-être très étourdi*> 혹은 <*malgré toute l'étourderie qu'il peut avoir*>이다. 여기에서 복합 접속사 *si peu que*가 나온다. 즉 *si peu qu'il* ***pleuve****, je ne sortirai pas ; donnez-m'en si peu que ce* ***soit***의 예가 있다. 또한 *tant* ***soit*** *peu*와 격식을 차리지 않는 경우 사용하는 *un tant* ***soit*** *peu*가 있다.[173]

특히 문어에서 여전히 사용되는 옛날 용법이 있는데 그것은 *si*를 *pour*로 바꾸는 것이다.

Pour grands que soient les rois, ils sont ce que nous sommes.

이것은 코르네이유(Corneille)가 말한 문장이다.[174] 형용사나 부사 앞에서 *pour*를 사용하는 것에서 *pour peu que*라는 복합 접속사가 유래했는데, 이것은 *si peu que*보다는 더 잘 쓰인다. 즉 *pour peu que vous en* ***ayez*** *envie, je n'y vois pas d'inconvénient*의 예와 같다.

위에서 살펴본 *si étourdi qu'il soit* 이외에도 *quelque étourdi qu'il soit, tout étourdi qu'il est* (ou *qu'il soit*)가 있다. 그런데 의미가 같으면서 구어에서 무엇보다 선호하는 다른 표현은 *il a beau être étourdi*이다. 이 표현을 사용하면 접속법을 사용하지 않아도 된다.[175]

---

173) 그런데 *si étourdi qu'il soit*라는 표현이 모든 사람들에게 아주 우아하다고 여겨지지는 않기 때문에, 많은 사람들이 이것을 *si étourdi soit-il*로 바꾸거나 심지어 *si hardiment marchent-ils*라고 한다. 이것은 도치를 편애하는 것이라고 할 수 있다. 그런데 이것이 별로 새로운 것이 아니라서 과연 올바른 것인지 나로서는 잘 모르겠다. 그렇지만 *si peu soit-ce*나 *si peu pleuve-t-il*이라고는 하지 않는다. 최악인 것은 *fût-il le plus étourdi* 대신에 *le plus étourdi soit-il*이라고 하는 것인데, 이것은 도저히 이해할 수 없는 문장이다. 본문 368쪽 162번 주를 참고하기 바란다.

174) 이것이 가능한 것은, 동사원형 앞에서 *pour*가 *parce que*의 의미를 갖고 더 나아가 *quoique*의 의미도 쉽게 가질 수 있기 때문이다. 즉 *pour être grands, les rois n'en sont pas moins des hommes*의 예와 같다.

175) 선택권이 아주 넓다는 것을 알 수 있다. 그렇지만 우아함을 추구하는 서툰 작가들은 이 정도

형용사나 부사 앞에 *quelque*가 나오고 속사로 *que*를 사용하는 표현은 이미 앞에서 *quelque*를 다루면서 살펴보았다. 이 경우 반드시 접속법을 사용하는데 오히려 문어에 속하는 표현들이다.[176] 보다 잘 사용되는 관계절은 양보적 표현들이다. 즉 *quel qu'il* ***soit****, qui que vous* ***soyez****, quoi que vous* ***fassiez***[177]의 예와 같다. 또한 *qui* (ou *quoi*) *que ce* ***soit*** *qui* (ou *que*), *qui que ce* ***soit*** *qui* ***vienne****, de qui que ce* ***soit*** *que vous* ***ayez*** *à vous plaindre*라고 말하기도 하지만, *quel que* ***soit*** *l'homme qui* (ou *dont*) 다음에 직설법을 사용하는 것이 보다 일반적이고 덜 무겁다. 말로는 잘 하지 않지만 글로는 잘 쓰는 것으로, *où que vous soyez, où qu'il aille* (*où qu'aillent*...는 안 된다), *d'où qu'ils viennent*가 있다. 이것들은 *en* (ou *de*) *quelque endroit que*보다는 나은 표현들이다. 한편 *comme que*는 이미 낡은 표현이 되었는데 유감스럽다.[178]

우리는 앞에서 *tout*가 *si*나 *quelque* 대신에 사용될 때 접속법뿐만 아니라 직설법도 역시 가능하다는 것을 살펴보았다. 그런데 직설법이 오랫동안 유일한 올바른 법이었다.[179]그런데 *si*와 *quelque*의 용법이 *tout*에 영향을 미쳐서 *tout juste qu'il* ***soit****, il se trompe parfois*와 같은 문장에서 직설법은 점차 사라지고 있다. 그렇지만 잃고 싶지 않은 미묘한 생각의 차이점을 간직하기 위해서라도 직설법을 유지하는 것이 나을

로 그치지 않는다. 그들은 *si*와 *pour*를 함께 사용하여 *pour si étourdi qu'il soit, pour si peu que vous en ayez envie*라고 하는데, 이것은 *quoique ça* 만큼이나 프랑스어가 아니다. 또 어떤 사람들은 강도를 나타내는 *si*와 비교를 나타내는 *aussi*를 혼동하여 *aussi étourdi qu'il soit, aussi étourdi soit-il*이라고 말하는데, 이것도 역시 별로 좋지 않다. 이와 같이 프랑스어를 안다고 생각하는 사람들에 의하여 양보절에서 *si*의 용법이 이상하게 변질되는 것을 알 수 있다. 왜냐하면 이 사람들은 자신들이 우아한 표현을 구사할 수 있다고 자신하기 때문이다. 그런데 보다 단순하게 표현하려고 하는 것이 더 낫다. 실제로 우리가 올바른 표현을 사용하기만 한다면 그것만으로도 충분하기 때문이다.

176) 앞의 본문 151쪽 84번 주를 참조하기 바란다. 그런데 이 무거운 표현은 짧은 단어 특히 부사하고는 잘 어울리지 못한다는 사실을 덧붙이자. 즉 *quelque loin* (ou *quelque près*) *qu'il aille*라는 표현은 그렇게 잘 된 것은 아니다.

177) 이 예에서 *que*가 하는 역할이 *quoique*와 혼동되는 것을 막아 줄 것이다. 본문 213쪽 38번 주를 참조할 것.

178) 몇몇 작가들은 *en tel endroit que vous alliez*와 같이 오래된 표현을 새롭게 하려고 애썼는데, 이것이 *en quelque*보다는 덜 무겁긴 하지만 그렇게 성공한 것 같지는 않다.

179) 이것은 *tout juste qu'il est*가 단지 *tout en étant juste*를 대신하기 때문에 더욱 자연스럽다.

것이다. 즉 *tout juste qu'il soit*는 *si juste qu'il soit*처럼 쓰일 수 있는데, 이것의 의미는 <malgré toute la justice qu'il *peut* avoir et qui monte *peut-être* à un degré fort élevé>이다. 반면에 *tout juste qu'il* ***est***는 *quoiqu'il soit parfaitement juste*로서 정직함에 대해서는 의심이 있을 수 없다는 의미이다. 바로 이것을 위해서 직설법이 있는 것이다.[180)]

이 양보절과 관련되는 것은 두 번 혹은 여러 번 *soit que*를 반복하여 공동의 결과를 나타내는 표현이다. 즉 *soit qu'il* ***vienne****, soit qu'il s'en* ***aille***의 예와 같다.[181)] 또한 *soit que*를 반복하는 대신에 *que*만 반복하거나, *que*와 *ou* 혹은 *que*와 *ou que*를 사용했다. 즉 *que vous* ***veniez*** (ou) *que vous ne* ***veniez*** *pas ; qu'il* ***vienne*** *ou* (qu'il) ***s'en aille*** *; que vous* ***réussissiez*** *ou non ; qu'il le* ***veuille*** *ou non*의 예와 같다. 그런데 이 예들은 양보절이라기보다는 조건절로 볼 수도 있다.[182)]

또한 *même si*의 의미로 *quand*을 사용하거나 *quand même, quand bien même, lors même que*를 사용한 절은 양보절이면서 동시에 조건절이라고 볼 수 있다. 그런데 이 접속사들은 접속법보다는 직설법과 함께 사용된다.[183)]

조건절에서

몇몇 양보절을 조건절로 여길 수 있다는 사실을 조금 전에 살펴보았다. 이제 고유한 의미의 조건절을 살펴보자. 우리는 앞에서 동사를 언제 조건법으로 만들어야 하

---

180) 널리 사용되는 *il a beau être juste*의 의미가 바로 이것이다.

181) 고전주의 작가들은 *soit*의 의미를 살려서 *soit qu'il vienne ou soit qu'il s'en aille*라고 하거나 *soit qu'il vienne ou s'en aille*를 선호하기도 했는데 아주 논리적으로 말한 것이다.

182) 조건절 대신에 명령법을 사용하는 것에 대하여 본문 336쪽을 참조하라. 덧붙이자면 단지 명사의 경우에도 *soit*를 반복하였는데 이는 편리한 방식이다. 즉 *soit fatigue, soit paresse*의 의미는 <que ce soit par fatigue ou par paresse>이다. 또한 *ou*를 사용하여 *soit*를 생략할 수도 있다. 즉 *fatigue ou paresse, peu importe*의 예와 같다. 라퐁텐느(La Fontaine)가 *sage ou non, je parie encore*라고 한 것을 참조하라.

183) 이것에 대해서는 <양보의 조건법(conditionnel de concession)> 항목에서 살펴보았다. 또한 접속사를 생략하거나 *que*로 바꾸고 도치시키는 다음 예도 역시 살펴보았다. 즉 *tu travaillerais dix fois plus* (*que*) *tu n'en serais pas plus riche*의 예와 같다.

는지 살펴보았다. 그런데 대부분의 경우 예전에는 접속법을 사용하던 조건절에 오래 전부터 직설법을 사용한다는 것을 알고 있다. 적어도 접속사가 원래 조건절에 사용되는 *si*인 경우에 그렇다. 주절의 동사가 직설법 (혹은 명령법)이나 조건법일 때, *si*로 시작되는 절의 동사도 역시 현재(*présent*), 과거(*passé*), 반과거(*imparfait*)나 대과거(*plus-que-parfait*)가 된다. 여기에서 *si* 다음에 직설법의 이런 용법을 요약하고 명확히 하자.

Si 다음에 현재(**présent**)나 과거(**passé**)가 나오면, 주절의 동사는 의미에 따라서 직설법의 어느 시제라도 가능하고 시제 일치를 따질 필요가 전혀 없다. 즉 *on me doit de l'argent, on vous en doit aussi ; si j'ai de l'argent chez moi, je vous en donnerai ; s'il est exact, il arrive en ce moment* (ou *il est déjà venu, il sera ici dans un instant*)*; s'il est exact, il était prêt* (ou *il avait terminé, il aura terminé à deux heures*)*; s'il est deux heures* (ou *s'il doit venir à deux heures*), *il est déjà parti* (ou *il part en ce moment, il partira dans un instant*)의 예와 같다. 그런데 *s'il doit venir*는 미래를 나타내는 한 방식이고, 현재형으로도 역시 미래(혹은 전미래)를 표현한다. 그 예는 *si j'ai de l'argent demain, je vous en donnerai ; si vous venez me voir en mon absence, attendez-moi* (ou *vous m'attendrez*)*; je serai bien étonné s'il vient*[184]이다. 반면에 과거의 예로 *s'il a reçu de l'argent, il vous en a donné* (ou *il vous donnera de l'argent, s'il en a reçu*)*; s'il est parti à deux heures, il est arrivé à trois* (ou *il arrive en ce moment, il arrivera dans un instant*)*; s'il est parti à deux heures, il était prêt* (ou *il s'était préparé plus tôt que je ne pensais, il aura terminé son voyage avant la nuit*)가 있다.[185]

Si가 반과거(**l'imparfait**)나 대과거(**le plus-que-parfait**)와 함께 쓰이면 일반적으로 주절의 동사는 조건법으로 된다. 즉 *si j'avais de l'argent, je vous en donnerais* (ou *je vous en aurais donné*)*; s'il avait été plus prudent, il n'aurait pas été tué* (ou *il*

---

184) 대중들은 *je m'étonne s'il viendra*라고 시제를 바꾸어서 말하는데 받아들일 수 없고, 이것은 아마도 간접의문문과 연관되어 있다.

185) 물론 문어에서는 *si* 다음에 단순과거를 사용하기도 한다. 반면에 전미래 대신에 복합과거를 사용하는 일이 가끔 일어나기도 하는데 드물다.

vivrait encore)의 예와 같다.[186] 그렇지만 *si vous veniez me voir pendant mon absence, attendez-moi*의 예처럼 현재형보다 가정의 성격이 강한 반과거가 현재의 기능을 하고, 이 현재는 미래를 대신하는 경우도 있다. 또한 생략에 의하여 *si par hasard vous aviez besoin de moi, je reviens à l'instant* (ou *je reviendrai dans un instant*)이라고도 한다.

그러므로 *si*와 함께 쓰이는 조건절은 구문이 아주 다양하다는 것을 알 수 있다. 그렇지만 이것이 전부가 아니고 접속사 *si*가 반드시 조건의 의미를 항상 취하는 것도 아니다. 즉 *si on me doit de l'argent, on vous en doit aussi*는 두 가지 의미를 갖는데, 하나는 조건절이 정말로 가정을 말하기도 하는 경우이고 다른 하나는 단순히 하나의 사실을 확인하거나 동의나 고백을 하는 경우일 수도 있다. 즉 *si j'ai de l'argent, c'est que je le gagne* (ou *que je l'ai gagné*)*; si j'ai eu de l'argent, je l'ai dépensé; si ce n'est toi, c'est donc ton frère*의 예와 같다. 이 모든 문장에서 *si*는 *s'il est vrai que*를 의미하고 조건의 뜻이 절반밖에 없다. 그런데 반과거나 대과거가 나오는 경우에도 이런 의미가 가능한데, 이때 주절의 동사가 직설법인 이유는 *si*에는 현재의 개념이 함축되어 있기 때문이다. 즉 *si j'avais de l'argent, je l'ai dépensé; si j'avais de l'argent, c'est que je l'avais gagné; si on le lui demandait, il a eu raison de le donner*의 예와 같다. 그리고 *s'il en avait reçu l'ordre, il a bien été obligé de le faire*의 문장은, 진정한 조건이 들어 있는 *s'il en avait reçu l'ordre, il l'aurait fait*의 문장과는 전혀 다르다.

그런데 접속사 *si*가 몇몇 표현에서는 가정적인 의미가 별로 없고 거의 *que*와 동등한 경우도 있다. 즉 ***si*** *je vous le dis, c'est que je le sais* (c'est parce que je le sais *que* je vous le dis)*; c'est bien votre faute* ***s'il*** *n'est pas venu* (c'est bien par votre faute qu'il n'est pas venu)의 예와 같다. 또한 *c'est à peine si*에서 *c'est*는 일상어에서는 가끔 생략된다. 즉 *c'est à peine si je comprends* (ou *si j'ai compris, si j'avais compris*) *ce qu'il m'a dit, à peine si je comprenais ce qu'il me disait*의 예가 있다. 그리고 *si*가 *quoique*의 의미를 갖는 예는 ***si*** *je n'ai pas réussi, en tout cas j'ai fait ce que j'ai pu*이다.[187]

---

186) 앞의 본문 325쪽과 323쪽에서 *si* 다음에 조건법 과거 제2형이 대과거 대신에 사용되는 것을 참조할 것.

187) 본문 362쪽 147번 주를 참조할 것. 이것과 관련이 있는 문어적 표현은 *il est irrité, s'il le fut*

접속사 *si*의 용법에 관하여 특별히 언급할 것들이 많이 있다.

먼저 대립을 나타내는 경우 주절이 조건절 다음에 올 때 일반적으로 접속사를 생략한다. 먼저 *s'il ne vient pas aujourd'hui* (ou *s'il n'est pas venu hier*), *il viendra demain*의 예를 보자. 경우에 따라서는 *du moins, en revanche*를 사용할 수 있는데, 다른 언어들에서는 접속사 *mais*를 사용한다면 프랑스어에서는 위의 문장에서 이것을 사용할 수 없다. 이 *mais*는 *il n'est pas venu aujourd'hui, mais il viendra demain*처럼 성격이 같은 두 문장을 대립시키는 경우에만 사용할 수 있다.

반면에 격식을 차리지 않고 말하는 경우 가끔 조건절의 주어를 따로 떼어서 문두에 놓는데, 마치 이것이 나중에 나올 주절의 주어인 것처럼 보이게 한다. 즉 *le nez de Cléopatre, s'il eût été plus court, toute la face de la terre aurait changé*가 이런 예로, 파스칼(Pascal)의 유명한 파격구문(anacoluthe)이다.

문두에 나오는 *si*를 강조하기 위하여 ***que si***를 사용하는데 이것은 단지 앞의 절과 뒤의 절 사이의 관계를 보다 밀접하게 하고자 할 경우에만 그렇다. 즉 *que si vous pensez, que si au contraire vous pensez*의 예가 있다. 그런데 접속사 *si* 다음에 언급되는 내용이 앞의 내용과 관계가 없을 경우에는 이런 강조를 하지 않는다.

조건을 강조하고자 할 때 등위되어 있지 않은 여러 주어 앞에서 *si*를 매번 반복한다. 즉 ***si** votre père, **si** votre mère, **si** vos enfants n'ont pas...*의 예와 같다. 점차 증가하는 것을 표현할 때 이렇게 반복하는 것은 편리하다.

반면에 ***si*를 가끔 생략하는데(*si* sous-entendu)** 특히 이중으로 가정을 하는 경우에 그렇다. 즉 *il va chez vous, vous n'y êtes pas, vous allez chez lui, il n'y est pas*의 예와 같다. 이 경우 의문문 형태를 선호해서 *va-t-il chez vous...*처럼 한다. 그런데 이 표현에는 반복의 개념이 들어 있으므로, *si*는 *toutes les fois que*의 의미이다. 그러므로 이 경우 *si*는 조건의 접속사가 아니라 시간의 접속사라 할 수 있는데, 고유한 의미의 조건 대신에 의문문을 사용하는 일은 결코 없기 때문이다.[188)]

*Si*가 역시 생략되는 표현은 *si ce n'était* 대신에 쓰인 ***n'était***의 경우이다. 즉 *je vous*

---

*jamais*의 경우인데 이것은 <en réalité autant ou plus qu'il ne le fut jamais>라는 의미이다. 또한 *c'est là de la poésie, s'il y en eut jamais*라는 문장의 의미는 <aussi belle qu'il y en eut jamais>이다.

188) 앞의 본문 241쪽을 참조할 것.

*dirais bien ce que je pense, n'était la crainte des suites*의 예와 같다. 가끔은 *n'eut été*를 사용한다.

반면에 조건절은 그대로 있고 주절이 생략되는 경우가 자주 있다. 이 경우 동사가 반과거나 대과거로 된 조건절은 일종의 기원(**souhait**), 아니면 유감(**regret**)을 표현하는데 여기에서 표현된 조건은 대체로 실현 불가능한 것을 의미한다. 즉 *si je pouvais faire ce voyage! si j'avais pu! si j'avais su!*의 예와 같다.

접속사 *si*와 이미 앞에 나온 동사를 반복하는 부정문 대신에 ***sinon*** (ou *sans quoi*)을 사용하기도 한다. 즉 *allez-vous-en, sinon gare à vous!*의 예와 같다. 또한 *ou sinon*도 사용한다. 동사가 나오는 경우에는 생략에 의하여 *si oui..., si non...*을 사용한다.[189]

접속사 *si*가 순수한 조건의 의미에서 점차 멀어져서 *toutes les fois que*라는 시간의 접속사가 된다는 것을 이미 살펴보았다. 그런데 우리는 접속사 *si*를 한결 더 이상하게 사용하기도 한다. 즉 이것을 간접의문문(**l'interrogation indirecte**)에 사용하는데, *est-ce que*라는 표현은 직접의문문에서만 사용되고 간접의문문에 적당한 표현이 없기 때문이다. 따라서 *est-il venu*나 *est-ce qu'il est venu*가 간접의문문에서 *dites-moi* ***s'il est*** *venu*가 된다. 물론 원래 의미는 *s'il est venu, dites-le moi*인데, 실제로는 조건의 개념이 완전히 사라져서 *si*에 동사의 미래형이나 조건법을 사용할 수 있게 된다. 즉 *dites-moi s'il viendra* (ou *s'il viendrait*), *s'il sera* (ou *s'il serait*) *venu; je voulais savoir s'il viendrait* (ou *s'il serait venu*)의 예와 같고, 이들의 의미는 *viendra-t-il, viendrait-il*이다. 접속사 *si*가 또한 가끔은 *combien*의 의미로도 사용되는데, 그 예는 *vous savez* ***si*** *je suis sincère* (ou ***si*** *je vous aime*)이다.[190]

이러한 형태의 간접의문문이 접속사 *ou*와 함께 사용되어서 두 번째 의문을 이끌

---

189) 문어에서는 대립이나 열거하는 경우 *si* 다음에 이미 사용한 동사를 기꺼이 생략한다. 즉 라브뤼에르(La Bruyère)는, *si j'épouse une femme avare, elle ne me ruinera point; si une joueuse, elle pourra m'enrichir; si une savante,* etc와 같이 말했다. 콩디약(Condillac)은 이런 경우 *si*까지도 생략하는 것이 낫다고 여겼다. 그런데 *si*를 반복하면 보다 우아한 무엇인가가 있다. 격의 없이 말하는 경우 *j'irai si et quand vous voudrez*와 같은 문장에서 *si*가 한 번 나오는 경우에도 동사를 생략할 수 있다. 그런데 이 생략된 동사와 겉으로 드러난 동사의 시제가 같지 않을 수 있다.

190) 가끔은 *je ne sais s'il viendra* 혹은 *je me demande s'il viendra*라는 문장에서 *je doute s'il viendra*라는 문장까지 사용하기도 한다. 본문 377쪽 184번 주를 참조할 것.

수도 있다. 즉 *dis-moi* ***si*** *tu descends* ***ou si*** *je monte*에서 *descends-tu* ***ou si*** *je monte*가 되는데 이것은 *descends-tu ou est-ce que je monte*?를 의미한다. 이것보다 더 정확하고 특징 있는 프랑스어 특유의 관용어법은 없을 것이다.

또한 주절은 표현하지 않고 의문문 형태로 *si vous voulez que je vous accompagne*?라고 말하기도 하는데 *dites-moi*가 생략된 것이다. 간접의문문 형태로 조건문을 따로 사용하는 것은, 특히 앞에서 질문을 할 때 놀람이나 분개의 감정을 표현하고자 할 때 사용한다. 즉 *Vous êtes donc malade*?라는 질문에 ***Si*** *je suis malade*!라고 말하면 *vous demandez, comment pouvez-vous demander...*?가 생략된 것이다. 마찬가지로 *Iriez-vous*?라는 질문에 *Si j'irais*? *en doutez-vous*?라고 반응할 수 있다.

반면에 접속사 *si* 다음에 나오는 간접의문문이 어떤 동사라도 가능한 것이 아니고, 둘 사이에 동사 *savoir*를 넣어야 하는 경우가 종종 있다. 즉 *je m'inquiète de savoir si...*라고 하는 것은 *s'inquiéter si*가 불가능하기 때문이다. 더 나아가서 *être indécis si*나 *la question si*가 불가능하므로, 표현이 무거워지기는 하지만 *je suis indécis sur la question de savoir si...*라고 말한다.[191]

이와 같이 접속사 *si* 다음에 접속법이 나오는 일은 결코 없다.[192] 반면에 단언을 나타내는 동사로 된 조건절에 종속되는 절에는 접속법을 사용하는 것이 올바르고도 우아하다는 것은 앞에서 본 *si vous croyez qu'il soit là, si j'avais su qu'il fût là, si vous espérez qu'il vienne demain*의 예와 같다. 또한 *si tant est que* 다음에도 접속법을 사용하는데, 이 표현은 *s'il est vrai que*보다는 의구심을 한결 강하게 표현한다. 결과를 나타내는 *s'il est vraiment si étourdi qu'il ne puisse s'en souvenir*의 경우에도 접속법을 사용하는데, 이렇게 접속법을 사용하게 되면 자신이 프랑스어의 섬세함을 정확하게 알고 있다는 것을 보다 잘 드러낼 수 있다.

반면에 조건절이 등위되는 경우, 우리는 두 번째 절 이후부터 *si*를 *que*로 바꾸고 이 *que* 다음에는 접속법을 사용한다. 즉 *si vous venez chez moi* ***et que*** *je n'y* ***sois*** *pas*

191) 한편 동사 *savoir*는 모든 종류의 간접화법에서 필요하다. 즉 *elle ne vous laissera pas disparaître sans s'inquiéter de savoir où vous êtes*라고 하고 *sans s'inquiéter d'où vous êtes*라고 하지 않는데, *savoir*가 없으면 모호함이 생기기 때문이다.

192) 물론 조건법 과거 제2형이 나오는 경우는 예외이다.

ou que *je sois couché ; s'il était venu chez moi* ***et qu'****il ne m'****eût*** *pas trouvé ; s'il ne vient pas aujourd'hui,* ***mais qu'****il* ***vienne*** *demain*의 예와 같다. 이런 예에서 *si*를 반복하는 것은 우아함이 덜 하지만 경우에 따라서는 접속법 반과거를 피할 수 있다. 즉 *si vous veniez chez moi* ***et si*** *vous ne me* ***trouviez*** *pas*의 예와 같다. 또한 *si*가 약간 변형되어서 *si vous venez chez moi,* ***ou si seulement*** *vous m'écrivez*의 예와 같은 경우에도 반복이 허용된다. 그런데 *si*를 *que*로 바꾸는 것이 어떤 경우에나 허용되는 것은 아니다. 먼저 질문을 제기할 경우 전제조건들이 실제로 달라야 한다. 왜냐하면 단 하나의 조건이 분리되어서 열거되는 경우에는 등위되는 것이 아니므로 *si*를 반복할 수밖에 없다. 이것은 문어에서 아주 흔한 경우이다. 반면에 전제조건들이 지나치게 달라서도 안 된다. 만약 전제조건들이 전혀 관계가 없다면 *si*를 반복해야 한다. 즉 *s'il fait beau ce soir* ***et si*** (d'autre part) *vous etes habillé, nous pourrons sortir ensemble*의 예와 같다. 마지막으로 조건절이 실제로 가정을 표현해야 한다. 왜냐하면 단순히 사실을 확인하는 것이라면 *que* 다음에 나오는 접속법이 정당화되지 못할 것이다. 즉 *si j'ai de l'argent* ***et que*** *je le perde, c'est mon affaire*라고 말한다면 두 번째 절에 가정이라는 성격이 들어있다는 것을 의미할 것이다. 그러나 다음 문장에서는 반드시 직설법을 사용해서, *si j'ai eu de l'argent* ***et si*** *je l'ai gaspillé, ce n'est pas votre affaire ; si la ville a été prise* ***et si*** *on a ravagé le pays, c'est parce que...*라고 말해야 한다.

등위의 경우에만 *si*를 접속사 *que*로 바꾸고 접속법을 사용한다. 그런데 역시 조건의 의미로 *que*만 사용하는 경우도 있다. 즉 ***que*** *je sorte, on m'arrêtera ;* ***qu'****il vienne du secours, nous sommes sauvés ;* ***qu'****il fît ou* ***qu'****il eût fait le moindre excès, il était mort*[193] (<il serait mort>의 의미)의 예와 같다. 예외적으로 이 *que*가 *vienne* 앞에서 생략되어서, ***vienne*** *une maladie, nous sommes ruinés*라고 한다.

또한 *que*로 만들어진 복합 접속사들이 있다. 이들은 역시 조건의 의미를 갖고, *que*나 *si tant est que*와 마찬가지로 항상 접속법이 나온다. 즉 *supposé que* (ou *à supposer que*), *en cas que, pourvu que*가 있다.[194] 간접의문문에서 접속사 *si*를 서로

193) 바로 앞 본문 376쪽에서 *soit que*가 반복되는 것에 대한 설명과 그것에 대한 주석을 참조할 것.

194) 직설법과 함께 사용하는 *pour autant que*는 순전히 사투리이다(또한 <pour ce motif>라는 의미의 *pour autant*도 역시 마찬가지이다). *Moyennant que*는 별로 좋은 표현은 아니다. *En cas que*는

다른 의미로 동시에 두 번 사용하는 것을 피하고자 할 때 이 접속사들은 특히 편리하다. 즉 *je voudrais savoir s'il viendrait, à supposer qu'on l'invitât ; s'il serait venu, en cas qu'on l'eût invité*[195]의 예가 있다.

*Pourvu que*의 의미로 *à condition* (ou *à charge*) *que*를 사용한다. 그런데 이 경우 접속법 현재를 직설법 미래로, 특히 접속법 반과거를 접속법 현재보다는 조건법으로 바꿀 수 있다. 즉 *je vous prête ce livre à conditon que vous me le* ***rendiez*** (ou ***rendrez***) *demain ; je lui ai prêté ce livre à conditon qu'il me le* ***rendît*** (ou *rende,* ***rendrait***) *demain*의 예와 같다.

끝으로 *à moins que*라는 부정의 접속사 다음에도 반드시 접속법을 사용한다. 이 접속사는 *si ... ne pas*의 의미인데, 차이가 있다면 조건이 실현될 개연성이 덜하다는 것이다. 즉 *j'irai, à moins qu'il ne* ***vienne*** (*s'il ne vient pas, j'irai*와 비교하라); *c'est bien maladroit, à moins qu'il ne l'****ait*** *fait exprès*의 예가 있다.

가끔은 *à moins que*를 *hors que... ne*로 바꾸는데 역시 접속법을 사용한다. 또한 *sauf que*로 바꾸기도 하는데 이것은 옳지 않다. 일반적으로 *hors que*는 *hormis que, sauf que, si ce n'est que*처럼 *excepté que*의 의미이다. 또한 *que*가 없이 *excepté*의 의미도 될 수 있고 경우에 따라서는 *si ce n'est*가 된다. 즉 *il a bon caractère, sauf* (ou *si ce n'est*) *qu'il se* ***met*** *quelquefois en colère*의 예와 같다. 이것은 단순히 확인하는 하나의 사실이라서 직설법을 사용하고, 실제로 조건절이 있다고 볼 수 없다. 또한 의문문이나 부정문 다음에만 사용하는 *sinon que*가 있고, 그 예는 *vous ne saurez rien, sinon qu'il* ***est*** *venu*이다. 반면에 경우에 따라서 *à moins que*를 *sauf si*나 *excepté si*로 바꾸고 동사는 직설법을 사용하는데 그렇게 우아한 표현은 아니다. 즉 *tu viendras me voir demain, sauf si tu* ***dois*** *aller chez ton père*의 예와 같다.

그다지 우아하지 않고, *au cas que*도 덜 우아하다. 오히려 *au cas où, dans le cas où, pour le cas où*를 사용하는데 물론 조건법이 나온다. 반면에 *en cas* (ou *au cas*) *qu'il viendrait*는 아주 잘못된 것이다.

195) 그런데 *au cas où on l'inviterait, au cas où on l'aurait invité*가 더 낫다.

상황절에 대한 일반적 언급

상황절은 보통 문두에 오는데, 때로 반드시 문두에 와야 하는 경우도 있다는 것을 보았다. 상황절과 주절의 주어가 같을 때 그리고 그 주어가 명사일 때, 상황절을 주어와 동사 사이에 놓을 수 있는데 상황절이 짧은 경우에는 가끔 그렇게 한다. 즉 *César, lorsqu'il eut conquis les Gaules, se décida...*와 같다. 그런데 이런 구문은 별로 쓰이지 않고, *lorsqu'il eut conquis les Gaules, César se décida...*라고 한다. 상황절이 약간 길 경우에는 주절의 주어를 상황절에 쓰고 주절에는 대명사를 사용하는 것이 보다 빈번하다. 즉 *lorsque César eut conquis les Gaules, il se décida...*처럼 한다. 또한 *si César n'avait pas conquis les Gaules, il n'aurait pas...; avant que César ne conquit les Gaules, il avait déjà...* 등의 예도 역시 같다.

9. 부정법의 용법

부정법에는 두 개의 시제가 있다. 복합과거의 조동사를 동사원형으로 바꾸면 부정법 과거가 된다. 즉 *j'ai aimé*에서 *avoir aimé, je suis venu*에서 *être venu*가 된다.[196] 그러나 진정한 부정법은 부정법 현재(**l'infinitif présent**)이고 이것은 명사(**nom**)이면서 동사(**verbe**)이다. 아무튼 부정법은 완전히 일반적인 방식으로 동사의 개념을 표현하는데, 인칭이나 수를 전혀 고려하지 않고 부수적인 요소도 전혀 필요 없다. 즉 *je veux, nous voulons, ils veulent sortir*와는 다르다. 경우에 따라서는 과거에서의 현재, 현재나 과거에 대해서 미래를 나타내기 위하여 사용된다. 즉 *il voulait sortir ; il espère, il avait espéré réussir ; vous l'entendrez parler*의 예와 같다. 가끔은 능동태와 수동태가 가능하다. 즉 *une chose facile à faire, cela est à craindre*의 예와 같다. 따라

196) 동사원형의 과거형은 전미래로도 사용된다. 즉 *je ne m'en irai qu'après avoir vu, quand je serai sûr d'avoir fini*의 예와 같다.

서 부정법은 무한히 편리하며 실용적인 용도로 사용된다.

예전의 언어(ancienne langue)에서는 부정법을 명사로 취급했고 관사와 함께 쓰는 일도 많았다. 오늘날에는 동사와는 전혀 다른 진정한 남성명사로 변한 경우에만 이렇게 한다. 즉 *le boire et le manger, le lever et le coucher, un savoir étonnant*의 예와 같다. 이들 대부분은 복수형도 가능하다. 즉 *des déjeuners, des vivres, des devoirs, des souvenirs, des pouvoirs étendus*의 예와 같다. 그런데 이런 방식은 아주 제한적으로만 사용될 뿐이다. 우리는 부정법을 주어, 속사, 보어로 사용하는데, 이 경우 부정법은 명사와 유사하다.

부정법 주어 혹은 부정법 속사

부정법 주어(**l'infinitif sujet**)는 가끔 동사 앞에 놓이고(**devant le verbe**) 어느 동사나 이것을 허용한다. 즉 *mentir ne mène à rien*의 예와 같다. 이 자리에 오는 부정법 주어는 부정법 속사와 대립하는데, 속사 앞에는 *c'est*가 온다. 즉 *partir, c'est mourir un peu ; que faites-vous ? en vérité, c'est se moquer*의 예와 같다. 그렇지만 부정문인 경우 두 부정법 사이에 *ce*가 나오지 않을 수도 있다. 즉 *souffler n'est pas jouer ; plaisanter n'est pas répondre*의 예와 같다.

여러 개의 부정법이 주어로 등위되면 동사는 복수형이 된다. 즉 *promettre et tenir sont deux*와 같다. 그런데 등위가 되었건 아니건 *c'est*를 사용하는 것이 가장 흔하다. 즉 *manger, boire, dormir, c'est tout ce qu'il sait faire*의 예와 같다.[197)]

일반적으로 부정법 주어를 동사 뒤에 놓는데, 특히 동사가 *être*이고 형용사가 뒤따를 때 그렇다. 이때 동사 앞에 가주어 *il* (가끔은 *ce*)이 오고 부정법은 보어 자리를 차지한다. 이 부정법 앞에 전치사 *de*가 나오므로 부정법이 보어의 형태를 취하게 된다.

---

197) 오래된 표현이지만 여전히 사용되는 *autant que faire se peut* 안에도 부정법이 주어로 쓰인 것처럼 보이고, 이 표현은 오늘날 별로 사용되지 않는 *autant qu'il peut se faire* 대신에 사용된다. 그런데 *il est*가 생략된 *autant que possible*은 자주 사용한다.

즉 *il est juste, bon, convenable, nécessaire,* ***de*** *prendre telle mesure,*[198] *il est honteux* ***de*** *mentir, il était plus sûr* ***de*** *partir, il est plus facile* ***d'****obéir que de commander*[199]의 예와 같다.

그렇지만 중성 최상급(superlatif neutre)이 동사 *être* 앞에 와서 관사 덕분에 가주어 역할을 할 수도 있다. 즉 *le plus sûr était* (ou *c'était*) *de partir*의 예와 같다. 또한 *mon plus grand désir* (혹은 단순히 *mon désir*) *était de savoir ; tout ce qu'il sait faire, c'est de manger*의 예와 같다.

동사 *être* 다음에 형용사가 아닌 다른 단어가 나오면 가주어는 항상 *ce*이다. 즉 *c'est à moi* ***de*** *parler*의 예와 같다.[200]

그런데 *c'est* 다음에 나오는 단어가 속사일 때 뒤에 나오는 부정법 앞에 *que*를 덧붙이는 것이 일반적이다. 그리고 이 위치에 나오는 주어는 명사가 될 수도 있다. 즉 *c'est une erreur* ***que de*** *croire..., c'est se tromper* ***que de*** *croire*의 예는 *c'est un grand défaut que l'avarice*와 유사한 경우이다.[201] 그런데 *c'est peu, c'est assez, c'est trop, c'est beaucoup*의 경우 *que*를 생략하고 *de*만 사용한다.[202]

---

198) 그렇지만 생략적인 표현인 *à quoi bon* 다음에는 *de*가 오지 않는다. 즉 *à quoi bon le dire?*의 예와 같다. 반면에 *il est bon*다음에는 *de*나 *que*가 올 수 있다. 그런데 *à quoi bon* 다음에는 부정법만 올 수 있으므로 *à quoi bon... et que*라는 표현은 잘못된 것이다. 한편, 부정법에 *de*를 사용하다 보니 이상한 혼동을 야기했는데, 많은 사람들이 *des mesures nécessaires de prendre*라고 하는데 이것은 *qu'il est nécessaires de prendre* 대신에 쓴 것이다. 즉 *de prendre*를 *nécessaire*의 보어로 만든 것인데 이것은 완전히 틀린 어법이다.

199) 비인칭구문 *il est*를 *juger*나 *trouver*로 바꾸더라도 구문이 달라지지는 않는다. 즉 *il a jugé utile* (ou *trouvé bon, plus sûr*) **de** *partir*의 예와 같다. 또한 *vous ferez bien* (ou *vous ferez mieux*) *de partir* 라고도 말하는데, 이것은 그렇게 논리적인 것 같지는 않다. 우리는 부정법을 조건법의 의미로 사용하는 것에 대해 언급하면서 이 표현에 대해서 다시 언급할 것이다.

200) 오래전부터 흔히 사람들은 *c'est à vous à jouer, c'est à vous à prendre vos précautions*이라고 말해 왔다. 문법학자들이 *c'est à vous à*와 *c'est à vous de*의 차이를 확실히 하려고 노력했으나 실패했다. 사실을 말하자면 *c'est à vous de*가 항상 올바른데, 그 의미가 *c'est votre tour*이건 *il vous appartient*이건 그렇다.

201) 이것에 대해서는 본문 116쪽을 참조하고, 형용사 앞의 *c'est*에 대해서는 본문 117쪽을 참조할 것.

202) 이 경우 *que de*는 옛날 어법으로 문어, 특히 시어에만 적합한 것이다. 마찬가지로 문어에서는 부정법 주어가 동사 앞에 나오더라도 그것에 딸린 보어가 상당히 긴 경우에는 부정법 앞에 *de*

부정법 주어가 동사 *être*와 함께 쓰이는 이러한 구문은, 유추에 의하여 다른 동사들에게도 사용되었다. 이때 이 동사들은 가주어 *il*을 취하고 부정법 앞에는 전치사 *de*가 나오는 비인칭구문이 된다. 즉 *il suffit* (ou *il importe*) **de** *savoir ; il me plaît* (ou *il dépend de moi*) **de** *sortir ; il m'appartient, il me tarde, il me répugne* **de** *le faire ; il m'a échappé* **de** *dire ; il vous convient bien* **de** *parler ainsi*의 예와 같다. 그러나 *il faut savoir*의 경우 (전치사 없이) 말하는데, 이 예에서 부정법 주어는 직접보어이다. 마찬가지로 *il vaut mieux, plutôt, autant* 다음에 부정법이 두 개 나올 수 있는데 이중 첫째 부정법에는 *de*가 나오지 않는다. 즉 *plutôt mourir, autant dire que...*의 예와 같다. 마찬가지로 *il est plus avantageux* **de** *s'en aller que de rester*라고 말하지만, *il vaut mieux* (ou *mieux vaut*) *s'en aller que* **de** *rester*라고 첫째 부정법에는 *de*를 사용하지 않는다. 이것은 부분적으로는 *j'aime mieux m'en aller*의 영향을 받은 것 같고, 다른 한편으로는 속담 등의 표현에서 두 개의 부정법에 *de*를 사용하지 않는 것에서 영향을 받은 것 같다. 즉 *mieux vaut plier que rompre ; mieux vaut tenir que courir* (ou *que de courir*) *; plutôt souffrir que mourir*의 예와 같다.[203)]

부정법 주어 앞에 전치사 *de*가 나오기도 하는데, 비교의 대상 앞에 *comme*가 나올 때 그렇다. 즉 생략이 포함된 *il est aisé* **de** *rester comme* **de** *s'en aller*가 그런데, *rien n'est aisé comme* **de** *s'en aller*처럼 말하기도 한다.

우리는 앞에서 전치사 없이 사용하는 부정법 속사(**l'infinitif attribut**)를 보았는데, 이것은 부정법 주어와 대립된다. 즉 *souffler n'est pas jouer*의 예와 같다.

전치사 *à*를 취하는 부정법 속사는 일반적으로 수동의 의미를 갖는 형용사를 대신하는데, 다음과 같은 많은 표현에서 그렇다. 즉 *être à louer* (ou *à blâmer, à désirer, à*

를 사용한다. 즉 다음 보알로(Boileau)의 시구와 같다.

> *De n'oser* de la fable employer la figure,
> C'est d'un scrupule vain s'alarmer sottement.

이 위치에서 *de*와 그 이후에 나오는 부분은 앞으로 나올 것을 미리 알려주는 역할을 한다.

203) 반면에 이러한 구문은 서로 배척하지 않는 사물에 대해 말할 때 일부러 사용한다. 즉 *mieux vaut boire que manger*의 예와 같다. 한편 서로 배척하는 경우에는 두 번째 부정법 앞에 *de*를 사용하는 것이 일반적이다. 즉 *mieux vaut mourir que de se déshonorer, cela vaut mieux mourir que de se déshonorer*의 예와 같다.

craindre), *c'est à prendre* (ou *à laisser*), *c'est à recommencer, il est à croire que..., ce n'est pas à dire* (ou *à faire*)의 예와 같다.[204] 이 속사가 동사 *être*와 분리되어서 형용사처럼 쓰일 수 있는데, 그 예는 *c'est un homme à craindre, c'est une chose à faire, c'est un livre à lire*이다. 보어가 있어도 역시 가능한데, 그 예는 *il est homme à faire* (ou *à ne jamais faire*) *telle chose*이다. 자동사와 함께 다음 예, 즉 *il est encore à naître, les enfants nés ou à naître*가 있는데 이것은 예외적인 것이다.[205]

부정법 직접보어

부정법 직접보어는 타동사와 함께 사용되는데, 전치사 없이 사용되거나 전치사 *à*나 *de*와 함께 사용된다.[206]

부정법 현재는 동사 ***devoir, pouvoir, oser, daigner, faillir*** 다음에 전치사 없이(**sans préposition**) 나온다. 이 동사들은 직설법만 허용하고 접속사 *que*를 허용하지 않는다. 즉 *je dois* (ou *je puis*) *sortir, il a osé* (ou *daigné*) *parler, j'ai failli tomber*의 예와 같다.[207]

동사 ***savoir***의 용법도 같다. 이 동사의 의미는 <posséder une science, un art ou une pratique>이다. 예로는 *je sais nager, il savait tirer de l'arc*가 있다.[208]

---

204) 이것과 유사한 예는 *il me reste à dire que....*인데, *dire*가 실제로는 주어인데도 *de dire*라고 할 수 없다.

205) 그런데 *c'est une occasion à profiter*라고 말해서는 안 되고 *c'est une occasion dont il faut profiter*라고 해야 하며, *j'ai beaucoup d'endroits à aller*라고 말할 수도 없고 *je dois aller en beaucoup d'endroits* 라고 해야 한다. 또한 *j'ai beaucoup de courses à faire*라고 해야 한다. 가끔 듣게 되는 *j'ai six personnes à manger*는 식인종(cannibales)이라면 할 수 있는 말이다.

206) 부정법 직접보어는 전치사 *sauf, excepté, hors*에 *de*가 붙어서 직접보어가 되기도 한다. 즉 *il peut tout, sauf de, excepté de, hors de...*의 예와 같다.

207) 또한 부정법 과거를 사용하여 *il doit* (ou *il peut*) *être sorti*라고도 말하는데 이것은 개연성을 표시하기 위함이다. 문어에서는 가끔 동사 *penser*를 *faillir*의 의미로 사용하기도 한다.

208) 이러한 동사들의 용법에 몇몇 관계절에서 부정법이 전치사 없이 사용되는 예, 즉 *il a de quoi vivre*를 관련시킬 수 있다. 이 예에는 동사 *pouvoir*가 생략된 것 같은데, 앞의 본문 205쪽을 참조

동사 ***vouloir***, ***prétendre*** (avoir la prétention de), ***désirer***, ***préférer***는 *que*를 허용하고, 주어가 바뀌면 접속법을 요구하며 주어가 같은 경우에는 부정법 현재나 과거를 요구한다. 즉 *je veux, il prétendait, nous avons préféré sortir, je veux qu'il sorte, il a préféré que nous sortions*의 예와 같다. 그러나 *ce que je désire* (ou *ce que je préfère*), *c'est* **de** *m'en aller*라고 말한다. 이렇게 부정법을 사용하면 얼마나 접속법을 절약하고 구문을 간단하게 만들 수 있는지 쉽게 알 수 있다. 즉 모든 인칭으로 변화하는 이런 동사들을 부정법으로 바꾸면 시제, 법, 인칭에 상관없이 형태가 동일하게 유지되는 것이다.

의견(**opinion**)을 표현하는 동사들, 즉 *croire, penser, estimer, se figurer, s'imaginer, supposer, présumer,* 그리고 *espérer*와 *compter* 등은 주어가 달라지면 *que*와 직설법을 요구하며, 주어가 같으면 *부정법 현재나 과거와 함께* (*avec l'infinitif présent ou passé*) 사용된다. 즉 *il croit être juste* (ou *qu'il est juste*), *je pense* (ou *j'espère*) *avoir réussi* (ou *que j'ai réussi*), *j'espère réussir* (ou *que je réussirai*)의 예와 같다.[209] 또한 부정법 과거를 사용하여 *je me rappelle l'avoir vu* (ou *que je l'ai vu*)라고도 말한다. 다음과 같은 종속절에서는 발음상의 편의를 의하여(par un souci d'euphonie) 부정법을 사용하는 것이 필요하다. 즉 *les richesses que l'avare croit posséder ; l'homme que j'espérais voir aujourd'hui ; il en résulte qu'on pense mieux faire*의 예와 같다.[210]

Paraître와 ***sembler***도 역시 전치사 없이 부정법과 함께 쓰인다. 그런데 이 부정법은 직접보어가 아니고 속사이다.[211]

하기 바란다. 부정법이 직접의문문이나 간접의문문의 역할을 하고 동사 *pouvoir*나 *devoir*가 생략된 것처럼 보이는 것에 대해서는 뒤에 언급할 것이다.

209) 그러므로 부정법이 여러 번 반복되는 것을 피하기 위하여, *je pourrai faire faire ce travail*처럼 말하기보다는 *je crois, j'espère*를 사용한다. 말하자면 *il ne faut pas croire pouvoir faire faire*라고 말하게 되면 너무 엉뚱해 보일 것이다.

210) 그렇지만 이 예에서의 부정법은 직접보어라기보다는 부정법절인 것 같다. 즉 동사 *faire*나 *laisser*와 함께 쓰이는 절과 유사한데, 차이가 있다면 자신의 주어가 없다는 것이다. 단언을 나타내며 자주 부정법 과거와 함께 쓰이는 동사의 경우도 마찬가지이다. 즉 *il dit, il affirme, il prétend, il nie avoir vu* (ou *fait*)...의 예와 같은데, <부정법절(propositions infinitives)>에 대해서는 나중에 살펴볼 것이다.

211) 몇몇 이동 동사 다음에 나오는 부정법도 역시 마찬가지이다. 이것에 대해서는 나중에 살펴볼

동사 ***aimer***는 주어가 바뀌는 경우 *que*를 취하는데, 주어가 동일한 경우에는 (전치사 없이) 부정법만을 취하는 경향이 점점 많아진다. 그런데 부정법이 *aimer* 다음에 직접 나오는 경우에는 *à*를 사용하는 것이 더 우아하고 프랑스 전통에도 더 부합한다.

> Il aime *à rire*, il aime *à boire*,
> Il aime *à chanter* comme nous.

이것은 노래의 일부분이다. 그런데 *il n'aime pas beaucoup se promener le matin*의 예에서처럼 전치사를 사용하지 않는 경우도 있다. 어떤 사람들은 부정법 앞에 전치사 *de*를 사용하기도 하는데, 이것은 옛날 표현이고 틀린 것이다. 그렇지만 *ce que j'aime* (ou *ce que j'aime le mieux*), *c'est de...*에서는 항상 *de*를 사용한다. 반면에 *j'aime mieux*에는 전치사를 사용하지 않는데, 예외가 있다면 부정법이 두 개가 있을 때 두 번째 부정법 앞에 *de*를 넣는다. 즉 *j'aime mieux plier que de rompre*라고 한다.[212)]

*Souhaiter*나 *détester*도 아직까지는 전치사 없이 부정법만을 허용하는데, 전치사

것이다. 특히 *aller*와 *venir*, 그리고 *revenir, retourner, courir, monter, descendre, envoyer, mener*의 예가 있다. 즉 *je vais chercher*에서 *chercher*는 직접보어가 아니다.

212) 그렇지만 *il vaut mieux* 다음에 언급한 구별을 여기에서도 해야 한다. 즉 *j'aime mieux boire que manger, lire que jouer*라고 말할 수 있는데, 그 이유는 두 행위가 서로 배척하지 않고 나머지를 나중에 할 수 있기 때문이다. 그런데 *j'aime mieux lire que de jouer*라고 말할 수 있는 것은, 놀이(le jeu)를 좋아하지 않을 경우이다. 또한 *j'aime mieux mourir* (ou *j'aime mieux cela*) *que de me déshonorer*도 올바른 문장이다. 덧붙이자면 *j'ai mieux à faire que de vous écouter*는 올바른 것이고, *j'ai mieux à faire qu'à vous écouter*는 틀린 문장이라는 것이다. (*autre chose*에 대해서는 본문 157쪽을 참조할 것). 반면에 *on préfère une chose* 다음에 올 수 있는 것이 *à une autre*이지 *qu'une autre*가 아니므로, *je préfère mourir* (ou *je préfère cela*) *que de me déshonorer*는 틀린 것이다. 마찬가지로 *je préfère mourir à me déshonorer*라고는 하지 않으므로, *préférer*의 경우 두 개의 부정법 사이의 비교를 할 수 없다. 또한 *il est préférable*도 역시 같다. 그러므로 이 경우 *plutôt que de*를 사용하고 두 절의 순서를 바꾼다. 즉 *plutôt que de vous écouter, je préfère, j'aime mieux m'en aller*라고 한다. 일반적으로 부정법이 두 개 있을 때, *préférer*를 *aimer mieux*로 (그렇다고 *préférer mieux*는 안 된다) 바꾸고, *il est préférable*를 *il vaut mieux*로 바꾼다. 마찬가지로 *cela vaut mieux que d'écrire*라고 말하는데, *cela est préférable que d'écrire*는 안 된다. 끝으로 *il a fait plus* (ou *mieux*) *que de l'aimer*라고 말하는데, 이것을 *il a fait plus* (ou *mieux*) *que l'aimer*보다 선호한다.

*de*를 사용하는 것이 낫고 특히 *détester*의 경우 *de*를 사용하는 것이 낫다.

그 외 나머지 타동사들은 보어 역할을 하는 부정법 앞에 거의 항상 전치사를 요구하는데, 일반적으로 이 전치사는 *de*이다.

약간의 동사들이 전치사 ***à***와 함께(**avec la prépositon *à***) 부정법을 취한다. 즉 *chercher, trouver, apprendre, enseigner, montrer* 등의 예가 있고, 전치사 *à*가 붙은 간접보어가 있는 *apprendre à lire à un enfant*에서도 역시 같다.

몇몇 동사들은 *à*와 *de* 사이에서 아직 주저하고 있다. 예를 들어 *commencer*는 둘 중 *à*를 선호하고, *continuer*는 *de*를 *à* 만큼 요구한다. 한편 *demander*는 *à*를 허용하는데, 주어가 바뀌지 않으면 반드시 *à*를 사용해야 한다. 그 예는 *je demande à voir, il ne demande qu'à travailler, ce travail demande à être examiné avec soin*과 같다. 반면에 주어가 바뀌면 반드시 *de*를 사용해야 한다. 즉 *je lui ai demandé de venir* (ou *d'examiner ce travail*)의 예와 같은데, 물론 *demander que*도 가능하다.[213]

대다수의 동사들은 단지 전치사 ***de***와 함께(**avec la préposition *de***) 쓰인다.

이런 동사들은 먼저 그 의미 때문에 종속되는 동사들이 이 동사들과 같은 주어를 취할 수밖에 없고 따라서 *que*를 허용하지 않는 동사들이다.[214] 즉 *entreprendre, tenter, essayer, hasarder, tâcher, ambitionner, méditer, se proposer, se réserver, se persuader, affecter, choisir, ne pas laisser* (*ne pas laisser que de*는 덜 사용된다), *risquer, différer, négliger, manquer, désapprendre, discontinuer, finir, cesser, achever, dédaigner, refuser*[215] 등이다. 또한 *devoir à quelqu'un* (ou *se devoir*) *de*의 표현도 있다.[216]

---

213) 주어가 바뀌지 않더라도 발음의 편의를 위하여 *il a demandé d'être envoyé*라고 말할 수 있다. 반면에 간접보어가 함께 나오는 경우에는 *demander à*는 부적절하다. 따라서 *je lui ai demandé de l'accompagner*라고 말하고, *j'ai demandé à mon frère* (ou *je lui ai demandé*) *à faire son portrait*라고 말하는 것은 별로 좋지 않다. 또한 *ne pas demander mieux que de*라는 표현도 있다.

214) 전치사를 허용하지 않는 *oser, devoir, pouvoir, daigner*를 참조할 것.

215) 그렇지만 *refuser à manger, à boire, à dîner, à quelqu'un*이라고 말하는데, 여기에서 전치사 *à*가 붙은 부정법은 직접보어의 기능을 한다. 이것은 *donner à boire*나 *préparer à dîner*의 경우와 같다.

216) 이 목록에 *tâcher*가 들어 있다는 사실을 주목하기 바란다. 그런데 사실 사람들은 자신만을 위하여 노력할(tâcher) 따름이다. 따라서 가끔 듣게 되는 *tâcher que*라는 표현은 *tâcher à ce que* 만큼이나 틀린 것이다. 따라서 *je tâcherai qu'il vienne*는 틀린 것이고, 올바른 것은 *je ferai tous mes efforts pour qu'il vienne*이다.

다음에 볼 동사들은 주어가 바뀔 때 *que*와 접속법을 요구하고, 주어가 같은 경우에는 *de*와 부정법을 요구하는 동사들이다. 즉 *craindre* (*redouter, appréhender*), *éviter, regretter, détester, haïr, attendre, accepter, souhaiter, mériter, obtenir*의 예가 있고, *nier*도 포함할 수 있다.[217] 따라서 *j'ai désiré* (ou *préféré, mieux aimé*) *qu'il sortît* (ou *qu'il sorte, que vous sortiez*) 라고 하는 반면에 *j'ai désiré* (ou *mieux aimé*) *sortir*라고 한다. 마찬가지로 *je souhaitais qu'il réussît* (ou *qu'il réussisse*), *j'attendais que vous puissiez vous en aller* 라고 하는 반면에 *je souhaitais* **de** *réussir, j'attendais* **de** *pouvoir m'en aller*[218]라고 한다.

주어가 바뀔 때에는 *que*와 직설법을 요구하지만, 주어가 바뀌지 않을 경우에도 종종 같은 구문을 취하는 동사들도 있다. 이들은 *imaginer* (ou *s'imaginer*), *feindre* (ou *avoir dans l'idée*), *promettre* (ou *se prometre*), *décider, résoudre, jurer, parier* (ou *gager*), *oublier* (ou *omettre*) 등이다. 따라서 *j'ai promis* (ou *décidé*) *d'y aller*라고 하기도 하고, *j'ai promis* (ou *décidé*) *que j'irais*라고도 한다.[219] 또한 *je parie que j'irai*를 *je parie d'y aller*보다 선호한다. 그리고 *imaginer de*와 *s'imagnier que*를 선호하는 경향이 있다. 반면에 (종속절을 사용하지 않고) *j'ai oublié* (ou *j'ai omis*) **de** *le faire*라고만 말한다.

이제 가장 흥미 있는 부류의 동사들이 남아 있다. 즉 의미 때문에 다른 주어를 택할 수밖에 없는 동사들이 있다. 즉 *commander, recommander, ordonner, prescrire, enjoindre, signifier, imposer, proposer, offrir, conseiller, permettre, accorder, défendre, interdire* 등이다.[220] 종속절의 주어가 한정되어 있지 않거나 사물을 지칭할 때, 이 동사들은 종속절에 *que*와 접속법을 요구한다. 즉 *il a ordonné, dit, recommandé, permis* (ou *défendu*) *qu'on fermât* (ou *qu'on ferme*) *les portes, que les portes fussent* (ou *soient*) *fermées*의 예와 같다. 그러나 이런 행위를 하는 주어가 사람이거나 의인화된 사물일 경우 이것이 주절 동사의 간접보어 형태로 변하고 부정법 앞에 *de*를 사용하게 된

217) 앞에서 살펴본 *vouloir, désirer, prétendre, préférer*를 참조할 것.

218) 그렇지만 *j'attends de* 만큼이나 *j'attends que*를 사용한다.

219) 이것을 *je crois avoir réussi* 혹은 *je crois que j'ai réussi*라고 하는 것과 비교할 것.

220) 명령을 한다는 의미로 쓰인 *dire, écrire, mander, notifier*도 있다.

다. 즉 *il a dit* (ou *défendu*) *à ses domestiques* **de** *fermer les portes*의 예와 같다. 또한 비인칭구문으로 *il a dit* (ou *défendu*) **de** *fermer les portes*라고 하기도 한다.[221)]

그리고 *inspirer, suggérer, imputer, reprocher, pardonner*의 경우 간접보어를 허용하고 부정법 앞에는 *de*가 붙어서 직접보어가 된다. 즉 *on m'a reproché* (ou *pardonné*) **de** *l'avoir dit*의 예와 같다.

부정법 간접보어

부정법이 명사나 형용사의 보어(**complément d'un nom ou d'un adjectif**) 역할을 하는 것은 옛날만큼 흔하지는 않다. 이런 구문의 한계는 용법으로 판단할 수밖에 없다.

명사의 보어로 쓰인 부정법은 일반적으로 전치사 *de*와 함께 쓰인 다른 명사를 대신한다. 즉 *le plaisir du voyage*가 *le plaisir de voyager*가 된다. 이것은 *au lieu de, faute de, à force de, à la réserve de, loin de*와 *près de* 다음의 경우에도 역시 마찬가지이다.[222)]

어느 목적에 부합한다는 것을 표시하려고 할 때 전치사 *à*와 함께 부정법을 사용한다. 그 예는 *salle à manger, fer à repasser, tabac à fumer*이다.

부정법은 또한 여러 가지 전치사가 붙은 명사, 즉 형용사의 보어 역할을 하는 명사 대신에 사용되는데 가장 흔한 전치사는 *de*와 *à*이다. 즉 *sûr* (ou *certain*) *du succès, enclin à la médisance*가 *sûr* (ou *certain*) *de réussir, enclin à médire*가 된다. 또한 *il est prompt, prêt, habile* (ou *propre*) *à faire tout ce qu'on lui dit, il est mûr pour se marier*의 예가 있다.

또한 몇몇 형용사에 전치사 *à*와 함께 사용된 부정법이 수동의 의미(**le sens passif**)

---

221) *Empêcher*와 *prier*도 역시 같은 구문을 취하는데 이때 부정법은 간접보어가 된다. 또한 *persuader*의 경우 부정법은 직접보어가 되기도 하고 간접보어가 되기도 한다. 이미 앞에서 살펴본 *demander à quelqu'un de*와 *demander à*를 참조하기 바란다.

222) *Sur le point de* 다음에는 명사는 오지 않고 부정법만 온다. 부정법이 *pour*와 함께 쓰인 흥미로운 예가 있는데, 그것은 *mourir pour mourir, autant mourir glorieusement*이라는 비교구문이다. 아마 *esclavage pour esclavage, je préfère le mien au vôtre*를 모방한 것 같다.

를 가질 수 있다는 사실에 주목하기 바란다. 즉 *facile à* ***dire*** (ou *à* ***faire***), *beau, joli, admirable à* ***voir****, bon à* ***manger*** 등과 같다.[223)]

특히나 동사 다음에(**après un verbe**) 부정법이 간접보어로 사용될 수 있다. 이 경우 *à, de, par, entre, pour, avant, après, sans* 등의 전치사가 나오는데, 이런 구문을 사용하게 되면 상황절의 용법을 상당히 단순화 시킬 수 있다.

한 동사의 보어 역할을 하는 부정법 앞에 오는 전치사는 이 동사가 대신하는 명사가 요구하는 전치사와 같다. 특히 전치사 ***de***와 ***à*** (**avec les prépositions *de* et *à***)[224)] 가 많이 사용된다. 예외가 있을 수 있는데 단지 외양상으로만 그렇다. 예를 들어 동사 *contraindre, forcer, obliger, réduire*의 경우 간접보어 앞에 *à*를 요구하는데, 부정법 앞에도 역시 *à*가 나온다. 부정법은 실제로 동사로 여겨지고 능동문이나 수동문이나 용법은 같다. 단지 수동문에서는 보어가 반드시 나와야 한다. 즉 *ses chefs* (ou *les circonstances*) *l'ont contraint, forcé, obligé à prendre cette mesure ; il a été contraint, forcé, obligé par ses chefs* (ou *par les circonstances*) *à faire ce voyage*의 예와 같다.

---

223) 부정법이 이와 같이 수동 의미를 가질 수 있기 때문에 *un objet facile à se procurer* (ou *à se représenter*), *une chose facile à s'expliquer*는 올바른 표현이 아니다. 물론 이 동사들은 직접보어를 허용하지만 대명동사로서는 수동의 의미를 갖지 못한다. 따라서 *un objet qu'il est facile de se procurer* (ou *de se représenter*)라고 해야 한다. 한편 *il est habile à se procurer ce qu'on lui demande*라고 말할 수 있는 것은 이 문장에는 타동의 의미가 들어 있기 때문이다.

224) 다음의 예들을 참조할 것. *On l'accuse* (ou *on l'a convaincu*) *d'avoir fui ; je vous avertis* (ou *je suis d'avis*) *d'y aller ; on m'a chargé de terminer cette affaire ; il a peur* (ou *il désespère, je le défie*) *de réussir ; je l'ai invité, engagé, exhorté, décidé à venir* (그러나 *sollicité*의 경우 *de venir* 가 나온다) *; il incline, il consent* (ou *il répugne*) *à le faire ; il hésite, il pense, il songe à partir ; on l'a condamné à jeûner ; ceci me porte à vous obéir ; cela contribue à l'agrandir ; je m'exerce à courir,* 또한 *j'en suis venu* (ou *arrivé*) *à* (ou *jusqu'à*)의 예도 있고, 생략이 관여하는 *j'en suis à me demander, j'en suis à ne pas savoir*와 (*je ne sais pas encore*와 의미가 같은) *j'en suis encore à savoir*가 있다. 그리고 *occupé*와 같은 단어가 생략된 표현으로는 *il est à travailler* (ou *il est ici à travailler, à vous attendre, à dormir, à s'ennuyer, à ne rien faire*)가 있다. 또 다른 예로는 *nous aurons de la peine* (격의 없는 표현으로는 *du mal*) *à nous tirer de là*가 있다. 그리고 *j'ai à vous dire que*라는 표현은 *avoir quelque chose à faire*가 가능하기 때문이다. 반면에 *on a la chance, on a envie, peur, raison de, on fait semblant, serment, voeu de, on se fait gloire, on se fait un jeu, un devoir de, on prend à tâche, on prend soin, on prend l'engagement de*라고 한다. 마찬가지로 *il y a lieu* (ou *sujet*) *de, il n'y a pas moyen de, il y a plaisir à, il n'y a pas matière à, il n'y a pas de honte, il n'y a pas de bon sens à*라고 한다.

그런데 수동문에서 다른 보어가 없을 경우 전치사 *de*를 사용하는데, 말하자면 과거분사를 형용사처럼 여기는 것이다. 즉 *il a été contraint, forcé, obligé* ***de*** *faire des excuses*의 예와 같다.[225)]

대명동사로 사용되는 동사들 중 *se*가 직접보어인 동사들, 즉 *s'attendre, s'essayer, se risquer, se hasarder, se refuser, se résoudre, se décider*는 부정법 앞에 *à*를 사용한다. 또한 *s'engager, s'accoutumer, se préparer, s'exposer*처럼 보어가 명사인 경우에도 역시 *à*를 사용한다. 즉 *on s'attend à voir, on se refuse à faire, on s'attend* (ou *on se refuse*) *à quelque chose*의 예와 같다. 반면에 *on se propose* (ou *on s'impose*) ***de*** *faire*처럼 *de*를 사용하는 이유는, *on se propose* (ou *on s'impose*) *quelque chose*의 표현에서 *se*가 간접보어이기 때문이다.

또한 *être résolu* (ou *décidé*) *à*라고 하고 동사가 없이 *résolu* (ou *décidé*) *à*라고 하는 반면에 *ayant résolu* (ou *décidé*) *de*라고 한다.[226)]

반면에 *s'occuper à quelque chose*와 *s'occuper de quelque chose*는 그 의미가 약간 다르다. 마찬가지로 *s'occuper à faire*와 *s'occuper* ***de*** *faire*를 경우에 따라 구별해서 사용한다. 이와 같은 예는 *s'empresser, se lasser, s'ennuyer à* (ou *de*)이다.[227)] *S'efforcer*는 명사와 함께 쓰이는 일은 없지만, *je m'y efforcerai*라고 말한다. 그런데 일반적으로는 *s'efforcer* ***de*** *faire quelque chose*라고 말하고, *se hâter*나 *se dépêcher*의 용법도 같다.

---

225) 예외적으로 *on prie quelqu'un à dîner*라고 하는데, 이것은 *donner à dîner*나 *inviter à dîner*를 따른 것이다. 그러나 *on prie quelqu'un de faire une chose* (ou *de dîner*)라고 하는 것은 *je vous en prie*와 같은 용법이다.

226) 어떤 사람들은 *s'attendre de voir, se refuser* (ou *se décider*) *de faire une chose*라고 말하는데, 아마도 이 동사들을 *attendre, refuser, décider* 등과 혼동하고 잘못 말하는 것이다. 이런 혼동이 일어나는 부분적인 이유는 *refuser de*와 *se refuser à*의 의미가 거의 같기 때문인 것 같다. 그렇지만 *attendre de*와 *s'attendre à, risquer de*와 *se risquer à, essayer de*와 *s'essayer à, décider de*와 *se décider à, résoudre de*와 *se résoudre à*는 서로 의미가 매우 다르다. 따라서 이들을 혼동해서는 안 된다.

227) 마찬가지로 *manquer à faire une chose*는 실수가 있다는 것을 암시하고, *manquer de la faire*는 *faillir*의 의미로 쓰인 것으로 둘을 구별해야 한다. 가끔 사람들은 *il a manqué tomber*라고 말하는데, 이 문장은 유감스럽게도 *il a failli tomber*와 혼동한 것이다.

예전에는 수단을 표시하기 위하여 부정법에 전치사 ***par***를 사용했다.[228] 이제는 *commencer*와 *finir* 다음에 그리고 가끔 *débuter*의 경우에도 *par*를 사용한다. 그렇지만 사람들이 흔히 하듯이 *commencer par*를 *commencer à*의 의미로 사용하지 않도록 조심해야 한다.

전치사 ***entre*** 다음에 부정법을 두 개 놓을 수도 있다. 즉 *entre commander et obéir il y a quelque différence*의 예와 같다.

이제 상황절에서(**dans les propositions circonstancielles**) 주절과 종속절의 주어가 다를 경우 *que*와 접속법을 요구하는 동사의 경우에 앞에서와 마찬가지로 접속법을 절약하고 구문을 간단하게 만드는 방법을 살펴보자. 따라서 적어도 원칙상 예외 없이 부정법의 주어는 주절의 주어와 같게 된다.

원인(**la cause**)의 상황절 주어와 주절의 주어가 달라서 *que*와 접속법을 택하거나 *de ce que*와 직설법을 택하는 모든 동사의 경우, 주어가 같을 경우에는 *de*와 부정법을 택한다. 이것은 보어가 명사인 경우에도 전치사 *de*가 나오기 때문이다. 즉 *être content* (ou *désolé, irrité, honteux, confus*)와 *rougir, souffrir, se réjouir, s'irriter, se plaindre*의 예와 같다. 그런데 이 구문이 너무나 편리하고 명확하기 때문에 주어가 다른 경우에도 부정법을 첨가하여 *je suis heureux, je me réjouis* ***de voir*** (ou ***d'apprendre***) *que vous vous en êtes fort bien tiré*와 같이 한다.

전치사 *de*가 원인을 나타내기도 하는데, 그 예는 *vous êtes bien bon* ***de*** *vous imaginer..., vous êtes fou* ***de*** *prétendre...*이다.[229] 이 구문과 관련 있는 것은 동사 *avoir* 다음에 명사가 나오고 다음에 *de*와 부정법이 오는 구문이다. 즉 *vous avez la bonté de vous imaginer, vous avez la folie de prétendre...*예와 같다. 그런데 이 표현은 *assez pour* 구문과 같다고 볼 수 있고, 오히려 결과를 나타낸다고 할 수 있다. 반면에 예를 들어 *je vous approuve, je vous admire* (ou même *je vous aime*) *d'avoir été si généreux pour lui*라고 말할 때에는 원인을 표시한다고 볼 수 있다. 다음의 라신느(Racine)가 한 말도 역시 같다.

---

228) 문어에서는 필요하다면 *par trop jeûner, vous ruinez votre santé*처럼 말할 수 있을 것이다.

229) 이것은 *il est* (ou *j'ai trouvé*) *juste, bon de...*와 유사하다.

Je te plains *de tomber* dans ses mains redoutables.

부정법 앞에, 특히 부정법 과거 앞에 *pour*를 붙여서 원인을 표시하기도 한다. 즉 *il a été puni pour avoir désobéi*의 예와 같다.[230)]

*Sous prétexte que*는 *sous prétexte de*로 바뀌고, 이것과 유사한 것이 *à force de*와 *faute de*이다. 그런데 *faute de*는 *parce que*에 부정(négation)이 결합된 것이다.[231)]

결과(**la conséquence**)를 표시하려면 주어가 같은 경우 *de manière* (ou *de façon*) *que, au point que*를 *de manière* (ou *de façon*) *à, au point de*로 바꾼다. 물론 *jusqu'à*라는 표현도 있다. 그런데 동사가 직설법이므로 *que*도 자주 사용한다. 즉 *il est étourdi* ***au point d'****oublier tout* (ou ***au point qu'****il oublie tout*)의 예와 같다.[232)] 반면에 명령법 다음에 *de manière* (ou *de façon*) *à, en sorte de*를 사용하여 의도를 나타내는 접속법을 대신했다. 즉 *faites* **en sorte** (ou *vous ferez en sorte*) *de me donner satisfaction*의 예와 같다.

아마도 *à n'en pas douter*라는 일반적인 의미의 표현 앞에는 *de manière*가 생략된 것 같다.

또한 *cette affaire est triste à pleurer*라는 표현에도 역시 결과가 표시된 것 같다.

의도(**l'intention**)를 표시하는 것이 분명한 경우 접속법을 요구하는데, 가능한 한 *afin que* (ou *de peur que*)를 *afin de* (ou *de peur de*)로 바꾸고, 또한 *pour que*를 *pour*로 바꾼다. 이 경우 부정법 현재는 미래를 의미하고 부정법 과거는 전미래를 의미한

---

230) 부득이한 경우에는 주어가 바뀌긴 하지만 *je l'ai puni pour m'avoir désobéi*라고 말할 수 있는데, 이것은 완전히 정확한 것은 아니다.

231) 그러므로 *faute de*에 이미 부정의 의미가 들어가 있으므로 부정을 덧붙여서는 안 된다. 즉 *faute de n'avoir pu*는 전혀 이치에 맞지 않고, 아마도 *faute d'avoir pu*의 의미와는 정반대일 것이다.

232) 고전주의 작가들은 *si* (ou *assez*) 다음에 형용사를 사용하거나, *tant de* 다음에 명사를 사용하고, *que de* 다음에 부정법을 사용하는 일이 많았다. 즉 *je ne suis pas* (ou *êtes-vous*) *si étourdi que d'oublier...*와 같다.

... si vous me vouliez faire
Tant d'honneur *que d'y* prendre un champêtre repas.

또한 *si... de*까지도 사용했다. 라퐁텐느(La Fontaine)와 같은 시인들은 다음과 같이 말하기도 했다.

Qui te rend si hardi *de* troubler mon breuvage?

다. 즉 *hâtez-vous* ***afin de*** *finir avant qu'on vienne* (ou ***pour*** *avoir fini quand on sera venu*) ; *je ne l'ai pas fait,* ***de peur*** (ou *de crainte*) ***de*** *me tromper*, (격식을 차리지 않는 경우) *je ne l'ai pas fait crainte de me tromper*의 예와 같다. 또한 *voilà ce qu'il faut faire pour réussir*가 가능한 것은, 여기에서 부정법은 정해지지 않은 주어를 가리키기 때문이다. 이외에도 *dans l'intention de, à dessein* (ou *dans le dessein*) *de* 등의 다양한 표현을 사용한다.[233]

그리고 *trop*나 *assez* 다음에도 용법은 같다. 즉 *il est assez intelligent pour comprendre* (ou *avoir compris cela*), *il est trop intelligent pour ne pas comprendre* (ou *ne pas avoir compris*)의 예가 있다. 또한 *bien*을 *trop*와 같이 취급하여, *vous êtes bien jeune pour parler si haut*라고 한다.[234] 그렇지만 *cette affaire est assez importante pour que je m'en occupe moi-même*라고 말하는 것이 옳고 *pour m'en occuper moi-même*라고 하는 것은 틀린다.[235]

그런데 *주어가 바뀌지 않는 한* (*quand le sujet ne change pas*) 원칙적으로 부정법을 사용하고 그 주어는 주절의 주어를 받는다. 그런데 부정법의 용법이 너무나 편리하고 문장을 단순하게 만들어주기 때문에 모호함만 생기지 않는다면 (주어가 아니라) 보어를 받는 경우에도 부정법을 사용한다. 즉 *le roi l'a choisi* ***pour commander*** *;* *les électeurs l'ont nommé* ***pour faire*** *leurs commissions*의 예와 같다. 또한 한정되지 않은 주어를 지칭하면서, *pour faire sa fortune, le théâtre vaut mieux que le roman ; la marche est excellente pour s'entretenir en bonne santé ; ceci est excellent pour manger ou pour boire*라고 한다. 그러나 이러한 구문이 위험하다는 것은 쉽게 알 수 있다.

---

233) 즉 이런 표현들만으로 충분하기 때문에 굳이 *dans le but de*라는 표현을 사용할 필요는 없다. 그런데 *dans le but de*는 널리 퍼져 있고 결국에는 *dans ce but*처럼 하나의 용법으로 굳어질 것이다. 그러나 이 *dans ce but*는 그렇게 좋은 표현처럼 보이지는 않고 *t*를 발음할 경우 부드러운 표현도 아니다.

234) 또한 *assez*를 생략하기도 한다. 즉 *c'est pour en mourir, il y en a pour contenter tout le monde*의 예가 있다.

235) 예전에는 *assez*를 *que de*와 결합하거나 *de*와 결합하여 *pour*의 의미로 사용했다. 그러나 오늘날 누군가에 대해 말하면서 *il est assez hardi de vous insulter*라고 말한다면 아주 틀린 문장이다. 반면에 비인칭 구문이라면 이 문장은 완전히 올바른 문장인데, 그 이유는 *de vous insulter*가 진주어가 되기 때문이다.

프랑스어에서는 문법적으로는 맞는 문장이라고 하더라도 모호함을 피하려고 한다는 것은 익히 알려진 사실이기 때문이다.[236)]

몇몇 이동 동사(**verbes de mouvement**)는 ***pour*** 없이 부정법과 (**l'infinitif sans *pour***) 직접 연결된다. 즉 *je vais* (ou *je suis allé*) *le voir ; il est venu me voir*의 예와 같다. 이런 동사는 *retourner* (ou *revenir*), *courir, monter, descendre*와 *envoyer, mener* 등의 타동사이다. 즉 *j'ai couru l'avertir, je l'ai envoyé* (ou *je l'ai mené*) *voir ce spectacle*의 예와 같다. 적어도 과거형에서는 처음에 의도했던 것이 실현되었다는 것을 보여주는 것 같은데, 반면에 *pour*를 사용하면 그런 의미가 가능하지 않다.[237)]

다음과 같은 표현에서 목표라는 개념을 표시하는 데 전치사 *à*로 충분하다. 즉 *être le premier* (ou *le dernier*) *à faire une chose* ; *avoir* (ou *ne rien avoir*) *à dire* (ou *à faire*) *; vous n'avez qu'à...; donner à faire, à porter, demander à boire ; laisser à désirer ; je vous laisse à penser si ; ce travail reste à faire ; reste à savoir si* 등의 예와 같다.[238)]

시간(**le temps**)을 표시하기 위하여, *après que*를 *après*로 바꾸고 다음에 부정법 과거를 사용함으로써 전과거를 피할 수 있다. 즉 *après avor bu et mangé, il est parti*의 예와 같다.[239)] 격식을 차리지 않는 표현인 경우에는 부정법 현재를 사용하기도 한다. 즉 *après boire, après déjeuner, dîner, souper* 등의 예와 같은데, 반면에 *après manger, après lire* 등의 표현은 더 이상 사용하지 않는다.[240)]

---

236) 이러한 점에서 문어가 구어보다 한결 까다롭다. 그런데 항상 그렇듯이 시인들은 그들만의 특권을 갖고 있다. 즉 라신느(Racine)는 모호함이 분명한데도 불구하고 다음과 같이 말했다.

> Je ne *l'y* conduisais que *pour être* immolée,

또한 *je vivais*가 있기라도 한 것처럼 다음과 같이 말했다.

> Peut-être assez d'honneurs environnaient *ma* vie,
> *Pour ne pas souhaiter* qu'elle me fût ravie,

이러한 대담함은 인정해줄 만한데 산문(la prose)에는 적당하지 않는 것이다.

237) 아마도 이러한 문장과 유사한 것이 대중들이 사용하는 *attendez voir, regardez voir, voyons voir*의 문장인 것 같다.

238) 부정법이 속사 역할을 하는 표현에 대하여 본문 387쪽을 참조하기 바란다.

239) 그러나 *telle mesure sera prise après avoir demandé l'avis de...*라고 할 수는 없다. 왜냐하면 <*ce n'est pas la mesure qui demande l'avis*>이기 때문이다.

240) 또한 *depuis* (ou *jusqu'à*) *vous avoir connu*라는 표현도 사용하지 않는다.

*En attendant que*는 *en attendant de*가 되는데, 귀로 듣기에 부드럽지 않기 때문에 이 표현은 잘 사용되지 않는다.

*Avant que*는 이 형태 그대로 부정법과 사용되었다. 그 후 *avant que de*에 자리를 양보했는데, 이것은 완전히 사라지지는 않았지만 거의 언제나 *avant de* (그렇지만 *auparavant de*는 안 된다)로 바뀐다. 즉 *avant que de mourir* (***avant de*** *mourir*가 더 낫다), *il a fait son testament* (ou *il faut faire son testament*)의 예와 같다. 그렇지만 *je l'ai vu avant de mourir*라고 해서는 안 되는데, <ce n'est pas moi qui suis mort> 때문이다.

*Avant*은 부정법 바로 앞에 놓일 수 없고, *avant déjeuner*나 *avant dîner*는 예외적인 경우이다. 반면에 *sans*은 부정법 바로 앞에 놓일 수 있다. 즉 *je ne sortirai pas avant de l'avoir vu* (ou *sans l'avoir vu*) ; *nous avons souffert* (ou *il faut souffrir*) *sans murmurer*의 예와 같다. 몰리에르(Molière)는 *rends-le-moi sans le fouiller*라고 했는데 이제는 가능하지 않다. 한편 잘못된 구문이긴 하지만 *cela va sans dire*는 *il va sans dire que*처럼 자주 사용되는데, 비인칭 구문이기 때문이다.

전치사 *à*는 동시성을 표시하기도 하는데 양태의 개념이 포함되어 있다. 따라서 실제로는 제롱디프(gérondif), 즉 *en*에 현재분사가 나오는 구문과 같다.

> Ni mon grenier ni mon armoire
> Ne se remplit *à babiller*.

비교(**comparaison**)를 표시하는 경우, *plutôt que*는 *plutôt que de*가 된다. 즉 *je mourrai* (ou *je mourrais*) ***plutôt que d'****y aller*와 같다. 이 문장은 *vous me tuerez plutôt que j'y aille*보다 낫다.

우리는 앞에서 *pour*에 부정법을 사용하여 제한 혹은 양보(**concession**)를 표시한다는 것을 보았다. 즉 *quoique* 다음에 접속법을 사용하는 대신에 이렇게 하는데, 이때 *pour*에는 들어있지 않은 배제한다는 개념을 표시하기 위하여 주절이 부정문이어야 한다. 즉 몰리에르(Molière)처럼 다음과 같이 우아하게 말할 수 있을 것이다.

Ah! *pour être* dévot, je *n*'en suis *pas moins* homme.

끝으로 긍정이건 부정이건 조건(**condition**)을 나타내기 위하여 *à condition* (ou *à charge*) *de*, *à moins que de* (오늘날 *à moins de*로 바뀜)를 사용한다. 즉 *j'ai emprunté ce livre* ***à condition de*** *le rendre demain,*[241] *je n'irai pas* (ou *n'y allez pas*) ***à moins d'être*** *bien accompagné*[242]의 예와 같다.

우리는 또한 *il n'y a rien à faire*, *hors* (ou *hormis*), *sauf, excepté, si ce n'est d'attendre* 등도 사용하는데 이 표현에 조건의 의미는 없다. 또한 *dépêchez-vous, sauf* (ou *sauf à vous*) *de revoir plus tard votre travail*의 예에도 역시 조건의 의미는 전혀 없다.

문두에 전치사 *à*를 사용하여 아주 간단하게 조건을 표시하기도 한다. 즉 *à dire vrai, à ne vous rien cacher, il est fort inquiet*나, *à l'en croire* (ou *à vous entendre*), *il n'y a que des fripons* 혹은 *à tout prendre* (ou *à le bien prendre*), *les choses ne vont pas trop mal* 그리고, *à le voir, on le prendrait pour un honnête homme ; à vouloir trop en faire à la fois, on ne fait rien du tout*의 예와 같다.

A vaincre sans péril, on triomphe sans gloire.[243]

또한 *tu feras bien d'y aller*라고 말한다면 이 문장에는 조건의 의미가 들어 있다. 이것의 의미는 *si tu y vas*이다. 그리고 *vous ferez mieux de partir que de rester ; tu seras prudent* (ou *tu serais fou*) *d'y aller*도 역시 같다.[244] 마찬가지 예는 *tu me ferais*

---

241) 그런데 *je lui ai prêté ce livre à condition de me le rendre demain*이라고 말할 수도 있는데, 모호함이 전혀 없고 구어의 경우 너무 까다롭지 않아야 하기 때문이다. 그렇지만 주어가 바뀌므로 글로 쓴다면 별로 좋은 문장은 아니다.

242) 옛날 사람들은 *à moins que de* 대신에 *à moins de*로 만족하곤 했다.

243) 마지막 예문들의 경우 조건문이 아니라 시간절이 있다고 여길 수도 있겠다. 즉 *quand on le voit, quand on veut..., quand on vainc...*의 예와 같다. 심지어 원인절로 볼 수도 있다. 즉 *par le fait que, parce que*라고 여길 수도 있다.

244) 이 표현들이 그렇게 논리적으로 보이지는 않지만 부정법이 진주어인 비인칭 구문에서 유추에

(ou *tu me feras*) *plaisir de recommencer*이다.[245)]

이 항목을 끝내기 전에 일반적인 사항 두 가지만 언급해야겠다.

첫째, 부정법과 전치사 사이에는 다른 요소가 끼어들지 못하고 전치사 바로 다음에 부정법이 나와야 하는데, *de*가 *que*를 대신한다면 이 *de* 바로 뒤에 부정법이 나와야 한다. 반면에 *que* 다음에는 삽입절로 상황보어나 절을 항상 넣을 수 있다. 이런 이유 때문에 삽입절이 필요한 경우에는 주어가 바뀌지 않더라도 *que*의 복합접속사를 사용해야 한다. 즉 *afin que, étant arrivé d'avance, il pût...*와 같이 해야 한다.

둘째, 등위의 경우에 먼저 *que*를 사용하고 다음에 *de*를 사용할 수 없다. 즉 *afin qu'il vienne et de lui dire*라고 할 수 없다. 경우에 따라서 반대의 경우는 있을 수 있다. 특히 *afin* 다음에 그렇다. 즉 *afin de lui dire... et qu'il sache bien...*과 같다. 또한 *que*로 시작되는 절이, 그 앞에 나오는 명사로 된 직접보어와 완벽하게 등위될 수 있다.

부정법절

상황보어에 부정법이 나타난다면 이것이 바로 주어가 표현되지 않은 진정한 부정법절이라고 여길 수 있다. 왜냐하면 이 상황보어는 실제로는 상황절과 같기 때문이다. 즉 *avant de mourir*란 *avant que je meure, qu'il meure, qu'il mourût*와 같다. 이것은 *je puis sortir*나 *je veux sortir*와는 전혀 다른데, 이 문장에서 부정법이 대신하는 것이 있다면 그것은 단지 명사이기 때문이다. 그렇지만 진정한 부정법절의 경우 부정법 앞에 전치사가 나오지 않는다.

먼저 자신의 주어가 없는 부정법절 (**propositions infinitives sans sujet propre**)을 살펴보자. 이 절에서 주어는 주절의 주어와 같다.

의하여 만들어진 것 같다. 즉 *il est bon* (ou *préférable*), *il sera prudent* (ou *ce serait fou*) *d'y aller*의 예와 같다.

245) 이것을 *tu me feras le plaisir de recommencer*와 혼동하지 말아야 한다. 이 문장은 격식을 차리지 않고 말할 때 쓰는 표현으로 별로 논리적이지는 않다. 그런데 이 문장에는 조건의 의미는 전혀 없고, *fais-moi le plaisir de recommencer*처럼 명령에 해당한다.

이런 동사는 의견(**opinion**)을 표시하는 동사들인데, 예를 들어 *espérer, compter, se rappeler*이다. 즉 *je crois voir*는 *je crois que je vois*를 대신하고, *je compte partir*는 *je compte que je partirai*를 대신한다.[246)]

이런 구문이 단언(**affirmation**)을 나타내는 동사들에도 쓰이는데 특히 과거 사실에 대해 말할 때 그렇다. 즉 *dire, affirmer, soutenir, prétendre, assurer, jurer, avouer, reconnaître, nier*와 (*être certain*의 의미로 쓰인) *savoir*의 예가 있다. 즉 *il affirme, il prétend, il nie l'avoir vu*는 *il affirme* (ou *il prétend*) *qu'il l'a vu, il nie qu'il l'ait vu*를 대신한다. 이들 동사들에 부정법을 사용하여 *que*와 직설법을 대신하는 것이 그다지 우아한 것은 아니라서, 주절인 경우에는 이 표현을 일반적으로 피한다. 따라서 *je sais l'avoir vu, il dit être certain*[247)]이라고는 거의 말하지 않는다. 반면에 관계절에서는 부정법절의 사용이 매우 편리한데, 관계대명사 다음에 *que*를 사용하지 않아도 되기 때문이다. 즉 *l'homme que je prétends avoir vu*를 사용하여 *l'homme que je prétends que j'ai vu*를 피할 수 있다. 마찬가지로 *les crimes qu'il avoue* (ou *qu'il nie*) *avoir commis, l'homme que je savais avoir rencontré hier*라고 말한다. 이런 표현을 안 쓸 수는 없지만, 유감스럽게도 이것이 편리하다고 해서 다른 표현에서도 사용한다. 별로 논리적이지 않은 옛날 표현인 *l'homme que je dis* (ou *que je crois*) *qui est venu* 대신에, 앞의 예에서와 같이 (단언을 하는) 앞 동사의 주어를 부정법의 주어로 여기는 것이 아니라 관계대명사 자체를 주어로 여길 수 있다고 믿었다. 즉 *l'homme que je dis* (ou *que je crois*) *être venu ce matin, le fait qu'il affirme s'être passé hier*의 예와 같이 만든다. 그런데 라틴어에서는 가능하지만 프랑스어에서는 옛날과는 다르게 *je crois cet homme être venu ce matin* 혹은 *j'affirme ce fait s'être passé hier*라고 말하지는 않는다. 따라서 주절에서는 불가능한 것이 관계절이라고 해도 그렇게 우아하지는 않은 법이다. 따라서 이런 문장은 임시방편(expédient de fortune)의 좋지 못한 문장이고, 문법에서

246) 앞의 본문 389쪽을 참조할 것.

247) 그런데 *dire*와 *être*를 함께 사용하는 것은 특히 불필요하다. 왜냐하면 *il dit être certain*보다는 *il se dit certain*으로 바꾸는 것이 한결 낫기 때문이다. 또한 *il se dit être certain*이란 문장은 제대로 된 프랑스어로 볼 수 없다. 또한 *il se prétend certain, il se croit certain*이라고도 말한다. 이런 용법은 *dire*와 *croire*의 경우 매우 많이 사용되는데, *je vous croyais à Paris, on vous disait fort loin d'ici*라고 말하기 때문이다. 게다가 *on le disait mort* 대신에 *on le faisait mort*라고도 가끔 말한다.

이런 문장을 가르친다고 해도 피하는 것이 나을 것이다.[248)]

앞의 부정법절에서는 본동사의 주어가 자신의 주어이지만, 자신의 고유한 주어를 가진 부정법절(**propositions infinitives à sujet propre**)이 있다. 이런 구문은 동사 ***faire*** 나 ***laisser*** 그리고 감각(perception des sens)을 나타내는 동사들에 가능하다. 즉 ***voir*** (ou *regarder*), ***entendre*** (ou *écouter*), ***sentir***의 경우 가능하다.[249)] 즉 *je l'ai fait, vu, entendu venir ; j'ai fait venir cet homme ; j'ai vu* (ou *entendu*) *cet homme venir* (*j'ai vu* (*ou entendu*) *venir cet homme*가 더 낫다) ; *j'ai vu la lune se lever ; laissez-moi mourir ; ne le laissez pas entrer* 등의 예와 같다.[250)]

위의 예에서 부정법의 주어는 주절 동사의 주어와 다르다는 것을 알 수 있다. 반면에 이 주어가 주절 동사의 주어와는 혼동되지 않지만 주절의 보어와는 혼동될 여지가 있다. 물론 *faire*는 예외이다.

부정법절의 주어는 쉽게 생략할 수 있다. 먼저 부정법에 직접보어가 있는 경우는 *il a fait* (ou *laissé*) *emprisonner son ami ; j'ai vu bâtir ce palais* (ou *je l'ai vu bâtir*) *; faites-le conduire ici*의 예와 같다. 또한 직접보어가 없는 경우는 *j'ai entendu frapper, j'ai entendu parler de lui ; je n'aime pas à voir souffrir ; laissez faire ; voyons venir*의 예와 같다. 이 경우 부정법절에 생략이 일어났지만 그럼에도 부정법절의 성격은 그대로이다.

이러한 종류의 부정법절의 특징을 보여주는 것은 주어의 위치(**la place du sujet**)와 대명사로 된 직접보어의 위치(**la place du complément direct**)이다. 이제 이 문제를 다루어보자.

---

248) 본문 218쪽 44번 주석의 <관계대명사(pronom relatif)>에 관한 장을 참조하기 바란다.

249) 역시 부정법을 허용하는 이동 동사들과(앞의 본문 399쪽을 참조할 것) 이들 동사들이 관련은 없다. 그런데 동사 *envoyer*는 역시 이동 동사들의 구문을 허용한다. 다만 차이가 있다면 부정법 앞에 주어가 없다는 것이다.

250) 이런 동사의 용법은 너무나 편리해서 독창성을 추구하는 작가들은 *voir*의 동의어로 볼 수 있는 여러 동사들, 즉 *apercevoir, observer, considérer, remarquer, examiner, admirer, deviner*의 경우에도 이런 용법이 가능하다고 여겼다. 그런데 이것은 논란의 여지가 많아서, *je l'ai observé qui venait*는 옳지만 *je l'ai observé venir*는 옳지 않다. 부정법 앞에 *se*를 계속 사용할 것인가 하는 문제와 관련해서는 <재귀대명사(pronom réfléchi)>에 관한 항목, 즉 본문 272쪽을 참조하기 바란다.

먼저 부정법에 주어와 직접보어 중 하나만 있는 경우를 살펴보자.

부정법에 명사 하나만(**un nom**) 나오고 이 명사가 직접보어일 때 당연히 이 명사는 부정법 뒤에 놓인다. 즉 *j'ai vu bâtir ce palais*의 예와 같다. 이 명사가 주어일 때, 동사 *faire*는 예외로 하고 주절의 동사와 부정법 사이에 이 명사를 놓는다. 그런데 동사와 부정법은 가급적이면 서로 분리되지 않는 것이 좋으므로 이 명사를 직접보어로 오인할 여지가 없을 때, 즉 부정법이 자동사일 때에는 이 명사를 부정법 다음에 놓는다. 즉 *je vois quelqu'un venir*보다는 *je vois venir quelqu'un*이 더 낫다. 그렇지만 *je vois manger quelqu'un*이라고 하면 웃음만 자아낼 뿐 이 문장은 가능하지 않다. 또한 *j'entends gronder le tonnerre ; je sens mourir ma haine*라고 한다.[251] 그렇지만 부정법 다음에 보어가 따라 나올 때에는, *j'ai vu mon frère venir ici avec plusieurs amis*라고 하는 것이 자연스럽고, *j'ai vu son fils renoncer à la succession*의 경우에는 명사가 부정법 뒤에 올 수 없다. 동사 *faire*는 원칙상 부정법과 분리될 수 없다. 따라서 다소간 모호함이 있더라도 반드시 *j'ai fait venir ici mon frère avec plusieurs amis*라고 하고 *j'ai fait mon frère venir ici*라고 할 수 없다.[252] 또한 *j'ai fait renoncer son fils à la succession*이라고 말하기도 하는데, 이 문장이 아주 어색한 것은 직접보어를 *à*와 함께 쓰인 보어 앞에 놓지는 않기 때문이다. 그러므로 *j'ai fait penser mon frère à cette affaire*는 아주 잘못된 문장이고 다른 표현으로 바꾸어야 한다.

부정법에 대명사 하나만(**un pronom**) 나오면, 이 대명사가 주어건 직접보어건 이 대명사는 처음 동사 앞에 놓인다. 즉 *je **l'**ai vu venir ; je **me** sens mourir ; faites-**moi** passer, laissez-**le** donc passer ; je **l'**ai fait emmener ; laissez-**le*** (ou *ne **le** laissez pas*)

251) 또한 격식을 차리지 않는 경우 *envoyer promener quelqu'un* 혹은 *envoyer coucher quelqu'un*이라고 한다. 그렇지만 *envoyer*의 보어가 일반적으로 부정법 앞에 오는 경우가 일반적이다.

252) 그 이유는 어떤 경우에도 부정법의 주어가 동사 *faire*의 보어가 될 수 없기 때문이다. 실제로는 부정법의 주어는 단순히 하나의 동사인 것처럼 여겨지는 *faire venir*라는 집합체의 보어로 여겨진다. 그렇지만 *faire venir quelqu'un*과 *faire arrêter quelqu'un*을 혼동해서는 안 되는 것이, 앞 문장에서는 *quelqu'un*이 행동을 하지만 뒤 문장에서는 행동을 받는 것이기 때문이다. 이와 같이 *faire*와 부정법 사이에는 밀접한 관계가 있어서, *nous les ferons se retirer*나 *ce qui m'a fait vous oublier*의 문장처럼 부정법의 보어인 대명사가 끼어든 경우에도 문장이 상당히 어색하게 된다.

emmener ; je **vous** *ai fait penser à votre affaire*의 예와 같다.[253)]

부정법에 주어와 직접보어가 *둘 다 있을 때* (*Si l'infinitif est pourvu à la fois* **d'un sujet et d'un complément direct)** 명사 주어가 직접보어 뒤에 나올 수는 없다. 왜냐하면 오해의 소지가 있기 때문이다.

먼저 동사 *faire*의 경우를 보자. 이 동사는 부정법과 분리되지 않기 때문에 주어는 부정법 앞에도 올 수 없고 뒤에도 올 수 없다. 우리는 *j'ai fait mon architecte bâtir cette maison*이라고 말할 수 없으므로, *j'ai fait bâtir cette maison*을 *cette maison a été bâtie*처럼 취급한다. 달리 말하면 논리적 주어를 수동문의 동작주 보어로 취급하여 전치사 ***par*** **(la préposition** ***par*)**를 붙인다. 즉 *j'ai fait bâtir cette maison* ***par*** *mon architecte*의 예와 같다.[254)]

다른 동사들의 경우 동사 *faire* 만큼 이런 구문을 반드시 사용할 필요는 없다. 그렇지만 *laisser, voir, entendre*는 이 구문이 편리하기 때문에 차용하고, 귀에 듣기 좋을 경우에는 이 구문을 기꺼이 사용한다. 물론 주어와 보어의 길이에 따라 달라지기는 한다. 즉 *j'ai entendu des gens honorables vous louer* (ou *parler de vous*) *en*

---

253) 또한 *je l'ai envoyé chercher*라고 하고 *j'ai envoyé le chercher*라고는 하지 않는다. 그리고 *envoyez-le chercher*의 경우 *le*에 강세를 넣어서 말한다. 여기에서 알 수 있는 것은 긍정명령문의 경우 대명사가 부정법의 보어라도 앞의 동사에 붙어서 강세가 주어진다는 것이다. 따라서 *le*와 *la*의 모음이 축약되지 않는데, 옛날에는 *le*의 모음이 축약되는 경우가 있었다. 또한 *laisse-toi* (ou *fais-toi*) *laver*를 *va te laver*와 함께 사용했는데, 여기에서 *te*는 *laver*에 속하는 것이다. 또한 *fais-le* (ou *la*) *arracher*를 *va l'arracher*와 함께 사용했다. 한편 *faites-les arracher*에서는 연음하지 않고 (그렇지만 *laissez-vous emmener*에서는 연음한다), *allez les arracher*에서는 연음한다. 그리고 *faites-les tout de suite arracher*와 *allez tout de suite les aracher*라고 구별해서 말했다. 이 예에서 동사 *faire*의 명령법에서는 부정법과 분리될 수 있음을 알 수 있다. 이렇게 대명사가 주어인 경우와 보어인 경우에 그 용법이 같기 때문에 가끔 모호함이 생길 수밖에 없다는 것을 주목하기 바란다. 즉 *je l'ai fait laver*는 두 가지 의미가 있다. 그러나 이것은 단지 겉으로만 모호할 따름이고, 같은 단어에 두 가지 뜻이 있다고 속지 않는 것처럼 오해의 여지가 없다. 또한 *il s'est fait moquer*가 *il s'est fait moquer de lui*로 남용되는 경우도 있다는 것을 역시 주목하기 바란다. 그런데 *moquer*가 대명동사가 아닌 단순동사로 사용되지는 않는다.

254) 또한 *j'ai fait parler de vous au ministre par un de mes amis*라고도 말하는데, 그 이유는 동사 *parler*에는 직접보어가 없지만 *il a été parlé de vous*라는 비인칭 수동문이 가능하므로 *par*가 붙은 동작주 보어를 사용하기에 충분하다고 본 것이다. 주어가 *faire*와 부정법 사이에 끼여 들 수는 없다.

*termes très flatteurs*라는 문장 이외에도 *je vous ai entendu louer* (ou *j'ai entendu parler de vous*) ***par*** *des gens qui vous estiment beaucoup*라고 말할 수 있다. 마찬가지로 *se laisser fléchir, s'entendre insulter, se voir dépasser, se sentir toucher*라는 대명동사는 *être fléchi, insulté, dépassé, touché*와 같은 수동문으로 여겨질 수 있다. 따라서 *je me suis laissé fléchir* ***par*** *vos prières*를 *j'ai laissé vos prières me fléchir*보다 선호한다. 아마도 동사 *laisser*는 다른 동사들보다 부정법과 잘 분리되지 않는 것 같고, *je m'entends insulter* ***par****, je me vois dépasser* ***par****, je me sens toucher* ***par***라고 말하는 것도 역시 가능하다.[255] 더 나아가서 *il s'est vu* (ou *il s'est laissé*) *dépasser* (ou *surpasser*) *par tous ses concurrents*에서 유추하여 *il s'est vu* (ou *il s'est laissé*) *passer sur le corps* ***par*** *tous ses concurrents*이라고 말하기까지 하는데, 오히려 *il a vu* (ou *il a laissé*) *tous ses concurrents lui passer sur le corps*라고 말하는 것이 더 정확하다.

이것이 전부가 아니다. 먼저 전치사 *par*를 전치사 ***de*** (**la préposition *de***)로 가끔 바꾸는데, 수동태의 동사 다음에 하는 것과 같고 적어도 동사 *faire*의 경우에 이렇게 한다. 즉 *il se fait suivre* ***de*** *ses domestiques, il se fait aimer* ***de*** *tout le monde*의 예와 같다.[256] 그리고 특히 전치사 *par*를 전치사 ***à*** (**la préposition *à***)로 바꾸는 것도 흔한데, 적어도 *faire*와 *laisser* 다음에 바꾼다.[257]

이상한 것은 *faire* 다음에 *à*를 *par*보다 선호한다는 것이다. 이렇게 해서 자주 모

---

255) 게다가 *voir*와 *sentir*의 경우 *je me vois dépassé, je me sens touché*라고 과거분사를 사용하여 글로 적기도 하는데 이것이 보다 자연스럽다. 그런데 굳이 말하자면 약간의 의미 차이가 있다고 볼 수 있다. 즉 과거분사의 경우 생겨난 결과(le résultat produit)를 의미한다면, 부정법은 그러한 것을 만들어내는 행위(l'action qui le produit)를 나타낸다고 볼 수 있다. 물론 이러한 구분을 할 필요가 있을 것 같은데, 과거분사가 더 간단하다.

256) 라신느(Racine)는 다음과 같이 말했는데, 나라면 오히려 *pressé*라고 적었을 것이다.

De ses bras innocents je me sentis *presser.*

257) 옛날 사람들은 전치사 *à*를 이렇게 규칙적으로 사용했다. 특히 *se laisser*의 경우에 그렇게 했는데, 이것을 설명하기가 어렵지 않다. 즉 전치사 *par* 대신에 *se laisser conduire à*처럼 사용했는데 이것의 의미는 <se laisser à, s'abandonner à, pour être conduit>이다. 이 예에서도 수동의 의미를 발견할 수 있다. 그들은 *laisser*의 경우 직접보어가 없어도 *à*를 사용했는데, *laissez faire aux dieux*를 *laisser faire les dieux* 대신에 사용한 예와 같다. 즉 이것의 의미는 <laisser aux dieux le soin de faire...>인데 직접보어가 생략된 것이다. 우리는 시가 아닌 경우에는 이러한 용법을 사용하지 않는데, 그렇다고 이것이 완전히 사라진 것은 아니다.

호함이 생겨나는데, 그래도 이것은 분명한 현상이다. 즉 *vous faites soutenir **à** cet écrivain des opinions qu'il n'a jamais exprimées; vous avez fait dire des sottises **à** cet enfant* (이 문장은 분명히 의미가 두 개다), *cet enfant **à qui** vous avez fait dire beaucoup de sottises* (역시 의미가 두 개다), *j'ai fait faire **à** mon tailleur un vêtement complet*의 예와 같다. 또한 *j'ai fait faire **à** mon fils un vêtement complet*라는 문장에서 *à*는 *par*와 *pour*의 의미가 둘 다 가능하다. 그렇지만 일반적으로 모호함은 형태상으로만 그렇기 때문에 굳이 피하려고 애쓸 필요가 없다. 만약에 모호함이 실제로 생긴다면 *par*를 사용하면 된다.

동사 *laisser*의 경우 주어를 부정법 앞에 항상 놓을 수 있고 이렇게 해야 하는 경우가 자주 있다. 물론 *par*를 사용할 수는 있다. 즉 *on a laissé les ennemis envahir le pays, on a laissé envahir le pays **par** les ennemis*의 예와 같다. 그런데 *laisser*와 부정법 사이에 일종의 습관 관계(lien d'habitude)가 있으면 *à*를 사용하고 *par*를 사용하지 않는다. 즉 *j'ai laissé mon fils faire ce qu'il a voulu*보다는 *j'ai laissé faire à mon fils tout ce qu'il a voulu*가 더 낫고, *j'ai laissé ma fille voir ce spectacle*보다는 *j'ai laissé voir ce spectacle à ma fille*가 더 낫다. 또한 *j'ai laissé voir à ma fille que je pleurais*라고도 한다.

다른 경우에는 어느 전치사를 사용할지 주저하게 된다. 즉 *j'ai laissé mes enfants en boire* (ou *en manger*), *j'en ai laissé manger* (ou *boire*) *à mes enfants* (ou ***par** mes enfants*)의 예와 같다.[258)]

동사 *voir*와 *entendre*의 경우에도 전치사 *à*의 사용이 완전히 사라진 것은 아니다. 즉 아직도 *j'ai vu cet enfant faire bien des sottises* 혹은 *j'ai vu faire à cet enfant bien des sottises*라고 말할 수 있다. 또한 *j'ai entendu beaucoup de gens dire, soutenir, affirmer que...* 혹은 *j'ai entendu dire à beaucoup de gens*라고 말한다. 그런데 문법적으로 모호함을 야기할 수 있는 이런 표현은 *j'ai entendu dire **par** beaucoup de gens*이라는 보다 분명한 문장에 자리를 양보하는 것 같다.[259)]

---

258) 대중들이 쓰는 표현 중에 *laisser manger un habit aux vers*가 있는데, 이것으로부터 *un habit mangé aux vers*가 나왔다.

259) 그런데 *j'ai envoyé ton frère chercher ce livre* (ou *son livre*)라고 말하지만, *j'ai envoyé chercher*

결국 *à*를 *par* 대신 사용하는 것은 언젠가 사라질 것이지만 많은 경우에 아직 살아남아 있다. 이것의 결론은 다음과 같다. 즉 부정법의 진주어로서 명사가 아니라 대명사가 나오는 경우 아직 *par*를 쓸 수 있는데 모호함을 피하기 위한 목적도 있다. 즉 *j'ai fait bâtir cette maison* ***par lui****, l'architecte* ***par qui*** *j'ai fait bâtir cette maison*의 예와 같다. 그러나 일반적으로 *à*를 선호하는데 따라서 전치사 없이 약세 간접목적어 대명사(**pronoms atones indirects**)를 사용하게 된다. 즉 *on* ***m'****a fait faire, je* ***lui*** *ferai faire* 혹은 *faites-****lui*** *faire ce travail*의 예와 같다.

동사 *faire*의 경우에는 주저할 필요가 없다. 부정법의 진주어인 대명사는 부정법에 직접보어가 없을 경우 직접보어의 형태를 취한다. 즉 *on* ***les*** *a fait sortir ; on* ***les*** *a fait renoncer à la succession*의 예와 같다. 그렇지만 부정법에 직접보어가 있을 때 *faire* 앞의 비강세 대명사는 반드시 간접보어의 형태를 취한다. 즉 *je* ***lui*** *ai fait manger de la viande*의 예와 같다. 그 결과 치명적인 모호함이 생겨나는데, 일반적으로 이것은 문법적으로만 모호하기 때문에 굳이 피하려고 하지 않는다. 즉 *je* ***lui*** *ai fait faire un vêtement* 혹은 *fais-****lui*** *faire un vêtement*에서 *lui*는 *par lui*나 *pour lui* 둘 다 가능하다. 그렇지만 *le tailleur à qui j'ai fait faire un vêtement*과 *mon fils à qui j'ai fait faire un vêtement*을 혼동하지 않듯이 착각하는 경우는 거의 없다. 반면에 ***par qui*** *j'ai fait donner de l'argent*의 예에서 *par*를 반드시 사용해야 하는 이유는, ***à qui*** *j'ai fait donner de l'argent*의 예는 (간접보어라는) 의미 하나만 가능하기 때문이다. 마찬가지로 *tu* ***lui*** *as fait donner de l'argent* 혹은 *tu* ***lui*** *en as fait donner*라고 말하는 것은 별로 좋지 않은데, 그에게 주는 (*lui donner*) 것도 가능하고 그가 주는 것도 가능하기 때문이다. 그렇지만 *tu* ***lui*** *as fait donner de l'argent à Pierre*가 *tu* ***lui*** *en as fait donner* ***par*** *Pierre*와 혼동되지 않는 것은, *lui*의 의미가 뒤에 나오는 보어의 성격에 따라 결정되기 때문이다. *Je* ***lui*** *ai fait mettre son habit*나 *à* ***qui*** *j'ai fait mettre son habit*의 문장에는 이 문장의 뜻을 명확하게 하지 않더라도 그가 스스로 옷을 입었다는 의미이다.

대명사가 두 개 나올 때, *je* ***le lui*** *ai fait mettre*라고 말하고 *je l'ai fait le mettre, je*

---

ce livre (*son livre*는 안 됨) *par ton frère* (*à ton frère*는 안 됨)이라고 해야 한다.

*l'ai fait mettre par lui*라고 하지 않는다는 것과, 명령법의 경우 *fais-**le-lui** mettre*[260]라고 한다는 것을 명심하기 바란다. 만일 직접보어만 대명사라면 *je **l'**ai fait faire* (ou *fais-**le** faire*) **par** *mon tailleur*라고 하며, *à mon tailleur*는 별로 사용되지 않는다.

동사 *laisser, voir, entendre*의 경우, 전치사 *à*를 사용할 수 있는 모든 경우에 약세 간접목적어 대명사(le pronom atone indirect)를 부정법의 진주어로 사용한다. 그런데 *laisse-**les** faire ce qu'ils veulent*라고 말하지만, *je **les** ai laissés faire tout ce qu'ils ont voulu*보다는 *je **leur** ai laissé faire tout ce qu'ils ont voulu*가 더 낫다. 특히 *je **le leur** ai laissé faire* (ou *laissé dire*)라고 말한다.[261] 또한 *je **l'**ai laissée voir ce spectacle*보다는 *je **lui** ai laissé voir ce spectacle*이 더 낫고, *je **lui** ai laissé voir que je pleurais, je **t'**ai laissé en manger* (이 문장에서 *te*는 직접보어임), *je **t'**en ai laissé manger* (이 문장에서 *te*는 간접보어임), *je **les** ai vus faire* (ou *entendus dire*), *je **leur** ai vu faire* (ou *entendu dire*), *je **leur** ai vu faire, je **leur** ai entendu dire bien des sottises, je **le leur** ai entendu dire*[262]라고 말한다. 만일 직접보어만 대명사라면 두 가지 표현이 가능하다. 물론 *faire*의 경우에는 한 가지 표현만 가능하다. 즉 *j'ai laissé* (ou *laisse*) *ta soeur **la** chanter, je **l'**ai laissé chanter* (ou *laisse-**la** chanter*) **par** *ta soeur* (가끔은 *à ta soeur*도 가능)라고 한다.[263]

일반적으로 약세 간접목적어 대명사를 사용하는 것이 전치사 *à*가 붙은 명사를 사

---

260) *Faites-le-moi chercher*는 이론적으로 의미가 두 개 있다. 그러나 실제로는 *moi*의 의미가 *pour moi*이며 *par moi*가 아니다.

261) 이 문장을 *je l'ai laissé faire* (ou *dire*) *par eux*나 *je les ai laissés le faire* (ou *le dire*)보다 선호한다. 또한 *laisse-le-leur faire*라고 말한다.

262) 이 문장을 *je l'ai entendu dire par eux*보다 선호한다. 물론 *je l'ai entendu dire à* (ou *par*) *beaucoup de gens*이라고 말할 수는 있다. 그렇지만 *je les ai entendus le dire*라고 말해서는 안 된다. 물론 로망스(*romance*)에 대하여 말하면서 *je l'ai entendu la chanter* 혹은 *écoute-le la chanter, écoute-la-lui chanter*라고 말할 수는 있다.

263) 또한 *j'ai entendu ta soeur la chanter, je l'ai entendu chanter par ta soeur ; écoute ta soeur la chanter, écoute-la chanter par ta soeur*가 가능하다. 그리고 *je l'ai envoyé chercher son livre*라고 말해야 하며, *je l'ai envoyé le chercher*는 자연스러우나 *je l'ai envoyé chercher par lui*는 안 된다. 또한 모호함이 있더라도 *je le lui ai envoyé chercher*라고 말할 수 있는데, *envoyez-le le chercher*는 가능하나 *envoyez-le-lui chercher*는 안 된다. 한편 *j'ai envoyé* (ou *envoie*) *ton frère le chercher, je l'ai envoyé chercher* (ou *envoie-le chercher*) *par ton frère*라고 할 수 있다.

용하는 것보다는 더 편리하고 널리 사용되는 것 같다.

전치사 *à*와 함께 쓰이는 관계대명사는 비강세 대명사보다는 더 쉽게 사용되고 많은 경우에는 반드시 사용해야 한다. 특히 동사 *laisser*의 경우가 그렇다. 즉 *mes enfants,* ***à qui*** *j'ai laissé faire, laissé voir, laissé manger, laissé prendre tout ce qu'ils ont voulu*의 예와 같다. 이 예에서 *que*나 *par qui*를 사용할 수 없다. 또한 *les ennemis,* ***à qui*** *on a laissé envahir le pays*라고 말할 수도 있는데, ***par qui***가 더 낫다. 그리고 ***à qui*** *j'ai vu faire bien des sottises* 대신에 *que j'ai vus*라고 할 수 없다. 또한 *ceux* ***à qui*** *je l'ai vu faire*는 가능하나 *ceux que j'ai vus le faire*는 불가능하다. 마찬가지로 ***à qui*** (ou ***par qui***) *j'ai entendu dire bien des sottises* 대신에 *que j'ai entendus*라고 할 수 없다. 또한 *ceux* ***à qui*** (ou ***par qui***) *je l'ai entendu dire*를 *ceux que j'ai entendus le dire*로 바꿀 수 없다.

우리는 지금까지 그 수가 한정되어 있는 두 가지 계열의 동사에 종속되는 부정법절을 살펴보았다. 그런데 이런 부정법절 이외에도 다른 부정법절이 있는데 일반적으로 독립절에 쓰이고 아주 짧다. 부정법은 다른 법과 여러 인칭 변화된 형태 대신에 쓰이는 것이다. 이것은 언어에서 무척 애용되는 생략이나 축약된 언어방식인데, *il a de quoi vivre*[264)]처럼 편리하기 때문에 사용한다.

특히나 의문문에서 두드러진다. 이때 부정법은 *qui, que, quoi*와 의문부사 다음에, 곰곰이 숙고하는 경우 가능성의 여지를 보충하는 기능을 한다. *Que faire?*는 *que puis-je faire? que ferais-je? que faut-il que je fasse? que pouvais-je* (ou *que fallait-il*) *faire? que pouvaient-ils faire* (ou *que pouvions-nous faire*)? 대신에 사용될 수 있다. 즉 이 때의 의문문은 단수와 복수의 3가지 인칭을 대신하는 것이다. 또한 *qui croire? à qui parler? où aller? comment faire? pourquoi sortir? combien lui donner?*도 역시 같다. 이러한 형태는 간접의문문에서도 사용이 가능한데, 주절의 주어를 공유하기 때문에 확장 가능성이 덜 하고 의미도 일반성이 덜하긴 하다. 그렇다고 이런 용법의 편리함이 떨어지는 것은 아니다. 즉 *il ne sait plus que dire* (ou *quoi faire*); *nous n'avons pas de quoi payer; je sais, je savais, si j'avais su, je saurai désormais à qui*

264) 본문 205쪽의 <관계 대명사(pronoms relatifs)>에 관한 장을 참조할 것.

*m'adresser ; je sais où aller*의 예와 같다.[265)]

감탄문도 당연히 의문문과 같다. 즉 *m'abandonner ainsi !*는 *comment peux-tu, peut-il, peuvent-ils, pouvais-tu, ont-ils pu m'abandonner ainsi ?*의 의미이다. 반면에 주어를 밝혀서 *lui, m'abandonner ainsi !*라고도 한다.

이러한 표현에서 부정법은 경우에 따라서 조건법이나 접속법을 대신한다. 즉 *moi, m'en aller !*는 *moi, je m'en irais !*나 *moi, que je m'en aille !*와 같은 항의의 개념을 갖고 있다.

*Dire que, penser que*는 격식을 차리지 않는 언어에서 놀람이나 분개의 감정을 표현하기 위하여 사용된다. 또한 *savoir si*는 의구심을 표현하기 위하여 사용되는데, *savoir s'ils viendront*은 *c'est à savoir* 대신에 사용된 것이고 *on ne sait pas*와 같다.

간단히 메모할 경우 명령법 대신에 부정법을 사용하기도 한다. 즉 *écrire au préfet*의 예와 같다. 또한 다소간 일반적 성격을 띤 처방의 경우에도 사용된다. 즉 *tracer une ligne droite, agiter la bouteille avant de s'en servir*의 예와 같다.[266)]

10. 분사의 용법

분사(**le participe**)를 법으로 보기는 어렵다. 이 명칭 자체도 동사(**verbe**)와 형용사(**adjectif**)의 이중성이 있다는 사실을 충분히 보여준다. 한편 분사는 형용사로 아주 쉽게 변할 수 있는데, 형용사는 다시 쉽게 명사로 변한다. 그렇지만 동사의 성격은 남아 있다고 볼 수 있는데, 분사가 제대로 된 절을 형성하고 이것의 용법이 인칭 변

---

265) 본문 220쪽과 225쪽을 참조할 것. 일반적으로 이런 부정법절을 의문문이라기보다는 관계절로 취급한다. 실제로 간접의문문이 관계절로 바뀌는 것을 이미 살펴보았다. 그렇지만 부정법 때문에 이 절이 의문문으로 여겨지는 것 같다.

266) 문어에서는 아직도 가끔은 소위 역사적 부정법 혹은 서술의 부정법(l'infinitif dit historique ou de narration)이라는 전치사 *de*와 함께 사용되는 표현을 사용한다. 이것은 16세기에는 많이 사용되었고 문학적이라기보다는 대중적인 용법처럼 보인다. 특히 라퐁텐느(La Fontaine)가 고전주의 작가들 가운데에서도 많이 사용한 것은 이런 이유 때문이다. 다음 예와 같다.

Ainsi dit le renard, et flatteurs *d'applaudir.*

오늘날 구어에서는 어디에서 유래했는지 알 수 없는 이런 표현을 별로 사용하지 않는다.

화하는 법과 같기 때문이다.

분사에는 현재분사와 과거분사 두 형태가 있다. 문법에서 말하는 복합분사란 현재분사가 조동사 역할을 하면서 과거분사 앞에 나오는 형태이다.

현재분사

현재분사(**le participe présent**)는 항상 ***ant***으로 끝나고 불변인데, 동사에서 유래하고 변화하는 동사적 형용사(**l'adjectif verbal**)와 구별해야 한다.[267] 동사적 형용사(**l'adjectif verbal**)에는 종종 동사 *être*가 따라 나오고 다른 형용사들과 마찬가지로 다소간 영속적 성질(**qualité permanente**)을 나타낸다. 이 성질이 오래 지속되지 않을 수도 있다. 즉 *une femme* ***obligeante****, une place* ***vacante****, cette musique est* ***charmante****, cette femme est* ***souffrante***의 예와 같다. 또한 *cette femme est* ***mourante***도 가능한데 어떤 상태가 지속되는 것을 의미하기 때문이다.

또한 다른 형용사들과 마찬가지로 동사적 형용사 앞에는 부사가 나올 수도 있다. 즉 *des portraits assez* (ou *très*) *ressemblants, une respiration toujours haletante*의 예와 같다. 또한 *bien*이나 *mal*이 분사 앞에 놓여서 이 분사를 형용사로 만든다. 즉 *des personnes bien* ***pensantes***의 예와 같다. 경우에 따라서는 상황보어가 뒤에 따라 나오기도 한다. 즉 *ils sont* ***étonnants*** *de verve et d'ingéniosité*의 예와 같다.[268]

반면에 현재분사(**le participe présent**)는 순간적인 동작, 현재 일어나는 사실, 가끔은 상태도 표시하지만 이것도 순식간에 지나가는 상태를 나타낸다. 이것의 동사적 성질을 강조하려면 그 앞에 *en*을 놓는 것이 가장 흔하다. 즉 *elle est morte en*

267) 오늘날과는 달리 현재분사도 오랫동안 변화하는 것이었고 따라서 불변인 제롱디프(le gérondif)와는 구별되었다. 먼저 여성형의 일치가 사라지고 남성 복수형만 남게 되었다. 그런데 17세기 후반부터 이 남성복수형도 점차 사라지게 되고 결국에는 제롱디프와 구별이 안 되게 되었다.

268) 당연한 말이지만, 시인들은 분사를 동사적 형용사로 쉽게 바꾸는 특권을 갖고 있다. 즉 위고(V. Hugo)는 이것을 무척 즐겼고, *une bouche crachante, une sève décuplante, une mémoire planante* 라는 표현을 거침없이 사용했다.

*souriant*과 같다(*une bouche souriante*와 비교할 것). 또한 직접보어나 간접보어, 혹은 종속절을 사용하여 표시하는데 *une femme* ***aimant*** *la parure* (ou *à se parer*) (*une femme aimante*와 비교할 것)의 예와 같다. 또한 동사와 마찬가지로 분사 다음에 부사를 사용한다(물론 도치의 경우는 예외이다). 즉 *une chair* ***palpitant*** *encore* (*encore palpitante*와 비교할 것)의 예가 있다. 혹은 동사와 마찬가지로 부정 표시로 분사를 감싸기도 한다. 즉 ***n'aimant pas*** (*une femme non aimante* (ou *qui n'est pas aimante*) 와 비교할 것)의 예가 있다.[269)]

현재분사는 불변이긴 하지만 옛날 용법의 흔적을 간직하고 있기도 하다. 따라서 몇몇의 널리 사용되는 표현에서는 변화하고 있고 이것은 변치 않을 것 같다.

한편 현재분사가 능동적 의미(**sens actif**)를 갖고 있는 예는, *à la nuit tombante, en espèces sonnantes, toute affaire cessante, les allants et venants, les tenants et aboutissants*이다. 오늘날 *une loi tendante à*와 *une loi tendant à* 사이에서 주저하는데, 두 경우 발음이 거의 같다는 점에서 설명이 가능하다. 그런데 앞의 예들에서는 상황이 다르다. 법정 언어의 경우 몇몇 유사한 표현에서 소중하게 간직하지 않았더라면 *tendante à*는 이미 오래 전에 사라졌을 것이다.

재귀적 의미(**sens réfléchi**)를 갖고 있으면서 현재분사가 변화하는 예는 *séance tenante, une femme bien portante, à portes fermantes*이다.

끝으로 수동의 의미(**sens passif**)를 갖고 있는 현재분사도 있는데 누가 행위를 했는지는 드러나지 않은 예이다. 즉 *couleur voyante, place payante, soirée dansante, poste restante, musique chantante, rue passante*[270)]가 있다. 또한 남성형으로만 사용되는 à *beaux derniers comptants*도 있다.

그런데 이 예에 사용된 모든 분사는 형용사로 변한 것이고, 심지어 명사로 변한 것도 많이 있다. 그런데 본래 현재분사가 변하는 법이란 없는 것이다.

---

269) 그런데 다음 예, *jeunes et vieux se retirèrent aussitôt, les plus vieux fuyant les premiers*에서 *fuyant*은 현재분사이다. 비록 보어가 붙어 있지 않지만 순간적인 동작을 표현하고 있으며 모호함은 피상적일 따름이기 때문이다. 또한 *la rosée dégouttant des feuilles*와 *les feuilles dégouttantes de rosée, la sueur ruisselant sur les joues*와 *les joues ruisselantes de sueur*를 구별하는 것도 어렵지 않다.

270) 대신에 *passagère*을 사용할 수는 없다. 이 형용사를 사용하면 이치에 맞지 않게 된다.

현재분사는 분사절(**proposition participe**)을 형성할 경우에만 동사적 가치를 갖는데, 일반적으로 종속절과 일치한다.

가장 흔한 경우가 분사 앞에 전치사 ***en***이 나오는 (**le participe est précédé de la préposition *en***) 것이다. 이것이 바로 제롱디프의 주된 형태이다. 즉 *ils sont morts en combattant*과 같다.[271)]

원칙상 *en*이 현재분사에 붙어서 동시성(**la simultanéité**)을 나타내는데 시제는 뭐라도 상관없다. 즉 *il lit, il lisait, il lira, il aurait lu* ***en*** *marchant* (ou *parlé* ***en*** *mangeant*) ; *il était riche* ***en*** *naissant* ; *je lui ai fait un cadeau* ***en*** *partant*의 예와 같다. 그렇지만 이 동시성에 원인(**cause**)이나 양태(**manière**)라는 개념이 덧붙는 경우가 흔하다. 즉 *on s'instruit* ***en*** *lisant*의 의미는 독서를 함으로써, 혹은 독서를 하기 때문에 유식해진다는 것이다. 또한 ***en*** *forgeant on devient forgeron, ce n'est pas* ***en*** *bavardant que vous avancerez votre ouvrage*의 예도 있다. 한편 조건(**condition**)의 개념이 덧붙기도 하는데 ***en*** *passant par là, vous aurez* (ou *vous auriez*) *mauvais chemin*의 예와 같다. 혹은 양보(**concession**)의 개념이 붙기도 하는데 *même en passant par là, vous n'arriverez pas avant quatre heures*의 예와 같다.[272)]

전치사 ***en*** 앞에 ***tout***를 붙여서 강조하는 일이 흔하다. 즉 ***tout en*** *écrivant, il écoutait ce qu'on disait*의 예와 같다. 그런데 이 경우 동시성의 개념에 덧붙여지는 것은 항상 제약이나 양보의 의미이다. 즉 *tout en écrivant*은 *quoiqu'il écrivît*의 의미이다. 이 의미는 우리가 이미 *tout éloquent qu'il est* (ou *qu'il soit*)에서 본 것이다. 이 경우 분사절을 강조하려면 주절 앞에 놓는다. 그렇지만 분사절이 너무 길면 뒤에 놓는다. 즉 *vous n'êtes pas venu,* ***tout en*** *sachant très bien que je vous attendais*의 예와 같다. 이런 경우에는 단지 분사만을 사용하기도 한다. 즉 *vous n'êtes pas venu, sachant très bien que je vous attendais*의 예와 같다.[273)]

---

271) 이 전치사 *en*은 동사적 형용사가 명사로 변하여 함께 사용되기도 한다. 즉 부정관사와 함께 *comme*의 의미를 갖는다. 즉 *ils se sont conduits en combattants intrépides*의 예와 같다.

272) 따라서 별로 유쾌하지 않은 예인 *en en usant de la sorte*를 *si vous en usez de la sorte*로 바꾸는 것은 어렵지 않다.

273) 여기에서 주목할 것은, *en ayant*과 *en étant*이 홀로 쓰이기보다는 *tout*를 흔히 함께 사용한다는 것이다. 왜냐하면 더 이상 동시성의 개념이 없기 때문이다.

분사가 여러 개 나올 때 전치사 *en*을 일반적으로 반복한다. 즉 ***en*** *se levant ou* ***en*** *se couchant ;* ***en*** *entrant et* ***en*** *sortant*의 예와 같다. 그렇지만 ***en*** *allant et venant*의 예에서는 반복하지 않고, 뒤의 분사가 앞의 분사를 발전시키는 경우에도 반복하지 않는다. 즉 ***en*** *expliquant et développant cette idée*의 예와 같다.

분사가 도치되는 굳어진 표현에서는 *en*이 생략된다. 즉 *chemin faisant, tambour battant, généralement parlant*의 예와 같다.[274] *En* 대신에 *à*를 쓴 예는 *à son corps défendant*이다.

속담에서 쓰는 표현인 *donnant donnant*도 있다.

조건의 뜻을 가진 절에서 이중의 가정을 표현하고자 할 때 *en*과 현재분사 *étant*을 동시에 생략한다. 즉 (en étant) *méchant, on est respecté,* (en étant) *bon, on est méprisé*의 예와 같다. 그렇지만 다른 것도 역시 생략할 수 있다.

현재분사 앞에 ***en***이 없더라도 **(le participe présent non précédé de *en*)** 역시 동시성(**la simultanéité**)을 표현할 수 있다. 이것은 동사 *va*와 함께 만들어진 문장이 그렇다. 즉 *le mal va en croissant*이 있고, 더 나은 *le mal va croissant*이 있다.[275] 이 표현으로 *et*로 등위된 절을 대신하는 것이 가장 흔하다. 즉 *il était chez lui, travaillant à son livre*나 *comme il était chez lui, ne faisant rien ou pas grand'chose*의 예와 같다. 여기에서 주목할 것은, 부정법절이 부정문일 경우 가능한 한 *sans*과 부정법으로 바꾸는 것이 좋다는 것이다. 즉 *il est resté là, sans rien faire*의 예와 같다.

이렇게 만들어진 부정법절이 원인(**cause**)을 나타낼 수도 있다. 이 경우 *parce que*로 된 종속절을 대신한다. 즉 *j'ai pris cet instrument n'en trouvant pas d'autre*의 예와 같다. 그런데 이 경우 *선행성(l'antériorité)*을 표시하거나 수동의 의미를 표시할 필요가 있다. 그 때의 현재분사는 조동사의 역할만은 한다. 즉 *j'ai pris cet instrument, n'en* ***ayant*** *pas* ***trouvé*** *d'autre ; il n'a pas pu terminer,* ***étant mort*** *trop tôt* (ou ***ayant*** *été* ***atteint*** *d'une grave maladie*)의 예와 같다.

---

274) 시에서는 보다 자유롭게 사용한다. 즉 라퐁텐느(La Fontaine)는 다음과 같이 말했다.

J'aurai, *le revendant,* de l'argent bel et bon.

275) 뮈세(Musset)가 *'le Rhin allemand'*에서 *Un couplet qu'on s'en va chantant*이라고 표현했는데, *s'en va*는 시의 문체에 속하는 것이다.

원인을 강조하고자 할 때 분사절을 주절 앞에 놓아서 *comme* 다음에 직설법이 오는 것과 같은 의미를 갖도록 한다. 아니면 주어와 동사 사이에 분사절을 놓는다. 즉 *ne pouvant pas en faire la dépense, j'y renonce* (ou *j'ai dû y renoncer*); *craignant qu'il ne vînt pas, je suis allé le trouver*[276]; *n'ayant pas reçu ma lettre, mon frère* (ou *mon frère, n'ayant pas reçu ma lettre*) *n'a pas pu faire ce que je lui demandais*; *se sentant* (ou *s'étant senti*) *mal accueilli, étant* (ou *ayant été*) *mal accueilli, il y resta fort peu de temps*[277]의 예와 같다. 이 구문에서 *étant*과 *ayant été*를 생략할 수 있는데, 동사 *être*가 어디에서나 생략이 가능하기 때문이다. 이 경우 과거분사만 남아서 *mal accueilli, il y resta fort peu de temps*과 같이 된다. 자동사의 경우에도 역시 마찬가지인데, 그 예는 (étant) *devenu vieux, il avait perdu ses facultés*이다.[278]

이와 같이 문두에 놓인 현재분사는 단지 선행성(**antériorité**)을 표시하기도 한다. 즉 *prenant* (ou *ayant pris*) *son chapeau il sortit*의 예와 같다.

위의 모든 예에서 전치사 *en*이 있건 없건 현재분사(**le participe présent**)는 부정법과 마찬가지로 단지 주절의 주어와 관계한다(**renvoyer au sujet**)는 사실을 알 수 있었다. 물론 모호함과 난해함을 피하기 위한 목적인데, *en*이 없는 분사는 동격의 역할을 한다.[279] 그런데 옛날에는 이렇지 않았고, 이런 용법을 어기는 속담들이 남아 있다. 즉 *l'appétit vient* ***en mangeant*** *; le bien ou la fortune vient* ***en dormant***의 예와 같다. 부정법은 물론 많은 다른 경우에도 이런 규칙을 어겨도 별 어려움이 없었는데, 특히 구어에서 그렇다. 즉 *à gauche* ***en entrant*** *il y a*는 *on trouve* (ou *tu trouveras*) 대신에 사용된 것이다. 물론 어떠한 모호함도 없어야 하고, 특히 분사 앞에 *en*이 있

---

276) 이 문장에서 *vînt*을 쓴 이유는, *craignant*의 의미가 *comme je craignais*이지 *comme je crains*이 아니기 때문이다. 즉 현재분사가 현재형인지 혹은 과거에서의 현재인 반과거인지 결정하는 것은 바로 주절의 동사이다.

277) 주절의 성격은 종속절과의 관계에서 결정되는데, 다른 어느 곳보다도 이 경우에 그렇다. 그런데 주절을 다른 절의 종속절로 만드는 것도 가능하다. 즉 *j'avoue que, ne pouvant pas en faire la dépense, j'ai dû y renoncer, sachez que mon frère...*의 예와 같다.

278) 이것은 형용사 앞에서도 쉽게 일어나는 생략이다. 즉 (étant ou ayant été) *absent depuis hier, je n'ai pas pu le voir*의 예와 같다.

279) 따라서 *dans l'espoir que vous voudrez bien... je vous prie....*가 정확하고 *veuillez...*나 *recevez...*를 사용하면 안 된다.

는 경우에는 신중하게 이것을 사용해야 한다. 너무나 자주 사람들이 사용하는 *en lui répondant, c'est faire une sottise*라는 표현은 분명히 잘못된 것이다. 이것 대신에 정확한 두 개의 표현, 즉 *en lui répondant, je fais, je ferai, vous ferez une sottise*나 *lui répondre, c'est faire une sottise* (ou *c'est faire une sottise que de lui répondre*)이 있으므로, 이들을 혼동해서 사용할 이유는 없을 것이다.[280)]

마찬가지로 문두에 나오는 분사절이 보어, 특히 직접보어와 관계되는 것은 아주 예외적인 것이다. 즉 *disant toujours la vérité, vous devez me croire*라고 말할 수는 없다. 모호함을 없애려고 *vous disant*이라고 말해도 별로 나아지지도 않는다.[281)]

구어에서는 종속절의 주어에 관계하는 현재분사의 위치를 도치에 의하여 바꿀 수도 있다. 즉 *comment voulez-vous qu'arrivant* (ou *arrivé*) *à l'instant je sache ce*

---

280) 이 점에 대하여 문어는 구어보다 더 엄격할 필요가 있다. 물론 시는 나름의 특권을 갖고 있으므로 시인이라면 라신느(Racine)와 같이 다음과 같이 말할 수는 있을 것이다.

> Je vois qu'*en écoutant vos yeux* au ciel s'adressent
>
> 그렇지만 다음과 같이 해서는 안 되고,
>
> De *son fils*, *en mourant,* lui cachèrent les pleurs
>
> 라퐁텐느(La Fontaine)가 사용한 다음 예도 안 된다.
>
> Tout *en parlant* de la sorte,
> Un limier *le* fait partir

글이 아니라 말을 하는 경우에도, *en attendant l'arrivée des pompiers, l'incendie prit un grand développement*이라고 해서는 안 된다. 왜냐하면 화재(l'incendie)가 기다리는 것이 아니기 때문이다.

281) 이러한 구문은 현재분사가 생략될 경우에만 통한다. 따라서 라퐁텐느(La Fontaine)가 사용한 다음 말을 오늘날에도 사용해도 될지 주저하게 될 것이다.

> *Etant devenu* vieux, on le mit au moulin.

그러나 *devenu vieux, on le mit au moulin*이라고 말하는 데는 전혀 어려움이 없다. 과거분사는 일치를 해야 하고, 현재분사는 일치를 하지 않기 때문이기도 하다.

따라서 *méchant, on le respectait; bon, on le méprise*라고 말하는데 이 예는 생략이 많이 일어난 것인데 현재분사 이외에도 다른 것을 생략했기 때문이다. 마찬가지로 약간은 대담한 유명한 라신느(Racine)의 구절, 즉 항상 서툴게 발음하는 이 구절도 마찬가지이다.

> Je l'aimais inconstant, qu'aurais-je fait fidèle?

(qu'eussé-je fait는 안 된다) 이 예에는 *quand il était*나 *s'il avait été*가 생략된 것이지 *étant*이 생략된 것이 아니다.

*qui s'est fait hier*라는 문장이, 격식 없이 말하는 경우 *arrivant* (ou *arrivé*) *à l'instant, comment voulez-vous que je sache ce qui s'est fait hier*가 된다.

부적절하게도 현재분사가 보어에 관계되도록 만드는 가장 흔한 이유는, 많은 사람들, 심지어는 많은 작가들도 단순 관계절 대신에 현재분사를 사용하는 유감스런 경향 때문이다. 이런《글쓰기(écriture)》는 부분적으로는 공쿠르(Goncourt) 때문이라고도 할 수 있는데 대체로 틀린 것이다. 예를 들자면 문법규칙을 설명하는 일반적인 공식에서 이런 문장을 허용하는데, 분사구문은 영속적인 성격을 갖는 부가형용사의 기능을 한다. 즉 문법에서 설명하는 문장, *une proposition* ***commençant*** *par un compléménť*에서, *commençant*은 *qui commence* 대신에 쓰인 것이고 *parce qu'elle commence*는 아니다. 따라서 우리는 *dans les propositions* ***commençant*** *par un complément, avec un participe* ***renvoyant*** *au sujet*라고 말할 수 있다. 마찬가지로 *il me faut un jeune homme* ***ayant fait*** *de bonnes études*라고 말할 수 있는데, 물론 *qui ait fait*가 더 낫다.

그렇지만 절의 성격이 더 이상 일반적이 아닐 때 이 구문은 틀린 것이 된다. 즉 *je vous recommande ce jeune homme ayant fait de bonnes études*의 문장에서 분사절이 *qui a fait*를 대신하는 것은 틀린 것이다. 또한 *il faut corriger ce participe renvoyant au complément*을 *qui renvoie*나 *parce qu'il renvoie*로 바꾸어야 한다. 물론 *comme*를 덧붙여서 원인을 표시할 수는 있다. 즉 *il faut corriger ce participe* ***comme renvoyant*** *au complément*의 예와 같다. 반면에 주어에 동격구문으로 원인절을 사용하면 우아하진 않지만 정확한 문장이 된다. 즉 *ce participe,* ***renvoyant*** *au complément, est très mal employé*의 예와 같다. 그렇지만 *je l'ai trouvé travaillant à son livre*라고 말할 수 있는 것은 *je l'ai trouvé occupé à*라고 말할 수 있기 때문이고 *travaillant*이 관계절을 대신하는 것은 아니기 때문이다. 물론 *je l'ai trouvé qui travaillait à son livre*라고 말할 수는 있다. 반면에 *j'ai rencontré tout à l'heure une voiture allant à Paris*라고 *qui allait* 대신에 말하거나, *quels sont ceux qui désirent* 대신에 *qui sont ceux désirant*이라고 말하는 것은 아주 어색하다.[282)]

282) 프랑스의 작가들은 두 개의 현재분사를 이렇게 사용하는 것에 거부감을 보이지 않는다. 즉 *les rayons des projecteurs traçaient des routes silencieuses, apparaissant dans ce monde désert,*

여기에서 덧붙이고 싶은 것은, *il l'a rencontré se promenant*은 전혀 모호하지 않은데, 만일 분사가 주어에 관계된다면 *en se promenant*이라고 말할 것이기 때문이다. 그렇지만 *qui se promenait*나 *en train de se promener*를 사용하는 것이 한결 낫다.

그렇지만 현재분사가 형용사나 과거분사와 등위되면 이런 용법이 전혀 불편하지 않다. 왜냐하면 모호함이 전혀 없기 때문이다. 예를 들면 *j'ai rencontré une voiture lancée à toute vitesse et filant sur Paris*와 같다. 그렇지만 순서를 바꾸면 여전히 좋지 않다.

절대분사구문

분사구문이 주절의 주어와 관계되지 않는 경우가 하나 있다. 이것은 자신의 주어를 가지고 절대구문이 되는 경우인데, 이것은 문장 내에 하나의 삽입구를 이루고 더 빈번하게는 문두에 놓여서 문법적으로 독립적인 요소가 되는 것이다. 말하자면 라틴어의 *절대탈격구문*(*l'ablatif absolu*)과 같은 것이다.

이 절대구문은 적어도 두 요소를 갖고 있는데, 하나는 주어이고 다른 하나는 분사이다. 즉 *cela étant, Dieu aidant, le cas échéant, moi vivant*의 예와 같다. 이 절대구문은 가끔 조건절을 대신하는데, *Dieu aidant* (si Dieu m'aide), *le cas échéant* (si le cas échoit)의 예와 같다. 시간절을 대신 하는 경우가 더 많은데, *moi vivant* (pendant que je vis ou que je vivrai)의 예와 같다. 원인절을 대신하는 경우도 역시 많은데 *cela étant* (parce que cela est)의 예와 같다. 절대구문의 경우에도 분사는 조동사의 역할로 기능이 축소되기도 한다. 즉 *les parts étant faites ou ayant été faites* (après que les parts furent ou eurent été faites), *le lion parla ainsi*의 예와 *le roi étant arrivé* (après que le roi fut arrivé, parce que le roi était arrivé) *tout le monde se leva*의 예와 같다.

---

*autour de la voiture avançant à toute vitesse, comme les uniques témoignages de...*의 예와 같다. 아마도 대신에 *qui*를 두 번 사용해도 문장이 나아지지도 않을 것이다. 그렇지만 과거분사를 사용할 수는 있다. 즉 *les rayons des projecteurs traçaient des routes silencieuses, qui, dans ce monde désert, autour de la voiture lancée à toute vitesse, apparaissaient comme...*의 예와 같다.

게다가 *étant*이나 *ayant été*가 생략되고 과거분사만 남아서 문장이 한결 간단해지기도 한다. 즉 ***les parts faites****, le lion parla ainsi ;* ***cela dit****, maître loup s'enfuit ;* ***la ville prise****, ce fut la fin de la guerre ;* ***le roi mort****, la cour prit le deuil*의 예와 같다.[283)]

절대구문에서는 분사가 당연히 명사 뒤에 오는 것을 알 수 있다. 따라서 *faites les parts*나 *prise la ville*은 정확한 표현이 아니다. 그렇지만 명사에 관계절을 붙이거나 여러 보어를 붙여야만 한다면 도치를 할 수도 있다. 다만 조건이 하나 있는데, 그것은 분사 앞에 *aussitôt*나 *une fois*같은 부사를 사용해야 한다는 것이다. 즉 *la besogne une fois achevée*가 *une fois achevée la besogne commencée depuis si longtemps*이 될 수 있다.

반면에 분사가 전혀 나타나지 않는 경우도 있는데, 분사가 생략되었거나 속사 구실을 하는 표현으로 대치되었기 때문이다. 즉 *elle était assise, son enfant près d'elle ; il a signé, le couteau sous la gorge ; j'ai observé, montre en main*의 예와 같다.[284)]

절대구문이 주절과 문법적인 관계는 없지만, 절대구문의 주어를 주절에서 보어로 받을 수도 있다. 즉 *la ville étant prise, on* ***la*** *pilla*의 예와 같다. 또한 절대구문에서 일어나는 동작을 주절의 주어가 행하기도 하는데, *les parts étant faites* (quand il eut fait les parts), *le lion parla ainsi*의 예와 같다.

반면에 두 절의 주어가 같으면 안 되고, *le général étant arrivé il passa la revue*라고 말할 수는 없다. 이런 경우 절대구문이 필요 없는데, 절대구문이 정당화되는 것은 바로 자신만의 특별한 주어를 갖는 것이기 때문이다. 따라서 주절의 주어와 동사 사이에 보통의 분사구문을 끼워 넣으면 된다. 즉 *le général, étant arrivé, passa la revue*의 예와 같다. 분사구문이 아무리 길어도 상관없다. 즉 *le général, ayant convoqué les officiers et leur ayant fait de longues observations sur la conduite de la guerre, passa les troupes en revue et donna le signal du départ*의 예와 같다.[285)]

---

283) 또한 *y compris la maison*도 있는데 문자 그대로의 의미는 *la maison y étant comprise*이다.

284) 태도를 나타내는 표현에 대하여 앞의 본문 147쪽을 참조할 것.

285) 반대로 절대구문의 주어를 생략해서는 안 된다. 그런데 라퐁텐느(La Fontaine)는 가끔 다음과 같이 생략했다.

> *Dans le marais entrés,* notre bonne commère
> D'efforce de tirer son hôte au fond de l'eau

옛날에는 절대구문의 주어로서 *que*로 시작되는 종속절을 사용하기도 했다. 즉 *étant sûr que, étant établi que, n'étant pas probable que*, (étant) *joint que*의 예와 같다. 이런 용법은 사라졌지만 아직도 *étant donné que, vu que, attendu que, supposé que*라는 복합접속사가 남아 있다.[286)]

과거분사

현재분사와는 달리 과거분사(**le participe pass**é)는 변화한다(**variable**). 과거분사가 명사 옆에 나오면 동사 *être*가 있건 없건 거의 형용사와 같아진다. 즉 *une liberté permise, cette liberté est* (ou *sera*) *permise*의 예와 같다. 과거분사는 일반적으로 수동의 의미(**le sens passif**)를 갖는다. 능동태의 복합시제에서처럼 동사 *avoir*와 같이 사용될 경우에도, 행동을 받는 직접보어가 있으면 역시 수동의 의미를 갖는다. 즉 *j'ai aimé mes enfants*에서 *aimé*가 성수 일치를 하지는 않지만 그 의미는 <ce sont bien les enfants qui ont été *aimés*>이다.

간접보어를 취하는 동사들 중 몇몇도 그 과거분사가 수동의 의미를 갖는다. 즉 *une oeuvre réfléchie, une chose convenue, des conditions consenties, l'ordre accoutumé, des lettres répondues, places assises*의 예와 같다.[287)]

반대로 몇몇 과거분사는 수동의 의미를 완전히 잃어버리고 능동의 의미(**sens actif**)의 형용사로 변했거나 거의 바뀌고 있다. 즉 *un homme dissimulé, décidé, avisé, entendu,*

절대구문에 주어가 없으면 당연히 주절의 주어를 받게 된다. 즉 *dans le marais entrée*가 맞는 표현이다. 아마도 작시법의 규칙 때문에 이런 철자법이 불가능한 것 같은데, 이런 점은 유감스럽다.

286) 또한 비인칭의 절대구문, 즉 주어가 없는 절대구문도 역시 사라졌다. 즉 *venant à pleuvoir*와 같은 예인데, 이것은 *s'il vient* (ou *comme il venait*) *à pleuvoir*이다.

> Mais, lui *fallant* un pic, je sortis hors d'effroi

위의 문장도 역시 라퐁텐느(La Fontaine)가 사용한 것이다. 그리고 *y ayant, n'y ayant rien qui...*등도 이런 범주에 속하는 것이다. 이런 구문이 편리한 점이 있기에 사라져버린 것이 아쉽다.

287) 더욱이 간접보어를 취하는 몇몇 동사는 수동태가 되기도 한다. 즉 *vous serez obéi, vous êtes tout pardonné*의 예와 같다.

*réfléchi, appliqué, ordonné, rangé, mesuré, passionné*의 예와 같다. 또한 *une personne bien osée, votre bien affectionné*의 예가 있다.

과거분사의 동사적 가치를 간접보어나 조동사를 사용함으로써 강조하기도 한다.[288] 그렇지만 간접보어나 조동사가 반드시 필요한 것은 아니다. 우리는 앞에서 조동사 *être*가 과거분사 앞에서 생략된다는 것을 보았다. 특히 절대구문에서 생략되는데 동사가 자동사인 경우에도 역시 생략된다. 그런데 많은 경우 과거분사가 조동사 *être*와 함께 사용될 수 있기만 하면 이 조동사를 생략하고 과거분사만 따로 사용하는 것도 가능하다. 즉 *supposez ses affaires terminées, ses parents morts ou* ***disparus***의 예와 같다. 이러한 현상 때문에 조동사 *avoir*만을 취하는 많은 과거분사를 형용사처럼 여기게 되었다. 즉 *des couleurs* ***pâlies****, des soldats* ***expirés****, des oeuvres* ***parues***의 예와 같다.[289]

과거분사에 간접보어가 따라 나올 때 이 보어 앞에는 *par*나 *de*가 나오는데, 이것의 선택은 수동문에서 동사가 요구하는 조건과 같다.[290] 그렇지만 과거분사만 나올 때에는 *de*를 보다 많이 사용하는데, 이때 과거분사가 형용사와 유사하기 때문이다.

과거분사 앞에 *étant*이나 *ayant été*가 생략된 경우 원칙상 주절의 주어를 받는다. 이것은 현재분사의 경우와 마찬가지이고 예외적으로 허용되는 것도 역시 같다.[291]

---

288) 동격 다음에 조동사는 특별한 위치에 나타날 수 있는데, 그 예는 *encouragés qu'ils étaient par les éloges qu'on leur donnait, ils...*과 같다. 형용사도 역시 마찬가지이다.

289) 많은 대명동사의 과거분사도 이런 방식으로 취급한다. 즉 *des gens agenouillés, blottis, réfugiés, extasiés, des prisonniers échappés, des jours écoulés*의 예와 같다. 그러나 *des gens abstenus, désistés, emparés*라고는 하지 않는다. 주목할 것은 *des choses arrivées, les personnes venues ce matin*이라고는 하지만 *les gens allés*라고는 하지 않는다는 것이다. 물론 현대작가들은 가끔 *les jours en allés*라고 적기는 한다. 반대로 *des livres achevés d'imprimer*라는 표현은 사용한다.

290) 앞의 본문 301쪽을 참조할 것.

291) 앞의 본문 418쪽을 참조할 것. 시인이라도 이제는 더 이상 라퐁텐느(La Fontaine)가 다음과 같이 말한 것처럼 하지는 않을 것이다.

> Et *pleurés* du vieillard, il grava sur *leur* marbre
> Ce que je viens de raconter,

그렇지만 아직은 라신느(Racine)처럼 다음과 같이 말할 수는 있다.

> *Chargé* du crime affreux dont vous me soupçonnez,

전치사 *avant*이나 *après* 다음에 복합시제 대신에 과거분사만 사용하기도 한다. 즉 *avant le soleil levé*는 *avant que le soleil soit levé* 대신에 사용한 것이고, 또한 *après cette affaire réglée*의 예가 있다.

이제 일치의 규칙에 대하여 말할 차례이다.[292)]

조동사 ***être***를 취하는(**conjugué avec l'auxiliaire *être***)[293)] 동사의 과거분사는 형용사와 마찬가지로 항상 일치한다. 비록 *étant*이나 *ayant été*가 생략되고 과거분사가 관계하는 명사 앞에 놓여도 역시 일치한다. 즉 *bénie soit la main qui m'étrenne ; promise pendant fort longtemps, la concession n'a jamais été accordée*의 예와 같다.

이것에 대하여 예외인 과거분사는 *approuvé, vu, attendu, supposé, passé, excepté, y* (ou *non*) *compris, étant donné*이다. 특히 *ci-inclus*와 *ci-joint*은 명사 바로 앞에 놓일 때에는 (*quand ils précèdent immédiatemtn le substantif*) 불변이다. 이 때 분사 앞에 있는 *étant*을 생략해야 한다.[294)] 그렇지만 *vous trouverez ci-**joint*** (ou *ci-**inclus***) *copie du*

Quels amis me plaindront si vous m'abandonnez?

이렇게 구문을 다소 자유롭게 만드는 것은 특히 형용사에 적당하다. 즉 *vive, agile, légère, tous ses mouvements ont de la grâce*의 예와 같다.

292) 과거분사의 일치 규칙은 언어의 문제라기보다는 철자법의 문제인 경우가 더 흔하다. 왜냐하면 복수형과 단수형의 발음이 같고 대부분의 경우 여성형의 발음도 남성형과 다르지 않기 때문이다. 따라서 *er*로 끝나는 동사만 있다면 여기에서 이 규칙을 다루지 않을 것이다. 다만 연음을 틀리게 해서는 안 되는 경우가 있을 수 있을 뿐만 아니라, 몇 가지 과거분사의 어미는 *s*나 *t*로 끝나서 여성형이 실제로 남성형과 발음이 다르게 된다. 이런 예는 먼저 *pris, mis*와 그것의 복합형, 그리고 *acquis, conquis, requis, assis, clos*와 *inclus*가 있다. 또한 *mort, offert, souffert, ouvert, fait*와 그들의 복합형, 그리고 *plaindre, joindre, éteindre*처럼 *indre*로 끝나는 동사들과 *dire, écrire, instruire*처럼 *ire*로 끝나는 대부분의 동사들의 예가 있다. 이들을 살펴보면서 규칙을 제시할 텐데, 일반적으로 문법책에서 언급하는 것보다는 적은 양으로 언급할만한 가치가 있는 것만을 언급할 것이다. 그리고 단지 철자법과 관련되는 것은 각주에서 언급할 것이다.

293) 대명동사의 변화에 대해서는 뒤에서 따로 다룰 것이다.

294) 철자법 상으로 구별해야 하는 것은, 먼저 변화하는 *approuvée par vous, vue de cette manière, attendue* (ou *passée*) *depuis longtemps, cette affaire* (ou *cette personne*)...의 예들과, 변화하지 않는 *approuvé l'écriture ci-dessous, vu* (ou *attendu*) *les circonstances, passé deux heures*의 예들이다. 사실상 *vues les attestations, exceptés ceux que j'ai vus hier*라고 적더라도 완전히 자연스럽다고 할 수는 있다. 그렇지만 문법학자들은 이와 같이 명사 앞에 놓인 과거분사를 전치사로 변

*procès*와 *vous trouverez ci-**jointe*** (ou *ci-**incluse***) *la copie du procès*를 구별할 필요가 있다. 후자의 경우 일치가 반드시 필요한 것은 아니지만, *la copie ci-jointe* (ou *ci-incluse*)처럼 자연스럽기 때문이다.[295)]

조동사 ***avoir***를 취하는(**conjugué avec l'auxiliaire *avoir***) 과거분사는 직접보어(complément **direct**)가 앞에 나올 때(**précédé**) 직접보어와 일치한다. 즉 과거분사를 말하는 순간 그것의 성과 수를 미리 아는 경우에 일치한다는 것이다. 즉 *il a **fait** quelques sottises, mais les a **faites** sans le vouloir, et encore celles qu'il a **faites** ne sont pas graves ; je l'ai **envoyée**, quand je l'ai eu **traduite** ; quelle récompense a-t-il **promise**? quelle erreur il a **commise***의 예와 같다.[296)]

또한 *on vous a **peinte** vêtue de noir*라고 말한다.[297)]

형시키는 일반적인 경향을 단지 따라왔을 뿐이다. 이러한 경향 때문에 *pendant, durant, hormis*가 만들어졌고, 예전에는 변화하다가 최근에 와서야 일반적인 용법에서 변화하지 않게 된 *étant donné*도 역시 만들어졌다. 물론 문법학자들의 책임은 아니다. 따라서 이러한 일련의 단어들에 대하여 용법으로 확립된 것을 따르는 것이 좋을 것이고, *exceptée sa mère*처럼 적는 것은 우스꽝스럽게 보일 따름이다. 왜냐하면 *excepté*는 *hormis*와 마찬가지로 전치사로 여겨지기 때문이다.

295) *La copie ci-incluse* 대신에 *la copie incluse*라고 하는 것은 상인들의 문체이다.

296) 이것의 결과는, 직접보어를 취하지 못하는 동사들 (*été, semblé, nui, plu* 등)의 경우 *avoir* 다음에 나오는 과거분사도 여전히 불변이다. 반면에 비록 시라고 하더라도 오늘날에는 다음과 같이 일치시킬 수는 없다.

Quand les tièdes zéphyrs *ont* l'herbe *rajeunie,*

(물론 *elle a toute honte bue*는 예외이다) 이것의 결과는, 의문문과 감탄문은 별개로 하고, 직접보어를 비강세 인칭대명사인 *me, te, nous, vous, le, la, les, se*와 관계대명사 *que*로 받는 경우에만 일치가 일어난다. 그런데 *le, la, les*를 제외한 다른 대명사들은 직접보어도 되지만 간접보어도 될 수 있다는 것을 잊지 말아야 한다. 즉 *cet objet nous a beaucoup servi*와 *cet homme nous a longtemps servis, il nous a trouvé mauvaise mine*와 *il nous a trouvés mal vêtus*가 서로 대립된다. 또한 *que*가 전치사 없이 사용된 간접보어를 대신할 수 있는데, 이때에도 일치가 일어나지 않는다. 즉 *les deux jours qu'il a dormi, langui, la nuit qu'il a couché chez moi, les deux heures que j'ai couru (les dangers que j'au couru*와 비교 할 것*), les deux heures qu'il a parlé (la langue qu'il a parlée*와 비교 할 것*), les trois ans qu'il m'a servi* (*les plats qu'il m'a servis*와 비교할 것)의 예와 같다. 그리고 *coûté*와 *valu*의 경우, 가장 간단한 것은 의미에 상관없이 항상 일치를 시키는 것이다. 게다가 문법학자들은 반대하지만 다음 문장은 반드시(*nécessairement*) 일치를 시켜서 *les jours heureux qu'il a vécus avec elle*이라고 적어야 한다. 덧붙일 것은, *je l'ai échappé belle*에서 일치를 시키지 않는 것은 순전히 관례에 의한 것이다.

297) 그렇다고 해서 *je l'avais cru perdue*나 *que j'ai trouvé errante*라고 글로 적을 수는 없다.

실제로는 이러한 과거분사의 일치가 가끔은 지켜지지 않는다. 따라서 대중들이 아니더라도 과거분사 ***craint***과 ***plaint*** (les participes *craint* et *plaint*)을 불변하는 것으로 취급하는 것을 아주 자주 듣게 된다. 그래서 이것의 여성형은 사용되지 않는다. 즉 *quelles sont les conséquences que vous avez craint? ce n'est pas elle que j'ai plaint*의 예와 같다. 이런 상태는 오랫동안 지속되었고, 이 두 과거분사의 여성형에 대한 반감은 이미 여러 세기 전부터 두드러졌다. 이러한 경향이 다른 과거분사에도 영향을 미치게 되는데, 물론 관계대명사나 인칭대명사로 다시 받지 않는 경우에 그렇다. 따라서 *la récompense que j'ai promis*라고 말하고, 실수(une erreur)에 대하여 *je l'ai fait*라고 말하는 사람은 가끔 *quelle récompense ai-je promis?* 혹은 *quelle erreur vous avez fait là!*라고 말할 것이다. 아마도 이것이 과거분사가 불변이 되어가는 경향을 나타내는 증거라고 볼 수 있고, 만약에 언어가 제멋대로 변했더라면 이렇게 되었을 지도 모른다. 그렇지만 결국 이것은 예외 현상일 따름이며 일반적인 경향을 이길 수는 없을 것이다. 따라서 이런 실수를 저지르지 않도록 신중하게 말하는 편이 낫다. 대명사가 있건 없건 별로 중요하지 않고, *craint*과 *plaint*을 나머지 과거분사와 다르게 취급할 이유는 없는 것이다. 이제 예외와 주의할 사항에 대하여 언급할 일이 남아 있다.[298)]

1. 먼저 주목할 것은, **관계대명사 *que* (relatif *que*)**가 그 뒤의 과거분사의 보어(complément du participe)가 아니라 **과거분사에 종속된 동사의 보어(complément d'un verbe qui dépend du participe)**일 수 있다는 것이다. 즉 *les fautes qu'il a* ***commises***는 *les fautes que j'ai* ***omis*** *de vous signaler*와 다르고, *la personne que j'ai* ***priée*** *de chanter*는 *la personne que j'ai* ***appris*** *à respecter* (ou *que j'ai* ***promis*** *de vous présenter*)와 다르다. 또한 *les fautes que j'ai* ***prévues*** *et* ***prédites***는 *les fautes que j'ai* ***prédit*** *que vous feriez*와 다르다.[299)]

---

298) 그런데 결코 *c'est une bague, et non un collier, qu'on m'a prise*라고 말해서는 안 되고, 반드시 *c'est une bague qu'on m'a prise, et non un collier*라고 말해야 한다. 또한 *c'est une bague qu'on m'a prise*라고 말해야지, *c'est une bague qu'on m'a pris*라고 말해서는 안 된다.

299) 또한 *je ne lui ai pas fait toutes les concessions que j'aurais dû* (ou *pu*) (*lui faire*가 생략되었다),

*Que*는 또한 *croire, penser, espérer, avouer* 등의 동사 다음에 나오는 부정법의 보어가 된다. 즉 *les précautions que j'ai* ***cru, pensé, estimé*** *devoir prendre ; les affaires que j'avais* ***espéré*** (ou ***compté***) *faire avec lui ; les choses qu'il a* ***dit, avoué, affirmé, prétendu*** *avoir vues*의 예와 같다.[300)]

2. 비인칭 구문에서(**dans la conjugaison impersonnelle**) 과거분사는 불변(**invariable**)이다. 즉 *il en est résulté de grands avantages, quels avantages en est-il résulté*?의 예와 같다. 또한 *il a fait de grandes chaleurs* (여기에서 *chaleurs*는 직접보어가 아니라 진주어이다)라는 표현이 있으므로 *les grandes chaleurs qu'il a fait*라고 사람들이 항상 말하는데, 이것이 올바른 것인지는 모르겠다.[301)]

3. 집합명사나 양의 부사 다음에(**après un nom collectif ou un adverbe de quantité**), 그 보어가 복수(**au pluriel**)이면 *que*는 일반적으로 그 보어를 따른다. 주동사가 단수라도 그렇다. 따라서 *si la quantité de monuments qu'ils ont* ***détruits*** *; la multitude de crimes qu'ils ont* ***commis*** *est formidables ; le peu de paroles qu'il a* ***dites*** *a* (ou *n'a pas*) *suffi* ; *le plus* (ou *moins*) *de sottises qu'il a* ***faites*** *ne lui a pas nui*와 같이 말한다. 또한 감탄문에서도 *combien* (ou *que*) *de sottises il a* ***faites*** *!*라고 말한다. 그런데 감탄이 보어에 걸린다면, *combien*에 의한 의문은 오히려 양에 걸리기 때문에 *combien de fautes avez-vous* ***faites*** (ou ***fait***)?라고 구별 없이 둘 다 사용한다.

만일 *le peu de*나 양의 부사 다음의 보어가 단수 명사(**un mot singulier**)라면, 문법

---

toutes celles qu'il a voulu (*que je lui fasse*가 생략되었는데, *voulues*도 역시 가능하다), *ce ne sont pas celles que j'avais pensé* (*que c'était*가 생략되었다)라고 적는다. 덧붙일 것은, *les livres qu'il m'a donnés à lire*라고 적지만, *ceux que nous avons eu à vaincre*를 선호하는 반면에 *la peine que nous avons eue à vaincre*라고 한다는 것이다.

300) 또한 *les précautions que j'ai crues les meilleures*라고 적기 때문에, *les précautions que j'ai cru* (ou *crues*) *être les meilleures*라고 두 개를 모두 구별 없이 사용한다. 그런데 이 표현이 정말 올바른 프랑스어인지는 의문이다.

301) 따라서 *les inondations qu'il y a eu, les efforts qu'il nous a fallu, les cinq francs qu'il m'en a coûté*라고 적는 것은 정확한 것이다.

학자들의 의견이 무엇이건 분사는 변하지 않는다. 즉 *le peu de nourriture qu'il a pris l'a sauvé*라고 말할 수 있는 것은, 그를 구한 것은 음식이지만 *le peu*로 충분했다는 의미이기 때문이다. 마찬가지로 *le peu* (ou *le plus, le moins*) *d'autorité qu'il a* ***pris*** *a changé la face des choses, combien* (*que*가 더 낫다) *d'autorité il a* ***pris*** *depuis si peu de temps! que de réputation ils ont* ***acquis****!*의 예가 있다.

실제로 이러한 구별은 중요한 물건이 무엇이고 중요하지 않은 물건이 무엇인지 구별하는 문제처럼 단순하고, 누구나가 별로 생각하지 않더라도 금방 알 수 있는 것이다. 반면에 문법학자들이 하는 구별은 겉으로는 논리적이나 순전히 이론적이고 자의적인 것이다.[302)]

4. 우리는 ***faire, laisser, voir, regarder, entendre, écouter***와 ***sentir***라는 동사 다음에 (**après les verbes *faire, laisser, voir, regarder, entendre, écouter* et *sentir***) 나오는 부정법에 보어나 주어, 혹은 둘 다가 나올 수 있다는 것을 알고 있다. 부정법의 보어가 문제인 경우 당연히 과거분사는 불변이다. 즉 *la maison que j'ai* ***vu*** *bâtir*의 예에서 불변인 것은 *les objets que j'ai* ***envoyé*** *chercher*와 같다. 그렇지만 부정법의 주어는 이들 동사의 보어로 여겨질 수 있고, 이것의 정체를 잘 모를 때에는 이들 동사의 보어로 여기는 습관을 갖게 되었다. 즉 이들 동사가 과거분사일 때, *je* ***les*** *ai vus bâtir cette maison*이라고 한다. 이것은 어쩔 수 없는데, 정확한 의미는 *j'ai vu qu'ils bâtissaient*이지만 *j'ai vu qui*라고 질문하면 *eux*라고 대답할 수밖에 없기 때문에 일치를 한다고 볼 수 있다. 게다가 이렇게 할 수 있는 이유는, 한 동사만 (즉 *faire*만) 제외하고 모든 동사들의 경우 일치가 있건 없건 발음은 같기 때문이다. 문법학자들이 이 문제를 해결하는 데 있어서 귀로는 판별할 수 없다는 사실을 이용하여 그들이 보기에 논리적이라고 여겨지는 철자법을 선택한 것이다.[303)]

---

302) 그러므로 *que d'eau ils ont bu*!라고 과거분사를 변화시키지 않고 적는 것을 선호하고, 반면에 *beaucoup d'eau* (ou *que d'eau*) *a été bue*처럼 변화시켜서 적는다. 앞의 본문 82쪽 33번 주를 참조할 것.

303) 부정법의 보어인지 아니면 본동사의 보어인지에 따라서 다음 예와 같이 적는다. 즉 *il les a laissé prendre*와 *il les a laissés partir* (ou *elle s'est laissée mourir*) ; *les opéras que j'ai entendu chanter*와 *je les ai entendus chanter cet opéra*, 그리고 여자에 대하여 말하면서 *la romance que*

단지 동사 *faire*만이 문법학자들의 권위에서 벗어났는데, 과거분사의 변화를 귀로 판별할 수 있다는 언어현상을 보여준다. 반면에 뒤따르는 부정법과 분리할 수 없는 이 동사를 조동사로 여긴다는 것을 기억하기 바란다. 이것으로부터 다음 결론이 나온다.

과거분사 *fait*는 부정법 앞에서 언제나 불변이다.(Le participe *fait* est toujours invariable devant un infinitif)

그 결과는 다음과 같다. 즉 *la robe que j'ai **fait** faire*라고 말하는 것은 *la robe que j'ai **vu** faire*와 같은데, *faite faire*라는 형태는 그 어떤 것에 의해서도 정당화되지 못한다. 그렇지만 *celles qu'il a **fait** mourir*라고 말하는 것은 (그렇지만 *celles qu'il a **vues** mourir*라고 한다), *fait mourir*가 한 단어인 것처럼 여기는 것이다. 여성에 대하여 말하면서 *je les ai **fait** chanter*라고 하는데, 반면에 *je les ai **entendues** chanter*라고 한다.[304)]

5. 중성대명사(**le pronom neutre**)가 축약되면(s'élider) 이것을 여성대명사 *la*와 가끔 혼동하게 되어서 일치가 잘못될 수 있다. 따라서 *je vous la rends plus belle que je ne l'ai **reçue*** (ou ***prise***)처럼 일치하는 것이 옳지만, *elles sont plus belles que je ne l'avais **cru, pensé, supposé, estimé, prétendu***라고 해야 하고 *que je ne les avais crues*라고 해서는 안 된다. 이 문장에 나오는 *l'*은, 반면에 생략이 가능한 것인데 중성대명사로서 *cela*의 의미이다. 즉 *qu'elles étaient belles*을 받는 것이다. 또한 *les choses se sont réalisées, telles que je les avais **prédites***라고 말하지만, *comme* (ou *ainsi que*) *je l'avais **prédit***라고도 말한다. 따라서 *l'affaire est arrivée telle que je l'avais **prédite***라

---

*je l'ai entendue chanter*보다는 *la romance que je lui ai entendu chanter* 혹은 *cette romance, je la lui ai entendu chanter*라고 말한다. 그런데 *je l'ai entendu chanter par elle*은 별로 사용하지 않고, 유사한 문장으로 *je l'ai entendue un jour, chantée par elle*이라고 말한다.

304) 게다가 일반적인 경향은 *laissé*를 *fait*와 같이 취급하는 것, 즉 불변으로 처리하는 것이다. 다른 다섯 개의 동사들도 부정법과 하나가 되는 것으로 여기는 것, 즉 같은 식으로 다루더라도 전혀 불편함이 없다. 반면에 오늘날 이렇게 과거분사가 불변하는 식의 철자법을 받아들인다. 아무튼 일치를 해서는 안 되는 곳에서 하는 것보다는 일치가 가능한 곳에서 일치하지 않는 편이 낫다. 즉 *je les ai laissées prendre*보다는 *je les ai vu mourir*라고 하는 것이 더 낫다고 할 수 있다.

고 말하지만, *comme* (ou *ainsi que*) *je l'avais* ***prédit*** (ou ***promis***)라고 말한다.[305)]

6. 부분의 의미를 가진 ***en***의 경우(**avec un partitif *en***), *j'ai reçu plus de lettres que je n'en ai* ***écrit****, et pourtant j'en ai beaucoup* ***écrit***라고 말한다. 왜냐하면 *en*은 *de cela*나 *d'elles*을 의미하기 때문이다. 또한 전혀 어렵지 않게 *elle m'en a* ***écrit*** *de bien belles*이라고 말하는데, 이것은 *un grand nombre sont belles*과 같은 것이다. 따라서 문법학자들은 반대할지 모르지만, 다음과 같이 말하지 못할 이유가 없고 사실 이렇게 말하는 것이 사실이다. 즉 *plus vous avez reçu de lettres, moins vous en avez* ***écrit*** *; autant vous avez reçu de lettres, autant vous en avez* ***écrit*** *; j'ai reçu de vous beaucoup de lettres, combien m'en avez-vous* ***écrit*** *? ; moins je vous ai demandé de faveurs, plus vous m'en avez* ***promis*** *; des tentatives, je ne sais combien j'en ai* ***fait***의 예와 같다. 따라서 *en*에 양의 부사가 있는지 없는지, 이 부사가 *en*의 앞에 오는지 뒤에 오는지, 이것이 대신하는 명사가 이미 표현되었는지 아니면 뒤에 표현될 것인지 하는 사실에 신경 쓸 이유가 없다. 왜냐하면 이런 모든 구별을 실제 용법에서는 완전히 무시하기 때문이다.[306)]

---

305) 따라서 글로 적을 때 *elle est plus belle que je ne l'avais cru, pensé, supposé*를 선호하지만, 경우에 따라서는 *la statue n'est pas aussi belle que le sculpteur l'avait rêvé* (ou *rêvée*)라고 적는다. 왜냐하면 *les statues ne sont pas aussi belles que le sculpteur l'avait rêvé* (ou *les avait rêvées*)라는 두 경우가 다 가능하기 때문이다.

306) 라퐁텐느(La Fontaine)의 글에 *Combien en a-t-on vus qui...*가 있고, 라신느(Racine)의 글에 *De ce peu de jours... combien j'en ai déjà perdus*!가 있다. 그런데 이것은 아마 운을 맞추려고 그런 것 같다. 왜냐하면 운과 상관없는 경우 라신느는 *Combien en as-tu vu, je dis des plus huppés*라고 적고 있기 때문이다. 반면에 만일 문법학자들이 그들의 예를 항상 이론상으로서가 아니라 실제로 변하는 과거분사에서 취했더라면 (그리고 이것들이야말로 진정한 용법을 보여줄 수 있다), 많은 쓸데없는 구별(distinctions byzantines)을 절약할 수 있었을 것처럼 보인다. 그런데 *combien j'en ai déjà prises*?라고 말할까? 그렇지 않다. 그렇다면 *aimé, vu* 혹은 *perdu*에 대하여 특별한 철자법을 택할 이유는 있을까? 게다가 이 명백한 사실에 이의를 제기하는 사람도 없고, 이미 하나의 용법으로 굳어진 것 같다. 물론 부분적 의미를 가진 *en*과 용법과 일반적 보어 역할을 하는 *en*의 경우는 서로 전혀 관계가 없다. 즉 *la description que j'en ai faite, on vous en a instruite, elle s'en est plainte*의 경우에는 일치를 한다.

7. 이제 대명동사구문(**la conjugaison pronominale**)을 살펴보자. 이것은 항상 조동사 *être*를 취하는데 이 *être*가 *avoir* 를 대신하는 경우가 있다. 그런데 *être*가 *avoir* 대신일 때 일치는 *avoir*가 요구하는 것과 같은 조건 하에서 일어난다. 즉 *elle s'est offerte*의 예와 같다. 반면에 *être*가 *avoir*를 대신하지 않을 때 과거분사는 주어와 일치하는데, 대명사가 직접보어일 경우와 같은 효과가 난다. 그러므로 분사가 일치하려면(**le participe variable**) 대명사가 분명히 간접보어가 아니어야 한다. 즉 *la lampe s'est **éteinte**, elle s'est **promise**, elle s'est **offerte***의 예와 같다.[307] 따라서 다음 예에서도 일치가 일어난다. 즉 *elle s'est méprise de vous, elle s'est enquise de vous, elle s'est plainte de vous*[308]의 예와 같다.

반면에 대명사가 분명히 간접보어일 때 과거분사는 간접보어와 일치하지 않는다. 따라서 다음 예에서 유감스럽게도 (과거분사의 복수형의) 연음을 해서는 안 된다. 즉 *ils se sont* ***plu*** (ou ***complu***) *à nous railler*에서 *se*는 *à soi*인데 *à nous railler*가 따라 나오더라도 그렇다. 또한 *les événements se sont* ***succédé*** *avec rapidité, vous vous êtes* ***parlé*** *avec violence, ils se sont* ***demandé*** *avec étonnement, ils se sont* ***approprié*** *avec audace, ils se sont nui à eux-mêmes*에서도 역시 일치가 일어나지 않는다. 이 모든 경우에 *se*는 간접보어이다. [309]

---

307) 이것과 같은 예들은, *elle s'est repentie, elle s'est tue, elles s'est évanouie, elle s'en est doutée, souvenue, aperçue, prévalue*이다.

308) 여기에서 우리는 *plaint*의 여성형을 다시 보게 되는데 널리 쓰이는 형태는 아니다. 따라서 *elle s'est plaint, elle s'est plaint de vous*를 아주 자주 듣게 된다. 다른 과거분사의 여성형도 역시 별로 쓰이지 않는데, *je me suis dédite*라고 말하는 여자는 거의 없을 것이다. 그리고 *elle s'est enquis*라고 일반적으로 말하지만, 교양 있는 사람이라면 *elle s'y est mal pris*라고까지는 말하지 않을 것이다. 왜냐하면 *prise*는 잘 알려져 있기 때문이다. 그리고 *elle s'est mépris*나 *elle s'est repris*도 별로 사용되지 않는다. 그러므로 두세 개의 과거분사에서 일치를 하지 않는다고 해서 충격을 받을 필요는 없다. 그런데 일치 규칙 만큼은 잘 지켜지고 있다는 사실을 명심해야 한다. 본질적 재귀동사(verbes *essentiellement* réfléchis)와 우연적 재귀동사(verbes *accidentellement* réfléchis)의 구별은 어렵기도 하지만 용법으로 굳어지지는 않을 것이다. 우리가 글로 쓸 때, *elle s'est ri de vous, ils* (ou *elles*) *se sont ri de vous*라고 하지만, *elles se sont moquées* (ou *gaussées*) *de vous*라고 한다. 그 이유는 *rire*는 자동사로서 직접보어를 택할 가능성이 없지만, 본래 재귀동사(les verbes proprement *réfléchis*)는 원래 대명동사로만 사용되기 때문이다.

309) 특히 자주 듣게 되는 문장이긴 하지만 *elle s'est permise de....*라고 말해서는 안 된다. 이것은 *elle*

같은 대명사가 의미에 따라서 직접보어가 되기도 하고 간접보어가 되기도 한다. 간접보어인 경우 따로 직접보어가 나오기도 하는데 과거분사는 경우에 따라 직접보어와 일치한다. 즉 *elles **s'était** **promise** à moi, elle s'était **promis** de grandes joies, que de **joies** elle s'était **promises**! elle **s'est** **offerte** à vous, elle s'est **offert** des douceurs et se **les** est **offertes** sans discrétion*[310]의 예와 같다. 이런 이유 때문에 다음과 같이 항상 정확하게 구별하여 말하고 적어야 한다. 즉 *elle s'est **rappelée** à votre souvenir, elle s'est **rappelé** vos paroles et se **les** est **rappeleés** avec plaisir*의 예와 같다.[311]

---

*s'est plaint*과는 반대되는 실수인데, 이는 보다 심각한 실수이다. 이것이 보여주는 것은 일반적으로 과거분사를 일치시키는 것은 잘 습득해야 할 현상이라는 점인데, 오늘날 이것을 어길 만큼 더 우세한 것은 전혀 없다.

310) 따라서 글로 적을 때 다음과 같이 구별한다. 즉 *ils se sont imaginé* (ou *persuadé*) *qu'il était mort*와 *ils se sont imaginés plus puissants qu'ils n'étaient, ils se sont persuadés* (mutuellement) *de leur bonne foi, ils se sont arrogé des droits et ils se les sont arrogés*의 예와 같다. 또한 *quelle réputation il s'est acquise*와 *que de réputation il s'est acquis*! 사이의 차이점에 주목하기 바란다.

311) 우리는 이미 앞에서 (본문 258쪽에서) *je m'en rappelle*이나 *je me rappelle de vous*를 정확한 언어에서는 받아들이지 않는다는 것을 언급했다. 그런데도 이 잘못된 어법이 널리 퍼져 있다. 우리는 동시에 *se rappeler de quelque chose, se rappeler au souvenir de quelqu'un* 혹은 *rappeler quelque chose à quelqu'un*을 사용할 수 없다는 것을 쉽게 이해할 수 있다. 이 잘못된 어법은 아마도 *je me rappelle d'avoir vu*에서 유래한 것 같은데, 직접보어로 사용된 부정법 앞에 전치사 *de*가 나왔을 따름이다. 그런데 우리가 *je me rappelle avoir vu*나 *je me rappelle que j'ai vu*로 만족하지 못할 만큼 이러한 어법이 그렇게 많이 사용되는 것도 아니다. 게다가 많은 사람들이 *se rappeler de quelque chose*라고 말은 해도 글로 적는 법은 전혀 없다. 그리고 이유가 어떻든 *je me vous rappelle*이라고 말할 수는 없고, 또한 이렇게 사용할 수 없는 다른 동사들도 많이 있다. 또한 *je me vous représente*라고도 말할 수 없다. 이 경우 어렵지 않게 이 문제를 해결할 수 있는데, 이미 몇 세기 전부터 *de*를 요구하는 *se souvenir*를 대신 사용할 수 있기 때문이다. 그런데 이 표현이 *il me souvient*을 완전히 대체해버렸다.

제8장 부 사

1. 일반적 주의사항

단어의 어원과는 달리 부사는 동사뿐만 아니라 형용사, 다른 부사와 심지어 속사로 쓰인 명사의 의미까지 변화시킨다(**l'adverbe modifie le sens d'un verbe, d'un adjectif ou d'un autre adverbe,** et même **d'un nom** pris comme attribut). 즉 *un homme vraiment père* (ou *qui est vraiment père*)의 예와 같다.[1)]

형용사에서 파생한 부사는 원래 형용사와 같이 모든 형태의 비교가 가능하고 예외사항도 역시 같다. 그리고 이 파생한 부사는 원래의 형용사와 같은 부사를 취한다. 즉 *peu* (ou *assez, trop*) *justement*, *aussi* (ou *moins, plus*) *sévèrement, aussi justement que sévèrement, très* (ou *fort, bien*) *clairement, le plus clairement, le plus clairement possible*의 예와 같다. 또한 *tôt, tard* (ou *longtemps*), *bien* (ou *mal*), *près* (ou *loin*)도 마찬가지이다.

원칙상 부사는 수식하는 단어 앞에 놓인다(**l'adverbe se met devant le mot dont il modifie le sens).** 즉 *vous êtes infiniment aimable, il n'a jamais fini, il a fort bien compris*의 예와 같다. 그런데 부사들이 모여서 하나의 복합부사가 되는 경우에는 전치사 뒤에 놓인다. 즉 *d'assez* (ou *de très*) *près, de bien* (ou *de trop*) *loin*과 같고, *assez de près*나 *trop de loin*은 안 된다. 또한 *de meilleure heure, de très, de trop bonne heure*는 되고 *trop de bonne heure*는 안 된다.

그렇지만 이런 규칙은 몇 가지 부사의 경우에만 엄격하게 지켜지고 또한 항상 적용되는 것도 아니다. 즉 (부정법이 아닌) 동사가 단순시제일 경우 부사 (*ne, en, y*와

---

1) 심지어 동사를 수식할 수 없는 부사도 몇 개 있다. 즉 *très, quelque, tout, tout à fait*와, *tant*과 *autant*의 의미로 사용된 *si*와 *aussi*가 그렇다.

같은 비강세 부사는 제외하고)는 동사 뒤에 놓여서 주어와 동사가 분리되는 것을 막는다. 즉 *il comprend fort bien*의 예와 같다. 게다가 많은 부사들, 특히 매우 길거나 전문적 의미(sens technique)를 갖는 부사들은 분사 앞에 올 수 없다. 또한 (*en*과 *y*를 제외한) 장소 부사들과 *hier, aujourd'hui, demain, tôt*와 *tard*와 같은 시간 부사들은 항상 분사나 부정법 뒤에 온다. 왜냐하면 이들은 동사의 의미를 바꾸기보다는 의미를 덧붙이기 때문이다. 즉 *je l'ai vu ici* (ou *hier*)의 예와 같다. 끝으로 종종 부사를 강조하는 방법의 하나로, 수식하는 단어 뒤에 놓는다. 즉 *il l'a aimée longtemps* (ou *ardemment*)의 예와 같다. 또한 *vous êtes aimable infiniment*이라고도 말하는데, 종종 부사의 위치는 귀에 들리는 어감의 문제이다.[2)]

예전에는 부사를 문장 앞에 놓거나 명사 주어 다음에 놓았다. 즉 *votre père certainement ne viendra pas, certainement votre père ne viendra pas, votre père ne viendra certainement pas*의 예와 같다.

물론 의문문에서 *où, quand, combien, pourquoi, comment*은 문두에 놓였고, 감탄문에서 *tant*이나 *tellement*도 역시 문두에 놓였다.[3)]

*Ainsi*는 문두에 놓여서 앞에서 언급한 것을 다시 언급하고 요약하는 역할을 한다. 즉 *ainsi finit l'histoire*의 예와 같다. 또한 기원을 표현하는 역할을 하는데 *ainsi périsse...*의 예와 같다. 특히 대부분의 시간 부사는 문두에 놓이는데 상황보어와 같기 때문이다.[4)] 또한 <par bonheur>라는 의미의 *heureusement*과 같은 양태 부사나 <suivant les apparences>라는 의미의 *apparemment*의 경우도 역시 같다.

그런데 이러한 경우에 몇몇 부사들은 완전한 절처럼 여겨지고 뒤따르는 부분은 *que*로 시작하는 종속절이 되기도 한다. 특히 *peut-être*와 *sans doute*가 이런 부

---

2) 아무튼 모호함은 피해야 한다. 즉 *je vous offre gratuitement de vous faire connaître....*라는 문장을 *je vous offre de vous faire connaître gratuitement...*대신에 사용한 것이라면 아주 잘못 말한 것이고, *il a essayé de le faire plusieurs fois*와 *il a essayé plusieurs fois de le faire*는 서로 아주 다른 문장이다.

3) 우리는 앞의 본문 245쪽 이하에서 일련의 부사들이 문두에 놓여서 대명사 주어나 명사 주어와 도치가 일어난다고 하는 것을 보았다. 즉 *au moins, du moins, encore, peut-être, sans doute, à peine* 등의 예와 같다.

4) 부사 *toujours*에 대해서는 앞의 본문 245쪽과 주석을 참고하기 바란다.

사인데, 각각 *il peut être*와 *il est sans doute*를 의미한다. 즉 *peut-être qu'il est venu, sans doute qu'il viendra*의 예와 같다.[5] 친숙하게 말하는 경우에도 *certainement*이나 *apparemment*, 특히 *heureusement*을 같은 방식으로 사용한다. 즉 *heureusement qu'il n'a pas compris*의 예와 같다.[6] 그런데 이 부사들은 *que*와 가급적 떨어지지 않아야 하고, 기껏해야 *heureusement pour lui qu'il n'a pas compris*처럼 말할 수 있다. 그렇지만 문어에서는 불필요한 이 *que*를 사용하지 않는 것이 더 좋은데, 이 단어가 왜 사용되었는지 설명하기가 어렵다.[7]

두 개의 부사를 대립시킬 때(**quand deux adverbes sont mis en opposition**), 두 부사는 대립되는 요소 앞에서, 즉 문장 앞이나 중간에서 정확하게 서로 대응해야 하고 공통 요소는 경우에 따라 앞에 놓일 수 있다. 특히나 *non seulement*이 *mais, mais encore, même, mais même*와 대립될 때 이것을 지켜야 한다. 즉 *non seulement il est venu, mais il a parlé*라고 해야 하고, *il est non seulement venu, mais il a parlé*라고 해서는 안 된다. 또한 *il maltraite non seulement ses ennemis, mais encore ses amis*는 되지만, *non seulement il maltraite ses ennemis, mais encore ses amis*는 안 된다. 또한 *tantôt*를 반복하는 경우에도 마찬가지이다.

장소(*lieu*), 시간(*temps*)과 양(*quantité*)을 나타내는 많은 부사들은 명사 취급을 받는다(**adverbes traités comme des noms**). 이들 부사들 앞에 관사를 사용하여 *le dedans, le dehors, le dessus, le dessous, le plus, le moins, le peu, le pis, le mieux,* (*sur*) *le tard,* (*au grand*) *jamais*처럼 하기도 하고, 가장 일반적인 경우는 이 부사들 앞에

---

5) 그런데 우리가 주목할 것은 *sans doute*가 이 문장뿐만 아니라 도처에서 아주 완화된 의미를 갖게 되어서 *peut-être*와 거의 유사하게 된다는 것이다. 또한 덧붙이고 싶은 것은 *peut-être*가 나온다고 동사 *pouvoir*를 사용하지 못하는 것도 아니라는 것이다. 물론 둘 다 가능성(la possibilité)을 표시하기는 하지만, *peut-être*가 동사의 의미를 약화시키기 때문에 의미가 반드시 중첩된다고는 볼 수 없다. 그런데 *il est possible qu'il puisse venir demain*과 *il est possible qu'il vienne demain*의 의미가 똑같지는 않고, *il pourra peut-être*라는 표현이 적어도 구어에서는 허용되는 것이다. 다만 문어에서는 두 단어를 가급적 서로 떨어지도록 하는 것이 낫다.

6) 그런데 *bien sûr* (ou *sûr*) *qu'il n'a pas compris, bien sûr que oui, heureusement que non* 등의 생략된 표현을 참조하기 바란다.

7) 대중들은 *si par hasard vous ne vouliez pas* 대신에 *des fois que vous ne voudriez pas*라고까지 말한다.

전치사를 놓는 것이다.[8)]

2. 장소 부사

장소 부사는 일반적으로 *où*라는 질문에 답하는 것이다.

*Où*는 본래 직접의문문이나 간접의문문을 이끈다. 즉 *où allez-vous? dites-moi d'où vous venez, je ne sais où aller ; par où passer?*의 예와 같다. 또한 관계부사로 사용되는데, *à l'endroit où je suis, où je vais, d'où je viens*의 예와 같고 이 경우 관계대명사와 유사해진다.[9)] 이 부사 혼자라도 *là où, à l'endroit où*를 의미할 수 있는데, *vous*

---

8) 먼저 전치사 *de*를 허용하는 부사들은 *où, ici, là, ailleurs, loin, près, alentour, dedans, dehors, dessus, dessous, quand, hier, aujourd'hui, demain, autrefois, alors, combien, beaucoup, peu, guère, moins, plus, tant, autant, trop*의 예와 같다.
전치사 *à*를 허용하는 부사들은 *quand, demain, aujourd'hui, tantôt, bientôt, jamais, combien, moins, tant*이 있고, 또한 *à peu près, à beaucoup près*도 있다.
전치사 *en*을 허용하는 부사들은 *dedans, dehors, dessus, dessous, mieux, combien, plus*가 있고 또한 *de loin en loin, d'outre en outre, de plus en plus, de moins en moins, de mieux en mieux, de mal en pis*가 있다.
전치사 *dans*과 *avec*은 양의 부사 앞에 사용된다.
전치사 *par*를 허용하는 부사들은 *ici, là, où, dedans, dehors, dessus, dessous, ailleurs, combien, tant, trop*가 있다.
전치사 *pour*는 *où, quand, aujourd'hui, hier, demain, tantôt, bientôt, plus tard, longtemps, toujours, jamais, combien, peu, beaucoup, moins, tant, autant* 등 앞에 사용된다.
전치사 *depuis*는 *où, quand, hier, aujourd'hui, tantôt, lors, longtemps, toujours, combien, peu* 앞에 사용된다.
전치사 *dès*는 *hier, aujourd'hui, demain, lors, longtemps* 앞에 사용된다.
전치사 *jusque*는 *ici, là, aujourd'hui, alors, (jusqu'à quand* 포함), *hier, demain, maintenant* 앞에 사용되고 가끔은 *aujourd'hui* 앞에도 사용된다.
여기에 덧붙일 수 있는 것으로 *sous peu, avant peu, avant longtemps, sans plus*가 있다.

9) <관계대명사(pronoms relatifs)>에 관해서는 193쪽을 참조할 것.

*n'en êtes pas où vous pensez, vous commencerez où je me suis arrêté*의 예와 같다. *Où que*는 *en quelque endroit que* 대신에 사용되는 것으로, 이 표현에 대하여 이미 메나주(Ménage)가 비판한 바가 있는데 아직 완전히 사라진 것은 아니다. 즉 *où que tu ailles, tu le trouveras*의 예가 있고, ***d'où*** *qu'il vienne, peu importe*도 역시 같다.

옛날 사람들은 관계사 *où*를 *auquel, duquel, dans lequel* 대신에 아주 광범위하게 사용했는데, 이 *où*를 *à quoi, en quoi, à quel point*의 의미로도 사용했다. 또한 *où en suis-je? je ne sais où j'en suis, par où* (par quoi) *voulez-vous qu'il me plaise?*라는 표현도 역시 많이 사용했다.[10]

*D'où*는 관계사로서 뿐만 아니라 의문사로서도 원인을 표시한다. 즉 *d'où vient que vous ne comprenez pas?*[11]의 예와 같다. 이것은 또한 *de l'endroit où*의 의미도 갖는다. 그 결과 *on voit très bien* ***d'où*** *vous êtes*는 두 가지 의미를 갖게 된다. 즉 *de l'endroit où*와 *de quel endroit*의 두 가지이다. 그렇지만 모호함을 두려워할 필요는 없다.

우리는 더 이상 *c'est à Paris où je vais*나 *c'est Paris où je vais*라고 말하지 않고, *c'est à Paris* ***que*** *je vais*나 *c'est* ***de*** *Paris* ***que*** *je viens*이라고 한다는 것을 살펴보았다.[12] 그렇지만 두 개의 관계절을 사용하여 *c'est* ***là où*** *je vais que je compte le trouver*라고 말할 수 있고, 더 우아하게 말하려면 *c'est à l'endroit où je vais* ***que*** *je compte le trouver*라고 한다. 반면에 예전에는 *c'est là où*에서 *là*를 생략하고 *où*만 사용할 수 있었는데, *c'est où je vais*의 예와 같다. 오늘날에는 *c'est là que je vais*라고 하고, 비유적으로 *c'est* ***où*** *je l'attends*이라고도 말할 수 있는데 이것은 *c'est* ***là que*** *je l'attends* 대신에 쓴 것이다.[13]

---

10) 시인들은 당연히 이 *où*를 옛날 방식으로 사용하는 특권을 누렸다. 즉 *où me réduisez-vous*의 예와 같은데, 코르네이유(Corneille)는 다음과 같이 말했다.

Le choix est inutile *où* les maux sont extrêmes.

여기에서의 *où*는 *là où*나 *quand*의 의미를 갖는다.

11) 그런데 *d'où vient ne comprenez-vous pas?*라고는 할 수 없다.

12) 본문 120쪽 *c'est*에 관한 항목을 참조할 것.

13) 그런데 아주 조심해서 피해야 하는 것이 있는데, 그것은 대중들이 관계사 *où*에 *dessus, dessous, dedans*이라는 부사를 덧붙여서 사용하는 것이다. 즉 *un pot où il y a quelque chose d'écrit dessus* (ou *dessous*), *où il y a de la confiture dedans*의 예와 같은데, 올바른 표현은 *sur lequel*이나 *dans lequel*을 사용하고 부사를 사용하지 않는 것이다. 그러나 *un nez où c'qu'il pleut dedans*

우선 언급할 것은 ***en***과 ***y***는 부사라는 사실이다. 즉 *j'y vais, j'en viens*의 예와 같다. 그런데 이들이 대명사로 사용되는 경우가 더 많고 이 경우 특별한 관사가 붙는다. 그런데 대명사와 부사가 서로 혼동되는 경우가 가끔 있다는 것을 알 수 있다.[14)]

지시사를 강조하기 위하여 사용하는 ***ci***와 ***là***의 의미를 다른 곳에서 살펴보았다. 그러나 부사로서 *ci*는 *ici*로 바뀌는데, 단지 상인들이 사용하는 *ci, dix francs*이나 *par-ci, par-là, ci-dessus, ci-dessous, ci-avant, ci-devant, ci-contre, ci-après, ci-gît* 등은 예외이다. 한편 *là-dessus, là-dessous, là-dedans, là auprès, là-contre*가 아울러 사용된다.

역시 부사로 취급하는 *ça*는, *ça et là, de ça, de là*와 가끔 사용되는 궁중 용어인 *en ça*에서만 사용된다. 그러나 이 단어에서 *deçà*가 만들어졌는데 *au delà*와 반대 의미이다. 한편 *jambe de ça, jambe de là*도 역시 사용된다.

*Ici*는 말하는 사람이 있는 바로 그 장소를 표시하고 *là*와 대립된다. 따라서 *ici-bas*의 반대는 *là-haut*인데, 이것의 의미는 *au ciel*이나 보다 멀리 떨어진 장소인 *là-bas*이다.[15)] 그런데 이 두 단어의 의미는 보다 넓고, *là*는 단지 아주 모호한 의미로 다른 장소를 나타낸다. 이와 같이 *ici*와 *là*를 끊임없이 서로 대립시키기도 하고, 거리의 개념은 전혀 없이 다른 장소에 있다는 것을 표시하기 위하여 여러 요소 앞에 *là*를 반복해서 사용하기도 한다.

그런데 이야기를 하거나 설명할 때 현재의 위치를 나타내기 위하여 두 단어를 구별 없이 사용하기도 하고 특히 *ici*를 사용한다. 즉 *je voudrais vous montrer ici, jusqu'ici j'ai parlé de..., jusque-là il avait parlé de...*의 예와 같다. 여기에서 우리는 장소를 다루면서 시간이 끼어든 것을 알 수 있는데, *jusqu'ici*가 현재를 의미한다면 *jusque-là*는 과거를 의미하기 때문이다. 다른 말로 하면 문제가 되는 것은 단지 시간일 뿐이라고 할 수 있는데, *ici*가 *en ce temps-ci*라면 *là*는 *alors*의 의미로 과거와 미래를 가리키기 때문이다. 즉 *jusqu'ici, jusque-là*와 *d'ici là*가 시간을 가리키는 표현이다. 그 결과 *jusqu'alors*가 *jusque-là*를 대신할 수 있는데, 그렇다고 흔히 하듯이 *jusqu'ici*를 대신할 수는 없다.

이라고 재미삼아 말하기는 하는데, 이 표현에 의문의 의미는 전혀 없다.

14) 앞의 본문 263쪽과 266쪽을 참조할 것.

15) 그런데 *là-bas*를 *dans les enfers*의 의미로 *là-haut*와는 대립되는 개념으로 사용하기도 했다.

주의할 것은 *d'ici là*에 *à*가 없다는 것이다. 즉 *d'ici quelque temps, d'ici trois jours*라고 하는데, 특히 후자는 *d'ici à trois jours*보다 낫다.[16)]

*Là*는 *ici*보다는 많이 사용되는데 몇 가지 특별한 의미를 갖고 있다. 이것은 *en cela*의 의미로 방금 전에 말한 것을 가리킨다. 즉 *il a montré là beaucoup de savoir*의 예와 같다. 또한 의미가 비슷한 예는, *là c'est le poète qui parle, et non le philosophe*와 *que me dites-vous là ? est-ce bien là ce que vous voulez dire? est-ce là votre frère ?*와 같다.

*Là*는 *à ce point, à cette chose*의 의미로 여러 가지 표현에 사용된다. 즉 *s'en tenir là, en venir là, en demeurer* (ou *en rester*) *là, laisser là* (ou *planter là*)의 예가 있다. 그리고 *de là*는 *de cette cause, de cette raison*의 의미로 *de là vient que, il suit de là* (뜻이 중복되는 *il s'ensuit de là*보다 낫다)의 예가 있고 또한 동사 없이 쓰는 표현으로 *de là cette conséquence, de là cette passion qui le dévore*의 예가 있다.

친숙하게 말할 때, 어떤 단어나 생각을 강조하기 위하여 *là*를 사용한다. 즉 *là, franchement* (ou *franchement là*), *qu'en pensez-vous ?*의 예와 같다. 그러나 대중들이 흔히 하듯이 문장 뒤에 *là*를 사용하여 *je ne veux pas qu'on sorte, là !*처럼 하는 것은 너무 저속한 표현이다.

부사는 보어를 택하지 않는다는 점에서 전치사와 구별된다. 부사적 표현도 역시 같다. *on achète une chose de confiance*라고 하지 *on achète une chose de confiance en quelqu'un*이라고는 하지 않는다. 그 결과 ***dedans, dehors, dessus, dessous***는 순수한 부사로서, 보어를 전혀 택하지 않는다. 즉 *il n'est ni dessus, ni dessous, ni dedans, ni dehors*의 예와 같다. 반면에 이 부사들에서 복합전치사가 만들어졌다. 즉 *au dedans de, au dehors de, au-dessus de, au-dessous de*의 예와 같다. 그렇지만 *par-dessus, de dessus, de dessous*에는 항상 보어를 붙여서 사용하는데, *de sur*와 *de sous*가 아주 잘못된 표현이기 때문이다. 즉 *donne-le-moi par-dessus le marché, ôte-moi cela de dessus la table, il sort de dessous terre*의 예와 같다.[17)]

---

16) 이것은 우리가 *venir de quelque part*라고 말하지만, *aller quelque part*라고 하지 *aller à quelque part*라고 하지 않는 것과 같다.

17) 또한 *vous m'avez marché dessus*라고 말하기도 하는데, *vous m'avez marché sur les pieds*나 *vous*

*Près*는 가끔 장소 이름이나 행정적 문구에서 *près de* 대신에 사용된다. 그러나 *alentour*와 *auparavant*은 오늘날 단지 부사일 뿐이고, 이에 해당하는 전치사는 *autour*와 *avant*인데 부사로 여겨질 때도 있다.

부사 *en face*는 전치사 *de*를 택하지 않는 한 보어를 갖지 않는다. 따라서 *vis-à-vis de*라는 전치사와 구별되는데 이것은 역시 *vis-à-vis*라는 부사로 되기도 한다. 반면에 *la maison en face*가 올바르고 *la maison d'en face*는 틀린 것이다.

또한 *à part soi, je me disais à part moi*라고 말하는데, 이 부사적 표현은 *excepté moi*의 의미로 사용된 *à part moi*와 혼동하지 말아야 하는데 이 경우 *à part*는 전치사이다.

3. 시간 부사

시간 부사는 일반적으로 ***quand***이라는 질문에 대답하는 것이다.

장소 부사 *où*와 마찬가지로, *quand*은 원래 직접 혹은 간접 의문부사이다. 즉 *quand viendrez-vous? dites-moi quand vous viendrez*의 예와 같다. 그런데 *au moment où*의 의미로 관계사가 될 때 더 이상 부사가 아니고 *lorsque*와 같은 접속사로 여겨진다. 이 접속사는 *lors* (alors) *que*로 이루어진 것이다. 그 예는 *je serai là quand vous viendrez*와 같다.[18)]

역시 *où*와 마찬가지로 *quand* 앞에 *de, à, depuis, pour, jusque*를 사용할 수 있다. 그런데 *jusque*의 경우 *jusqu'à*를 선호하는데, 문어에서는 듣기 싫은 소리를 피하려고

---

*avez marché sur ma robe*라고 말하는 것이 낫다. 옛날 표현인 *c'en dessus dessous, c'en devant derrière*가 있는데, 이것의 의미는 <en mettant *dessous* ou *derrière* ce qui devait être *dessus* ou *devant*>이다. 이것이 혼동에 의하여 *sens dessus dessous, sens devant derrière*로 변했다.

18) 가끔은 *quand*을 *en même temps que*와 같이 사용하는데 아마 생략에 의한 것 같다. 즉 *tu partiras quand nous*와 같은데 정확한 표현은 아니다.

*jusques à*를 사용하기도 한다.

그런데 ***quand***을 ***quant***과 혼동해서는 안 된다. *Quant*은 *quant à*에 사용되며 <en ce qui concerne>의 의미이다.[19] 또한 <l'un après l'autre, sans interruption>의 의미인 *de suite*와 *immédiatement*의 의미인 *tout de suite*를 구별해야 하고, *soudain*의 의미인 *tout à coup*와 *d'un seul coup, en une seule fois*의 의미인 *tout d'un coup*와 구별해야 한다. 따라서 사람들이 많이 사용하는 *vous partirez de suite*나 *il est arrivé tout d'un coup*는 정확한 표현이 아니다.

*Pour lors*는 아주 친숙한 경우에만 쓰는 표현이고, *alors*나 *dès lors* 대신에 이것을 사용할 필요는 없다.

요일을 나타내는 명사와 마찬가지로 *hier*와 *demain* 다음에 전치사 없이 *matin*과 *soir*를 사용한다. 즉 *hier matin, jusqu'à demain matin, depuis mardi soir*라고 하는데, *hier au soir*는 아직도 사용된다.[20]

옛날 사람들은 ***plus tôt***와 ***plutôt***를 구별하지 않았다. 그런데 두 단어의 철자가 다르기 때문에, compte와 conte에 일어난 일과 마찬가지로 두 단어가 각각 다른 의미를 갖게 된 것이다. 따라서 *plus tôt*는 단지 *tôt*의 비교급이며 *plus tard*의 반대인 반면에, *plutôt*는 *plus encore, de préférence, pour mieux dire*의 의미로 *ou plutôt*와 같은 표현에 사용되므로 이 둘을 구별해야 한다.[21]

이 *plus tôt*와 관련하여 *aussitôt*를 살펴보자. 이 단어는 거의 전치사로 취급되는 일이 많다. 즉 *aussitôt la déclaration de guerre*의 예와 같은데, *aussitôt après*라고 말하더라도 전혀 상관이 없다.

---

19) 대중들은 이것을 *tant qu'à*로 바꾼다.

20) 그런데 *le 10 au matin, le 15 au soir*라고 말하는 것은 자연스럽다.

21) 그러므로 *vous réussirez plus tôt que lui*는, 그보다 *plus vite*라는 의미이고 그도 역시 당신 다음에 성공할 것이라는 의미이다. 반면에 *vous réussirez plutôt que lui*는, *de préférence à lui*의 의미로 그는 아마도 성공하지 못할 것이라는 의미이다. 또한 *il est arrivé plus tôt le matin que le soir*는 *plus promptement, de meilleure heure*의 의미이고, 반면에 *il est arrivé plutôt le matin que le soir*는 *plus probablement*의 의미이다. 따라서 *il n'eut pas plus tôt dit cela* (*plutôt*는 안 됨) *qu'il s'en repentit*라고 정확하게 적어야 하는데, 이 문장의 의미는 앞의 사실이 뒤의 사실을 *précédér*한 것이 아니라 두 사실이 거의 동시에 일어났다는 의미이다.

끝으로 언급하자면, *quelquefois*나 *parfois*를 사용하는데 *des fois*는 사용하지 않는다. 또한 *bien des fois*라고는 하지만 *beaucoup de fois*라고는 하지 않는다.

4. 양태 부사

양태 부사는 *comment?*이라는 질문에 대답하는 것이다.

*Comment*도 역시 직접의문부사와 간접의문부사로 사용된다. 즉 *comment avez-vous fait? comment faire? comment cela? dites-moi comment vous avez fait*의 예와 같다. 또한 *comment se fait-il que*와 의미가 같은데, 다른 말로 하면 *pour quel motif*와 거의 같다. 즉 *comment n'avez-vous pas compris que...?*의 예와 같다. 이 단어만 사용하면, 그 의미는 *expliquez-vous*나 *que dites-vous?*와 같고 놀람을 나타내기도 하는데 그 예는 *comment! est-ce possible?*이다.[22)]

아무튼 ***comment***은 관계사로는 전혀 사용되지 않는데, 이 역할은 ***comme***가 담당한다. 즉 *comme*는 비교의 부사로서 유사성을 표시하며 *de la même manière que*의 의미이다. 반면에 *comment*은 *de quelle manière?*의 의미이다.

그런데 이 구별은 항상 이렇게 분명하지는 않았다. 그것은 *comment*이 관계사로 사용되어서가 아니라, *comme*가 오랫동안 특히 간접의문문에서 의문사로 사용되었기 때문이다. 이런 용법이 거의 사라졌는데 다만 친숙하게 말할 때 쓰는 *Dieu sait comme*가 *Dieu sait comment* 이외에도 남아있다.[23)]

그렇지만 *de quelle manière*의 의미로 *comment*이 아니라 *comme*를 사용하기도 한다. 이때 *comme*는 *combien*의 가치를 갖는데, 말하자면 양의 부사가 되고 *bien*이나 *mal*이 자주 생략된다. 즉 *voyez **comme** il écrit bien* (ou ***comme*** *ils vous écoutent*),

22) 한때는 모든 종류의 문장에 *et comment!*을 덧붙여 대답하는 것이 유행이었는데, 그 의미는 *et combien, et à quel point*이었다. 그런데 이것이 완전히 정당한 것 같지는 않다.

23) 그리고 필요한 경우에 *voici comme*라고 하는데 이것은 오히려 문체적 효과를 노린 표현이다. 또한 *voilà comme je suis*도 있다.

vous n'imaginez pas ***comme*** *il en est fou, vous savez* ***comme*** *il vous aime* (ou ***comme*** *il s'est conduit*)의 예와 같다. 또한 *comme*에 감탄의 의미를 덧붙여서 ***comme*** *il vous aime ! comme ils vous écoutent !*라고도 한다.[24)]

완전히 사라지지는 않은 표현인 *comme quoi*에도 간접의문이 들어있다. 즉 *voilà comme quoi on peut se tromper*의 예와 같다. 이 *comme quoi*는 *de quelle manière*가 아니라 *comment il se fait que*의 의미이다.

*Comme que*는 *de quelque manière que*의 의미를 갖는데, 유감스럽게도 거의 사라져버렸다. 그렇지만 *comme qu'on s'y prenne* (*comment qu'on s'y prenne*는 안 됨)와 같은 표현에는 아직도 남아있다.

*Comme*는 특히 비교를 나타내는 데 사용된다. 즉 *il est blanc comme la neige,*[25)] *ils se ressemblent comme deux gouttes d'eau*[26)]의 예와 같다.

주의해야 할 것은, 명사나 대명사 앞에 쓰인 *comme* 다음에 부정문이 오면 비교는 부정을 포함한 전체에 걸린다는 점이다. 즉 *comme vous, je ne sais pas ce qui s'est passé*의 예와 같다. 반대로 부정 다음에 *comme*가 오면 부정을 제외한 동사를 생략한 것이다. 즉 *je ne sais pas comme vous ce qui s'est passé*에는 *comme vous le savez*의 의미가 들어있다. 또한 *rien n'est beau comme la vérité*에는 *comme l'est la vérité*의 의미가 들어있다. 결국에는 비교가 제외되는 결과가 나온다. 다른 경우도 그렇지만 특히 마지막 예에서 모호함이 생기지 않도록 조심해야 한다. 왜냐하면 비교 구문에서 모호함이 아주 흔하게 나타나기 때문이다.

---

24) 바로 이런 이유 때문에 라신느(Racine)와 같은 시인은 다음과 같이 말할 수 있었다.

.. J'aime à voir *comme* vous l'instruisez,

즉 *comme vous l'instruisez bien*의 의미이다. 그러나 몰리에르(Molière)가 다음과 같이 한 것처럼 하지는 못할 것이다.

A peine pouvez-vous dire *comme* il se nomme,

왜냐하면 이 문장에는 단지 간접의문문만 있고 다른 요소는 없기 때문이다.

25) 그런데 *il est blanc tel que la neige*는 안 된다. 지나치게 정교함을 추구하는 몇몇 작가들이 이런 표현을 사용하는데, *il est tel que* (pareil à) *la neige*나 *il est blanc comme la neige* 중에서 선택해야 한다.

26) 그런데 *il lui ressemble comme deux gouttes d'eau*라고 말해서는 안 된다. 왜냐하면 *lui ressembler* 하는 것이 *deux gouttes d'eau*가 아니기 때문이다. 적어도 이렇게 글로 적어서는 안 된다.

비교하는 두 대상의 순서가 바뀌면 *comme*를 *ainsi*로 바꾸는데, *ainsi*는 반복이 가능하다. 즉 *ainsi dit, ainsi fait*의 의미는 *il fut fait comme il avait été dit*이다. 또한 *ainsi*를 사용하면 *comme*를 사용하지 않는다. 따라서 *ainsi comme*이라고 더 이상 말하지 않고 *ainsi que*라고 말한다.[27)]

가끔 *comme*를 사용하여 비교할 때 *tout*로 강조하기도 한다. 즉 정확하게 같다는 것을 말하기 위하여 친숙하게 말할 때 *c'est tout comme*라고 한다.[28)]

*Comme*에 의한 비교의 의미가 아주 약화되어서 *de la manière que*나 *à la manière de*의 의미로 되는 경우가 아주 흔하다. 즉 *je le prends comme il est, faites comme vous voudrez, comme votre père voudra* (ou *comme voudra votre père*), *comme bien on pense, un homme comme il faut, on le cite comme un homme très habile* (ou *on parle de lui comme d'un homme très habile*) (그런데 *comme un homme*는 안 됨), *on le considère comme un bon poète* (ou *comme très habile*)의 예와 같다.[29)]

가끔은 *comme*의 의미가 *en quelque sorte*나 *par exemple*로 되기도 한다. 즉 *ce fut comme un éclair, c'était comme un nouveau lien, il l'a fait comme malgré lui ; les métaux, comme l'or, l'argent* 등의 예와 같다.[30)]

우리는 다른 곳에서 *comme*가 시간이나 원인을 나타내는 접속법 역할을 한다는

---

27) *Comme*도 역시 오래 전에 *que*에 자리를 양보했는데, 특히 *autant* (ou *tant*)과 *aussi* (ou *si*) 다음에 그렇다. 그렇지만 시에서는 *comme*를 *ainsi*와 함께 사용하는데, 특히 비교 대상의 순서를 바꿀 때 그렇다. 즉 *comme le lion..., ainsi ce héros...*의 예와 같다.

28) 역시 격의 없이 말할 때 사용하는 표현으로 *bête comme tout*가 있는데 아주 유감스러운 최상급 형태이다.

29) 그런데 *on le considère très habile*이라고 해서는 안 되는데, 이것은 점점 흔해지는 잘못된 어법이다. 그런데 *croire*나 *tenir*의 경우 이런 구문을 취하여 *on le croit* (ou *on le tient*) *très habile*이라고 한다. 그렇지만 *considérer comme*라고 말해야 하고 *tenir pour*를 선호한다. 그런데 *cet article est mauvais comme style, je vais bien comme santé et comme position* (Dumas fils)의 문장에서와 같이 *comme*가 완전히 잘못 사용되기도 한다. 왜냐하면 <un article n'est pas un style, ni un homme une santé>이기 때문이다. 이 경우에는 *au point de vue de, en ce qui concerne*라는 표현을 사용하는 것이 좋다.

30) 격식을 차리지 않고 *ce fut comme qui dirait un éclair*라고도 말한다. 또한 *il est comme ça, c'est comme ça*라고 말하는데, 즉 <ainsi et non autrement>이라는 뜻이다. 즉 사물을 있는 그대로 받아들여야 한다는 의미이다. *Comme ça*나 *comme ci, comme ça*는 *ni bien ni mal*의 의미이다.

것을 살펴보았다.[31)]

Bien은 *beaucoup*의 의미로 자주 사용되는데, 우리는 양의 부사를 다루면서 가끔 *peu*의 의미로 사용되는 ***mal***과 함께 다시 살펴볼 것이다. 그렇지만 두 개 모두 원래 양태 부사로서, *il est bien* (ou *mal*) *vêtu, il a bien* (ou *mal*) *vu, il a bien* (ou *mal*) *vécu ; il écrit, il se conduit, il se met bien* (ou *mal*), *il est bien* (ou *mal*) *vu, il va bien* (ou *mal*) (단순시제로만 사용됨), *les affaires vont* (ou *marchent, tournent*) *bien* (ou *mal*), *tant bien que mal,* (도치가 된) *bien* (ou *mal*) *lui a pris de...*의 예처럼 사용된다.

*Bien*과 *mal*은 여러 가지 표현에서 속사로서 동사 *être*와 함께 사용된다. 즉 *ceci est bien* (ou *n'est pas*) *bien* (ou *mal*) *; c'est bien* (ou *mal*), *ce n'est pas mal, ce n'est pas bien* (ou *mal*) *de ; il est, il n'est pas bien* (ou *mal*) *que...*의 예와 같다. 또한 *être bien ou mal*은 외양이 좋거나 나쁘다는 의미이고 (*il n'est pas trop mal*), *être en bonne* (ou *mauvaise*) *santé* (*il est au plus mal*)의 예가 있다. 또한, *être bien* (ou *mal*) *avec quelqu'un*이란 그와 좋거나 나쁜 관계를 유지한다는 의미이다. 이러한 의미로 사용될 때 부사는 예외적으로 분사 뒤에 온다. 즉 *il a été très mal, nous avons été très bien ensemble pendant quelque temps*과 같은데, 동사 *être*는 조동사로 취급된다.

*Bien*은 또 다른 특별한 의미를 갖는다. 즉 *c'est bien, c'est très bien, c'est fort bien*은 지지를 표명하는 것인데 종종 비꼬는 감정이 들어가기도 하고 *il suffit*를 의미하기도 한다. 또한 *me voilà bien*은 유감스러운 상황을 비꼬면서 말하는 것으로 격식을 차리지 않고 말할 때 쓰는 표현이다. 그리고 *c'est bien fait*는 당연하다고 받아들이는 유감스러운 것에 대해 역시 격식을 차리지 않고 말할 때 쓰는 표현이다.

*Bien*은 또한 *exactement, tout à fait, certainement, en vérité*를 의미하기도 한다. 즉 *c'est bien lui, le voilà bien, je le reconnais bien*은 어떤 사람이나 그 사람의 성격에 대하여 말할 때 쓰는 표현이다. 그리고 *c'est bien une sottise, c'est bel et bien une merveille ; il y a bien quinze kilomètres ; vous avez bien raison ; vous savez bien que... ; je ne sais pas bien si...,* (도치가 있는) *comme bien on pense, comme bien vous savez !* (의미가 완화된) *je l'avais bien dit, il en est bien capable, je m'en moque bien, peux-tu*

31) 이 접속사가 부사로서 *quo modo*가 아니라 *cum*에서 유래했을 가능성이 있다. 틀림없이 혼란이 있었던 것 같은데 아무튼 의미는 아주 유사하다.

*bien croire, je puis bien faire comme vous, je le veux bien*의 예와 같다.

약간은 모호한 이런 의미로 *bien*을 사용하여 단순히 양보적인 내용을 표현하고 다음에 *mais*를 덧붙이는 것이 흔하다. 즉 *je sais bien* (ou *je sais bien que*), *je vois bien, je comprends bien, je voudrais bien, j'ai bien entendu dire, c'est bien sûr, c'est bien un succès, mais*...의 예와 같다. 예전에는 단지 비꼬는 느낌을 덧붙이기 위하여 *bien*을 사용하였는데, 그 예는 *je m'en soucie bien, c'était bien la peine, c'est bien à vous de*...와 같다.

그런데 *aussi bien que*에서는 *bien*의 의미가 더욱 약화되어 *tout comme*의 의미가 되었다. 또한 *aussi bien*도 *d'une façon comme d'une autre, de toute façon, quoi qu'il en soit, dans le fait*를 의미한다. 이것은 *si bien que*가 *de telle sorte que*를 의미하고, *ou bien*이 단지 *ou*를 의미하고 *quand bien même*가 *quand même*를 의미하는 것과 같다.

*Bien*과 *mal*은 형용사는 물론 부사의 경우에도 비교를 나타내는 모든 단어를 허용하는데, 예외가 있다면 *bien* 앞에 *plus*가 올 수 없다는 것이다. 이것은 *bon* 앞에 *plus*가 올 수 없는 것과 같다. 즉 *meilleur*와 *le meilleur*에 대응하는 것은 *mieux*와 *le mieux*이다. 우리가 할 수 있는 것은 *plus il est bien* 정도인데, 이것은 *plus il est bon*이라고 하는 것과 마찬가지이다.

Mieux와 ***le mieux***는 *bien*이 비교급과 최상급을 가질 수 있는 모든 경우, 즉 *bien*이 *mal*과 대립될 수 있는 모든 경우에 사용된다. 물론 *bien*이 동사 앞에서 *beaucoup*의 의미로 사용될 수 있고 이 경우 *mieux*는 *davantage*의 의미이다. 즉 *j'aime mieux*의 예와 같다.

또한 *en attendant mieux, faute de mieux, je ne demande pas mieux*[32)]도 역시 사용한다. 또한 *cela vaut mieux* (ou *mieux vaut*), *mieux encore* (ou *mieux que cela*)는 앞에서 한 말에 점차 강도가 심해지는 개념 앞에서 사용된다. 그리고 *tant mieux*는 *c'est bien fait*를 상기시킨다. 또한 *à qui mieux mieux*는 *à l'envi* 대신에 사용되고, *aller de mieux en mieux*는 되지만 *aller de bien en mieux*는 안 된다. 그리고 *le mieux du monde*의 예도 있다.

*Mieux*는 *meilleur*의 중성형으로 사용될 수 있고 형용사나 명사로 사용된다.

---

32) 물론 *je ne demande pas mieux que d'y aller*라고 해야 하고 *je ne demande pas mieux d'y aller*는 안 된다. 그런데 뒤의 문장이 너무 자주 들리고 가끔 글에도 나타난다.

즉 *rien n'est mieux* (ou *il n'y a rien de mieux*), *je m'attendais à mieux, le mieux est l'ennemi du bien, c'est le mieux, j'ai fait pour le mieux, le mieux qu'on puisse faire, du mieux que je pourrai faire, faire de son mieux*의 예와 같다.[33)]

Pis와 *mieux*의 관계는 *mal*과 *bien*의 관계와 같다. 그렇지만 *mal*의 비교급과 최상급은 대체로 *plus mal*과 *le plus mal*인데, 이것은 *plus mauvais*가 *mauvais*의 통상적 비교급인 것과 같다. 그 결과 *pis*의 용법은 *mieux*의 용법과 아주 부분적으로만 일치한다. 또한 *tant pis, de mal en pis*와 *pis*가 *mieux*와 대립되는 몇몇 표현을 제외하면, *pis*는 *mauvais*의 비교급인 *pire*와 혼동되는 경우가 많다. 마치 *mieux*가 *meilleur*의 중성형으로 혼동되는 것과 같다. 이렇게 혼동한다고 해서 특별히 불편할 것은 없지만, *pis*와 *pire*를 혼동하지 않도록 해야 한다. 이 문제에 대해서는 우리가 다른 곳에서 강조한 바가 있다.[34)]

양태 부사들 특히 *ment*으로 된 부사는 어떤 종류의 보어도 취하지 않는다.[35)] 그렇지만 항상 분사 다음에 나오는 몇 가지 *ment*으로 된 부사는 그 기본이 된 형용사와 같은 보어를 가질 수 있다. 즉 *antérieurement* (ou *postérieurement*) *à, relativement* (ou *proportionnellement*) *à*의 예와 같다. 또한 다음 부사는 보어를 반드시 취하는데, 그것은 *conformément* (ou *contrairement, préférablement*) *à, indépendamment de*이다.[36)] 또한 *conjointement* (ou *concurremment*) *avec*의 예도 있다.[37)]

---

33) 예전에는 동사에 *des mieux*를 사용하곤 했다. 즉 *être des mieux, chanter des mieux*의 예와 같다. 물론 *mieux*가 양을 표시할 수는 없다. 그렇지만 *une chose vaut mieux qu'une autre*라고 말하고, 불충분하게 제공되는 것에(devant une offre insuffisante) *elle vaut mieux*라고 말할 수 있다. 그렇지만 *elle vaut mieux que cent francs*이라고 말하는 것은 틀린 것이고, *mieux de cent francs*도 잘못된 어법이다.

34) 본문 88쪽 <비교급(comparatif)>에 관한 항목을 참조하기 바란다.

35) 즉 *de même que* 대신에 *également que*를 사용할 수는 없다. 그러므로 *également propre à enseigner les syntaxes les plus compliquées et les plus étonnantes culbutes*라고 해야 하고 어떤 한림원 회원이 글에서 *que*를 사용한 적이 있는데 이것은 안 된다. 또한 *autrement que*를 *autre que*와 같이 사용하지만 *différemment que*나 *différemment de*는 둘 다 가능하지 않다.

36) 그렇지만 *indépendamment que*라고 할 수는 없다. 적어도 *de ce que*를 사용해야 하는데 이것은 너무 무겁다.

37) 그런데 *tout de bon*을 이런 양태 부사 중의 하나로 간주할 수 있다. 일반 대중은 이것을 *pour de bon*으로 바꾸는데 부적절하고 어색하다. 아마도 *pour rire*로부터 유추된 것 같다.

5. 양의 부사

양의 부사란 **combien**?이란 질문에 대답하는 것이다.

이 질문에 대하여 주로 *beaucoup, peu,* 혹은 *autant,* 그리고 이들에 여러 강도를 나타내는 말을 붙여서 대답한다. 이것으로부터 나오는 네 가지 종류의 부사를 검토해 보자.

이 모든 부사가 부분의 의미를 쉽게 가지기 때문에 대부분은 전치사 *de*와 함께 보어를 취한다. 이런 면에서 대부분의 부사들과는 차이가 난다. 따라서 이 부사들은 명사처럼 여겨지고, *quelle quantité* (ou *quel nombre*) *de..., une quantité* (ou *un nombre grand, petit, égal*) *de*와 같다.

Combien, comme, que

*Combien*은 *où, quand, comment*처럼 직접의문부사나 간접의문부사로 사용된다.

그렇지만 이것의 원래 뜻은 *à quel point*인데 동사, 형용사 혹은 부사 앞에서 이런 의미를 가진다. 이런 의미로 사용된 ***combien***은 의문사라기보다는 감탄사 (**exclamatif**)이다. 즉 *combien il vous aime* (ou *il vous a aimé*)*! vous voyez combien il vous aime* (ou *combien cette affaire est dangereuse, combien il a été près de mourir*)의 예가 있다.[38] 그러나 이런 의미로 사용된 ***combien***은 ***comme***보다 덜 일반적이고 널리 사용되지도 않는다. 즉 *comme il vous aime! voyez comme il vous aime, comme cet enfant est grand, comme il écrit bien*의 예와 같다. 같은 의미로 *que*를 사용하기도 하는데 직접감탄문으로만 사용된다. 즉 *qu'il vous aime! que cet enfant est grand! qu'il écrit bien!*의 예와 같다.[39]

---

38) *Combien*은 당연히 문장 앞에 나오고 형용사나 부사는 동사 뒤에 온다. 그러나 연설조의 언어나 시어에서는 *combien*을 형용사나 부사와 가까이 붙인다.

39) 또한 아주 격의 없이 말할 때 *ce que cet enfant est grand*! *ce qu'il écrit bien*!이라고 말하기도

그런데 *combien*이 동사나 형용사 앞에서 감탄사가 아니라 의문사로 사용될 때 양을 표시한다. 앞으로 보게 되겠지만 이 경우 명사가 생략된 것이다.

실제로 명사 앞에서(**devant un nom**) 전치사 *de*와 사용될 때 ***combien***은 의문사(**interrogatif**)이다. 이때 실제로 명사로 사용된 것이고, 그 의미는 ***quelle quantité*** 혹은 ***quel nombre***이며 *beaucoup de*와 유사하게 사용된 것이다. 즉 *combien de livres avez-vous? dites-moi combien de livres vous avez, de combien d'argent vous disposez, à combien de personnes vous avez écrit, dans combien de temps vous aurez fini* 등의 예와 같다. 위의 예에서 명사가 *combien* 옆에 있지만 직접보어로서 동사 뒤에 나올 수도 있다. 즉 *combien avez-vous de livres? dites-moi combien vous avez de livres*의 예와 같다. 또한 이것과 유사하게 *combien est-il venu, dites-moi combien il est venu de personnes*라고 말할 수 있다.

*Combien*은 이런 의미로 감탄사가 될 수도 있다. 즉 *combien de temps vous avez perdu! à combien de gens vous avez rendu service!*의 예와 같다. 그러나 *combien*이 주어나 직접보어에 걸릴 때 이것을 *que*로 대체하기도 한다. 즉 *que de temps vous avez perdu! que de gens s'imaginent...! que j'en ai vu mourir, de jeunes filles*의 예와 같다.[40)]

그런데 *combien*이 양이나 수를 표시할 때 흔히 명사가 생략되는데(**le nom sous-entendu**) 그 명사를 보충하는 것은 언제나 쉽다. 즉 *combien êtes-vous* (*ou dites-moi combien vous êtes*) *; combien sont morts! combien a coûté ce livre, combien cette maison vaut-elle, à combien vous revient-elle, pour combien l'avez-vous achetée? de combien s'en faut-il? de combien* (*ou combien*) *il s'en faut! de combien êtes-vous plus grand que moi? de combien suis-je en retard* (ou *je ne sais pas de combien je suis en*

하는데 권할 만한 것은 못된다. 물론 *combien*의 의미로 쓰인 *comme*과 *que*는 형용사 앞에 *bien*이나 이것과 유사한 것을 함께 사용하지 못한다. 즉 *que cette action est bien juste! comme cet homme est très fort!*는 *combien bien*이나 *combien très* 만큼이나 틀린 것이다.

40) 격의 없이 말하는 경우에는 *que*와 접속법을 분리해서 말하는 것이 더 정확하다. 즉 *ce que vous avez perdu de temps! ce qu'il y a de gens qui s'imaginent...!*의 예와 같다. 또한 의문문의 형태로 *qu'est-ce que vous avez d'argent* (ou *de livres*)?로 하거나 문자 그대로 *quoi est-ce d'argent que vous avez*?라고 할 수도 있다. 감탄문에서는 *c'est extraordinaire*를 생략할 수도 있다.

retard)의 예와 같다. 생략된 것을 쉽게 보충할 수 있을 때 *combien*만 사용하기도 한다. 또한 직접의문문에서 전치사 없이 *que vaut* (ou *que coûte*) *ce livre ?*라고도 말한다.

날짜를 말할 때 서수 대신에 기수를 사용하는 습관이 (*le cinq juin*을 *le cinquième de juin* 대신에 사용) *le quantième est-ce ?*를 *le combien est-ce ?* 혹은 *le combien sommes-nous ?*로 바꾸게 만들었다. 그런데 앞 문장은 유감스럽게도 오래 전부터 사용되지 않고, 뒤의 문장은 별로 우아하지 않다. 오히려 명사가 된 *le quantième*을 사용하여 *quel est le quantième ?*이라 하거나 *quel jour du mois sommes-nous ?*라고 하는 것이 더 나은데 실제로는 둘 다 사용되지 않는다.[41]

Beaucoup, bien, plus, davantage, trop

Beaucoup는 본래 ***une grande quantité***나 ***un grand nombre***를 의미하는 명사 (**nom**)이다. 즉 *beaucoup d'argent, beaucoup de gens, beaucoup d'entre eux*의 예와 같다. 경우에 따라서는 *beaucoup des livres que vous m'avez prêtés*라고도 하는데, 이 경우에는 관사 때문에 *un grand nombre*를 사용하는 것이 낫다.

이런 의미로 ***beaucoup*** 대신에 ***bien***을 쓰기도 하는데 특히 *peu*와 대립해서 사용한다. 그런데 차이가 있다면 *bien*은 본래 부사이므로 전치사 *de*와 맞지 않고 부분관사를 요구한다. 즉 *bien des gens*은 <des gens *en grand nombre*>이고, *j'ai eu bien de la peine*는 <de la peine *en grande quantité*>이며 또한 *il a bien de l'esprit*[42]의 예가 있

41) 유사한 예로 초등학생들이 *le* (ou *la*) *combien es-tu ?*라고 말하는 방식을 우리에게 가르쳐주었는데 이것은 완전히 틀린 것이다. 왜냐하면 예를 들어 *le* (ou *la*) *quatre*라고 하지 않고 *le* (ou *la*) *quatrième*이라고 말하기 때문이다. 반면에 *quelle place as-tu* ?라고 말하는 것이 더 쉽다.

42) 반면에 *infiniment d'esprit*라고 한다. 이 문제는 보줄라(Vaugelas) 시대에 많이 논의되었다. 주목할 것은 *bien des fois*가 *beaucoup de fois*를 완전히 대체했다는 것이다. 또한 주의할 것은, *beaucoup des livres que vous m'avez prêtés*에는 정관사가 사용되었고, 이 문장을 *bien des livres que vous m'avez prêtés*로 바꿀 수 없다는 것이다 그 이유는 *bien des*가 두 가지 의미를 가질 수 없기 때문이다. 따라서 부분관사가 들어간 *bien des livres*를 사용하여 *bien des livres parmi ceux que vous m'avez prêtés*라고 말해야 한다.

다. 그런데 *bien d'autres*는 *beaucoup d'autres*와 유사하나 두 표현에서 *de*가 같지 않다. 왜냐하면 *d'autres en grand nombre*도 역시 *bien d'autres*인데, *bien des autres*가 아닌 이유는 단순히 *des autres*라고 말하지 않기 때문이다.

주의할 것은 보어 앞에서만 *bien*이 *beaucoup*를 대치한다는 것이다. 즉 *il* ***en*** *a* (ou *il* ***en*** *fait*) ***beaucoup***에서 *beaucoup*를 *bien*으로 바꿀 수 없다.

명사 앞에 형용사가 나오는 경우 당황스러운 경우가 생긴다. 물론 *bien des grands hommes*에는 전혀 문제가 없는데 그 이유는 *des grands hommes*라고 말하기 때문이다. 그렇지만 약간 주저하기는 하지만 *beaucoup de grands hommes*라고 말한다. 그리고 *des grandes plaines*라고는 거의 말하지 않으므로, *bien des grandes plaines*라고 말하는 것은 리트레(Littré)의 권고에도 불구하고 별로 좋지 않다. 최선은 *beaucoup de grandes plaines*를 사용하는 것인데 이 표현에는 두 용법 사이의 충돌이 없다.

물론 형용사의 위치를 변동시킬 수 있다면 어려움은 사라진다. 즉 *de terribles événements*을 *bien* ***des*** *événements terribles*이라고 말할 수 있다. 반면에 *bien*은 복수형보다는 단수형과 결합하기가 쉽지가 않은데, 특히 셀 수 없는 명사이며 구체적인 명사일 때 그렇다. 즉 *il a bien* ***de*** *l'argent*이란 표현은 격의 없이 사용하는 문체나 저속한 문체에서만 사용된다. 예외가 있다면 의문문에서는 다음과 같이 사용한다. 즉 *Il a donc bien de l'argent?*이라는 질문에 *Oui, il en a beaucoup*라고 대답할 수 있다.[43)]

아주 격의 없이 말할 경우 ***bien***을 ***pas mal***로 바꾸는데 *ne*나 관사는 사용하지 않는다. 즉 *il y a pas mal de gens qui..., il a pas mal d'argent*의 예와 같다. 또한 *force gens*과 *force argent*이라고도 말한다.

속사나 직접보어로 사용된 ***beaucoup*** (***beaucoup*** **attribut ou complément direct**) 다음에는 전혀 보어가 나오지 않는다(**point de complément**). 즉 이 단어의 원래 의

43) 또한 관사를 사용하여 *la plupart des hommes*라고 하는데, 이것은 *la plus grande partie* (ou *le plus grand nombre*) *des hommes*와 같다. 즉 <la majorité *sur tous les hommes*>라는 의미이다. 그렇다고 *c'est lui qui a le plus grand nombre de livres*라고 말하지 말란 법은 없다. 이 문장에서 *livres*는 *nombre*의 보어이고 그 의미는 <*il a un nombre de livres plus grand que les autres*>이며 <la supériorité *sur tous les livres*>의 의미가 아니다. 반면에 *il a le plus grand nombre de livres qui ont paru cette année*라고 말할 것이다. 또한 단수형을 사용하여 *la plupart du temps*이라고 말하나 *la plupart du monde*라고는 결코 말할 수 없다.

미가 드러나는 경우이다. 즉 *c'est beaucoup pour moi, je compte cela pour beaucoup, c'est beaucoup de* (ou *que de*), *c'est beaucoup qu'il vous ait parlé, c'est dire beaucoup en peu de mots, j'espère beaucoup, il possède* (ou *il sait*) *beaucoup, il a beaucoup perdu, on m'a beaucoup promis* (ou *on m'a promis beaucoup*), *à beaucoup près, à peu près, à combien près*의 예가 있다.

또한 ***beaucoup***가 주어인(***beaucoup* sujet**) 예로 *beaucoup s'en faut*가 있다. 또한 *il s'en faut beaucoup*가 있는데 이것은 원칙상 질(qualité)의 차이를 나타내는 반면에 양(quantité)의 차이를 나타내는 *il s'en faut de beaucoup*가 있다. 그런데 이런 차이는 거의 사라졌고 *de beaucoup*가 승리했다. 아마도 ***de** combien*이란 질문에 대한 답으로 우세함을 가리키는 표현에서 일어난 현상과 관련이 있는 듯하다. 즉 *il l'emporte* (ou *il l'a surpassé*) ***de** beaucoup, il est **de** beaucoup le plus sage* (ou *le plus sage **de** beaucoup*)의 예와 같다. 그렇지만 양이 문제되지 않을 때 *il s'en faut beaucoup*가 올바르며 *il s'en faut bien*도 역시 사용한다.

덧붙이자면 주어로 사용된 *beaucoup*에 생략된 보어가 나올 수 있는데 특히 사람을 가리킨다. 즉 *beaucoup sont venus*의 예와 같다. 또한 직접보어로 쓰인 *beaucoup*의 보어가 *en*으로 바뀌어서 사람이나 사물을 지칭할 수 있다. 즉 *j'en ai vu beaucoup, il en sait beaucoup*의 예와 같다. 그런데 사람의 경우에도 *en*를 사용하지 않고 *j'ai parlé à beaucoup, je me suis occupé de beaucoup*라고 말하는 법은 없다.

명사로서 보어가 생략된 ***beaucoup*(*beaucoup* sans complément)**가 속사나 직접보어로 어느 동사와도(**avec des verbes quelconques**) 사용될 수 있는데, 이때 *beaucoup*는 명사가 아니라 부사가 되며(**il est devenu adverbe**) 가끔은 시간적 의미를 갖는다. 즉 *je l'aime beaucoup, il a beaucoup parlé, beaucoup vécu* (*longtemps*의 의미임), *il grandit beaucoup*의 예와 같다. 그런데 분사 앞에서는 ***bien***도 역시 사용된다. 즉 *il a bien grandi*의 예와 같은데 물론 모호함이 없어야 한다. 왜냐하면 *il a bien parlé* (ou *bien vécu*)에서 *bien*은 양태 부사가 되기 때문이다.[44] 또한 대명동사의 분사 앞에서 ***fort***도 사용한다. 즉 *je vous ai fort* (ou *je me suis fort*) *applaudi de cette décision, je*

---

44) 친숙하게 말할 때 *merci bien*이나 *merci beaucoup*를 사용하는데, *merci*는 *je vous remercie* 대신에 사용된 것이다.

*me suis fort ennuyé ce jour-là*의 예와 같다.

형용사나 부사 앞에서(**devant un adjectif ou un adverbe**), 예전에 부사로 사용되었던 *beaucoup*가 ***bien***에게 자리를 양보했다. 이 *bien*은 격의 없이 말할 때 쓰는 완화된 최상급의 일종이다. 즉 *il est bien grand, bien joli, il parle bien joliment, c'est bien utile* (ou *bien remarquable*) (*beaucoup remarquable*은 안 됨)의 예와 같다.[45] 그런데 형용사를 *le*로 다시 받을 때, *beaucoup*를 사용해야 하고 *bien*은 안 된다. 즉 *est-il sage* (ou *estimable*)?라는 질문에 대한 답으로 *il l'est beaucoup*라고 한다.

그런데 *plus*와 비교급 앞에서(**devant un comparatif**) *beaucoup*와 *bien*이 서로 경쟁적으로 사용된다. 즉 *beaucoup* (ou *bien*) *plus grand, plus joli, plus mauvais, plus utilement*의 예와 같다. 또한 *plus*가 없어도 *beaucoup mieux*와 *bien mieux, beaucoup moins*과 *bien moins*이 둘 다 가능한데, *bien meilleur*를 *beaucoup meilleur*보다는 선호하고, 또한 *bien moindre*를 *beaucoup moindre*보다 선호한다. 그리고 *bien pire, bien pis, bien davantage*에서처럼 *bien*만 사용한다.

최상급(**superlatif**) 앞이나 뒤에서 *de beaucoup*를 사용하는데, 우월성을 강조하고자 할 경우에는 비교급 다음에도 사용한다. 즉 *il est de beaucoup le plus riche* (ou *le plus riche de beaucoup*), *il est plus riche de beaucoup*의 예와 같다.

격의 없이 말할 때에는 *beaucoup*나 *bien*을 *plutôt*로 바꾼다. 즉 *il est plutôt riche*라고 하고, 부정 다음에는 *trop*를 사용하여 *je n'en ai pas trop, je ne m'y fierais pas trop*라고 한다.[46]

Beaucoup의 비교급은 ***plus***이다(***Beaucoup* a pour comparatif *plus***). 그 의미가 *une grande quantité*나 *un grand nombre*인 경우에도 그렇다. 따라서 *plus*의 의미는 ***une plus grande quantité***나 ***un plus grand nombre***이다. 즉 *plus d'argent* (ou *encore plus d'argent*), *plus de gens, plus de bonne volonté que de capacité*의 예가 있다. 많은

---

45) 또한 *j'ai bien chaud, bien froid, j'ai* (ou *j'ai eu*) *bien faim, bien soif, bien mal, bien peur, vous avez bien raison, faites* (ou *j'ai fait*) *bien attention, c'est bien dommage*라고 말한다. 이 예들에서 *bien*은 동사가 아니라 명사에 걸리는 것이 분명하고, *très*보다 잘 사용되지만 의미는 그만큼 강하지 않다. 앞의 본문 89쪽을 참조할 것.

46) 그렇지만 *de trop*라고는 안 한다. 뒤의 내용을 참조하기 바란다.

사람들은 여전히 *davantage de*를 사용하나 전혀 올바른 것이 아니고, *davantage*는 단독으로 사용되는 단어이다.

반면에 보어를 *en*으로 받을 때 ***davantage***를 사용하는데, 주변에 다른 단어가 없거나 *que*로 이끄는 비교 대상이 없을 때 그렇다. 주변에 다른 단어가 있으면 *plus*나 *davantage*를 사용하고, *que*가 있으면 *plus*를 사용한다. 즉 *j'en ai, j'en sais, j'en ai vu, je n'en ai pas vu davantage*의 예에서 *plus*는 너무 짧아서 사용하지 않는다. 한편 *j'en ai* (ou *j'en ai vu*) *bien davantage*를 *bien plus*보다 선호하고, *encore davantage*나 충분히 긴 *encore plus* (ou *plus encore*)를 사용한다. 그런데 *j'en ai, j'en sais, je n'en sais pas plus que lui, j'en ai vu bien plus, beaucoup plus que lui*에서는 반드시 *plus*를 사용하는데, *davantage que*가 *davantage de* 만큼이나 오늘날 올바른 용법이 아니기 때문이다. 그런데 옛날 사람들은 이 두 가지를 즐겨 사용했다. 또한 *il n'en fera pas davantage*가 *il n'en fera pas plus*보다는 우아하다고 할 수 있는데, *il n'en fera ni plus ni moins, il n'en sera ni plus ni moins*의 경우 *plus*를 사용한다.

이러한 구별은 양이나 수와 관계 없을 때에도(**ni de quantité ni de nombre**) 역시 같다. 즉 *il promet beaucoup et donne davantage, il s'en faut davantage*의 예와 같다. 또한 부사적으로 사용된 *il grandit davantage, bien davantage, encore davantage, encore plus* (ou *plus encore*), *il a vécu davantage* (ou *il a plus vécu*), *sans tarder davantage* (ou *sans plus tarder*)(시간적 의미임)의 예가 있다. 그런데 반드시 *plus*를 사용해야 하는 예는 *il promet plus que les autres, il s'en faut plus* (ou *de plus*) *que vous ne pensez, il a grandi, vécu, tardé plus que vous, je l'estime plus que je ne l'aime, il l'aime plus que jamais, il est plus content, elle est plus que reine*이다. 우리는 *plus*가 *que*와 가까이 할 수 있도록 분사 다음에 오는 것이 일반적이라는 것을 알고 있다.

그렇지만 *davantage*가 보어로서 *en*을 그 앞에 가질 수 있지만 이 보어가 생략되어도 아주 정확하고 오히려 우아하다고 할 수 있다. 즉 *il promet moins que vous et donne davantage*를 *plus que vous* 대신에 말할 수 있고, *ceci me touche moins que vous et pourtant je m'y intéresse davantage* 라고 말하는데 마치 *et pourtant j'y prends plus d'intérêt*라고 말하는 것 같다. 이렇게 하는 이유는 *que vous*라는 듣기 싫은 표현이 반복되는 것

을 피하기 위해서이다. 보어가 다름에도 불구하고 *ceci m'est moins utile qu'à vous et pourtant je m'y intéresse davantage*라고도 말하는데, 오히려 *ceci vous est plus utile qu'à moi et pourtant je m'y intéresse plus que vous*라고 하는 것이 더 낫다.[47)]

형용사나 부사 앞에서(**devant un adjectif ou un adverbe**) *plus*를 사용하고 *davantage*는 사용하지 않는다. 즉 비교급에 사용하는 정상적 형태는 *plus*이다. 즉 *il est plus sérieux, plus père, plus à plaindre que vous*의 예와 같다.[48)] 그렇지만 이 경우에도 형용사를 *le*로 받으면 *davantage*를 사용한다. 마치 명사를 *en*으로 받는 것과 같다. 즉 *s'il est sérieux, je le suis davantage*의 예와 같다. 이 문장에서 *bien davantage*가 *bien plus*보다 낫고, *encore davantage, encore plus, plus encore*를 사용할 수 있다. 그렇지만 *je le suis plus que lui*를 *je suis plus sérieux que lui* 대신에 사용할 수 있다.

위의 모든 예에서 *davantage*를 사용하는 것은 특히 귀로 듣는 발음의 문제라는 것을 알 수 있다. 왜냐하면 이 단어를 거의 언제나 문장의 끝에 놓기 때문이다. (특히 분사 다음에 놓는데) 이 위치가 이 단어의 길이에 걸맞다. 반면에 *plus* 다음에는 거의 언제나 다른 단어가 따라 나온다. 이것이 바로 우리가 *davantage de*나 *davantage que*를 포기하는 이유이다. 이 두 표현이 유용한 적은 거의 없다.[49)]

라틴어와 마찬가지로 옛날 언어에서는 비교급에 두 가지 용법이 있었다. 즉 오늘날과 같이 *que*를 사용하거나 아니면 *de*[50)]를 사용했다. 이와 같이 전치사를 사용하

---

47) 만일 *bien*이 종종 *beaucoup*의 의미를 갖는다면, *j'aime mieux, il vaut mieux* (ou *mieux vaut*), 혹은 돈이나 나이에 대하여 말하면서 *j'ai mieux que cela*라고 말할 때의 *mieux*는 양태 부사라기보다는 양의 부사인 것 같다.

48) 또한 *j'ai plus chaud, plus froid que vous ne pensez*라고 말하고 유추에 의하여 *j'ai* (ou *j'ai eu*) *plus faim, plus mal*이라고도 말한다. 본문 89쪽을 참조하기 바란다. 형용사의 비교급에 관한 세부 사항에 대해서는 해당 항목 전체를 참조하기 바란다.

49) 그런데 *je n'en ai pas plus que vous, je ne m'y intéresse pas plus que vous*와 같은 문장을 *je n'en ai pas non plus, je ne m'y intéresse pas non plus*로 바꿀 수 있다. 그런데 *ne ... plus*를 *ne... pas plus que* 대신에 사용하는 것과 마찬가지로, 여기에서는 고유한 의미의 비교를 다루는 것이 아니라 부정의 특별한 형태를 다룬다고 여겨야 한다. 다음에 나오는 이 항목을 참조하기 바란다. 또한 *plus*가 반복되는 것에 대해서는 역시 뒤에 나오는 *autant*을 참조하고, 여러 경우에 *plus*를 어떻게 발음할 것인지에 대해서는 『프랑스어를 어떻게 발음할 것인가?(*Comment on prononce le français*)』 306쪽 이하를 참조하기 바란다.

50) 이것은 라틴어의 탈격(ablatif)에 해당한다.

는 것은 *plus* 다음에 기수가 나올 때인데, 그 이유는 숫자의 경우 그 용법이나 발음이 가장 천천히 변하며 또한 별로 변하지 않기 때문이다. 즉 *plus d'un, cette table à plus de trois mètres* (*plus que trois mètres*는 안 됨), *j'en ai* (ou *j'en ai fait, j'en ai reçu*) *plus de vingt* (*plus que vingt*은 안 됨)의 예와 같다.[51] 또한 곱하거나 나누는 것에 대해서도 *plus du double, de la moitié, du quart, des trois quarts*를 선호하는데, 말하자면 사람들이 사용하기 시작하는, *plus que le double*이나 *plus que le quart*보다 선호한다. 반면에 *plus qu'à-demi, plus d'aux trois quarts*라고는 전혀 말하지 않고, *plus d'à moitié*도 전혀 사용하지 않고 대신 *plus qu'à moitié*라고 한다. 물론 이때 나오는 *de*가 *plus d'argent*이나 *plus de gens*에 나오는 *de*와는 전혀 관계가 없다.

부사인 *plus* 앞에 *de*가 나올 수 있는데 보어가 부분적 의미를 가질 때이다. 즉 *que voulez-vous de plus? je ne veux rien de plus, ce qu'il y a de plus facile, il n'y a rien de plus facile*의 예와 같다. 또한 양의 차이를 표시하기 위하여 *j'en ai deux* (ou *quelques-uns*) *de plus* (ou *de plus que vous*),[52] *j'ai la tête de plus que lui*의 예가 있다. 그런데 무엇인가를 덧붙일 때, 문장 앞에서는 *de plus*라고 하고 그 외의 곳에서는 *en plus*라고 하는데 그 의미는 *en outre*이다. 즉 *donnez-moi en plus un peu d'argent*의 예와 같다.[53] 만일 점점 늘어나는 것을 표시하려면 문장 앞에 *bien plus, qui plus est, il y a plus*를 사용한다. 점점 늘어나거나 계속해서 나아진다는 것은 *de plus en plus*로 표시한다.

Plus 앞에 관사를 붙여서 비교의 가치를 완벽하게 표현할 수 있는데, 이것을 명사로 여겨서 *moins*과 대립시킬 경우에 그렇다. 즉 *qui peut le plus peut le moins, il peut y avoir du plus ou du moins, le plus ou moins de confiance que vous avez en lui*의 예와 같다. 그렇지만 일반적으로 *plus* 앞에 관사가 오면 소위 상대적 최상급을 만든다. 즉 *le plus qu'on puisse faire, c'est elle qui a le plus d'argent, qui en a reçu le plus,*

---

51) *Il travaille plus qu'un cheval*과 *il a plus d'un cheval*을 비교하기 바란다.

52) 그렇지만 *beaucoup de plus*나 *bien de plus*라고는 하지 않는다.

53) 목록을 작성하거나 수학에서는 단지 *plus*라고 한다. 즉 *six plus quatre*라고 하고 또한 이것과 유사하게 *donnez-moi des provisions, plus un peu d'argent*이라고 하는데 이때 *plus*는 전치사 역할을 한다.

qui a le plus donné, le plus aimé, qui est la plus grande, la plus sérieuse, c'est lui qui parle le plus mal, c'est cette expression qui est la plus (ou *le plus*) *en usage, il viendra dans une heure au plus* (ou *tout au plus, au plus tard*), *le plus tôt sera le mieux*의 예와 같다. 주목할 것은 최상급인 *le plus tôt, le plus tard, le plus près, le plus loin*은 실제로 명사인데, 조금 전에 살펴본 비교급 *le plus*와 마찬가지의 명사인 것이다.[54)]

지금까지 살펴본 *plus*와 아주 유사한 ***trop***의 구문에 대해서 특별히 언급할 것이 있다.

*Plus*와 마찬가지로 ***trop*** 앞에 전치사 ***de***가 나오는데 (**précédé de la préposition *de***), 보어에 부분관사가 붙어있고 *trop*가 동사 이외의 다른 단어의 보어인 경우에 그렇다. 즉 *quelque chose* ***de*** *trop, rien* ***de*** *trop, il y a cela* ***de*** *trop que..., donnez-moi ce que vous avez* ***de*** *trop, j'en ai deux* (ou *plusieurs*) ***de*** *trop, il a la tête* ***de*** *trop, il est* ***de*** *trop* (ou *il n'est pas* ***de*** *trop*)의 예와 같다.[55)] 그러나 *j'en ai de trop*나 *je n'en ai pas de trop*를 *j'en ai* (ou *je n'en ai pas*) *trop* 대신에 사용하는 것은 잘못 말하는 것이다. 또한 *j'en ai beaucoup* (ou *bien*) *de trop*라고 말해서는 안 되고, *j'en ai beaucoup* (ou *bien*) *trop*라고 말해야 하는데 이것은 *beaucoup* (ou *bien*) *plus*라고 말하는 것과 같다. 또한 분명히 구별해야 하는 것은, 여러 사람에게 말할 때 *vous n'êtes pas trop*는 *vous n'êtes pas trop nombreux*이고, *vous n'êtes pas de trop*는 *vous pouvez tous rester ici* 혹은 *on a besoin de vous*이다.

반면에 ***trop de***가 어떤 물건이 넘친다는 것을 나타낸다면, *trop* 다음에 나오는 *de*에 의하여 또한 양이 얼마나 넘치는지 표시할 수 있다. 즉 *c'est trop de la moitié*는 *de combien est-ce trop?*라고 물었을 때의 답이다. 따라서 *c'est trop de deux*는 *il y en a deux de trop*와 의미가 같고, 결국 적어도 *trois*가 있다는 의미이다. 아마도 농담 삼아서 둘만 해도 너무 많다는(sur deux il n'y en a point qui ne soit de trop) 의미일 수 있는데, 만일 하나가 넘친다는 의미로 *c'est trop de deux*라고 하면 이치에 맞지 않는다. 오히려 *c'est trop que deux*가 더 잘 이해는 되지만 사용되지 않는 표현이다. 따라서 *c'est trop d'un*이나 *deux, c'est trop* 중에서 골라야 한다. 물론 한결 간단한 *il y en a*

54) 형용사의 최상급에 관한 세부사항을 더 알아보려면 본문 68쪽 이하를 참조하기 바란다.

55) 그런데 *de trop* 대신에 *en trop*를 사용하는데 별로 좋지는 않다.

*un de trop*가 있기는 하다.[56] 게다가 문제가 된 문장은 이제 더 이상 별로 사용되지도 않는다. 그렇지만 *c'est trop de la moitié*라는 표현이 《**Tartufe**》 이래로 아주 우아한 표현으로 남아 있다.

Peu, guère, moins

Peu는 *beaucoup*에 대립되는데 명사(**nom**)도 되고 부사(**adverbe**)도 된다.

따라서 이 단어의 의미는 ***une petite quantité*** 혹은 ***un petit nombre***이다. 즉 *peu d'argent, peu de gens*의 예와 같다. 그렇지만 명사로서 보어가 없으면 *beaucoup*보다는 잘 안 쓰이고 *peu de chose*나 *pas grand'chose*를 대신 사용한다. 즉 *peu* (ou *peu de chose*) *vaut mieux que rien, c'est peu* (ou *peu de chose*) *pour moi, il y a peu* (ou *peu de chose*) *à faire, je compte cela pour peu* (ou *peu de chose*), *c'est peu de* (ou *que de*), *c'est peu que, il m'a promis peu de chose, à peu près, à peu de chose près*의 예와 같다. 또한 *peu s'en faut*도 사용하고, 양이 문제가 되면 *il s'en faut de peu*를 사용한다.

반면에 *peu*는 *beaucoup*를 사용할 수 없는 경우에 사용되기도 한다. 즉 *nous vivons de peu, c'est un homme de peu, c'est peu de chose que de nous*의 예와 같다. 또한 모호함이 없으므로 *c'est peu de quatre jours*라고도 한다.[57]

또한 문어에서는 *peu savent comprendre*라고 말하고, 그외 *j'en ai peu vu*나 부사의 역할을 하는 *il dort, il boit, il mange peu, il a peu vécu, c'est un homme peu remarquable, il arrive peu souvent que...*의 예가 있다.

이들 모든 예들에서 *peu* 앞에 *si, bien, fort, très*를 덧붙여서 일종의 최상급으로 만든다.[58] 그렇지만 *à peu près*와 *peu s'en faut*는 일반적으로 이대로 사용되고, *à très*

---

56) 혹은 *c'est assez d'un*도 있는데 이 문장은 전혀 모호하지 않다. 또한 *j'ai assez d'un plat*라고 말하는 것은 아주 정확하고, 이 문장이 *j'ai assez de ce plat*와 같은 의미를 갖지는 않는다. 뒤의 문장에는 여러 가지 의미가 있다.

57) 또한 *peu à peu*와 시간적 표현인 *dans peu, sous peu, il y a peu, depuis peu, peu après*가 있다. 그런데 *avant peu*는 과장법에 의하여 *avant longtemps*을 대신하고 <avant qu'il s'écoule *même peu de temps*>을 의미하는 생략이 들어간 표현이다.

58) 우리는 다른 곳에서 *si peu que*와 *pour peu que* 다음에 접속법이 나온다는 것을 살펴보았는데,

*peu de chose près*는 사용하나 *à très peu près, il s'en faut de bien peu*는 사용하지 않는다. 그런데 *bien peu s'en faut*는 사용한다.

명사로서 *peu*에는 관사나 소유형용사가 함께 잘 나온다.[59] 즉 *le peu que j'ai, le peu d'argent que j'ai, ce peu d'argent, le peu de gens qui s'y trouvaient, mon peu de mérite, le peu de latin que je sais, le peu que j'ai appris de physique ou de chimie, le peu qu'il en reste, le peu que nous sommes, excusez du peu*의 예와 같다.[60]

또한 긍정의 의미를 가진 ***un peu***를 사용하는데 이것은 거의 부정의 의미인 *peu*와 대립된다. 그런데 *un peu*는 일반적으로 단수명사와 함께 쓰인다. 즉 *j'ai un peu d'argent, il faudrait un peu de travail*의 예와 같다.[61] 또한 부사적 의미로 사용된 *je l'aime un peu, je suis un peu sourd, il est venu un peu après moi*의 예가 있다.[62] 또한 격의 없이 말하는 경우에 *dites-moi un peu*라고 말하는데 이 경우 *un peu*는 허사이다.

*Un peu*는 가끔 *un peu trop*의 의미를 갖는다. 즉 *une éducation un peu sévère*의 예와 같다. 혹은 반어적으로 *beaucoup*의 의미로 사용되기도 한다.[63]

끝으로 *un peu* 대신에 *quelque peu, très peu, tant soit peu*를 사용하기도 하는데 어떤 단어 앞에서도 이것이 가능하다.[64]

*Bien*이 *beaucoup*의 의미로 사용되는 것처럼 ***mal***도 *peu*의 의미로 사용된다. 그렇지만 별로 사용되지는 않고 *mal sûr, mal satisfait,* un regard est *mal assuré*의 예가 있다.[65]

*Peu*에게는 또 다른 동의어가 있는데, 절반 정도 격의 없이 말할 때 사용하는 언어

앞의 본문 374쪽을 참고하기 바란다.

59) 동사와 분사의 일치와 관련하여 이것을 이미 살펴보았다.

60) 원래는 명사인 *trop*도 역시 마찬가지이다. 즉 *le trop de confiance, mon trop d'affection*의 예와 같다.

61) 복수인 경우 *quelque*를 선호하는데 이것은 단수하고도 사용된다. 즉 *quelque argent, quelques cerises*의 예와 같다.

62) 또한 *un peu avant, un peu après*라고도 말하는데 *un peu ensuite*라고는 하지 않는다.

63) 이러한 의미로 *un peu bien*이나 *un peu beaucoup*라고 격의 없이 말하기도 한다.

64) 격의 없이 말하는 경우에 쓰는 표현인 *un petit peu, un tout petit peu*도 역시 있다.

65) 다음과 같은 형용사들 *maladroit, malaisé, malcontent, malhabile, malhonnête, malplaisant, malpropre, malsain*의 어원도 역시 같다(*malheureux*는 *malheur*에서 유래했다).

에 속하지만 많이 사용되는 ***guère***이다. 이 단어는 원래 *beaucoup*를 의미하고 실제로도 *beaucoup*의 의미로 대신 사용되는데, 항상 부정문에서 사용되다 보니 겉으로 보기에 *peu*의 의미를 갖게 되었다. 왜냐하면 이 단어는 *pas*를 요구하는 *beaucoup*와는 달리 *ne*하고만 결합되기 때문이다. 즉 *je n'ai guère d'argent, je n'en ai guère, vous ne m'écoutez guère, je n'ai guère dormi, il n'est guère aimable, il ne s'en faut guère (*이제는 더 이상 *de guère*라고 하지 않는다), *il ne s'en est guère fallu que...*의 예와 같다.[66]

*Guère*는 또한 *peu*를 사용할 수 없는 경우에도 사용된다. 예를 들어 *un peu plus* 혹은 *un peu moins*이라고 말하지만 *peu plus*나 *peu moins*이라고는 하지 않는다. 이것 대신에 *guère plus*나 *guère moins*이라고 하고 동사가 생략되는 경우 *ne*가 나오지 않는다. 이것은 *pas beaucoup plus*나 *pas beaucoup moins*이라고 말하는 것과 같다. 즉 *je n'en ai guère moins que vous, j'écrirai peut-être trois pages, mais guère plus* (ou *pas beaucoup plus*)의 예와 같다.

반면에 *ne*를 허용한다는 면에서 *guère*는 *ne... plus* 다음이나 *ne... que* 사이에 올 수 있다. 이런 용법이 *peu*에는 가능하지 않다. 즉 *je n'en ai plus guère*는 *plus beaucoup*의 의미이며 달리 말하면 *il m'en reste peu désormais*이다. 또한 *je ne vois guère que vous*는 *je ne vois pas beaucoup de gens, je vois peu de gens* (autres) *que vous*이다. 이 둘을 결합한 문장이 *on ne le trouve plus guère qu'à Paris*인데, *on ne le trouve plus beaucoup, on le trouve peu désormais* (ailleurs) *qu'à Paris*이다.[67]

Moins은 *peu*의 비교급인데 *plus*가 *beaucoup*의 비교급인 것과 같다. 따라서 *moins*의 용법은 *plus*의 용법과 같고 가끔은 더 널리 사용된다. 왜냐하면 이것을 대신할 단어가 없기 때문이다. 즉 *moins d'argent, moins de gens, moins de capacité que de bonne volonté, j'en ai moins, je n'en ai pas moins, j'en ai moins vu, j'en ai vu moins, j'en ai moins vu que vous, j'en ai vu moins que vous, je n'en ai pas fait moins que*

---

66) 드물기는 하지만 *sans l'avoir guère vu, je ne crois pas qu'on l'ait guère vu*라고 말하기도 한다.

67) *Guère*는 이와 같이 *presque*의 의미를 갖게 되었다. 즉 *je ne vois guère que vous*의 의미는 *je ne vois presque que vous*이고, 이것으로부터 *on n'en sait guère rien*과 같은 표현이 나왔는데 아주 드물게 사용된다.

vous, je n'en ai fait ni plus ni moins, il donne moins, il a moins vécu, il n'en mourra pas moins (il mourra néanmoins), *moins que jamais, moins que rien, moins sérieux, moins souvent, j'ai moins envie* (ou *moins peur*), *je le suis beaucoup moins, bien moins, encore moins* (ou *moins encore*), *tellement moins, moins de trois lieues, moins du double* (ou *du quart*), *il n'y a rien de moins aisé, je ne veux rien de moins, j'en ai deux de moins, j'ai la tête de moins que lui, il s'en faut de moins que vous ne pensez, de moins en moins, j'ai reçu en moins cinquante francs*의 예가 있다.[68)]

Moins de 다음에 숫자가 나오는 표현과 관련된 것은 *en moins de trois heures*나 *en moins de rien*이다. 또한 *je ne le ferai pas à moins de cent francs*에서 간단하게 *à moins*이라고 하기도 하는데 경우에 따라 여러 의미가 가능하고, 또한 유추에 의하여 *à moins de* 다음에도 여러 명사가 올 수 있다. 즉 *à moins d'un grand succès*의 예와 같다.[69)]

주목할 것은 *plus ou moins*이 원칙상 어느 정도의 분량을 의미하는데, 형용사 앞에서 경멸의 의미를 갖기가 쉽다는 것이다. 즉 *ce livre est plus ou moins intéressant*은 별로 재미가 없다는(il l'est médiocrement) 의미를 갖는 경우가 아주 흔하다.

최상급에서도 *moins*의 용법은 *plus*의 용법과 유사하다. 즉 *le moins qu'on puisse faire, c'est bien le moins, c'est elle qui a le moins d'argent, qui aime le moins* (ou *qui a le moins aimé*), *qui est la moins sérieuse, le moins mal qu'on peut, dans une heure au moins*의 예와 같다. 그 외에도 *pas le moins du monde*와 제한을 나타내는 *pour le moins, à tout le moins, tout au moins, du moins, au moins*이 있다.

이와 같이 *plus*와 *moins*이 유사하게 사용되다 보니 어떤 경우에는 유감스런 결과를 초래하기도 한다. 즉 문장 앞에 보어를 사용하여 *plus que tout autre, il était convaincu que...*라고 하듯이, *moins que tout autre, il était convaincu...*라고 말할 수 있다고 생각한다. 물론 논리적으로는 완벽하다. 그런데 *moins que* 다음에 긍정문이 나

---

68) *Plus*와 마찬가지로 수학에서 *six moins quatre*라고 하고, 이것으로부터 *deux heures moins cinq, donnez-moi tout, moins les livres*가 나왔다. 여기에서 *moins*은 전치사 역할을 한다.

69) 옛날 사람들은 이러한 경우에 *à moins que de*를 사용했는데, 부정법 구문 다음의 경우에서 유추한 표현이다. 그리고 *moins*이 반복되는 것에 대해서는 뒤의 *autant*을 참조하기 바란다.

오는 것은 만족스럽지 못한 감이 있다. 즉 *moins que*는 부정과 유사한데 다음의 동사는 긍정으로 되어 있는 것이다. 따라서 자주 벌어지는 현상은, 다음 동사에 부정을 첨가하여 *moins que tout autre il n'était convaincu*라고 하는 것이다. 이것은 불합리한 것이고, 유일한 해결책은 *moins que*를 동사 가까이로 가져가는 것이다.

반면에 *plus*와 *moins*의 용법이 항상 유사하다 보니 이러한 어려움에 대한 해결책도 쉽게 찾을 수 있다. 예를 들어 ***rien de moins***을 보자. 이것은 ***rien de plus***, *rien de grand, rien de tel, rien d'autre, rien de meilleur*처럼 사용한 것이다. 물론 *rien*의 보어 앞에는 당연히 전치사 *de*가 와야 한다.[70] 따라서 *il n'y a rien* ***de*** *moins aisé*라고 말하는 것은, *il n'y a rien* ***de*** *plus aisé*라고 말하는 것과 같다. 따라서 *cet auteur n'est rien de moins qu'un homme de génie*라고 말할 수 있는 것은, *il n'est rien* ***de*** *plus qu'un pauvre homme, il ne fera rien* ***de*** *plus* (ou *rien* ***de*** *moins*) *qu'une grosse sottise*라고 말하는 것과 같다.

그런데 *rien de moins* 말고 ***rien moins***이라는 다른 표현이 만들어졌다. 그런데 이 표현은 전혀 다른 의미를 갖고 심지어 정반대의 의미를 갖기도 하는데, 바로 *moins*이 *rien*의 보어가 아니라는 사실 때문에 그렇다. 즉 *ce n'est rien moins qu'un sot, il n'est rien moins que sot*는 *il est tout plutôt que sot, la qualité de sot est celle qu'il possède au moindre degré,* 즉 *il n'est pas sot du tout*라는 의미이다. 이 문장에서 *moins*이 동사나 속사를 수식하고 있다는 것을 분명히 알 수 있다. 즉 조금 전처럼 *rien*의 보어가 아닌 것이다. 또한 *il ne demande rien moins que d'etre récompensé*의 의미는, *il demande tout plutôt que cela, c'est la chose qu'il demande le moins, il ne la demande pas du tout*이다.[71]

---

70) 우리는 문장 끝에서 *rien* 다음에 *de*를 사용하지 않고 말하기도 하는데, 그 예는 *il m'a donné du pain et rien autre*이다. 즉 *rien d'autre*나 *rien de plus* 대신에 사용된 것인데, 이것은 예외적인 것이고 여기에서 *autre*도 특별한 종류의 형용사로 사용된 것이다.

71) 마찬가지로 *c'est là son moindre défaut*라는 문장이 「*la Cigale et la Fourmi*」에 나오는데, 그 의미는 <c'est le défaut qu'elle a le moins, c'est un défaut qu'elle n'a pas du tout>이다. 왜냐하면 <elle est *prêteuse*>이기 때문이다. 물론 이 표현이 다른 곳에서는 <c'est le plus petit de ses défauts>의 의미일 수 있다. 따라서 이 경우에는 그 외의 단점들이 보다 더 크기는 하지만 이런 작은 단점도 갖고 있다는 의미일 수 있다.

이러한 방식으로 말하는 것은 논리적으로는 완벽하다. 하지만 다소간 모호하게 만들 소지가 있기 때문에 가급적 피하는 것이 나을 것이다. 그런데 이렇게 말하는 방식이 독창적이기 때문에 사람들이 선호하게 되었는데, 위에서 말한 모호함 때문에 아주 훌륭한 작가들에게서도 이들을 혼동하는 일이 벌어졌다. 따라서 *ce n'est rien moins qu'un homme de génie*라고 *rien de moins*의 의미로 말하기도 하는데, 이것은 *pas moins*에서 유추한 결과처럼 보인다. 또한 사람들이 날마다 사용하는 *il ne lui faut rien moins que cent mille francs*은 *il lui faut cent mille francs et rien de moins*의 의미로 사용하는 것이다. 왜 단순히 *il ne lui faut pas moins de cent mille francs*이라고 말하지 않는가? 유감스럽게도 사람들은 *rien moins*이 *pas moins*보다 우아하다고 여기고 둘의 의미가 같다고 여기는 듯하다.

실제로 모호함이 생기는 경우는 아마 드물 것이다. 그러나 위와 같이 말하다 보면 자신이 의도하는 것과는 정반대의 것을 말할 수도 있다. 많은 경우에 유감스럽게도 이런 일이 벌어지고 있다. 그렇지만 위와 같은 혼동은 널리 퍼져있고 사라질 것 같지는 않다. 그만큼 정확한 가치도 모르면서 우아한 표현을 추구하는 사람이 많은 것이다. 그렇지만 *rien moins*과 *rien moins que*의 논리적이고 정확한 단 하나의 의미는 *pas du tout*이지 *pas moins que*가 아니라는 것을 기억하는 것이 좋을 것이다. 즉 *cette pièce n'est rien moins qu'un chef-d'oeuvre*의 유일한 의미는 제대로 된 프랑스어라면 <elle est fort loin d'en être un>이라는 것이다. 그런데 제대로 된 걸작이 맞는다면, *rien de moins*을 사용하여 *ce n'est rien de moins qu'un chef-d'oeuvre*라고 말해야 한다. 말하자면 *rien de plus qu'une ineptie*라고 하는 것과 같은 것이다. 이 경우 전치사 *de*를 사용하는 것은, 프랑스어를 정확하게 말한다고 자부하는 사람들이 흔히 생각하듯이 모호함을 피하기 위한 하나의 추천할 만한 방식이 아니라 한 마디로 반드시 사용해야 하는 필연(nécessité)인 것이다. 즉 *rien de plus, rien de moins*에서는 *moins* 이나 *plus*가 *rien*의 보어이다. 자기 자신을 믿지 못하는 사람이 현명하게 행동하는 방식이 바로 자제하는 것이듯이, 여기에서 내가 추천하고 싶은 것은 이런 표현을 가급적 사용하지 말도록 하자는 것이다.[72)]

72) 그런데 *il n'est rien moins question que de...*라는 문장을 *il n'est question de rien de moins que de...*대신에 말로 하거나 글로 쓰는 사람들에 대해서 무슨 말을 할 것인가? 그들이 단순히 *de*를

Autant, tant, tellement, aussi, si

우리가 살펴본 *beaucoup, peu, plus, moins* 이외에도 명사로서 ***autant***은 ***la même quantité*** 혹은 ***le même nombre***의 의미이다. 즉 *autant d'argent, autant de gens, autant de bonne volonté que de capacité, toutes ses réponses sont autant de sottises*의 예와 같다. 또한 *j'en ai autant, j'en ai autant fait, j'en ai fait autant* (ou *tout autant*), *autant que vous* (ou *tout autant que vous*), *j'en ferai encore autant, je vous en rends deux fois autant, je promets autant, j'en promets* (ou *j'en ai promis*) *autant* (ou *autant que vous*) ; *elle s'est augmentée d'autant, à charge* (ou *à la charge*) *d'autant, il s'en faut bien d'autant, c'est d'autant plus facile*의 예가 있다.[73] 그리고 *autant*이 부사(**adverbe**)로 사용된 예들은 *j'ai vécu autant que lui,*[74] *je l'estime* (ou *je ne l'estime pas*) *autant que je l'aime, je l'aime autant que jamais, il s'est levé autant qu'il a pu, j'aime autant que vous restiez, cela vaut autant,* (도치가 이루어진) *autant vaut n'y pas aller,* (*vaut*가 생략된) *autant mourir, autant dire*가 있다. 또한 *autant qu'il est en moi, autant que j'en puis juger, vous ne sortirez qu'autant que je le permettrai*의 예가 있다.

부사들의 용법과는 반대로 복합시제에서 *autant*이 분사 앞보다는 뒤에 온다는 것을 알 수 있는데, 이점에서 *autant*은 *davantage*와 유사하다.

절이 부정문일 때(**quand la proposition est négative**) 특히 현재형에서 *autant*을 ***tant***으로 바꾼다. 즉 *nous n'en faisons pas tant, je n'en ai pas tant que vous, je ne l'estime pas tant que je l'aime, il n'est pas tant mon frère que l'on pense*의 예와 같다. 이런 용법은 약간은 격의 없이 말할 때 사용되는 것인데도 문어에서도 사용할 수 있다. 그렇지만 *tant*과 *autant*의 가치가 같지 않고 모든 경우에 대신할 수 없기는 하다.

부정이 없는 경우에도 다음과 같이 말할 수 있다. 즉 *il travaille* ***tant*** *qu'il peut, il en a* ***tant*** *qu'il veut,* ***tant*** *en latin qu'un grec,* ***tant*** *pour ce motif que pour un autre,*

두 번 생략했다고 할 수 있을까?

73) 예전에는 *boire d'autant*이라고 말했는데 <boire à proportion>에 해당한다. 그런데 *pour autant*을 *pour cela*의 의미로 사용하는데, 이것은 전혀 프랑스어가 아니고 지방 사투리인 것이다.

74) 동사 *valoir* 다음과 같이 *vivre* 다음에도 *autant*은 보어가 생략된 전치사로 여길 수 있다.

tant *plein que vide*의 예와 같다. 또한 *tant*만 사용하는 예로는, *tant bien que mal, tous* ***tant*** *que nous sommes,* ***tant*** *que vous êtes,* ***tant*** *que nous étions, j'en donnerai tant et plus* (en grande abondance ou en grand nombre)가 있다. 그 외 접속사로 *tant que*와 *en tant que*가 있고, *tant mieux* (*autant de mieux* 대신에 사용됨), *tant pis, tant pis pour lui* 등의 표현이 있다.

그런데 이 모든 예에서 *tant*은 정상적 의미에서 벗어나 있는데, 그 이유는 이들 예에서 *tant*의 의미는 같은 양(la meme quantité)이라는 뜻이 아니라 **une telle quantité** 혹은 **un tel nombre**이기 때문이다. 이것으로부터 *tant*이 비교가 아니라 강세(intensité)를 표시하게 된다. 즉 다음에 나오는 *que*는 결과를 이끌게 되고, 이 경우에 격의 없이 말하는 경우 *tant*을 *tellement*으로 바꾸게 된다. 특히 명사가 단수일 때 바꾼다. 즉 *il a* ***tant*** (ou *tellement*) *d'argent qu'il ne sait qu'en faire, comment peut-on avoir* ***tant*** *d'argent? il y a* ***tant*** *d'hommes qu'on ne peut les compter, des gens comme il y en a* ***tant, tant*** *y a que, si* ***tant*** *est que, il a fait* ***tant*** *et* ***tant*** *de sottises qu'on finira par l'enfermer*의 예가 있다.[75] 또한 *il a* ***tant*** *promis,* ***tant*** *donné, il en a* ***tant*** *fait que..., s'en faut-il* ***tant*** (ou *de* ***tant***)*?*[76] *lorsqu'on fait* ***tant*** *que de..., puisque vous avez* ***tant*** *fait que de...* (*puisque vous avez tant fait de*는 안됨), *puisqu'il a* ***tant*** *fait, qu'il continue,* (친숙한 표현인) *à* ***tant*** *faire*[77]의 예가 있다.

Tant은 또한 부사(**adverbe**)로서 격의 없이 말할 때 *tellement*이나 *à tel point*으로 바꿀 수 있다. 즉 *je l'aime* ***tant*** (ou *tellement, à tel point, à un tel point*) *que je lui pardonne tout, vous l'avez* ***tant*** (ou *tellement*) *répété, il a* ***tant*** *parlé que...,* ***tant*** *va la*

---

75) 가끔은 옛날 사람들에게서 올바르지는 않지만 아주 우아한 표현을 발견하는데 문어에서도 사용할 수 있다. 즉 *il a fait tant et de si belles actions, il a rencontré tant et de tels obstacles que...*의 예와 같다.

76) 예를 들어 *sur cent et tant d'opinions, il n'y en a pas une de bonne*라고 말할 때 의미는 바뀌지 않지만 비한정적 의미를 갖게 된다. 또한 *je donne tant* (*un tant*은 안 됨), *j'ai reçu tant* (ou *tant pour cent*)이라고 말할 때에도 역시 이런 의미로 말하는 것이다.

77) 그런데 너무나 많은 사람들이 이것을 *tant qu'à faire*로 바꾸는데 끔찍한 일이다. 아마도 *tant qu'à moi*를 *quant à moi* 대신에 사용하는 데에서 유추하여 이렇게 하는 것 같다. 이런 *tant qu'à faire*라는 표현이 로티(P. Loti)의 글에 나온다는 것을 말해도 될까?

cruche à l'eau..., Alexandre a été ***tant*** (ou *tellement*) *célébré que..., il ne faut pas* ***tant*** *parler*의 예와 같다.

또한 *tant s'en faut* 다음에 *que*를 두 번 사용하기도 한다. 처음의 *que*는 *il s'en faut* 때문에 사용된 것으로 접속법을 요구하고, 두 번 째 *que*는 *tant* 때문에 사용된 것으로 직설법을 요구한다. 즉 *tant s'en faut qu'il ait fini qu'il a à peine commencé*의 예와 같다. 문장 끝에 나올 때에는 *que* 없이 *il n'a pas fini, tant s'en faut*처럼 하는데, *tant* 은 *beaucoup*의 의미이다.[78)]

형용사나 부사 앞에서(**devant un adjectif ou un adverbe**) *autant*을 사용하지 않고 ***aussi***를 사용하는데 ***au meme degré***의 의미이고 비교를 나타낸다. 즉 *il est aussi prudent* (ou *aussi ému*) *que vous, ausis brave que prudent, aussi bien, aussi mal, aussi justement que vous*와 같다. 둘째 용어를 생략하여 *dans une matière aussi importante* (que celle-ci), *il est toujours aussi sage* (qu'auparavant), *j'ai vu quelque chose* (ou *je n'ai rien vu*) *d'aussi beau* (que cela)라고도 말한다. 그렇지만 가끔 *autant*을 사용하기도 하는데, 이 경우 *autant*을 형용사 뒤에 놓아서 마치 동사에 걸리는 것처럼 한다. 즉 *il est prudent autant qu'on peut le souhaiter, il est prudent autant que brave,* 또한 형용사를 *le*로 받아서 *il l'est autant que vous*라고 한다.[79)]

절이 부정문일 때(**quand la proposition est négative**) 또한 가끔은 의문문에서 *aussi* 를 ***si***로 바꾸는데, 이것은 *autant*을 *tant*으로 바꾸는 것과 같다. 즉 *il n'est pas aussi* (ou ***si***) *prudent, aussi* (ou ***si***) *ému que vous, je n'ai rien vu de* ***si*** *beau* (ou *avez-vous jamais rien vu de* ***si*** *beau ?*), *cette sottise n'est pas* ***si*** *sottise que tu crois,* (친숙한 어법에서) *il n'est pas si grand que ça*의 예와 같다. 그런데 부사가 형용사 앞에 나오지 않으면 *autant* (ou *tant*)이 다시 나타난다. 즉 *il est prudent, mais pas autant* (ou *pas tant*) *que vous, il ne l'est pas autant* (ou *tant*) *que vous*의 예와 같다.

---

78) 별로 격식을 차리지 않고 말할 때에는 *tant s'en faut qu'au contraire*라는 생략된 표현을 사용하는데 그 의미는 *au contraire*와 거의 같다.

79) 또한 *j'ai eu aussi chaud* (ou *aussi froid*) *que vous*라고도 말하고, 격의 없이 말할 때 *aussi faim, aussi mal*이라고도 한다. (본문 89쪽을 참조할 것) 그렇지만 명사가 나오면 *aussi*를 *autant*으로 바꾸어서, *j'ai autant peur, j'ai eu autant envie que vous de...*라고 하는데 *autant de peur, autant d'envie*가 더 나을 것이다. 반면에 *j'ai eu faim* (ou *soif*) *autant que vous*라고 말한다.

부정이 없더라도 예외적으로 *si peu que rien, aussi* (ou *si*) *peu que vous voudrez*라고 말한다.[80)]

그렇지만 *si*의 용법은 *tant*과 같은데, 위의 예에서 이 단어는 원래의 의미에서 벗어나 있다고 볼 수 있다. 즉 더 이상 고유한 의미의 비교를 나타내는 것이 아니라 강세(intensité)를 표시하기 때문이다. 즉 이들 예에서 *si*의 의미는 *au même degré*가 아니라 ***à un degré tel***이다. 즉 *un homme* ***si*** *remarquable, dans une matière* ***si*** *importante, une fille* ***si*** *belle* (ou ***si*** *bien faite*)*, une règle* ***si*** *bien observée,*[81)] *il n'est pas* ***si*** *avare, il ne faut pas être* ***si*** *délicat*의 예와 같다.[82)]

이러한 *si*는 *tant*과 마찬가지로 격의 없이 말할 경우 *tellement*[83)]으로 바꿀 수 있다. 특히 다음에 결과를 이끄는 *que*가 나올 경우에 그렇다. 즉 *il est si* (ou *tellement*) *aimable qu'on ne peut rien lui refuser, il n'est pas si* (ou *tellement*) *prudent qu'on ne puisse le surprendre, il n'est si sot écrivain qui* (pour qu'il) *ne sache, il a si bien fait que* (*si bien que*라는 접속사를 참고할 것), 그리고 결과를 생략한 *il est si* (ou *tellement*) *avare !*의 예가 있다.[84)]

비교급이나 최상급 앞에서 그리고 일반적으로 *plus*나 *davantage* 앞에서 *tellement*만 가능하고 *si*는 가능하지 않다. 즉 *il est tellement plus sage* (ou *tellement meilleur*) *que vous, je m'y intéresse tellement plus* (ou *tellement davantage*)의 예와 같다.[85)]

---

80) 우리는 이미 앞에서 *aussi*와 *si* 다음에는 *autant*과 *tant* 다음에 그렇듯이, 비교의 대상 앞에 *que*를 사용하고 *comme*를 사용하지 않는다는 것을 보았다. 예전에는 이 경우 *comme*를 사용했는데, 지금은 단독으로 사용될 때만 *comme*를 사용하고 비교보다는 유사성(ressemblance)을 표시한다. 단지 대중들만 *autant comme*이란 표현을 아직 사용하고 있다.

81) 그렇지만 *si observée*는 안 된다. 왜냐하면 *observé*는 부가형용사가 될 수 없기 때문이다. 부득이한 경우 *une tournure si employée*라고 말할 수는 있지만 *si employée par...*는 안 된다. 오히려 *si souvent employée*라고 하는 것이 낫다.

82) 격의 없이 말할 경우 부정과 함께 *elle n'est pas tant sotte*라고 말하는데, 이것은 *elle n'est pas très sotte* (ou *aussi sotte que vous le pensez*)와 같다. 익살스런 시에서는 부정이 없더라도 가끔 *si* 대신에 *tant*을 사용한다.

83) 그렇지만 대중들이 말하듯이 *si tellement*이라고 해서는 안 된다.

84) 또한 *il fait si* (ou *tellement*) *chaud que..., j'ai eu si froid, si* (ou *tellement*) *faim ou soif, si* (ou *tellement*) *envie de*의 예도 있다. 본문 89쪽을 참조할 것.

85) *Tellement*은 가끔 *si bien* 대신에 사용된다. 즉 *les rois sont si bien* (ou *tellement*) *des hommes*

형용사가 여러 개 나올 경우 항상 *si*를 반복한다. 즉 *il est si sage et si prudent*의 예와 같다. 반면에 형용사나 분사 바로 앞에 나오는 모든 양의 부사들도 역시 이렇게 반복된다.

문장 앞에서 감탄(*exclamatif*)의 의미를 표시할 때 항상 *tant*을 사용하고 가끔은 *tellement*이나 *à tel point*을 사용한다. 즉 *tant elle a de majesté, tant il a fait de sottise, tant il s'en faut, tant* (ou *tellement*) *il est ému* (ou *fatigué*),[86)] ***tant** il est vrai que, **tant** il a passé vite*의 예와 같다.

덧붙일 것은, ***aussi***가 여러 단어와 함께 ***pareillement***이라는 보다 일반적 의미를 가질 수 있고, 단지 *en outre*나 *de plus*를 의미할 수도 있다. 즉 *il y a aussi, moi aussi* (*aussi moi*는 안 됨), *je l'ai fait aussi, j'ai aussi fait cela, lui aussi est prudent* (ou *il est prudent aussi*) (*il est aussi prudent*은 안 됨), *il sait aussi la géométrie*의 예와 같다. 이 모든 예에서 두 사람 혹은 두 물건을, 혹은 더 많은 수를 가까이 하거나 결합시킨다는 의미가 있는데, 고유한 의미의 비교 개념은 없다. 이런 의미의 *aussi*가 *par suite, à cause de cela*의 의미를 갖게 되고, 이 때 *aussi*는 *si*와 같이 접속사가 된다.[87)]

이제 *autant*과 관련하여 아주 특별한 구문 하나를 살펴보자. 이것은 비교의 두 항목의 순서가 바뀌었을 때(**quand les termes de la comparaison sont renversés**)[88)] *tel*에 일어난 것과 같은 일이 생긴다.

비교를 할 때 모델이 되거나 출발점이 되는 것을 먼저 제시하기 위하여 비교의 두 대상의 순서를 바꾸는 것만큼 논리적인 것도 없다. 그러나 이 경우 첫 항목 앞에 *que*만으로는 충분하지 않다. 따라서 *tel*을 반복하듯이 *autant*을 반복하는데, 이것이 바로 *que*와는 무관하게 할 수 있는 일이다. 즉 *il dépense **autant** d'argent **qu'**il en a* 대신에 ***autant qu'**il a d'argent, **autant** il en dépense*라고 하고, 다음에는 *que*를 생략하

---

*que...*의 예와 같다. 그리고 문어에서는 *si* (ou *tellement*) *que de* (ou *si... de*)를 *au point de* (ou *assez pour*)의 의미로 사용할 수 있다. 우리는 이미 다른 곳에서 *si*를 (*aussi*나 *tant*은 안 됨) *quelque*의 의미로 사용하는 것을 보았다. 본문 374쪽을 참조할 것.

86) 그렇지만 대중들 사이에서 사용되는 *à force qu'il est fatigué*는 안 된다.

87) 우리는 부정(négation)을 다룬 항목에서 *si*를 다시 살펴보게 될 것이다.

88) 앞의 본문 111쪽을 참조할 것.

여 ***autant*** *il a d'argent,* ***autant*** *il en dépense*라고 한다.[89] 또한 생략에 의하여 ***autant*** (*il y a*) *de têtes,* ***autant*** (*il y a*) *d'avis,* 동사와 함께 ***autant*** *vous reculez,* ***autant*** *il avance,* 또한 형용사와 함께 ***autant*** *vous êtes sage,* ***autant*** *il est fou*의 예가 있다.

이것이 전부가 아니고 *d'autant* 다음에 *plus*나 *moins*이 나오고 여기에 *que*가 이어지는데, 이 뒤에 역시 *plus*나 *moins*이 올 수 있다. 즉 *on dépense* ***d'autant plus qu'****on est* ***plus*** *riche*나 ***d'autant qu'****on est* ***plus*** *riche,* ***d'autant plus*** *on dépense*의 문장이 가능하다. 그런데 *que*만 생략하는 것이 아니라 *d'autant*도 생략하여 ***plus*** *on est riche,* ***plus*** *on dépense*처럼 만든다. 마찬가지로 ***moins*** *on a,* ***moins*** *on dépense,* 그리고 *plus*를 *moins*에 대립시켜서 ***plus*** *je le vois,* ***moins*** *je l'aime* (je 'aime d'autant moins que je le vois davantage), ***moins*** *j'en parle,* ***plus*** *j'y pense* (j'y pense d'autant plus que j'en parle moins)의 예와 같다. 이런 방식을 사용하면 문장이 얼마나 빨라지고 활기가 있는지를 쉽게 알 수 있다.[90]

덧붙이고 싶은 것은, *plus*와 *bon*이 서로 떨어져 있으므로 ***plus*** *il est bon,* ***plus*** *on le maltraite*라고 말할 수 있다는 것이다. 그러나 *meilleur*의 경우 이 단어가 둘째 항목에 쓰이면 ***plus*** *on bat l'omelette,* ***meilleure*** *elle est*라고 한다. 또한 ***moins*** *vous en ferez,* ***mieux*** *cela vaudra,* 그리고 *mieux*를 반복하여 ***mieux*** *vous parlerez,* ***mieux*** *vous écrirez*라고 할 수 있다.[91]

한편 두 항목 사이의 대립을 나타내는 경우에도 경우에 따라서 둘 사이에 접속사 *et*를 넣는데 나름대로 매우 논리적이다. 즉 ***plus*** *je le vois* ***et moins*** *je l'aime, plus je le vois* ***et plus*** *je l'aime*의 예와 같다.[92] 이렇게 하는 이유는 둘째 항목에서 첫째 항

---

89) 옛날 사람들은 *que*를 자주 남겨놓았는데, 비교가 약간 길어지게 되면 웅변조의 시에서도 역시 이렇게 한다.

90) 웅변조의 시에서는 비교가 조금이라도 길어지면 *d'autant*과 *que*를 생략하지 않는다. 이미 앞에서 *tant plus*와 *tant moins*을 대립시키거나 반복했는데 이것이 중간 단계이다. 즉 *tant plus je le vois, tant moins je l'aime*의 예와 같다. 그런데 대중들의 어법에 남아있는 *tant*의 이런 용법이 오늘날에는 전혀 맞지 않는 것으로 되었다.

91) *Moindre, pire, pis*는 이런 구문에 어울리지 않는다. 그래서 대신에 *plus petit, plus mauvais, plus mal*을 사용한다. 또한 *plus on va, plus cela empire*라고도 말하는데, *pis c'est* 혹은 *plus c'est pis* 라고 말하지는 않는다.

92) 또한 *autre chose est de bien parler et autre chose de bien écrire*의 예도 있다. 그리고 *un peu plus*

목의 논리적 연속 혹은 결과만을 보기 때문이다. 이것을 증명하는 것은, *et*는 *plus*나 *moins* 앞에만 나오고 *autant* 앞에는 안 나온다는 사실이다.

그런데 *et*의 이런 용법과 두 개의 *plus*나 *moins*이 첫째 항목 안에서 논리적으로 연결되고 하나가 둘째 항목에 나와서 대립되는 경우를 우리는 혼동하지 말아야 한다. 다음의 예를 보자.

> Plus j'ai cherché, Madame, *et plus* je cherche encore,
> Plus je vois que César...

그렇지만 밝혀두고 싶은 것은 가장 일반적인 용법은 이 접속사 *et*를 비교의 둘째 항목에만 사용한다는 사실이다. 비록 그것이 덜 논리적이라도 그렇다. 즉 ***plus*** *j'y pense,* ***plus*** *je me tourmente,* ***et plus*** *je vois*의 예와 같다. 이 경우 모호함을 피하려고 할 필요가 없는데, 이유는 형태상으로만 모호하다는 사실이 분명하기 때문이다.

6. 부정

부정어 *non*의 용법

의문문에 대하여 대답하거나 의문문이 아니더라도 우리는 간단하게 ***oui, non*** 그리고 ***si***라고 대답한다. *Si*는 물론 긍정이면서 부정에도 관여한다. 왜냐하면 의문문이건 아니건 부정에 대하여 반박하고 부정 자체를 부정하기 때문이다. 즉 *Vous n'y êtes pas allé ?*라는 질문에 *Si*라고 대답하고, *N'y êtes-vous pas allé ?*에도 역시 *Si*라고 대

---

*et je m'en allais*라고도 말하는데, 이 문장에서 *un peu plus*는 뒤이어 나오는 것에 종속된 조건절이 될 수밖에 없다.

답한다.[93] 또한 *vous dites que non et je dis que si*라는 문장에도 역시 같은 반박이 들어있다. 그런데 *si*가 나타내는 반박이 너무 강해서 이것을 사용할 수 없는 경우가 생긴다. *Monsieur*라는 호격을 첨가하거나 *si fait*나 *si vraiment*을 사용해도 이런 반박을 부드럽게 만드는 데 항상 충분하지는 않다. 따라서 존경심을 담아서 반박하고자 할 때에는 *si*를 *pardon*으로 바꿀 수밖에 없다. 즉 <je vous demande pardon de vous contredire>의 의미인 것이다.[94]

이와 같이 사용된 *oui, non*과 *si*는 그 앞에 말한 문장 전체를 대신한다. 이 생략된 문장 앞에 *que*가 나오기도 한다. 즉 *il a dit oui, j'ai dit non, je ne dis ni oui ni non, je ne dis pas non*은 상대방의 말에 동의하거나 반대할 때, 혹은 반대하지 않을 때 거의 언제나 사용하는 반면에, *je vous dis que non, j'ai dit que oui, je vous dis que si*는 사실을 부정하거나 동의할 때 사용한다. 이것으로부터 격의 없이 말하는 경우에 사용하는 *que oui, que non, que si, oh ! que si*라는 대답이 나왔다.

Non은 실제로 부정의 강세형(**la forme tonique de la négation**)으로 약세형인 *ne*에 대립되고, 이러한 사실로 *non*의 모든 용법을 설명할 수 있다.[95] 이 용법은 이론적으로 보면 세 가지이다.

1. --- 먼저 이미 앞에서 살펴본 것처럼 ***non***은 완전한 부정문을 대신한다(**non supplée une proposition négative**). 또한 *sinon*으로 부정문을 대신하기도 한다. 그렇지만 (부정문을 대신하는 것이 아니라) 부정문 앞이나 뒤에 *non*을 사용하여 강조하기

---

93) 예전에는 *n'avez-vous que cela à faire* ?라는 질문에 대하여 *non*이라고 대답했는데 그 의미는 *je n'ai que cela à faire*이다. 그런데 오늘날에는 *ne que*가 *seulement*과 같다고 보고 위와 같이 대답할 때 *oui*라고 하는데, 마치 질문이 부정이 아닌 것처럼 *certainement*이나 *assurément*을 사용하는 것이 더 낫다. 만일 *non*이라고 대답하면 <on a autre chose à faire>의 의미가 되는데, 이것만으로는 분명하지 않기 때문에 상대방이 가정하는 것에 항의하는 식으로 *oh ! non*이라고 대답한다. 만일 질문이 *n'avez-vous pas autre chose à faire* ?라면 *si*로 대답할 것이다.

94) 여기에서 사용되는 *si*는 양의 부사와 같은 단어이고 어원적으로는 *ainsi*의 의미를 갖는다. 옛날 표현인 *si faut-il que, si est-ce que, et si*에도 이 *si*가 나오는데 그 의미는 *pourtant*이다. 그런데 *et si* 다음에 도치가 없다고 해서 조건의 접속사와 혼동해서는 안 된다.

95) 또한 *non*을 명사로 취급하는 것도 역시 설명이 된다. 즉 *il se fâche pour un oui, pour un non*의 예와 같다.

도 한다. 이것은 *oui*를 사용하여 긍정문을 강조하고, 강세 대명사를 사용하여 약세 대명사를 강조하는 것과 같다. 즉 ***non** je n'irai pas*라고 하는 것은 *oui, j'irai*라고 하고 *moi, j'irai*라고 하는 것과 마찬가지이다. 또한 완전한 문장을 생략하고 대신하는 단어 앞에 *non*을 사용하는 것도 같은 동기에 의해서이다. 즉 ***non**, jamais*나 ***non**, rien*의 예와 같다. 그런데 이러한 경우에 *non* 자체를 강조하기 위하여 *certes*나 *vraiment*을 덧붙이거나 *non*을 반복하기도 한다. 즉 *non, non, je n'irai pas*의 예와 같다. 또한 간단하게 *non pas*라고 하거나 *non certes*나 *non vraiment*이라고 말하는 것처럼 *que non pas*라고 말함으로써 단지 *non*의 단조로움을 피하기도 한다.

Ou non도 역시 부정문을 대신하는데, 진퇴양난의 경우 앞 문장에 대립되는 등위문으로 사용한다. 즉 *irez-vous **ou non**? je me demande s'il faut y aller **ou non**, qu'il sorte **ou non**, peu importe ; peu importe qu'on approuve ma conduite **ou non**,* (ou *qu'on approuve **ou non** ma conduite*), 생략이 포함된 (qu'il soit) *habillé **ou non**, je veux le voir,* (que ce soit) *méchanceté **ou non**, voilà ce qu'il a fait*의 예와 같다.

*Non*을 단독으로 사용하여 다른 주어와 대립되는 자신의 주어 다음에 놓을 수 있다. 이렇게 해서 거의 완전한 부정문을 대신하기도 한다. 즉 *les uns étaient contents, les autres **non***의 예와 같다.

2. --- 둘째로 ***non***은 대립을 강조한다(***non*** **marque fortement l'opposition**). *Ou non*이 대립을 표시한다는 것을 이미 보았는데, 여기에서 말하는 대립이란 적어도 눈에 보이는 생략이 없이 드러나는 대립을 말한다.

Et non, non pas, et non pas, mais non, mais non pas와 단지 ***non*** 한 단어로 앞 문장의 한 요소, 즉 주어, 속사, 보어(*sujet, attribut, complément*)에 같은 성격의 한 요소가 대립되도록 만든다. 물론 문장 전체를 대립시킬 수도 있다. 즉 *le mérite seul doit être considéré,* (*et* ou *mais*) ***non*** (*pas*) *la naissance ; il était fatigué, et* (ou *mais*) ***non*** (*pas*) *malade ; il était malade, **et non pas** seulement fatigué ; je le lui ai proposé, mais non imposé ; je parle de lui* (*et* ou *mais*) *non* (*pas*) *de vous*의 예와 같다.

Aimez qu'on vous conseille *et non pas* qu'on vous loue.

대립되는 속사나 보어의 순서가 바뀌면 앞의 요소에 *non*이나 *non pas*를 사용하고 뒤의 요소에 *mais*를 사용한다. 즉 *il était non pas fatigué, mais malade ; je parle non de vous, mais de lui ; il a fait cela non* (ou *non pas*) *par inadvertance, mais afin de vous créer des difficultés*의 예와 같다.

이러한 용법에 관련 있는 것이 ***sinon***이다. 이것은 *du moins*과 대립적으로 사용되는데, ***sinon*** *paresseux, du moins peu laborieux*의 예와 같다. 또한 ***non que*** (ou *non pas que*)의 용법도 같은데 *mais*와 대립된다. 즉 ***non*** (*pas*) ***que*** *je veuille vous le reprocher, mais je regrette que vous l'ayez fait*의 예와 같다.[96)]

마찬가지로 ***non seulement***에 *mais* (ou *mais encore*)가 대립되는데, 두 문장 전체나 주어, 동사, 속사나 보어처럼 대응하는 두 요소 사이의 점진적 변화(gradation)를 표시하기 위하여 이 대립을 사용한다. 즉 *non seulement la ville fut prise, mais tout le pays fut ravagé ; ils ont non seulement pillé, mais encore saccagé et dépeuplé toute la contrée ; j'y ai consacré non seulement tout mon temps, mais encore toute ma fortune*의 예와 같다.[97)] 그런데 이런 구문에서 중요한 것은 *non seulement*이 제대로 제 자리에 사용되어야 한다는 것이다. 즉 *non seulement il a bu du vin, mais encore des liqueurs*는 벌써 그렇게 잘 된 문장은 아니다. 또한 *il a mangé non seulement de plusieurs plats, mais encore bu de plusieurs vins*은 아주 잘못된 것인데, 그 이유는 *mais encore* 다음에 *mangé*의 다른 보어를 기대하기 때문이다. 그리고 *j'y ai consacré non seulement tout mon temps, mais encore toute ma fortune y a passé*는 더 나쁜데, *non seulement*이 문장 앞에 와야 좋았을 것이다.[98)]

3. --- **어떠한 대립도 없는 경우(en dehors de toute opposition)** *non*은 어떤 한 단어

96) 앞의 본문 356쪽에서 *non que*의 정확한 의미를 참조하기 바란다.

97) 절 전체를 대립시키기 위하여 가끔은 *encore*나 *même*를 사용한다. 즉 *non seulement la ville fut prise, elle fut même pillée de fond en comble*의 예와 같다. 그렇지만 *ne... pas*와 *seulement*이 결합된 경우에 이 단어들이 더 잘 사용된다. 즉 *ils n'ont pas seulement pillé la ville, ils ont même* (ou *encore*) *ravagé toute la contrée*의 예와 같다.

98) 또한 *il a non seulement voulu... et s'est efforcé de...*도 잘못된 문장인데, 그 이유는 조동사가 다르기 때문이다.

앞에 놓여서 그 단어가 표현하는 생각을 제한하거나 없앤다. 즉 *une leçon non sue, un débiteur non solvable, une affaire non terminée* (ou *non encore terminée*), *une fin de non-recevoir*의 예가 있다. 이외에도 *non-sens, non-activité, non-être, non-valeur* 등의 복합어가 나왔고 물론 *nonchalant*도 있다.

그리고 *non*이 이런 역할을 하는 다른 예들은 다음과 같다. 즉 ***non loin*** (ou ***non loin de***)는 멀지 않은 거리를 뜻하고, *non sans*은 어느 정도의 양, 정도, 혹은 수량을 뜻하는데 그 예는 *non sans douleur, non sans gloire, non sans aide, non sans efforts*이다. 또한 *non sans beaucoup d'efforts*라고 말할 때 *non sans*은 *avec*와 별 차이가 없고, 누군가 다른 사람이 *sans beaucoup d'efforts*라고 자신의 의견을 말했다면 이 표현에 들어 있을 생각을 *non*이 없애고 있는 것이다.

또한 *non*이 *plus*와 *moins* 앞에 놓여서 같은 역할을 하기도 한다.

Non moins은 *que* 앞에 나오는 *autant*이나 *aussi*와 거의 같은데, 가능한 다른 의견에 대하여 이를 부정한다는 개념이 항상 들어 있다. 즉 *j'ai pu, non moins que lui..., non moins brave que prudent, il réussit à...*의 예와 같다.

Non plus의 경우는 매우 다르다. 먼저 이것 앞에는 항상 다른 부정이 나오기 때문이고, 또한 형식적인 비교 개념이 반드시 들어있지는 않기 때문이다. 비교를 하기 원하면 *ne... pas plus que*를 사용한다. 반면에 *non plus*는 *que* 없이 사용되는 일이 흔하고, 말하자면 *pareillement, de même*라는 의미로서의 ***aussi***의 반대말이다. 즉 *non plus*는 부정문 다음에 나오는 부정문에서 *aussi*를 대신한다. 사실 오늘날에도 *si vous le croyez, je le crois* ***aussi*** (ou *moi* ***aussi*** *je le crois*)라고 하듯이 예전에는 *si vous ne le croyez pas, je ne le crois pas* ***aussi*** (ou *moi* ***aussi*** *je ne le crois pas*)라고 말했다. 그 이후에는 언제나 *si vous ne le croyez pas, je ne le crois pas* ***non plus*** (ou *moi* ***non plus*** *je ne le crois pas*)라고 부정을 이중적으로 사용하여 말한다. 또한 생략에 의하여 *si vous ne le croyez pas, moi* ***non plus***라고 한다.[99)]

---

99) 아마도 다음과 같은 과정을 거쳤을 것 같다. 처음에는 *non plus*를 *ne* 다음에 그리고 *que* 앞에서 사용했는데, 아마 *pas plus*를 사용할 수 있는 경우에 그렇게 했을 것이다. 그 결과 부정이 중복되게 되는데, 예를 들어 보쉬에(Bossuet)는 *on ne doute non plus de sa volonté que de son être*라고 말한 적이 있다. 이 문장에는 비교 개념이 분명하고 특히 웅변조의 글에서 이런 구문을 사

즉 *moi aussi*는 긍정문 다음에 나오고 *moi non plus*는 부정문 다음에 나오는데, 두 경우 모두 본래적 의미의 비교 개념은 더 이상 없다. 물론 비교 개념이 숨어 있을 가능성은 언제나 존재하는데, *je ne le crois pas davantage*라고 말함으로써 이 개념을 부분적으로 되살릴 수는 있다. 그렇지만 이 경우에도 사실 하나의 부정에 다른 부정이 덧붙여지는 것에 불과하고, 따라서 *non plus*는 단지 *aussi*의 부정형이 되는 것이다.

덧붙일 사항은, *aussi* 앞에 *et*를 넣어서 *vous y êtes allé et moi aussi*라고 한다면, 부정이 겹치기는 하지만 *non plus* 앞에는 *ni*을 넣어서 *vous n'y êtes pas allé, ni moi non plus*라고 한다. 즉 *et moi non plus*보다 *ni moi non plus*를 선호한다.

그런데 *que* 없이 사용된 *non plus*에 일어난 현상과 똑같은 것이 **non plus que**에도 일어난다. 이 표현은 웅변조의 문체에서만 고유한 의미의 비교를 표시하는데 *pas plus que* 대신에 사용된다.[100] 일상적 용법으로는 *non plus que*는 단지 ***de même que***의 부정형으로 사용된다. 마치 *non plus*가 *aussi*의 부정형인 것과 같다. 즉 *il y est allé, de même que son frère ; il n'y est pas allé,* ***non plus*** *que son frère*의 예와 같다. 이 문장에 고유한 의미의 비교가 없다는 증거는 *son frère n'y est pas allé,* ***non plus*** *que lui*라고 말해도 의미가 완전히 같다는 것이다. 만일 어떤 요소를 다른 요소에 비

용할 수 있다. 그런데 이런 문장에서 *non plus*를 *que*에 가깝게 해서 앞의 부정을 보충해서 중복 현상을 강조할 수 있다. 즉 *on ne doute pas de sa volonté, non plus que de son être*의 예와 같다. 반면에 비교 대상의 순서를 바꾸어서 *on ne doute pas de son être, et de sa volonté non plus* (ou *pas davantage*)라고 할 수 있다. 이 새로운 형태, 특히 *non plus*에 *que*가 나오지 않는 경우에는 비교의 개념은 사라지고 단순히 둘을 접근시키는 개념으로 바뀌게 된다. 따라서 비교 개념이 없고 단순히 순수하게 접근 개념(rapprochement pur et simple)만 있게 되면, *non plus*가 *aussi*를 대신하게 된다. 그러므로 보쉬에(Bossuet)의 문장은 마지막에는 *si on ne doute pas de son être, on ne doute pas non plus de sa volonté*가 되는데, 이제는 더 이상 원래 의미는 사라지고 없다. 자신의 문장이 이런 의미를 갖게 된다면 보쉬에는 차라리 *on ne doute pas aussi de sa volonté*라고 말했을 것이다. 그렇지만 *aussi*가 다시 나타날 수 있는 경우가 있는데, 그것은 *ne... plus*나 *ne... que*가 나오는 경우이다. 왜냐하면 *je ne le crois plus non plus*라는 문장 앞에서 주저하다가, 듣기 싫게 반복되는 것을 피하기 위하여 *moi aussi, je ne le crois plus*라고 말하게 된다. 다른 한편으로는 *toi non plus tu ne fais que des sottises* 대신에 *toi aussi, tu ne fais que des sottises*라고 말하거나 *tu ne fais aussi que des sottises*라고도 말하게 되는데, *ne... que*가 *seulement*과 같아서 긍정의 의미이기 때문이다. 또한 유추에 의하여 *toi aussi* (*toi non plus* 대신에 사용함) *tu ne fais rien qui vaille*나 *tu ne fais aussi rien qui vaille*라고도 말한다.

100) 바로 앞 주석의 처음 부분을 참조할 것.

교하는 경우에는 이런 식으로 그 순서를 바꾸는 것은 불가능하다. 그리고 이것과 역시 의미가 같은 문장은 *il n'y est pas allé, et* (ou *ni*) *son frère non plus*와 *son frère n'y est pas allé, ni lui non plus*이다.

일반적 부정어: *ne... pas, ne... point* 그리고 *ne... plus*

부정의 강세형 *non*의 용법을 정당화해주는 앞의 예들 이외에도 사람들은 약세형 ***ne*** **(la forme atone *ne*)**를 사용한다. 이것은 *me, te, se, je*가 *moi, toi, soi*와 달리 사용되는 것과 똑같다. 그런데 이런 약세형은 너무 약해서 일찍이 여러 가지 명사로 강화시킬 필요를 자주 느끼게 되었다. 그런데 이들 명사가 별 가치가 없거나 미치는 범위가 미미한 물건들을 지칭하는 것이었는데 대부분이 사라졌다. *Goutte*는 *ne voir goutte en, n'entendre goutte à, on n'y voit goutte*나 *on n'y entend goutte* 등의 표현 이외에는 사라졌다.[101] 이제는 단지 ***pas***와 ***point***만 남아 있는데, 경우에 따라서는 이들 자신도 *du tout*로 강화된다.

*Pas*는 *point*보다는 훨씬 더 많이 사용되는데, *point*의 용법은 제한되어 있다. 원래 *point*은 *pas*보다 더 강한 부정이었는데, 하나의 점(*point*)이 한 발자국(*pas*)보다는 더 작기 때문이다. 그런데 이제는 이런 차이점은 전혀 없고, 이 둘 중 선택하는 것은 종종 귀(*l'oreille*)로 들리는 어감에 의한다. 그렇지만 일반적으로 *point*의 경우에는 절대적 성격(caractère absolu)을 갖는데, *pas*는 전혀 그렇지 못하다. 그러므로 단지 배경 설명 없이 *je n'ai **point** d'argent*이라고 *je n'ai pas d'argent* 대신에 말해도 전혀 문제가 없다. 그러나 *je n'ai **point** d'argent à dépenser pour cette affaire*이라고 말하면 벌써 자연스럽지 못하고, *je n'ai point l'argent qu'il faut pour faire cette dépense*라고는 더 이상 말하지 않는다. 또한 *il ne lit **point***이라고 말하는 것이 지속되는 습관을 의미한다면, *il ne lit **pas***라고 말하는 것은 현재의 일시적인 사실을 의미한다. 따라서 양의 부사 (물론 *ne*와 함께 사용된 *guère*는 제외함)와 수량형용사 앞에서는 언제

101) 라퐁텐느(La Fontaine)는 옛날 속담을 인용하며 *n'écoutez mie*라는 표현을 여전히 사용한다.

나 *pas*를 사용한다. 그 이유는 부정이 상대적 개념이므로 이것의 범위를 이들 단어들이 제한하고 있기 때문이다. 즉 *je n'en ai* ***pas*** *beaucoup,* ***pas*** *trop,* ***pas*** *plus* (ou ***pas*** *moins*) *que vous,* ***pas*** *tant* (ou *autant*) *que lui, il n'est* ***pas*** *si* (ou *aussi*) *intelligent que vous, il n'en a* ***pas*** *un* (ou ***pas*** *dix*), *je ne lui donnerais* ***pas*** *deux sous, je n'irai* ***pas*** *demain* (*point*보다 선호함), *je n'y suis* ***pas*** *allé hier, je ne sors* ***pas*** *encore, je ne sais* ***pas*** *s'il est venu, je ne crois* ***pas*** *qu'il vienne* 등의 예와 같다. 일반적으로 말해서 *point*은 의도적으로 선택하여 사용할 뿐이고 (물론 흔한 경우이지만 사투리의 성격을 갖고 있을 때에는 예외이다), 반면에 *pas*는 어디에서나 자발적으로 사용된다.

이러한 *pas*와 *point*에 ***plus***를 연관시킬 수 있는데, 이미 *non*을 다루면서 살펴본 *plus*는 부정에 시간 개념을 덧붙인다. *Non plus*가 *aussi*의 부정형인 것처럼 ***ne... plus***는 ***encore***의 부정형이다. 그렇지만 *encore*를 *ne....pas*와 함께 사용하기도 하는데, 아직 일어나지 않은 사건에 대하여 말할 때 사용한다. 즉 *vous ne me connaissez pas encore, je ne l'ai pas encore vu, je ne le verrai pas encore aujourd'hui*의 예와 같다. 따라서 이 표현은 *encore*의 부정이 아니라 *déjà*의 부정이다. 반면에 *ne... plus*는 이미 전에 일어난 일에 대하여 사용한다. 따라서 *encore*의 유일한 부정형이다. 그러므로 *il vit encore*의 부정은 언뜻 보기에 *il ne vit pas encore*처럼 보이나 전혀 그렇지 않고 의미가 전혀 다르다. 즉 유일한 부정형은 *il* ***ne*** *vit* ***plus***이고 이것의 글자 그대로의 의미는 <il ne vit pas davantage>이다. 또한 *il* ***ne*** *parlera* ***plus****, il* ***n'a plus*** *parlé*의 예가 있고, *il n'est plus*는 <il est mort>이다. 그러므로 *plus*는 시간의 부사가 되었다.

게다가 *plus* 앞에서 *ne* 대신에 *sans*을 사용할 수 있다. 즉 *sans plus, sans plus de délai, sans plus attendre, sans qu'on l'ait plus vu*의 예와 같다.

*Pas, point, plus*가 부사거나 부사로 여겨지기 때문에 역시 부사의 용법을 갖는다. 즉 이 단어들은 *ne*의 곁에 나오지 못하는데, *ne*가 동사 앞에 온다면 부사는 단순시제의 경우 동사 뒤에 그리고 복합시제의 경우에는 조동사 뒤에 오기 때문이다. 즉 *je* ***ne*** *sors* ***pas*** (ou ***plus***), *je* ***ne*** *suis* ***pas*** (ou ***plus***) *sorti*의 예와 같다.

그렇지만 부정이 걸리는 부정법 앞에서 *pas, point, plus*가 *ne* 곁에 나오도록 허용하게 되었다. 부정법이 복합형이건 그 앞에 비강세의 대명사 보어가 나오건 그렇다. 즉 *pour* ***ne pas*** (ou ***ne plus***) *sortir, on peut* ***ne pas*** (ou *ne plus*) *sortir* (ou ***ne pas*** *sortir encore), mieux vaudrait* **ne pas** *avoir fini* (ou **ne pas** *avoir encore fini,* **ne pas** *être aimé), je voudrais* **ne pas** *le connaître* (ou **ne pas** *l'avoir connu), il vaut mieux* **ne pas** *me le donner,* **ne pas** *les lui donner,* **ne pas** *m'en parler* (ou *ne pas l'y conduire), mieux voudrait ne pas m'en avoir parlé* (ou *ne pas y être allé*)의 예와 같다.

그렇지만 이런 구문은 그 자체로 그렇게 우아하지는 않고, 가끔 시에서는 예외이지만 부정법 단순형 다음에 *pas, point, plus*가 오게 할 수는 없고 복합형의 경우 조동사 다음에 이들을 오게 한다. 즉 *on pourrait* ***n'****avoir* **pas** *fini* (ou ***n'****avoir* **pas** *encore fini), on peut* ***n'****être* **pas** (ou *plus*) *aimé* (ou ***n'****avoir* **pas** *été aimé), je voudrais* **ne** *l'avoir* **pas** *connu*의 예와 같다. 그런데 이런 예들에는 다소간 꾸민 듯 어색한 느낌이 들고 이러한 우아함은 오히려 문어에 속한다고 고백해야 하겠다.

또한 *pas, point, plus*를 단독으로 사용된 *en* 다음에 놓는데, 그 예는 *mieux vaut ne pas* (ou *ne plus*) *en parler*보다는 *mieux vaut* ***n'****en* **pas** (ou ***n'****en* **plus**) *parler*를 선호한다는 것이다. 그렇지만 일반적으로 *j'aime mieux* **ne plus** *y aller*라고 말한다. 그런데 *en*에 다른 단어가 함께 나올 때에는 *vous voudriez* **ne m'en pas** (ou **ne m'en plus**) *parler*라고 말하기도 하는데, 이런 예는 드물고 너무 꾸민 것처럼 보인다. 반면에 부정법 앞에 *en*이나 *y*가 오고 복합시제인 경우 *pas, point, plus*를 *en*과 *y* 다음보다는 조동사 다음에 오도록 한다. 즉 *mieux vaudrait ne m'en avoir pas* (ou *point, plus*) *parlé, mieux vaudrait n'y être pas allé* (*n'y pas être allé*보다는 선호함)의 예와 같다.

구어에서 부정법 앞에 *ne*와 *pas*가 함께 나오도록 하다 보니 유감스러운 결과가 벌어졌다. 즉 부정법 앞에 ***pour ne pas***를 반복하다 보니 이것을 *que* 앞에서도 사용하게 되었다. 즉 *pour ne pas* (ou *plus*) *qu'il vienne*를 *pour qu'il ne vienne pas* (ou *plus*) 혹은 *de peur qu'il ne vienne* (ou *qu'il ne vienne encore*) 대신에 사용한다. 그런데 몇몇 작가들이 이렇게 대체한 표현을 작품에서도 사용하지만 무척이나 논란의 여지가 많은 현상이다.

덧붙일 것은, *pas, point, plus*를 ***du tout***로 강조하는데 이것이 분사 앞에 올 수도 있지만 일종의 보어이므로 분사 뒤에 오는 것이 낫다. 즉 *il n'a pas* (ou *plus*) *du tout compris*보다는 *il* ***n'****a* **pas** (ou **plus**) *compris* ***du tout****, il* ***n'****a* **pas** *fait* ***du tout*** *ce qu'il avait à faire*의 예와 같다.

부정은 당연히 함께 나오는 동사에 걸리는데 이 동사가 종속절에 속할 수도 있다. 그렇지만 프랑스어에는 이상한 예들이 있는데, 그것은 종속절에서 주절로 **부정이 전이되는(transfert de négation)** 현상이다. 이것은 고대 희랍사람들이 *je ne dis pas que* 라고 말하지만 사실은 *je dis que... ne... pas*를 의미하는 것에서 새롭게 나타난 현상인데 아무도 이것을 알아차리지 못했다. 프랑스어에서도 **세 개의 동사에서(avec trois verbes)** 이런 현상이 나타나는데, 물론 우리도 미처 인지하지 못하고, 또한 이 현상이 이상하게도 상당히 복잡하다는 사실도 알지 못한다.

먼저 동사 ***vouloir***가 있다. 예를 들어 *j'exige que vous sortiez*라는 문장을 부정문으로 만들 때, 부정이 주절 혹은 종속절에 걸리느냐에 따라서 *je n'exige pas que vous sortiez*와 *j'exige que vous ne sortiez pas*가 되고 이 두 문장의 의미를 혼동할 수는 없다. 그런데 *je veux que vous sortiez*의 부정문은 단지 ***je ne veux pas*** (ou *je ne veux plus*) ***que*** *vous sortiez*이다. 즉 이 문장이 *je veux que vous ne sortiez pas* (ou *plus*)의 의미까지 차지해버렸는데, 이 경우에는 이렇게 부정이 종속절에 나오지는 않는다. 처음에는 금지의 엄격함을 완화할 목적으로 이런 비논리적 형태를 사용했을 것이다. 그런데 이 새로운 형태에서도 금지가 엄격해지고 원래의 의미를 사라지게 만들었다. 그 결과 원래의 의미는 *je n'exige pas que vous sortiez*와 같은 문장으로 표현될 수밖에 없었다. 마찬가지로 ***je ne veux pas*** *sortir*의 의미는 *je veux ne pas sortir*이고, 이런 고유한 의미는 *je ne tiens pas à sortir*와 같은 유사한 표현으로 나타낼 수밖에 없다. 여기에서 주목할 것은 이런 용법 덕택에 종속절을 생략하기가 쉬워진다는 것이다. 즉 *je ne veux pas*로서 *je veux que non*을 대신할 수 있다.[102)]

또한 ***il faut***의 경우에도 부정이 전이된다. 즉 *il* ***ne*** *faut* ***pas*** (ou ***plus***) *que vous sortiez, il* ***ne*** *faut* ***pas*** (ou ***plus***) *sortir*는 실제로는 *il faut que vous ne sortiez pas* (ou *plus*), *il faut ne pas* (ou *ne plus*) *sortir*를 대신한다. 그리고 논리적 의미는 *il n'est pas* (ou *plus*) *nécessaire que* (ou *de*)와 유사한 것으로 표현할 수밖에 없다. 그렇지만 *il faut*의 경우에는 종속절에 부정이 나타날 수도 있는데, 이때에는 주어진 결과를 얻기 위해서는 부정적인 원인을 표시할 필요가 있다는 분명한 조건이 있어야 한다.

---

102) 그렇지만 *vouloir* 다음에 긍정문이 나오고 다음에 부정문이 등위될 때 논리적 구문이 다시 나타날 수밖에 없다. 즉 *je veux que... et que...ne pas*라고 하거나 *je veux que... et non que...*라고 한다.

즉 *pour être si peu au courant de ce qui se passe,* ***il faut que*** *vous* ***ne*** *lisiez* ***pas*** (*ou* ***plus***) *un journal*이라고 하는데, 그 이유는 *il ne faut pas que vous lisiez*는 절대적으로만 사용할 수 있기 때문이다. 마찬가지로 ***il faut que vous n'****ayez* ***pas*** *beaucoup de coeur pour traiter ainsi votre mère*의 예가 있다.[103)]

부정법 앞에 나오는 ***devoir***의 경우에도 역시 같은 현상이 일어난다. 그러나 이 경우 두 개의 다른 의미를 구별해야 한다. *Devoir*가 단지 미래를 의미할 수 있는데, 이 경우 *je* ***ne dois pas*** *sortir*는 전혀 문제가 없다. 왜냐하면 이런 의미에서 *je ne dois pas sortir*와 *je dois ne pas sortir* 사이에 의미적 차이는 없기 때문이다.[104)] 그렇지만 *devoir*는 또한 의무를 표시할 수 있다. 이 경우 ***je ne dois pas*** *le faire*는 *je dois ne pas le faire*의 의미를 빼앗아서, 이것의 원래 의미를 표현하려면 *je ne suis pas obligé de le faire*와 같은 표현을 사용할 수밖에 없다. 만일 주어가 사물이라면 단 하나의 의미밖에는 없다. 즉 *un tel crime ne doit pas rester impuni*의 의미는 *un tel crime doit ne pas rester impuni*밖에는 없고, 이것은 *il ne faut pas qu'un tel crime reste impuni*가 *il faut qu'un tel crime ne reste pas impuni*의 의미만을 갖는 것과 마찬가지이다.[105)]

긍정 감탄문 대신에 부정 의문문을 사용하는 것에 대해서 언급하자. 즉 *que de sottises il a faites!* 대신에 *quelles sottises* ***n'****a-t-il* ***pas*** *faites?*라고 말한다. 이것은 논리적이라고 할 수 있는데, 그가 가능한 온갖 종류의 어리석은 짓을 해서 그가 하지 않은 것이 무엇인가 하고 물을 필요가 없다는 것이다. 마찬가지로 *que* ***n'****a-t-il* ***pas***

---

103) 이 두 개의 동사 *vouloir*와 *falloir*의 경우 또 다른 예외가 있을 수 있는데, 종속절에 *jamais, rien, personne, aucun* 중 하나의 단어가 나올 때이다. 이에 대해서는 나중에 살펴볼 것이다.

104) 주목할 것은 이 경우 *devoir*는 일종의 조동사이고 역시 그렇게 취급할 수 있다는 것이다. 따라서 격의 없이 말할 경우 *si vous ne m'aidez pas, je ne vais pas pouvoir faire mon travail*이라고 말하는데 이것은 *je ne pourrai pas* 대신에 말한 것이다. 마치 *je pourrai* 대신에 *je vais pouvoir*라고 말하는 것과 같다.

105) 이 세 개의 동사에서는 부정의 전이가 필수적인 사항이 되었다. 그렇지만 다른 경우에도 이런 현상을 만나게 되는데 다행인 것은 필수적인 것은 아니고 가급적 피하는 것이 좋다는 것이다. 예를 들어 *je n'ai pas fait semblant de le voir*라고 흔히 말하는데, *j'ai fait semblant de ne pas le voir*라고 말해야 한다. 이렇게 부정의 위치가 바뀌면 시제에도 변화가 올 수도 있다. 즉 *je n'aurais pas cru que je m'en tirerais*는 *j'ai cru que je ne m'en tirerais pas* 대신에 사용한 것이다. (앞의 본문 331쪽에서 다룬 <조건법(conditionnel)>의 항목을 참조하기 바란다.)

dit? que ***n'****a-t-il* ***pas*** *fait?*의 의미는 그가 모든 것을 말하고 행했다는 것이다. 또한 완전하지는 않지만 *combien de sottises* ***n'****a-t-il* ***pas*** *faites?*라고도 말하는데, 이것을 감탄문으로 바꿀 수는 없다. 왜냐하면 *que de sottises n'a-t-il pas faites!*라고 하게 되면 분명히 논리적으로 맞지 않기 때문이다. 마찬가지로 *quels progrès* ***n'****a-t-on* ***pas*** *faits?*는 쉽게 이해할 수 있는데 *que de progrès n'a-t-on pas faits!*는 이해하기 어렵다. 그리고 *que de fois ne l'ai-je pas vu se tromper!*는 더욱 이해하기 어렵게 된다. 사실상 의문문의 경우에만 부정이 올 수 있고 또한 와야 한다면, 감탄문의 경우에는 부정문으로 바뀌어서는 안 된다.[106)]

단독으로 사용되는 부정어 *ne* (la négation *ne* employée seule)

대부분의 경우 부정을 강화하기 위하여 *pas*나 *point*를 사용하는 것은 점차 필수적인 것이 되었다. 예전에는 *ne*가 혼자서 사용되는 경우가 흔했는데, 이러한 옛날 어법이 완전히 사라진 것이 아니며, 우리는 그 잔재를 살펴볼 것이다.

먼저 몇 가지 동사의 경우 *ne*만 허용한다. 먼저 ***n'avoir garde***가 있는데 이것은 물론 *pas* 없이 사용된다.[107)] 또한 ***n'avoir cure***가 있고 현재형으로 사용되는 ***il n'importe***와 함께 *n'importe*[108)]가 있다. 경우에 따라서 *pas* 없이 쓰이거나 *pas*를 허용하지 않는 동사가 있는데 정확하게 네 가지이다.

동사 ***cesser***는 부정법 앞에서 특히 단순 시제의 경우 *pas* 없이 *ne*하고만 모든 인

---

106) 문어에서는 구어에서보다 이런 표현을 (즉 부정문으로 된 감탄문을) 남용한다고 볼 수 있는데, 단수형에서도 이것을 사용하기 때문이다. 즉 *avec quelle intrépidité n'ont-ils pas marché!*라는 감탄문에는 그들이 얼마나 대담하게 행진하지 않았느냐 라고 생각하도록 하는데 말하자면 불합리한 문장이다. 왜 단순하게 *avec quelle intrépidité ils ont marché!*라고 말하지 않는가? 또한 격의 없이 말할 때 *vous n'imaginez pas tout ce qu'il n'a pas dit*라고 하는데, 이 경우에도 실제적 사실, 즉 <ce qu'il a dit et non ce qu'il n'a pas dit>를 말하는 것이다. 이런 식의 남용은 피해야 한다.

107) 몇몇 사람들은 이 표현을 잘 이해하지 못한 채 *ne* 없이도 사용하는데 아마도 논리라는 이름으로 그렇게 한다. 즉 *nous aurions garde de....*의 예와 같다.

108) 이 표현들에 *n'ayez crainte*라는 격의 없이 사용하는 표현을 덧붙일 수 있겠다.

칭에서 변화하는데, 어떤 사실이 한결같음을 표시한다. 즉 *il* ***ne*** *cesse* (pas) (ou ***ne*** *cessait* (pas)) *de crier*의 예와 같다. 그렇지만 부정이 보어에 걸릴 때, *pas*가 필요하다. 즉 *je ne cesse de travailler*는 <je travaille constamment>의 의미인데, *je ne cesse pas de travailler avant midi*는 <mon travail ne s'interrompt pas avant midi>의 의미이다.

동사 ***oser***도 역시 *pas* 없이 홀로 사용되거나 부정법 앞에서 사용된다. 특히 문어에서 그러한데, 현재, 반과거와 조건법 이외에는 드물다. 즉, *je* ***n'****ose, il* ***n'****oserait sortir*의 예와 같다.

끝으로 동사 ***pouvoir***와 ***savoir***의 경우에도 역시 *pas*가 생략된다. 그런데 이 경우 의미가 완전히 같지는 않고, 앞으로 보게 되겠지만 부정이 그렇게 강하지도 않다.

동사 *pouvoir*의 경우 어떤 일을 할 수 있는 능력을 표현할 때에만 *pas*를 생략하고 권위(l'autorité)나 힘(la puissance)을 표현할 때에는 생략하지 못한다. 즉 *vous* ***ne*** *pouvez* ***pas*** *sur moi ce que vous pouvez sur lui, je* ***ne*** *pouvais* ***pas*** *beaucoup plus* (ou *moins*)의 경우 항상 *pas*를 사용한다. 따라서 *on ne peut plus, on ne peut mieux*와 언제나 홀로 사용되어 왔고 아직도 홀로 사용되는 *je ne puis* 등 굳어진 표현을 제외하면, 단지 부정법 앞에서 *pas*를 생략할 수 있을 뿐이다. 그러나 이런 경우에도 실제로 불가능하다는 것을 표현하려면 *pas*를 사용한다. 즉 *il* ***ne*** *pouvait* ***pas*** *sortir, il* ***ne*** *peut* ***pas*** *faire ce qu'il veut* (*il ne se peut pas que*와 비교할 것)의 예와 같다. 그 결과 *je ne puis, je ne pouvais*의 의미는 *il m'est, il m'était difficile de*이다. 즉 *je* ***ne*** *puis comprendre que...,*[109] *cette circonstance* ***ne*** *pouvait* (***ne*** *pouvait* ***guère***와 비교할 것) *vous dispenser de...*가 있다. 그러나 뒤에 다른 부정이 나오면 *je ne puis pas*라고 말한다. 즉 *je* ***ne*** *puis* ***pas ne pas*** *croire*의 예와 같다.

그런데 동사 *savoir*의 경우 모른다는 것을 명백하게 하려면 *pas*를 사용한다. 즉 *je* ***ne*** *savais* ***pas*** (ou *je* ***n'ai pas*** *su*) *qu'il était là, sans vous je ne l'aurais pas su, je ne sais pas* (ou *je n'ai pas su*) *ce qu'on vous a dit*의 예와 같다. 그렇지만 단지 불확실하다는 것을 표현하면 일반적으로 *pas*를 생략한다. 따라서 현재와 반과거에서 생략이 일어나게 된다. 즉 *tu* ***ne*** *sais* ***pas*** (ou *tu* ***ne*** *sais*) *ce que tu veux, ce que tu dis,*

---

109) 그런데 *pas* 없이 *je ne peux*라고는 하지 않고, 반드시 *je ne peux pas*라고 한다.

ce que tu fais, je ***ne*** *sais* (ou *je* ***ne*** *sais trop*) *ce qu'il en faut croire, je* ***ne*** *sais ce qui m'empêche de... je* ***ne*** *sais* ***pas*** (ou *je* ***ne*** *sais, je* ***ne*** *sais trop*) *si je dois y aller*의 예가 있다. 따라서 *je* ***ne*** *sais* ***pas*** *s'il viendra*와 *je* ***ne*** *sais s'il viendra* 사이에 얼마나 커다란 의미 차이가 있는지 알 수 있다. 그리고 *Tu* ***ne*** *sais ce que tu dis*라는 문장은 *tu déraisonnes*라는 특별한 의미를 갖기도 한다.

위의 예들 안에 실제로는 간접의문이 있다는 것을 알 수 있다. 만일 간접의문이 실제로 의문의 형태라면 부정법 앞에 *qui, que, quoi, quel*을 가지고, 주어가 심사숙고하는 것을 일부러 표시한다면 *pas*는 거의 언제나 생략되어야 한다. 즉 *je* ***ne*** *sais qui croire* (ou *à qui me fier*), *je* ***ne*** *savais à qui parler, il* ***ne*** *sait pas quoi faire* (*il ne sait que faire* 혹은 *il ne sait qu'en faire*가 더 낫다), *il* ***ne*** *savait que dire* (ou *qu'en dire*), *je* ***ne*** *sais que devenir* (ou *que penser, à quoi m'occuper*), *ils* ***ne*** *savaient* ***pas*** (*ils* ***ne*** *savaient*가 더 낫다) *quel parti prendre*의 예가 있다.

이런 구문과 관련 있는 것이 *n'avoir que faire*라는 특별한 표현인데, 그 예는 *je n'ai que faire de vos dons*이다.

덧붙이자면 *je* ***ne*** *saurais*를 *je ne puis*의 의미로 사용하는데, 제대로 조건법을 사용하려면 항상 *je ne saurais pas*라고 한다. 즉 *je* ***n'****essaierai* ***pas*** *de faire cela, parce que je suis certain que je* ***ne*** *saurais* ***pas***에서 *si j'essayais*가 생략된 것이다.[110)]

이 동사들 이외에도 *ne*만 사용할 수 있거나 사용해야 하는 경우들이 있는데 주절이나 종속절이나 모두 가능하다.

의문사 ***qui*** 다음에 **(après *qui* interrogatif)** 특히 몇몇 동사들의 경우 *pas*를 생략한다. 즉 *qui* ***ne*** *voit* ***pas*** (ou *qui* ***ne*** *voit*), *qui* ***ne*** *comprend que...? qui* ***ne*** *s'irriterait de voir...?*의 예와 같다. 그러나 *qui*를 *qui donc*로 바꾸면 *pas*가 다시 나타난다.

의문사 ***que*** 다음에**(après *que* interrogatif)** *que*가 ***pourquoi***의 의미인 경우 *pas*를 생략한다. 즉 ***que*** *n'est-il venu plus tôt?*의 예와 같다. 의문의 *que*가 직접보어인 경우에도 *que n'a-t-on fait?*처럼 *pas*를 가끔 생략한다. 그러나 이 문장은 그렇게 좋은 것은 아닌데, *que*가 *pourquoi*의 의미로 사용되는 문장과 혼동될 여지가 있기 때문이다.

---

110) 친숙하게 표현하는 시나 웅변조의 시에서는 다른 동사의 경우에도 *pas*를 생략할 수 있는데, 옛날 식의 표현이고 매우 신중해야 한다.

따라서 두 경우를 확실하게 구분해야 한다. 즉 *que* ***n'****a-t-il* ***pas*** *mangé ?*는 문자 그대로 그가 먹지 않은 것이 무엇이냐, 즉 <il a mangé de toutes les choses possibles>의 의미이고, ***que n'****a-t-il mangé*는 *pourquoi n'a-t-il pas mangé ?*의 의미이다. 또한 ***que n'****écrit-il en prose ?* ***que ne*** *m'est-il permis de vous raconter...?*도 역시 같다. 따라서 *que ne m'est-il pas permis de...?*처럼 *pas*를 사용하면 아주 잘못된 것이다. 여기에서 주의할 것은 *que*와 *ne*는 거의 분리가 불가능하다는 것이다. 즉 *que votre père n'est-il venu plus tôt ?*는 아주 나쁜 문장이다.

덧붙이자면 실현 불가능한 기원(**souhait irréalisable**)을 표현하기 위하여 감탄문의 형태에도 이런 구문을 사용한다는 것이다. 즉 ***que n'****est-il encore vivant !*의 예와 같다. 명백한 기원을 감탄문으로 표현한 예는 *à Dieu* ***ne*** *plaise que...*이고, ***ne*** *vous déplaise*에는 조롱조의 기원이 표현되어 있다. 옛날 표현으로 *qu'à cela ne tienne*도 이들과 유사하다.

그런데 *pas* 대신에 *personne, rien, jamais*를 사용하는 문장에서 유추하여 *il* ***n'****y avait âme qui vive, je* ***n'****y ai trouvé qui que ce fût, je* ***ne*** *le reverrai de ma vie* (ou *de longtemps*)이라고 한다. 그런데 *pas*를 사용하여 *je* ***ne*** *le reverrai* ***pas*** *de longtemps*이나 *je* ***ne*** *sortirai* ***pas*** *de trois jours*라고 하는데, 후자의 경우 *jamais*와는 거리가 멀다. 또한 *il* ***ne*** *dit mot, il* ***ne*** *souffle mot*라고도 한다.[111)]

또한 옛날 표현인 ***il n'est... que*** (ou ***qui***)에서도 역시 *pas*를 생략하는데, *il n'est* 다음에 *si*가 따라 나오는 경우가 흔하다. 즉 ***il n'est si*** *bonne compagnie qui ne se quitte,* ***il n'est si*** *bon cheval qui ne bronche*와 같은 속담에서 사용된다.[112)]

이제 종속절을 (**propositions subordonnées**) 살펴보자.

먼저 관계절 (**propositions relatives**)이 부정의 주절에 종속되고 동사가 접속법인 경우 *pas*를 생략한다.[113)] 즉 *il* ***n'****y a* ***personne*** *qui* ***ne*** *le sache, je* ***n'****ai* ***pas*** *eu d'ami qui*

---

111) 그런데 목적어 앞에 *un*이 나오면 *dire* 다음에 *pas*가 필요하다. 즉 *il ne dit pas un mot, il n'a pas dit un mot*의 예와 같다. 한편 *souffler* 다음에는 *un*이나 *pas*가 전혀 오지 않는다.

112) 또한 *il n'est* (ou *il n'y a*) *pire sourd que celui qui ne veut pas entendre*가 있고, 오늘날의 표현으로 *il n'y a pas de pire sourd*가 있다.

113) 앞의 본문 346쪽을 참조할 것.

***ne** m'ait trahi*의 예가 있다.

그런데 주절이 긍정문이나 의문문이거나, 동시에 의문문이면서 부정문이라서 긍정문과 동일한 가치를 지닐 때에는 *pas*를 사용해야 한다. 즉 *il me faut quelqu'un, connaissez-vous quelqu'un, ne connaissez-vous pas quelqu'un qui **ne** soit **pas** trop exigeant?*의 예와 같다. 그렇지만 주절의 의문문 속에 말하는 사람의 생각으로 부정의 개념이 들어 있으면 *pas*를 생략하는 것이 보다 우아하다. 즉 *a-t-il dit une parole* (il n'a pas dit une parole) *qui **ne** soit ridicule?*의 예와 같다.

또한 주절이 부정문이고 부사 ***si*** 혹은 ***tellement***이 있으면 **(avec l'averbe *si* ou *tellement*)**, *il n'est **pas si** sûr de lui qu'il **ne** commette parfois des erreurs*처럼 *pas*를 생략한다. 주절이 의문문인 경우에는 *pas*를 생략하는 것이 한결 우아한데, *peut-on si bien prêcher qu'il **ne** dorme au sermon?*의 예와 같다.

또한 ***non que***나 ***ce n'est pas que*** 다음에 *pas*를 생략하는 것이 원칙이다. 즉 ***non** que* (ou *ce **n'**est **pas** que*) *je **ne** regrette ce qui s'est passé*의 예와 같다. 그리고 *je ne dis pas que vous ne le faites pas quelquefois* 대신에 *je **ne** dis **pas** que vous **ne** le fassiez quelquefois*라고 말하는 것이 보다 더 나은데, 이 경우 양보의 개념이 덜 단정적으로 나타난다.[114)]

또한 반과거나 대과거 앞에 ***si... ne***가 나오면**(après *si... ne*)**, 말하자면 언급하는 조건이 실현되지 않을 때 역시 *pas*를 생략하는 것이 우아하다. 즉 ***si** je **ne** savais que vous êtes discret, je ne vous le dirais pas* (mais je le sais) *; **si** je **n'**avais* (ou ***si** je **n'**eusse*) *pris les précautions nécessaires* (mais je les ai prises)의 예와 같다. 아직도 사용되는 생략된 표현인 *n'était, n'eût été* (*si ce n'était, si ce n'eût été* 대신에 사용됨)가 이것으로부터 유래했다. 그렇지만 이렇게 *pas*가 생략되는 경우는 줄어들고 있다.

가끔은 *si... ne*가 현재형에 쓰여서 ***à moins que***의 의미를 갖는 경우에도 *pas*를 생

---

114) 예전에는 *il n'est pas que vous ne l'ayez fait*를 *il n'est pas possible que vous ne l'ayez pas fait* 대신에 사용했고, *je ne puis que je ne le fasse*를 *je ne puis pas ne pas le faire* 대신에 사용했다. 또한 격의 없이 말하는 표현인 *pour que nul n'en ignore*도 있고, *que*가 *pour que*를 대신하는 역시 격의 없이 사용하는 표현인 *sors vite, que je ne t'assomme*도 있다. 그리고 *que... ne*를 *sans que*나 *avant que* 대신에 사용하는 것에 대해서는 앞의 본문 368쪽을 참조할 것.

략한다. 즉 *je n'irai pas,* ***si*** *vous* ***n'****y allez*의 예와 같다. 그러므로 ***si*** *je* ***ne*** *me trompe*나 ***si*** *je* ***ne*** *m'abuse,* ***si*** *ce* ***n'****est*의 예에 대해서도 이런 설명이 가능하다. 그렇지만 현재형으로 된 이런 옛날 표현은 아직도 통용되고 있는 유일한 예들이다.[115] 그런데 실제로 조건이 관계되고 *si*가 원래의 가치를 모두 갖는 경우 *si ce n'est pas*를 사용한다. 그러므로 *il est inutile d'aller à Paris, si ce n'est pour voir votre père* (sauf pour)와 *il est inutile d'aller à Paris si ce n'est pas pour voir votre père* (si le but du voyage n'est pas de) 사이에는 의미 차이가 있다. 이런 차이가 있다는 증거로는 둘째 문장에서는 절의 순서를 바꿀 수 있지만, 첫째 문장에서는 가능하지 않다는 것이다.

끝으로 복합과거와 대과거에서 *pas*를 생략하는 것이 우아한데, 그 예는 *il y a* (ou *voilà*) *six mois que je* ***ne*** *l'ai vu, il y avait six mois que je* ***ne*** *l'avais vu*이다. 또한 *il y avait six mois depuis que je* ***ne*** *l'ai vu*도 가능하다.[116] 반면에 현재와 반과거에서는 반드시 *pas*를 사용하여, *il y a six mois que je* ***ne*** *le vois pas* (ou *plus*), *il y avait six mois que je* ***ne*** *le voyais* ***pas*** (ou *plus*), *il y a six mois depuis que je* ***ne*** *le vois* ***plus***라고도 하는데 의미의 차이가 분명하다.

결국 *pas*를 생략하거나 생략할 수 있는 경우는 아주 많다는 것을 알 수 있다. 그러나 이렇게 생략하는 것이 가끔 우아하다는 것을 잘 알고 있는 많은 작가들이 다른 많은 경우에도 닥치는 대로 생략할 수 있다고 믿는데, 이것은 틀린 것이고 아무튼 아주 불쾌한 느낌을 준다.

이제 마지막으로 ***autre*** 다음에 ***que***가 나오는 경우(**devant *autre* suivi de *que***) *pas*를 생략하는 경우를 살펴보자. 이것을 마지막으로 다루는 이유는 많은 결과(conséquences)가 이것과 관련되어 있기 때문이다. 다음 문장 *je n'ai pas d'autre volonté, je n'ai pas encore vu d'autre exemple*에서는 반드시 *pas*를 사용하는데, *je n'ai pas d'autre volonté que la tienne*가 처음에는 *je n'ai d'autre volonté* ***que*** *la tienne*가 되었다가 *autre*가 생략되면 *pas*도 역시 생략되어서 *je* ***n'****ai de volonté* ***que*** *la tienne*가 된다.

---

115) 앞으로 살펴 볼 <허사로서의 부정(négations explétives)> 항목에서 *à moins que*를 참조하기 바란다.

116) 이제는 더 이상 *depuis que je ne l'ai pas vu*라고 하지 않고 *depuis que je l'ai vu*라고 하는데, 이렇게 하면 보다 단언하는 느낌이 강하다.

이상하게도 이러한 구문이 프랑스어에서는 일반화되었다. 즉 *autre, autre chose, autrement*이 생략되면 *que*가 *si ce n'est*와 같게 되고, 또한 *ne... que*는 *seulement*과 같게 되었다. 즉 *je n'ai qu'un livre, je n'en ai qu'un, je n'en ai plus qu'un, je n'en ai encore qu'un, je n'en ai jamais eu qu'un, il n'y a que lui, il n'est que blessé, je ne veux que vous voir, vous êtes coupable de n'avoir fait que cela, je n'ai été aperçu que de lui, on ne le sait que d'aujourd'hui, ce n'est que d'aujourd'hui qu'on le sait, tu n'as* (ou *tu n'as plus*) *qu'à t'en aller*의 예가 있다.[117)]

위의 예에서 알 수 있는 사실은, ***ne***와 ***que*** 사이에 항상 동사가 있고 (**entre *ne* et *que* il y a toujours un verbe**), *que*는 보어에 걸리고 심지어는 주동사에 종속되는 동사에도 걸리지만 주동사에 걸리는 법은 없다는 것이다. 그렇지만 *ne... que*를 동사에 걸리게 해야 할 경우가 있을 수 있는데, 이 경우에는 동사 ***faire***를 덧붙여서 표현한다. 즉 *il **ne fait que** rire*는 *il rit seulement*이고, 다른 것은 하지 않고 *il rit continuellement*이라는 의미이다. 경우에 따라서는 그 의미가 바뀔 수도 있는데, *il ne fait que passer*는 *il passe seulement*이거나 *il passe sans s'arrêter*의 의미로 사용된다. 물론 *il ne fait que passer devant moi*나 *il ne fait que passer et repasser*를 사용하여 후자의 의미를 나타낼 수도 있는데 이 예에는 *continuellement*의 의미가 들어있다. 모호함을 피하는 것은 상황을 고려하는 수밖에 없다. 끝으로 세 번째 의미가 있는데 이것은 *ne... que*에 *de*를 덧붙이기 때문에 혼동의 여지는 없다. 즉 ***il ne fait que de sortir***의 예에는 *il sort seulement*의 의미도 있지만 *il vient de sortir immédiatement*를 의미한다.

이와 같이 *ne... que*를 주동사에 걸리게 할 수 없는 것은 복합시제의 경우에도 드러난다. 달리 말하면 조동사는 동사의 역할을 하기에 충분치 않다는 것을 알 수 있다. 아마도 대립을 나타내기 위하여 *je n'ai pas bu, je **n'ai que** mangé*라고 할 수 있는데, 보다 정확하게 말하려면 *je **n'ai fait que** manger*라고 하는데 모호해질 가능성은 있다. 그리고 *il n'a que passé*라고 말하는 법은 없고 *il **n'a fait que** passer*라고 한다.

---

117) 옛날 사람들은 보다 더 나아가서 의문문을 부정문처럼 취급했는데 아주 올바른 것이었다.

Et *que* puis-je espérer *qu'*un tourment éternel?

Et! *qui* connaît *que* vous les beautés et les grâces?

이와 같이 *ne... que*를 *seulement*의 의미로 사용하는 것은 형용사, 분사, 혹은 명사와 함께 하는 부분의 의미를 갖는 구문(**construction partitive**)과도 잘 어울린다. 즉 *il **n'**y a **que** lui **de** juste, il **n'**y a **que** moi **de** blessé, il **n'**y a **que** vous **d'**officier ici, il **n'**y a **que** celle-là **de** bonne* (ou *il **n'**y a **de** bonne **que** celle-là*)의 예와 같다. 이러한 구문에 *rien*이나 *personne*를 *ne*와 *que* 사이에 넣을 수 있다. 즉 *je **n'**y ai vu **personne que** de très aimable, il **n'**a **rien** fait **que** de très ordinaire*의 예와 같다. 그리고 동사와 *ne*를 생략하여 *rien à cela **que** de très naturel*도 가능한데 < il y a là *seulement quelque chose* de très naturel>의 의미이다. 또한 *je **ne** l'ai **jamais** vu **que** de loin, il **n'**y a **jamais que** dix ans que...*의 예도 있다.

부정의 의미를 가진 ***sans***이 *ne*를 대신하여 *vous vous en allez toujours **sans*** (ou ***sans jamais***) *faire les choses **qu'**à moitié*로 할 수 있는데, 즉 *en **ne** les faisant* (*jamais*) ***qu'**à moitié*의 의미이다.

당연한 말이지만 *ne... que*가 *seulement*의 의미를 가지므로 *seulement*이 나오면 중복되므로 함께 사용할 수 없다. 즉 *je **ne** dirai **qu'**un seul mot*는 되지만 *je ne dirai seulement qu'un mot*나 *je ne veux seulement que vous parler*라고 말하는 것은 잘못이다.[118)]

우리는 *ne... que*의 이런 용법이 무척이나 편리하다는 것을 잘 알고 있다.[119)]

그런데 이런 용법이 유감스런 결과를 가져왔다. *Ne... que*의 의미가 *seulement*이므

Descendons-nous tous deux que de bonne bourgeoisie? *Où naissent les passions que dans les palais des grands*? *pourquoi le temps vous est-il donné que pour...*? *comment réparerez-vous... qu'en vous abstenant*의 예를 보자. 이들은 *je ne puis espérer* (autre chose) *que de, ne naissent en nul endroit* (autre) *que, n'est donné pour aucun motif* (autre) *que, vous ne réparerez d'aucune manière* (autre) *que*와 같다. 주절에 부정과 유사한 것만 있어도 충분했는데, *il est impossible de faire une démarche... qu'en la réglant...*과 *la pratique générale défendait de... qu'après l'accomplissement...*의 예와 같다. 이런 표현들 중 일부는 아직도 시어나 웅변조의 언어에서 사용되고 있다.

118) 그런데 *je me borne à ne vouloir que...*라고 말할 수 없듯이 *je me borne à ne vouloir seulement que vous parler*도 역시 가능하지 않다. 즉 *se borner à*와 같은 동사는 *ne... que*와 *seulement*을 허용하지 않는데, 이들을 대신하기 때문이다.

119) 동사와 *ne*를 생략하여 *rien que ça, rien que deux*라고 말하고 심지어 친숙한 어투로 물으면서 *que ça*? *que deux*?라고 하기도 한다.

로, 즉 긍정적인 의미를 가졌으므로 여기에 *pas*를 덧붙이기만 하면 부정적인 의미를 돌려줄 수 있다고 믿었다. 즉 이미 *ne*가 있으므로 또 다시 *ne*를 덧붙일 수 없으므로 *seulement*의 의미는 *que*로만 표시되게 되는데 물론 이것으로는 불충분하다. 즉 *il **n'**y a **pas que** moi, je **n'**en ai **pas qu'**un, je **n'**ai **pas que** cela à faire*의 예와 같다.[120)] 위고(Hugo)와 뮈세(Musset)에게서도 발견되는 이런 어법이 오늘날 너무나 보급되어서 대화에서 사용하지 말라고 할 수는 없다. 그렇지만 적어도 글로 적어서는 안 될 것이다. 즉 *je ne suis pas le seul, j'en ai plus d'un, j'ai bien autre chose à faire*라고 글로 적거나 말로 하는 것은 너무나 쉽기 때문이다.[121)]

아주 격의 없이 말하는 표현으로 *que*를 생략하는 어법이 있다. 즉 *il ne manque* (ou *manquerait*) *plus qu'il ne revienne pas*의 예와 같다. 물론 역시 격의 없이 말하는 표현이기는 하지만 정확하고 논리적인 표현은 *il ne manque plus **que ça**, qu'il ne revienne pas*이고 *manquer*의 진주어는 *qu'il ne revienne pas*이다.[122)]

Jamais, rien, personne, aucun (그리고 *nul*)의 부정의 용법

*Pas*와 *point*은 *ne*의 부정에 어떤 것을 덧붙이는 것이 아니라 그것을 강화할 따름이다. 그런데 몇 개의 단어들이 *pas*와 *point*보다 더 부정의 의미를 갖고 있지 않지만, 역시

---

120) 옛날 사람들도 역시 *pas*와 특히 *point*을 *ne*와 함께 *que* 앞에 사용하고 의미의 변화는 전혀 없었는데, 이것이 옳다. 즉 *tu ne mourras point que de la main d'un père* (Corneille), *Nous n'avons point de roi que César* (Bossuet), *Il ne nous est pas permis d'y rien changer qu'autant que...* (Corneille)의 예와 같다. 이런 용법이 사라지지 않았더라면 새로운 용법도 생겨나지 않았을 것이다. 우리가 *je n'en ai pas qu'un*이라고 말하면서 표현하는 의미를, 옛날 사람들은 *je n'en ai pas pour un*이라고 말하면서 표현했다.

121) 정확하게 말하기 위해서는 대부분의 경우 *que*를 *seulement*으로 바꾸면 충분할 것이다. 어떻게 *ils ne sont pas que ce que vous pensez*나 *ce n'est pas que par cette qualité qu'il s'est fait remarquer*라는 문장을 글로 적을 수 있겠는가? 이것이 과연 프랑스어인가? 사람들은 더 나아가서 *il n'y a pas que cette qualité par laquelle...*에서 *il n'y a pas que par cette qualité que...*라는 문장도 사용하는데, 이것은 그야말로 엉터리이다.

122) 앞의 본문 370쪽에서 *je ne demande pas mieux que...*를 참조할 것.

*pas, point, plus*와 같은 조건으로 *ne*와 결합하고 *plus*처럼 추가적인 의미를 부여하면서 동사의 보어 역할을 한다. 논리적으로는 이 단어들 앞에 *ne pas*나 *ne point*이 올 수 있고, 옛날에는 항상 이렇게 사용되었는데, 오늘날에는 적어도 같은 절 안에서는 *ne* 하고만 결합한다. 왜냐하면 *pas*나 *point*으로 부정을 강화할 필요가 없기 때문이다.

먼저 시간의 부사 ***jamais***가 있다. 이것은 *plus*와 유사한데, 본래의 의미는 *désormais davantage*로, 보다 간단히 말해서 *en quelque temps que ce soit*를 의미하고 경우에 따라서 현재, 과거, 혹은 미래로 사용된다. 즉 *je ne l'ai jamais vu, je ne le vois* (ou *je ne le voyais, je ne le verrai*) *jamais* (ou *presque jamais*), *je ne l'ai jamais vu que de loin*의 예가 있다. *Jamais*는 문장 앞에 놓일 수 있는데, *jamais je ne l'ai vu, je ne le vois, je ne le voyais*의 예와 같고, *jamais, au grand jamais je n'y suis allé*의 예도 있다. *Jamais*는 *plus*와 함께 쓰이기도 하는데, *plus*에 보다 정확한 시간 개념을 덧붙인다. 즉 *je ne l'ai plus jamais vu* (ou *presque plus jamais vu*), *je ne le vois* (ou *je ne le verrai*) *plus jamais*의 예와 같고, 가끔은 *je ne le verrai jamais plus*라고도 한다. 또한 *jamais je ne l'ai plus vu* (ou *je ne le verrai plus*)도 가능한데 *jamais plus je ne l'ai vu* (ou *je ne le verrai*)가 더 낫다.

그리고 두 단어가 있는데, 우선 ***rien***은 원래 *quelque chose*를 의미하거나 *une chose quelconque, quoi que ce soit*의 의미이고, ***personne***는 *quelqu'un*의 의미이거나 *une personne quelconque, qui que ce soit*[123)]의 의미이다. 주어, 속사, 혹은 보어로 사용되는 이 두 단어는 *jamais*나 *plus*, 혹은 이들 둘 다와 함께 사용된다.

이 두 단어는 먼저 보어나 속사(**compléments** ou **attributs**)로 사용되는데, 이것이 가장 일반적이다. 그런데 명사로 취급되는 ***personne***는 항상 분사 다음에(**après le participe**) 오고, 반면에 ***rien***은 직접보어인 경우 부사로 취급되는데 분사 앞에(**devant le participe**) 나온다는 차이점을 보인다. 즉 *je ne sais rien* (ou *plus rien*), *je ne vois personne* (ou *plus personne, jamais personne, plus jamais personne*), *je n'ai rien vu* (ou *plus jamais rien vu*),[124)] *je n'ai vu* (ou *plus jamais vu*) *personne, cela ne*

---

123) 문어에서는 가끔 *il ne doute de quoi que ce soit, il ne connaît qui que ce soit*라고도 하는데, 이것은 *il ne doute de rien, il ne connaît personne* 대신에 사용하는 것이다.

124) 세 단어의 일반적인 순서는 *plus, jamais, rien*이거나 *plus, jamais, personne*라는 것을 주의하기

fait rien, je n'ai rien vu qui fût intéressant, je n'ai jamais rien vu de si beau, je ne connais (ou *je n'ai jamais connu*) *personne de si capable, je ne m'occupe* (ou *je ne me suis occupé*) *de rien* (ou *de personne*), *il ne sert à rien* (ou *rien ne sert*) *de, je n'ai jamais parlé à, de, pour personne ; ce n'est rien* (ou *ce n'est personne*), *il n'en est rien, il n'en a rien été, cet homme ne m'est rien* (ou *de rien*), *comme si de rien n'était*의 예와 같다.

이들이 주어(**sujets**)로 사용되는 예는 다음과 같다. 즉 *rien* (ou *jamais rien*), *personne* (ou *jamais personne*) *ne l'intéresse, rien ne l'intéressera plus jamais* (ou *plus jamais rien ne l'intéressera, jamais plus rien ne l'intéressera*), *personne* (ou *jamais personne*) *n'y est allé* (ou *n'est venu*), *il n'est venu personne* (ou *il n'est plus jamais venu personne*),[125] *il ne s'est rien* (ou *plus rien, plus jamais rien*) *passé d'intéressant,*[126] *rien n'est beau que le vrai, personne n'est venu* (ou *il n'est venu personne*) *que ton frère, il n'a rien fait que de très naturel, je n'y ai jamais vu personne que de très aimable* (*je n'y ai jamais vu personne qui ne fût très aimable*가 더 낫다)의 예가 있다.

전치사가 없는 경우 부사로 취급되는 ***rien***은, *plus*가 있건 없건 부정법 앞에 (**devant l'infinitif**) 놓인다는 점에서 ***jamais***와 같다. 즉 *j'aime mieux ne rien voir* (ou *ne jamais voir, ne jamais rien voir, ne plus jamais rien voir*)의 예와 같은데, *ne plus jamais voir personne*와 다르다. 또한 *en*과 *y*는 원래 부정법 주변에 나오지만 *ne* 다음에 오는 것이 우아한 표현이다. 아마도 모음생략 현상 때문에 그런 것 같은데 이렇게 해서 *ne*와 *jamais, rien*이 분리된다. 즉 *pour ne rien en voir*보다는 *pour n'en rien voir*가 낫고, *pour n'en plus jamais rien voir*와 같이 한다. 또한 *j'aimerais mieux ne rien y voir*보다는 *j'aimerais mieux n'y rien voir, n'y plus jamais rien voir*가 더 낫다. 물론 *j'aimerais mieux ne plus y aller*라고 말하는 것을 선호한다. 부정법이 복합형일 때 *rien*과 *jamais*는 사이에 낄 경우가 많은데, 이점에서 *pas, point, plus*와 다르다.

바란다.

125) 그런데 *plus personne* (ou *plus jamais personne*) *n'est venu*라고 말하는 것은 별로 좋지 않다.

126) 물론 *rien ne s'est passé d'intéressant*라고 말할 수 있지만, *plus rien* (ou *plus jamais rien*) *ne s'est passé d'intéressant*이라고 말하는 것은 틀린 것이다.

즉 *je voudrais n'avoir rien vu, n'avoir jamais vu, n'avoir jamais rien vu, n'en* (ou *n'y*) *avoir jamais rien vu*의 예와 같다.

끝으로 부정대명사 ***aucun***이 있는데, 이것의 의미는 *quelqu'un, quelque, qui que ce soit* 혹은 *quelque... que ce soit*이다. 이 단어의 용법은 동시에 ***nul***에도 영향을 미쳤는데, *nul*은 점점 문어에 속하는 단어로 변했다.[127)] 실제로 *nul*은 그 자체로 부정이었고 원래 부정어 없이 사용되었는데, 동의어가 되어버린 *aucun*처럼 오래 전부터 부정어를 취하게 되었다. 이 두 단어는 *jamais*나 *plus*와 함께 사용된다. 즉 *aucun* (ou *aucun d'eux, jamais aucun*) *n'est venu, nul n'est censé ignorer la loi, je n'ai vu* (ou *je n'ai plus vu*) *aucun livre, je n'en ai plus vu aucun, il n'y a* (ou *il n'y a jamais, il n'y a plus*) *aucun danger, je n'ai aucun livre que ceux que tu m'as donnés, je n'ai jamais parlé à aucun d'entre eux, je ne l'ai vu nulle part*의 예와 같다.[128)]

이러한 *aucun*과 *nul*에 관련되는 부사는 *aucunement*과 *nullement*이고 *pas du tout*의 의미이다. 즉 *je n'avais aucunement* (ou *nullement*), *je n'ai nullement eu l'intention de vous déplaire*의 예와 같다.

*Jamais, rien, personne, aucun*의 경우 일반적으로 *pas*가 생략되지만, *pas*가 생략되지 않는 경우가 하나 있다. 그것은 이 단어들이 ***que*로 시작되는 보어절에 나오고 (dans une proposition complétive introduite par *que*)** 주절에 부정이 나오는 경우이다. 이 경우 부정이 정상적인 형태인 *ne pas*가 되고 더 이상 이 단어들 곁에서 *ne*로 줄어들지 않는다. 또한 이 단어들은 그 어느 때보다도 긍정적인 의미를 취하게 된다. 즉 *je ne veux pas* (ou *il ne faut pas*) *qu'il revienne jamais, qu'on en dise rien, qu'il le dise à personne* (ou *à aucun de ses amis*)의 예와 같다. 또한 *vouloir*와 *falloir*의 경우 부정을 독점하는 습관이 있음에도 불구하고 이 부정이 *ne*의 형태로 종속절에 나타나도록 하는데, 이곳이 원래 부정이 나올 자리이다. 즉 *je veux* (ou *il faut*) *qu'il ne revienne jamais, qu'on n'en dise rien*의 예와 같다. 또한 경우에 따라서는 *je veux qu'il ne revienne plus*라고 하는데, 이것은 *je ne veux plus qu'il revienne* 대신이다. 또한 *je*

---

127) 본문 153쪽 91번 주를 참조할 것.

128) *Nul*은 가끔 부정의 의미를 갖는데, 예를 들면 *nul miel sans fiel*처럼 굳어진 표현에서 그렇다. 그러나 이 경우에도 *il n'y a*가 생략된 것으로 여길 수 있다.

*veux qu'il ne revienne plus jamais*라고도 하는데, *plus*와 *jamais*는 거의 분리가 불가능하다. 그런데 이런 식으로 부정이 전이되는 현상을 다른 동사들에 적용하게 되면 의미가 바뀔 염려가 있다. 따라서 반드시 *je ne crois pas qu'il revienne jamais* (ou *qu'on en sache rien, qu'il l'ait dit à personne* (ou *à aucun de ses amis*)), *je ne crois pas que personne en sache rien*이라고 말한다.[129)]

이러한 용법에도 불구하고 종속절에 *ne*를 사용할 수 있는데, 이 경우 두 개의 부정이 서로 상쇄되어 긍정이 된다. 즉 *je ne crois pas qu'il ne l'ait dit à personne*는 *je crois qu'il l'a dit à quelqu'un* (ou *quelques-uns*)이고, *je ne veux pas que personne ne le sache*는 *je veux qu'on le sache*이다. 그런데 이렇게 부정이 중복되는 경우는 별로 없고 주절을 긍정문으로 만든다.

Jamais, rien, personne, aucun (혹은 *nul*)은 *plus*처럼, 혹은 필요한 경우에는 *plus*와 함께, 전치사 ***sans***이나 접속사 ***sans que***와 함께 사용된다. 물론 *sans*과 *sans que*가 부정의 역할을 하기 때문에 *ne*를 사용해서는 안 된다. 즉 *sans jamais le voir* (ou *sans plus jamais le voir*), *sans jamais l'avoir vu* (*sans l'avoir jamais vu*가 낫다), *sans rien faire, sans personne avec lui, sans aucune aide, sans nulle vanité, sans avoir aucunement* (ou *nullement*) *l'intention de vous déplaire ; sans qu'il y soit jamais allé, sans qu'il ait plus jamais rien fait, sans qu'on en ait vu aucun, sans qu'on en sache rien* (ou *plus rien*) (*n'en*을 사용할 수 없다), *sans que personne le sache* (*ne le sache*라고 할 수 없다), *sans que personne y ait jamais rien vu*의 예와 같다. 그런데 마지막 문장을 풀어 쓰면 <sans que qui que ce soit y ait vu quoi que ce soit en quelque temps que ce soit>이다.

이러한 예들이 보여주는 것은 이 단어들이 자체로 긍정적 의미(**sens positif**)를 갖고 있다는 것인데, 부정어가 전혀 없는 경우 이러한 긍정의 의미를 취할 수 있다.

---

129) 예전에는 *je ne crois pas qu'il revienne plus*라고도 말했는데, 오늘날이라면 *je ne crois pas qu'il revienne encore*라고 말할 것이다. 그리고 적어도 문어에서는 *de*나 *à*가 앞에 나오는 부정법에 *pas*를 사용할 수도 있다. 특히 다음 몰리에르(Molière)의 글에서처럼 *rien*이 그 다음에 나올 경우에 그렇다.

Albert *n'est pas* un homme à vous refuser *rien*;
Et je *ne* vois *pas* lieu d'y prétendre plus *rien*.

이것은 운율(*mesure*)의 문제이다. 리트레(*Littré*)가 권하더라도 *vous n'avez pas lieu de craindre personne*라고 말한다면 올바른 것은 아니다.

먼저 ***jamais***와 ***personne***가 비교의 경우에 사용된 예를 보자. 즉 *il a de l'argent, il mange, il boit autant, moins* (ou *plus*) *que jamais* (ou *que personne*), *il m'est aussi cher, moins* (ou *plus*) *cher que jamais* (ou *que personne*), *je l'aime autant, moins* (ou *plus*) *que jamais* (ou *que personne*)의 예와 같다. 마지막 예를 풀어 쓰면 <*autant , moins, plus* qu'en un temps antérieur quelconque ou que qui que ce soit>이다. 그리고 *à jamais, à tout jamais, pour jamais*라고 말하는데 이것은 <à ou pour un temps postérieur quelconque>이고 달리 말하면 *pour toujours*라는 것이다.

반면에 ***rien***, ***personne***, ***aucun***은 특히 ***jamais*** 다음에 (**après *jamais***) 긍정의 의미를 지니는 문장 안에 사용될 수 있다. 특히 *jamais*가 이런 용법을 한층 용이하게 한다. 즉 *c'est tout ce qu'on a jamais vu de plus beau, a-t-on jamais vu cela ? a-t-on jamais rien vu de pareil ? personne a-t-il jamais vu* (ou *jamais personne a-t-il rencontré*)*...? a-t-on jamais vu personne qui...? avez-vous vu aucun de ceux dont je vous ai parlé ? c'est un sot, s'il en fut jamais ; si vous en parlez jamais à personne, vous verrez ce qu'il vous en coûtera ; si vous trouvez jamais rien d'aussi ridicule, si vous le dites jamais à aucun de vos amis... ; il est incapable* (ou *il est inutile, je vous défends*) *d'en parler jamais* (ou *à personne, jamais à personne*) *; il est inutile* (ou *je vous défends*) *d'en rien dire* (ou *d'en rien dire à personne, d'en rien dire à aucun de vos amis*) *; il est impossible d'en rien savoir* (ou *d'y trouver rien de bon*), *je le défie d'en rien faire* (ou *de le dire à personne*) *; je vous dispense de m'en rien dire*[130] *; je doute qu'il l'apprenne jamais* (ou *qu'il en sache rien* (ou *jamais rien*)) *; je doute que personne le sache* (ou *qu'il le dise jamais à aucun de ses amis, que jamais personnne le lui dise, que peronne le lui dise jamais*) *; il est trop fou pour rien dire de sérieux* (ou *pour que personne l'écoute*)의 예와 같다.[131]

---

130) 이것은 *je vous dispense d'en dire davantage*와 유사하다. 그런데 *je vous dispense de n'en rien dire*의 의미는 *je vous permets d'en parler*인데, 그 이유는 *dispenser de faire*는 단지 *permettre de ne pas faire*이기 때문이다.

131) 예전에는 이러한 구문이 보다 더 많이 사용되었고 이 구문을 *plus*에도 확장 적용하였는데, 우리는 가능하면 *plus*를 *encore*나 *davantage*로 바꾼다. 그렇지만 약간은 옛날식인 *je vous défends d'en plus parler* (*encore*나 *davantage* 대신에 사용됨), *si vous m'en parlez jamais plus* (*encore une*

이러한 문장들은 부정의 의미가 전혀 없이도 완벽한 문장이다. 그렇지만 예외 없이 이 모든 문장들 속에는, 특히 의문문이나 조건문인 경우, 말하는 사람의 생각 속에는 항상 부정이 숨어 있다는(**négation implicite**) 것을 쉽게 알 수 있다. *A-t-on jamais vu*는 이것에 대하여 *oui*나 *non*으로 대답할 수 있는 의문문이 아니다. 겉으로는 의문문이지만 부정이 숨어 있고 *on n'a jamais vu*라는 부정적 대답을 전제하고 있다. 마찬가지로 *n'a-t-on jamais vu*라는 질문은 *on a certainement vu*라는 대답을 전제로 한다. 또한 *avez-vous aucun de ceux...*라는 질문에 어떤 대답이나 가능한 것이 아니다. 만약 그렇다면 *aucun*이 아니라 *un*을 사용했을 것이다. 그리고 *si vous en parlez jamais*는 *on n'en parlera jamais*를 전제하고, *je vous défends d'en parler jamais*는 *vous n'en parlerez jamais*를 전제하고, *il est impossible d'en rien savoir*는 *on n'en saura certainement rien*을 전제하며 *je doute que personne le sache*는 또한 *personne ne le sait*를 전제하는 것이다. 바로 이러한 조건 하에서 *jamais, rien, personne*와 *aucun*이 이런 구문에 나타날 수 있는 것이고, 이들이 이런 구문에 나타나기 위해서는 *jamais*가 종종 꼭 필요하다. 왜냐하면 *jamais*는 이들과는 달리 긍정적 의미를 간직하고 있기 때문이다.[132)]

요약하자면, *jamais, rien, personne, aucun*과 *pas, point, plus*는 자체로는 긍정의 의

---

fois 대신에 사용됨) 등의 표현은 아직도 문어, 적어도 시어에는 나타날 수 있을 것이다. 마찬가지로 라신느(Racine)처럼 *aucun*을 *pas un*으로 바꿀 수 있는데, 이것은 전혀 부정의 의미가 없다.

Si j'en connais *pas un*, je veux etre étranglé.

산문에서라면 *si j'en connais un seul*이라고 말할 것인데, 많은 경우에 부정의 의미가 없는 *aucun*을 *un*이나 *un seul*로 바꾸는 것이 편리하다.

132) 이것과 관련이 있는 것은, *personne, rien, aucun*을 긍정적인 의미에서 *quelqu'un, quelque chose, quelque*로 바꿀 수 있지만, 반면에 *rien*으로 *jamais*를 대신할 수 없다는 사실이다. 따라서 위에서 인용한 문장에서 *jamais*가 사라지면, 다른 표현들도 긍정적인 단어로 대체될 것이다. 게다가 주절이 부정이면 종속절에서 *jamais*는 사라지지 않지만, 다른 단어들은 역시 긍정의 단어에게 자리를 양보하게 된다. 즉 *je vous défends d'en parler jamais à personne*가 *je ne vous défends pas d'en parler jamais* (ou *d'en parler à quelqu'un*)으로 바뀐다. 그렇지만 *je doute qu'il vienne jamais*는 *je ne doute pas qu'il ne vienne un jour*로 되고, *je partirai avant* (ou *sans*) *qu'il en sache rien*은 *je ne partirai pas avant* (ou *sans*) *qu'il en sache quelque chose* (ou *qu'il le sache*)로 되고, *je partirai sans voir personne* (ou *avant d'avoir rien obtenu*)는 *je ne partirai pas avant* (ou *je partirai, mais pas avant d'avoir vu quelqu'un* (ou *obtenu quelque chose*))가 된다.

미를 갖지만 부정어나 부정의 유사어와 함께 사용된다. 그 결과 이들이 부정어처럼 여겨지게 되었는데, 부정이 생략되는 일이 빈번하기 때문에 그렇다. 가끔은 부정을 생략하는 것이 어렵게 되기도 한다. 이제 이 문제의 새로운 측면을 살펴보자.

부정의 생략: 부정어 *rien*

예전에는 부정 의문문의 경우 *pas*나 *point* 앞에서 *ne*를 생략하는 것이 올바른 용법이었다. 즉 *ai-je pas raison?*의 예와 같다.[133)] 라퐁텐느(La Fontaine)의 다음과 같은 아름다운 문장을 보존할 권리가 아직 우리에게는 있다.

> Fit-il pas mieux que de se plaindre?

그렇지만 이런 용법은 이미 오래 전에 사라졌고, 단지 아주 격의 없이 말하는 *pas vrai?*와 같은 표현에 남아 있는데 여기에서 *ne*가 생략된 것이 아니라 *n'est-ce*가 생략된 것이다. 또한 *ne*를 사용하지 않고 의문문을 만드는 것은 운율을 맞추어야 하는 시에는 남아 있다! 반면에 대중들은 *pas, point, plus, jamais, rien, personne*를 진정한 부정어로 여기고 모든 동사 앞에서 *ne*를 생략하는 습관을 갖게 되었다. 즉 *je sais pas* (의문문에 나오는 *tu sais pas?*), *je l'ai pas vu, je l'ai dit à personne*의 예와 같다. 이것은 아주 빨리 말할 때 가끔 사용하는 어법이지만 어떤 경우라도 자제하는 것이 좋다. 또한 앞으로 오랜 세월 동안 이것이 올바른 어법으로 정립될 것 같지는 않다.

반면에 부정어 *ne*가 동사 앞에 오고 이것을 강화하거나 변경시키는 단어와는 떨어져 있어서, 동사가 생략되면 *ne*도 필연적으로 생략되게 된다. 특히 대답의 경우에 일반적으로 생략되는데, *pas*나 *plus*가 단독으로 사용되는 경우는 많지 않지만 *point*은 홀로 사용되는 경우가 많다. 즉 *pas du tout* (줄여서 *du tout*가 됨), *point du tout, plus du tout, pas beaucoup* (격의 없이 말할 경우 *guère*를 사용하는데 *pas*가 오지 않

133) 다른 단어들 앞에서는 생략할 수 없었는데, 그 이유는 의미가 달라지기 때문이었다.

는다), *pas trop, pas moins, pas autant que vous, pas un* (ou *plus un*), *pas grand'chose, pas même cela, pas tant que ça, pas encore, pourquoi pas? quand vous voudrez, mais pas aujourd'hui, jamais, personne, rien, rien du tout, rien de nouveau, aucun, nulle part* 등의 예가 있다.

반면에 이미 앞에서 나온 동사를 생략하는데, 인칭이 달라도 상관없다. 그리고 대답이 아니라도 된다. 즉 *ses amis étaient très fatigués, mais lui pas du tout ; il n'aime personne, pas même sa mère* (*non pas même*가 더 정확한 표현이다) *; il en demande deux, pourquoi pas trois? il avait tout à espérer et rien à craindre ; c'est le cas ou jamais ; vous êtes toujours léger et jamais sérieux ; je le sais mieux que personne*의 예와 같다. 또한 *les envieux mourront, mais l'envie, jamais*의 예와는 달리 몰리에르(Molière)는 다음과 같이 적었다.

Les envieux mourront, mais *non jamais* l'envie.

반면에 다소간 격의 없이 하는 말투에서 동사 *être*나 쉽게 추측할 수 있는 동사를 생략한다. 즉 *point d'argent, point de Suisse ; point d'affaire*의 예와, *d'argent, point, de meubles, pas davantage, de livres, pas un*의 예가 있다. 그리고 *eh quoi! pas un mot? pas de ça, s'il vous plaît*의 예와, *pas mal* (ou *pas trop mal*) *; je l'ai vu pas plus haut que ça ; plus d'amour, partant plus de joie ; jamais un regard, jamais un sourire ; personne ici, personne en bas ; rien de plus juste*의 예도 있다.

한 문장에서 분사나 형용사 앞에 *pas*나 *jamais*를 사용하는 것은 보다 친숙한 표현인데, 이런 경우 생략이 쉽지 않기 때문에 이런 표현을 피하는 것이 좋다. 물론 *des ouvrages toujours commencés, jamais finis* 같은 표현은 대립 때문에 올바르다고 여겨지는데, *une femme jamais prête*라는 표현은 이미 별로 올바른 표현은 아니고, 대화에서는 사용하더라도 글로 적어서는 안 된다. 물론 필요한 경우에는 *une femme pas trop mal faite*라고 말하거나 글로 적는데, 생략에 의한 것이고 보다 간단하게 말하기 위한 것이다. 물론 일반적으로 *point*을 사용하는데, *des enfants peu* (ou *point*) *dociles, les personnes peu* (ou *point*) *instruites ; elle était aimante, point jalouse et très* *dévouée*라고 말한다. 이러한 용법이 편리하다는 것을 쉽게 알 수 있다.[134] 그렇지만 *il m'a fait une réponse pas ordinaire*에서 *qui n'est pas*의 의미가 아니라면 *pas*를 *peu*로 바꾸는 것이 낫다. 물론 *peu*로 바꾼다고 더 길어지지도 않는다. 많은 경우에 *non*을 사용하는 것이 올바른데도 *pas*를 사용한다. 특히 동격구문에서는 *pas*가 더 나은 경우도 있다. 즉 *il était resté là, pas plus ému que si rien ne s'était passé*의 예와 같다. 그런데 *les soldats, pas équipés, attendaient*에서 *pas*의 효과는 별로 좋지 않고 *non* (ou *non encore*) *équipés*라고 쉽게 글로 적을 수 있으므로 *pas*를 사용하지 않는 것이 낫다. 물론 *point équipés*가 비록 정확성은 덜 하지만 보다 우아하다고 할 수 있다.[135]

그런데 *pas plus que moi vous n'avez fait ce qu'il fallait*라는 문장은 도치 때문에 잘 사용되는데, 이렇게 *pas*를 *ne* 앞에 사용하는 것은 친숙한 어법에 속하는 것이다.[136]

결국 생략된 것이 명백한 이런 경우에 이 단어들은 긍정의 의미를 지니며 부정의 의미를 별로 허용하지 않는다는 것을 알 수 있다. 그렇지만 첫째 항목은 긍정이며 두 번째 항목 앞에 부정을 생략할 수 없는 몇몇 대립의 경우, *pas*와 *jamais*에 부정의 의미가 꼭 필요하게 되기도 한다. 즉 이미 앞에서 보았던 *toujours commencé, jamais fini*의 예와 같다. 또한 *il me le faut joujours ou jamais* 혹은 *donnez-m'en peu ou point, beaucoup ou pas du tout, fort peu ou même pas du tout* 그리고 *mieux vaut rarement que pas du tout, mieux vaut tard que jamais*의 예가 있다. 또한 친숙한 표현

---

134) 우리는 이 경우 *point*이 *pas*보다 강하게 부정하는 것이 아니라는 것을 알 수 있는데 그냥 부정어 대신에 사용된 것이기 때문이다. 덧붙이자면 *point* 대신에 *nullement*를 사용할 수 있는데 이것은 *ne*가 없으면 잘 쓰이지 않고 부분적으로는 부정적 의미를 갖고 있다.

135) 그런데 앞의 항목에서 본 것처럼 대립을 표시하기 위하여 *non, non pas, mais non* 대신에 *pas, et pas, mais pas*를 사용하는 것은 매우 잘못된 것이다. 즉 *je le lui ai proposé mais pas imposé, je parle de lui et pas de vous*의 예는 올바르지 않다. 또한 *mais point imposé*라고 말할 수는 있으나, *et point de vous*라고 말할 수는 없는데 *point*이 이런 역할을 할 경우 형용사나 분사 앞에만 올 수 있기 때문이다. 아무튼 이런 표현을 피하는 것이 어렵지 않다면 이렇게 잘못 말하거나 특히 잘못 적는 것은 결코 올바르지 못한다.

136) 물론 *pas*의 정상적인 위치는 *ne* 다음이므로, *Les Romains n'avaient, pas plus que les Grecs, observé...* 혹은 *Les Romains, non plus que les Grecs, n'avaient observé...*라고 글로 적는 것이 낫다. 친숙하게 말할 경우에는 *pas plus tard qu'hier* (ou *que ce matin*)이라고 하는데 *hier même* (ou *ce matin même*)의 의미이다.

으로 *j'ai vu* **pas mal** *de choses*가 있는데, *pas mal*은 *beaucoup*와 같고 *ne*를 결코 허용하지 않는다.[137)]

그런데 상당히 많은 경우에 *rien*이라는 단어는 어쩔 수 없이 부정적 의미를 갖게 되었다. 즉 부알로(*Boileau*)의 다음 시구를 좋아하기보다는

La nuit à bien dormir et le jour à rien faire,

라퐁텐느(*La Fontaine*)의 다음 시구를 분명히 더 좋아할 것이다.

L'une à dormir et l'autre à *ne rien* faire,

왜냐하면 *rien faire*라고 말하는 것만큼 *ne rien faire*라고 말하는 것이 쉽기 때문이다. 또한 *il a beaucoup promis et rien fait*라고 반드시 말할 필요는 없는 것은 *et n'a rien fait*라고 말하는 것이 쉽기 때문이다. 그렇지만 *pas*와 *jamais*의 경우와 마찬가지로 동사를 반복할 수 없는 모든 대립의 경우에 부정의 의미가 강요되기도 한다. 즉 *il me faut tout ou rien, c'est tout ou rien*의 예가 있다. 그리고 앞의 *rien*이 부정이라면 다음의 *rien*은 결코 부정일 수 없는 구문인 *on n'a rien pour rien, on ne fait rien de rien* (ou *avec rien*), *on ne fait rien pour rien, il ne sait rien de rien, rien ne vient de rien* (이것은 *ex nihilo nihil*의 번역이다)의 예들이 있다.[138)]

그렇다고 부정의 의미를 덧붙이는 것이 불가능한 것은 아닌데, 그 예는 *créer le monde de rien, il s'en est fallu de rien* (ou *de presque rien*), *cela vaut mieux que rien,*

---

137) 물론 *une pas grand'chose*처럼 복합어로 된 표현도 있다. 반면에 *vous n'avez vu personne*라는 문장에 *je n'ai pas vu personne*라고 대답할 수는 없고, *je ne puis pas dire que je n'ai vu personne*라고 대답하거나 단지 *je vous demande pardon*이라고 대답해야 한다.

138) 또한 격의 없이 말할 때 *ce n'est pas rien*이라고 하는데 *c'est beaucoup*라는 의미이다. 그렇지만 *il ne gagne pas rien*이나 *je n'ai pas rien fait*에서도 *rien*을 *beaucoup*의 의미로 사용하는데 별로 권장할 만한 표현은 아니다. 대중들은 더 나아가서 *c'est pas rien* 혹은 *j'ai pas rien fait*라고 하는데 부정어가 두 번 생략된 것이다. 또한 대중들은 빈정거리면서 *il est rien bête*라고 말하기도 하는데, 이 경우 *rien*은 *beaucoup*의 의미이고 농담 삼아서 이런 의미로 *rien*을 가끔 사용한다.

그리고 *rien, c'est bien peu de chose, ce qu'il dit et rien, c'est tout un, donnez-m'en si peu que rien, pas plus gros que rien, moins que rien*과 *en moins de rien*과 같다. 우리는 *il en fait moins que personne*의 문장에서 *personne*가 긍정의 의미를 갖는다면, *il a fait moins que rien*에서 *rien*은 부정의 의미를 가질 수밖에 없다는 것을 잘 알고 있다.

마찬가지로 *seulement*의 의미로 *ne* 없이 *que*를 사용하는 것이 (il a fait que ça) 아주 잘못된 것이긴 하지만 *rien que cela, rien que d'y penser, rien qu'à voir ce qui se passe*의 경우 *ne*가 들어갈 자리가 없다는 것은 분명하다. 이런 예는 물론 친숙한 표현에서 사용하는 것인데 그렇다고 틀렸다고 볼 수는 없다. 그런데 *rien que*를 *seulement*으로 바꾸는 것이 좋은데 예를 들면 *d'y penser seulement*처럼 하는 것이다.[139]

반면에 반드시 긍정의 형태를 취하지만 동사 앞에 *ne*를 사용하게 되면 다른 효과를 내는 문장들이 있다. 즉 *je ne compte sur rien*이라고 말하는 것은 자연스러운데 실제로 부정하는 것이기 때문이다. 그런데 *je compte ceci pour rien, je considère ceci comme rien*이라고 말해도 역시 자연스러운 것은 긍정의 의미이기 때문이다. 이것은 *je l'ai eu pour rien* (ou *pour moins que rien*), *je suis venu pour rien* (이것은 *je ne suis pas venu pour rien*의 반대이다)의 경우와 마찬가지이다. 그러므로 *faire semblant de rien*이 올바른 용법으로 되는 경향이 있는데, 이미 오래전부터 *compter pour rien*이 올바른 용법으로 변한 것과 같다. 그런데 *je ne le compte plus pour rien*은 어색한 문장인데 의미가 두 개이기 때문이다. 즉 *désormais je le compte pour rien*과 *j'ai cessé de le compter pour rien*의 의미가 가능하다.

또한 *ne*가 의미를 왜곡하는 특성이 있다고 말할 수 있다. *Cela ne vient de rien*이나 *cela ne se réduit à rien*의 의미는 <il n'y a aucune chose d'où cela vienne> 혹은 <il n'y a aucune chose à quoi cela se réduise>이다. 우리가 *les choses viennent de rien*이나 *les choses retourneront à rien, cela se réduit à rien*이라고 말할 때에는 의미가 보다 강하고 두드러지는 것이 확실하지 않는가?

---

139) 대중들은 *il a fait que ça, j'ai rien fait*라고 말하고 또한 *j'ai rien que ça*라고 말하기도 하는데 여기에 *ne*를 덧붙이는 것은 어렵지 않다. 그것은 *ne*를 반드시 덧붙여야 한다는 것과 같고, 반면에 *rien*은 전혀 그렇지 않다.

보다 좋은 예는 *il **ne** se fâche de **rien***과 *il se fâche de **rien***인데 그 의미가 정반대이다. 왜냐하면 뒤의 문장의 의미는 *il se fâche de tout*이기 때문이다. 그 이유는 *rien*이 *très peu de chose*를 의미하고, *se fâcher de rien*은 <se fâcher *même* de très peu de chose>이기 때문이다. 이러한 *rien*의 특별한 의미는 과장하여 말할 때 많이 사용되는데, *on a acheté un objet pour rien*이나 *on vit de rien*의 예와 같다. 이것은 명사 다음에 나오는 *de rien*의 의미이기도 하다. 즉 *un homme de rien, une petite table de rien du tout*의 예에서 *de rien*이 <de très mince valeur>의 의미이다. 또한 *rien*이 이런 의미로 명사가 되기도 한다. 즉 *ce rien qu'on appelle renommée ; c'est un rien, un beau rien du tout ; il se fâche d'un rien* (ou *pour un rien*) *; il suffirait d'un rien ; il ne dit que des riens ; un rien du tout de quelque chose*의 예와 같다.

이와 같이 *rien*이 부정의 의미로 사용되는 예는 아주 많다는 것을 알 수 있다. 그런데 이 모든 경우에 특별한 필연성 때문에 부정의 의미를 갖는다는 것을 역시 알 수 있다. 즉 부정의 의미가 필요하지 않은 경우에는 부정의 의미를 갖지 않고 오히려 긍정의 의미를 갖는다. 말하자면 긍정의 의미가 이 단어의 유일한 고유 의미인데, *jamais*나 *personne*가 원래 긍정의 의미를 갖는 것과 마찬가지이다. 그러므로 *rien*의 경우 부정의 의미를 가지려면 부정어가 원칙상 나와야 한다. 즉 의미적으로 부정어를 사용하는 것이 불가능하지 않다면 부정어를 반드시 사용해야 한다.

부정의 등위: *ne*와 *ni*의 경우

부정문이 앞에 나오고 다음에 긍정문을 등위시켜야 하는 경우가 있다. 이 경우 같은 동사를 사용하더라도 긍정문에 동사가 나와야 한다. 부득이한 경우 *mais*를 사용하여 *il n'est pas plus sûr, mais moins dangereux de...*라고 말할 수 있지만, *mais il est moins dangereux*라고 말하는 것이 낫다. 그렇지만 *il n'est guère moins odieux et beaucoup plus ridicule*이라고 말하는 것은 아주 틀린 것이다.[140)]

140) *Vous n'auriez pas dû lui répondre et vous en aller*는 터무니 없는 문장이고 말하고자 하는 것과 정반대의 의미로 받아들여질 것이다. 왜냐하면 부정이 두 개의 동사원형에 모두 걸리기 때문이

반면에 프랑스어에서는 ***et ne pas***를 사용하여 부정문에 긍정문을 완벽하게 등위시킬 수 있다. 즉 *je suis allé le voir* ***et*** *(je)* ***ne*** *l'ai* ***pas*** *trouvé*의 예와 같다.

두 개의 부정문을 등위시키려면 일반적으로 *ni*를 사용하는데 *ne*도 역시 나온다.

이와 같이 *ne*를 *ni*와 함께 사용하는 것은 (이것은 *et ne pas*와 같다), 예전에는 잘 사용하던 *pas*와 *point*을 전혀 사용할 수 없는 또 다른 경우이다. 이 경우 *ne*가 *ni*의 앞이건 뒤건 홀로 사용되는 경우가 많은데, *ni*는 그 자체로도 부정의 의미를 갖는다.

원칙상 *ni*는 주어, 속사, 보어 등 부정하고자 하는 항목들 앞에 매번 반복되고, *ne*는 동사 앞에 놓인다. 그렇지만 정상적인 부정어를 우선 사용함으로써 *ni*를 절약할 수 있는데, 특히 *ni même* 앞에서 그렇다. 즉 *il* ***n'a pas*** *d'amis,* ***ni*** *(même) de camarades ; ce* ***n'****est* ***pas*** *un ennemi,* ***ni*** *(même) un étranger ;* ***n'****essayez* ***pas*** *de me convaincre,* ***ni*** *de m'enrôler dans votre parti*의 예와 같다. 이제는 더 이상 *ce n'est pas ni un ennemi..., n'essayez pas ni de me convaincre*라는 식으로는 말하지 않는다. 그렇지만 부정하는 두 항목이 짧을 경우 일반적으로 *ni*를 반복하는데, *ne*는 그 앞이나 뒤에 올 수 있다. 즉 ***ni*** *l'histoire,* ***ni*** *la géographie,* ***ni*** *les sciences* ***ne*** *doivent être ignorées ; ils* ***ne*** *sont venus* ***ni*** *l'un* ***ni*** *l'autre ; il* ***n'****a* ***ni*** *amis* ***ni*** *camarades ; il* ***n'****a* ***ni*** *vu* ***ni*** *entendu ; il* ***n'****est* ***ni*** *bon,* ***ni*** *juste,* ***ni*** *sincère ; il* ***ne*** *faut parler* ***ni*** *de politique,* ***ni*** *de religion,* ***ni*** *de philosophie ; je* ***ne*** *veux* ***ni*** *lui parler,* ***ni*** *même le voir,* ***ni*** *qu'il me parle,* ***ni*** *qu'il me voie ;* ***ni*** *aller chez lui,* ***ni*** *qu'il vienne chez moi ; vous ne le verrez* ***ni*** *aujourd'hui* ***ni*** *demain,* ***ni*** *si vous l'attendez,* ***ni*** *si vous allez chez lui ; je* ***n'****ai fait cela* ***ni*** *pour vous désobliger,* ***ni*** *parce que je n'y attachais pas d'importance*의 예와 같다.[141)]

그렇지만 본동사가 반드시 긍정이어야 하는 경우가 있는데, 이 경우 *ni*가 보어 앞

다. 따라서 앞의 동사원형에만 부정이 걸리게 하려면 부정의 위치를 바꾸어서 *vous auriez dû ne pas lui répondre et vous en aller*라고 해야 한다.

141) 문어, 특히 시어에서는 속사의 경우, 혹은 관사가 안 붙은 명사의 경우 마지막 항목에만 *ni*를 붙인다. 즉 *je ne suis sergent ni capitaine, il n'est injuste ni méchant, il ne connaît parents ni amis*와, *père, mère, ni enfants n'en obtiendront davantage*의 예와 같다. 또한 시에서는 *je ne veux l'un ni l'autre*라고 하고, 연설문에서는 *l'histoire, la philosophie ni les sciences ne doivent être ignorées*라는 표현을 사용한다.

에 항상 나오는 것은 아니다. 즉 *je ne vous promets ni de lui parler ni* (ou *ni même*) *de le voir*라는 문장을 *je vous promets de ne pas lui parler et de ne pas* (ou *de ne pas même*) *le voir*라고 말할 수는 있는데, *je vous promets de ne pas lui parler ni* (ou *ni même*) *de le voir*라고 말하는 것은 잘못된 것이다.

그런데 *ne*와 함께 (*pas* 대신에) *plus, jamais, personne, rien*을 사용한다고 해서 그 다음에 *ni*를 사용할 수 없는 것은 아니다. 즉 *je n'ai plus vu* (ou *je n'ai jamais vu*) *son père* ***ni*** *sa mère* (ou ***ni*** *son père* ***ni*** *sa mère*), *je n'ai confié à personne* (ou *à aucun d'eux*) (***ni***) *le soin de ma réputation* ***ni*** *le souci de mes intérêts, je ne connais rien de plus beau* ***ni*** *de plus rare* (강조하고 싶을 경우에는 *ni de plus beau ni de plus rare*라고 한다)의 예와 같다. 그렇지만 *je vous promets de ne rien dire ni rien faire qui...*의 경우 *ni*를 한 번만 사용해야 하고, *ni de ne rien faire*라고 하는 것은 잘못된 것이고 오히려 *et de ne rien faire*라고 하는 것이 낫다.

그렇지만 명사 앞에 부분의 의미를 가진 *de*가 나올 때 앞의 *ni*를 삭제하고 *pas*를 사용한다. 즉 *je ne lui ai pas donné d'argent ni de provisions*의 예와 같은데, *de*를 생략하여 *je ne lui ai donné ni argent ni provisions*이라고 말하는 것이 낫다.

부정이 동사 자체에 걸릴 경우 용법이 보다 미묘하다. 그렇지만 먼저 일반적인 부정문을 *et*로 항상 등위시킬 수 있다. 즉 *je ne veux pas* ***et*** (*je*) ***ne*** *dois pas le faire ; je ne l'aime pas, je ne l'estime pas* ***et*** (*je*) ***ne*** *m'occuperai* ***pas*** *de lui*의 예와 같다. 또한 앞 문장은 그대로 두고 다른 문장 앞에는 *ni*를 사용하는데 *ne*는 사용하지만 *pas*는 생략한다. 즉 *je ne l'aime pas, ni ne l'estime* (***ni ne*** *m'occuperai de lui*)의 예와 같다. 앞 문장에서도 *pas*를 생략하는 경우가 많은데, *je* ***ne*** *l'aime* ***ni ne*** *l'estime, je* ***ne*** *veux,* ***ni ne*** *dois,* ***ni ne*** *puis*의 예와 같다. 또한 앞 문장에도 *ni*를 사용하여, ***ni*** *je* ***ne*** *l'aime,* ***ni*** *je* ***ne*** *l'estime* (***ni*** *je* ***ne*** *m'occuperai de lui*)라고 한다. 그런데 이 경우 주어를 반복하고 *ni*는 항상 문두에 온다. 그리고 *son père ni ne l'aime ni ne l'estime*라고 하지 않고 *son père* ***ne*** *l'aime* ***ni ne*** *l'estime*라고 하는데, 첫 문장에 *ni*를 사용하는 것은 특히 주어가 다른 경우에 적합하다. 즉 ***ni*** *la garnison* ***ne*** *se rendra,* ***ni*** *la ville* ***ne*** *sera prise*의 예와 같다.

종속절이 *ni*로 등위되었을 때 주절에 보어들이 종속되는 방식은 보어의 종류에 상관없이 그 보어가 종속되는 방식과 같다. 그런데 이때 종속절이 충분히 짧아야만 한다. 그렇지 않으면 주절에 *pas*를 사용하고 첫 문장에서는 *ni*를 생략한다. 즉 ***n'espérez pas*** *que je me rende à vos arguments* ***ni*** *que je renonce aux avantages que je possède*의 예와 같다. 여기에서 상황에 따라 그 용법이 다른데, 두 번째로 나오는 *ni*를 *et*나 *ou*로 바꿀 수 있다. 즉 *il* ***n'est rien*** *que je préfère* ***et*** *que je ménage comme...,* ***n'espérez pas*** *que j'aille le voir* ***ou*** *que je le reçoive*의 예와 같다.

종속절이 부정문인 경우에는 주절의 경우처럼 문장을 만드는데, 주어가 같고 문장이 짧으면 *ne*와 *ni ne*를 사용한다. 즉 *quand vous* ***ne*** *boirez* ***ni ne*** *mangerez, si vous* ***ne*** *sortez* ***ni ne*** *marchez*의 예와 같다. 그렇지만 *et*로 연결하고 정상적인 부정을 유지하는 것이 가장 흔하다. 즉 *si vous n'allez pas lui rendre visite* ***et*** *si vous* ***ne*** *faites* ***aucun*** *effort pour..., si vous n'aviez pas écrit et qu'on* ***ne*** *vous eût* ***pas*** *répondu, quand on n'est pas charitable et qu'on* ***ne*** *fait* ***rien*** *pour aider les autres*의 예와 같다.

우리는 *ni* 곁에 부정의 *ne*가 언제나 있어야 한다는 사실을 알고 있다. 그렇지만 부정의 *ne*가 없이 *ou* 대신에 *ni*를 한번, 혹은 반복하여 사용하는 것이 우아한 경우가 있는데, 그것은 주절에서 표현하는 내용에 부정이 암묵적으로 들어가 있을 때이다. 즉 *il est impossible que* ***ni*** *lui* ***ni*** *son frère puissent y réussir, j'ai bien de la peine à croire qu'il veuille vous voir* ***ni*** *vous écrire, je désespère d'y arriver* (***ni***) *par force* ***ni*** *par adresse, peut-on voir quelque chose de plus beau* ***ni*** *de plus rare?*의 예와 같다. 그렇지만 이것은 특히 문어에 속하는 용법이다.[142)]

덧붙이자면 먼저 *sans*이 나온 다음에 *ni*가 *et sans*을 대신할 수 있는데, 그때 등위된 단어 사이에 자연스런 관계가 있어야 한다는 조건이 있다. 즉 *sans argent* ***et sans*** *provisions, sans argent* ***ni*** *provisions* (그렇지만 *sans argent ni sans provisions*은 안 된다), *sans paix* ***ni*** *trêve, sans boire* ***ni*** *manger, sans qu'il boive* ***ni ne*** *mange*의 예와 같다. 그렇지만 *sans effort* ***et sans*** *bruit, vivre sans femme* ***et sans*** *procès*의 경우 개념

---

142) 시인이라면 라퐁텐느(La Fontaine)처럼 다음과 같이 적을 수도 있다.

Patience et longueur de temps
Font plus que force *ni* que rage,

왜냐하면 이것을 *plus que ne fait la force ni la rage*처럼 이해해야 하기 때문이다.

상의 차이 때문에 *ni*를 사용하지 않는다.

당연한 것이지만, 생략의 경우 *ne* 없이 *ni*를 반복할 수 있는데 대답으로 사용되건 아니건 이 단어가 잘 사용된다. 즉 *Sont-ils venus ?*라는 질문에 ***Ni** l'un **ni** l'autre*라고 대답하고, *Comment trouvez-vous cela ?*의 질문에 ***Ni** bon **ni** mauvais*라고 대답한다. 또한 *il a fait ce qu'il a pu, **ni** plus **ni** moins ; c'est un homme comme les autres, **ni** meilleur **ni** pire*의 예도 있다. 또한 *je **ne** l'aime **ni** plus ni moins qu'un autre*와 *je l'aime, ni plus ni moins que* (tout comme) *s'il le méritait*를 정확하게 구별해야 한다.[143)]

허사로서의 부정: 허사 혹은 췌언으로 사용된 *ne*

그런데 *ne*가 정말로 부정의 의미로 사용된 경우와는 별개로, 아주 정확한 프랑스어의 경우에도 실제로 부정이 없고 이 *ne*를 생략할 수 있는 많은 경우에 이것을 사용한다. 오늘날에는 불필요한 이것이 왜 있느냐 하는 것은 역사적으로 설명이 가능하다. 우선 라틴어의 *ne*나 *quin*을 해석해야 하지 않을까 하는 근심, 말하는 사람의 생각 속에 있는 의구심이나 반감을 나타내고, 또한 대립을 보다 강하게 표시하고자 하는 염려라는 측면에서 설명할 수 있다. 이런 모든 경우에 이 *ne*가 문학적 용법에서는 인정하고 있지만 일반 용법에서는 점점 덜 사용하는 하나의 소사가 아니고, 어떤 관점에서는 확고히 유지되고 있는 요소라고 여길 수 있다. 따라서 많은 사람들은 글을 쓸 때 우아함을 드러낸다는 핑계로 이것을 많이 사용하는데 그릇되게 사용하기도 한다.

Craindre, avoir peur, trembler, redouter, appréhender와 이 동사들과 유사한 표현 다음에 종속절의 동사 앞에 의구심을 나타내는 *ne*를 넣는데 주절은 긍정문이어야 한다. 즉 *je crains, j'ai peur qu'il **ne** vienne*의 예와 같다. 이 *ne*가 부정의 의미

143) 그런데 *je me propose ni plus ni moins que de...*라고 말하는 것은 올바르지 않은데, *ni plus ni moins*이 *je me propose*에 직접 걸리기 때문이다. 여기에서 덧붙이고 싶은 것은 디아푸아리스(Diafoirus)를 인용하여 농담 삼아 *ne plus ne moins que la statue de Memnon*이라고 아직도 말하는 경우가 있는데, 그 이유는 *ne*가 *ni*의 옛날 형태이기 때문이다.

는 별로 없고 또한 별로 필요한 것이 아니므로 정반대의 의미에서도 역시 사용하여, *je crains qu'il* **ne** *vienne* ***pas, point, plus*** *ou* ***jamais,*** *qu'il* **ne** *fasse* **rien** (ou *qu'il* **ne** *voie* ***personne,*** *qu'il* **n'***obtienne* **aucun** *succès, qu'il* **ne** *vienne* **que** *demain*)의 예와 같이 사용된다.[144)]

반면에 주절이 부정문이거나 의문문인 경우 *ne*를 생략하는데, 이때 *ne*의 출현을 설명해주는 부정적 바람(le désir négatif)이 거부되었기 때문이다. 즉 *je ne crains pas* (ou *je crains peu, je crains moins*) *qu'il vienne, n'avez-vous pas peur qu'il vienne?*의 예와 같다. 그런데 단순의문문에서는 *ne*를 유지해서 *avez-vous peur qu'il ne vienne?* 라고 한다. 그렇지만 두려움이 근거 없다는 것을 강조하고자 하는 경우에는 부정문과 마찬가지로 *ne*를 생략한다. 즉 *comment pouvez-vous craindre qu'il vienne?*의 예와 같다.

또한 *de peur qu'il ne vienne, la crainte que j'ai qu'il ne vienne*의 예에서와 같이 상황이 변하기 전까지는 *ne*를 사용하는 것이 보다 정확하다.[145)]

Empêcher, éviter, prendre garde의 용법도 거의 같다. 즉 주절이 긍정문일 때 *ne*를 사용하는 것이 보다 정확하다. 즉 *j'empêcherai bien qu'il* **ne** *sorte, évitez qu'il* **ne** *vienne, prenez garde qu'il* **ne** *tombe, puis-je empêcher* (ou *éviter*) *qu'il* **ne** *vienne?*의 예와 같다. 반대로 주절이 부정문일 때 *je ne puis empêcher* (ou *éviter*) *qu'il vienne, ne pouvez-vous empêcher* (ou *éviter*) *qu'il vienne? comment pourrai-je empêcher qu'il vienne?*의 예와 같다. 또한 단호하게 말할 경우 *cela n'empêche pas qu'il est venu* 라고 한다. 게다가 *empêcher*는 *de*와 동사원형과 함께 사용되는 경우가 매우 많은데, 이 동사의 보어가 다음에 나오는 동사원형의 주어 역할을 하기 때문이다. 즉 *je l'empêcherai bien de sortir*의 예와 같다.[146)]

---

144) 이제는 더 이상 *je crains qu'il vienne jamais, qu'il fasse rien de mal*이라고 말하지 않고, *je crains qu'il ne vienne un jour* (ou *qu'il ne fasse quelque mal*)이라고 말한다.

145) 단지 *avoir peur*만을 사용하는 일반대중들은 결코 *ne*를 사용하지 않는다. 그렇지만 *j'ai peur qu'il vienne*는 그렇게 정확하다고 여겨지지 않는데 특히 문어에서 그렇다.

146) 정반대의 의미로 *j'empêcherai qu'il ne vienne pas*와 같은 문장을 사용할 기회는 그리 많지 않다. 그렇지만 말을 하거나 적어도 글로 적을 때에는 *ne*를 생략하여 *j'empêcherai qu'il sorte jamais* (ou *qu'il fasse rien de ce qu'il a projeté*)라고 하는데, 이 경우 *jamais, rien, aucun, personne*의 사용은

반면에 대중들은 거의 언제나 *prends garde qu'il ne tombe pas*라고 말하는데 이것은 *fais attention afin qu'il ne tombe pas*를 의미한다. 또한 *prends garde de ne pas tomber*라고도 말한다. 이런 표현이 그 자체로는 틀린 것이 아니지만, 분명히 모호한 문장이기 때문에 틀린 것으로 간주된다. 그러므로 올바른 표현은 *prends garde qu'il ne tombe, prends garde de tomber*이고, 이것은 *gardez-vous de croire*라고 말하는 것과 마찬가지이다.[147)]

아주 흥미로운 사실은 *empêcher*와는 다르게 ***défendre***의 경우 17세기부터 *ne* 없이 항상 사용되었다는 것이다. 아마도 이 단어가 단언적인 의미가 강해서 모든 부정의 개념을 이 동사가 독점해버렸기 때문인 것 같다.

동사 ***douter***의 올바른 구문은 *craindre*나 *empêcher*와는 정반대이다. 즉 *je doute qu'il vienne, doutez-vous qu'il vienne? je ne doute pas qu'il ne vienne*의 예와 같다. 그렇지만 *je ne doute pas qu'il vienne*라는 구문이 벌써 널리 사용되고 있다.[148)]

부정의 개념을 표시하는 동사들, 즉 ***nier, contester, disconvenir, désespérer***의 경우 주절이 부정문이라도 *ne*를 사용하지 않는 것이 일반적이다. 즉 *je nie qu'il soit venu, niez-vous, je ne nie pas qu'il soit venu*의 예와, *je désespère, désespérez-vous, je ne désespère pas qu'il réussisse*의 예와 같다. 그렇지만 주절이 부정문이고 말하는 사람의 생각에 의구심이 있을 때 종속절에 *ne*를 사용하는 것이 보다 정확하고 적어도 보다 우아하다. 즉 *je ne désespère pas, je ne disconviens pas, je ne conteste pas qu'il ne réussisse* (ou *qu'il ne puisse réussir*) (*mais je n'en sais rien*)의 예와 같다. 반면에 *je ne nie pas que la terre soit ronde, je ne conteste pas que l'eau bouille à cent degrés, je ne disconviens pas qu'il fasse* (et aussi *qu'il fait*) *froid aujourd'hui*라고 한다.[149)]

또한 ***il ne tient pas à***의 경우 *ne*를 사용하는 것이 보다 정확하다. 즉 *il ne tiendra*

말하는 사람의 생각 속에 있는 부정적인 개념 때문에 정당하다고 할 수 있다.

147) 당연한 말이지만, *prendre garde*가 같은 의미를 갖게 되면 *remarquer*와 용법이 같다. 즉 *prenez bien garde que je n'ai rien dit de pareil*의 예와 같다. 예전에 사용하던 *gardez que... ne...*라는 표현은 시어나 웅변조의 언어에서만 사용되고 있다.

148) 물론 단언하는 성격의 직설법의 경우 부정 소사 *ne*가 나오지 않는다. 즉 *on ne saurait douter que les choses se sont passées ainsi*의 예와 같다.

149) 여기에서 주목할 것은 *disconvenir*는 긍정문에서는 사용하지 않는다는 것이다.

pas à moi qu'il **ne** *réussisse* (ou *qu'il* **n'***échoue*)의 의미는 <non seulement je ne ferai rien pour l'empêcher, mais je ferai tout mon possible pour l'obtenir, et s'il *ne réussit pas,* ou s'il *n'échoue pas,* ce ne sera pas ma faute>이다. 그렇지만 *il ne tiendra pas à moi qu'il* **n'***y aille* **pas**라고도 할 수 있는데 이것의 의미는 반대로 <je ferai tout ce que je pourrai pour l'en empêcher>이다.

그리고 ***à quoi tient-il*** 다음에도 모호함이 없다면 *ne*를 사용하는 것이 우아한데, *à quoi tient-il que cela* **ne** *se fasse*라는 문장은 *de quoi dépend-il que cela ne se fait pas*와 *de quoi dépend-il que cela se fasse*라는 의미가 모두 가능하다는 것을 인정해야 한다. 그러므로 모호함이 생기는데, 따라서 *à quoi tient-il que cela se fasse?*라고 하는 것이 더 낫다. 그리고 *s'il ne tenait qu'à moi que cela se fît* (ou *fasse*)에서는 *ne*가 나오지 않는데, 이것은 부정의 의미가 없이 *s'il tenait à moi seul*의 의미이기 때문이다.

반면에 *il a tenu à bien peu de chose qu'il* **ne** *fût vainqueur*에서는 *ne*가 사용되는데, *peu*는 부정이라고 여겨지기 때문이다. 따라서 *peu s'en est fallu* (ou *il s'en est fallu de peu ou de beaucoup*) *qu'il* **ne** *fût vainqueur*라고 하는데, *il s'en est fallu de beaucoup, combien s'en est-il fallu, tant il s'en est fallu qu'il fût vainqueur*와는 다르다.

우등비교나 열등비교 다음에 **(après un comparatif d'inéglité)** (*plus, moins, meilleur, mieux, autre*와 *autrement*), 종속절에 *ne*를 넣는데 앞의 예들보다는 더 규칙적이다. 즉 *il est plus* (ou *moins*) *grand que vous* **ne** *pensez,*[150] *vous écrivez mieux que vous* **ne** *parlez, vous n'écrivez pas mieux que vous* **ne** *parlez* (즉 *vous ne parlez ni n'écrivez bien*의 의미이다), *écrivez-vous mieux, ne pouvez-vous écrire mieux, si vous écrivez mieux que vous ne parlez*의 예가 있다. 또한 다음의 예도 있다.

On se voit d'un *autre* oeil qu'on ne voit son prochain

150) 예전에는 *plus que vous ne pensez pas*라고도 말하고, *vous allez mieux que non pas votre frère*처럼 제대로 된 부정을 사용하기도 했는데, 이것은 어떤 것이 다른 것과 다르다는 것을 보다 분명하게 나타내기 위해서이다. 우리가 사용하는 *ne*는 이런 부정의 잔재일 따름이고, 이것의 부정적 성격은 오늘날에는 더 이상 드러나지 않는다.

또한 *il parle* (ou *il ne parle pas*) *autrement qu'il* ***ne*** *pense*의 예도 있다.

작가들이 사용하는 *ne*의 이런 용법이 한결같지는 않기 때문에 문법학자들은 이에 대한 구별을 하려고 애를 썼다. 즉 부정문이나 의문문 다음에는 *ne*를 사용하지 못하게 하고 그 이외에는 허용하는 것이다. 그러나 이런 구별이 너무 미묘해서 용법이 확립되지 못했다. 그렇지만 *vous n'écrivez pas mieux que vous* ***ne*** *parlez*가 우리가 말한 의미를 가지므로, 만일 한 연사에게 말을 잘 한다고 하려면 *vous n'écrivez pas mieux que vous parlez*라고 말함으로써 구별을 할 수 있을 것 같다. 그런데 사실 이런 구문은 이상하고 모호해질 여지가 많다. 즉 문법학자들이 말하는 이 문장의 의미는 단지 이론적인 것이고, 오히려 생각을 분명하게 표현하려면 차라리 *vous parlez aussi bien que vous écrivez*라고 말하는 것이 보다 더 나을 것이다.

그렇다고 *ne*를 생략한다고 해서 전혀 거슬리지 않다는 것은 아니다. 한림원(Académie)에서는 *personne* ***n'****est* ***plus*** *votre serviteur que je le suis, il* ***n'****agit pas autrement qu'il parle*를 권고하지만 이것은 오히려 문어에 속한다. 구어는 물론이고 문어에서도 *ne*를 덧붙일 텐데 그래도 의미적 차이는 전혀 없다. 또한 작가들에게서 (*que vous ne l'êtes*라고 하는 것이 좋은데) *que vous n'êtes*가 아니라 *que vous l'êtes*라고 하는 것을 자주 보게 된다. *Croyez-vous qu'un homme puisse être plus heureux que vous l'êtes depuis trois mois*라는 문장을 루소(Rousseau)가 말했고, 볼테르(Voltaire)는 *Quel mortel fut jamais plus heureux que vous l'êtes?*라고 말했다. 또한 라브뤼에르(La Bruyère)는 *L'on ne peut être plus content de sa personne qu'il l'est de lui-même*라고 말했다. 이 예들은 변하지 않는 실제 사실을 단언한다는 점에서 정당화되는데, 아마 귀에 들리는 발음과 운율의 문제일 수도 있다. 반면에 이 구문들이 일상적 용법을 어기고 있는 것이 오히려 다행이라고 여길 수도 있겠는데, 반면에 일상적 용법 자체는 분명하다.[151)]

---

151) 따라서 생략에 의하여 *il est plus heureux que personne* (ou *plus heureux que jamais*)라고 말하는데 이 단어들에는 부정적 의미가 숨어 있다고 여길 수 있다. 반면에 *ce spectacle étonnait plutôt que charmait les auditeurs*에는 *ne*를 사용할 수 없다는 것은 분명하다. 분사나 부정법과 함께 사용하면 훌륭한 이런 표현은 (즉 *étonné plutôt que charmé*의 예와 같다), 인칭 변화하는 동사의 경우 별로 좋은 구문은 아니다. 따라서 *étonnait les auditeurs plutôt qu'il ne les charmait*라고 말하는 것이 보다 정확한 표현이다.

결론적으로 말해서, 원하기만 하면 *ne*를 생략할 수 있지만, 단지 부정문과 의문문에서만 생략하는 것이 좋은 것은 의미상으로 이런 생략이 정당화되기 때문이다. 그렇다고 해서 이런 용법이 논리에 좌우된다는 의미는 아니다. 물론 어원적으로 정당화되기는 한다. 그런데 논리적이지는 않으면서도 아주 정확한 어법들이 존재한다. 오늘날의 몇몇 작가들은 이것에 반기를 들었는데, 나중에 이들이 옳았다고 평가하게 될 수도 있을 것이다. 그렇지만 현재로서는 가장 일반적인 용법과는 모순되는 것이다.

물론 *moins*에 의한 열등비교와 관련되는 것이 ***à moins que***이다.

Car que faire en un gîte *à moins que* l'on ne songe*?*

오늘날의 몇몇 작가들이 원치 않더라도 이 경우 *ne*가 사용된다. 물론 *ne*가 *à moins que*와 아주 가까이 있어야 하고 그렇지 않으면 표현이 이상해진다. 즉 *à moins qu'il **n'**y soit seul intéressé* 이외에도 *à moins que lui seul y soit intéressé*라고 말할 수 있다. *A moins qu'il **ne** vienne **pas*** (ou ***jamais***)*, à moins qu'il **ne** fasse **rien***은 물론 정반대의 의미를 가진다.[152)]

가끔은 ***sans que*** 다음에도 *ne*를 넣는데, 주절이 긍정문이면 아주 잘못된 것이다. 즉 *je le ferai bien sans que vous me le disiez*의 예가 옳다. 주절이 부정문일 경우 몇몇 작가들은 이유는 알 수 없지만 *ne*를 사용한다. 이 경우에도 반드시 사용할 필요까지는 없다. 즉 *je ne sortirai pas sans qu'il m'ait vu*의 예와 같다.[153)]

당연한 말이지만 *sans*에 들어 있는 부정의 개념이 종속절에서 *rien, aucun, jamais, personne*가 나오는 것을 정당화한다. 즉 *sans qu'il le dise à personne, sans le dire à personne, sans qu'il ait rien fait, sans avoir rien fait*의 예와 같다.[154)]

---

152) 이제는 더 이상 *à moins qu'il vienne jamais* (ou *qu'il fasse rien*)이라고 말하지 않고, *à moins qu'il ne vienne un jour* (ou *qu'il ne fasse quelque chose*)라고 말한다.

153) 이렇게 *ne*를 사용하는 것은 *je ne sortirai pas qu'il ne m'ait vu*라는 올바른 표현과 연관이 있을 수 있다. 그렇지만 *qu'il ne m'ait vu*는 *sans qu'il ne m'ait vu*가 아니다. 앞의 본문 368쪽을 참조하기 바란다.

154) 그러므로 *faute d'avor rien fait, faute d'avoir vu personne*라고 말할 수 있는데, *faute de*는 부정

반면에 ***avant que*** 다음에 *ne*를 사용하는 것이 필요하지는 않지만 적어도 올바르다. 왜냐하면 *avant*에는 *sans*과 같은 부정의 개념이 분명하지는 않기 때문이다. 즉 *je sortirai* (ou *je ne sortirai pas*) *avant qu'il vienne* (ou *qu'il* ***ne*** *vienne*)의 예와 같다. 그렇지만 *je le verrai avant qu'il ait parlé à personne* (ou *avant qu'il ait rien fait*)에서는 *ne*를 사용하지 않는데, 여기에 *ne*를 사용하면 의미가 달라지기 때문이다.[155)]

7. 전치사에 관한 보충설명[156)]

단음절 전치사는 각 보어 앞에서 자주 반복되는데 ***à***, ***de***와 ***en***이 반복되지 않는 경우는 아주 드물다. 즉 *plein* ***de*** *zèle et* ***d'****ardeur, enclin* ***à*** *la gourmandise et* ***à*** *la paresse, savant* ***en*** *histoire et* ***en*** *géographie, il aime* ***à*** *rire et* ***à*** *chanter, il refuse* ***d'****étudier et* ***de*** *travailler*의 예와 같다. 또한 *excepté*와 *sauf* 다음에도 이들을 거의 반복하는 것이 필요하다. 즉 *on s'accoutume* ***à*** *tout excepté* (ou *sauf*) ***à****..., on se lasse* ***de*** *tout, excepté* ***de*** *comprendre, il est savant* ***en*** *tout, excepté* (ou *sauf*) ***en*** *histoire*의 예와 같다. 그렇지만 *de*와 *à*는 의미가 유사하거나 동시에 일어나는 행위를 표시할 때 반복되지 않을 수 있다. 즉 *il es utile d'écraser et broyer avec soin*의 예와 같다. 그러므로 일종의 굳어진 표

의 의미를 갖는다. 따라서 *faute d'avoir pu*를 대신해서 *faute de n'avoir pu*라고 말하는 것은 모순이다.

155) 이것을 *il est plus heureux que personne*와 비교해보라. 반면에 *je le verrai avant qu'il n'ait parlé à qui que ce soit*라고 말할 수는 있다.

156) 앞에서 여러 장에 걸쳐서 전치사와 접속사가 대부분의 경우 어떻게 작용하는가를 밝혔다. 특히 전치사 *de*, *à*와 접속사 *que*의 용법을 살펴보았다. 이들이 없다면 연속해서 두 단어를 말할 수 없을 만큼 중요한 요소들이다. 그런데 아주 실제적인 이 책에서 특별히 이들에 대하여 별도의 장을 할애할 수 없는 것처럼 보였고, 뒤의 색인만으로 독자들에게 필요한 정보를 주기에 충분해 보였다. 따라서 여기에서는 다른 곳에서 다루지 못한 전치사에 관한 몇몇 설명을 보게 될 것이다.

현이라 할 수 있는 *je suis las d'aller et venir*에서도 *de*를 반복하지 않는다.[157] 게다가 이 문제에 있어서 절대적 규칙은 없어서, 강조하고 싶을 때나 보어가 정반대의 의미를 갖거나 아주 다른 의미를 가질 때에는 모든 전치사를 반복한다. 또한 의미가 유사할 경우에는 대부분의 전치사는 반복되지 않는다. 그러므로 ***dans** la mollesse et l'oisiveté*에서는 전치사를 반복하지 않고, 반대로 ***dans** la paix et **dans** la guerre*에서는 반복한다.[158] 그런데 *à*와 *de*로 이루어진 복합 전치사 표현에서는 *à*와 *de*만 거의 언제나 반복한다.[159]

시간이나 장소를 표시하는 몇몇 전치사는 부사적으로 사용되므로 보어 없이 쓰인다. 즉 *avant, après, depuis, devant, derrière, autour, auprès*와 *parmi*가 그렇다.[160] 또한 *parler pour et contre, tout contre*라고 말하고, 친숙하게 말할 경우 *c'est selon*이라고도 한다. 그렇지만 *avec*의 경우 전치사의 성격이 강해서 부사로 쉽게 취급할 수 없고, *il est parti avec, qu'as-tu mangé avec*와 같은 표현은 *il est parti sans* 만큼 우아하지 않다.[161]

전치사는 그 명칭이 가리키는 것처럼 보어 앞에 놓이는데, 둘 사이에 *presque* 말고는 아무 것도 올 수 없다. 즉 *j'ai parlé de presque toutes ces questions*의 예와 같다. 공쿠르 형제(les Goncourt)는 *avec*와 그 보어 사이에 다른 전치사구가 나오게 했는데 *avec, sur la tête, un chapeau à larges bords*의 예와 같다. 그런데 이런 새로운 시도는

---

157) 연설 언어나 시어에서 이런 자유를 많이 누린다.

158) 그렇지만 문어에서 기능이 다른 경우에 같은 전치사를 두 번 사용하는 것은 부주의에 의한 실수라고 할 수 있다. 즉 *commencez par prouver par de bonnes raisons que...*의 예와 같다.

159) 우리는 앞에서 문학작품 등의 제목이 복합형일 경우 전치사를 반복하지 않는다는 것을 보았다. 즉 본문 41쪽의 9번 주를 참조할 것.

160) 우리는 앞의 본문 439쪽에서 *dessus, dessous, dedans, dehors*를 살펴보았다. 그런데 *avant*과 *après*에 대해서는 *un jour avant* (ou *après*)와 *le jour d'avant* (ou *d'après*)를 구별해야 한다.

161) 덧붙이자면 구어에서는 다소 *avec*를 남용한다. 즉 *être sévère avec quelqu'un*은 *pour*나 *à l'égard de* 대신에 사용한 것이다. 또한 *dîner avec un poulet, payer avec son argent, saluer avec la main, commencer* (ou *finir*) *avec quelque chose, arriver avec un train*이란 표현은 별로 좋은 표현은 아니다. 반면에 *causer avec quelqu'un*이라고 말하고 *causer à quelqu'un*이라고 말하지 않는 것은 올바른데, *causer à*는 전혀 다른 의미를 갖고 있기 때문이다. 즉 <on cause *à quelqu'un des désagréments*>의 예와 같다.

그렇게 유용하지도 않고 효과가 좋지도 않다.[162)]

그렇지만 다른 전치사가 다음에 나오는 것을 허용하는 전치사가 세 개있다. 즉 *excepté, sauf*와 *jusque*가 이런 전치사인데 가끔은 *de*도 그렇다. (즉 *d'avec, de chez, d'entre*의 예와 같다) 또한 *devant chez*라고도 말하는데, 예전에는 *chez*가 명사였기 때문이다. 또한 부분관사인 *de*의 경우 다른 전치사가 앞에 나올 수 있는데 *avec de grands efforts*의 예와 같다.[163)]

De*와 *à, dans*과 *en, avant*과 *devant, près de*와 *auprès de, parmi, durant, jusque, voic*i와 *voilà

전치사 ***de***와 ***à***는 너무나도 다양한 의미를 갖고 있어서 용법으로 파악할 수밖에 없고 배울 필요조차도 없다. 가장 본질적인 의미에 있어서 두 전치사는 정반대의 의미인데, *de*는 출발점이나 기원을 표시하고 *à*는 도착점이나 적어도 어떤 방향이나 경향을 표시한다. 즉 *de Paris à Lyon, du premier au dernier, de la tête aux pieds, du matin au soir, de huit heures à midi, d'ici à demain,*[164)] *de vous à lui, de Turc à More,*

---

162) 그렇지만 구어에서는 *avec* 다음에 주저함, 혹은 생각의 생략이 있을 때 문장의 한 요소가 중간에 나올 수 있다. 즉 *avec, si vous voulez,...*나 *avec, d'ailleurs,...*의 예와 같다. 물론 다른 전치사의 경우에도 이런 것이 가능하나 순전히 구어에 속하고 , 로티(P. Loti)의 글에도 *sous toujours leur même prétexte*가 나온다는 사실이 놀랍다. 이 경우에는 전치사를 사용하는 것을 포기하고 동사를 사용해야 한다.

163) 그런데 전치사 *pour*가 시간의 부사와 함께 사용되고, 의문사 *quand*이나 관계사 *quand*하고 함께 사용되므로 (*pour quand je n'y serai plus*의 예와 같다), *pour dans trois jours, pour dans dix ans*이라고 말할 수 있게 되었다. 그런데 *pour dans*은 정확한 표현이 아니고 피하는 것이 낫다. 한편 *pour chez*는 *devant chez*처럼 그래도 나은 표현이다. 그렇지만 *depuis avant le jour*는 별로 좋은 표현은 아니다.

164) 또한 *d'ici demain, d'ici trois jours*라고 말하고, 보다 간단하게 *ne le quitte pas de trois jours* (ou *d'une semaine*)라고 말한다. 이어서 *je ne l'ai pas quitté de trois jours* (ou *d'une semaine*)라고 말하는데, 이것이 덜 정확한 이유는 *ici*를 생략하는 것이 더 이상 가능하지 않기 때문이다. 게다가 *ne le quittez pas* (ou *je ne l'ai pas quitté*) *d'une minute*는 논란의 여지가 아주 많은데, *d'une minute*가 *d'ici à une minute*의 의미라면 *je ne l'ai pas quitté une minute*라고 말하는 것이 너무 간단하기 때문이다.

*d'homme à homme, de gré à gré*의 예가 있다. 움직임이 계속될 때 *à* 대신에 *en*을 사용한다. 즉 *de fleur en fleur, de ville en ville, de jour en jour, de temps en temps* (*de temps à autre*는 안 된다), *de point en point, de mal en pis*의 예와 같다.[165)]

전치사 *de*는 다소 이상한 프랑스어 특유의 관용어법에 나타난다. 즉 *si j'étais de vous* (ou *si j'étais que de vous*), *ce que c'est que de nous, le diable soit de lui ! peste de l'avocat ! on dirait d'un enfant*의 예와 같다.[166)]

또한 생략에 의하여 *avoir* 대신에 *être*를 사용하여 *vous êtes d'un sans-gêne, d'un sans-façon*이라고 말하고, 또한 유추에 의하여 *c'est d'un triste, d'un bourgeois, vous devenez d'un rare*라고 말한다.

전치사 *de*는 일반적으로 거리 이름이나 광장 이름 앞에서 생략되는데, 고유명사인 사람 이름이 바로 다음에 나오는 경우에 그렇다. 왜냐하면 *rue de l'amiral X*라고 말하는 것은 *rue de l'Observatoire, rue de Vaugirard* 혹은 *rue de Charonne*라고 말하는 것과 같기 때문이다.[167)]

전치사 ***dans***과 ***en***의 중요한 차이점은, *dans*은 언제나 한정된 보어를 요구하고 *en*은 거의 허용하지 않는다는 것이다.[168)] 그러므로 대명사는 *en*과 사용되고 *dans*과는 사용되지 않는다. 즉 *en soi, en nous, en eux-mêmes*의 예와 같다. 이러한 용법 때문에 *en*은 *dans*보다는 특별한 의미를 갖는다. 즉 *une fenêtre en ogive, un portrait en pied, regarder en pitié, parler en homme* (ou *en ami*), *croire en Dieu, couper en deux*의 예

---

165) 앞의 본문 178쪽 136번 주를 참조하기 바란다. 수형용사와 함께 쓰인 *à*와 *en*이 *de*와 대립되는데 의미에 따라 다르다. 즉 *de deux à quatre, de deux en deux, d'aujourd'hui en huit*의 예와 같다. 예전에는 *à*와 *de*가 같은 가치를 갖고 있었다. 즉 <on se lève *à six heures*>라고 하나 <on ne se lève pas *à bonne heure*>가 아니라 <on ne se lève pas *de bonne heure*>이고 이 표현에서 *de*는 *à partir de*의 의미이다.

166) 그렇다고 해서 *pour de bon*이나 *pour de vrai*라고 말하는 것이 올바르다는 것은 아니다. 마찬가지로 *comme de vrai* (ou *comme de juste*)를 *comme il est vrai* (ou *juste*) 대신에 사용하는 것도 올바르지 않다. 아마도 *comme de raison*을 모방하여 이렇게 하는 것일 텐데, *comme de raison*은 아주 우아하지는 않지만 적어도 올바른 표현이다.

167) 인칭 명사가 이렇게 *de* 없이 사용되는 것은 고대 프랑스어의 속격(l'ancien génitif français)을 생각나게 한다. 즉 *Hôtel-Dieu*의 예를 참조할 것.

168) 앞의 본문 37쪽 관사(article)를 다룬 장을 참조할 것.

가 있고 현재분사와 함께 사용되는 예가 있다.

따라서 경우에 따라 의미의 차이가 나는 것을 알 수 있다. 즉 *être en larmes*는 일시적인 상태를 표시하고 *être dans les larmes*는 영속적인 상태를 표시한다. 마찬가지로 *être en affaires*는 현재 몰두하는 일을 표시하고 *être dans les affaires*는 정규 직업을 표시한다. 그리고 *en ville*는 *dans la ville*보다 한정적인 성격이 부족하고 단지 집 밖에 있다는 의미라면, 한편 *dans la ville*은 *hors de la ville*와 반대 의미이다. 그리고 *à la ville*과 반대되는 것은 *à la campagne*이고 이것은 *en campagne*와는 의미가 전혀 다르다.[169)]

반면에 *en* 다음에는 경우에 따라 *un*이 나온다. 이 경우 *un*은 한편으로는 *en un temps, en des temps où*처럼 부정관사이기도 하고, 다른 한편으로는 *en un jour*처럼 수형용사이기도 하다. 경우에 따라서는 관사 대신에 사용되는 단어라도 가능한데 *en cette affaire, en telle année, en son coeur, en quel temps? en quelque sorte*의 예와 같다. 이런 경우 *en*과 *dans* 사이의 선택 문제는 귀로 듣는 어감에 의하는데 특히 시의 경우에 그렇다. 정관사를 *en* 다음에 사용하는 것은 아주 극소수의 경우인데, 특히 단수형이고 남성 정관사가 모음 생략된 경우에 그렇다. 즉 *en l'air, en l'honneur de, en l'absence* (ou *en la présence*) *de, en l'an deux mille* (en 1789에서 유추된 것임)의 예와 같다. 또한 옛날 표현인 *il n'y a pas péril en la demeure*도 있고, *en l'état où je suis*라고 말하는 것은 *dans l'état*라는 표현이 있으므로 완전히 예외적인 것이다.

이렇게 *en*이 정관사를 허용하지 않기 때문에, 가끔은 *en*을 *dans*으로 바꾸거나 *au*로 바꾼다. 그런데 *au*는 *en le*라는 예전의 복합관사를 대신한 것이다. 그러므로 *en hiver, en été, en automne, en juillet, en décembre*라고 말하는 경우 비한정적 의미를 갖는다. 그렇지만 *printemps*은 *premier temps*이고 *temps*에는 관사가 나오므로 예전부터 *au printemps*이라고 말하고 있다. 유추는 매우 강력한 것이지만 용법을 변경할 수는 없었는데, 아마도 *en printemps*이 귀에 별로 유쾌하지 않기 때문일 것이다.[170)] 우리가 아직도 ***en** mon nom et **au** vôtre, je crois **en** Dieu, je crois **à la** vie éternelle,*

---

169) 앞의 본문 174쪽 <수형용사(adjectifs numéraux)>의 항목을 참조할 것. 덧붙이자면 *en voiture*라고 하듯이 *en bicyclette*라고 하지는 않고, *à cheval*처럼 *à bicyclette*라고 한다.

170) 유추가 정반대의 방향으로 작용하여 *à l'automne*라고 말하는 경우도 있다.

***en** Perse et **aux** Indes, **en** Chine et **au** Japon*라고 말하는 것도 역시 같은 동기에 의한 것일 것이다. ***Au** milieu*는 또한 *en le milieu* 대신에, *mettre **au** monde*는 *mettre en le monde* 대신에 쓰인 것이다. 또한 *tomber **au** pouvoir* (ou ***aux** mains de*)(*dans les mains*도 있다)는 *en le pouvoir*와 *en les mains* 대신인데, 예전에는 *ès mains*이 사용되었다.[171)]

또한 지적할 것은, 어디에 머문다고 할 때 *à Paris en France* 혹은 *à Lille en Flandre, aux environs, dans les environs*를 사용하는 한편, *à une rue*라고 하지는 않으며 *dans une rue*라고 하며 *dans* (ou *sur*) *une avenue, sur un boulevard, sur une place*라고 한다는 것이다. 그렇지만 거주지를 표시할 경우에는 이런 전치사를 일반적으로 생략한다.[172)] 반면에 *dans un livre* 혹은 *dans un journal*이라고 쓰고 *sur*를 사용하지는 않는다.[173)]

---

171) 프랑스의 훌륭한 작가들은 *changer au*를 *changer en le*보다 선호하고, *consister au* (ou *aux*)를 *consister en le* (ou *en les*)보다 선호했다. 우리는 현대 작가들이 관사 앞에서 *dans*을 *en*으로 닥치는 대로 대치하는 것이 우아하다고 생각하면서 얼마나 이상한 잘못을 저질렀는지 알고 있다. 즉 *en la*라고 적는 것이 가끔은 받아들일 만하고 특히 연설조의 문장에서 그렇게 한다. 또한 *en le*나 *en les*를 사용하여 *en le désespoir, en les terreurs où cette mort l'avait plongé*라고 말한다. 그들은 언어의 진수와 명백히 대립되는 입장에 있다고 볼 수 있는데, 이런 구문은 오래전부터 점차 사라져버렸기 때문이다. 아니면 그들은 프랑스어를 모른다는 것을 단순히 드러내고 있는지도 모른다. 이런 현상은 어떤 댓가를 치르더라도 독창성을 추구하는 작가들에게 가끔 일어나는 일이다.

172) 그리고 *sur le boulevard, l'avenue, la place*라고 말하는 것은 *sur le mail*의 경우와 같다. 이것들은 모두 산책하는 장소이기 때문에 *sur*를 사용한다. 그런데 *sur la rue*는 *avec vue sur la rue*의 의미이다.

173) 전치사 *à*를 *dans*과 동등하게 취급하는 일이 빈번하다 보니 <on a des souliers *dans les pieds*>를 <on a des souliers *aux pieds* >대신에 사용하기까지 되는데, 이것은 대중 사이에 아주 널리 퍼져 있는 잘못된 어법이다. 반면에 비유적 의미로 *on a* (ou *on met*) *la main à la poche*라고 하고, 고유한 의미로 *on a* (ou *on met*) *son mouchoir dans sa poche*라고 한다. 덧붙이자면, 조심성 많은 작가들은 아직까지는 *dans un but, dans ce but, dans le but de*라는 널리 퍼져 있지만 별로 유용하지 않은 표현을 사용하지 않았다. 왜냐하면 목표가 아직 달성되지 않았는데 *dans un but*라고 할 수는 없기 때문이다. 반면에 부득이한 경우 *être dans un but*라고 할 수 있는데, 이것은 *agir avec une intention* (ou *un dessein*)과 같고, 특히 *agir à dessein de* (ou *pour un but*)라고 할 수 있다. 그런데 구어에서는 결코 사라질 것 같지 않은 *dans*과 함께 *but*라는 단어를 사용한 이런 표현이 별로 정당화되지 못하는 것은 사실인데, 이것에 *sous ce rapport, sous tous les rapports*라는 표현

Avant과 ***devant***의 차이점은, *avant*은 일반적으로 *après*의 반대말로서 특히 시간에 대해 말할 때 사용하고, *devant*은 *derrière*의 반대말로서 장소에 대하여 말할 경우에만 사용하는데 *en présence de*의 의미도 가능하다. 따라서 *être* (ou *passer*) *avant quelqu'un*은 항상 시간적 의미를 갖고, *être* (ou *passer*) *devant quelqu'un*은 공간적 의미를 갖는다. 그러므로 <on énonce l'article *avant le nom*>은 시간적 의미이고, <on met un article *devant un nom*>은 공간적 의미이다.[174]

그렇지만 *mettre la charrue avant* (ou *devant*) *les bœufs*라고 구별하지 않고 말하는데, 정확히 말하면 *avant*을 사용하면 시간적 의미가 들어 있어서 소보다 쟁기가 먼저 앞서서 가게 한다는 의미이다. 바로 이런 이유 때문에 *la dernière maison avant l'église*라고 하는데, 즉 *avant d'arriver à l'église*라는 시간적 의미이다. 또한 *faire passer le devoir avant tout* (ou *César avant Alexandre*)라고도 말한다.[175]

Près de의 경우에는 시간이나 공간이나 상관없이 사용된다. 즉 *près de six mois, près de sortir, près de l'église* (*près l'église*는 안 됨)의 예와 같다. 반면에 *auprès de*는 장소에 대해 말할 경우에만 사용된다. 즉 *auprès de vous*의 예와 같다. 그런데 *près de*와 *auprès de* 모두 비교를 나타낼 수 있다.

한편 문법학자들은 <sur le point de>의 의미인 *près de*와 <disposé à, préparé à>의

을 연관시킬 수 있다. 이 표현들도 역시 널리 퍼져 있지만 조심성 많은 작가들은 피하는 표현이다. 그들은 대신 *à cet égard* (ou *à ce point de vue*), *à tous égards* (ou *à tous les points de vue*)를 사용한다.

174) 그렇지만 <on met un mot *derrière une autre*>라고 하지는 않는다.

175) 예전에는 *devant*이 시간적 의미를 갖고 있었는데, 이런 사실에서 유래한 혁명기의 표현이 *ci-devant*이다. 예전에 사용되던 *devant que*는 이제는 사라졌다. 덧붙이자면 *au-devant de*가 *au-devant à*로 사용될 수는 없기 때문에 *il leur est allé au-devant*이라고 말할 수 없다.

이 *avant*과 유사한 것이 *après*인데, 대중 언어나 일상어에서는 이 단어를 이상하게 남용한다. 즉 *à la porte* 대신에 *la clef est après la porte*라고 하고, *à* 혹은 *sur* 대신에 *avoir une tache après son habit*라고 하며, *occupé à* 혹은 *en train de* 대신에 *il est après à s'habiller*라고 하고, *contre* 대신에 *être furieux* (ou *crier*) *après quelqu'un*이라고 하며 (특히 *il m'a crié après*의 예를 보라), 그 외에도 *attendre* (ou *demander*) *après quelqu'un*이나 *s'ennuyer après quelqu'un*의 표현을 사용하는데, 이들은 모두 받아들일 수 없다. 그래도 *il est toujours après moi*라는 문장은, 역시 올바른 것은 아니지만 그런대로 이해할 수 있고, *il a couru après moi*는 용납할 수 있을 것 같은데 *il m'a couru après*라고 말해서는 안 된다.

의미인 *prêt à*를 엄밀하게 구별하는 데 성공했다. 옛날 사람들은 *prêt à*와 *prêt de*를 *près de*의 의미로 사용했고, 또한 *prêt de*를 *prêt à*의 의미로 사용했다. 그런데 오늘날 *elle n'est pas prête de recommencer*라고 말한다면 완전히 틀린 것이다.

*Auprès de*는 *en comparaison de*의 의미로 *au prix de*보다 더 일반적인 의미를 갖는다. 한편 *au prix de*는 고유한 의미이건 비유적 의미이건 논리적으로 가격을 측정할 수 있는 사물에만 사용된다. 그러므로 *vos maux sont peu de chose auprès* (*au prix*는 안 됨) *des miens*이라고 말한다. 게다가 *au prix de*는 이제 옛날 표현이 되었고 문어에서만 사용된다.[176)]

전치사들이 명사 앞에 나오는 것과는 반대로, 원래 단순히 분사였던 *durant*은 다른 요소가 한정하지 않는 한 보어 뒤에 나올 수 있다. 즉 *durant sa vie*나 *sa vie durant* 둘 다 가능하다. 덧붙이자면 *durant*은 *pendant toute la durée de*의 의미이고, 이 점에서 *pendant*과는 다르다. *Pendant*은 보다 일반적인 의미를 가지고 지속되는 기간 중 어느 한 순간을 표현할 수 있다. 즉 *il est parti pendant* (*durant*은 안 됨) *la cérémonie*의 예와 같다.

Parmi는 *entre*와는 달리 두 사람에 대하여 말하면서 사용할 수는 없다. 따라서 *parmi nous*는 반드시 여럿이 있다는 의미이다. 이 단어는 또한 숫자가 크지 않을 때에도 사용되지 않는데, 그 이유는 <*au milieu de*>라는 *parmi*의 모호한 의미에 비하여 이런 적은 숫자는 너무 명확한 감이 있기 때문이다. 또한 단수형의 명사가 나오려면 집합명사여야 한다. 즉 *parmi le peuple, parmi la foule*의 예와 같다.[177)]

한편 ***jusque*** 다음에 다른 전치사가 나오지 않으면 *à*를 사용하는데 *où, ici, là, alors, aujourd'hui*는 예외이다. 즉 *jusqu'à demain, jusqu'à hier, jusqu'à maintenant*이라고 말하지만 *jusqu'à aujourd'hui*라고는 잘 말하지 않는데 그 이유는 이 단어에 이미 전치사 *à*가 포함되어 있기 때문이다. 또한 *jusques et y compris*라고 말하지만,

---

176) 반면에 *au prix de* 다음에는 한정된 보어가 와야 한다. 따라서 *je l'ai obtenu au prix de fatigues et de dangers*라고 적을 수는 없고, *au prix de grandes fatigues* (ou *de bien des dangers*)라고 해야 한다.

177) 그렇지만 문어에서는 추상명사와 함께 이 단어를 사용하기도 한다. 즉 *parmi ce grand amour, parmi cette agitation*의 예와 같다.

*jusqu'il y a six jours*나 *jusqu'à il y a six jours*라고는 말하지 않는다.

전치사 *à*와 함께 *jusque*를 사용해야 하는 사실 때문에 이 단어를 전치사 *à*가 나오는 보어와 함께 사용하면 아주 어색해진다. 즉 두 개의 *à*가 하나로 줄어들게 되는데, 그 예는 *il a nui jusqu'à ses amis*이다. 따라서 *il a desservi jusqu'à ses amis*라고 말하는 것이 좋은데, 물론 *il a nui même à ses amis*나 *il n'est pas jusqu'à ses amis à qui il n'ait nui*도 역시 가능하다.[178)]

Voici와 ***voilà***는 동사 *voir*의 명령형에 부사 *ci*와 *là*를 결합한 단어인데, *celui-ci*와 *celui-là*처럼 가까이 있는 사물을 보다 멀리 있는 사물과 대립시키고, 앞으로 말할 것을 이미 말한 것과 역시 대립시킨다.

> *Voilà* tous mes forfaits, en *voici* le salaire.[179)]

원래 이런 대립이 없는 경우에도 이런 구별은 가능하다. 그런데 *voici*가 사용될 수 있는 경우에도 *voilà*를 사용하는 것이 흔하다. 즉 *les voilà*의 예와 같다. 그리고 특별히 하나를 선택할 이유가 없을 때에는 항상 *voilà*를 선호한다. 그렇지만 동사의 원형이 오는 경우에는 *voici*만을 사용하여 *voici venir nos gens*이라고 한다. 이 문장에서 *venir*가 나올 수 있는 이유는 *voir*가 동사원형과 함께 사용될 수 있기 때문이다.[180)]

또한 *voici*와 *voilà* 앞에 비강세 대명사 보어가 올 수 있는 것은 이 단어들이 원래 동사에서 유래했기 때문이다. 즉 *me voici, le voilà bien, nous voilà contents, comme vous voilà faits, en voici, n'en voilà que trop, nous y voilà, le voici venir, les voici qui montent, mon frère que voici, la jolie personne que voilà*의 예와 같다. 그런데 *voici que, voilà que*라고도 말하므로 *voici qu'elles viennent*와 *les voici qui viennent*를 혼동하지 말아야 한다. 한편 *les voici* (혹은 *les v'là*) *qu'elles viennent*는 잘못된 표현이다.

---

178) 시에서는 *jusque à*의 용법을 여전히 사용하는데 사라지는 경향이 있다. 한편 *jusques à quand*는 웅변조의 산문에서도 유포니(euphonie) 때문에 용인된다.

179) 본문 101쪽 <지시대명사(démonstratifs)>의 항목에서 언급된 것을 참조할 것.

180) 문어에서는 라신느(Racine)처럼 다음과 같이 말하는 것이 항상 가능하다. 즉 *voilà bien instruire une affaire* !의 예와 같다.

이와 같이 비강세 대명사를 사용한다고 해서, 친숙하게 말하고자 할 때 *voici*와 *voilà* 다음에 강세형의 대명사를 사용하지 말란 법은 없다. 그렇지만 이 경우에는 *par exemple*의 의미를 갖는데, 그 예는 *voilà moi, qui n'y ai jamais été*이다.

그런데 격의 없이 말할 경우 *revoici*와 *revoilà*를 사용하는데 이것은 동사 *revoir*에서 만들어진 단어이고 특히 비강세 대명사와 함께 사용된다. 즉 *le revoici, nous revoilà, en revoici, nous y revoilà*의 예와 같다.

끝으로 보다 격의 없이 말하는 표현으로 놀람을 표시하기 위하여 의문문을 사용하여, *ne voilà-t-il pas* (이것은 *ne voit-on pas là* 혹은 *ne se voit-il pas là*의 의미이다), *ne voilà-t-il pas que, voilà-t-il pas* (*que*)라고 한다. 그리고 이 예에서 *voilà*는 3인칭으로 취급되어서 *a-t-il*에서와 같이 발음상 *t*가 첨가된다.[181)]

Voici, voilà 앞에 부사인 *que*가 나올 수 있는데 그 의미는 *comme*이다. 즉 *que voilà une jolie personne !*의 예와 같다.

---

181) 문어에서는 *ne voilà pas*를 선호하는데 이것이 보다 올바르다. 그런데 *voilà* 다음에 부분의 뜻을 갖는 *de*를 사용하여 *voilà de mes damoiseaux, ne voilà pas de mes damoiseaux ?*라고 한다.

제9장 결 론

우리는 이제 이 작업의 막바지에 이르렀다. 우리가 모든 것을 다루었다고 바랄 수는 없고 오히려 그것과는 거리가 멀다. 왜냐하면 우리가 다루는 대상이 거의 무한하기 때문이다. 그러므로 적어도 중요한 것을 빼먹지 않았기를 바랄 뿐이다. 게다가 우리가 덧붙일 수 있는 것 이외에도 필연적으로 문법을 벗어나는 것들이 무한히 많은데, 먼저 대중들의 잘못된 어법이 있다. 그런데 이러한 잘못된 실수를 저지르지 않으리라고 여겨지는 사람들도 이러한 실수를 하는 것을 가끔 듣게 된다.[1] 일반 대중들

---

1) 대중들의 잘못된 어법 중에서 자음이 바뀐 예들은 *caneçon* [* *caleçon*의 변형], *colidor* [* *corridor*의 변형], *à croche-pied* [* *à contre-pied*의 변형], *esquilancie* [* *esquinancie*의 변형], *vessicatoire* [* *vésicatoire*의 변형], *pantomine* [* *pantomime*의 변형], *à la bonne flanquette* [* *à la bonne franquette*의 변형], *eccetera* [* *et cetera*의 변형] 등이다. 또한 모음이 바뀐 예들은 *cambuis* [* *cambouis*의 변형], *coutumace* [* *contumace*의 변형], *échaffourée* [* *échauffourée*의 변형], *élexir* [* *élixir*의 변형], *moriginer* [* *morigéner*의 변형], *panégérique* [* *panégyrique*의 변형], *plurésie* [* *pleurésie*의 변형], *récipissé* [* *récépissé*의 변형] 그리고 *sébile* 대신에 사용하는 *sibile*, *pépie* 대신에 사용하는 *pipie* 등이다. 예전에는 자음이 덧붙여져서, *mairerie* [* *mairie*의 변형], *seigneurerie* [* *seigneurie*의 변형]라고 하였는데 나름대로 논리적인 것이다. 그리고 *lévier*라는 단어는 정관사가 합쳐진 것이고, *babines* 대신에 *babouines*라고 하는 것은 *babouin*의 영향을 받은 것 같다. *sujétion* 대신에 *sugestion*라고 하는 것은 *suggestion*의 영향 때문이다. 혹은 음절 전체가 덧붙여져서 *médicamentation*을 *médication* 대신에 사용하거나 *écosse*를 *cosse* 대신에 사용하는데 이것은 *écosser*의 영향을 받은 것이다. 그리고 *cesser* 대신에 *décesser*를 사용하기도 한다. 그리고 자음을 생략하여 발음을 쉽게 하기도 하는데, 그 예는 *rhumatisse* [* *rhumatisme*의 변형], *cataplasse* [* *cataplasme*의 변형], *dartes* [* *dartre*의 변형], (*tartre* 대신에) *tartes*라고 하는 것과 *ostiné* [* *obstiné*의 변형]가 있다. 한편 철자를 바꾼 예로 *aréoplane*가 있는데 이는 *aéroplane* 대신에 사용한 것이다. 끝으로 단순한 형태를 모방하여 만들어진 잘못된 파생어가 있고 (*poumonique*나 *pulmonie*, *enflammation*의 예가 있다), 혼동을 하였거나 접두사를 덧붙인 것도 있다(*défaufiler*는 *éfaufiler*를 대신하고, *regaillardi*는 *ragaillardi*를 대신하며, *raiguiser*는 *aiguiser* 대신이며, *se revanger*는 *se venger* 대신인데 *revanche*의 영향을 받은 것이다. 게다가 *mésentendu*는 *malentendu*에 비하여 너무 식자어의 느낌이 나는 단어이다).

이 아닌 사람들에게서도 가끔 단어들을 혼동하는 것을 보게 된다.[2)]

또한 문법에서 중복된 표현을 모두 예견할 수는 없는데, 이들은 피하는 것이 물론 좋다.[3)] 그런데 문법에서 이 모든 것을 예견할 수 있다 하더라도 다음과 같은 잘못된 이미지를 피하도록 가르칠 수는 없다. 즉 *remplir un but*를 *l'atteindre*의 의미로 사용하거나, *sous ce rapport*를 *à ce point de vue*로 사용하고, *des limites étendues, une étoile en herbe, un point vide, le comble de l'abaissement, les qualités de fond qui dominent*와 같은 표현을 사용하는 것이다. 또한 *l'apogée d'une maladie, une source qui s'éteint*과 같이 우스꽝스러운 은유법을 사용하는 것이다.[4)]

또한 별로 유용하지도 않은 잘못된 신조어, 즉 *agissements, clôturer, solutionner*를 막으려고 해도 문법에서 할 수 있는 일은 전혀 없다.[5)]

---

2) 특히 단어들을 혼동하는 것이다. 즉 *couvercle* 대신에 *couvert*를, *couverture* 대신에 *couverte*를, *à l'étuvée* 대신에 *à l'étouffée*를, *écailles* 대신에 *écales d'huître*를, *irruption* 대신에 *éruption*을, *houppe* 대신에 *huppe*를, *laite* 대신에 *lait de hareng*를, *natation* 대신에 *nage*를, *taie* 대신에 *tête d'oreiller*를, *tendon* 대신에 *tendron*을, *de traverse* 대신에 *chemin de travers*를, 심지어는 *denier à Dieu*를 *dernier adieu*로 혼동하는 것이다. 대중들은 또한 *ombrageux*를 *ombreux* (혹은 *ombragé*)와 혼동하고, *colorer*와 *colorier, se donner*와 *s'adonner, effiler*와 *affiler, épurer*와 *apurer, palissader*와 *palisser, recouvrir*와 *recouvrer, venimeux*와 *vénéneux, armistice*와 *amnistie*를 혼동하기도 한다.

3) 말하자면 *allumer de la lumière, faire chauffer de l'eau chaude, dépêchez-vous vite, descendez en bas, prévoir d'avance, un faux prétexte, une panacée universelle*과 같은 예들이다.

4) 이것에 관해서는 스타페르(Stapfer)의 『문법적 그리고 문학적 레크리에이션 (*Récréations grammaticales et littéraires*)』 제 5장 「이미지의 장터(*La foire aux images*)」를 참조할 것. 물론 보쉬에(Bossuet)가 *le voix des entrailles*라는 표현을 사용하고, 마시용(Massillon)이 *un coeur qui foule aux pieds*라는 표현을 사용한 사실을 알고 있지만, 이것은 그들이 사용한 표현 중 그렇게 좋은 것은 아니다. 그렇지만 너무 까다롭게 요구해서는 안 될 것 같다.

5) 사람들은 *clôturer*와 *solutionner*에 대하여 많이 비난했는데, 이것은 정당하다고 할 수 있다. 그렇다고 이 단어들이 사라지지도 않았고 국회(Parlement)가 있는 한 사라지지 않을 것이다. 그러나 국회에 대해서도 어찌할 방도가 없다. 언젠가 전화교환원에게 행정부의 직원이 부탁하기를, 전화가입자에게 *je vous parle*라고 말하고 *je vous cause*라고 하지 말도록 했다는 사실에 대하여 무슨 말을 하겠는가? 그리고 이 행정부의 직원은 *réceptionner*라는 단어도 상상해 볼 수 있다고 했다는데 이에 대해서는 무슨 말을 하겠는가? 반면에 *réceptionner*라는 단어는 반대의 의미를 갖게 되는데, 이 단어가 유용하다면 시험이나 실험 등에서 특별한 의미로, 즉 거부하거나 승인하고 누군가가 제안하거나 주문한 상품을 제외시키거나 허가한다는 의미로 사용된다. 그렇

한편 문법에서 가르칠 수 없는 것이 두 개 있는데, 이 두 개가 없다면 말하지도 쓰지도 못할 것이다. 하나는 단어의 속성이고 다른 하나는 개념을 연결하는 논리와 이것을 표현하는 단어들의 배치이다. 왜냐하면 문법적으로는 완전히 옳은 문장도 의도하는 바를 제대로 표현하지 못하면 전혀 가치가 없기 때문이다. 이에 대하여 몇 가지 언급을 하자.

단어의 부적절함(l'impropriété des termes)은 분명히 근원적인 악이다.[6] 분명한 것은 자기가 사용하는 단어의 의미를 먼저 알고 있어야 한다는 점이다. 그렇지만 단어 선택에 있어서 특히 널리 퍼져 있는 부적절함이 있는데, 이것을 경계하는 것이 좋다. 여기에서 순수주의를 표방하는 것은 맞지 않을 것이고, 사정은 사실 다른 어디에서나 마찬가지이다. 말하자면 언어가 변해가고 또한 단어의 의미가 점차 확장되어가

지만 *réceptionner*를 *accepter*나 *admettre*의 의미로 사용한다면, *recevoir*라는 단어로는 이런 의미가 충분하지 않은 것처럼 여겨지기 때문이다. 게다가 고백하건대 신조어의 문제는 은유의 문제보다 더 미묘하다는 것이다. 문법학자들과 소르본느의 교수들이 비난했던, 얼마나 많은 신조어들이 결국에는 승리를 거두게 되었던가! 그 결과 오늘날 이 단어들이 그렇게 오랫동안 배척당했다는 사실에 놀라게 된다. 말하자면 *formuler*라는 훌륭한 단어에 대하여 항의할 필요가 없는 것이 이 단어에 *exprimer*보다 더 명확한 의미를 부여하면 되기 때문이다. 쥘 르메트르 (Jules Lemaître)가 어느 날인가 한림원이 상을 준 연설문의 일부를 대중들에게 공개적으로 읽다가 *mentalité*라는 단어를 만나게 되자 도중에 신중한 동작으로 비난을 표시하게 되었다. 물론 이 단어가 반드시 필요한 것은 아니었지만, *clôturer*나 *solutionner*처럼 다른 단어를 대신하는 것도 아니고 의도하는 의미를 분명히 말하고 있다. 따라서 불필요하지 않다는 것만으로도 이 단어의 필요성을 정당화할 수 있다. 이것은 *imagé*의 경우와 마찬가지인데, 순수주의자들(puristes)은 오랫동안 이 단어를 비난해 왔는데 오히려 이 단어에서 *imager*란 동사가 생겨났다.

6) 단지 대중들이 단어를 부적절하게 사용하는 것을 말하는 것이 아닌데 이것은 오히려 피하기도 쉽다. 그러한 예로는 *un objet fragile* 대신에 *un objet casuel*를, *un incendie* 대신에 *un feu*를, *plus âgé* 대신에 *un enfant plus vieux qu'un autre*를, *des progrès* 대신에 *qui fait du progrès*를, *le revers* 대신에 *l'envers d'une médaille*를, *faire tomber une chose* 대신에 *tomber une chose*를, *considérable* 대신에 *conséquent*을 사용하는 것이다. 또한 *une faute d'attention*과 같은 표현을 말한다. 반면에 이런 표현들이 결국에는 올바른 표현이 되기도 하는데, 하츠펠드(Hatzfeld)는『일반 사전 (*Dictionnaire général*)』에서 벌써 *un homme fortuné*를 *un homme riche* 대신에 받아들이고 있다. 브륀티에르(Brunetière)는 *conséquent*이 *considérable*의 의미를 가질 수 없는 이유가 있는지 묻고 있다. 스타페르(Stapfer)는 *agonir* 대신에 *agoniser*를 사용하는 것에 별로 충격을 받지 않는다. 그리고 브뤼노(F. Brunot)는 *fixer quelqu'un*이라는 표현이나, *je lui ai observé* (ou *remarqué*)를 *je lui ai fait observer* (ou *remarquer*) 대신에 사용하는 것에 대해 트집 잡지 않는다. 아마도 이런 것은 너무 관용을 베푸는 것일지도 모른다.

는 것을 막는다는 것은 불가능한 일이기 때문이다. 어느 유명한 연감(almanach)에서는 아직도 독자들에게 다음과 같은 것을 금지하고 있다. 즉 *renverser* (ou *vider*) *de l'eau*라는 표현이나, *quoi de neuf*를 *quoi de nouveau* 대신에 사용하는 것, *bosseler*를 *bossuer* 대신에 사용하는 예 등이다. 그런데 이것은 너무 까다롭게 구는 것 같다. 왜냐하면 이런 어법은 이미 오래전에 누구나가 사용하는 용법으로 굳어졌고 전혀 거슬리는 점이 없기 때문이다. 말하자면 *en imposer*를 *imposer* 대신에 사용하는 것이 전혀 거슬리지 않는 것과 같다. 이외에도 문법학자들이 오래전부터 금지해온 표현들이 있다. 보다 거슬리는 것은, *aller*와 *venir*를 혼동하거나, *retourner*와 *revenir*를 혼동하고, *sortir de*를 *venir de*와 혼동하며, *porter*를 *apporter*와 혼동할 뿐만 아니라 유감스럽게도 *rentrer*를 *entrer*와 혼동하는 일이[7] 빈번하다는 사실이다.

한편 문어의 경우 구어보다는 더 신중하긴 하지만 역시 곤란한 입장에 처해 있다. 잘 알려진 작가들도 끊임없이 *se mettre en demeure*를 *se mettre en devoir* 대신에 사용하고, *véracité*를 *exactitude* 대신에, 또한 *soupçonner*를 *suspecter* 대신에, 그리고 *mutuels*을 *communs*이나 *pareils* 대신에 사용한다. 게다가 그들은 *des spectacles* (ou *des parfums*) *inouïs*, *jouissent d'une mauvaise santé*, *prodiguer un accueil enthousiaste*와 같은 표현 앞에서 주저하지 않는다. 한편 *une vipère pique*라고 계속 말하는 이유는 무엇인가, <elle *mord*>라는 사실을 익히 알지 않는가? 정확한 단어를 사용하는 것이 그렇게 힘든 일은 아니다. 물론 단어의 의미를 알지 못한다면 어려울 수는 있다. 이런 일은 많은 사람들 심지어는 작가들에게도 일어나는 일이다. 따라서 스스로를 믿지 말고 사전을 참고하기 바란다. 왜냐하면 어떤 문법책에서도 이 점에서는 전

---

7) 일반 대중의 언어에서는 *rentrer*가 거의 완벽하게 *entrer*를 대체해버렸고, 이런 유감스러운 혼동은 날마다 그 위세를 넓혀가고 있다. 아마도 언젠가는 *apetisser, accourcir, alentir, embourrer, embrunir, étrécir*가 사라졌듯이 *entrer*도 사라지게 될지 모른다. 혹은 *affiner, allonger, amollir, emplir, enchérir, épandre*도 운명을 같이 하여, 대중들이 모음으로 시작하는 동사를 반복을 의미하는 복합형으로 바꾸는 경향의 희생자가 될지도 모른다. 또한 널리 퍼져 있는 몇 가지 부적절함을 지적하자면, *une belle dentition*을 *une belle denture*나 *de belles dents* 대신에 사용하고, *brasser les cartes*를 *battre les cartes* 대신에 사용하며, *je vous demande excuse* (ou *faites excuse*)를 *excusez-moi* 대신에 사용하며, *traverser un pont*를 *passer un pont* 대신에 사용하며, *disputer* (ou *se disputer*)를 *quereller* (ou *se quereller*) 대신에 사용하고, *rester*를 *loger, tarder, passer* 대신에 사용하는 것이다(즉 *rester deux ans à faire une chose*의 예와 같다.).

혀 도움을 줄 수 없기 때문이다.[8)]

논리가 없다는 것은 단어가 부적절하다는 것보다 더 근원적인 악이다. 먼저 사고 안에 논리가 있어야 하는데 그렇지 않으면 프랑스어로 잘 말하고 더욱이 잘 쓰는 것은 불가능하다. 왜냐하면 프랑스어는 그 어느 언어보다 이 점에서 더 까다롭게 요구하기 때문이다.

그렇지만 논리를 남용해서도 안 될 것이다. 만일 누군가가 엄밀한 논리적 분석을 할 수 없는 표현은 어떠한 것도 사용해서는 안 된다고 믿는다면 그것은 틀린 것이다. 모든 언어에는 엄밀한 분석이 불가능한 어법이 있고, 이것이야말로 종종 가장 우아한 것이고 독특한 관용어법에서 볼 수 있는 것이다. 모든 로망어에서는 불합리한 대명동사 어형변화를 채택하고 있어서, 만일 어느 부인이 *elle s'a fait mal*이라고 말한다면 *elle s'**est** fait mal*이라고 가르치는 문법보다는 논리적으로 말한 것이다. 논리에 맞지 않는다고 *je me **suis** fait mal*이라고 말하지 말 것인가? 또한 *cela ne se fait pas, cela ne se refuse pas*라는 문장은 <les choses ne se font pas ou ne se refusent pas elles-mêmes>이므로 사용해서는 안 되는가? 그리고 *des portes **grandes** ouvertes, vous ferez mieux **de** partir, c'est à vous **que** je parle*의 표현을 논리적으로 설명할 수 없고, *je **ne veux pas** que vous sortiez*에는 부정의 위치가 잘못되어 있는데, 이 표현들보다 더 프랑스적인 것들도 없다. 또한 *j'en ai plus que vous **ne** pensez*나 *à moins qu'il **ne** vienne*에서 *ne*가 왜 나오는지 알 수 없고, *ils l'ont emporté avec **eux***에서 논리적으로는 *soi*가 맞고, *le premier acte **du** Roi s'amuse !*라는 표현도 논리적으로 맞지 않는데, 이 모두를 논리라는 이름으로 비난해서는 안 된다. 이런 어법들 모두는 완벽한 프랑스어이고 누구나가 사용하는 것들이다.

그렇지만 이 모든 것은 그 수가 아주 제한되어 있는 특별한 형태들이며, 이들이 사용되었다 해도 누구나가 사용하는 용법에 어긋나지만 않는다면 논리적인 것이 되어야 한다. 가장 중요한 것은, 설사 상대가 그 말을 이해했다 해도 혹은 제대로 추측

---

8) 다음과 같은 많은 잘못된 구문의 경우에도 마찬가지이다. 즉 *être d'intention de*를 *avoir l'intention* 대신에 사용한다거나, *être affilié dans*을 *être affilié à* 대신에 사용하고, *imposer quelqu'un de quelque chose*를 *imposer quelque chose à quelqu'un* 대신에 사용하는 예들과 같다. 그런데 *il faudrait voir moyen à* (ou *tâcher moyen de*)라는 표현은 왜 안 되는가?

했다 해도, 말하고자 하는 것이 아닌 다른 것을, 말하고자 한 것과 반대되는 것을 말해서는 안 된다는 것이다. 예를 들어, ***assez pour***와 ***trop pour***를 혼동해서는 안 되고 ***choisir entre deux alternatives***라고 말해서도 안 된다. 일반적으로 일체의 모호함을 피해야 하는데 이것은 바로 논리의 문제이다. 우리는 이 책의 곳곳에서 모호함을 주의하라고 독자들에게 경고했는데, 그 어떤 책도 단어를 잘못 배열해서 생겨나는 모든 모호함을 예견할 수는 없다.

사람들이 논리에 반하는 잘못을 가장 빈번하게 저지르는 것은 비교를 할 경우이다. 그렇지만 같은 것을 비교할 때 그렇듯이 어떤 물건을 비교할 때 그것을 비교되는 대상과 혼동해서는 안 된다. 즉 *je me fais un devoir autant qu'un plaisir de...*라는 형태의 문장을 아주 자주 듣거나 읽게 되는데, 이런 문장을 구어에서도 허용해서는 안 된다. 아마도 이렇게 말하는 사람은 자기의 의도를 잘 표현한다고 볼 수 있지만, 실제로는 *je me fais un plaisir autant qu'un devoir*라는 의미일 것이다. 왜냐하면 먼저 *devoir*가 있고 여기에 *plaisir*를 동일시해야지, 반대로 <ce n'est pas le devoir qui est égal au plaisir>는 아니기 때문이다. 따라서 의무가 먼저 나오도록 하려면 *autant que*를 *et aussi*로 바꾸어서 비교하기보다는 병렬시키거나, 아니면 *et aussi bien*을 사용하여 비교의 대상을 혼동하지 않도록 해야 한다. 다른 예로 사람들은 *les Anglais aussi bien que les Français*나 *les Français aussi bien que les Anglais*가 같다고 여기는데 이는 잘못이다. 왜냐하면 앞의 예는 *non seulement les Français, mais aussi les Anglais*의 의미이고 뒤의 예는 *non seulement les Anglais, mais aussi les Français*의 의미로서 서로 전혀 같은 것이 아니기 때문이다. 마찬가지로 *tel fils, tel père*는 좋은데, *tel père, tel fils*는 같은 의미로 사용할 수 없다.[9)]

---

9) 적어도 문어에서는 구어에서보다 적어도 엄밀함을 추구해야 한다. 방빌(Banville)이 어디에선가 다음과 같이 적었다. *Quand on a un morceau de gâteau et un morceau de pain, il faut commencer par manger le gâteau, parce qu'on ne sait jamais si on vivra assez longtemps pour manger aussi le pain*의 예와 같다. 누구나가 이 문장의 모순을 이해할 수 있고, 주의력이 결핍된 독자라도 너무도 명백한 설명을 필요로 하지 않을 것이다. 그러나 보다 자세히 살펴보면 이러한 설명은 의미가 없다. 즉 저자가 분명히 의미하는 바는 *parce qu'on ne sait jamais si, en commençant par le pain, on vivra assez longtemps pour manger aussi le gâteau*이기 때문이다. 문장의 두 번째 부분을 첫 번째 부분과는 다른 단어로 시작하고자 애쓰더라도 이 문장의 모순을 합리화시켜 주지는 못한다.

위와 같은 언급이 얼마나 중요한가 하는 점은 아무리 강조해도 지나치지 않다. 아마도 논리란 글을 쓰는 기술보다 쉽게 습득할 수 없는 정신의 타고난 성질일 것이다. 물론 정신이 잘못된 경우에는 대책이 없다. 그렇지만 정신이 올바르고 적어도 상식, 즉 세상 사람들이 공유하는 것을 갖고 있는 사람은 데카르트(Descartes)가 말한 것처럼 올바른 문장을 만들 수 있는데, 이것이 바로 문법이 가르치는 것이다. 또한 자기가 의미하는 바를 정확하고도 분명하게 말할 수 있는 법이다. 이 때 우리는 리바롤(Rivarol)의 다음 말을 기억해야 한다.

Ce qui n'est pas clair n'est pas français.

Index alphabétique

A

M

N

S

T

U

V

Y

옮기고 나서

우리가 『품격 있는 프랑스어 이야기』라는 제목을 붙인 이 책의 원제는 부제에 있는 *Comment on parle en français*이다. 원서는 1927년에 라루스(Larousse) 출판사에서 발간되었고, "문학어와 일상어(친숙어)와 비교해서 살펴본 올바른 구어"라는 부제가 붙어 있다. 저자인 필립 마르티농(Philippe Martinon)은 1859년에 태어나서 문학박사학위(docteur ès lettres)를 취득했으며 이외에도 여러 저술을 내놓았다. 1913년에 *Comment on prononce le français*를 발간하고, 이어서 1915년에 *Dictionnaire méthodique et pratique des rimes françaises: précédé d'un traité de versification*을, 그리고 1926년에 *Les Poésies de Malherbe*를 출간했다. 본서의 간행과 관련하여, 저자 자신이 머리말에서 *Comment on prononce le français*라는 책이 특히 외국에서 성공을 거둔 것에 고무되어서 유사한 제목의 *Comment on parle en français*를 출판하게 되었다고 밝히고 있다. 그리고 특히 '*comment on parle*'라고 제목을 붙인 이유를 상세히 설명함으로써 본 문법서가 문어(langue écrite)가 아닌 구어(langue parlée)에 역점을 두고 쓴 것임을 명확히 하고 있다.

어느 나라에나 그 나라를 대표하는 권위 있는 문법책이 여러 개 있기 마련이다. 프랑스의 경우에도 이런 문법책이 여러 개 존재한다. 예를 들어 Jacques Damourette & Edouard Pichon의 *Des mots à la pensée* (*Essai de Grammaire de la Langue Française*)가 있는데 1911-1940년의 프랑스어를 기술하고 있다. 500쪽 내외의 6권으로 구성된 방대한 내용의 이 책이 어느 한 시대를 기술하고 있는 공시적인 문법책이라면, 프랑스어의 역사적 변천과정을 기술한 책으로는 Nyrop의 *Grammaire historique de la langue française*를 대표적인 것으로 들 수 있다. 또한 K. Sandfeld가 저술한 세 권으로 된 문법책 *Syntaxe du français contemporain*; I. *Les pronoms*, II. *Les propositions subordonnées*, III. *L'infinitif*도 있다. 이런 문법서들이 전문적인 연구서라면 일반 대중들도 참조할 수 있는 보다 권위 있는 문법책은 Maurice Grevisse의 *Le bon usage*일 것이다. 이 책은 한 권이긴 하지만 거의 1500쪽이 넘는 방대한 양을 자랑하기에, 문법서라기보다는 문법사전으로 간주하는 것이 타당할 것이다. 또한 Wagner & Pinchon의 *Grammaire du français classique et moderne*도 이에 버금가는 권위 있는 문법서로 평가받고 있다.

이에 반해, 본서 *Comment on parle en français*는 위의 문법책들과는 다른 특징을 지니고 있다. 위의 문법서들은 방대한 양의 문법 사실들을 상세히 다루고 있기는 하지만, 많은 예문들을 통하여 단순히 기술(description)하고 있는 공통점이 있다. 하지만 이 책에서는 언어 현상을 취사선택하여 단순히 기술하는 데 그치는 것이 아니라 그 현상의 원인을 설명(explication)하려고 한다는 특징을 갖고 있다.

우리는 흔히 '나무를 보고 숲을 보지 못한다.'라는 말을 한다. 이것은 부분만 보고 전체를 보지 못하는 근시안적인 행동을 비유적으로 이르는 말이다. 이 격언을 기술과 설명의 차이점에 견주어 보자. 나무를 제대로 보려면 가급적 자세히 살펴서 중요한 사항이 하나라도 빠지지 않도록 유의해야 할 것이다. 문법을 기술하고자 할 때 가급적 자세히 많은 예를 들어서 중요 사항을 하나도 빠뜨리지 않는 것이 중요하기 때문이다. 이때 우리가 주의를 기울여야 하는 것은 '어떻게(comment)'라는 측면이다. 이와는 반대로, 숲을 보려면 불필요한 세부사항은 과감히 제거하고 전체의 윤곽과 특징을 파악하는 것이 중요하다. 동일한 맥락에서, 문법의 경우에도 세부사항을 자세히 기술하기보다는 여러 사항 사이의 관계나 전체를 관통하는 원리 등을 파악하려고 하는 것이 필요하다. 이때 중요한 것은 '왜(pourquoi)'라는 측면이다. 이것을 촘스키(Chomsky)는 언어자료를 표면적으로 관찰하는 것은 '관찰의 적절함'에 지나지 않기에, 무릇 언어학자는 언어자료에 나타나지 않은 사항까지도 예측할 수 있는 '설명의 적절함'을 지향해야 한다고 주장하였다. 이런 면에서 이 책은 당대의 문법책들과는 다른 특징을 드러내고 있다.

본서가 기존 문법책들과 차별성을 보이는 또 다른 특징은 문법서로서 언어의 규범을 기술하기보다는 당시에 통용되던 언어현상을 객관적으로 기술하겠다는 자세를 견지하고 있다는 점이다. 말하자면, 객관성을 지향하는 오늘날의 언어학적 접근 방식을 추구하고 있다는 것이다. 원서의 저자는 1927년 책의 서문에서 이러한 관점에 명확히 기초하고 있음을 다음과 같이 밝히고 있다. "사실 우리가 제기할 문제는 '어떻게 말해야 하는가?(que doit-on dire ?)'가 아니라 '어떻게 말하고 있는가?(que dit-on ?)'이다. 달리 말하자면 발음의 경우와 마찬가지로 언어의 경우에도 최고의 스승은 바로 일상의 용법이다." 즉 이러한 인식 하에 언어현상의 단순한 열거와 기술에 그치는 것이 아니라, 현상의 원인을 규명하려 한다는 점에서 이 책은 당시의 대다수 문법서들과는 확실한 차별성을 보이고 있다.

본서가 이러한 두드러진 장점을 갖고 있지만 단점도 물론 없지는 않다. 이미 90년 전에 발간된 책이기 때문에 현재 용법에 부합하지 않는 설명도 이곳저곳에 산재해 있는 것도 부인할 수 없는 사실이다. 하지만 번역하면서 이에 대한 별 다른 언급은 하지 않았는데, 세심한 독자라면 이런 부분들을 쉽사리 파악할 수 있을 것이라 판단했기 때문이다. 더군다나 그것들을 단점이라고 여기기보다는 오히려 프랑스어의 당시의 양상을 반영하고 있으며 저자의 예상과는 다르게 변모한 부분이라고 이해할 수도 있을 것이다.

옮긴이가 이 책을 처음 만난 것은 대학교 3학년 문법 강의 시간이었던 것으로 기억된다. 당시에는 이 책의 일부분만을 공부하고 특별한 관심을 두지 않고 지나쳤지만, 추후에 대학에 자리를 잡고 프랑스어를 가르치기 위하여 여러 번 숙독하면서 그 내용의 독창성과 충실함에 매료되어, 언젠가 번역을 반드시 해야겠다는 다짐을 하게 된 것이 지금에야 그 결실을 맺게 되었다.

원서 자체에 상세하고 친절한 주석이 많은 까닭에 번역 과정에서 가급적 역주를 삼갔고, 불가피하다고 판단되는 경우에만 본문과 주석 부분에 역주를 붙였을 뿐이다. (역주의 경우 일련번호도 붙이지 않았고 원주와 구별하기 위하여 [*]의 형태나 *[ ]의 형태를 사용했다.)

어렵고 미묘한 문법사항을 다룬 책이니 만큼 오자나 틀린 부분을 최대한 줄이고자 하였는데, 다행히도 여러 선생님들의 도움을 받을 수 있었다. 프랑스어의 예, 특히 결론 부분의 프랑스어 예에 대해서는 가톨릭대학교의 외국인 전임 아이사 메사우디(Aïssa Messadoudi)교수의 도움을 받았고, 우리말의 어색한 부분이나 오자, 탈자 등 많은 부분을 프랑스어 관련 교육학 박사 박우성 선생님, 상명대학의 이경수 선생님, 프랑스어 문학 관련 번역 전문가 윤진 선생님이 정성을 다하여 고쳐주었다. 또한 한글과 프랑스어가 혼재되어 있는 책의 어려운 편집 작업을 깔끔히 마무리지어준 신아사 편집부 여러분의 노고에도 깊은 감사를 드린다.

최동신

서울대학교 불어교육과와 동 대학원 불어불문학과를 졸업하고, 프랑스 파리 8대학에서 언어학 박사학위를 받았다.

현재 가톨릭대학교 프랑스어문화학과 교수로 재직 중이다.

주요 관심분야는 통사론이나 2015년 신아사에서 번역 출간한 문체론 분야의 『프랑스어 자유간접화법』과 이번에 번역 출간하는 문법 분야의 『품격 있는 프랑스어 이야기』 등 언어학의 여러 분야에 걸쳐 학술적으로 중요한 전문서적을 번역 출간하고 있다.

품격 있는 프랑스어 이야기
Comment on parle en français

초판 1쇄 발행 _ 2016년 5월 20일

역 자 · 최 동 신
발행인 · 정 현 걸
발 행 · 신 아 사
인 쇄 · 예지인쇄
주 소 · 서울특별시 은평구 통일로 59길 4 (2층)
전 화 · (02) 382-6411 팩스 · (02) 382-6401
홈페이지 · www.shinasa.co.kr
E-mail · shinasa@daum.net
출판등록 · 1956년 1월 5일 (제 9-52호)

ISBN 978-89-8396-937-8(93760)

정가 22,000원